"十二五"普通高等教育本科国家级规划教材

国家级精品课程建设核心教材

教育部高等学校道路运输与工程教学指导分委员会"十三五"规划教材

道路工程材料

（第3版）

申爱琴　主编

人民交通出版社股份有限公司

北京

内 容 提 要

本书为"十二五"普通高等教育本科国家级规划教材系统地论述各类道路工程材料的技术性质和技术要求，全面展示道路工程材料的性能评价指标及相应的测试方法，深入分析道路工程材料性能影响因素，并区别于以往的教材以新的视角进行知识结构分类。教材在保证充分体现道路工程材料基本知识的同时，还纳入了近年来国内外道路工程材料研究及应用领域的前沿性成果。

本书为高等学校道路桥梁与渡河工程、土木工程、交通工程等专业的本科生教学用书，还可作为土木工程专业及相关专业的科研、设计、施工、管理以及监理人员的技术参考书。

图书在版编目（CIP）数据

道路工程材料／申爱琴主编. — 3 版. — 北京：
人民交通出版社股份有限公司，2022.6（2024.11重印）
"十二五"普通高等教育本科国家级规划教材
ISBN 978-7-114-17927-3

Ⅰ.①道… Ⅱ.①申… Ⅲ.①道路工程—建筑材料—
高等学校—教材 Ⅳ.①U414

中国版本图书馆 CIP 数据核字（2022）第 065573 号

"十二五"普通高等教育本科国家级规划教材
国家级精品课程建设核心教材
教育部高等学校道路运输与工程教学指导分委员会"十三五"规划教材
Daolu Gongcheng Cailiao

书　　名：**道路工程材料**（第 3 版）
著 作 者：申爱琴
责任编辑：孙　玺　李　瑞
责任校对：孙国靖　卢　弦
责任印制：刘高彤
出版发行：人民交通出版社股份有限公司
地　　址：（100011）北京市朝阳区安定门外外馆斜街 3 号
网　　址：http://www.ccpcl.com.cn
销售电话：（010）85285911
总 经 销：人民交通出版社股份有限公司发行部
经　　销：各地新华书店
印　　刷：北京武英文博科技有限公司
开　　本：787×1092　1/16
印　　张：27.5
字　　数：705 千
版　　次：2010 年 1 月　第 1 版
　　　　　2016 年 12 月　第 2 版
　　　　　2022 年 6 月　第 3 版
印　　次：2024 年 11 月　第 3 版　第 4 次印刷　总第 14 次印刷
书　　号：ISBN 978-7-114-17927-3
定　　价：59.00 元
（有印刷、装订质量问题的图书由本公司负责调换）

第3版前言

建设交通强国是以习近平同志为核心的党中央立足国情、着眼全局、面向未来作出的重大战略决策,是全面建成社会主义现代化强国的重要支撑。随着"交通强国"战略的实施,公路建设如火如荼。截至2021年底,全国公路通车总里程达528.07万km,其中高速公路通车里程16.91万km,稳居世界第一。但是我国公路基础设施仍然面临着难以适应现代交通需求、复杂工况下服役能力不足等问题,传统的应对技术在受到环境和资源的制约时难以为继,同时交织着公路功能由传统通行功能向环保、智慧与安全功能转变的新问题。因此,道路工作者必须转变观念、更新理念,不断推进道路材料技术进步,才是应对目前挑战的有效途径。

道路工程材料是道路、桥梁、隧道等工程结构物的物质基础,其性能优劣直接影响到结构物的使用性能及耐久性。因此,根据工程结构物的特点和地域条件,合理地选择及科学地使用道路工程材料,充分发挥道路工程材料的特点,对提高道路工程构造物质量,延长其使用寿命,降低工程造价起着至关重要的作用。

随着现代交通的迅猛发展,道路工程新结构、新技术、新材料及新工艺层出不穷,为了系统地论述道路工程材料的技术性质和技术要求,全面展示道路工程材料的性能评价指标及相应的测试方法,深入分析道路工程材料性能影响因素,本书按照本科生学习进程要求进行知识结构分类,在保证道路工程材料基本知识充分体现的同时,尽可能引入国内外道路工程材料研究及应用领域的前沿性成果,以此拓展同学们的视野,激发同学们的学习兴趣。同时,本书还可作为土木工程专业及相关专业的科研、设计、施工、管理以及监理人员的技术参考书。

本教材自2010年1月正式出版发行以来,持续作为国家级精品课程、国家级精品资源共享课程以及国家级线上一流课程(MOOC)的配套教材,形成了完整的讲课视频、讲课PPT、教案等课程资源,成果详见爱课程和中国大学MOOC等。并入选第二批"十二五"普通高等教育本科国家级规划教材,2016年12月第2版出版。近几年,随着道路工程材料相关新规程及新规范的颁布,教材中与规范有关的内容也相应滞后,有必要再进行一次全面更新。因此,第3版修订是在保持教材的基本构架不变的基础上,主要依据截至2021年出版的相关新规范对各章相关内容进行了全面细致的修改及完善,同时还结合目前道路工程材料的发展,在一些章节纳入了新材料。

第一篇为基础篇,共三章(一~三)。第一章为石料及集料;第二章为无机结合料;第三章为有机结合料。主要介绍道路工程常用的各类原材料,包括各类原材料的定义、分类、组成结构、技术性质及要求、性能评价指标及试验方法。

第二篇为无机混合料,共三章(四~六)。第四章为普通水泥混凝土,第五章为新型水泥混凝土,第六章为无机结合料稳定类材料。本篇中,重点介绍了普通水泥混凝土不同阶段的技术性质,包括施工阶段的工作性、凝结硬化阶段的力学性质以及使用阶段的耐久性,同时还论述了普通水泥混凝土的材料要求以及配比组成设计,对于道路混凝土组成设计还引入了交通部西部项目"道路混凝土组成设计"的研究成果。第五章中介绍了聚合物改性水泥混凝土、纤维混凝土、透水混凝土、露石混凝土、彩色混凝土、超吸水树脂(SAP)内养生混凝土、自修复混凝土、绿色生态混凝土等新型混凝土,并简述了各类新型水泥混凝土混合料的技术特征、原材料的技术要求和混合料组成设计方法。

第三篇为有机混合料,共二章(七、八)。第七章为沥青混合料,第八章为其他沥青混合料。本篇重点介绍了沥青混合料的分类及组成结构、强度形成原理及影响因素,包括高温低温水稳及耐久抗滑在内的各项路用性能及相应的评价指标、技术性质及技术标准、热拌沥青混合料原材料及不同阶段的组成设计方法。同时还介绍了Superpave及GTM沥青混合料组成设计方法。第八章中介绍了沥青稳定碎石、沥青玛蹄脂碎石(SMA)、开级配抗滑磨耗层(OGFC)、乳化沥青混合料以及稀浆封层与微表处、冷再生沥青混合料的技术特征及性质、组成设计及使用场合。还简述了温拌沥青混合料、生物沥青混合料、橡胶沥青混合料、阻燃沥青混合料、尾气降解沥青混合料、彩色沥青混合料等新型混合料技术原理及特点。

第四篇为其他道路工程材料,共四章(九~十二)。第九章为建筑钢材,第十章为桥面防水材料,第十一章为土工合成材料,第十二章为高分子合成材料。本篇主要介绍了建筑钢材、桥面防水、土工合成以及高分子材料的分类及特点、技术性质及标准、各项路用性能及使用条件。

第五篇为试验篇,共五章(十三~十七)。为配合本科生理论教学需要,根据教学大纲要求,本篇包括了岩石与集料试验、水泥试验、沥青试验、沥青混合料试验以及水泥混凝土试验等内容。

本教材由主编申爱琴教授课程团队制作了配套的多媒体课件,以供相关任课教师参考,需求者可通过道路工程教学研讨群(QQ:328662128)向人民交通出版社管理员编辑获取。

全书的编写大纲、内容提要、前言、绪论、第二篇的第四章由申爱琴编写;第一篇的第三章以及第三篇的第七章由汪海年编写;第一篇的第一章以及第四篇的第九、十、十一章由蒋应军编写;第一篇的第二章、第二篇的第五章、第五篇的第十四章及十六章由郭寅川编写,第二篇的

第六章、第四篇的第十二章由胡力群编写;第三篇的第八章、第五篇的第十五章及十七章由马峰编写;全书由申爱琴、郭寅川统稿、修改、校正。在书稿的编写修改过程中,研究生谭嘉琪、黄瑞、杜清鑫、祁汉哲在资料收集、图形处理、各类规范及图表公式的校核等方面做了大量的工作,在此一并表示衷心的感谢。

由于编者的学识及水平有限,书中难免有疏漏和错误之处,恳请读者批评指正。

编 者

2022 年 4 月

目录
CONTENTS

绪论…………………………………………………………………………………………… 1

第一篇 基 础 篇

第一章 岩石与集料………………………………………………………………………… 9

第一节 岩石………………………………………………………………………………… 9

第二节 集料………………………………………………………………………………… 20

第三节 矿质混合料组成设计……………………………………………………………… 31

复习题……………………………………………………………………………………… 41

第二章 无机结合料………………………………………………………………………… 43

第一节 石灰………………………………………………………………………………… 44

第二节 水泥………………………………………………………………………………… 51

第三节 粉煤灰……………………………………………………………………………… 67

第四节 其他工业废渣……………………………………………………………………… 72

复习题……………………………………………………………………………………… 76

第三章 有机结合料………………………………………………………………………… 77

第一节 普通石油沥青……………………………………………………………………… 78

第二节 改性沥青…………………………………………………………………………… 102

第三节 其他沥青…………………………………………………………………………… 107

复习题……………………………………………………………………………………… 115

第二篇 无机混合料

第四章 普通水泥混凝土…………………………………………………………………… 119

第一节 水泥混凝土组成及特点…………………………………………………………… 119

第二节 水泥混凝土的技术性质…………………………………………………………… 120

第三节 普通水泥混凝土组成设计………………………………………………………… 135

第四节 道路混凝土组成设计……………………………………………………………… 148

第五节　工业废渣混凝土组成设计 ··· 162

第六节　水泥混凝土外加剂 ·· 165

复习题 ··· 169

第五章　新型水泥混凝土 ·· 171

第一节　聚合物改性水泥混凝土 ··· 171

第二节　纤维混凝土 ·· 176

第三节　透水性混凝土 ·· 180

第四节　露石混凝土 ·· 184

第五节　彩色混凝土 ·· 186

第六节　SAP 内养生混凝土 ·· 189

第七节　自修复混凝土 ·· 191

第八节　绿色生态混凝土 ·· 194

复习题 ··· 197

第六章　无机结合料稳定类材料 ·· 198

第一节　水泥稳定类混合料 ·· 199

第二节　石灰稳定类混合料 ·· 203

第三节　石灰粉煤灰稳定类混合料 ··· 206

第四节　水泥粉煤灰稳定类混合料 ··· 209

复习题 ··· 211

第三篇　有机混合料

第七章　普通沥青混合料 ·· 215

第一节　沥青混合料的分类及组成结构 ·· 216

第二节　沥青混合料强度及其影响因素 ·· 218

第三节　沥青混合料的路用性能 ··· 222

第四节　沥青混合料技术性质及标准 ·· 231

第五节　普通热拌沥青混合料原材料及组成设计 ·································· 237

第六节　Superpave 沥青混合料组成设计方法 ···································· 251

第七节　GTM 沥青混合料组成设计方法 ·· 256

复习题 ··· 258

第八章　其他沥青混合料 ·· 260

第一节　沥青稳定碎石混合料 ·· 260

第二节　沥青玛蹄脂碎石(SMA) ·· 264

第三节　开级配抗滑磨耗层(OGFC) ·· 270

第四节　乳化沥青混合料 ·· 273

第五节　稀浆封层与微表处 ·· 275

第六节　冷再生沥青混合料 ·· 280

第七节　环保型与功能型沥青混合料 ································· 282
复习题 ·· 284

第四篇　其他道路工程材料

第九章　建筑钢材 ·· 289
　第一节　钢材的冶炼与分类 ······································ 289
　第二节　钢材牌号表示方法 ······································ 291
　第三节　钢材的技术性质 ·· 292
　第四节　化学元素对钢材性能的影响 ······························ 297
　第五节　道路建筑用钢的技术要求 ································· 298
　第六节　新型建筑钢材 ·· 306
　复习题 ··· 307
第十章　桥面防水材料 ··· 308
　第一节　防水材料的分类及其特点 ································· 308
　第二节　防水材料的技术性质 ···································· 310
　第三节　防水材料的技术标准 ···································· 313
　复习题 ··· 316
第十一章　土工合成材料 ··· 317
　第一节　土工合成材料的分类及特点 ······························ 317
　第二节　土工合成材料的技术性质 ································· 320
　第三节　土工合成材料的选择及技术要求 ··························· 329
　复习题 ··· 333
第十二章　高分子聚合物 ··· 334
　第一节　聚合物的概念 ·· 334
　第二节　常用的工程聚合物 ······································ 337
　第三节　高分子聚合物在道路工程中的应用 ························· 342
　复习题 ··· 347

第五篇　试　验　篇

第十三章　岩石与集料试验 ·· 351
　第一节　岩石试验 ··· 351
　第二节　粗集料试验 ··· 356
　第三节　细集料试验 ··· 365
第十四章　水泥试验 ··· 369
　第一节　细度试验 ··· 369
　第二节　水泥标准稠度用水量、凝结时间、安定性试验 ················ 374
　第三节　水泥胶砂强度试验 ······································ 380

第十五章　沥青试验 ··· 384

第一节　沥青三大指标试验 ··· 384

第二节　沥青老化试验 ··· 389

第三节　黏度试验 ·· 393

第十六章　水泥混凝土试验 ··· 397

第一节　水泥混凝土拌合物的工作性能试验 ····················· 397

第二节　水泥混凝土拌合物体积密度试验方法 ·················· 401

第三节　强度试验 ·· 402

第十七章　沥青混合料试验 ··· 410

第一节　沥青混合料试件制作 ··· 410

第二节　沥青混合料密度试验 ··· 414

第三节　高温稳定性试验 ·· 418

参考文献 ··· 423

绪论

一、道路工程材料的发展历史及趋势

早在公元前 3000～公元前 2000 年,人类就开始使用石膏和石灰砂浆作为胶凝材料。在公元前 16 世纪至公元前 11 世纪的商朝殷墟中,考古学家发现有碎陶片和砾石铺筑的路面,并出现了大型的木桥。那时的人们已经懂得夯土筑路,并利用石灰稳定土。到公元初,古希腊人和罗马人开始在石灰中掺入火山灰以提高强度和抵抗水的侵蚀。1796 年,罗马水泥问世,这时人们开始用天然水泥岩(黏土含量为 20%～25% 的石灰石)煅烧、磨细,制得天然水泥。由于天然水泥岩材料有限,人们开始人工配制水泥。1824 年,英国泥瓦工约瑟夫·阿斯普丁(Joseph Aspdin)首先取得了波特兰水泥生产的专利权。从此,人类社会进入了人工配制胶凝材料的新阶段。

据考古资料记载,世界上最早的沥青路面是距今约 3000 年前的古巴比伦仪仗大道。它约有 20m 宽,道路中间是由残损不全的大块砖头和天然沥青铺成的沥青路面。印加帝国在 15 世纪采用天然沥青修筑了沥青碎石路。英国于 1832～1838 年用煤沥青在格洛斯特郡修筑了第一段煤沥青碎石路;法国于 1858 年在巴黎用天然岩沥青修筑了第一条地沥青碎石路;到 20 世纪,石油沥青成为使用量最大的铺路材料。我国上海在 20 世纪 20 年代开始铺设沥青路面。1949 年以后,随着我国自产路用沥青材料工业的发展,沥青材料被广泛应用于城市道路和公路干线的修建。

材料科学的不断发展为人类提供了优质的工程材料,推动了国民经济和道路交通事业的蓬勃发展。伴随着科学技术的不断进步和自然环境对人类提出的更高要求,在今后一段时期内,道路工程材料将逐步向以下几个方向发展。

(1)高性能材料。研制轻质、高强、高耐久性、高耐火性、高抗震性、高保温性、高吸声性、优异装饰性及优异防水性的材料,对提高道路建筑物的安全性、适用性、艺术性、经济性及使用寿命等有着非常重要的作用。

(2)多功能复合型材料。利用复合技术生产的多功能材料、特殊性能材料及高性能材料,将对提高建筑物的使用功能、经济性及加快施工速度等有着十分重要的作用。

(3)可循环再利用材料。充分利用工业废渣以及建筑垃圾生产建筑材料,实现建筑材料循环利用,以保护自然资源和生态环境。

(4)节能环保材料。研制和生产低能耗的新型节能建筑材料,可降低建筑材料和建筑物的成本以及建筑物的使用能耗。同时研发及应用具有改善环境功能的材料,例如净化空气、防噪声、降低热岛效应、自发电及自融雪化冰材料等。

二、道路工程材料的应用

道路工程材料是道路、桥梁、隧道等工程结构物的物质基础,材料的性质对结构物的使用性能、坚固性和耐久性起着决定性的作用,材料的选用与工程造价也有着密切的关系,材料的发展则可促进结构设计和施工工艺的发展。

道路工程结构物终年裸露于自然环境中,承受瞬时、反复荷载的作用,材料的性能和质量对结构物的使用性能和工程结构物寿命有着极为重要的影响。在道路工程建设中,材料的选择、生产、使用不合理,检验标准不合适,都可能导致工程的质量缺陷,甚至造成重大质量事故。近年来,由于交通量的迅速增长和车辆行驶的渠化,一些高等级沥青路面出现较严重的波浪、拥包、车辙现象,这都与材料的性质有关。

道路工程材料的费用在道路工程总造价中占50%~60%。在实际工作中,材料的选择、使用及管理对工程成本影响很大。同时,材料科学的不断发展及新型道路工程材料的不断涌现,势必会对工程结构物的设计方法和施工工艺提出更高的要求,从而推动结构设计与施工技术的发展。

三、本课程研究内容与任务

道路工程材料是研究道路与桥梁建筑用各种材料的组成、性能和应用的一门课程。它是道路桥梁与渡河工程、土木工程、交通工程等专业的一门技术基础课,与物理、化学等基础课以及材料力学、工程地质等基础技术课有着密切的联系。

本教材主要讲述了以下一些常用的道路工程材料:

1. 岩石与集料

岩石与集料包括人工开采的岩石或轧制的碎石以及地壳表层岩石经风化而得到的天然砂砾。这类材料是道路、桥梁工程结构中使用量最大的材料。其中尺寸较大的块状石料经加工后,可以直接用于砌筑道路、桥梁工程结构物或铺筑隧道基础,性能稳定的岩石集料可用于配制水泥混凝土和沥青混合料。

2. 无机结合料及其混合料

无机结合料包括石灰、水泥、性能稳定的粉煤灰及其他工业废渣。路桥工程中使用最多的无机结合料是石灰和水泥。用它们制成的无机结合料稳定类混合料,通常用于高等级道路路面基层或低等级道路路面面层。由水泥与集料配制而成的普通水泥混凝土及各种新型水泥混凝土是混凝土结构的主要组成材料,广泛应用于桥涵构造物及水泥混凝土路面。水泥砂浆是各种桥梁、圬工结构物的砌筑材料。

3.有机结合料及其混合料

有机结合料通常是指普通石油沥青、改性沥青及其他沥青,如煤沥青、泡沫沥青、乳化沥青等。它们与集料结合可以配制沥青混合料,用来修筑不同类型的沥青路面。

4.建筑钢材

钢材是钢结构、钢筋混凝土及预应力混凝土结构的重要组成材料。此外,隧道衬砌、岩石高边坡加固等工程中也要使用钢材。

5.桥面防水材料

桥面防水材料是保证桥梁结构物不受雨水侵蚀、渗透的重要材料。防水材料的质量与桥面的使用功能和寿命密切相关,它是道路工程中不可缺少的建筑材料。

6.土工合成材料

土工合成材料是岩土工程中应用的合成材料的总称,主要包括土工织物、土工膜、土工复合材料、土工特种材料等。

7.高分子合成材料

各种高分子聚合物材料除可替代传统材料外,还可用于改善路桥工程材料的性能,加固土壤,改善沥青性能,增强水泥强度及耐久性。

四、道路工程材料技术性质与技术标准

1.道路工程材料的技术性质

道路工程结构物承受着复杂的荷载作用和恶劣自然环境的影响,因此,道路工程材料必须具有抵抗复杂外力作用的综合力学性质,同时还必须具有抵抗光照、温湿变化、冻融等自然因素作用的耐久性。此外,为保证上述性能及满足结构物的施工,道路工程材料还应具有良好的物理性质和工艺性。

（1）物理性质

物理性质是道路工程材料的基本性质。在进行混合料配合比设计、材料体积与质量之间的换算时,必须全面掌握材料的基本物理性能指标。道路工程材料常用的物理性能指标包括物理常数(密度、孔隙率、空隙率)及吸水率等。这些参数取决于材料的基本组成及构造,既与材料的吸水性、抗冻性及抗渗性有关,也与材料的力学性质及耐久性有着显著的联系。

（2）力学性质

力学性质是材料抵抗车辆荷载复杂力系综合作用的性能。目前除了通过静态的拉、压、弯、剪等试验来反映材料的力学性质外,还可根据道路工程材料的受力特点,采用磨光、磨耗、冲击等试验方法来反映其性能。随着科技的发展,将进一步考虑材料在不同温度和时间条件下的力学性能变化规律。在研究材料的黏性—弹性—塑性时,目前已采用一些动态试验方法来测定材料的动态模量、疲劳强度等。

（3）耐久性

道路及桥梁等工程结构物终年裸露于自然环境中,将受到各种自然因素,如温度变化、冻融循环、氧化作用、酸碱腐蚀等的侵蚀作用。为保证材料的使用性能,必须根据材料所处的结构部位,综合考虑引起材料性质衰变的外界条件和材料自身的内在原因,以便全面了解材料抵抗侵蚀破坏的能力,为路桥工程结构物的设计提供技术参数。

（4）工艺性

工艺性是材料适合于按一定工艺要求加工的性能。例如,道路水泥混凝土在成型为混凝土路面板以前要求具有一定的流动性,但当施工机具不同时,要求的流动性也不相同。因此,为保证在现有施工条件下修筑的工程结构物能达到预期的使用性能,必须在材料选择及设计参数确定时考虑工艺性。

2.道路工程材料的技术标准

材料的技术标准是有关部门根据材料自身固有特性,结合研究条件和工程特点,对材料的规格、质量标准、技术指标及相关试验方法所做出的详尽而明确的规定。科研、生产、设计与施工单位,均应以这些标准为依据进行道路材料的性能评价、生产、设计和施工。

目前,我国的建筑工程材料标准分为国家标准、行业标准、地方标准、团体标准和企业标准五类。国家标准是由国家标准化管理委员会颁布的全国性指导技术文件,简称"国标",代号 GB。行业标准是由国务院有关行政主管部门制定和颁布的全国性指导技术文件。行业标准种类繁多,遍及国内各种行业。

根据《中国标准文献分类法》,国家标准和行业标准表示方法如下。

（1）国家标准表示方法

国家标准由国家标准代号、编号、发布(修订)年份、标准名称四个部分组成。例如:GB/T 1346—2011《水泥标准稠度用水量、凝结时间、安定性检验方法》,"GB"为国家标准代号,后加"T"表示该标准为推荐性标准,"1346"为标准编号,"2011"为制定或修订年代号,其后为标准名称。国家标准修订时标准代号和编号一般不变,只改变制定、修订年代号。

（2）行业标准表示方法

行业标准由行业标准代号、标准分类、标准序号、标准发布年号、标准名称等部分组成。例如:JTG E42—2005《公路工程集料试验规程》,"JTG"为交通行业标准代号,"E"为标准分类,"42"为标准序号,"2005"为标准发布年号,《公路工程集料试验规程》为标准名称。

与道路工程材料有关的国家标准和行业标准代号见表0-1。

国家标准和行业标准代号 表0-1

标 准 名 称	代号(汉语拼音)	示 例
国家标准	国标 GB(Guo Biao)	GB/T 14685—2011《建设用卵石、碎石》
交通行业标准	交通运输 JT/公路工程 JTG(Jiao Tong Gong)	JTG E20—2011《公路工程沥青与沥青混合料试验规程》
建筑工程行业标准	建工 JG(Jian Gong)	JGJ 55—2011《普通混凝土配合比设计规程》
建材行业标准	建材 JC(Jian Cai)	JC/T 681—2005《行星式水泥胶砂搅拌机》
石油化工行业标准	石化 SH(Shi Hua)	SH/T 0799—2007《水工石油沥青》
黑色冶金行业标准	冶标 YB(Ye Biao)	YB/T 030—2012《煤沥青筑路油》

与道路工程材料有关的国际标准和几个主要国家的标准代号见表0-2。

国际标准和国外标准代号

表 0-2

标 准 名 称	缩写(全名)
国际标准	ISO(International Organization for Standardization)
美国国家标准	ANS(American National Standard)
美国材料与试验学会标准	ASTM(American Society for Testing Materials)
英国标准	BS(British Standard)
德国工业标准	DIN(Deutsche Industric Normen)
日本工业标准	JIS(Japanese Industrial Standard)
法国标准	NF(Normes Francaises)

五、道路工程材料性能检测与质量控制

1. 材料的性能检测

道路工程材料的基本技术性质需要通过适当的检测技术来获得。材料性能的检测方法应能够反映实际结构中材料的受力状态,所得试验数据和技术参数应能够表达材料的技术特性,并具有复现性与可比性。道路工程材料的性能检测,应按照相关技术标准中规定的标准程序进行,以保证试验结果的科学性、公正性和权威性。

道路工程材料的主要检测手段包括:

(1)试验室原材料与混合料的性能检测。

(2)试验室模拟结构物的性能检测。

(3)现场足尺寸结构物的性能检测。

随着科学技术的发展与检测技术的不断成熟,道路工程材料的性能检测方法出现了几大发展趋势:

(1)单项材料检测向结构物检测发展。

(2)手工检测向自动化、智能化方向检测发展。

(3)破坏性检测向非破坏性检测发展。

(4)静态检测向动态检测发展。

(5)宏观检测向微观检测发展。

2. 材料的质量控制

道路工程材料的质量是决定道路工程结构物质量的关键,通常可以对材料进行试验检测,根据检测结果来判断材料的质量状态。

在实际施工过程中,为做好道路工程材料的质量控制,必须完成以下三个步骤:

(1)材料进场前的质量控制

材料进场前,必须详细阅读与工程材料有关的设计文件,熟悉文件对材料品种、规格、型号、性能指标、生产厂家与商标的规定和要求。

(2)材料进场的质量控制

材料进场时,必须检查到场材料的实际情况与设计文件的相关要求是否相符,同时保证进

入施工现场的各种原材料都有相应的质量保证资料。

(3)材料进场后的质量控制

不同种类、不同厂家、不同品种、不同型号、不同批号的材料必须分别堆放,界限清晰,并有专人管理。应用新材料前必须经过试验和鉴定,代用材料必须通过计算和充分论证;同时,为考查产品质量的稳定性和掌握材料存放过程中性能的降低情况,对重要工程材料应及时进行复验。

第一篇 基础篇

　　道路工程中常用的原材料主要包括岩石与集料、无机结合料及有机结合料。

　　岩石与集料一章主要介绍岩石和集料的技术性质、技术要求以及矿质混合料组成设计;无机结合料一章主要介绍石灰、水泥、粉煤灰及各类工业废渣;有机结合料一章主要介绍普通石油沥青、改性沥青及煤沥青、乳化沥青等其他沥青。

第一章

岩石与集料

【内容提要】

本章着重介绍岩石与集料的主要技术性能及其评价方法和评价指标,并介绍矿质混合料的级配理论和组成设计方法。

【学习要求】

通过本章学习,要求学生掌握岩石与集料的技术性质和技术要求,能够运用级配理论进行矿质混合料的组成设计。

第一节　岩　　石

一、岩石的组成及分类

岩石是指在各种地质作用下,按一定方式组合而成的矿物集合体,它是组成地壳及地幔的主要物质。由单一矿物组成的岩石称为单矿岩,如石灰岩等;由多种矿物组成的岩石称为复矿岩,如花岗岩等。岩石按其成因可分为岩浆岩、沉积岩和变质岩三大类。

(一)岩石的分类

1. 岩浆岩

岩浆岩是岩浆冷凝而成的岩石,它是所有岩石中最原始的岩石。岩浆岩按冷却条件可分为深成岩(如花岗岩、正长岩等)、喷出岩(如玄武岩、安山岩等)和火山岩(如火山凝灰岩等)。

岩浆岩具有优良的工程性质,在道路工程中用途广泛。深成岩具有密度大、抗压强度高、吸水性小和抗冻性好的优点;火山岩多孔、质轻,是良好的保温建筑材料和水泥混合材料;喷出岩的物理力学性质介于深成岩与火山岩之间。

2. 沉积岩

沉积岩是由母岩(岩浆岩、变质岩和已形成的沉积岩)在地表风化剥蚀,经过搬运、沉积和石化等作用而形成的岩石,它占地表岩石的2/3,是地表的主要岩类。沉积岩可分为碎屑岩类(如凝灰岩、砾岩等)、黏土岩类(如页岩、泥岩等)和化学岩类及生物化学岩类(如石灰岩、白云岩等)。

沉积岩的物理力学性质与矿物、岩屑的成分以及胶结物质的性能有很大关系,通常表现出各向异性的特点。与深成岩相比,沉积岩密度小、孔隙率和吸水率大、强度低、耐久性差。

3. 变质岩

变质岩是原生的岩浆岩和沉积岩经过地质上的变质作用而形成的岩石。变质作用是指在地壳内部高温、高压和热液的综合作用下,原有岩石的结构和组织改变或部分矿物再结晶,从而生成与原岩结构性质不同的新岩石的过程。典型的变质岩存在于前寒武纪或造山带区域。变质岩可分为片理状岩类(如片岩、千枚岩等)和块状岩类(如大理岩、石英岩等)。

变质岩的物理力学性质不仅与原岩性质有关,而且与变质作用条件及变质程度有关。由沉积岩得到的变质岩受高压和重结晶作用,比原岩更加坚固、耐久;由深成岩得到的变质岩经变质作用后产生片状结构,耐久性降低。

(二)岩石的鉴别

岩石种类繁多,很难找到严格按照上述分类的单一种类岩石。因此,在选用岩石的时候要严格按照相关规范要求,对岩相、岩性进行细致的鉴定,以避免选岩不当造成的负面影响。

常用的岩石鉴定方法是根据岩石外观特征,借助简单工具和试剂,凭肉眼观察岩石的岩相结构和性质,从而对岩石的矿物组成、结构和构造进行初步的了解,以确定岩石名称或类别。简易方法如下:

(1)根据岩石的产状,特殊的结构、构造,主要的或特殊的物质成分,来区分岩浆岩、沉积岩和变质岩。

(2)如果确定是岩浆岩,则可根据颜色(矿物成分)、结构和构造判定岩石名称。在岩浆岩中,深色岩石主要含铁镁矿物,多为基性或超基性岩类;浅色岩石主要含硅铝矿物,多为中性或酸性岩类。

(3)如果确定是沉积岩,则先根据有无胶结物,把碎屑岩和化学岩、生物化学岩区分开。若为碎屑岩,则根据碎屑的大小分出砾岩(角砾岩)、砂岩或黏土岩;若为化学岩或生物化学岩,则用稀盐酸鉴别:岩石起泡为石灰岩,粉末起泡为白云岩,起泡后留下土状斑点者为灰泥岩。

（4）如果确定是变质岩,则应根据构造进一步划分。在定向构造岩石中,片理状构造的为片岩或千枚岩,麻状构造的为片麻岩,厚板状构造的为板岩;在块状构造岩石中,滴稀盐酸起泡的为大理岩,不起泡的为石英岩。

通过岩石鉴定,不但能确定岩石名称,还有助于分析和掌握使用各项试验数据。三大类岩石的区别主要体现在矿物组成、结构及构造等方面,见表1-1。

三大类岩石的主要区别　　　　　　　　　　　　　　　　　表1-1

特征	岩浆岩	沉积岩	变质岩
矿物成分及其特征	组成岩浆岩的矿物以硅酸盐矿物为主,其中最多的是长石、石英、黑云母、角闪石、辉石、橄榄石等。颜色较浅的,称为浅色矿物,因以二氧化物和钾、钠的铝硅酸盐类为主,又称硅铝矿物,如石英、长石等;颜色较深的,称为暗色矿物,因以含铁、镁的硅酸盐类为主,又称铁镁矿物,如黑云母、角闪石、辉石、橄榄石等	组成沉积岩的矿物成分约有160种,但比较重要的仅有20余种,如石英、长石、云母、黏土矿物,碳酸盐矿物,卤化物及含水氧化铁、锰、铝矿物等。在一般沉积岩中,矿物成分通常为1~3种,很少超过五六种	1. 新生矿物(变晶矿物):在变质作用过程中新生成的矿物,如黏土岩经过变质后生成的红柱石; 2. 原生矿物:在变质作用过程中保留下来的原岩中的稳定矿物,如云英岩中的一部分石英就是花岗岩在云英岩化过程中保留下来的原生矿物; 3. 残余矿物:在变质作用过程中残留下来的原岩中的不稳定矿物,如花岗岩在云英岩化过程中残留有不稳定的长石
结构和构造	1. 具有粒状、玻璃、斑状结构,气孔、杏仁状、块状等构造; 2. 除喷出岩外,没有层状、片状等构造	1. 结构复杂,因形成环境而异; 2. 具有层理,在层面上有波痕	1. 具有片理; 2. 板状、片状核和片麻状构造,结晶质结构; 3. 砾石及晶体因受力可能变形
常见岩石类型	花岗岩、正长岩、安山岩、辉长岩、玄武岩等	凝灰岩、砾岩、砂岩、页岩、石灰岩等	千枚岩、板岩、大理岩、石英岩、片麻岩等

几种典型岩石的描述示例见表1-2。

岩石岩相特征描述示例　　　　　　　　　　　　　　　　　表1-2

岩相描述			颜色	浅红色	深灰色	冰黄色	浅灰色	灰黑色
			构造	块状	层状	块状	气孔状	气孔状
	结构	结晶程度		全晶质	—	完全	隐晶质	
		矿粒大小		0.2~2.0mm	—	2.0~5.0mm	<1.0mm	<1.0mm
		胶结物		—	碳质	硅质	—	
		特征结构		花岗状	致密状	—	斑状	致密状
	矿物成分	重要的		正长石、黑云母	方解石	石英	斜长石、角闪石	斜长石、辉石
		次要的		—	—	—	—	—
		次生的		—	—	—	—	—
	风化情况	矿物光泽		光彩	—	玻璃光泽	玻璃光泽	玻璃光泽(暗淡)
		矿物变化		无显著变化	无变化	—	—	—
		风化程度		新鲜	略经风化	轻度风化	轻度风化	略经风化
		结论		细粒花岗岩	微晶石灰岩	中粒石英砂岩	安山岩	玄武岩

二、岩石的技术性质

岩石的技术性质主要包括物理性质、力学性质、耐久性和化学性质等。

(一)物理性质

各种矿物间不同的组成排列形成了岩石各异的结构性能。从质量和体积的物理观点出发,岩石的内部组成结构是由矿质实体 V_s 和孔隙所组成,孔隙又分为与外界连通的开口孔隙 V_i 和不与外界连通的闭口孔隙 V_n,如图 1-1a)所示。岩石各部分质量与体积的关系,如图 1-1b)所示。

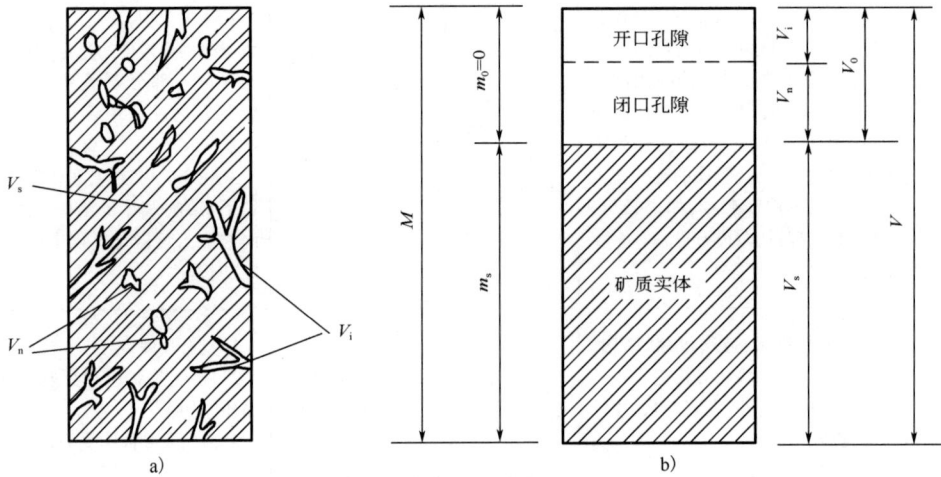

图 1-1 岩石组成结构示意图
a)岩石组成结构示意图;b)岩石质量与体积关系图

矿质实体与孔隙的比例和组成关系在一定程度上决定了岩石的物理力学性质。岩石的物理性质主要包括物理常数、吸水性、膨胀性、耐崩解性等。

1. 物理常数

物理常数反映了岩石矿物的组成结构状态,它与岩石的技术性质有着密切的联系。在道路工程中,岩石最常用的物理常数主要有真实密度、毛体积密度和孔隙率。这些物理常数在一定程度上表征岩石的内部组成结构,可以间接预测岩石的物理力学特性。在混合料组成设计计算时,这些物理常数也是重要的原始资料。

(1)密度

①真实密度

岩石的真实密度又称密度或颗粒密度,是指在规定条件下烘干岩石矿质单位真实体积(不包括开口与闭口孔隙体积)的质量。它是选择建筑材料、研究岩石风化、评价地基基础工程岩体稳定性及确定围岩压力等必需的计算指标。将岩石试样粉碎成能通过 0.315mm 筛孔的岩粉并烘干至恒重,将已知质量岩粉灌入密度瓶中并注入试液(洁净水或煤油),采用煮沸法或真空抽气法排除气体,根据置换原理测定其真实体积,按式(1-1)计算真实密度。

$$\rho_t = \frac{m_s}{V_s} \tag{1-1}$$

式中：ρ_t——岩石的真实密度（g/cm³）；

  m_s——岩石矿质实体的质量（g）；

  V_s——岩石矿质实体的体积（cm³）。

②毛体积密度

岩石的毛体积密度又称块体密度，是指在规定条件下烘干岩石包括孔隙在内的单位体积固体材料的质量，可按式（1-2）计算。它是一个间接反映岩石致密程度、孔隙发育程度的参数，也是评价工程岩体稳定性及确定围岩压力等必需的计算指标。

$$\rho_d = \frac{m_s}{V_s + V_n + V_i} = \frac{m_s}{V} \tag{1-2}$$

式中：ρ_d——岩石的毛体积密度（g/cm³）；

  m_s——岩石的质量（g）；

  V_s——岩石矿质实体的体积（cm³）；

  V_n——岩石闭口孔隙的体积（cm³）；

  V_i——岩石开口孔隙的体积（cm³）；

  V——岩石的毛体积（cm³）。

岩石毛体积密度试验可分为量积法、水中称量法和蜡封法。量积法用于能够制备成规则试件的岩石，水中称量法适用于除遇水崩解、溶解或干缩湿胀外的其他各类岩石，蜡封法适用于不能用量积法和水中称量法进行试验的岩石。

（2）孔隙率

岩石的孔隙结构会影响由其所制成的集料在水泥混凝土（或沥青混合料）中对水泥浆（或沥青）的吸收、吸附等化学交互作用的程度。孔隙率是反映岩石裂隙发育程度的参数，分为开口孔隙率和闭口孔隙率，两者之和为总孔隙率。所谓总孔隙率是指开口孔隙和闭口孔隙的体积之和占岩石试样总体积的百分比。一般提到的岩石孔隙率是指总孔隙率。岩石的孔隙性指标一般不能实测，可根据岩石的真实密度和毛体积密度按式（1-3）计算总孔隙率。

$$n = \left(1 - \frac{\rho_d}{\rho_t}\right) \times 100 \tag{1-3}$$

式中：n——岩石的总孔隙率（%）；

  ρ_t——岩石的真实密度（g/cm³）；

  ρ_d——岩石的毛体积密度（g/cm³）。

2. 吸水性

岩石在规定的条件下吸入水分的能力称为吸水性，通常用吸水率与饱和吸水率来表征。它能有效反映岩石微裂缝的发育程度，用于判断岩石的抗冻和抗风化等性能。

（1）吸水率

吸水率是指在规定条件下，试件最大吸水质量与烘干岩石试件质量之比。测定岩石的吸水率是将已知质量的干燥规则试件逐层加水至浸没，用自由吸水法测定其吸水后质量，按式（1-4）计算。

$$w_a = \frac{m_1 - m}{m} \times 100 \tag{1-4}$$

式中:w_a——岩石吸水率(%);

m_1——岩石试件吸水至恒重时的质量(g);

m——岩石试件烘干至恒重时的质量(g)。

(2)饱和吸水率

饱和吸水率是指在强制条件下,岩石试件的最大吸水质量与烘干试件质量之比。测定岩石的饱和吸水率是将已知质量的干燥规则试件用煮沸法或真空抽气法强制饱水,测定其饱水后的质量,按式(1-5)计算。

$$w_{sa} = \frac{m_2 - m}{m} \times 100 \tag{1-5}$$

式中:w_{sa}——岩石饱和吸水率(%);

m_2——岩石试件经强制饱水后的质量(g);

m——岩石试件烘干至恒重时的质量(g)。

(3)饱水系数

饱水系数是指岩石吸水率与饱和吸水率之比,按式(1-6)计算。它是评价岩石抗冻性的一种指标。

$$K_w = \frac{w_a}{w_{sa}} \tag{1-6}$$

式中:K_w——饱水系数;

其他符号含义同前。

一般来说,岩石的饱水系数为 0.5~0.8。饱水系数越大,说明常压下吸水后留余的空间越有限,岩石越容易被冻胀破坏,因而岩石的抗冻性越差。

岩石的吸水性与孔隙率大小和孔隙构造特征有关。岩石内部独立且封闭的孔隙实际上并不吸水,只有开口且以毛细管连通的孔隙才吸水。孔隙结构相同的岩石,孔隙率越大,吸水率越大;表观密度大的岩石,孔隙率小,吸水率也小。表 1-3 为几种常见岩石的密度和吸水率的测试值。

常用岩石密度和吸水率 表 1-3

岩 石 名 称		密度(g/cm³)	吸水率(%)	岩 石 名 称		密度(g/cm³)	吸水率(%)
岩浆岩	花岗岩	2.30~2.80	0.10~0.92	沉积岩	砂岩	2.20~2.71	0.20~12.19
	辉长岩	2.55~2.98	—		石灰岩	2.30~2.77	0.10~4.55
	辉绿岩	2.53~2.97	0.22~5.00	变质岩	片麻岩	2.30~3.05	0.10~3.15
	安山岩	2.30~2.70	—		石英岩	2.40~2.80	0.10~1.45
	玄武岩	2.50~3.10	0.30~2.69				

3. 膨胀性

对具有黏土矿物的岩层,必须了解岩石膨胀特性,以便控制开挖过程中地下水对岩层、岩体的影响。岩石的膨胀性通常采用膨胀率表征,分为岩石自由膨胀率、岩石侧向约束膨胀率和岩石膨胀压力。

岩石的自由膨胀率是指岩石试件在浸水后产生的径向和轴向变形分别与试件直径和高度之比，以百分率表示，分别按式(1-7)和式(1-8)计算。

$$V_{\mathrm{H}} = \frac{\Delta H}{H} \times 100 \tag{1-7}$$

$$V_{\mathrm{D}} = \frac{\Delta D}{D} \times 100 \tag{1-8}$$

式中：V_{H}——岩石轴向自由膨胀率(%)；

$\quad V_{\mathrm{D}}$——岩石径向自由膨胀率(%)；

$\quad \Delta H$——试件轴向变形值(mm)；

$\quad H$——试件高度(mm)；

$\quad \Delta D$——试件径向平均变形值(mm)；

$\quad D$——试件直径或边长(mm)。

岩石侧向约束膨胀率是指岩石试件在有侧限条件下，轴向受有限荷载时，浸水后产生的轴向变形与试件原高度之比，以百分率表示，按式(1-9)计算。

$$V_{\mathrm{HP}} = \frac{\Delta H_1}{H} \times 100 \tag{1-9}$$

式中：V_{HP}——岩石侧向约束膨胀率(%)；

$\quad \Delta H_1$——有侧向约束试件的轴向变形值(mm)；

$\quad H$——试件高度(mm)。

岩石的膨胀压力 P_{S} 是指岩石试件浸水后保持原形或体积不变所需要的压力，按式(1-10)计算。

$$P_{\mathrm{S}} = \frac{F}{A} \tag{1-10}$$

式中：F——轴向荷载(N)；

$\quad A$——试件截面积(mm²)。

4.耐崩解性

耐崩解性反映岩石试样在一定条件下抵抗遇水软化和崩解剥落的能力，包括崩解量、崩解指数、崩解时间和崩解状况，主要用于岩石分类，通常适用于质地疏松、风化或含有亲水性黏土矿物的岩石。耐崩解性常用崩解指数表征，指岩石试件干湿循环后残留质量与原质量之比，以百分率表示，按式(1-11)计算。

$$I_{\mathrm{d2}} = \frac{m_{\mathrm{r2}} - m_0}{m_{\mathrm{s}} - m_0} \times 100 \tag{1-11}$$

式中：I_{d2}——岩石(二次循环)耐崩解性指数(%)；

$\quad m_0$——圆柱筛筒烘干质量(g)；

$\quad m_{\mathrm{s}}$——圆柱筛筒质量与原试样烘干质量的和(g)；

$\quad m_{\mathrm{r2}}$——圆柱筛筒质量与第二次循环后残留试样烘干质量的和(g)。

(二)力学性质

道路工程所用岩石除了应具有一定的抗压、抗折和抗剪强度外，还须具备抵抗冲击、抗磨光、抗磨耗等性能,其中岩石的抗压强度和抗磨耗性是考查路用岩石性能的两个主要指标。由于道路工程用岩石多轧制成集料使用,因此抗磨耗、抗冲击和抗磨光等性能将在本章第二节集料力学性质中讨论。

1. 单轴抗压强度

单轴抗压强度是反映岩石力学性质的重要指标。岩石的单轴抗压强度是指将岩石制备成规定的标准试件,经饱水处理后在单轴受压并按规定的加载条件下,达到极限破坏时单位面积承受的压力,按式(1-12)计算。

$$R = \frac{P}{A} \tag{1-12}$$

式中:R——岩石的单轴抗压强度(MPa);

P——试件极限破坏时的荷载(N);

A——试件的截面积(mm^2)。

在道路工程中,岩石试件为边长 50mm ± 2mm 的正方体试件(或直径和高度均为 50mm ± 2mm 的圆柱体试件);在桥梁工程中,试件为边长 70mm ± 2mm 的正方体试件。

岩石单轴抗压强度值取决于内因和外因两方面因素。内因主要指岩石的组成结构,如矿物组成、岩石的结构及孔隙构造、裂隙的分布;外因主要指试验条件,如试件几何尺寸、加载速率、温度和湿度等。

2. 单轴压缩变形

单轴压缩变形试验用于测定岩石试件在单轴压缩应力条件下的轴向及径向应变值,据此计算岩石的弹性模量和泊松比。弹性模量是指轴向应力与轴向应变之比,按式(1-13)计算;泊松比是指在弹性模量相对应条件下的横向应变与纵向应变之比,按式(1-14)计算。岩石的单轴压缩变形试验是将岩石制成直径 50mm ± 2mm、高径比 2:1 的圆柱体标准试件后,采用电阻应变仪法(适用于坚硬或较坚硬岩石)和千分表法(适用于较软岩石)测试试件加载过程中的变形值。

$$E = \frac{\sigma_{0.8} - \sigma_{0.2}}{\varepsilon_{L0.8} - \varepsilon_{L0.2}} \tag{1-13}$$

$$\mu = \frac{\varepsilon_{H0.8} - \varepsilon_{H0.2}}{\varepsilon_{L0.8} - \varepsilon_{L0.2}} \tag{1-14}$$

式中: E——弹性模量(MPa);

μ——泊松比;

$\varepsilon_{H0.8}$、$\varepsilon_{H0.2}$——应力分别为 $\sigma_{0.8}$、$\sigma_{0.2}$ 时的横向应变值;

$\varepsilon_{L0.8}$、$\varepsilon_{L0.2}$——应力分别为 $\sigma_{0.8}$、$\sigma_{0.2}$ 时的纵向应变值;

$\sigma_{0.8}$、$\sigma_{0.2}$——加载最大值的 0.8 倍和 0.2 倍时的试件应力(MPa)。

3. 劈裂强度

在工程实践中,岩石一般不允许出现拉应力,但岩石的抗拉能力较弱,拉断破坏仍是工程岩体的主要破坏方式之一。通常采用抗拉强度表征岩石的抗拉能力,按劈裂法(间接拉伸法)测定。将岩石制备成直径为 50mm ± 2mm、高径比为 0.5 ~ 1.0 的标准圆柱体试件,采用劈裂法在规定条件下加压,直至试件劈裂破坏,按式(1-15)计算劈裂强度。

$$\sigma_t = \frac{2P}{\pi DH} \tag{1-15}$$

式中：σ_t——岩石的劈裂强度（MPa）；

P——破坏时的极限荷载（N）；

D——圆柱体试件的直径（mm）；

H——圆柱体试件的高度（mm）。

4. 抗剪强度

抗剪强度是指岩石试件在剪切面上所能承受的极限剪应力，是岩体基础设计的基本参数。抗剪强度试验为适用于岩石结构面、岩石本身及混凝土或砂浆与岩石胶结面的直剪试验，利用直剪仪对岩石试件施加法向荷载和剪切荷载直至试件破坏，观察其破坏形状，按式(1-16)和式(1-17)计算法向应力和剪应力。

$$\sigma = \frac{P}{A} \tag{1-16}$$

$$\tau = \frac{Q}{A} \tag{1-17}$$

式中：σ——法向应力（MPa）；

τ——剪应力（MPa）；

P——法向荷载（N）；

Q——剪切荷载（N）；

A——有效剪切面积（mm^2）。

5. 点荷载强度

点荷载强度反映了岩石各向异性的特点，为岩石分级和石料抗压强度计算提供设计参数。点荷载强度试验适用于除极软岩以外的各类岩石，是将岩石钻芯取样，利用点荷载试验仪对岩芯试样进行径向和轴向加载直至破坏，以点荷载强度指数表征。所谓点荷载强度指数是指点荷载试验中岩石试件压裂时所施加的荷载除以两锥头间距的平方，按式(1-18)计算。

$$I_s = \frac{P}{D_e^2} \tag{1-18}$$

式中：I_s——未经修正的岩石点荷载强度指数（MPa）；

P——破坏荷载（N）；

D_e——等效岩芯直径（mm）。

6. 抗折强度

岩石抗折强度是指岩石在荷载作用下受弯至折断时产生的极限弯曲应力，它是评价岩石板材、条石基础和条石路面等建筑材料的主要力学指标。将石料制成50mm×50mm×250mm的长方体试件，在规定条件下施加荷载直至试件折断破坏，按式(1-19)计算抗折强度。

$$R_b = \frac{3PL}{2bh^2} \tag{1-19}$$

式中：R_b——抗折强度（MPa）；

P——破坏荷载（N）；

L——支点跨距(mm),一般采用200mm;

b——试件断面宽(mm);

h——试件断面高(mm)。

(三)耐久性

岩石的耐久性表现为承受干湿、冻融等环境条件、交通条件的变化而不老化、不劣化的抵抗能力,采用抗冻性试验和坚固性试验进行评价。

1.抗冻性试验

抗冻性试验是指试件在浸水条件下,经多次冻结与融化作用后测定试件的质量损失以及单轴饱水抗压强度的变化。岩石的抗冻性用两个直接指标表示:一个为冻融系数,另一个为质量损失率。

冻融系数是指冻融试验后试件饱水抗压强度与冻融试验前试件饱水抗压强度之比,按式(1-20)计算。

$$K_f = \frac{R_f}{R_s} \times 100 \qquad (1\text{-}20)$$

式中:K_f——冻融系数(%);

R_f——经若干次冻融试验后的试件饱水抗压强度(MPa);

R_s——未经冻融试验的试件饱水抗压强度(MPa)。

质量损失率是指冻融试验前后的干试件质量差与冻融前干试件质量的比值,按式(1-21)计算。

$$L = \frac{m_s - m_f}{m_s} \times 100 \qquad (1\text{-}21)$$

式中:L——冻融后的质量损失率(%);

m_s——冻融试验前烘干试件的质量(g);

m_f——冻融试验后烘干试件的质量(g)。

一般认为冻融系数大于75%,质量损失率小于2%时,为抗冻性好的岩石。吸水率小于0.5%,软化系数大于0.75以及饱水系数小于0.8的岩石,具有足够的抗冻性。对于一般道路工程,往往根据上述标准来确定是否需要进行岩石的抗冻性试验。

2.坚固性试验

坚固性试验是基于岩石在硫酸钠饱和溶液浸泡以及干燥过程中,硫酸钠产生结晶形成膨胀压力,导致岩石破坏和剥落,采用浸泡前后的质量损失率以评价耐久性,按式(1-22)计算。其一般适用于质地坚硬的岩石,有条件者宜采用直接冻融法测试岩石抗冻性。

$$Q = \frac{m_1 - m_2}{m_1} \times 100 \qquad (1\text{-}22)$$

式中:Q——硫酸钠浸泡质量损失率(%);

m_1——试验前烘干试件的质量(g);

m_2——试验后烘干试件的质量(g)。

(四)化学性质

1. 酸碱性

二氧化硅(SiO_2)和氧化钙(CaO)是岩石组成中最主要的两种化学成分,两者的比例决定了石料的酸碱性。通常,石料按 SiO_2 的含量可分为酸性岩类(SiO_2 含量 $>65\%$),如花岗岩、流纹岩、石英岩等;中性岩类(SiO_2 含量 $52\% \sim 65\%$),如闪长岩、辉绿岩等;碱性岩类(SiO_2 含量 $45\% \sim 52\%$),如辉长岩、玄武岩等;超碱性岩类(SiO_2 含量 $<45\%$),如橄榄岩等,如图 1-2 所示。

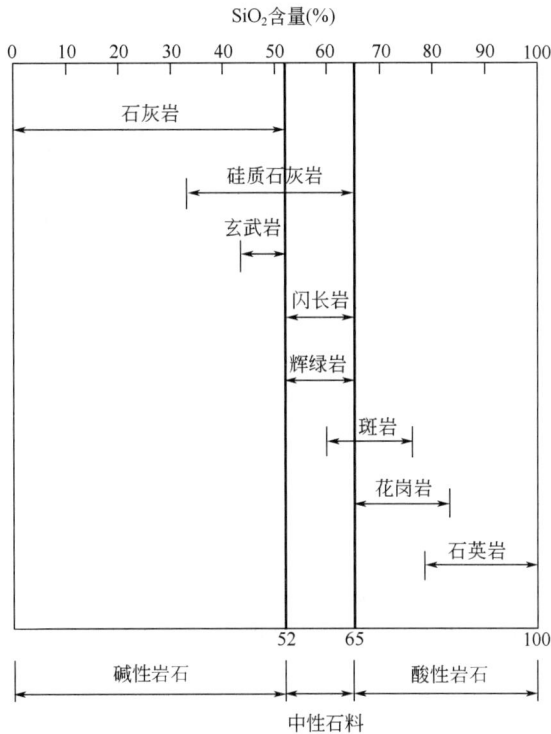

图 1-2 岩石酸碱性分类(按 SiO_2 含量)

一般情况下,酸性岩石强度高,耐磨性好,但与沥青黏附性差;碱性岩石强度低,耐磨性差,但与沥青黏附性较好。由于造岩矿物种类繁多,同类或同种岩石的酸碱性也无统一的标准,因此通常在初步确定岩石的酸碱性后,需要进行相关试验,以检验岩石与沥青的黏附能力。

2. 黏附性

岩石的黏附性直接影响到沥青混合料的使用性能,其中由于岩石与沥青的黏结性能不良而造成的沥青混合料剥离是沥青路面常见的破坏形式之一。

岩石与沥青的黏附性不仅取决于岩石的性质,同时也取决于沥青的性质。从岩石本身看,影响它与沥青黏附性的主要因素是岩石的化学性质和岩石的表面特征。岩石的化学性质主要是指岩石的化学成分决定其表面电荷的性质与分布,从而影响岩石与沥青分子和水分子的吸附关系。岩石的表面特征是指岩石表面粗糙程度及比表面积对沥青吸附能力的影响。一般来说,表面粗糙、微孔隙多、孔径大的岩石的吸附能力较强,碱性岩石的吸附能力要优于酸性岩石。

岩石和沥青的黏附性试验采用水煮法或水浸法进行测定。前者适用于粒径大于13.2mm的集料,后者适用于粒径小于或等于13.2mm的集料。对于同一种料源,最大粒径既有大于又有小于13.2mm的集料时,应取大于13.2mm水煮法试验为标准。对细粒式沥青混合料,应以水浸法试验为标准。

三、岩石的分级

根据岩石饱和单轴抗压强度,岩石按其坚硬程度可分为坚硬岩、较硬岩、较软岩、软岩和极软岩,见表1-4。

岩石坚硬程度分级 表1-4

坚硬程度等级		饱和单轴抗压强度 R(MPa)	代表性岩石
硬质岩	坚硬岩	$R>60$	未风化至微风化的花岗岩、闪长岩、辉绿岩、玄武岩、安山岩、片麻岩、石英岩、石英砂岩、硅质砾岩、硅质石灰岩等
	较硬岩	$60 \geqslant R>30$	1. 微风化的坚硬岩; 2. 未风化至微风化的大理岩、板岩、石灰岩、白云岩、钙质砂岩等
软质岩	较软岩	$30 \geqslant R>15$	1. 中风化至强风化的坚硬岩或较硬岩; 2. 未风化至微风化的凝灰岩、千枚岩、泥灰岩、砂质泥岩等
	软岩	$15 \geqslant R>5$	1. 强风化的坚硬岩或较硬岩; 2. 中风化至强风化的较软岩; 3. 未风化至微风化的页岩、泥岩、泥质砂岩等
极软岩		$R \leqslant 5$	1. 全风化的各种岩石; 2. 各种半成岩

注:《岩土工程勘察规范》(2009年版)(GB 50021—2001)、《公路隧道设计规范 第一册 土建工程》(JTG 3370.1—2018)、《公路桥涵地基与基础设计规范》(JTG 3363—2019)。

第二节 集 料

一、集料的分类

集料是由不同粒径矿质颗粒组成,并在混合料中起骨架和填充作用的粒料。按粒径范围,其可分为粗集料、细集料和矿粉。

在沥青混合料中,粗集料是指粒径大于2.36mm的碎石、破碎砾石、筛选砾石及矿渣等,细集料是指粒径小于2.36mm的天然砂、人工砂(包括机制砂)及石屑等;在水泥混凝土中,粗集料是指粒径大于4.75mm的碎石、砾石及破碎砾石,细集料是指粒径小于4.75mm的天然砂、人工砂等。矿粉是由石灰岩等碱性石料经磨细加工得到的,在沥青混合料中起填充作用的以碳酸钙为主要成分的矿物质粉末,也称填料。具体来说,集料主要可分为以下几种。

砾石,是指由自然风化、水流搬运和分选、堆积形成的粒径大于4.75mm的岩石颗粒。

碎石,是指将天然岩石或砾石经机械破碎、筛分制成的粒径大于4.75mm的岩石颗粒。

天然砂,是指由自然风化、水流冲刷或自然堆积形成的且粒径小于4.75mm的岩石颗粒,包括河砂、海砂和山砂等。

人工砂,是指经人为加工处理得到的符合规格要求的细集料,通常是对石料采取真空抽吸法除去大部分土和细粉,或将石屑水洗得到的洁净的细集料。从广义上分类,机制砂、矿渣砂和煅烧砂都属于人工砂。其中,机制砂是指由碎石及砾石经制砂机反复破碎加工至粒径小于2.36mm的人工砂,亦称破碎砂。

石屑,是指采石场加工碎石时通过最小筛孔(通常为2.36mm或4.75mm)的筛下部分,也称筛屑。

工业冶金矿渣,一般指金属冶炼过程中排出的非金属熔渣,常指高炉矿渣和钢渣等。

二、集料的技术性质

集料的技术性质,按其内在品质分为物理性质、力学性质和化学性质等。按技术性质要求,可分为两类:一类是反映材料来源的"资源特性",或称为料源特性,它是由石料产地所决定的,如密度、压碎值、磨光值等;另一类是反映加工水平的"加工特性",如集料级配、针片状颗粒含量、破碎砾石的破碎面比例、棱角性、含泥量等。

(一)物理性质

物理性质包括由料源特性决定的物理常数和加工特性两部分。

1. 物理常数

集料是矿质颗粒的散状混合物,不仅包括矿物及矿物间的开口孔隙和闭口孔隙,还包括矿质颗粒间的空隙。集料的体积和质量的关系如图1-3所示。

(1)表观密度

表观密度也称视密度,是指在规定条件下,烘干集料矿质实体单位表观体积(包括闭口孔隙在内的矿物实体的体积)的质量,按式(1-23)计算。

$$\rho_a = \frac{m_s}{V_s + V_n} \qquad (1\text{-}23)$$

式中:ρ_a——集料的表观密度(g/cm^3);

m_s——集料矿质实体的质量(g);

V_s——集料矿质实体的体积(cm^3);

V_n——集料矿质实体中闭口孔隙的体积(cm^3)。

表观密度的测定方法,粗集料采用网篮法,当颗粒较小时也可采用容量瓶法;细集料(主要指天然砂、石屑、机制砂)采用容量瓶法,仅适用于含有少量大于2.36mm部分的细集料。

(2)毛体积密度

集料的毛体积密度定义与岩石相同,但由于尺寸和

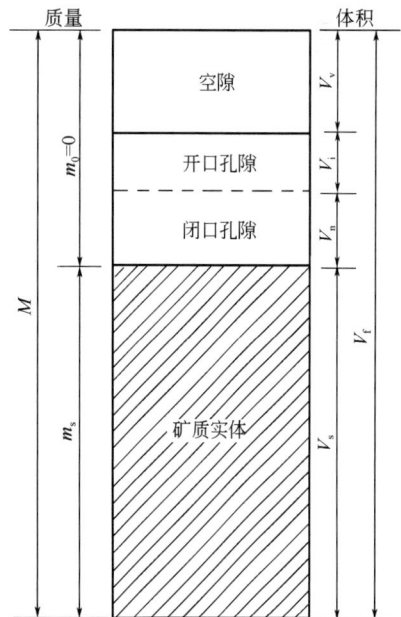

图1-3 集料体积与质量关系示意图

形状上的差异,测试方法有所不同。根据《公路工程集料试验规程》(JTG E42—2005),集料的毛体积密度采用网篮法或容量瓶法测定。

2. 加工特性

(1)堆积密度

堆积密度是指单位体积(含物质颗粒固体及其闭口、开口孔隙体积及颗粒间空隙体积)物质颗粒的质量,按式(1-24)计算。

$$\rho = \frac{m_s}{V_f} \tag{1-24}$$

式中: ρ ——矿质集料的堆积密度(g/cm^3);

V_f ——矿质集料堆积体积(cm^3), $V_f = V_s + V_n + V_i + V_v$;

V_i ——集料颗粒矿质实体中开口孔隙的体积(cm^3);

V_v ——集料颗粒间的空隙体积(cm^3);

其他符号意义同前。

集料的堆积密度分为自然堆积密度、振实密度和捣实密度。自然堆积密度是指以自由落入方式装填集料,所测的密度又称为松装密度;振实密度是将集料分三层装入容器筒中,在容器底部放置一根直径25mm的圆钢筋,每装一层集料后,将容器筒左右交替颠击地面25次所测得的密度;捣实密度是将集料分三层装入容器中,每层用捣棒捣实25次所测得的密度。振实密度和捣实密度又称为紧装密度。

(2)空隙率

空隙率反映了集料的颗粒间相互填充的致密程度,是指集料在某种堆积状态下的空隙体积(含开口孔隙)占堆积体积的百分率,按式(1-25)计算。

$$n = \frac{V_v + V_i}{V_f} \times 100 \tag{1-25}$$

式中: n ——集料的空隙率(%);

其他符号意义同前。

空隙率也可以用堆积密度与表观密度表示,按式(1-26)计算。

$$n = \left(1 - \frac{\rho}{\rho_a}\right) \times 100 \tag{1-26}$$

式中: ρ ——集料的堆积密度(g/cm^3);

ρ_a ——集料的表观密度(g/cm^3)。

在松装和紧装状态下,粗集料的空隙率分别为43%~48%和37%~42%,细集料的空隙率分别为35%~50%和30%~40%。

(3)粗集料骨架间隙率

骨架间隙率通常指4.75mm以上粗集料在捣实状态下颗粒间空隙体积的百分含量,由式(1-27)计算。粗集料骨架间隙率用于确定混合料中细集料和结合料的数量,并评价集料的骨架结构。

$$VCA = \left(1 - \frac{\rho_c}{\rho_b}\right) \times 100 \tag{1-27}$$

式中: VCA——粗集料骨架间隙率(%);

ρ_c——粗集料的装填密度（g/cm³）；

ρ_b——粗集料的表观密度或毛体积密度（g/cm³）。

（4）细集料的棱角性

细集料的棱角性对沥青混合料和水泥混凝土的施工性能和使用性能有重要的影响，尤其是对沥青混合料的抗流动变形能力以及水泥混凝土的和易性更为显著。细集料的棱角性可采用间隙率法和流动时间法测定。

间隙率法采用细集料棱角性测定仪，测定一定量的细集料通过标准漏斗装入标准容器中的间隙率来表征细集料的棱角性，按式（1-28）计算。

$$U = \left(1 - \frac{\gamma_{fa}}{\gamma_b}\right) \times 100 \tag{1-28}$$

式中：U——细集料的间隙率，即棱角性（%）；

γ_{fa}——细集料的松装相对密度；

γ_b——细集料的毛体积相对密度。

流动时间法采用细集料流动时间测定仪，通过测定一定体积的细集料（机制砂、石屑、天然砂）全部通过标准漏斗所需要的流动时间来表征细集料的棱角性。

（5）粗集料的针片状颗粒含量

针片状颗粒是指粗集料中细长的针状颗粒与扁平的片状颗粒。当颗粒形状的各方向中的最小厚度（或直径）与最大长度（或宽度）的尺寸之比小于规定比例时，也属于针片状颗粒。粗集料的颗粒形状对集料颗粒间的嵌挤力有着显著影响，比较理想的形状是接近球体或立方体。而针片状颗粒本身容易折断，回旋阻力和空隙率大，会降低集料与沥青的黏附性能以及水泥混凝土的和易性与强度，因此必须对其含量加以限制。对于粗集料针片状颗粒含量测定方法，水泥混凝土用集料采用规准仪法，沥青混合料用集料采用卡尺法。

（6）含泥量和泥块含量

含泥量和泥块含量反映了集料的洁净程度。存在于集料中或包裹在集料颗粒表面的泥土会降低水泥的水化反应速度，削弱集料与水泥或沥青间的黏结能力，从而影响混合料的整体强度和耐久性，因此必须对其含量加以限制。

①含泥量与石粉含量

含泥量是指集料中粒径小于0.075mm的颗粒含量，其中人工砂中小于0.075mm的颗粒含量又称为石粉含量。严格来讲，含泥量应是集料中的泥土含量，而采用筛洗法得到的粒径小于0.075mm的颗粒中实际包含矿粉、细砂与黏土成分，而筛洗法很难将这些成分加以区别。将通过0.075mm颗粒部分全都当作"泥土"的做法欠妥，因此，《公路沥青路面施工技术规范》（JTG F40—2004）规定：细集料的洁净程度，天然砂以小于0.075mm含量的百分数表示，石屑和机制砂以砂当量（适用于0~4.75mm）或亚甲蓝值（适用于0~2.36mm或0~0.15mm）表示。

②泥块含量

泥块含量是指粗集料中原尺寸大于4.75mm（细集料为1.18mm），但经水浸洗、手捏后小于2.36mm（细集料为0.6mm）的颗粒含量。集料中的泥块主要以三种形式存在：由纯泥组成的团块，由砂、石屑与泥组成的团块，包裹在集料颗粒表面的泥土。

（7）表面特征

表面特征指集料表面的粗糙程度及孔隙特征等，与集料的材质、岩石结构、矿物组成及其受冲刷、腐蚀程度有关。一般来说,集料的表面特征主要影响集料与结合料之间的黏结性能,从而影响到混合料的强度,尤其是抗折强度。在外力作用下,表面粗糙的集料颗粒间的位移较困难,其摩阻力较表面光滑、无棱角颗粒要大些,但是会影响集料的施工和易性。此外,表面粗糙、具有吸收水泥浆或沥青中轻质组分的孔隙特征的集料,与结合料间的黏结能力较强,而表面光滑的一般较差。

(二)力学性质

粗集料在路面结构层或混合料中起着骨架的作用,反复受到车轮的碾压,因此应具有一定的强度和刚度,同时还应具备耐磨、抗磨耗和抗冲击的性能。这些性能用压碎值、磨光值、冲击值和磨耗值等指标来表征。

1. 压碎值

集料压碎值是集料在连续增加的荷载作用下抵抗压碎的能力,是衡量集料强度的一个相对指标,用以鉴定集料品质。集料的压碎值是对集料的标准试样在规定条件下加荷,测试集料被压碎后 2.36mm 标准筛上通过质量的百分率,按式(1-29)计算。

$$Q'_a = \frac{m_1}{m_0} \times 100 \tag{1-29}$$

式中:Q'_a——集料压碎值(%);

m_0——试验前试样质量(g);

m_1——试验后通过 2.36mm 筛孔的集料质量(g)。

2. 磨光值

磨光值是反映集料抵抗轮胎磨光作用能力的指标。使用高磨光值的集料(如玄武岩、安山岩、砂岩和花岗岩等)铺筑路面表层,可提高路表的抗滑能力,保障车辆行驶的安全性。集料的磨光值 PSV 是将粒径 9.5 ~ 13.2mm 并剔除针片状颗粒的集料制成试件,加速磨光后测定磨光后集料的摩擦系数 PSV_{ra},按式(1-30)计算。

$$PSV = PSV_{ra} + 49 - PSV_{bra} \tag{1-30}$$

式中:PSV_{bra}——标准试件的摩擦系数。

3. 冲击值

冲击值反映了集料抵抗多次连续重复冲击荷载作用的能力。对于路面表层,冲击值是一项重要的检测指标。集料的冲击值试验是按规定方法称取粒径 9.5 ~ 13.2mm 集料试样质量,并将其装入钢筒中捣实,然后用质量为 13.75kg 的冲击锤沿导杆自 380mm ±5mm 处自由下落,按规定连续锤击集料,测试试验后集料 2.36mm 标准筛上通过质量的百分率,按式(1-31)计算。

$$AIV = \frac{m_2}{m} \times 100 \tag{1-31}$$

式中:AIV——集料的冲击值(%);

m——试样总质量(g);

m_2——冲击破碎后通过 2.36mm 筛的试样质量(g)。

4. 磨耗值

磨耗值反映了集料抵抗车轮撞击及磨耗的能力。一般磨耗损失小的集料坚硬、耐磨并且耐久性好。沥青混合料和基层所用集料的磨耗值一般采用洛杉矶试验测试,沥青混合料抗滑表层所用集料的磨耗值通常采用道瑞试验测试。

洛杉矶磨耗试验又称搁板式磨耗试验,是将规定级配的集料与一定数目的钢球同时加入洛杉矶磨耗试验机的圆筒中,圆筒在规定条件下旋转摩擦 500 次后取出集料试样,测试试验后集料 1.7mm 标准筛上通过质量的百分率,按式(1-32)计算磨耗损失。

$$Q = \frac{m_1 - m_2}{m_1} \times 100 \tag{1-32}$$

式中:Q——洛杉矶磨耗损失(%);

m_1——装入圆筒中试样质量(g);

m_2——试验后在 1.7mm 筛上洗净烘干的试样质量(g)。

道瑞磨耗试验是将粒径为 9.5 ~ 13.2mm 的洁净干燥集料试样单层紧排于两个试模内,然后排砂并用环氧树脂砂浆填充密实,经 24h 常温养护后拆模清砂,取出试件并称其质量 m_1,再将试件固定于道瑞磨耗机上,在规定条件下旋转摩擦 500 圈后,取出试件,清砂后称取质量 m_2,按式(1-33)计算磨耗值。

$$AAV = \frac{3(m_1 - m_2)}{\rho_s} \tag{1-33}$$

式中:AAV——集料的道瑞磨耗值;

m_1——磨耗前试件的质量(g);

m_2——磨耗后试件的质量(g);

ρ_s——集料的表干密度(g/cm³)。

5. 坚固性

集料的坚固性,与石料的坚固性定义类似,是采用饱和硫酸钠溶液多次浸泡与烘干循环,测定集料试样承受硫酸钠结晶压而不发生显著破坏或强度降低的性能。具体试验方法参照《公路工程集料试验规程》(JTG E42—2005)。

(三)化学性质

1. 集料碱活性

如果集料具有碱活性,就会发生集料碱活性反应,将对水泥混凝土性能尤其是耐久性产生不利影响。集料碱活性反应分两种:碱—硅酸反应和碱—碳酸盐反应。

集料的碱活性以集料试件在规定龄期内的膨胀率表征。一般采用岩相法鉴定所用集料的种类和成分,以确定碱活性集料的种类和数量;采用砂浆长度法鉴定水泥中的碱活性集料间的反应所引起的膨胀是否具有潜在危害。

2. 有机物含量

集料中有机物含量过多,会延缓水泥的硬化过程,降低混凝土强度特别是早期强度。集料有机物含量试验采用比色法测定:将粗集料试样过 19mm 筛(细集料为 4.75mm 筛),取筛上部分集料,将其注入 3% 的氢氧化钠溶液,通过比较混合液上部溶液与标准溶液的色泽以确定集料有机物含量是否符合规定。

3. 细集料的三氧化硫含量

天然砂中常掺杂有硫铁矿(FeS_2)或石膏($CaSO_4 \cdot 2H_2O$)的碎屑,如含量过多,将在已硬化的混凝土中与水化铝酸钙发生反应,生成水化硫铝酸钙,体积膨胀,破坏水泥混凝土的内部结构。细集料的三氧化硫含量试验用于测定砂中是否含有有害的硫酸盐、硫化物,利用硫离子与钡离子反应生成 $BaSO_4$ 白色沉淀的化学反应,通过测定沉淀质量反算集料中的硫含量,并换算成 SO_3 含量表征。

4. 细集料的云母含量

云母呈薄片状,表面光滑,极易沿节理裂开,与水泥和沥青的黏附性极差。若砂中含有云母,对沥青混合料的黏附性、耐久性以及混凝土拌合物的和易性、硬化后混凝土的强度、抗冻性和抗渗性都有不利的影响。细集料的云母含量以云母占细集料总质量的百分比表征。

5. 细集料的轻物质含量

轻物质是指集料中表观密度小于 $2.0g/cm^3$ 的颗粒,如煤和褐煤等,它们的强度普遍较低,会降低混凝土的强度与耐久性。细集料的轻物质含量以轻物质占细集料总质量的百分比表征。

三、集料的技术要求

1. 沥青混合料用集料技术要求

《公路沥青路面施工技术规范》(JTG F40—2004)对集料的技术要求见表1-5 和表1-6。

沥青混合料用粗集料技术要求   表 1-5

指 标		高速公路及一级公路		其他等级公路
		表面层	其他层次	
表观相对密度		≥2.60	≥2.50	≥2.45
石料压碎值(%)		≤26	≤28	≤30
洛杉矶磨耗损失(%)		≤28	≤30	≤35
吸水率(%)		≤2.0	≤3.0	≤3.0
坚固性(%)		≤12	≤12	—
针片状颗粒含量(混合料)(%)		≤15	≤18	≤20
其中粒径大于9.5mm(%)		≤12	≤15	—
其中粒径小于9.5mm(%)		≤18	≤20	—
水洗法<0.075mm 颗粒含量(%)		≤1	≤1	≤1
软石含量(%)		≤3	≤5	≤5
表面层所用粗集料: 不同年降雨量(mm)磨光值 PSV	<250	≥36	—	—
	250 ~ 500	≥38	—	—
	500 ~ 1000	≥40	—	—
	>1000	≥42	—	—

续上表

指　标		高速公路及一级公路		其他等级公路
		表面层	其他层次	
表面层所用粗集料： 不同年降雨量(mm)粗集料的黏附性	<250	≥3	≥4	≥4
	250~500	≥4	≥4	≥4
	500~1000	≥4	≥3	≥3
	>1000	≥3	≥3	≥3

注：1. 用于高速公路、一级公路时，多孔玄武岩的视密度可放宽至2.45t/m³，吸水率可放宽至3%，但必须得到建设单位批准，且不得用于SMA路面。

2. 对S14即3~5mm规格的粗集料，针片状颗粒含量可不予要求，小于0.075mm含量可放宽到3%。

沥青混合料用细集料技术要求　　　　表1-6

项　　目	高速公路及一级公路	其他等级公路
表观相对密度	≥2.50	≥2.45
坚固性(>0.3mm部分)(%)	≥12	—
含泥量(<0.075mm的含量)(%)	≤3	≤5
砂当量(%)	≥60	≥50
亚甲蓝值(g/kg)	≤25	—
棱角性(流动时间)(s)	≥30	—

2. 路面水泥混凝土用集料技术要求

《公路水泥混凝土路面施工技术细则》(JTG/T F30—2014)对集料技术要求见表1-7和表1-8。

路面水泥混凝土用粗集料技术要求　　　　表1-7

项次	项　　目	技　术　要　求			试　验　方　法
		Ⅰ级	Ⅱ级	Ⅲ级	
1	碎石压碎值(%)，≤	18.0	25.0	30.0	JTG E42 T0316
2	卵石压碎值(%)，≤	21.0	23.0	26.0	JTG E42 T0316
3	坚固性(按质量损失计)(%)，≤	5.0	8.0	12.0	JTG E42 T0314
4	针片状颗粒含量(按质量计)(%)，≤	8.0	15.0	20.0	JTG E42 T0311
5	含泥量(按质量计)(%)，≤	0.5	1.0	2.0	JTG E42 T0310
6	泥块含量(按质量计)(%)，≤	0.2	0.5	0.7	JTG E42 T0310
7	吸水率[①](按质量计)(%)，≤	1.0	2.0	3.0	JTG E42 T0307
8	硫化物及硫酸盐含量[②] (按SO₃质量计)(%)，≤	0.5	1.0	1.0	GB/T 14685
9	洛杉矶磨耗损失[③](%)，≤	28.0	32.0	35.0	JTG E42 T0317
10	有机物含量(比色法)	合格	合格	合格	JTG E42 T0313

项次	项　目		技 术 要 求			试 验 方 法
			Ⅰ级	Ⅱ级	Ⅲ级	
11	岩石抗压强度②(MPa),≥	岩浆岩	100			JTG E41 T0221
		变质岩	80			
		沉积岩	60			
12	表观密度(kg/m³),≥		2500			JTG E42 T0308
13	松散堆积密度(kg/m³),≥		1350			JTG E42 T0309
14	空隙率(%),≤		47			JTG E42 T0309
15	磨光值③(%),≤		35.0			JTG E42 T0321
16	碱活性反应②		不得有碱活性反应或疑似碱活性反应			JTG E42 T0325

注:①有抗冰冻、抗盐冻要求时,应检验粗集料吸水率。
　　②硫化物及硫酸盐含量、岩石抗压强度、碱活性反应,在粗集料使用前应至少检验一次。
　　③洛杉矶磨耗损失、磨光值仅在要求制作露石水泥混凝土面层时检测。

路面水泥混凝土用细集料技术要求

表1-8

项次	项　目		技 术 要 求			试 验 方 法
			Ⅰ级	Ⅱ级	Ⅲ级	
1	机制砂母岩的抗压强度(MPa),≥		80.0	60.0	30.0	JTG E41 T0221
2	机制砂母岩的磨光值,≥		38.0	35.0	30.0	JTG E42 T0321
3	机制砂单粒级最大压碎值指标(%),≤		20.0	25.0	30.0	JTG E42 T0350
4	坚固性(按质量损失计)(%),≤		6.0	8.0	10.0	JTG E42 T0340
5	氯离子含量①(按质量计)(%),≤		0.01	0.02	0.06	GB/T 14684
6	云母含量(按质量计)(%),≤		1.0	2.0	2.0	JTG E42 T0337
7	硫化物及硫酸盐含量①(按SO₃质量计)(%),≤		0.5	0.5	0.5	JTG E42 T0341
8	泥块含量(按质量计)(%),≤		0	0.5	1.0	JTG E42 T0335
9	石粉含量(%),<	MB值<1.40或合格	3.0	5.0	7.0	JTG E42 T0349
		MB值≥1.40或不合格	1.0	3.0	5.0	
10	轻物质含量(按质量计)(%),≤		1.0			JTG E42 T0338
11	吸水率(%),≤		2.0			JTG E42 T0330
12	表观密度(kg/m³),≥		2500			JTG E42 T0328
13	松堆积密度(kg/m³),≥		1400			JTG E42 T0331
14	空隙率(%),≤		45.0			JTG E42 T0331
15	有机物含量(比色法)		合格			JTG E42 T0336
16	碱活性反应①		不得有碱活性反应或疑似碱活性反应			JTG E42 T0325

注:①氯离子含量、硫化物及硫酸盐含量、碱活性反应,在机制砂使用前应至少检验一次。

3. 桥涵水泥混凝土用集料技术要求

《公路桥涵施工技术规范》(JTG/T 3650—2020)对集料的技术要求见表1-9~表1-11。

桥涵水泥混凝土用粗集料技术要求   表1-9

项 目		技 术 要 求		
		Ⅰ类	Ⅱ类	Ⅲ类
碎石压碎指标(%)		≤10	≤20	≤30
卵石压碎指标(%)		≤12	≤14	≤16
坚固性(硫酸钠溶液法试验质量损失值,%)		≤5	≤8	≤12
吸水率(%)		≤1.0	≤2.0	
针片状颗粒含量(按质量计,%)		≤5	≤10	≤15
含泥量(按质量计,%)		≤0.5	≤1.0	≤1.5
泥块含量(按质量计,%)		0	≤0.2	≤0.5
有害物质含量	有机物	合格		
	硫化物及硫酸盐(按SO_3质量计,%)	≤0.5	≤1.0	
岩石抗压强度(水饱和状态,MPa)		火成岩≥80;变质岩≥60;水成岩≥30		
表观密度(kg/m³)		2600		
连续级配松散堆积空隙率(%)		≤43	≤45	≤47
碱集料反应		经碱集料反应试验后,试件无裂缝、酥裂、胶体外溢等现象,在规定试验龄期的膨胀率应小于0.10%		

注:1. 粗集料中不应混有草根、树叶、塑料、煤块、炉渣等杂物。
    2. 混凝土强度等级为C60及以上时应进行岩石抗压强度检验,其他情况下,如有必要也可进行岩石的抗压强度检验。岩石的抗压强度除应满足表中要求外,其抗压强度与混凝土强度等级之比对于C60及以上的混凝土,应不小于2,其余应不小于1.5。岩石强度首先应由生产单位提供,工程中可采用压碎值指标进行质量控制。
    3. 当粗集料中含有颗粒状硫酸盐或硫化物杂质时,应进行专门检验,确认能满足混凝土耐久性要求后,方可采用。
    4. 采用卵石破碎成砾石时,应具有两个及以上的破碎面,且其破碎面应不小于70%。
    5. 卵石和碎石混合使用时,压碎值应分别按卵石和碎石控制。

桥涵水泥混凝土用粗集料坚固性试验   表1-10

混凝土所处环境条件	在硫酸钠溶液中循环5次后的质量损失(%)
寒冷地区,经常处于干湿交替状态	<5
严寒地区,经常处于干湿交替状态	<3
混凝土处于干燥条件,但粗集料风化或软弱颗粒过多	<12
混凝土处于干燥条件,但抗疲劳、耐磨、抗冲击要求高或强度等级大于C40	<5

注:有抗冻、抗渗要求的混凝土用硫酸钠法进行粗集料坚固性试验,不合格时,可再进行直接冻融试验。

桥涵水泥混凝土用细集料技术要求   表1-11

项 目		技 术 要 求		
		Ⅰ类	Ⅱ类	Ⅲ类
有害物质含量	云母(按质量计,%)	≤1.0	≤2.0	
	轻物质(按质量计,%)	≤1.0		
	有机物	合格		
	硫化物及硫酸盐(按SO_3质量计,%)	≤0.5		
	氯化物(以氯离子质量计,%)	≤0.01	≤0.02	≤0.06

项 目			技 术 要 求		
			Ⅰ类	Ⅱ类	Ⅲ类
天然砂	含泥量(按质量计,%)		≤1.0	≤3.0	≤5.0
	泥块含量(按质量计,%)		0	≤1.0	≤2.0
机制砂	MB值≤1.40或快速法试验合格	MB值	≤0.5	≤1.0	≤1.4或合格
		石粉含量(按质量计,%)	≤10.0		
		泥块含量(按质量计,%)	0	≤1.0	≤2.0
	MB值>1.40或快速法试验不合格	石粉含量(按质量计,%)	≤1.0	≤3.0	≤5.0
		泥块含量(按质量计,%)	0	≤1.0	≤2.0
坚固性	硫酸钠溶液法试验,砂的质量损失(%)		≤8		≤10
	机制砂单级最大压碎指标(%)		≤20	≤25	≤30
表观密度(kg/m³)			≥2500		
松堆积密度(kg/m³)			≥1400		
空隙率(%)			≤44		
碱集料反应			经碱集料反应试验后,试件应无裂缝、酥裂、胶体外溢现象,在规定试验龄期的膨胀率应小于0.10%		

注:1.砂按产源分为天然砂、机制砂两种;按技术要求分为Ⅰ类、Ⅱ类、Ⅲ类。

2.石粉含量系指机制砂中粒径小于$75\mu m$的颗粒含量。

3.当工程有要求时,含水率和饱和面干吸水率应采用实测值。

4.砂中不应混有草根、树枝、塑料、煤块、炉渣等杂物。

5.当对砂的坚固性有怀疑时,应做坚固性试验。

6.当碱集料反应不符合表中要求时,应采取抑制碱集料反应的技术措施。

四、矿粉的技术性质与要求

矿粉能够提高矿质混合料的总比表面积,增加沥青混合料中结构沥青的比例,提高沥青混合料的性能,是沥青混合料的重要组成材料。

1.技术指标

(1)密度

矿粉密度主要用于检验矿粉的质量,并供沥青混合料配合比设计计算使用。矿粉密度与细集料的表观密度定义相同,但由于尺寸与性质上存在巨大的差异,测定矿粉的密度时,将矿粉试样在105℃条件下烘干至恒量,采用李氏比重瓶法测定。对于亲水性矿粉应采用煤油作为测定介质。

(2)亲水系数

矿粉的亲、憎水性用亲水系数表示,它是评价矿粉与沥青结合料的黏附性能的重要指标。亲水矿粉体积不稳定,遇水后体积膨胀,会削弱混合料稳定性,因此应对矿粉进行亲水系数试验。将通过0.075mm筛孔的试样取5g分别置于装有水和煤油的量筒中,经过24h后测定两量筒中沉淀物体积,按式(1-34)计算亲水系数。

$$\eta = \frac{V_\mathrm{B}}{V_\mathrm{H}} \tag{1-34}$$

式中:η——亲水系数;

V_B——水中沉淀物体积(mL);

V_H——煤油中沉淀物体积(mL)。

(3)塑性指数

塑性指数是评价矿粉中黏性土成分含量的指标。塑性指数高的矿粉吸水和吸油性大,易发生膨胀,并且在水的作用下发生剥离现象,导致沥青路面的破坏,因此应对矿粉进行塑性指数试验。它是指矿粉液限含水率与塑限含水率之差,以百分率表示。矿粉的塑性指数试验是将矿粉过 0.6mm 筛,取筛下部分按《公路土工试验规程》(JTG 3430—2020)规定的方法测定。

(4)加热安定性

加热安定性是矿粉在热拌过程中受热而不产生变质的性能,用于评价矿粉(除石灰石粉、磨细生石灰粉、水泥外)易受热变质成分的含量。矿粉的加热安定性试验是将100g矿粉均匀摊铺于蒸发皿或坩埚中,加热至200℃,冷却至室温后观察矿粉颜色,根据矿粉在受热后的颜色变化判断其变质情况。

2.矿粉的技术要求

《公路沥青路面施工技术规范》(JTG F40—2004)对矿粉的技术要求见表1-12。

矿 粉 技 术 要 求 表 1-12

项 目		高速公路及一级公路	其他等级公路
表观密度(t/m³)		≥2.50	≥2.45
含水率(%)		≤1	≤1
粒度范围(%)	<0.6mm	100	100
	<0.15mm	90~100	90~100
	<0.075mm	75~100	70~100
外观		无团粒结块	
亲水系数		<1	
塑性指数(%)		<4	
加热安定性		实测记录	

第三节　矿质混合料组成设计

在水泥混凝土(或沥青混合料)中,所用集料的粒径尺寸范围较大,而天然或人工轧制的一种集料一般粒径尺寸范围比较小,难以满足工程对某一混合料的目标级配范围要求,因此需要将两种或两种以上的集料掺配使用,即掺配成矿质混合料,简称矿料。矿质混合料组成设计的目的就是根据目标级配范围要求,确定各种集料在矿质混合料中的合理比例。为此,应掌握级配理论、目标级配范围确定方法和基本组成设计方法。

一、矿料级配与矿质混合料的级配理论

1. 集料最大粒径与公称最大粒径

集料最大粒径指100%集料都要求通过的最小标准筛筛孔尺寸。

集料的公称最大粒径指集料可能全部通过或允许有少量不通过(一般容许筛余不超过10%)的最小标准筛筛孔尺寸。它通常比集料最大粒径小一个粒级。

例如,某种集料100%通过25mm筛,在19mm筛上的筛余小于10%,则此集料的最大粒径为25mm,而公称最大粒径为19mm。

2. 矿料级配

矿料中各组成颗粒的分级和搭配称为级配。级配通过筛分试验确定。筛分试验是将矿料通过一系列规定筛孔尺寸的标准筛,测定存留在各个筛上的矿料质量,根据矿料试样的质量与存留在各筛孔上的矿料质量,就可求得一系列与矿料级配有关的参数,即分计筛余百分率、累计筛余百分率和通过百分率。

(1)分计筛余百分率:某级筛孔尺寸上的筛余质量占试样总质量的百分率,按式(1-35)计算。

$$a_i = \frac{m_i}{M} \times 100 \tag{1-35}$$

式中:a_i——i级筛孔尺寸的分计筛余(%);

m_i——i级筛孔尺寸的存留质量(g);

M——试样总质量(g)。

(2)累计筛余百分率:某级筛孔尺寸上的分计筛余百分率和大于此筛孔尺寸上的各级筛孔尺寸的分计筛余百分率之和,按式(1-36)计算。

$$A_i = a_1 + a_2 + \cdots + a_i \tag{1-36}$$

式中:A_i——i级筛孔尺寸的累计筛余(%)。

(3)通过百分率:通过某级筛孔尺寸的质量占试样总质量的百分率,也就是100与累计筛余百分率之差,按式(1-37)计算。

$$p_i = 100 - A_i \tag{1-37}$$

式中:p_i——质量通过百分率(%)。

(4)粗度:为评价细集料粗细程度的一种指标,通常用细度模数表示。细度模数又称细度模量,是各级筛孔尺寸的累计筛余百分率之和与100的比值,按式(1-38)计算。

$$
\begin{aligned}
\mu_f &= \frac{\sum A_i}{100} \\
&= \frac{1}{100}(A_{2.36} + A_{1.18} + A_{0.6} + A_{0.3} + A_{0.15}) \\
&= \frac{1}{100}(5a_{2.36} + 4a_{1.18} + 3a_{0.6} + 2a_{0.3} + a_{0.15})
\end{aligned} \tag{1-38}
$$

当砂中含有大于4.75mm颗粒时,则按式(1-39)计算:

$$\mu_f = \frac{(A_{2.36} + A_{1.18} + A_{0.6} + A_{0.3} + A_{0.15}) - 5A_{4.75}}{100 - A_{4.75}} \tag{1-39}$$

式中:μ_f——细度模数;

$\sum A_i$——各级筛孔尺寸的累计筛余之和(%)。

细度模数越大,表示细集料越粗。细集料的粗度按细度模数可分为粗砂($\mu_f = 3.1 \sim 3.7$)、中砂($\mu_f = 2.3 \sim 3.0$)和细砂($\mu_f = 1.6 \sim 2.2$)。细度模数在数值上很大程度取决于粗颗粒含量,并且与小于0.15mm的颗粒含量无关,所以细度模数在一定程度上能反映细集料的粗细概念。但由于不同级配的细集料可以具有相同的细度模数,其并不能全面反映细集料的粒径分布情况。

3. 矿质混合料的级配理论

1)级配曲线

(1)连续级配

连续级配是某一矿质混合料在标准筛孔配成的套筛中进行筛分时,所得的级配曲线平顺圆滑,具有连续不间断的性质,相邻粒径的粒料之间有一定的比例关系(按质量计)。这种由大到小,逐级粒径均有,并按比例互相搭配组成的矿质混合料,称为连续级配矿质混合料。

(2)间断级配

间断级配是在矿质混合料中剔除一个或几个分级,形成一种不连续级配的混合料。这种混合料称为间断级配矿质混合料。连续级配和间断级配曲线如图1-4所示。

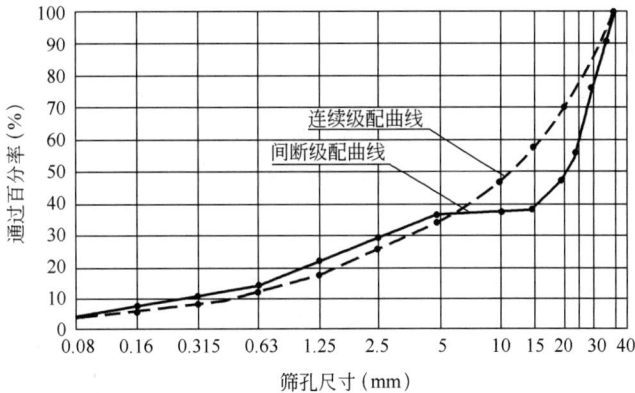

图1-4 连续级配和间断级配曲线图

2)级配理论

目前常用的级配理论,主要有最大密度曲线理论和粒子干涉理论。前者主要描述连续级配的粒径分布,可用于计算连续级配;后者不仅可用于计算连续级配,而且可用于计算间断级配。

(1)最大密度曲线理论

①富勒公式

富勒(W. B. Fuller)根据试验提出了一种理想曲线,认为矿质混合料的颗粒级配曲线越接近抛物线,则其密度越大。根据上述理论,当矿质混合料的级配曲线为抛物线时,最大密度理想曲线可用颗粒粒径d_i与通过量p_i表示。

$$p_i^2 = kd_i \tag{1-40}$$

式中:p_i——第i级颗粒粒径集料的通过量($\%$);

$\quad d_i$——矿质混合料第i级颗粒粒径(mm);

$\quad k$——常数。

当颗粒粒径d_i等于最大粒径d_{max}时,通过量$p_i = 100\%$,则:

$$k = 100^2 \cdot \frac{1}{d_{max}} \tag{1-41}$$

当求第i级筛孔尺寸的颗粒通过量p_i时,式(1-41)转化为式(1-42),即最大密度理想曲线的级配计算公式。

$$p_i = 100 \left(\frac{d_i}{d_{max}}\right)^{0.5} \tag{1-42}$$

式中:d_{max}——最大粒径(mm);

$\quad$其他符号意义同前。

②泰波公式

泰波(A. N. Talbol)认为富勒曲线是一种理想的级配曲线,细料可能偏少,矿质混合料中的级配最好在一定范围内波动,故将富勒最大密度曲线改为n次幂的公式。

$$p_i = 100 \left(\frac{d_i}{d_{max}}\right)^n \tag{1-43}$$

式中:n——经验指数,一般为$0.3 \sim 0.7$,对于沥青混合料,当$n = 0.45$时密度最大;对于水泥混凝土,当$n = 0.25 \sim 0.45$时工作性较好。

(2)粒子干涉理论

魏矛斯(C. A. G. Weymouth)研究认为:为达到最大密度,前一级颗粒之间的空隙,应由次一级颗粒所填充;其所余空隙又由再次一级颗粒所填充,但填隙的颗粒粒径不得大于其间隙间距,否则大小颗粒粒子之间势必发生干涉现象(图1-5)。为避免干涉发生,大小粒子间应按一定数量分配,并从临界干涉的情况下导出前一级颗粒间的距离t。

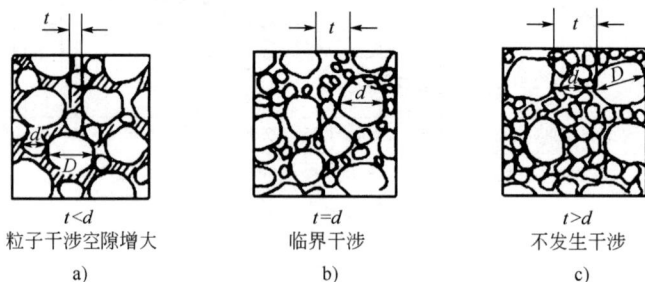

图1-5　粒子干涉理论模式

$$t = \left[\left(\frac{\Psi_0}{\Psi_a}\right)^{1/3} - 1\right]D \tag{1-44}$$

当处于临界干涉状态时,$t = d$,则式(1-44)可写成式(1-45),即粒子干涉理论公式。

$$\Psi_a = \frac{\Psi_0}{\left(\dfrac{d}{D} + 1\right)^3} \tag{1-45}$$

式中:t——前粒级的间隙距离(即等于次粒级的粒径d);

D——前粒级颗粒的粒径;

Ψ_0——次粒级颗粒的理论实积率(实积率即堆积密度与表观密度之比);

Ψ_a——次粒级颗粒的实际实积率;

d——次粒级颗粒的粒径。

二、矿质混合料组成设计方法

矿质混合料组成设计方法主要有数解法与图解法两大类。设计需要两个基本条件:

①各种集料的级配参数。

②根据设计要求、技术规范或理论计算,确定矿质混合料目标级配范围。

1. 数解法

设有 k 种集料,各种集料在 n 级筛孔的通过百分率为 $p_{i(j)}$,欲配制为级配范围中值的矿质混合料,其组成见表1-13。

矿质混合料组成   表1-13

各 种 集 料				各种集料用量				级配范围中值
1	2	⋯	k	1	2	⋯	n	
$p_{1(1)}$	$p_{2(1)}$	⋯	$p_{k(1)}$	$p_{1(1)} \cdot x_1$	$p_{2(1)} \cdot x_2$	⋯	$p_{k(1)} \cdot x_k$	$p_{(1)}$
$p_{1(2)}$	$p_{2(2)}$	⋯	$p_{k(2)}$	$p_{1(2)} \cdot x_1$	$p_{2(2)} \cdot x_2$	⋯	$p_{k(2)} \cdot x_k$	$p_{(2)}$
⋯	⋯	⋯	⋯	⋯	⋯	⋯	⋯	⋯
$p_{1(n)}$	$p_{2(n)}$	⋯	$p_{k(n)}$	$p_{1(n)} \cdot x_1$	$p_{2(n)} \cdot x_2$	⋯	$p_{k(n)} \cdot x_k$	$p_{(n)}$

设矿质混合料任何一级筛孔的通过率为 $p_{(j)}$,它是由各种组成集料在该级的通过百分率 $p_{i(j)}$ 乘各种集料在混合料中的用量 x_i 之和,即:

$$\sum p_{i(j)} \cdot x_i = p_{(j)} \tag{1-46}$$

式中:i——集料种类,$i = 1,2,\cdots,k$;

j——筛孔数,$j = 1,2,\cdots,n$。

以多元数学方程组表示即为:

$$\begin{cases} p_{1(1)} \cdot x_1 + p_{2(1)} \cdot x_2 + \cdots + p_{k(1)} \cdot x_k = p_{(1)} \\ p_{1(2)} \cdot x_1 + p_{2(2)} \cdot x_2 + \cdots + p_{k(2)} \cdot x_k = p_{(2)} \\ \vdots \\ p_{1(n)} \cdot x_1 + p_{2(n)} \cdot x_2 + \cdots + p_{k(n)} \cdot x_k = p_{(n)} \end{cases}$$

2. 图解法

图解法通常采用"修正平衡面积法"确定矿质混合料的合成级配。

(1)级配曲线坐标图的绘制

级配曲线图通常采用半对数坐标系,即纵坐标通过率(p)为算术坐标,横坐标粒径(d)为对数坐标。因此,按 $p = 100 \left(\dfrac{d_i}{d_{max}}\right)^n$ 所绘出的级配中值为一曲线。但图解法为使要求级配中值为一直线,纵坐标通过率(p)仍为算术坐标,而横坐标粒径采用 $\left(\dfrac{d_i}{d_{max}}\right)^n$ 表示,则级配曲线中值为直线。因此,按上述原理,通常纵坐标(通过百分率)取10cm,横坐标(粒径或筛孔尺寸)取15cm。连对角线(图1-6)作为要求级配曲线中值。纵坐标按算术标尺,标出通过百分率(0~100%)。将要求级配中值的各筛孔通过百分率标于纵坐标上,则纵坐标引水平线与对角线相交,再从交点作垂线与横坐标相交,其交点即为各相应筛孔尺寸的位置。

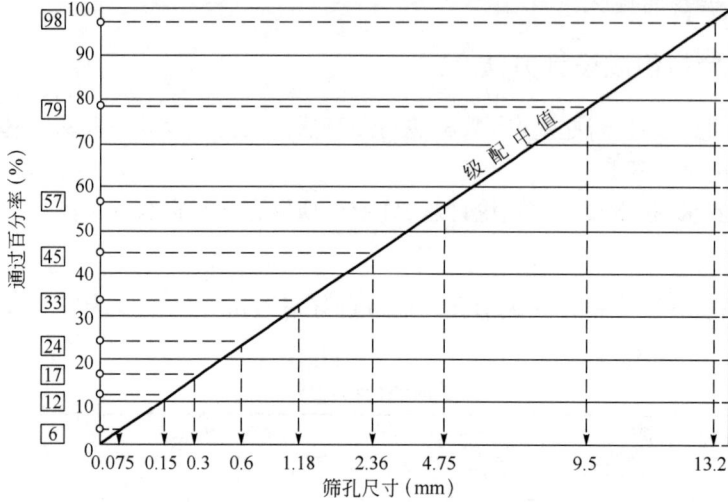

图1-6　图解法级配曲线坐标图

(2)各种集料用量的确定

将各种集料的通过量绘于级配曲线坐标图上(图1-7)。实际集料的相邻级配曲线并不是均为首尾相接的,可能有下列三种情况:

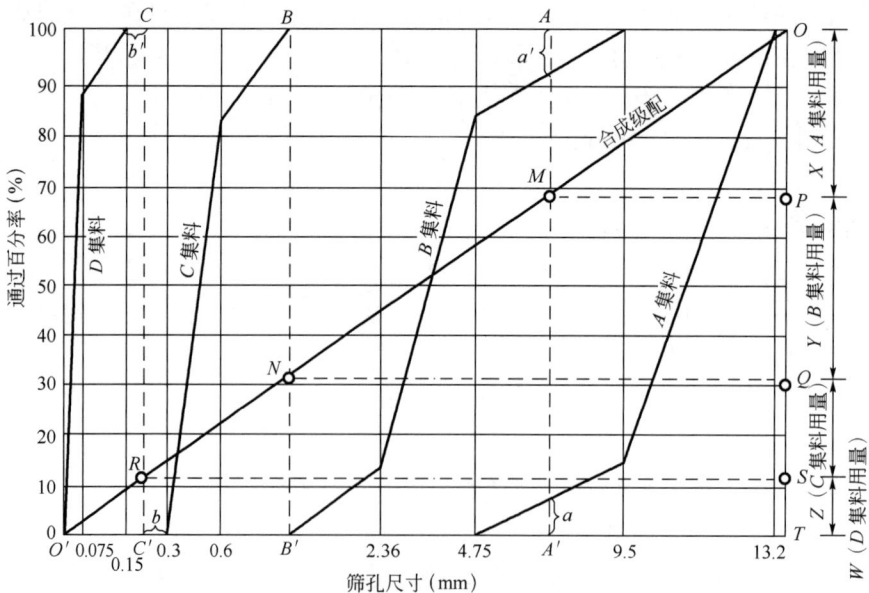

图1-7　组成集料级配曲线和要求合成级配曲线图

①两相邻级配曲线重叠(如集料A级配曲线的下部与集料B级配曲线上部搭接时):在两级配曲线之间引一条垂直于横坐标的直线AA',使其与A、B集料的级配曲线截距相等,即a =

a'。线 AA' 与对角线 OO' 交于点 M，通过 M 作一水平线与纵坐标交于 P 点。OP 即为集料 A 的用量。

②两相邻级配曲线相接（如集料 B 的级配曲线末端与集料 C 的级配曲线首端,正好在一垂直线上时）：将前一集料曲线末端与后一集料曲线首端作垂线相连,垂线 BB' 与对角线 OO' 相交于点 N，通过 N 作一水平线与纵坐标交于 Q 点。PQ 即为集料 B 的用量。

③两相邻级配曲线相离（如集料 C 的级配曲线末端与集料 D 的级配曲线首端,在水平方向彼此离开一段距离 x 时）：作一垂直平分 x 的直线（即 $b = b'$），垂线 CC' 与对角线 OO' 相交于点 R，通过 R 作一水平线与纵坐标交于 S 点,QS 即为 C 集料的用量,ST 即为集料 D 的用量。

（3）校核

按图解所得的各种集料用量,校核计算所得合成级配是否符合要求。如不能符合要求（超出级配范围）,应调整各集料的用量,重新计算。

三、矿质混合料组成设计示例

【例1-1】 试用图解法设计某高速公路用沥青混凝土矿质混合料的配合比。

【原始资料】

（1）现有碎石、石屑、矿粉等五种矿料,筛分试验得到各粒径通过百分率见表1-14。

原 材 料 级 配   表1-14

材料组成	通过下列筛孔尺寸(mm)质量百分率(%)										
	19	16.0	13.2	9.5	4.75	2.36	1.18	0.6	0.3	0.15	0.075
9.5～19mm 碎石	100	86.9	58.4	12.2	0	0	0	0	0	0	0
4.75～9.5mm 碎石	100	100	100	85.5	4.2	0	0	0	0	0	0
2.36～4.75mm 碎石	100	100	100	100	96.8	10.9	0	0	0	0	0
石屑	100	100	100	100	92.6	83.5	73.4	41.5	10.5	2.7	0
矿粉	100	100	100	100	100	100	100	100	96.4	92.0	80

（2）设计级配范围见表1-15。

矿质混合料要求级配范围和中值   表1-15

级配名称	通过下列筛孔尺寸(mm)质量百分率(%)										
	19	16.0	13.2	9.5	4.75	2.36	1.18	0.6	0.3	0.15	0.075
设计级配中值	100	96.5	83	67	42	30	22	16	12	8	6
设计级配范围	100	93～100	78～88	62～72	37～47	25～35	18～26	13～19	9～15	6～10	5～7

【计算步骤】

（1）绘制级配曲线图（图1-8）,在纵坐标上按算术坐标绘出通过百分率。

（2）连对角线,表示规范要求的级配中值。在纵坐标上标出规范规定的混合料各筛孔的要求通过百分率,作水平线与对角线相交,再从各交点作垂线交于横坐标上,确定各筛孔在横坐标上的位置。

（3）将碎石、石屑和矿粉的级配曲线绘于图1-8上,集料 A、B、C、D、E 分别表示 9.5～19mm 碎石、4.75～9.5mm 碎石、2.36～4.75mm 碎石、石屑和矿粉。

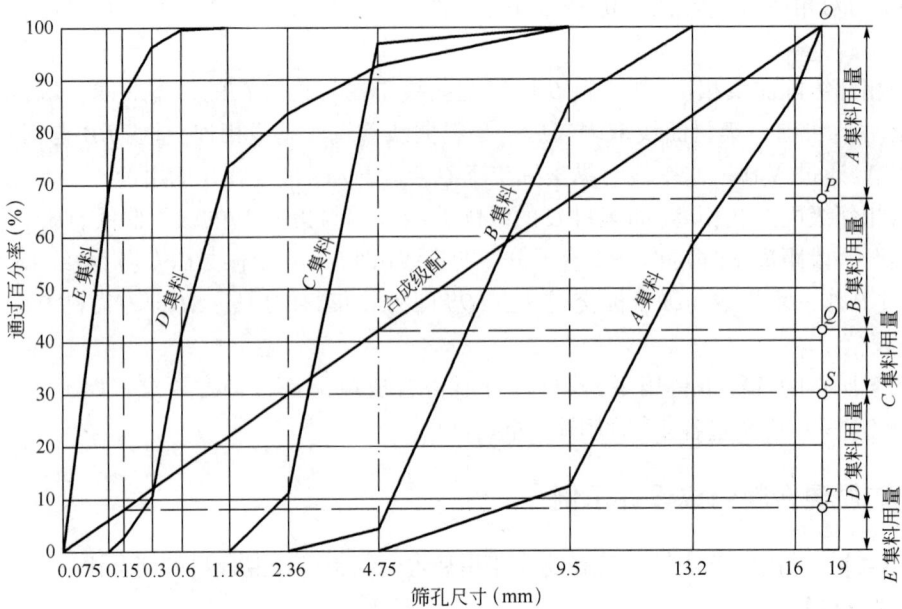

图 1-8　各组成材料和要求混合料级配图

（4）在 9.5～19mm 碎石和 4.75～9.5mm 碎石级配曲线相重叠部分作垂线,使垂线截取两级配曲线的纵坐标值相等。自垂线与对角线交点引一水平线,与纵坐标交于 P 点,OP 长度为33%,即为 9.5～19mm 碎石的用量。同理,求出 4.75～9.5mm 碎石的用量为 26%,2.36～4.75mm 碎石的用量为 10%,石屑的用量为 24%,矿粉的用量为 7%。

（5）根据图解法求得的各集料用量百分率,列表进行校核计算,如表 1-16 所示。

（6）将表 1-16 计算得到的合成级配通过百分率,绘于规范要求级配曲线中,如图 1-9 所示。从图中可以看出,合成级配曲线完全在规范要求的级配范围之内,且接近中值,呈一光滑平顺的曲线。确定矿质混合料配合比为 9.5～19mm 碎石∶4.75～9.5mm 碎石∶2.36～4.75mm 碎石∶石屑∶矿粉 = 33∶26∶10∶24∶7。

矿质混合料组合计算表　　　　　　　　　　　　　　　　表 1-16

材料及组成			通过下列筛孔尺寸(mm)质量百分率(%)										
集料规格		比例(%)	19	16.0	13.2	9.5	4.75	2.36	1.18	0.6	0.3	0.15	0.075
原材料级配	9.5～19mm 碎石	100	100	86.9	58.4	12.2	0	0	0	0	0	0	0
	4.75～9.5mm 碎石	100	100	100	100	85.5	4.2	0	0	0	0	0	0
	2.36～4.75mm 碎石	100	100	100	100	100	96.8	10.9	0	0	0	0	0
	石屑	100	100	100	100	100	92.6	83.5	73.4	41.5	10.5	2.7	0
	矿粉	100	100	100	100	100	100	100	100	100	96.4	92.0	80.0
各种集料在矿质混合料中的级配	9.5～19mm 碎石	33	33	28.7	19.3	4.0	0.0	0.0	0.0	0.0	0.0	0.0	0.0
	4.75～9.5mm 碎石	26	26	26.0	26.0	22.2	1.1	0.0	0.0	0.0	0.0	0.0	0.0
	2.36～4.75mm 碎石	10	10	10.0	10.0	10.0	9.7	1.1	0.0	0.0	0.0	0.0	0.0
	石屑	24	24	24.0	24.0	24.0	22.2	20.0	17.6	10.0	2.5	0.6	0.0
	矿粉	7	7	7.0	7.0	7.0	7.0	7.0	7.0	7.0	6.7	6.4	5.6

续上表

材料及组成		通过下列筛孔尺寸(mm)质量百分率(%)										
集料规格	比例(%)	19	16.0	13.2	9.5	4.75	2.36	1.18	0.6	0.3	0.15	0.075
合成级配		100	95.7	86.3	67.4	41.0	27.7	24.1	17.1	10.0	7.5	5.4
设计级配中值		100	96.5	83	67	42	30	22	16	12	8	6
设计级配范围		100	93 ~ 100	78 ~ 88	62 ~ 72	37 ~ 47	25 ~ 35	18 ~ 26	13 ~ 19	9 ~ 15	6 ~ 10	5 ~ 7

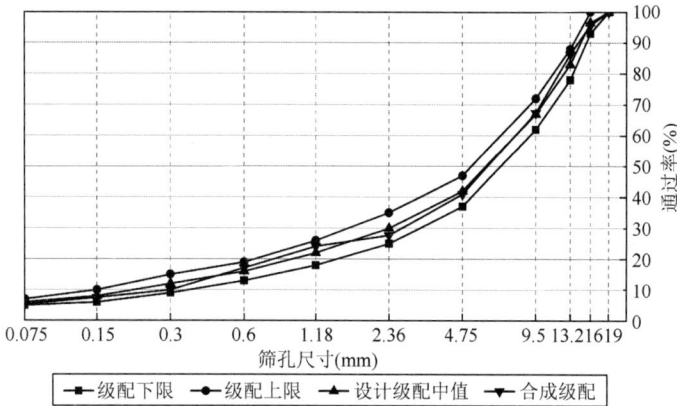

图1-9 要求级配曲线和合成级配曲线

【例1-2】 试用计算机求解法设计某高速公路用沥青混凝土矿质混合料的配合比。

【原始资料】

同[例1-1]。

【计算步骤】

(1)输入已知数据并输入合成级配计算式

打开 Microsoft 的 Excel 软件,按图1-10的形式建立数据工作表:

①在 Excel 工作表的第3~7行中输入表1-13中原材料中各档料的筛分结果,在第14行和第15行中输入表1-15中设计级配中值和设计级配范围。

②在 C8~C12 单元格中存储5档集料在矿质混合料中的级配;在第8~12行、D~N列的单元格中存储各档集料在矿质混合料中在19~0.075mm 筛孔尺寸上的通过百分率,即表1-13中 $p_i \cdot x_i$,在 Excel 工作表中输入方式为:

在单元格 E8 中输入" = E3 * C8/100";

在单元格 G9 中输入" = G4 * C9/100";

在单元格 J11 中输入" = J6 * C11/100";

……

同理,可以利用 Excel 的公式命令计算得到其他单元格的数值。

③在单元格 D13~N13 中存储矿质混合料的合成级配,按式(1-46)计算。在 Excel 工作表中输入方式为:

在 D13 单元格中输入" = SUM(D8:D12)";

在 E13 单元格中输入" = SUM(E8:E12)";

……

在 N13 单元格中输入" = SUM(N8:N12)"。

	集料规格	比例(%)	通过下列筛孔尺寸(mm)质量百分率(%)										
			19	16.0	13.2	9.5	4.75	2.36	1.18	0.6	0.3	0.15	0.075
原材料级配	9.5-19mm碎石	100	100.0	86.9	58.4	12.2	0.0	0.0	0.0	0.0	0.0	0.0	0.0
	4.75-9.5mm碎石	100	100.0	100.0	100.0	85.5	4.2	0.0	0.0	0.0	0.0	0.0	0.0
	2.36-4.75mm碎石	100	100.0	100.0	100.0	100.0	96.8	10.9	0.0	0.0	0.0	0.0	0.0
	石屑	100	100.0	100.0	100.0	100.0	92.6	83.5	73.4	41.5	10.5	2.7	0.0
	矿粉	100	100.0	100.0	100.0	100.0	100.0	100.0	100.0	99.5	96.4	92	80
各种集料在矿质混合料中的级配	9.5-19mm碎石	33	33.0	28.7	19.3	4.0	0.0	0.0	0.0	0.0	0.0	0.0	0.0
	4.75-9.5mm碎石	26	26.0	26.0	26.0	22.2	1.1	0.0	0.0	0.0	0.0	0.0	0.0
	2.36-4.75mm碎石	10	10.0	10.0	10.0	10.0	9.7	1.1	0.0	0.0	0.0	0.0	0.0
	石屑	24	24.0	24.0	24.0	24.0	22.2	20.0	17.6	10.0	2.5	0.6	0.0
	矿粉	7	7.0	7.0	7.0	7.0	7.0	7.0	7.0	7.0	6.7	6.4	5.6
	合成级配		100.0	95.7	86.3	67.3	40.0	28.1	24.6	17.0	9.3	7.1	5.6
	设计级配中值		100	96.5	83	67	42	30	22	16	12	8	6
	设计级配范围		100	93~100	78~88	62~72	37~47	25~35	18~26	13~19	9~15	6~10	5~7

图 1-10　Excel 级配设计表

④完成上述步骤后,根据初算结果和工程经验在 C8 ~ C12 单元格内输入各种集料在矿质混合料中所占的比例,此时根据已编写好的公式,其他空白单元格会自动生成相关数据。

(2)绘制级配曲线,校核计算结果

根据上面的设计级配范围和设计级配中值以及计算所得的合成级配,运用 Excel 绘图命令绘制级配曲线,通过级配曲线校核配合比设计。

①单击"插入",选择"图表",再选择散点图中的平滑线散点图,则生成如图 1-11 所示的绘图命令菜单。

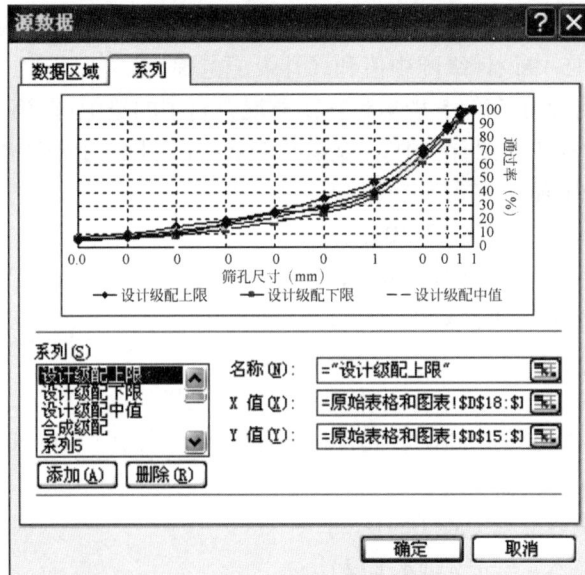

图 1-11　Excel 绘图命令菜单(一)

②在绘图命令菜单中单击"添加",创建所需数据系列;然后分别为每个系列选取 X 轴系列值和 Y 轴系列值,并为系列命名。重复上述步骤直至完成所有系列的数据选取工作。

③单击图 1-11 中的确定键,则会出现如图 1-12 所示的操作界面。分别填写"图表标题""数值(X)轴"名称和"数值(Y)轴"名称,再单击"确定"键后,即在 Excel 中生成如图 1-9 所示的级配曲线图。

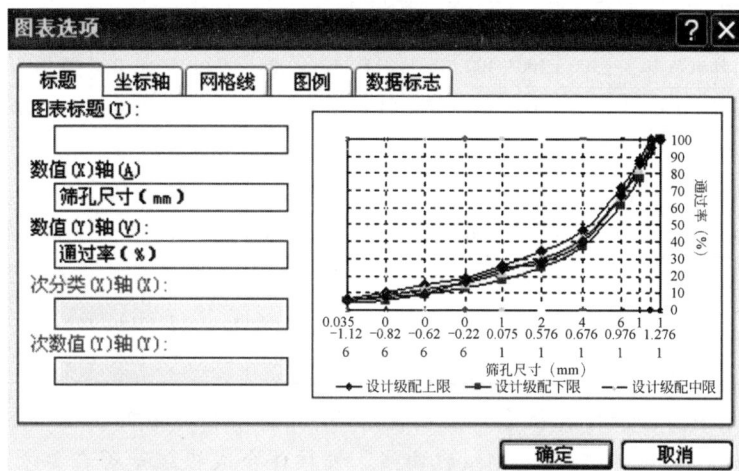

图 1-12 Excel 绘图命令菜单(二)

④根据生成的级配曲线图,校核配合比设计结果。如果配合比不合理,可直接调整 C8 ~ C12 单元格中的数据,则其他单元中各数据和级配曲线会随之改变。重复上述步骤直至级配曲线达到满意的程度,此时 C8 ~ C12 单元格中的数据即为设计配合比。

【复习题】

1. 岩石与集料的主要物理常数有哪几项?它们之间有何异同?

2. 岩石应具备哪些力学性质?采用什么指标来反映这些性质?

3. 岩石的化学性质有哪些?对水泥混凝土(或沥青混合料)性能有何影响?

4. 压碎值、磨耗值、磨光值及冲击值分别表征集料的什么性质?对路面工程有何实用意义?

5. 集料的料源特性和加工特性分别包括哪些内容?

6. 什么是集料的级配?如何确定集料的级配?用哪几项参数表示集料的级配?

7. 连续级配类型与间断级配类型有何差异?

8. 某道路工程沥青混合料用细集料的筛分结果见表 1-17。请计算该细集料的分计筛余百分率、累计筛余百分率、通过百分率及细度模数,并绘制该细集料的级配曲线,判断其粗细程度,分析其级配是否符合设计级配范围要求。

某细集料的筛分结果   表 1-17

筛孔尺寸(mm)	9.5	4.75	2.36	1.18	0.6	0.3	0.15	0.075	筛底
筛余质量(g)	0	13	160	100	75	50	39	25	38
设计级配范围(%)	100	95 ~ 100	55 ~ 75	35 ~ 55	20 ~ 40	12 ~ 28	7 ~ 18	5 ~ 10	—

9.分别采用图解法和计算机求解法确定某矿质混合料的配合比。

设计资料:碎石、机制砂和矿粉共5档料的筛分试验结果以通过百分率列于表1-18中1~5行;设计级配范围要求值和设计级配中值列于表1-18中6、7行。

表1-18

序号	材料名称		通过下列筛孔尺寸(mm)质量百分率(%)														
			53	37.5	31.5	26.5	19	16	13.2	9.5	4.75	2.4	1.2	0.6	0.3	0.15	0.075
1	原材料级配	19~31.5mm碎石	100	100	100	85.7	4.5	1.1	0	0	0	0	0	0	0	0	0
2		9.5~19mm碎石	100	100	100	100	91.5	68.6	38.7	5.6	1.6	0	0	0	0	0	0
3		4.75~9.5mm碎石	100	100	100	100	100	100	100	96	15.5	1	0.9	0	0	0	0
4		机制砂	100	100	100	100	100	100	99	100	80	53	35.2	22.5	12.2	6
5		矿粉	100	100	100	100	100	100	100	100	100	100	100	100	97.7	90.6	80.6
6	设计级配中值		100	100	100	95	81	72	63	51	33	23	16	12	9	7	5
7	设计级配范围		100	100	100	90~100	75~87	66~78	57~69	45~57	28~38	18~28	12~20	8~16	5~13	4~10	3~7

设计要求:用图解法和计算机求解法确定碎石、机制砂和矿粉共5档料在混合料中的用量;计算出混合料的合成级配,并绘制级配曲线。校核该合成级配是否在要求的级配范围内,若不符合应进行调整。

第二章
无机结合料

【内容提要】

本章简要地阐述了石灰的消化和硬化过程、技术性质及技术标准;重点介绍了硅酸盐水泥的熟料矿物组成、水化及凝结硬化机理、技术性质和技术标准;同时也对掺混合材料的水泥及其他新型水泥进行了简要介绍。

【学习要求】

通过本章学习,要求学生了解石灰的消化硬化过程及质量测定方法,掌握硅酸盐水泥的熟料矿物成分特性、水化机理和技术性质及测定方法,对其他新型水泥的特性和应用有一定了解。

在建筑工程中,能以自身的物理化学作用将松散材料(如砂、石等)胶结成为具有一定强度的整体结构的材料,统称为胶凝材料或结合料。胶凝材料按其化学成分不同分为无机胶凝材料和有机胶凝材料两大类。石膏、石灰、水泥等属于无机胶凝材料,沥青、各种天然树脂、合成树脂等则属于有机胶凝材料。

无机胶凝材料(结合料)根据硬化条件不同,又可分为气硬性胶凝材料和水硬性胶凝材料。气硬性胶凝材料只能在空气中硬化、保持或继续提高强度,包括石灰、石膏、镁质胶凝材料和水玻璃等;水硬性胶凝材料不仅能在空气中硬化,而且能更好地在水中硬化,且可在水中或适宜的环境中保持并继续提高强度,各种水泥都属于水硬性胶凝材料。

第一节 石 灰

石灰是一种有着悠久历史的胶凝材料。多年来,石灰作为主要的胶凝材料被广泛用作砌筑石灰砂浆等工程材料,在提高建筑物强度和抗水性能方面发挥了巨大的作用。在早期的复合化材料体系中,石灰占有十分重要的地位。使用石灰、火山灰这种水硬性胶凝材料,使气硬性石灰的功能大大提高,是胶凝材料发展史上的一次重大突破。

在现代建筑工程中,石灰不仅可以用作涂料,而且可以用来制造灰砂砖以及碳化石灰板等。在道路工程中,随着无机结合料稳定类基层在公路工程中的应用,石灰稳定土、石灰粉煤灰稳定土及其稳定碎石等被广泛用于路面基层,大大增强了基层的板体性。在桥梁工程中,石灰砂浆、石灰水泥砂浆、石灰粉煤灰砂浆等也被广泛用于圬工砌体。

一、原料及生产工艺

用于煅烧石灰的原料,以富含氧化钙的岩石为主,亦可使用含有氧化钙和部分氧化镁的岩石。将生产石灰的原料经高温煅烧(加热至900℃以上),逸出 CO_2 气体,得到的白色或灰白色的块状材料即为生石灰。其化学反应可表示为:

$$CaCO_3 \xrightarrow[178kJ/mol]{>900℃} CaO + CO_2 \uparrow \tag{2-1}$$

生石灰的品质不仅与原料有关,生产石灰的窑型及煅烧温度也直接影响其质量。煅烧石灰的窑型种类很多,应根据原料性质、生产规模、燃料种类以及对石灰质量的要求选用煅烧窑,如土窑、立窑、回转窑等。煅烧时还要注意煅烧温度,为了使石灰岩能够完全分解,通常煅烧温度略高于反应温度。图 2-1 显示了石灰石的分解时间与其块度和形状的关系。

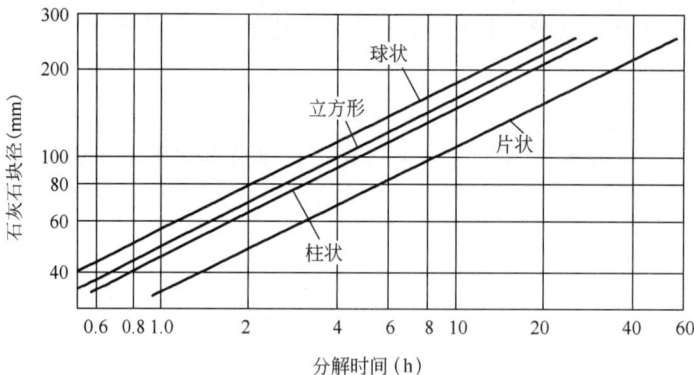

图 2-1 石灰石的分解时间与其块度和形状的关系

优质的石灰呈洁白或带灰色,重量较轻,质地松软,块状石灰的堆积密度为 $800 \sim 1000 kg/m^3$。石灰在烧制过程中,如果温度控制不好,常会出现"欠火"或"过火"现象。"欠火"往往是由石灰岩原料尺寸过大、料块粒径搭配不当、装料过多或是煅烧温度不够、时间不足等原因造成的。欠火石灰的密度较质量好的生石灰大,颜色发青。由于"欠火",石灰岩中的碳酸钙未完全分解,氧化钙含量低,使用时黏结力差。"过火"多是由煅烧温度过高、时间过长而引起的。过火石灰的表面一般会出现裂缝或有玻璃状外壳,颜色呈灰黑色,体积收缩明显,块体密度大,消化缓慢。过火石灰用于建筑工程中仍能继续消化,以致引起成型的结构物体积膨胀,导致结构物表面产生鼓包、剥落及裂缝等破坏现象,危害极大。

块状石灰经磨细后,活性较熟石灰好,且过火和欠火颗粒呈粉状均匀分布,可消除过火颗粒的有害作用,是一种有应用前途的材料;但其主要缺点是不易久存。

二、组成及结构

碳酸钙分解时,每100份质量的$CaCO_3$,可以得到56份质量的CaO,并失去44份质量的CO_2。但煅烧后实际得到的生石灰(CaO)体积,仅比原来石灰石($CaCO_3$)的体积减小10% ~ 15%,这说明石灰是一种多孔结构。

在石灰的各组分中,产生黏结性的有效成分是活性氧化钙和氧化镁。石灰中的氧化钙分为两类:一类是结合氧化钙,另一类是游离氧化钙。结合氧化钙是在煅烧中生成的钙盐,在石灰中不起胶凝作用。游离氧化钙包括活性和非活性两种,非活性氧化钙是由"渣化"或"过烧"造成的,若通过粉碎,可变成活性的氧化钙。有效氧化钙是指在普通条件下能与水反应的那部分氧化钙,主要来源于活性的游离氧化钙。此外,在煅烧过程中,石灰石中的黏土杂质(酸性氧化物)还会与石灰石分解后所得的CaO反应生成β型硅酸二钙(β-C_2S)、铝酸一钙(CA)和铁酸二钙(C_2F)。研究表明,该化合过程会影响石灰石的分解温度。

对于石灰的结构形成过程,D. R. 格拉森的研究认为石灰石煅烧过程经历了三个阶段。其结构变化见表2-1。

石灰石煅烧时的结构变化过程   表2-1

阶 段	主 要 性 状	特 点
I	碳酸钙分解,形成具有碳酸钙(或氢氧化钙)结晶的氧化钙	氧化钙属亚稳状态
II	亚稳型氧化钙晶体再结晶形成更稳定的氧化钙晶体,晶格为面心立方体	内比表面积最大
III	再结晶的氧化钙烧结	内比表面积逐渐降低

三、水化及强度形成机理

烧制成的生石灰,在使用时必须加水使其"消化"成为"消石灰",这一过程亦称为"熟化",故消石灰又称"熟石灰"。石灰与水作用的化学反应式为:

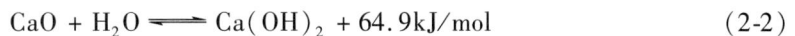

$$CaO + H_2O \Longleftrightarrow Ca(OH)_2 + 64.9kJ/mol \qquad (2-2)$$

此反应是可逆反应,反应方向取决于温度及周围介质中水蒸气的压力。在常温时,反应向右方进行;在547℃时,反应向左方进行,即$Ca(OH)_2$分解为CaO和H_2O。当水蒸气分解压力达到一个大气压时,在较低温度下,$Ca(OH)_2$也能部分分解。

1. 水化(消化)

块状生石灰与水相遇后,即迅速水化,崩解成高度分散的$Ca(OH)_2$细粒,并放出大量的热。质纯且煅烧良好的石灰体积可增大1 ~ 2.5倍。在消解过程中,消解石灰的理论加水量仅为石灰质量的32%,但由于石灰消化是一个放热反应过程,实际加水量达70%以上。在石灰消解期间,应严格控制加水量和加水速度。对消解速度快、活泼性大的石灰,若加水过慢、水量不够,则已消化石灰颗粒生成的$Ca(OH)_2$将包裹于未消化颗粒周围,使内部石灰不易消化,这种现象称为"过烧"。反之,对于消解速度慢、活泼性差的石灰,若加水速度过快,则发热量少、水温过低,增加了未消化颗粒,这种现象称为"过冷"。石灰消化时,为了消除"过火石灰"的危害,可在消化后"陈伏"半月左右再使用。石灰浆在陈伏期间,其表面应有一层水分,使之与空气隔绝,以防碳化。

在石灰消化过程中,其体积增大的原因主要有两方面:一是反应产物的转移速度远小于水化反应速度;二是固相体积增加的同时,要引起孔隙体积的增加,从而产生体积膨胀。控制石灰体积变化的方法主要有改变石灰细度、改变水灰比、改变消化温度、掺加石膏等外加剂。

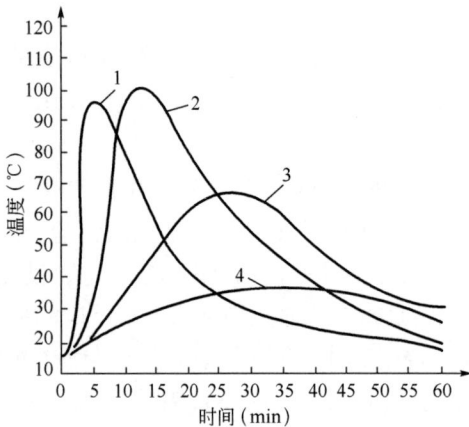

图2-2 石灰类型与水化温度和水化速度的关系
1-15%欠烧的石灰;2-煅烧正常的石灰;3-15%过烧的石灰;4-含32%MgO的苦土石灰

与其他胶凝材料相比,石灰具有强烈的水化反应能力。影响其水化反应能力的主要因素如下。

(1)石灰煅烧条件

石灰的煅烧条件不同,其产物CaO的内比表面积和晶粒大小不同,因而物理结构特征存在较大差异。不同煅烧条件下烧制成的石灰与水作用时,石灰类型与水化速度和水化温度的关系如图2-2所示。

(2)水化温度

无论是石灰温度还是水的温度都影响着水化速度,温度越高则水化速度越快。G·费兰克得出了石灰在液相中消化时,速度常数与温度的关系:

$$K_t = K_0 \cdot 1.035^{\Delta t} \tag{2-3}$$

式中:K_t——温度t时的速度常数;

K_0——温度t_0时的速度常数;

$\Delta t = t - t_0$。

(3)外加剂

在水中加入氯盐($NaCl$、$CaCl_2$)能加快石灰消化速度,而磷酸盐、草酸盐等则能延缓石灰消化速度。有些表面活性物质也会使石灰水化速度降低,例如木质磺酸素是强减速剂,即便是在湿磨时,它对石灰的水化过程还会起到抑制作用。

2. 硬化

石灰的硬化过程包括干燥硬化和碳酸化两部分。

(1)石灰浆的干燥硬化(结晶作用)

石灰浆体干燥过程中,由于水分蒸发形成网状孔隙,这时滞留在孔隙中的自由水由于表面张力的作用而产生毛细管压力,使石灰粒子更加密实,从而获得"附加强度"。此外,随着石灰浆中游离水逐渐蒸发或被周围砌体吸收,引起$Ca(OH)_2$从饱和溶液中结晶析出,并产生"结晶强度",但由于从溶液中析出的$Ca(OH)_2$数量极少,因此这部分强度增长并不显著。其反应式为:

$$Ca(OH)_2 + nH_2O \xrightarrow{晶化} Ca(OH)_2 \cdot nH_2O \qquad (2-4)$$

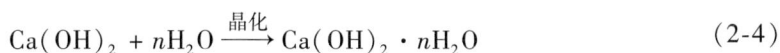

（2）硬化石灰浆的碳化（碳化作用）

$Ca(OH)_2$ 与空气中的二氧化碳作用生成碳酸钙晶体，称为熟石灰的"碳化"。石灰浆体经碳化后获得最终强度，称为"碳化强度"。石灰的碳化作用只有在有水的条件下才能进行。其化学反应式为：

$$Ca(OH)_2 + CO_2 + nH_2O \longrightarrow CaCO_3 + (n+1)H_2O \qquad (2-5)$$

这个反应实际上是二氧化碳与水结合形成碳酸，再与氢氧化钙作用生成碳酸钙。如果没有水，反应就不能进行。该反应主要发生在与空气接触的表面，碳化过程从膏体表层开始，逐渐深入到内部。但当浆体表面生成一层 $CaCO_3$ 薄膜后，碳酸钙结晶不仅阻碍了 CO_2 的深入，也影响了内部水分的蒸发，碳化过程减慢，所以石灰的硬化速度随时间增长逐渐减慢。

3. 强度形成机理

石灰与水作用后，其强度形成机理见表 2-2。

石灰强度形成机理 表 2-2

序 号	强度来源	特 点
1	干燥硬化	由于蒸发形成网状孔隙，滞留在孔隙中的水产生毛细管压力，形成"附加强度"；$Ca(OH)_2$ 在饱和溶液中结晶析出，产生"结晶强度"
2	碳酸化	碳化只能在有水的条件下进行，碳化速率取决于环境中的 CO_2 浓度、石灰溶液浓度以及与空气接触面积

四、技术性质及技术标准

1. 生石灰技术性质

生石灰的技术性质见表 2-3。

生石灰的技术性质 表 2-3

序 号	技术性质	说 明	备 注
1	颜色	白色；含有杂质时，可呈灰色、淡黄色、褐色甚至黑色	
2	晶形和晶格结构	氧化钙立方晶格的晶格常数为 $4.08075Å \pm 0.0007Å$，氧化镁面心晶格的晶格常数为 $4.203Å$	
3	煅烧度	按石灰的煅烧度与温度的作用时间可分为轻烧石灰、中烧石灰和硬烧石灰。轻烧石灰晶体小，反应性强	
4	密度	平均值为 $3.15 \sim 3.40g/cm^3$	
5	气孔率	平均值为 35%	
6	莫氏硬度	轻烧石灰约为 2，硬烧石灰约为 3	
7	强度	抗压强度与石灰石种类、煅烧温度、时间及煅烧度有关，一般为 $3 \sim 7MPa$	生石灰的强度对储运很重要
8	比表面积	主要取决于石灰的煅烧度	
9	热膨胀	平均线膨胀系数 $\alpha = 12.9 \times 10^{-6}$（温度为 $22 \sim 1060℃$）	

序 号	技术性质	说 明	备 注
10	比热容和热焓	比热容 C_p 主要取决于温度 t 热焓 $\Delta H_{t_0}^{t_1} = C_{p0}(t_1 - t_0)$	条件:加热时没有放热或吸热过程
11	导热率	生石灰导热率取决于它的气孔率,气孔率高,则导热系数小	不同石灰的导热率不同
12	其他热性质	熔点:CaO 为 2570℃;MgO 为 2800℃; 形成热:CaO 为 151.9 × 4.18kJ/mol MgO 为 143.8 × 4.18kJ/mol	
13	折射率	为 1.70 ~ 1.82	市售普通生石灰
14	导电率	1050℃时的导电率为 $1 \times 10^{-8}(\Omega \cdot cm)$	
15	抗水化性	水化时,在100℃以内,温度升高,反应速度加快,放出热量促使温度大大升高,加速转化。在100℃以上,反应速度下降,直至547℃,该温度下呈逆反应	
16	抗 CO_2 性状	再碳酸化是石灰石分解的逆反应: $42.5 \times 4.18kJ + CaCO_3 \rightleftharpoons CaO + CO_2$	它对石灰储运,特别是对石灰的硬化很重要
17	抗各种气体的性状	氯和氯化氢在干燥状态和正常温度下不与生石灰发生反应。二氧化硫在正常温度和压力下对生石灰无影响	
18	抗 SiO_2 性状	SiO_2 与 CaO 在 1000 ~ 1200℃时,于接触面上先形成一层薄薄的 $2CaO \cdot SiO_2$。而 CaO 活性很大,能透过 SiO_2 层扩散出来,继续与 SiO_2 反应,生成 $2CaO \cdot SiO_2$	
19	抗某些元素的性状	硫蒸气能与加热到赤热的 CaO 反应;铁(钢)不受石灰侵蚀;铝、黄铜和铅可被石灰强烈侵蚀	
20	其他化学性质	CaO 是一种强碱,可与绝大多数酸性和两性氧化物反应	

2. 熟石灰的技术性质

熟石灰的技术性质见表2-4。

熟石灰的技术性质   表2-4

序 号	技术性质	说 明	备 注
1	颜色	干燥的纯熟石灰呈纯白色,含有杂质时,略带黄色或灰色	
2	晶形和晶格结构	$Ca(OH)_2$ 是复三方偏三角面体结晶,呈鳞片体或柱体	
3	密度和堆积密度	密度值为 $2.20 \sim 2.30g/cm^3$,含 MgO 的熟石灰密度略高于此值。堆积密度约为 $0.4 \sim 0.5kg/L$	
4	莫氏硬度	介于 2 ~ 3 之间	
5	粒度和比表面积	商品熟石灰粒度为 $1 \sim 5\mu m$;用 BET 氮吸收法测定熟石灰的比表面积,平均值约为 $15.2m^2/g$	

续上表

序 号	技术性质	说　　明	备　注
6	溶解度	$Ca(OH)_2$ 在水中的溶解度随温度升高而减小	
7	比热容	$0 \sim 100℃$ 约为 $0.27 \times 4.18 \sim 0.29 \times 4.18 J/(g \cdot K)$ $0℃$ 约为 $0.27 \times 4.18 J/(g \cdot K)$ $51℃$ 约为 $0.29 \times 4.18 J/(g \cdot K)$ $400℃$ 约为 $0.37 \times 4.18 J/(g \cdot K)$	平均比热容随温度上升而增加
8	折射率	n_0 约为 1.574, n_e 约为 1.545	n_0 和 n_e 分别是晶体双折射现象中的"寻常光"的折射率和"非常光"的折射率
9	导电率	最大值约为 $9.6 \times 10^{-3}/(\Omega \cdot cm)$	与温度有关
10	一般抗化学能力	$Ca(OH)_2$ 属较稳定的化合物,水不会使其化学成分发生变化	抗酸性除外
11	抗各种化合物性能	氯与粉末状消石灰反应,成为漂白粉;$Ca(OH)_2$ 吸附溴时变成砖红色;$Ca(OH)_2$ 与铁锉屑一起加热时,可放出氢;金属镁可将 $Ca(OH)_2$ 还原成钙;一氧化氮在常温下可与干 $Ca(OH)_2$ 反应,生成亚硝酸钙,同时放出一氧化氮和氮;硫化氢在 $60℃$ 时可与 $Ca(OH)_2$ 生成硫化钙	
12	中和作用	与强酸中和反应生成中性盐,与弱酸生成碱性盐	
13	离解度和 pH 值	浓度较低时,pH 值仍然较高	

3. 建筑石灰的分类及物理性质

建筑石灰按生石灰的加工情况分为建筑生石灰和建筑生石灰粉。生石灰按化学成分分为钙质石灰和镁质石灰两类,根据化学成分的含量每类分成不同等级,见表 2-5。

建筑生石灰的分类(JC/T 479—2013)　　　　　　　　　　　　表 2-5

类　别	名　称	代　号
钙质石灰	钙质石灰 90	CL 90
	钙质石灰 85	CL 85
	钙质石灰 75	CL 75
镁质石灰	镁质石灰 85	ML 85
	镁质石灰 80	ML 80

生石灰的识别标志由产品名称、加工情况和产品依据标准编号组成。生石灰块在代号后加 Q,生石灰粉在代号后加 QP。

示例:符合 JC/T 479—2013 的钙质生石灰粉 90 标记为:

CL 90-QP JC/T 479—2013

说明:

CL——钙质生石灰;

90——(CaO + MgO)百分含量;

QP——粉状;

JC/T 479—2013——产品依据标准。

建筑生石灰的化学成分应符合表2-6a)的要求。

建筑生石灰的化学成分(%)(JC/T 479—2013) 表2-6a)

名　称	氧化钙+氧化镁 (CaO+MgO)	氧化镁 (MgO)	二氧化碳 (CO$_2$)	三氧化硫 (SO$_3$)
CL 90-Q CL 90-QP	≥90	≤5	≤4	≤2
CL 85-Q CL 85-QP	≥85	≤5	≤7	≤2
CL 75-Q CL 75-QP	≥75	≤5	≤12	≤2
ML 85-Q ML 85-QP	≥85	>5	≤7	≤2
ML 80-Q ML 80-QP	≥80	>5	≤7	≤2

建筑生石灰的物理性质应符合表2-6b)的要求。

建筑生石灰的物理性质(JC/T 479—2013) 表2-6b)

名　称	产浆量 (dm^3/10kg)	细　度	
		0.2mm 筛余量(%)	90μm 筛余量(%)
CL 90-Q	≥26	—	—
CL 90-QP	—	≤2	≤7
CL 85-Q	≥26	—	—
CL 85-QP	—	≤2	≤7
CL 75-Q	≥26	—	—
CL 75-QP	—	≤2	≤7
ML 85-Q	—	—	—
ML 85-QP		≤2	≤7
ML 80-Q	—	—	—
ML 80-QP		≤7	≤2

注:其他物理特性,根据用户要求,可按现行 JC/T 478.1 进行测试。

建筑消石灰按 CaO+MgO 的含量加以分类,见表2-7。

建筑消石灰的分类(JC/T 481—2013) 表2-7

类　别	名　称	代　号
钙质消石灰	钙质消石灰90	HCL 90
	钙质消石灰85	HCL 85
	钙质消石灰75	HCL 75
镁质消石灰	镁质消石灰85	HML 85
	镁质消石灰80	HML 80

消石灰的识别标志由产品名称和产品依据标准编号组成。

示例:符合 JC/T 481—2013 的钙质消石灰 90 标记为:

HCL 90 JC/T 481—2013

说明:

　　　　HCL——钙质消石灰;

　　　　90——(CaO+MgO)含量;

JC/T 481—2013——产品依据标准。

建筑消石灰的化学成分应符合表 2-8a)的要求。

建筑消石灰的化学成分(%)(JC/T 481—2013)　　　　　　　表 2-8a)

名　称	氧化钙 + 氧化镁 (CaO + MgO)	氧化镁 (MgO)	三氧化硫 (SO₃)
HCL 90	≥90		
HCL 85	≥85	≤5	≤2
HCL 75	≥75		
HML 85	≥85	>5	≤2
HML 80	≥80		

注:表中数值以试样扣除游离水和化学结合水后的干基为基准。

建筑消石灰的物理性质应符合表 2-8b)的要求。

建筑消石灰的物理性质(JC/T 481—2013)　　　　　　　表 2-8b)

名　称	游离水(%)	细　度		安定性
		0.2mm 筛余量(%)	90μm 筛余量(%)	
HCL 90				
HCL 85				
HCL 75	≤2	≤2	≤7	合格
HML 85				
HML 80				

第二节　水　泥

水泥是重要的建筑材料之一,有着极为悠久的发展历史。英格兰人 John Smeaton 注意到纯石灰砂浆不能抵抗水的作用,因此用不同产地的石灰配制砂浆,并且发现了含有一定量黏土组成的石灰石经过煅烧后可以获得水硬性能。之后,人们开始使用各种天然含土石灰岩石(泥灰岩)来烧制水硬石灰。水硬石灰的生产技术在 1796 年获得专利,并被称为"罗马水泥"。由于天然含土石灰岩石并不是随处可见,一些人开始人工配制水泥。英国泥瓦工约瑟夫·阿斯普丁在这一方面取得了巨大的成功。他用粉磨的石灰石和黏土混合物在老式立窑中煅烧后制成水硬水泥,并在 1824 年所获得的专利中用波特兰来命名自己的产品,因为波特兰岩石是当地的一种坚硬、耐久的石灰岩。从这时起,胶凝材料进入了一个崭新的发展时代。

一、水泥的定义及分类

水泥可以被定义为一种胶凝材料,即可通过胶结作用将一些固体碎块结合成一个坚实的整体。这一定义中所包含着的一系列胶结材料,它们组成不同、性能各异,在工程上也有不同的应用。其中最大的一类主要用于建筑工程中砂、石的胶结或混凝土的生产。

水泥生产技术发展至今,其种类日益繁多。按主要水硬性物质,水泥可分为硅酸盐水泥、铝酸盐水泥、硫铝酸盐水泥、铁铝酸盐水泥等。这些水泥的水硬性物质不同,性质也有一定差异,如铝酸盐类水泥凝结速度快、早期强度高、耐热性能好而且耐硫酸盐腐蚀,硫铝酸盐水泥硬化后体积会膨胀等。按性能和用途不同,水泥又可分为通用水泥、专用水泥和特种水泥三大类。

通用水泥是指大量用于一般土木工程的水泥,按其所掺混合材的种类及数量不同,又分为硅酸盐水泥、普通硅酸盐水泥(普通水泥)、矿渣硅酸盐水泥(矿渣水泥)、火山灰质硅酸盐水泥(火山灰水泥)、粉煤灰硅酸盐水泥(粉煤灰水泥)和复合硅酸盐水泥(复合水泥)等。专用水泥是指适应于专门用途的水泥,如道路水泥、大坝水泥、砌筑水泥等。特种水泥指某种性能比较突出的水泥,如快硬性水泥、水化热水泥、抗硫酸盐水泥、膨胀水泥等。水泥的一般分类见表2-9。

水 泥 分 类 表2-9

分 类 依 据	按性能和用途	按矿物组成	按技术特性
种类	通用水泥 专用水泥 特种水泥	硅酸盐水泥 铝酸盐水泥 硫铝酸盐水泥 磷酸盐水泥 氟铝酸盐水泥 火山灰性质水泥 其他活性水泥	快硬性水泥 水化热水泥 抗硫酸盐水泥 膨胀性水泥 耐高温性水泥

除了前面的分类方法,美国《波特兰水泥标准规范》(ASTM C150)中还列出了五大类十种波特兰水泥,用罗马数字标明如下:

Ⅰ型——普通型,用于无特殊要求的一般建筑工程;

ⅠA型——普通引气型;

Ⅱ型——中等抗硫酸盐型,用于需要预防中度硫酸盐侵蚀的混凝土;

ⅡA型——中等抗硫酸盐引气型;

Ⅱ(MH)型——通用型,更多用于中等程度水化热和预防中度硫酸盐侵蚀的混凝土;

Ⅱ(MH)A型——与Ⅱ(MH)型用途相同的引气型,用于需要引气的混凝土;

Ⅲ型——早强型,用于早期强度发展特快的混凝土;

ⅢA型——早强引气型;

Ⅳ型——低水化热型,用于温度升高很慢的混凝土;

Ⅴ型——高抗硫酸盐型,用于遭受严重硫酸盐作用,主要是土壤或地下水中硫酸盐含量高的混凝土。

我国的水泥标准与《波特兰水泥标准规范》(ASTM C150)中的划分有着相似之处。例如,ASTM Ⅲ型多称为早强水泥(GB 199),ASTM Ⅳ型多称为低热水泥(GB 200),ASTM Ⅴ型多称为抗硫酸盐水泥(GB 748),至于Ⅰ型和Ⅱ型则通常不加区分。

二、硅酸盐水泥矿物组成及化学成分

普通硅酸盐水泥主要含有氧化钙(CaO)、氧化硅(SiO_2)、氧化铝(Al_2O_3),氧化铁(Fe_2O_3),这四种氧化物通常在水泥熟料中占95%以上。同时,熟料中还含有不到5%的其他氧化物,如氧化镁(MgO)、硫酐(SO_3)、氧化钛(TiO_2)、氧化磷(P_2O_5)以及碱等。在水泥熟料中,氧化钙、氧化硅、氧化铝和氧化铁等并不是以单独的氧化物存在,它们经过高温煅烧后,其中两种或两种以上的氧化物反应生成多种矿物集合体,其结晶细小,通常为 $30 \sim 60 \mu m$。因此,硅酸盐水泥熟料是一种多矿物组成的结晶细小的人造岩石,或者说它是一种多矿物的聚集体。

硅酸盐水泥的生产流程如图 2-3 所示。

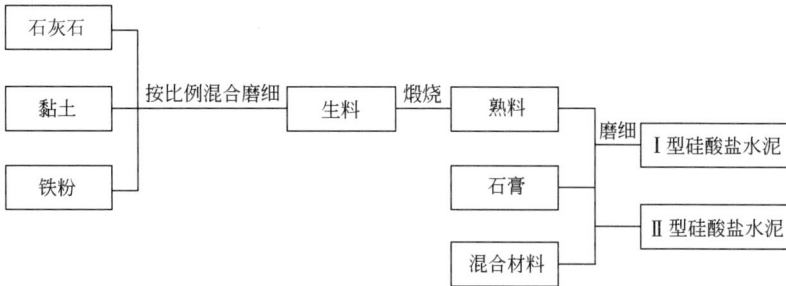

图 2-3 硅酸盐水泥生产流程示意图

1. 矿物组成及特点

硅酸盐水泥的化学成分主要有石灰石原料分解出的 CaO,黏土原料分解出的 SiO_2 和 Al_2O_3,以及铁矿粉提供的 Fe_2O_3。经过高温煅烧后,这四种成分化合为硅酸盐水泥熟料中的主要矿物组成,其缩写及大致含量见表 2-10。

硅酸盐水泥熟料的矿物组成及化学成分表 表 2-10

矿 物 组 成	化 学 组 成	常 用 缩 写	大致含量(%)
硅酸三钙	$3CaO \cdot SiO_2$	C_3S	$35 \sim 65$
硅酸二钙	$2CaO \cdot SiO_2$	C_2S	$10 \sim 40$
铝酸三钙	$3CaO \cdot Al_2O_3$	C_3A	$0 \sim 15$
铁铝酸四钙	$4CaO \cdot Al_2O_3 \cdot Fe_2O_3$	C_4AF	$5 \sim 15$

水泥熟料中除含有 C_3S、C_2S、C_3A、C_4AF 等主要矿物组成外,还含有少量的游离氧化钙(f-CaO)、方镁石(结晶氧化镁)、含碱矿物以及玻璃体等。通常,熟料中 C_3S 和 C_2S 的含量约占 75%,称为硅酸盐矿物;C_3A 和 C_4AF 占 22% 左右。在煅烧过程中,后两种矿物与 MgO、碱等从 $1200 \sim 1280$℃开始会逐渐熔融成液相以促进 C_3S 的形成,故称为溶剂矿物。

硅酸盐水泥熟料主要矿物组成的特点及性能比较分别见表 2-11 和表 2-12。

硅酸盐水泥熟料主要矿物组成的特点 表 2-11

矿物组成	主 要 特 点
C_3S	硅酸盐水泥中最主要的矿物成分,对硅酸盐水泥性质有重要影响;遇水反应速度较快,水化热高,水化产物对水泥早期和后期强度起主要作用
C_2S	硅酸盐水泥中的主要矿物成分,遇水反应速度较慢,水化热很低,水化产物对水泥早期强度贡献较小,但对水泥后期强度起重要作用,耐化学侵蚀性和干缩性较好
C_3A	含量通常在15%以下,是四种主要矿物组成中遇水反应速度最快、水化热最高的组分;它的含量决定水泥的凝结速度和释热量,它与为调节水泥凝结速度而掺入的石膏所形成的水化产物对水泥早期强度起一定作用;耐化学侵蚀性差,干缩性大
C_4AF	遇水反应较快,水化热较高;强度较低,但对水泥抗折强度起重要作用;耐磨性、耐化学侵蚀性好,干缩性小

硅酸盐水泥熟料主要矿物组成性能比较 表2-12

矿物组成		硅酸三钙(C_3S)	硅酸二钙(C_2S)	铝酸三钙(C_3A)	铁铝酸四钙(C_4AF)
与水反应速度		中	慢	快	中
水化热		中	低	高	中
对强度的作用	早期	良	差	良	良
	后期	良	优	中	中
耐化学侵蚀性		中	良	差	优
干缩性		中	小	大	小

2.矿物结构

硅酸盐水泥熟料是一种多矿物聚集体,它由许多不同的矿物和中间物组成。这些化合物及其他化合物可通过显微镜观察和分析,如图2-4所示。在显微镜下观察到的水泥熟料抛光薄片中,光亮的棱角形晶体为C_3S;深色倒圆角的晶体为C_2S;C_3A一般呈不规则的微晶体,如点滴状、矩形或柱状,由于反光能力弱,在反光镜下呈暗灰色,常称为黑色中间相;C_4AF呈棱柱状或圆粒状,反光能力强,在反光镜下呈亮白色,称为白色中间相。

(1)C_3S结构特征

在硅酸盐水泥熟料中,硅酸三钙并不以纯的形式存在,它能与水泥熟料中的MgO、Al_2O_3等少量氧化物形成固溶体,称之为阿利特或简称A矿。C_3S的晶体断面为六角形和棱柱形,其晶型在扫描电镜下如图2-5所示。C_3S的结构特征可概括如下:

①C_3S是在常温下存在的介稳高温型矿物,其结构具有热力学不稳定性。

②Al^{3+}与Mg^{2+}离子进入C_3S结构中并形成固溶体,固溶程度越高,活性越大。

③在C_3S结构中,钙离子具有较高的活性。

④在C_3S结构中存在着大尺寸的"空穴",这使OH^-可以直接进入晶格中,从而使C_3S具有较快的水化速度。

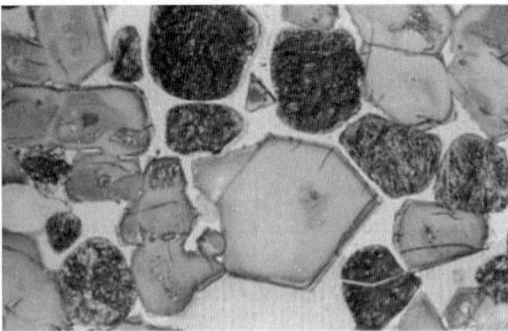

图2-4 显微镜下观察到的水泥熟料抛光薄片

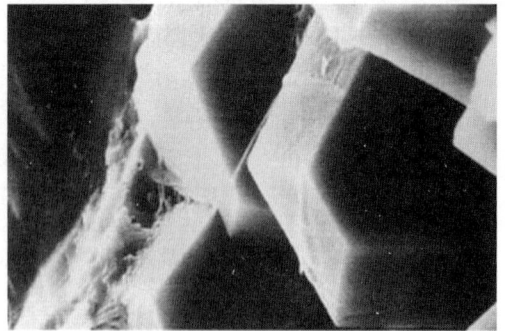

图2-5 C_3S的晶型

(2)C_2S结构特征

C_2S是硅酸盐水泥熟料的主要矿物组成之一,在形成过程中常常固溶有少量的氧化物,如氧化铝、氧化铁、氧化钠、氧化镁等,称为贝利特或简称B矿。在水泥熟料的实际生产过程中,由于采用了急冷的方法,导致C_2S以β-C_2S的形式存在,因此可以认为β-C_2S是在常温稳定下

的高温型 α'_L-C_2S 的变种。

C_2S 的结构特征可概括如下:

①β-C_2S 是在常温下存在的介稳高温型矿物,其结构具有热力学不稳定性。

②β-C_2S 中的钙离子具有较高的活性。

③在 β-C_2S 结构中,杂质和稳定剂的存在提高了它的结构活性。

④β-C_2S 结构中没有 C_3S 结构中存在的大尺寸"空穴",这是其水化速度较慢的影响因素之一。

(3)C_3A 结构特征

C_3A 在水泥熟料烧成过程中只有当化学成分 Al_2O_3 和 Fe_2O_3 的质量比(P)大于 0.64 时才能形成。当 $P < 0.64$ 时,由于 Al_2O_3 含量不足,不可能形成 C_3A。C_3A 的矿物含量推算公式为:

$$C_3A = 2.65 \times (Al_2O_3 - 0.64Fe_2O_3) \tag{2-6}$$

C_3A 在显微镜下呈圆形粒子,属立方晶体,无多晶转化。C_3A 也可固溶部分氧化物,如 SiO_2、Fe_2O_3、K_2O、Na_2O 等。随着固溶的碱含量增加,立方晶体的 C_3A 向斜方晶体转变。C_3A 的结构特征可概括如下:

①在 C_3A 的晶体结构中,钙离子具有较高的活性。

②在 C_3A 的晶体结构中,铝离子也具有较高的活性。

③C_3A 结构中具有较大的"孔穴",OH^- 较容易进入晶格内部,因此 C_3A 水化速度快。

(4)C_4AF 结构特征

C_4AF 也称才利特或 C 矿。在透射光下,C_4AF 为呈黄褐色或褐色的晶体,有很高的折射率。C_4AF 有显著的多色性,能形成长柱状晶体,或形成有显著突起的小圆形颗粒。其结构特征为:它是高温时形成的一种固溶体,在铝原子取代铁原子时引起晶格稳定性降低。

(5)玻璃相

玻璃相是硅酸盐水泥熟料中的重要组成部分。它的组成是不固定的,主要成分有 Al_2O_3、Fe_2O_3、CaO 以及少量的 MgO 和 R_2O。玻璃相的形成是熟料烧至部分熔融时部分液相在冷却时来不及析晶的结果,因此它是热力学不稳定的,也具有一定的活性。

(6)游离 CaO 和 MgO

游离 CaO 是指水泥熟料中没有与其他矿物结合的以游离状态存在的氧化钙。它的形成主要归因于配料不当、生料过粗或煅烧不良。熟料中含有少量 MgO 时,能降低熟料液相生成温度,增加液相数量,降低液相黏度,有利于熟料形成,还能改善熟料色泽。但如果氧化镁含量高于极限值,可导致水泥安定性不良。

三、硅酸盐水泥的水化及凝结硬化

水泥与适量的水拌和后,立即发生化学反应,水泥的各个组分开始溶解并产生复杂的物理、化学和力学变化,这种变化可以持续很长时间。随着反应的进行,形成的可塑性浆体逐渐失去流动能力,并凝结硬化成为具有一定强度的石状体。

1. 水泥熟料矿物的水化及其生成物

(1)C_3S 水化

常温条件下,C_3S 的水化反应式为:

$$3CaO \cdot SiO_2 + nH_2O \longrightarrow xCaO \cdot SiO_2 \cdot yH_2O + (3 - x)Ca(OH)_2 \qquad (2-7)$$

C_3S 的水化过程是放热过程,根据 C_3S 水化时的放热速率随时间的变化关系,大体上可以把 C_3S 的水化过程分为五个阶段,如图 2-6 所示。

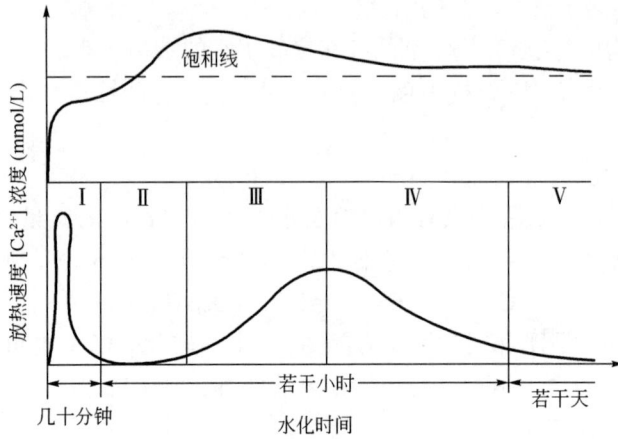

图 2-6 C_3S 水化的五个阶段

①诱导前期(Ⅰ)

在诱导前期,C_3S 遇水湿润并迅速开始水化反应,可观察到有大量的热生成。此过程只在无水 C_3S 表面形成一层 C-S-H 凝胶的水化层。该阶段的时间很短,一般在 15min 以内结束。

②诱导期(Ⅱ)

在诱导期能观察到相对较弱的水化反应,放热速度显著下降。这一阶段反应速率极其缓慢,一般持续 2~4h,是硅酸盐水泥保持塑性的原因。

③加速期(Ⅲ)

加速期指水化反应重新加快的阶段。此时反应速率随时间增长,出现第二个放热峰,在达到峰顶时本阶段即告结束,一般持续 4~8h,此时终凝已过,开始硬化。在加速水化阶段,从溶液中析出的 $Ca(OH)_2$ 形成晶体,C—S—H 胶质充满了整个空间,水化物交互生长并内聚形成网状结构,整个体系开始形成强度。

④减速期(Ⅳ)

减速期又称衰减期,持续 12~24h,是反应速率随时间下降的阶段。当 C_3S 的水化进入减速期以后,在 C_3S 周围已经形成一个水化物的微结构层,阻碍了水化反应,使水化速度降低。这一阶段,C_3S 的水化反应逐渐受扩散速率的控制。

⑤稳定期(Ⅴ)

在稳定阶段,C—S—H 可能形成了比较致密的结构,导致体系的渗透率逐步降低,水化速度持续下降,水化产物形成网状结构,水泥石强度增大,反应基本趋于稳定。这一阶段,水化作用完全受扩散速率控制。

C_3S 水化各阶段的示意图见图 2-7。

(2)C_2S 水化

C_2S 的水化反应式为:

$$2CaO \cdot SiO_2 + nH_2O \longrightarrow xCaO \cdot SiO_2 \cdot yH_2O + (2 - x)Ca(OH)_2 \qquad (2-8)$$

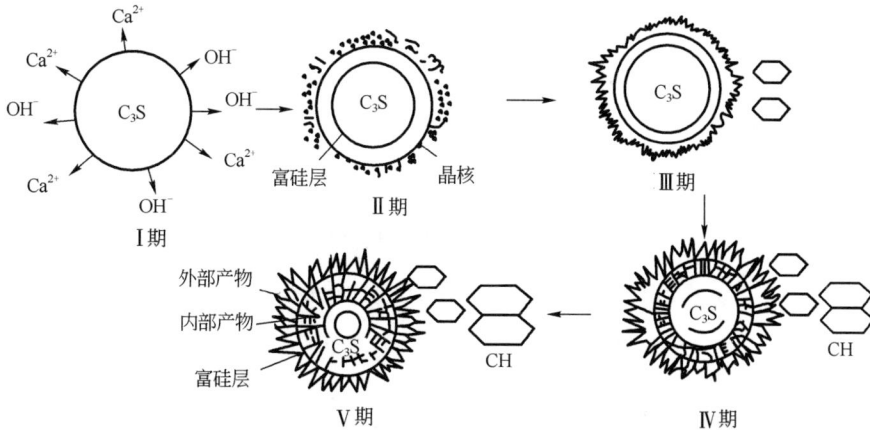

图 2-7 C_3S 水化各阶段示意图

C_2S 的水化过程与 C_3S 极为相似,具体区别在于:C_3S 的水化速度比 C_2S 高很多,约为C_2S 水化速度的 20 倍。由于 C_2S 的水化速率特别慢,因此采用放热速率来研究 C_2S 的水化过程十分困难。C_2S 的第一个放热峰与 C_3S 相当,但达到加速期的时间较长,且第二个放热峰相当弱,以致难以测定。

(3)C_3A 水化

①纯水中 C_3A 的水化

常温条件下,C_3A 在纯水中的水化反应式为:

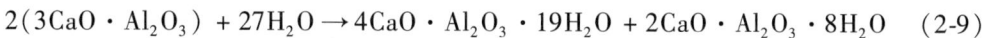

$$2(3CaO \cdot Al_2O_3) + 27H_2O \rightarrow 4CaO \cdot Al_2O_3 \cdot 19H_2O + 2CaO \cdot Al_2O_3 \cdot 8H_2O \quad (2-9)$$

C_3A 在纯水中的水化过程分为三个阶段,如图 2-8 所示。

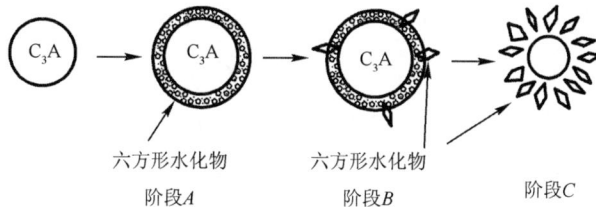

图 2-8　C_3A 在纯水中水化

阶段 A 对应于 C_3A 的迅速溶解以及在过饱和溶液中六方片状水化产物的形成,前者使放热速度出现一个高峰,后者又使反应速度缓慢下降;阶段 B 对应于第二个放热峰的出现,这是由于立方状 C_3AH_6 的形成使六方片状水化产物层破坏,水化反应重新加速;阶段 C 对应于在 C_3A 周围的充水空间形成立方状 C_3AH_6 水化物。由于 C_3A 溶解非常迅速并能很快地形成六方片状水化产物的晶体网络结构,使浆体失去流动性。因此,C_3A 在纯水中的水化浆体凝结很快。

②有石膏存在时 C_3A 的水化

在水泥浆体中,熟料中的 C_3A 实际上是在 $Ca(OH)_2$ 和有石膏存在的环境中水化的。C_3A 在 $Ca(OH)_2$ 饱和溶液中的水化反应式为:

$$C_3A + Ca(OH)_2 + 12H_2O \rightarrow C_4AH_{13} \quad (2-10)$$

C_4AH_{13} 在室温下能稳定存在,数量增长也很快,但它会与石膏反应生成三硫型水化硫铝酸钙,又称钙矾石,常用 AFt 表示。其化学反应式为:

$$C_4AH_{13} + CaSO_4 \cdot 2H_2O + H_2O \longrightarrow 3CaO \cdot Al_2O_3 \cdot 3CaSO_4 \cdot 32H_2O \qquad (2\text{-}11)$$

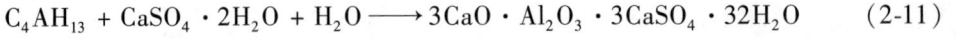

三硫型水化硫铝酸钙(钙矾石)

当石膏消耗完毕后,C_4AH_{13}又能与钙矾石继续反应生成单硫型水化硫铝酸钙,常用 AFm 表示。其化学反应式为:

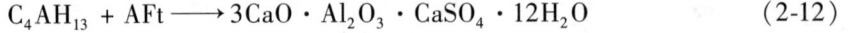

$$C_4AH_{13} + AFt \longrightarrow 3CaO \cdot Al_2O_3 \cdot CaSO_4 \cdot 12H_2O \qquad (2\text{-}12)$$

单硫型水化硫铝酸钙

在有石膏、$Ca(OH)_2$存在的情况下,C_3A的水化过程如图 2-9 所示。

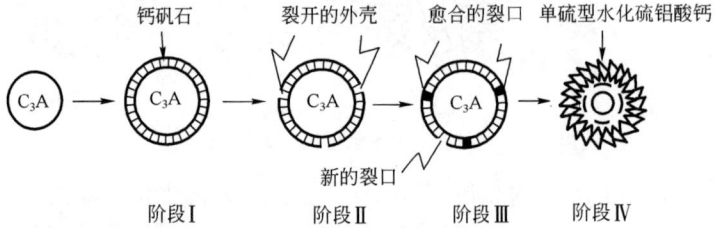

图 2-9　C_3A 在有石膏环境中的水化

阶段 I 对应于 C_3A 的溶解和钙矾石的形成。阶段 II 中由于 C_3A 表面形成钙矾石包覆层,水化速率减慢,并延续较长时间,但随着水化继续进行,钙矾石包覆层变厚,并产生结晶压力。当结晶压力超过一定数值时,包覆层会产生局部破裂。阶段 III 中包覆层破裂处促使水化加速,所形成的钙矾石又使破裂处封闭,因此可以说阶段 II 和阶段 III 是包覆层破坏与修复的反复阶段。阶段 IV 则是由于 $CaSO_4 \cdot 2H_2O$ 消耗完毕,体系中剩余的 C_3A 与已形成的钙矾石继续作用,形成新相 AFm。

(4)C_4AF 水化

C_4AF 的水化反应与 C_3A 相似,在有石膏存在时,生成 AFt 和 AFm。

2. 凝结硬化

水泥与水拌和后,熟料矿物发生水化反应,各种水化生成物开始出现。水泥浆具有可塑性,随着时间的推移,水泥浆逐渐失去塑性,形成坚硬的水泥石,这个转变过程称为水泥浆的凝结硬化过程。从整体来看,凝结与硬化是同一过程的不同阶段。凝结标志着水泥浆失去流动性而具有一定的塑性强度,硬化则表示水泥浆固化后所形成的结构具有一定的机械强度。一般情况下,可将水泥的凝结硬化过程划分为四个阶段,如图 2-10 所示。

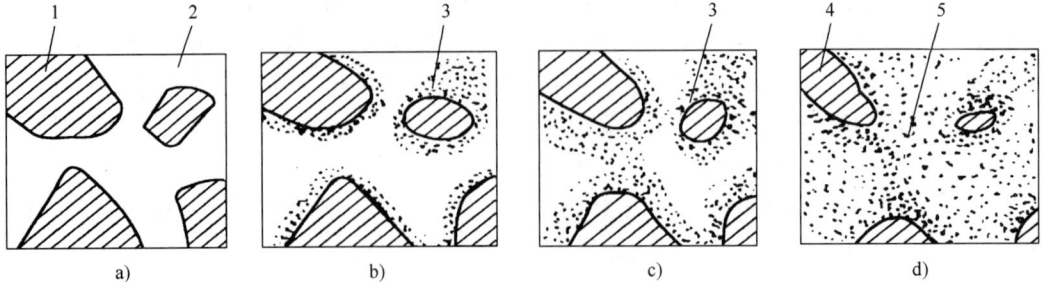

图 2-10　水泥的凝结硬化过程示意图

a)初始反应期;b)诱导期;c)凝结期;d)硬化期

1-水泥颗粒;2-水分;3-凝胶;4-水泥颗粒的未水化内核;5-毛细孔

四、硅酸盐水泥的技术性质与技术标准

1. 化学性质

水泥的化学指标主要是控制水泥中有害的化学成分,要求其不超过一定的限量。若超过最大允许限量,即意味着对水泥性能和质量可能产生有害或潜在的影响。水泥化学性质指标项目及其使用意义见表2-13。

水泥化学性质指标项目及其使用意义 表2-13

性能指标	指标在使用上的意义
氧化镁	指在水泥熟料中未与其他矿物结合的游离氧化镁,是高温时形成的方镁石,其水化、硬化速度缓慢,且产生体积膨胀,导致水泥石结构产生裂缝甚至破坏,是引起水泥安定性不良的重要原因。水泥中氧化镁含量不宜超过5.0%
三氧化硫	生产水泥时,为调节凝结时间加入石膏而产生的,或是煅烧熟料时加入石膏矿化剂而带入熟料中的。适量石膏可改善水泥的性能,但超过一定限量后,水泥性能会变差,甚至引起水泥石体积膨胀,导致结构物破坏。水泥中的三氧化硫含量不宜超过3.5%
烧失量	指水泥在一定温度、时间内加热后烧失的数量。水泥煅烧不佳或受潮后,均会导致烧失量增加。Ⅰ型硅酸盐水泥的烧失量不得大于3.0%,Ⅱ型硅酸盐水泥的烧失量不得大于3.5%,Ⅲ型硅酸盐水泥的烧失量不得大于5.0%
不溶物	指水泥在盐酸中溶解保留下来的不溶性残留物。不溶物过多,将影响水泥的活性。Ⅰ型硅酸盐水泥中的不溶物含量不得大于0.75%,Ⅱ型硅酸盐水泥中的不溶物含量不得大于1.5%
碱	水泥中的碱与某些活性集料发生化学反应会使混凝土产生膨胀、开裂,甚至破坏。水泥中的含碱量不宜超过0.6%
氯离子	当水泥中氯离子含量较高时,会引起水泥混凝土中的钢筋锈蚀,导致混凝土开裂破坏。当使用盐类早强剂时,容易造成水泥混凝土中氯离子含量较高,对混凝土质量存在潜在的影响

2. 物理性质

(1)细度

细度指水泥颗粒的粗细程度。水泥颗粒越细,水化时与水的接触面积越大,水化速度越快,早期强度越高;但磨得过细,标准稠度需水量大,硬化后收缩变形大,水泥石发生裂缝的可能性将增加。另外,细度提高还将导致水泥磨细时所需消耗的能量增加,成本提高。因此,对水泥细度须予以合理控制。

水泥细度的测定方法常用80μm筛筛析法和比表面积测定法(勃氏法)。筛析法有干筛、水筛、负压筛法;在没有负压筛析仪和水筛的情况下,容许采用手工干筛法测定。

(2)水泥净浆标准稠度

水泥的凝结时间和体积安定性测试结果与水泥浆稠度有关。在测试这两项指标时,必须用标准稠度的水泥净浆。《水泥标准稠度用水量、凝结时间、安定性检验方法》(GB/T 1346—2011)规定,水泥净浆稠度采用标准法维卡仪测定,以试杆沉入净浆距底板6mm±1mm时的稠度为"标准稠度",此时的用水量称为标准稠度用水量。

水泥的标准稠度用水量受水泥的细度、水泥矿物组成等因素影响,水泥越细,标准稠度用

水量越大。在硅酸盐水泥熟料矿物组成中，C_3A 需水量最大，C_2S 最小。

（3）凝结时间

凝结时间指水泥从加水开始，到水泥浆失去可塑性所需的时间。凝结时间分为初凝时间和终凝时间。初凝时间是指从水泥加水到水泥浆开始失去塑性的时间；终凝时间是指从水泥加水到水泥浆完全失去塑性的时间。

《水泥标准稠度用水量、凝结时间、安定性检验方法》（GB/T 1346—2011）规定，凝结时间采用标准法维卡仪测定。具体方法是：将标准稠度用水量制成的水泥净浆装在试模中，在标准法维卡仪上，以标准针测试。从加水时起，至试针沉入净浆中距底板为 4mm±1mm 时所经历的时间称为"初凝时间"；从加水时起，至试针沉入净浆不超过 0.5mm 时所经历的时间称为"终凝时间"。初凝和终凝时间的划分如图 2-11 所示。

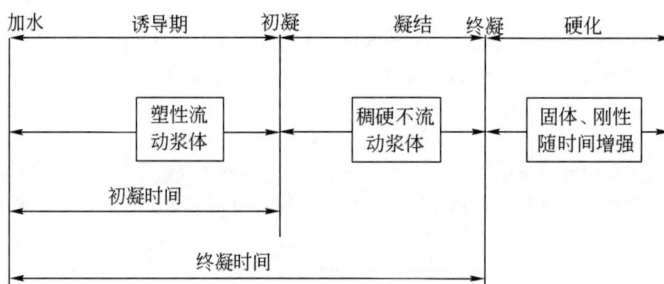

图 2-11　水泥浆初凝和终凝时间的划分

水泥的凝结时间对水泥混凝土的施工有重要意义。如果凝结过快，混凝土会很快失去流动性，以致无法浇筑，因此初凝时间不宜过短，以便有足够的时间在初凝之前完成混凝土各工序的施工操作；终凝时间不宜过长，以免影响混凝土的施工进度。《通用硅酸盐水泥》（GB 175—2007）规定，硅酸盐水泥初凝时间不得早于 45min，终凝时间不大于 390min；普通硅酸盐水泥初凝时间不得早于 45min，终凝时间不大于 600min。

（4）体积安定性

体积安定性反映了水泥浆在凝结硬化过程中体积膨胀变形的均匀程度。各种水泥在凝结硬化过程中，都可能产生不同程度的体积变化。均匀轻微的变化，不致影响混凝土的质量；如果产生不均匀变形或变形太大，则混凝土构件将产生膨胀裂缝，影响工程质量，这种水泥称为体积不安定水泥。水泥体积安定性不合格，一般是水泥中含有过量的游离氧化钙、游离氧化镁或掺入的石膏过量所致。

水泥体积安定性的测定可以用雷氏夹法和试饼法，当发生争议时，以雷氏夹法为准。雷氏夹法是用标准稠度的水泥净浆装满雷氏夹，用小刀插捣，盖上玻璃板后放在养护箱内养护24h，沸煮 3h；测雷氏夹指针尖端之间的距离增大值，若不超过 5.0mm，则认为该水泥安定性合格。试饼法是将标准稠度的水泥净浆制成试饼，养护及沸煮与雷氏夹法相同；沸煮后，肉眼观察，无裂纹、用直尺检查无弯曲的试饼为安定性合格。

（5）强度

强度是水泥技术要求中最基本的指标，它直接反映了水泥的质量水平和使用价值。目前，我国水泥的强度检验采用《水泥胶砂强度检验方法(ISO法)》(GB/T 17671—2021)(简称ISO法)来评定水泥的强度等级。

水泥的强度除了与水泥自身的性质(如熟料矿物组成、细度等)有关外,还与水灰比、试件制作方法、养护条件和时间等有关。ISO法规定,以1:3的水泥和标准砂,用0.5的水灰比拌制一组塑性胶砂,制成40mm×40mm×160mm的标准试件。在标准养护条件下,达到规定龄期(3d、28d)时,测定其抗折和抗压强度,按《通用硅酸盐水泥》(GB 175—2007)中规定的最低强度值来评定其所属等级。

①水泥型号

为提高水泥早期强度,《通用硅酸盐水泥》(GB 175—2007)将水泥分为普通型和早强型(或称R型)两个型号。早强型水泥的3d抗压强度较同等级普通型水泥提高10%~24%,早强型水泥的3d抗压强度可达同等级普通水泥28d抗压强度的50%。水泥混凝土路面用水泥,在供应条件允许时,应尽量优先选用早强型水泥,以缩短混凝土养护时间,提早通车。

②强度等级

水泥强度等级按规定龄期的抗压和抗折强度来划分,以MPa表示其强度等级,如32.5、32.5R、42.5、42.5R等。硅酸盐水泥分三个强度等级六种类型,即42.5、42.5R、52.5、52.5R、62.5、62.5R。普通硅酸盐水泥分为两个强度等级四种类型,即42.5、42.5R、52.5、52.5R。各强度等级的不同龄期强度按ISO法要求不低于表2-14中的数值。

硅酸盐水泥的强度指标　　　　　　　　　　　　表2-14

强 度 等 级	抗压强度(MPa)　不低于		抗折强度(MPa)　不低于	
	3d	28d	3d	28d
42.5	17.0	42.5	3.5	6.5
42.5R	22.0	42.5	4.0	6.5
52.5	23.0	52.5	4.0	7.0
52.5R	27.0	52.5	5.0	7.0
62.5	28.0	62.5	5.0	8.0
62.5R	32.0	62.5	5.5	8.0

原水泥标号与新强度等级的关系见表2-15。

原水泥标号与新强度等级关系　　　　　　　　　　表2-15

原水泥标号	325	425	525	625	725
新水泥强度等级	—	32.5	42.5	52.5	62.5

3.技术标准

《通用硅酸盐水泥》(GB 175—2007)规定:当水泥凝结时间、安定性及强度三项指标检测结果均符合要求时,则为合格品。当水泥凝结时间、安定性及强度三项指标检测结果中有任一项不符合要求时,则为不合格品。

硅酸盐水泥的技术标准汇总见表2-16。

硅酸盐水泥技术标准 表 2-16

技术性能	细度 （比表面积） （m²/kg）	凝结时间 （min）		安定性 （沸煮法）	不溶物 （%）		MgO （%）	SO₃ （%）	烧失量 （%）		碱含量 （%）	氯离子 （%）
		初凝	终凝		Ⅰ型	Ⅱ型			Ⅰ型	Ⅱ型		
指标	≥300	≥45	≤390	必须合格	≤0.75	≤1.50	≤5.0①	≤3.5	≤3.0	≤3.5	≤0.60②	≤0.06③

注：①如果水泥压蒸试验合格，则水泥中氧化镁的含量（质量分数）允许放宽至6.0%。

②水泥中碱含量按 $Na_2O + 0.658K_2O$ 计算值表示。若使用活性集料，用户要求提供低碱水泥时，水泥中的碱含量可由买卖双方协商确定。

③当有更低要求时，该指标由买卖双方协商确定。

五、硅酸盐水泥的腐蚀与预防

1. 水泥石的腐蚀

用硅酸盐水泥配制各种道路和桥梁结构物混凝土，在正常环境条件下，水泥石将继续硬化，强度不断增长。但当受到某些腐蚀性的液体或气体侵蚀后，水泥石强度会逐渐降低，严重时甚至会使整个混凝土构件乃至整个工程发生破坏，这种现象称为水泥石的腐蚀。现将道路与桥梁结构物中可能遇到的几种腐蚀因素简述如下。

（1）淡水侵蚀

又称为溶析性侵蚀或溶出性侵蚀，是硬化后混凝土中的水泥水化产物被淡水溶解而带走的一种侵蚀现象。

（2）硫酸盐侵蚀

通过海湾、沼泽或跨越污染河流的路线，沿线桥涵墩台有时会受到海水、沼泽水、工业污水的侵蚀，产生很大的内应力，使混凝土结构的强度降低并造成破坏。

（3）镁盐侵蚀

在海水、地下水或矿泉水中，常含有较多的镁盐，主要以氯化镁、硫酸镁形态存在。镁盐与水泥石中的 $Ca(OH)_2$ 起置换反应后，生成松软而失去胶凝性的氢氧化镁，并同时生成易溶于水的氯化钙或二水石膏，导致水泥石破坏。

（4）碳酸侵蚀

在工业污水或地下水中常溶解有较多的二氧化碳（CO_2），这种水与水泥中的 $Ca(OH)_2$ 反应生成碳酸钙，再与含二氧化碳的水作用而生成易溶于水的重碳酸钙，并为可逆反应。反应式为：

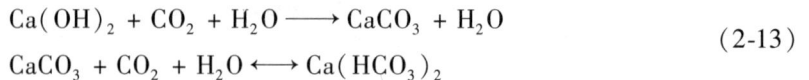

$$Ca(OH)_2 + CO_2 + H_2O \longrightarrow CaCO_3 + H_2O$$
$$CaCO_3 + CO_2 + H_2O \longleftrightarrow Ca(HCO_3)_2$$

(2-13)

当水中含有较多的碳酸且超过平衡浓度时，水泥中的氢氧化钙转变为重碳酸钙而溶失，氢氧化钙的浓度降低并导致水泥石中的其他水化物分解，最终使水泥石强度下降。

2. 水泥石的腐蚀的预防

（1）根据腐蚀环境特点，合理选用水泥品种

选用 C_2S 含量低的水泥，使水化产物中 $Ca(OH)_2$ 含量减少，可提高耐淡水侵蚀的能力。选用 C_3A 含量低的水泥，可提高抗硫酸盐侵蚀的能力。选用掺混合材的水泥，可提高水泥石的抗腐蚀能力。

（2）提高水泥石的密实度

因为水泥水化所需水量仅为水泥质量的 10% ~ 15%,而实际用水量(由于施工等因素的要求)则高达水泥质量的 40% ~ 70%,多余的水分蒸发后会形成连通的孔隙,使腐蚀介质容易渗入水泥石内部,还可能在水泥石的孔隙间产生结晶膨胀,从而加速了水泥的腐蚀。因此,在施工中应合理选择水泥混凝土的配合比,降低水灰比,改善集料级配,并通过掺加外加剂等措施提高其密实度。此外,还可以在混凝土表面进行碳化处理,使表面进一步密实,减少侵蚀介质渗入内部。

（3）敷设耐腐蚀保护层

当腐蚀作用较强时,可在混凝土表面敷设一层耐腐蚀性强且不透水的保护层,如耐酸石料、耐酸陶瓷、玻璃、塑料或沥青等。

六、其他水泥

1. 道路硅酸盐水泥

以适当成分的生料烧至部分熔融,所得的以硅酸钙为主要成分和较多量的铁铝酸钙的硅酸盐熟料称为道路硅酸盐水泥熟料。由道路硅酸盐水泥熟料、混合材和适量石膏磨细制成的水硬性胶凝材料,称为道路硅酸盐水泥(简称道路水泥)。道路硅酸盐水泥中,熟料和石膏(质量分数)为 90% ~ 100%,活性混合材料为 0 ~ 10%。

（1）矿物组成要求

C_3A:道路水泥熟料中的 C_3A 含量不得大于 5.0%。

C_4AF:道路水泥熟料中的 C_4AF 不得小于 15.0%。

（2）化学组成要求

道路水泥或熟料中含有的下列有害成分必须加以限制。

MgO:水泥中氧化镁含量(质量分数)不得超过 5.0%。如果水泥蒸压试验合格,则水泥中的氧化镁的含量(质量分数)允许放宽至 6%。

SO_3:三氧化硫含量(质量分数)不得超过 3.5%。

烧失量:道路水泥的烧失量不得大于 3.0%。

游离氧化钙含量:不应大于 1.0%。

含碱量(选择性指标):水泥中碱含量按 $Na_2O + 0.658K_2O$ 计算值表示。若使用活性集料,用户要求提供低碱水泥时,水泥中的碱含量可由买卖双方协商确定。

（3）物理力学性质

细度:比表面积为 300 ~ 450m²/kg。

凝结时间:初凝时间不小于 90min,终凝时间不大于 720min。

沸煮法安定性:用雷氏夹检验合格。

干缩性:28d 干缩率不得大于 0.10%。

耐磨性:28d 磨耗量应不大于 3.00kg/m²。

强度:各龄期强度应符合表 2-17 中的规定。

（4）工程应用

道路水泥是一种强度高(特别是抗折强度)、耐磨性好、干缩性好、抗冲击性好、抗冻性和抗硫酸性比较好的专用水泥。它适用于道路路面、机场跑道道面、城市广场等工程。由于道路水泥具有干缩性小、耐磨、抗冲击等特性,它可以减少水泥混凝土路面的裂缝和磨耗等病害,并能减少维修,延长路面使用寿命,因而可以获得显著的社会效益和经济效益。

道路硅酸盐水泥等级与各龄期强度表

表 2-17

强 度 等 级	抗折强度(MPa)		抗压强度(MPa)	
	3d	28d	3d	28d
7.5	≥4.0	≥7.5	≥21.0	≥42.5
8.5	≥5.0	≥8.5	≥26.0	≥52.5

2. 掺混合材水泥

为了改善硅酸盐水泥的某些性能,同时达到增加产量和降低成本的目的,在硅酸盐水泥熟料中掺加适量的各种混合材与石膏共同磨细而成的水硬性胶凝材料,称为掺混合材水泥。

(1)水泥混合材料

在生产水泥时,为了改善水泥性能、调节水泥强度等级、节约能耗、降低成本而加入水泥中的人工和天然矿质材料,称为水泥混合材料。

水泥混合材料按其在水泥中的作用,分为活性和非活性两类。近年来,兼具活性和非活性的窑灰也被用作水泥混合材料。

①活性混合材料:它通常是矿物材料,磨成细粉与石灰(或石膏)拌和在一起,加水后在常温下能生成具有胶凝性的水化产物,并能在水中硬化。这类材料主要包括粒化高炉矿渣、火山灰质混合材料和粉煤灰。

②非活性混合材料:此类材料不具有或只具有微弱的化学活性,在水泥水化过程中,基本上不参加化学反应,仅起提高产量、降低强度等级、降低水化热和提高混凝土工作性等作用,因此又称为填充性混合材料。

③窑灰:指从水泥回转窑窑尾废气收集到的粉尘,其性能介于活性混合材料和非活性混合材料之间。窑灰的主要组成物质是碳酸钙、脱水黏土、玻璃态物质、氧化钙以及少量熟料矿物、碱金属硫酸盐和石膏等。

(2)矿渣硅酸盐水泥

凡由硅酸盐水泥熟料、粒化高炉矿渣和适量石膏磨细制成的水硬性胶凝材料,称为矿渣硅酸盐水泥,简称矿渣水泥,代号 P·S。

水泥中粒化高炉矿渣掺加量按质量分数计为 20% ~70%,允许用石灰、窑灰、粉煤灰和火山灰质混合材料中的一种材料代替,代替数量不得超过水泥质量的 8%,替代后水泥中的粒化高炉矿渣质量分数不得低于 20%。

(3)火山灰质硅酸盐水泥

凡由硅酸盐水泥熟料、火山灰质混合材料和适量石膏磨细制成的水硬性胶凝材料,称为火山灰质硅酸盐水泥,简称火山灰水泥,代号 P·P。水泥中火山灰质混合材料掺加量按质量分数计为 20% ~40%。

(4)粉煤灰硅酸盐水泥

凡由硅酸盐水泥熟料、粉煤灰和适量石膏磨细制成的水硬性胶凝材料,称为粉煤灰硅酸盐水泥,简称粉煤灰水泥,代号 P·F。水泥中粉煤灰掺加量按质量分数计为 20% ~40%。

矿渣水泥、火山灰水泥及粉煤灰水泥的技术性能指标见表 2-18,强度指标见表 2-19。

矿渣水泥、火山灰水泥及粉煤灰水泥的技术性能指标　　　　表 2-18

| 技术性能 | 细度(80μm 筛筛余或 45μm 筛筛余)(%) | 凝结时间(min) | | 安定性(沸煮法) | SO₃(质量分数)(%) | | MgO(质量分数)(%) | 碱含量(%) | 氯离子(%) |
		初凝	终凝		矿渣水泥	火山灰水泥、粉煤灰水泥			
指标	≤10 或 ≤30	≥45	≤600	必须合格	≤4.0	≤3.5	≤6.0①	需商定②	≤0.06③

注:①如果水泥中氧化镁的含量(质量分数)大于 6.0% 时,需进行水泥压蒸安定性试验并合格。
　　②水泥中碱含量按 $Na_2O + 0.658K_2O$ 计算值表示。若使用活性集料,用户要求提供低碱水泥时,水泥中的碱含量应不大于 0.60% 或由买卖双方协商确定。
　　③当有更低要求时,该指标由买卖双方协商确定。

矿渣水泥、火山灰水泥及粉煤灰水泥的强度指标　　　　表 2-19

| 强度等级 | 抗压强度(MPa)　不低于 | | 抗折强度(MPa)　不低于 | |
	3d	28d	3d	28d
32.5	10.0	32.5	2.5	5.5
32.5R	15.0	32.5	3.5	5.5
42.5	15.0	42.5	3.5	6.5
42.5R	19.0	42.5	4.0	6.5
52.5	21.0	52.5	4.0	7.0
52.5R	23.0	52.5	4.5	7.0

3. 膨胀水泥

膨胀水泥是硬化过程中不产生收缩,而具有一定膨胀性能的水泥。

膨胀水泥按胶凝材料类不同,可分为硅酸盐型膨胀水泥和铝酸盐型膨胀水泥;按膨胀值不同,可分为收缩补偿水泥和自应力水泥。

(1)硅酸盐型膨胀水泥

用硅酸盐熟料、铝酸盐水泥和二水石膏按适当比例共同粉磨或分别研磨再混合均匀,可制得硅酸盐型膨胀水泥。

(2)铝酸盐型膨胀水泥

用高铝水泥熟料和二水石膏按适当比例加助磨剂经磨细后,可制得铝酸盐型膨胀水泥。

(3)补偿收缩水泥

这种水泥膨胀性能较弱,膨胀时所产生的压应力大致能抵消干缩所引起的应力,可防止混凝土产生干缩裂缝。

(4)自应力水泥

这种水泥具有较强的膨胀性能,当它用于钢筋混凝土中时,由于膨胀性能,可以使钢筋受到较大的拉应力,而混凝土则受到相应的压应力。当外界因素使混凝土结构产生拉应力时,就可被预先具有的压应力抵消或降低。这种靠水泥自身水化产生膨胀来张拉钢筋达到的预应力称为自应力,混凝土中所产生的压应力数值即为自应力值。

(5)工程应用

在道路桥梁工程中,膨胀水泥常用于水泥混凝土路面、机场跑道道面或桥梁结构修补混凝土;此外,它还可以被用于防止渗漏、修补裂缝及管道接头等工程中。

4. 彩色水泥

彩色硅酸盐水泥简称彩色水泥,一般用白色硅酸盐水泥熟料、颜料和石膏共同磨细制得。彩色水泥对颜料有如下性能要求:暴露于光和大气中能耐久;分散度要细;既能耐碱,又不会对水泥产生破坏作用,且不含可溶性盐。彩色水泥常用的颜料有氧化铁(红、黄、褐、黑色)、二氧化锰(黑、褐色)、氧化铬(绿色)、钴蓝(蓝色)、群青蓝(蓝色)和炭黑(黑色)等。彩色水泥也可在白色硅酸盐水泥生料中加入少量金属氧化物作为着色剂,直接烧制成彩色熟料,然后再磨制成彩色水泥。

彩色水泥有混色法和烧色法两种生产方式。目前,混色法是国内外生产彩色水泥的主要方法。彩色水泥执行白色水泥标准,其品质指标均按白色水泥的相应指标衡量。

5. 低碳水泥

水泥制造过程中会排放大量的 CO_2,水泥生产的碳排放主要来自生产水泥过程中燃烧的煤,以及窑炉中将石灰石转化为熟料的化学过程。低碳水泥是通过改变组成熟料的矿物成分、矿物含量以及引入新矿物,降低烧成温度,使生产过程中 CO_2 排放量减少的水泥。

目前,国内外热衷研究的低碳水泥主要有两个体系:一个是硅酸盐体系的高贝利特水泥,另一个是硫铝酸盐体系的改性硫铝酸盐水泥。这里主要介绍高贝利特水泥、太空(Aether)水泥和贝利特-硫铝酸钙(BCT)水泥。

(1)高贝利特水泥

高贝利特水泥以 C_2S 为主要矿物(C_2S 含量一般为45%以上),降低了水泥中 C_3S 的含量,使整个体系的 CaO 含量降低,从而减少 CO_2 排放量。其他矿物种类与通用硅酸盐水泥相同,因此,其水化过程和水化产物也基本相同。但这类水泥早期强度偏低,工程应用受限。其应用局限于要求水化热低的水工大体积混凝土,如大坝和水电站用水泥。

(2)Aether 水泥

Aether 水泥熟料以 C_2S 和铁铝酸钙 $C_2(A,F)$ 为主要矿物,并且引入硫铝酸钙(C_4A_3S)矿物。在较低的温度(1225~1300℃)下生产,相比普通硅酸盐水泥(1400~1500℃),使得生产能耗显著降低,每吨水泥可减少 CO_2 排放量25%~30%。

(3)贝利特-硫铝酸钙(BCT)水泥

BCT 水泥熟料中引入硫铝酸钙(C_4A_3S)和硫硅钙石(C_5S_2S),在较低的温度(1250~1300℃)下生产, CO_2 排放比普通硅酸盐水泥熟料降低30%,预计将节约燃料和电力消耗10%~15%。

(4)工程前景

我国水泥行业是二氧化碳高排放行业,其 CO_2 排放占全国 CO_2 排放的10%以上。为了减少耗能、降低碳排放,更加符合当下我国"碳达峰,碳中和"的重要任务,低碳水泥的应用将迎来新的发展形势。

6. 生态水泥

生态水泥是一种低环境负荷型水泥,是以各种废弃物包括建筑废料、矿料废渣、城市垃圾、污水污泥及石灰石为主要原料,经合理的配比、煅烧和研磨后制成的水泥,国际上也称之为绿色水泥(Green Cement)、健康水泥(Healthy Cement)和环保水泥(Environment Protection Cement)。

生态水泥与普通硅酸盐水泥相比,很大程度上提高了资源利用率和二次能源回收率,减轻了环境负担,是更加节能环保的新型绿色建筑材料。

生态水泥的种类主要可以分为两种:通用型生态水泥和快硬型生态水泥。

(1)通用型生态水泥

通用型生态水泥基本与普通硅酸盐水泥相似,以控制原料中氯和碱的比例的方式烧制来降低水泥熟料中的含氯量,使其低至0.1%左右,低含氯量使通用型生态水泥可以广泛应用于各项工程建设当中。

(2)快硬型生态水泥

快硬型生态水泥是一种铝酸钙水泥。由于焚烧物中含有较多氧化铝及氯化物,具有快硬、早强、凝结时间短的优良性能,可用于浇筑预制构件以及配制水泥砂浆。但由于其含氯量较高,快硬型生态水泥的应用被局限于素混凝土或耐氯钢筋混凝土构件。

7. 自修复水泥

水泥是被广泛应用于工程的工程材料,属于脆性材料,抗压强度高但抗拉强度低,制成混凝土后在受到外部荷载时或周围环境影响下易产生裂缝,从而大大降低结构的完整性和耐久性。

自修复水泥制成的混凝土在外部或内部条件的作用下,可以自发地释放或生成新的黏结物质及时地自行封闭、愈合裂缝,延长混凝土材料的使用寿命。

目前,自修复水泥的最新技术主要有:无机膨胀型矿物自修复技术、微胶囊自修复技术以及微生物自修复技术。

(1)无机膨胀型矿物自修复技术

在水泥中预先加入无机膨胀型矿物,这类无机填料能通过与裂缝面的流体反应发生膨胀作用,从而实现对裂缝的填堵和裂纹面的修补。

(2)微胶囊自修复技术

微胶囊自修复技术是通过将修复剂放置在中空玻璃纤维微胶囊或多孔集料中,随后再掺入水泥中,在固化后的混凝土受到一定的外部应力或刺激下受损并产生裂缝时,就会释放出修补剂,随即填补裂缝,实现对裂缝的修复。

(3)微生物自修复技术

利用微生物进行水泥石自修复的方式主要是水分激活处于休眠状态的微生物,使微生物在水泥石中大量繁殖和新陈代谢。微生物在裂缝处为矿化反应提供反应物,反应后形成额外的碳酸钙($CaCO_3$)晶体。这些产生的$CaCO_3$晶体填充水泥石裂缝,从而实现对水泥石的微裂缝填堵自修复。

(4)工程应用

自修复水泥主要应用在油气井工程中,可以有效减少油气井泄漏的危险。自修复水泥也可应用在道路、桥梁、海洋工程,高层建筑、核电站等重大土木基础设施中,提高建筑物的安全性和耐久性,延长建筑物的使用寿命。

第三节 粉 煤 灰

粉煤灰是火电厂的磨细煤粉燃烧后的副产物,粉煤灰可以通过静电吸附或沉灰水池来收集,相应得到的粉煤灰分别称为干排灰和湿排灰。粉煤灰一般以湿排灰居多,它是混凝土中使用最为广泛的掺合料。

一、组成及分类

1.化学及矿物相组成

粉煤灰是由煤粉经高温煅烧后生成的火山灰质材料。经化学分析,除含有少量未燃尽的粉煤灰外,其主要化学成分为 SiO_2、Al_2O_3 及少量 Fe_2O_3、CaO、MgO 和 SO_3 等氧化物,其中氧化硅和氧化铝含量可占总量的60%以上。我国大多数粉煤灰的氧化物含量范围如下: SiO_2, 40% ~ 60%; Al_2O_3,15% ~ 40%; CaO,2% ~ 8%; MgO,0.5% ~ 5%; Fe_2O_3,3% ~ 10%。

在粉煤灰的主要化学成分中,活性 SiO_2、Al_2O_3 与水泥或石灰混合后,在有水的条件下能与 $Ca(OH)_2$ 等发生水化反应。反应后生成水化硅酸钙和水化铝酸钙等水化产物,这些水化产物决定了混合料的抗压强度。因此,粉煤灰的活性越强,组成混合料的抗压强度越大。

粉煤灰的矿物相组成主要是铝硅玻璃体,还有少量的石英(α-SiO_2)和莫来石($3Al_2O_3 \cdot 2SiO_2$)等结晶矿物以及未燃尽的炭粒。铝硅玻璃体的含量一般在70%以上,是粉煤灰具有活性的主要组成部分。一般认为,在其他条件相同时,玻璃体含量越多,活性越高。

刘巽伯等对我国一些地区粉煤灰中的矿物相进行了分析,结果见表2-20。

我国粉煤灰的矿物组成范围 表2-20

矿 物 名 称	含量范围(%)	平均值(%)
低温型石英	1.1 ~ 15.9	6.4
莫来石	11.3 ~ 29.2	20.4
高铁玻珠	0 ~ 21.1	5.2
低铁玻璃体	42.2 ~ 70.1	59.8
含碳量	1.0 ~ 23.5	8.2
玻璃态 SiO_2	26.3 ~ 45.7	38.5
玻璃态 Al_2O_3	4.8 ~ 21.5	12.4

2.粉煤灰分类

(1)根据粉煤灰的细度和烧失量分类

《用于水泥和混凝土中的粉煤灰》(GB/T 1596—2017)和《粉煤灰混凝土应用技术规范》(GB/T 50146—2014)根据粉煤灰的细度、需水量比和烧失量,将用于拌制混凝土和砂浆的粉煤灰分为Ⅰ、Ⅱ、Ⅲ三个等级。

Ⅰ级粉煤灰:45μm 方孔筛筛余小于12%,需水量比小于95%,烧失量小于5%。

Ⅱ级粉煤灰:45μm 方孔筛筛余小于30%,需水量比小于105%,烧失量小于8%。

Ⅲ级粉煤灰:45μm 方孔筛筛余小于45%,需水量比小于115%,烧失量小于10%。

澳大利亚标准 AS 3582.1 根据粉煤灰的细度和烧失量将其分为三个等级,即细灰、中灰和粗灰。

细灰:75%的粉煤灰通过45μm筛且烧失量不超过4%。

中灰:60%的粉煤灰通过45μm筛且烧失量不超过6%。

粗灰:40%的粉煤灰通过45μm筛且烧失量不超过12%。

（2）根据 CaO 的含量分类

美国 ASTM C168 标准根据粉煤灰中的 CaO 含量,将其分为高钙 C 类粉煤灰和低钙 F 类粉煤灰。

C 类粉煤灰:褐煤或亚烟煤的粉煤灰,$SiO_2 + Al_2O_3 + Fe_2O_3 \geq 50\%$。

F 类粉煤灰:烟煤或无烟煤的粉煤灰,$SiO_2 + Al_2O_3 + Fe_2O_3 \geq 70\%$。

对于 ASTM 标准中粉煤灰的分类,Roy 等认为根据 CaO 的含量将粉煤灰仅分为高钙和低钙还有些模糊,从应用角度有必要增加一个 CaO 含量为 8% ~ 20% 的中间段,这样可将粉煤灰分为三类。

俄罗斯学者还设想将粉煤灰分为低钙、中钙、高钙和超高钙四类。

（3）根据粉煤灰的环境影响分类

美国环境保护署从环保角度,将粉煤灰分为有毒和无毒两类。

（4）根据粉煤灰中的氧化物分类

Roy 等将粉煤灰中的氧化物分为三类:硅铝质氧化物($SiO_2 + Al_2O_3 + TiO_2$)、钙质氧化物($CaO + MgO + Na_2O + K_2O$)和铁质氧化物($Fe_2O_3 + SO_3$)。然后根据粉煤灰中这三类氧化物的比例将其分为七大类,如图 2-12 所示。

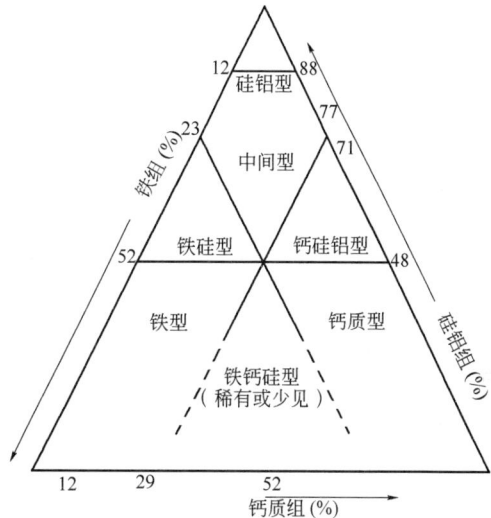

图 2-12　Roy 根据氧化物含量对粉煤灰的分类

（5）根据粉煤灰的 pH 值分类

根据粉煤灰的 pH 值可将粉煤灰分为酸性、中性和碱性三种。

二、技术性质及技术要求

1.技术性质

绝大多数粉煤灰颗粒是实心球体,但有一些是中空的球体,当然也有包含多个小球体的复合球体,如图 2-13 所示。粉煤灰颗粒大小可以从小于 $1\mu m$ 到超过 $100\mu m$,但通常尺寸在 $20\mu m$ 以下。颗粒尺寸超过 $45\mu m$ 的粉煤灰只占总质量的 10% ~ 30%。通常粉煤灰的比表面积为 $300 \sim 500 m^2/kg$,而有些粉煤灰比表面积也可以低到 $200 m^2/kg$ 或高达 $700 m^2/kg$。没有压实的粉煤灰的堆积密度(包含颗粒间空隙的单位体积的质量)范围为 $540 \sim 860 kg/m^3$,而紧密堆积或振动密实后的堆积密度范围在 $1120 \sim 1500 kg/m^3$ 之间。粉煤灰的相对密度通常为 1.9 ~ 2.8,颜色普遍为灰色或棕褐色。

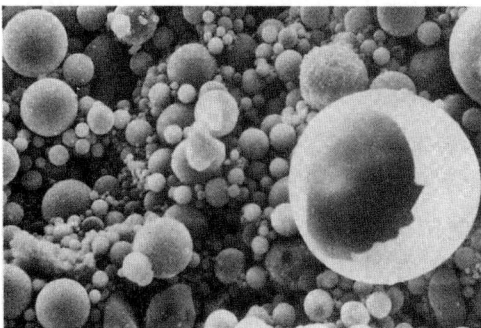

图 2-13　粉煤灰的微观球体形貌

（1）粒度

粉煤灰的粒度组成中,各种粒度的相对比例随原煤种类、煤粉细度以及燃烧条件的不同,可以产生很大的差异。从粉煤灰颗粒分析结果看,一般湿排灰 0.075 ~ 2mm 颗粒约占 40%,而小于

0.075mm的颗粒将近60%;干排灰0.075mm以上的颗粒占35%左右,而0.075mm以下部分约占65%。无论是干排灰还是湿排灰,都不具有塑性,但液限较高,为65%左右。

(2)密度和相对密度

粉煤灰的密度与它的颗粒形状、铁质含量有关。玻璃球含量多,则粉煤灰密度大,氧化铁成分高。密度越大,粉煤灰质量越好。粉煤灰的相对密度比一般相同成分的矿物要小,数值在1.9~2.6之间。由于湿排灰中含有矿渣,干排灰的相对密度又比湿排灰要小。

(3)击实特性

粉煤灰的击实特性与黏土有相同点,但也有其自身的特性。粉煤灰的击实特性在于达到最大干密度之前,其含水率的增加对干密度影响较小;当接近最大干密度时,其变化较大,这是粉煤灰持水率高的缘故。粉煤灰的最大干密度比较小,比一般土的干密度小30%~40%。

(4)抗压强度

由于普通纯粉煤灰的活性太低,其无侧限抗压强度也较低。但随着粉煤灰中游离钙的增加,其抗压强度随龄期增长而增大。粉煤灰有侧限抗压强度较大。

(5)烧失量

烧失量即粉煤灰中未烧尽的碳粉含量。未烧尽的碳粉在粉煤灰中是有害物质,如果粉煤灰中含碳量大或是活性的 SiO_2、Al_2O_3、CaO 少,粉煤灰的活性会降低,需水量增加,强度降低。在路基路面工程中,粉煤灰的烧失量不应超过20%。

(6)含水率

在路基路面工程中,湿粉煤灰的含水率不宜超过35%。

2.技术标准及要求

《用于水泥和混凝土中的粉煤灰》(GB/T 1596—2017)中关于拌制混凝土和砂浆用粉煤灰的技术标准及要求见表2-21。

拌制混凝土和砂浆用粉煤灰的理化性能要求　　　　表2-21

项　　目		理化性能要求		
		Ⅰ级	Ⅱ级	Ⅲ级
细度(45μm 方孔筛的筛余)(%)	F 类粉煤灰	≤12.0	≤30.0	≤45.0
	C 类粉煤灰			
需水量比(%)	F 类粉煤灰	≤95	≤105	≤115
	C 类粉煤灰			
烧失量(%)	F 类粉煤灰	≤5.0	≤8.0	≤10.0
	C 类粉煤灰			
含水率(%)	F 类粉煤灰	≤1.0		
	C 类粉煤灰			
三氧化硫(SO_3)质量分数(%)	F 类粉煤灰	≤3.0		
	C 类粉煤灰			
游离氧化钙(f-CaO)质量分数(%)	F 类粉煤灰	≤1.0		
	C 类粉煤灰	≤4.0		

续上表

项　目		理化性能要求		
		Ⅰ级	Ⅱ级	Ⅲ级
二氧化硅(SiO₂)、三氧化二铝(Al₂O₃)	F类粉煤灰	≥70.0		
和三氧化二铁(Fe₂O₃)总质量分数(%)	C类粉煤灰	≥50.0		
密度(g/cm³)	F类粉煤灰	≤2.6		
	C类粉煤灰			
安定性(雷氏法)(mm)	C类粉煤灰	≤5.0		
强度活性指数(%)	F类粉煤灰	≥70.0		
	C类粉煤灰			

美国对常用粉煤灰的技术性能指标的规定见表2-22。

美国常用粉煤灰的技术性能要求　　　　表2-22

粉煤灰等级	粉煤灰的化学成分(%)					平均尺寸(mm)	密度(g/cm³)
	SiO₂	Al₂O₃	Fe₂O₃	CaO	C		
F级	>50	20~30	<20	<5.0	<5.0	10~15	2.2~2.4
C级	>30	15~25	20~30	20~32	<1.0	10~15	2.2~2.4

三、活性及其激发

1.活性评定方法

粉煤灰的火山灰活性指其能形成新相并在硬化后提供力学强度的能力。目前,常用的活性评定方法有石灰吸收法、混合消石灰试验法、混合硅酸盐水泥试验法和浸出法等。

(1)石灰吸收法

在一定时间内,火山灰质材料在石灰溶液中所能吸收的石灰量越多,表明其活性越大。常用1g的代表性试样在石灰饱和溶液中经30d吸收的CaO量(毫克数)来表示其活性,也可用4d的石灰吸收值来提早进行比较。

(2)混合消石灰试验法

将火山灰质材料和消石灰混合,再以1:3的比例与标准砂混合,以相同于水泥硬练的方法成型,根据所测得的强度来判断其活性大小。

(3)混合硅酸盐水泥试验法

将火山灰质材料与硅酸盐水泥混合,再按标准的水泥强度试验方法制作试块,测定强度,并依式(2-14)计算强度比:

$$R_{比} = \frac{掺混合材水泥抗压强度}{硅酸盐水泥抗压强度}$$ (2-14)

根据强度比的大小,即可判断火山灰质材料活性的高低。强度比越大,说明混合材的活性越高。

(4)火山灰活性指数

美国ASTM标准采用火山灰活性指数来表示粉煤灰的火山灰活性。

在有硅酸盐水泥存在的情况下,火山灰活性指数定义为:在一定的龄期混凝土的抗压强度没有损失的情况下,单位质量的粉煤灰所能替代硅酸盐水泥质量的百分比(%),即用粉煤灰替代水泥后两种混凝土的抗压强度比:

$$火山灰活性指数 = \frac{A}{B} \times 100 \tag{2-15}$$

式中:A——掺有粉煤灰的混凝土抗压强度;

$\quad$ B——未掺粉煤灰的混凝土抗压强度。

2.活性激发

从理论上讲,激发粉煤灰活性,加速火山灰反应,以便在早期产生较多的胶结性物质的基本方法之一是"碱性激发"。具体作用方式包括两个方面:一是提供有效的氢氧根离子,以形成较强的碱性环境,促进活性 SiO_2、Al_2O_3 溶蚀,提高火山灰反应的速度;二是提供碱性较强的碱,直接参与反应,加快火山灰胶结产物的生成。

这两种具体的作用方式可以通过掺加无机碱、盐来实现。例如氢氧化钠除能形成较强的碱性环境外,其还可以与粉煤灰中的硅质组分直接反应,生成硅酸根离子,硅酸根离子再与钙离子作用,生成硅酸钙水化胶结物,并释放出一定量的氢氧化钠。因此,在整个过程中,氢氧化钠起着化学反应中"催化剂"的作用。

四、在公路工程中的应用

粉煤灰在公路工程中有如下应用:

(1)可以在硅酸盐水泥中适量加入粉煤灰制成粉煤灰硅酸盐水泥。

(2)用作水泥混凝土路面掺合料,节省水泥用量。

(3)用作沥青混凝土路面的掺合料。

(4)用粉煤灰加水泥或石灰稳定砂砾做路面基层、底基层及垫层。

(5)可以用来填筑路堤。

(6)适用于受化学侵蚀的水泥混凝土或裂缝灌浆。

(7)适用于配制高流动性泵送混凝土。

(8)可以用来制作粉煤灰加筋挡土墙。

(9)可以用来配制高性能路面混凝土。

(10)与钢渣混合后,可以配制粉煤灰钢渣混凝土,适用于特重型交通路面。

第四节　其他工业废渣

除粉煤灰外,现已开发并应用于道路工程的其他工业废渣主要有粒化高炉矿渣、煤矸石、钢渣、磷石膏等。

一、粒化高炉矿渣

粒化高炉矿渣是由炼钢高炉渣制得的一种非金属水硬性胶凝材料。在炼铁过程中,氧化铁在高温下还原成金属铁,并将矿石中的 SiO_2、Fe_2O_3 等杂质与石灰等溶剂化合成矿渣并使之与铁水分离。这些熔融状态的矿渣经过急速冷却后形成了粒化高炉矿渣。磨细粒化高炉矿渣可被磨成小于 $45\mu m$ 的颗粒,其比表面积为 $400\sim600m^2/kg$。粒化高炉矿渣的相对密度范围为 $2.85\sim2.95$,堆积密度范围为 $1050\sim1375kg/m^3$。德国在 1853 年首先开始研究粒化高炉矿渣;北美将粒化高炉矿渣用于普通混凝土,通常用量占胶凝材料的 $30\%\sim45\%$,在一些混凝土中,矿渣的用量甚至可以达到 70% 或更高。

矿渣的化学成分随冶炼的矿物成分、燃料、助熔剂及熔化金属的化学成分的不同而变化,主要包括 SiO_2、Al_2O_3、CaO 及少量 Fe_2O_3、CaS、MgO、FeO、MnO 等。以碱度或酸度为基础,矿渣中的化学成分可分为如下几类:

碱性氧化物:CaO、MgO、FeO、MnO。

酸性氧化物:SiO_2、TiO_2、P_2O_5。

中性成分:FeS、MnS。

两性氧化物:Al_2O_3。

矿渣(鞍钢矿渣)的主要物理及力学性质见表 2-23。

矿渣的物理及力学性质(取自鞍钢矿渣)　　　　　　　　表 2-23

项	目	指　标	项　目	指　标
密度(t/m^3)	湿密度	1.588	吸水率(%)	3.34
	干密度	1.488	抗压强度(MPa)	$15\sim60$
相对密度		2.3	磨耗率(%)	5.95
空隙率(%)		46.7	黏着率(%)	$3\sim4$

不同国家相关标准中,对不同等级磨细矿渣粉的活性指数要求见表 2-24。

不同国家标准中的矿渣粉活性指数　　　　　　　　表 2-24

项目	日本 JISA 6206—1997			美国 ASTMC 989—94a			我国 GB/T 18046—2017			英国 BS 6699—92
配比	50/50 质量比			50/50 质量比			50/50 质量比			70% 矿渣粉 + 30% 水泥(42.5 级波特兰水泥)按 EN196:第 1 部分
等级	4000 号	6000 号	8000 号	80	100	120	S75	S95	S105	
活性指数(%) 7d	>55	>75	>95	—	≥75	≥95	≥55	≥70	≥95	7d 强度 >12MPa
28d	>75	>95	>105	≥75	≥95	≥115	≥75	≥95	≥105	28d 强度 >32.5MPa

矿渣的力学强度较高,通常极限抗压强度在 50MPa 以上,高者可达 150MPa,介于石灰岩和花岗岩之间。矿渣材料只要稳定性合格,其力学性能均能满足路用要求。稳定的矿渣材料可以用于各种路面的基层和面层。

二、煤矸石

煤矸石是采煤过程中产生的废石,来源于煤炭的挖掘过程和洗选过程。煤矸石按是否自燃,可分为自燃煤矸石和未燃煤矸石;按煤矸石岩性,可分为页岩类、泥岩类和砂岩类煤矸石。

煤矸石一般是无机物和少量有机物的混合物。化学分析表明,煤矸石中含有硅、铝、铁、钙、镁、钾、钠、硫、钛等普通元素以及多种稀有元素。一般煤矸石的无机成分主要是氧化硅和氧化铝,占总量的 $60\%\sim85\%$。未燃煤矸石的主要成分与普通黏土相似,大多是铝硅酸盐;自燃煤矸石经过一定温度燃烧后,成分中可燃物含量大大减少,氧化硅和氧化铝含量明显增加,具有与火山灰相似的化学组成。与未燃煤矸石相比,自燃煤矸石的物相组成有了较大改善。

自燃煤矸石与未燃煤矸石的化学组成见表2-25。

表2-25

煤矸石的化学组成(%)

类　　型	SiO$_2$	Al$_2$O$_3$	Fe$_2$O$_3$	CaO	MgO	TiO$_2$	SO$_3$	烧失量
未燃煤矸石	37.5~68.2	11.9~36.9	0.5~17.6	0.04~5.3	0.3~2.4	0~1.8	0~1.7	4.5~33.4
自燃煤矸石	46.2~68.9	2.6~9.6	2.6~9.6	0.4~1.4	0.08~0.8	0.6~0.9	—	0.4~9.8

煤矸石的活性是通过一定温度煅烧后获得的。煅烧煤矸石的目的在于除去有机质和碳质,使黏土矿物脱水分解成无定形物质。因此,煤矸石组成和煅烧条件是影响煤矸石活性大小的主要因素。黏土矿物含量越多,煅烧后形成的无定形物质也越多,活性也就越高。可燃物含量、次要矿物组成的种类与含量对煤矸石活性也有一定影响。

煤矸石的成分类似于黏性土,因此宜用碱性材料,最好配以火山灰质材料加以稳定,所获得材料通常用作二级及二级以下公路路面的基层或底基层。

三、钢渣

钢渣是一种固态非金属物质,经过高温冶炼后被淬火冷却而成,成分比较复杂,有紫、红、褐三种颜色,外表呈多孔块状、少孔块状、无孔块状。粉状体钢渣的视密度为2.86~4.00g/cm^3。钢渣主要由氧化硅、氧化铝、氧化铁、氧化钙、氧化镁等组成。不同钢厂生产的钢渣,其化学物质含量也有所不同。一般情况下,氧化钙占30%~60%,氧化铁15%~36%,氧化硅占8%~23%,氧化铝占3%~8%,氧化镁占4%~11%。

钢渣及钢渣混合料不仅强度增长较快,而且早期强度高,这是因为钢渣颗粒表面粗糙,摩擦系数大,因此对机械作用有较好的稳定性。同时,由于钢渣本身含有许多化学活性物质,在钢渣或钢渣混合料内,发生水化反应生成硅酸盐类或熟石灰类化合物,从而使钢渣的整体强度好于碎石垫层或砂垫层。钢渣混合料的早期强度和整体性高于碎石灰土或二灰碎石。钢渣或钢渣混合料的抗冻性也较好,即使经过寒冷的冬季,冰雪融化时,其强度也没有太大变化,只是强度增长较慢,不如夏季增长快。钢渣的抗腐蚀性也较好,即使浸泡在海水、盐水中,腐蚀程度也不明显。另外,钢渣灰土的抗折强度较高,28d抗弯拉强度约为0.7MPa,4~5年后能达到4MPa,比一般二灰碎石或碎石灰土的同期强度高出20%以上。

钢渣常被用于填筑路面基层,也可以用作软土地基加固材料。

四、磷石膏

磷石膏是合成洗衣粉厂、磷肥厂等制造磷酸时的废渣,它是磷酸粉和硫酸反应而得的产物之一。其反应式如下:

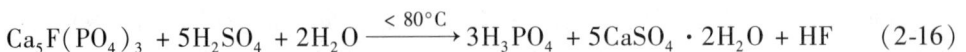

$$Ca_5F(PO_4)_3 + 5H_2SO_4 + 2H_2O \xrightarrow{<80\,^{\circ}C} 3H_3PO_4 + 5CaSO_4 \cdot 2H_2O + HF \qquad (2\text{-}16)$$

磷石膏通常是灰白色的团状体或粉粒状材料。化学分析表明,磷石膏化学组成一般范围为:CaO,25%~32%;SO$_3$,29%~42%;P$_2$O$_5$,2%~7%;SiO$_2$,4%~9%;Al$_2$O$_3$、Fe$_2$O$_3$、MgO,0%~5%。磷石膏矿物组成中的主要成分是硫酸钙。若以二水硫酸钙(CaSO$_4$·2H$_2$O)计算,磷石膏中硫酸钙含量可达 90% ~ 95%。此外,磷石膏矿物组成中还有石英、长石以及粉碎的磷化物、氟化物等杂质。磷石膏明显呈酸性,pH 值为 1 ~ 6。

二水磷石膏不能单独作为结合料使用,因为其不具备结合料的性质。但是未经处理的二水磷石膏可以用作矿质填充料,例如用作密实砂砾料的颗粒添加剂。二水磷石膏还可以用作复合结合料的组分。

要赋予磷石膏结合料的性质,要么通过在蒸锅中常压下的热处理过程获得 β-半水石膏;要么在蒸压器皿中加上 0.13MPa 的压力,同时加入半水化合物结晶调节剂,并与部分硫酸钙作用改变其性质,获得 α-半水石膏。α-半水石膏需水量较少,硬化后具有较高的密度和强度。

半水磷石膏和二水磷石膏同石灰、水泥、煤灰渣等结合料共同稳定土时,效果才明显。这时,稳定土的硬化是以形成水化硅酸钙、水化铝酸钙、水化硫铝酸钙等水化物为前提的。这种材料可以用来填筑路基。

五、硅灰

硅粉又称凝聚硅灰或硅灰,是电弧冶炼硅金属或硅铁合金时的副产品。硅铁厂在冶炼硅金属时,将高纯度的石英、焦炭投到电弧炉内,在 2000℃ 的高温下,石英被还原成硅的同时,有 10% ~ 15% 的硅化为蒸气,在烟道内随气流上升遇氧结合成一氧化硅(SiO)气体,逸出炉外时,SiO 遇冷空气后再氧化成 SiO_2,最后冷凝成极微细的颗粒。这种 SiO_2 颗粒,日本称为"活性硅",法国称为"硅尘",我国统称为"硅粉"。

硅灰主要成分为非晶态形式的二氧化硅(含量通常超过 85%)。因为硅灰像粉煤灰一样经过气体冷却,所以多为球形。硅灰相当细,颗粒直径通常小于 $1\mu m$,平均粒径在 $0.1\mu m$ 左右,约为水泥颗粒平均粒径的 1/100。硅灰比表面积大约为 20000m^2/kg,相比之下,烟草燃烧后烟的比表面积也只有 10000m^2/kg。硅灰相对密度为 2.20 ~ 2.50,硅灰堆积密度为 130 ~ 430kg/m^3。硅灰通常以粉末形式出售,但液态硅灰也很容易获得。硅灰的掺量通常占所有胶凝材料总质量的 5% ~ 10%。硅灰可以用于抗渗等级要求很高的混凝土和高强混凝土中。

由于硅灰是生产硅铁和工业硅的副产品,其生产条件基本相似,因此不同国家硅灰的物理性质和化学成分相差不大。我国某地生产的硅灰的各种性能指标见表2-26。

我国某地生产的硅灰的性能指标 　　　　表 2-26

序号	性能指标名称	检 测 值	序号	性能指标名称	检 测 值
1	SiO_2(%)	95.48	10	含碳量(%)	0.250
2	Al_2O_3(%)	0.400	11	烧失量(900℃)(%)	0.900
3	Fe_2O_3(%)	0.032	12	密度(g/cm^3)	2.230
4	CaO(%)	0.440	13	比表面积(cm^2/g)	30.10
5	MgO(%)	0.400	14	45μm 筛余量(%)	0
6	K_2O(%)	0.720	15	含水率(%)	1.400
7	Na_2O(%)	0.250	16	表观密度(kg/m^3)	173.0
8	SO_3(%)	0.420	17	耐火度(℃)	1710 ~ 1730
9	P_2O_5(%)	0.690	—	—	—

【复习题】

1. 试述石灰的煅烧、消化和硬化的化学反应过程,并说明其强度形成原理。

2. 生石灰与消石灰有什么不同? 生石灰、生石灰粉与消石灰粉的主要技术指标是什么?

3. 某办公楼室内抹灰采用的是石灰砂浆,交付使用后墙面逐渐出现普通鼓包开裂,试分析其原因。欲避免这种事故发生,应采取什么措施?

4. 硅酸盐水泥熟料矿物成分有哪些? 它们相对含量的变化,对水泥性能有什么影响?

5. 硅酸盐水泥的强度等级是如何确定的?

6. 简述硅酸盐水泥的水化过程及其水化后的主要产物。

7. 水泥石腐蚀的主要原因是什么? 应如何预防?

8. 什么是水泥混合材料? 掺加混合材料的硅酸盐水泥应具有什么技术特性?

9. 什么是水泥的合格品、不合格品和废品?

10. 粉煤灰如何进行分类? 其主要技术指标有哪些?

11. 粉煤灰的活性如何评定? 粉煤灰活性的激发措施有哪些?

12. 简要叙述应用于公路工程的工业废渣的种类及其应用范围。

第三章

有机结合料

【内容提要】

沥青属有机胶结材料,具有良好的黏结性、塑性、防水性和耐腐蚀性,广泛用于交通、建筑、水利水电等多个领域。本章主要讲述了沥青的分类、组分及胶体结构,沥青的技术性质、评价方法、评价指标及技术标准,同时介绍了改性沥青、乳化沥青及其他沥青形式。

【学习要求】

通过学习,要求掌握沥青的组成结构及沥青的技术性质;掌握石油沥青主要技术性质及常规试验方法;对改性沥青、乳化沥青、天然沥青等其他形式沥青有一定了解。

有机结合料是指以沥青有机材料为主要成分,可用于胶结集料、矿粉等材料,从而形成具有一定整体力学性能及稳定性混合料的胶结材料。

沥青材料(Bituminous Material)是由极其复杂的高分子碳氢化合物及这些碳氢化合物的非金属(氧、硫、氮)的衍生物所组成的混合物。沥青在常温下一般呈固体或半固体,颜色为黑褐色或褐色。

沥青材料的品种很多,按其在自然界获得的方式不同,可分为地沥青和焦油沥青两大类,其具体包含的种类见图3-1。

地沥青是指天然存在或由石油经人工提炼而得到的沥青,按其产源又可分为天然沥青和石油沥青。地壳中的石油在各种自然因素

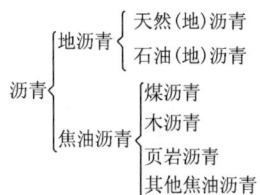

图3-1 沥青种类

77

的作用下,经过轻质油分挥发、氧化和缩聚作用而形成的天然产物,称为天然沥青。石油经各种炼制工艺加工而得到的沥青产品,称为石油沥青。

焦油沥青是干馏有机燃料(煤、岩、材料等)所收集的焦油经加工而得到的一种沥青材料。按干馏原料的不同,焦油沥青可分为煤沥青、木沥青、页岩沥青等。工程上常用的焦油沥青是煤沥青。

在道路工程中,最常用的主要是石油沥青和煤沥青两类,其次是天然沥青。

第一节　普通石油沥青

一、石油沥青的工艺概述

1. 石油的基属分类

石油是炼制石油沥青的原料,石油沥青的性质首先与石油的基属有关。我国目前的原油是按照"关键馏分特性"和"含硫量"进行分类的,主要包括石蜡基原油、环烷基原油、中间基原油、高硫原油(含硫量>2%)、含硫原油(含硫量0.5%～2%)和低硫原油(含硫量<0.5%)。

按照目前的石油沥青常规生产工艺,为了生产优质的石油沥青,最好选用环烷基原油,其次是中间基原油,最好不选用石蜡基原油,因为石蜡的存在会对沥青的路用性能产生不良影响。但是,随着现代生产工艺的不断改进,采用石蜡基原油也能生产出优质沥青。

2. 石油沥青的生产工艺

(1)蒸馏法

原油经过常压蒸馏和减压蒸馏工艺,将不同沸点的馏分分离出来后,得到的残渣即为直馏沥青。直馏沥青是直接蒸馏得到的各种沥青产品的总称。蒸馏法是生产石油沥青最简单、最经济的方法。

其主要过程为:原油脱水后加热至一定温度,进入常压塔,在塔内分馏出汽油、煤油和柴油等轻质油分。塔底常压渣油再进一步加热至更高的温度,进入减压蒸馏塔,此塔保持一定的真空度,分馏出减压馏分,由塔底所存的减压渣油往往可以获得合格的道路沥青。蒸馏法生产的直馏沥青由于含有许多不稳定的烃,其温度稳定性和耐候性较差,但其黏度与塑性之间的关系较好。

(2)氧化法

氧化法是先将常、减压渣油预热脱水,然后加热至240～290℃的高温,在氧化塔内吹入定量的空气对渣油进行不同程度的氧化而生产沥青的加工工艺。采用此种方法生产的沥青称为"氧化沥青"或"吹制沥青"。

(3)溶剂法

溶剂法是利用溶剂对各组分的不同溶解能力,选择性地溶解其中一个或几个组分,从渣油中分离出富含饱和烃和芳香烃的脱沥青油,同时得到胶质、沥青质含量高的不同稠度的溶剂沥青。

(4)调和法

此种工艺方法是按照沥青的质量要求,将几种沥青按适当的比例进行调配,调整沥青组分之间的比例关系以获得所要求的产品。

由石油炼制各种石油沥青的生产工艺流程如图 3-2 所示。

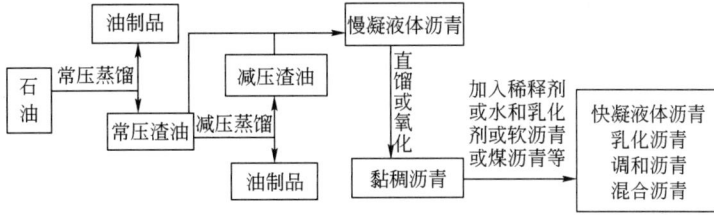

图 3-2　石油沥青生产流程示意图

二、石油沥青的组成及胶体结构

1. 石油沥青的元素组成

石油沥青的分子表达式为 $C_nH_{2n+a}O_bS_cN_d$，化学组成主要是碳（80%～87%）、氢（10%～15%），其次是非烃元素（如氧、硫、氮等）。此外，石油沥青中还含有一些微量的金属元素，如镍、钒、铁、锰、镁等，但含量都极少，占比约在 10^{-6} 数量级。

由于石油沥青化学组成结构的复杂性，许多元素分析结果非常近似的石油沥青，其性质却相差很大，这主要是由于沥青中所含烃类基属的化学结构不同。近年来的一些研究成果表明，石油沥青中所含碳原子和氢原子的数量之比（称为碳氢比，C/H），在一定程度上能表示沥青结构单元中组成烃类基属含量的大致比例，从而可间接地了解石油沥青化学组成结构的概貌。

几种典型的石油沥青渣油的元素组成见表 3-1。

沥青渣油的元素组成　　　　　　　表 3-1

渣油名称	C(%)	H(%)	H/C	S(%)	N(%)
大庆渣油	86.43	12.27	1.70	0.17	0.29
胜利渣油	85.50	11.60	1.62	1.26	0.85
沙中渣油	84.00	9.95	1.42	5.30	0.58
科威特渣油	83.97	10.12	1.45	5.05	0.31
伊朗重质渣油	85.04	10.24	1.44	3.60	0.70

2. 石油沥青的化学组分

为了研究石油沥青化学组成与使用性能之间的联系，从工程角度出发，将沥青所含烃类化合物中化学性质相近的成分归类分析，从而划分为若干组，称为"沥青化学组分"，简称"组分"。

将沥青分为不同组分的化学分析方法称为组分分析法。组分分析是利用沥青在不同有机溶剂中的选择性溶解或在不同吸附剂上的选择性吸附等性质进行分组。

沥青的组分分析方法较多。丁·马尔库松（德国）早就提出将石油沥青分离为沥青酸、沥青酸酐、油分、树脂、沥青质、沥青碳和似碳物等组分的方法。后来经过许多研究者的改进，美国人 L. R. 哈巴尔德和 K. E. 斯坦费尔德将其完善为三组分分析法。此后，L. W. 科尔贝特（美国）又提出了四组分分析法。

(1)三组分分析法

石油沥青的三组分分析法是将石油沥青分离为油分(Oil)、树脂(Resin)、沥青质(Asphaltene)三个组分,又称为溶解-吸附法。这种方法的优点是组分分解明确,组分含量能在一定程度上说明沥青的路用性能;主要缺点是分析流程复杂,分析时间长。按三组分分析法所得的各组分的性状见表3-2。

石油沥青三组分分析法的各组分性状   表3-2

组 分	性 状			
	外观特征	平均分子量(M_W)	碳氢比(C/H)	物化特征
油分	淡黄色透明液体	200~700	0.5~0.7	可溶解于大部分有机溶剂,具有光学活性,常发现有荧光
树脂	红褐色黏稠半固体	2800~3000	0.7~0.8	温度敏感性高,熔点低于100℃,相对密度大于1.000
沥青质	深褐色固体末状微粒	1000~5000	0.8~1.0	加热不熔化,分解为硬焦炭,使沥青呈黑色

(2)四组分分析法

四组分分析法首先由科尔贝特(L. W. Corbete)提出。美国 ASTM D 4124—09 和我国《公路工程沥青及沥青混合料试验规程》(JTG E20—2011)中都有沥青四组分分析的标准试验方法。其分析流程如图3-3所示。

四组分分析法是将沥青试样先用正庚烷沉淀"沥青质",再将可溶分(即软沥青质)吸附于 Al_2O_3 谱柱上,所得的组分称为"饱和分";继续用甲苯冲洗,所得的组分称为"芳香分";最后用甲苯/乙醇冲洗,所得组分称为"胶质"。对于含蜡沥青,还可将所分离得到的饱和分与芳香分,在 $-20℃$ 下冷冻分离出固态烷烃,确定含蜡量。

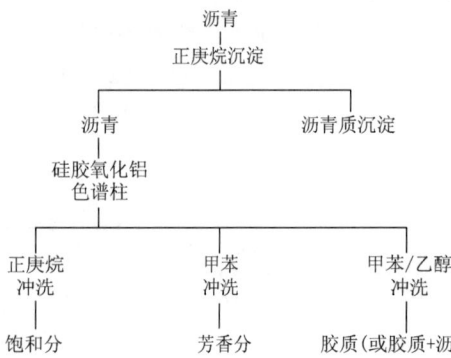

图3-3 我国现行石油沥青四组分分析图解

按四组分分析法所得的各组分的性状见表3-3。

石油沥青四组分分析法的各组分性状   表3-3

组 分		性 状			
		外 观 特 征	平均分子量(M_W)	碳氢比(C/H)	物化特征
沥青质		深褐色固体末状微粒	1000~5000	<1.0	提高热稳定性和黏滞性
饱和分	相当于油分	无色黏稠液体	300~1000	<1.0	赋予沥青流动性
芳香分		茶色黏稠液体			
胶质		红褐色至黑褐色黏稠液体	500~1000	≈1.0	增加胶体稳定性,提高黏附性及可塑性

(3)化学组分对沥青性质的影响

沥青的化学组分与沥青的物理、力学性质有着密切的关系,主要表现为沥青组分及其含量的不同将引起沥青性质产生变化。一般认为,相同油源、不同生产工艺制得的沥青的组分也不同。沥青中各组分的相对含量对其路用性能有着重要的影响。由相同油源、相同生产工艺制得的沥青,沥青质和胶质的含量越高,其针入度值越小(稠度越大),软化点越高;饱和分含量越高,其针入度值越大(稠度越小),软化点越低;芳香分含量对针入度、软化点无显著影响,但极性芳香分含量高,对其黏附性有利。另外,沥青质能提高沥青的黏结性和热稳定性,胶质则对其延度贡献较大。

3. 石油沥青的胶体结构

胶体理论研究表明,大多数沥青属于胶体结构,它是由相对分子量很大、芳香度很强的沥青质分散在分子量较低的可溶性介质中形成的。沥青之所以能成为稳定的胶体结构,现代胶体学说认为,沥青质分子对极性强的胶质具有很强的吸附力,形成了以沥青为核心的胶团,而极性相当的胶质吸附在沥青质周围形成中间相。由于胶团的胶溶作用,使胶团弥散并溶解于分子量较低、极性较弱的芳香分和饱和分组成的分散介质中,形成了稳固的胶体。在沥青胶团结构中,从核心到油质是均匀的、逐步递变的,并且无明显分界面。

根据沥青中各组分的化学组成和相对含量的不同,沥青的胶体结构可分为溶胶、溶-凝胶和凝胶三种类型,如图 3-4 所示。

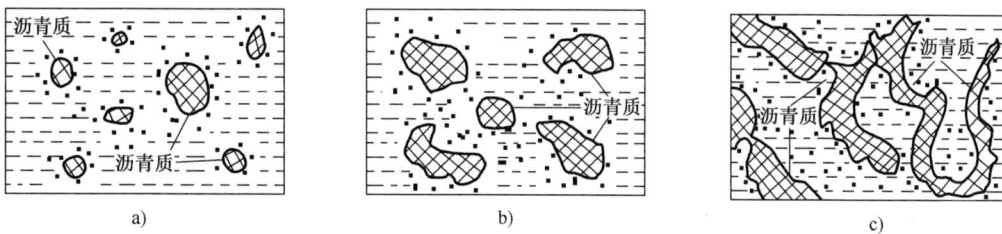

图 3-4　沥青胶体结构示意图
a)溶胶型;b)溶-凝胶型;c)凝胶型

(1)溶胶型结构

当沥青中沥青质分子量较低,并且含量很少(在 10% 以下),同时有一定数量的高芳香度胶质时,胶团能够完全胶溶而分散在芳香分和饱和分的介质中。在此情况下,胶团相距较远,它们之间吸引力很小(甚至没有吸引力),胶团可以在分散介质黏度许可范围之内自由运动,这种胶体结构的沥青称为溶胶型沥青。溶胶型沥青的特点是:流动性和塑性较好,开裂后自行愈合能力较强,但高温稳定性较差。通常,大部分直馏沥青都属于溶胶型沥青。

(2)溶-凝胶型结构

当沥青质含量适当(15%~25%),并有较多数量的高芳香度的胶质时,形成的胶团数量增多,胶体中胶团的浓度增加,胶团距离相对靠近,它们之间有一定的吸引力。这是一种介于溶胶与凝胶之间的结构,称为溶-凝胶结构。这种结构的沥青,称为溶-凝胶型沥青。现代高级路面所用的沥青,都属于这类胶体结构类型。通常,环烷基稠油的直馏沥青或半氧化沥青,以及按要求组分重(新)组(配)的溶剂沥青等,往往属于这类胶体结构。这类沥青的工程性能,在高温时具有较低的感温性,低温时又具有较好的变形能力。

(3)凝胶型结构

沥青中沥青质含量较多(>30%),并有相当数量高芳香度的胶质来形成胶团。这样,沥青中胶团含量增加,它们之间的相互吸引力增强,使胶团靠得很近,形成空间网络结构。此时,液态的芳香分和饱和分在胶团的网络中称为"分散相",连续的胶团称为"分散介质"。这种胶体结构的沥青,称为凝胶型沥青。这类沥青的特点是:弹性和黏性较高,温度敏感性较小,开裂后自行愈合能力较差,流动性和塑性较低。在工程性能上,其虽具有较好的温度感应性,但低温变形能力较差。

三、石油沥青路用技术性质

(一)物理性质

1. 密度

密度是沥青在规定温度下(15℃)单位体积所具有的质量,单位为 kg/m³ 或 g/cm³,也可用相对密度(无量纲)来表示。相对密度是指在规定温度条件下,沥青质量与同体积水的质量之比。

沥青的密度是沥青混合料配合比设计时必不可少的重要参数,也是沥青使用、储存、运输、销售和设计沥青容器时不可缺少的数据。沥青的密度与其化学组成有一定关系,它取决于沥青各组分的比例及排列的紧密程度。沥青中除沥青质使沥青密度增大外,其他组分都使沥青密度变小,其中饱和分含量越多,密度变小的倾向性越明显。通常黏稠沥青的密度为 $0.96 \sim 1.04 \mathrm{g/cm^3}$。我国富产石蜡基沥青,其特征为含硫量低、含蜡量高、沥青质含量少,所以密度常在 $1.00 \mathrm{g/cm^3}$ 左右。

有研究认为,沥青四组分与密度有如下关系:

$$\rho = (1.06 + 8.5 \times 10^{-4} A_T - 7.2 \times 10^{-4} R - 8.7 \times 10^{-5} A_r - 1.6 \times 10^{-3} S) \times \rho_w \tag{3-1}$$

式中:ρ——密度;

$\quad S$——饱和分含量;

$\quad R$——胶质含量;

$\quad A_r$——芳香分含量;

$\quad A_T$——沥青质含量;

$\quad \rho_w$——水的密度。

部分黏稠沥青的密度见表3-4。

部分黏稠沥青的密度

表3-4

沥青品种	新疆克拉玛依 90 号	欢喜岭 90 号	新加坡壳牌	伊朗沥青
相对密度	0.9731	1.004	1.034	1.03

2. 体膨胀系数

当温度上升时,沥青材料的体积会发生膨胀,这对于沥青储罐的设计,以及沥青作为填缝、密封材料使用有重要影响。同时与沥青路面的路用性能也有密切的关系,体膨胀系数大,沥青路面在夏季易泛油,在冬季会因收缩而产生裂缝。

沥青的体膨胀系数可以通过不同温度下的密度由式(3-2)计算得出。

$$A = \frac{D_{r2} - D_{r1}}{D_{r1}(T_1 - T_2)} \tag{3-2}$$

式中:A——沥青的体膨胀系数;

$\quad T_1 、 T_2$——测试温度(℃);

$D_{r1} 、 D_{r2}$——沥青在温度 T_1 和 T_2 时的密度(g/cm³)。

3.介电常数

沥青对氧、雨、紫外线等的耐气候老化能力与它的介电常数有关。介电常数定义如下：

$$介电常数 = \frac{沥青作介质时平行板电容器的电容}{真空时相同平行板电容器的电容}$$

英国道路研究所(TRRL)研究认为,沥青路面抗滑阻力的改善与介电常数有关。因此,英国标准对道路用沥青的介电常数提出了要求。

(二)路用性质

1.黏滞性

黏滞性(黏性)是指沥青在外力作用下抵抗变形的能力,是反映沥青内部材料阻碍其相对流动的特性,是技术性质中与沥青路面力学行为联系最密切的一种性质。沥青的黏性通常用黏度表示。在高温、重载交通条件下,为防止路面出现车辙,沥青黏度是首要考虑的参数。

各种石油沥青的黏滞性变化范围很大,黏滞性的大小与组分及温度有关。当沥青质含量较高、胶质适量、油分较少时,沥青的黏滞性较大。在一定温度范围内,当温度升高时,沥青的黏滞性随之降低,反之则增大。

(1)沥青的绝对黏度

采用一种剪切变形的模型来描述沥青的黏滞性,即沥青材料在外力的作用下,沥青粒子产生相互位移时抵抗变形的性能,如图3-5所示。

取一对互相平行的平面,在两平面之间分布有一层沥青薄膜,薄膜与平面的吸附力远大于薄膜内部胶团之间的作用力。当下层平面固定时,外力作用于顶层平面并发生位移,按牛顿定律可得到如下方程：

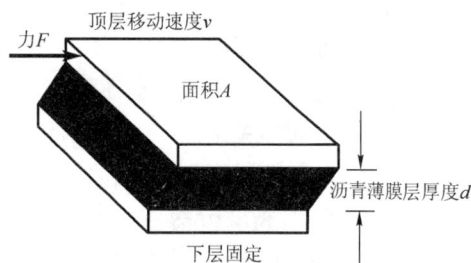

图3-5 沥青黏粒性的剪切变形模型

$$F = \eta A \frac{v}{d} \tag{3-3}$$

式中：F——移动顶层平面的力,相当于沥青薄膜内部胶团抵抗变形的能力(N)；

A——沥青薄膜层的面积(cm^2)；

v——顶层发生位移的速度(m/s)；

d——沥青薄膜层的厚度(cm)；

η——沥青的内摩擦系数(反映沥青黏滞性的系数,即绝对黏度)(Pa·s)。

由式(3-3)可以看出,当相邻接触面积A和沥青薄膜层厚度d一定时,上下平面以速度v发生位移所用的外力与沥青黏度成正比。

令$\tau = F/A$,$\gamma = v/d$,则式(3-3)又可表示为：

$$\eta = \frac{\tau}{\gamma} \tag{3-4}$$

式中：τ——剪切应力,沥青薄膜层单位面积上所受的剪切力(Pa)；

γ——剪切变形速率,简称剪变率(s^{-1})。

根据式(3-4),沥青的绝对黏度(动力黏度)可定义为：当沥青层间的速度变化梯度(即剪变率)为一个单位时,每单位面积上受到的内摩阻力。

绝对黏度也可用运动黏度 ν(或称为"动比密黏度")表示,即动力黏度除以密度,见式(3-5)。

$$\nu = \frac{\eta}{\rho} \tag{3-5}$$

式中:ν——运动黏度($10^{-4} m^2/s$);

　　η——动力黏度($Pa \cdot s$);

　　ρ——密度(g/cm^3)。

沥青是一种有机混合物,具有复杂的胶体结构,其只有在高温时(如加热至施工温度时)才接近于牛顿流体,而在路面使用温度范围内,沥青则表现为黏-弹性体。因此沥青的黏度与剪应力、剪变率并非线性关系,此时沥青表现出非牛顿流体特性,通常以"表观黏度"或"视黏度"来表征沥青的黏滞性,即:

$$\eta^* = \frac{\tau}{\gamma^c} \tag{3-6}$$

式中:η^*——沥青的表观黏度(或视黏度)($Pa \cdot s$);

　　c——沥青的复合流动系数;

其他符号含义同前。

沥青的复合流动系数 c 是评价沥青材料流变性能的一个重要指标,其值与沥青的塑性及耐久性都有密切的关系。

沥青的黏度随温度而变化,且变化的幅度很大,因此需采用不同的仪器和方法来测定。为了确定沥青60℃黏度分级,国际普遍采用真空减压毛细管黏度计(图3-6)测定其"动力黏度";在施工温度(135℃)条件下,通常采用毛细管法测定其"运动黏度";此外,还可以使用布洛克菲尔德(Brookfield)黏度计(图3-7)测定沥青的"表观黏度"。

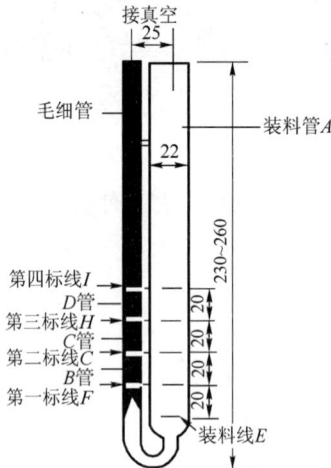

图3-6　真空毛细管黏度计(尺寸单位:mm)　　图3-7　旋转黏度试验模式示意图

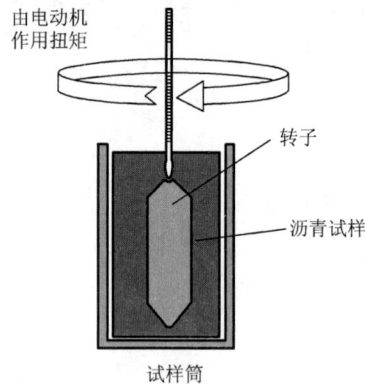

(2)沥青的相对黏度

在实际应用中,由于"绝对黏度"测定较为复杂,因此多使用沥青的"技术黏度"(或称"条件黏度")作为评价其黏滞性的指标。最常用的"技术黏度"如下。

①针入度

针入度试验是国际上普遍采用的测定黏稠石油沥青黏结性的一种方法。本方法适用于测定道路石油沥青、改性沥青针入度以及液体石油沥青蒸馏或乳化沥青蒸发后残留物的针入度。沥青的针入度是在规定温度和时间内,附加一定质量的标准针垂直贯入试样的深度,以0.1mm表示,如图3-8所示。

《公路工程沥青及沥青混合料试验规程》(JTG E20—2011)规定,标准针、针连杆与附加砝码的总质量为100g±0.05g,试验温度为25℃,标准针贯入时间为5s。例如,某沥青在上述条件下测得针入度为65(0.1mm),则可表示为:

$$P_{(25℃,100g,5s)} = 65$$

在我国现行黏稠沥青技术标准中,针入度是划分沥青标号的主要指标。针入度值越大,表明沥青越软。针入度可在一定程度上表征沥青的稠度,通常稠度高的沥青,其黏度也越高,针入度值越小。

②沥青标准黏度试验

《公路工程沥青及沥青混合料试验规程》(JTG E20—2011)规定,测定液体石油沥青、煤沥青和乳化沥青等材料流动状态的黏度时,采用道路标准黏度计法。试验装置见图3-9。沥青的标准黏度是试样在规定温度下,自道路沥青标准黏度计规定直径的流孔流出50mL所需的时间,以s表示。

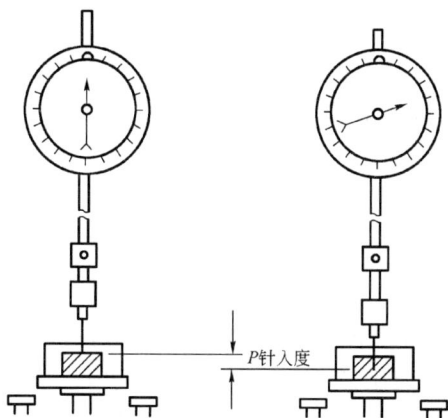

图3-8 沥青针入度测定装置

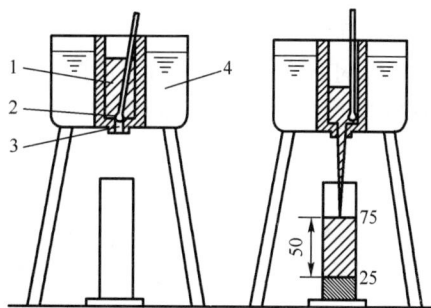

图3-9 标准黏度计(尺寸单位:mL)
1-沥青试样;2-活动球杆;3-流孔;4-水

本法测定的黏度应注明温度及流孔孔径,以$C_{t,d}$表示[t表示试验温度(℃),d为流孔直径(mm)]。例如,某沥青在60℃时,自5mm孔径流出50mL沥青所需时间为100s,则表示为$C_{60,5}=100s$。试验温度和流孔直径根据液体状态的黏度选择。在相同温度和相同流孔条件下,流出时间越长,表示沥青黏度越大。

我国对液体沥青采用道路标准黏度计来划分等级(即标号),所以液体沥青亦称为黏度级沥青。

③软化点

沥青是一种非晶质高分子材料,没有明确的固化点或液化点,它由液态凝结为固态,或由固态熔化为液态时,通常采用条件的硬化点和滴落点来表示。沥青材料处于硬化点至滴落点之间的温度区间时,是一种黏滞流动状态,通常取固化点到滴落点温度间隔的87.21%作为软化点。

《公路工程沥青及沥青混合料试验规程》(JTG E20—2011)规定,沥青软化点一般采用环球法软化点仪测定,如图3-10所示,即将沥青试样装入规定尺寸的铜环内(内径18.9mm),试样上放置标准钢球(质量为3.5g),在水或甘油中以规定的升温速度(5℃/min)加热,使沥青软化下垂至规定距离(垂度为25.4mm)时的温度,以℃表示。软化点越高,表明沥青的耐热性越好,即高温稳定性越好。

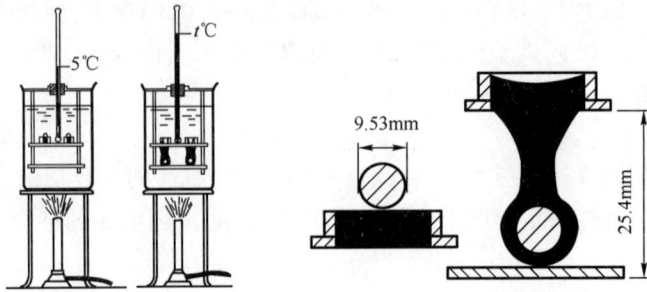

图3-10　环球法测定软化点装置及示意图

研究表明,大多数沥青在软化时的黏度为1200Pa·s,或相当于针入度值为800(0.1mm)。软化点试验实质上是测量沥青在一定外力(钢球)作用下开始产生流动并达到一定变形的温度,可以认为软化点是一种"等黏温度"。由此可见,针入度是在规定温度下沥青的条件黏度,而软化点则是沥青达到规定条件黏度时的温度。软化点既是反映沥青材料感温性的一个指标,也是沥青黏度的一种量度。

2. 沥青的低温性能

沥青的低温性能与沥青路面的低温抗裂性有密切关系。沥青的低温延性与低温脆性是重要的路用性能指标,它们多通过沥青的低温延度试验和脆点试验来测定。

(1)延性

沥青的延性是指当其受到外力的拉伸作用时,所能承受的塑性变形的总能力,是沥青内聚力的衡量,通常用延度作为条件延性指标来表征。

延度是将沥青试样制成"∞"形标准试模(中间最小截面为$1cm^2$),在规定速度(5cm/min±0.25cm/min)和温度(通常采用25℃、15℃、10℃或5℃)下拉伸至断时的长度,以cm表示。沥青的延度采用延度仪来测定,如图3-11所示。《公路沥青路面施工技术规范》(JTG F40—2004)规定,A、B级沥青采用10℃延度、C级沥青采用15℃延度来分别评定沥青的低温塑性性能。(注:A级沥青技术要求相当于国际先进水平;B级相当于以往的"重交沥青"水平;C级基本相当于以往的"普通道路沥青"。)

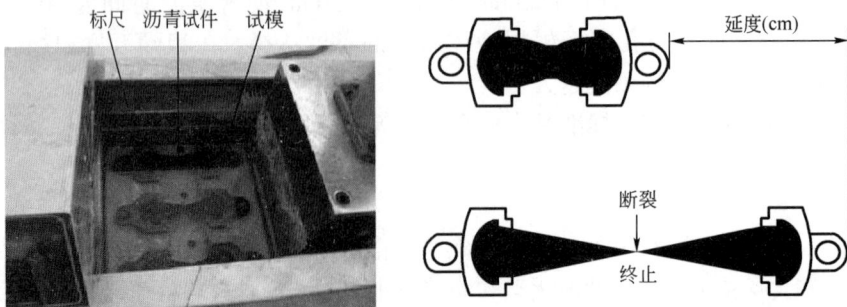

图3-11　沥青延度测试装置及示意图

沥青的延度与沥青的流变特性、胶体结构和化学组分等有密切关系。当沥青化学组分不协调、胶体结构不均匀以及含蜡量增加时,都会使沥青的延度值相对降低。通常,延度大的沥青不易产生裂缝,并可减少摩擦时产生的噪声。也有研究指出,沥青的延度试验与路面沥青的拉伸状态不符,延度试验试件尺寸太大,路面中的沥青为薄膜状态,曾设想采用"微延度"试验,但未能成功。

(2)脆性

沥青材料在低温下受到瞬时荷载作用时,常表现为脆性破坏。沥青脆性的测定极为复杂,通常采用弗拉斯脆点试验方法可以求出沥青达到临界硬度时发生脆裂的温度,并以此作为条件脆性指标。

《公路工程沥青及沥青混合料试验规程》(JTG E20—2011)规定的弗拉斯脆点试验方法如图3-12所示,具体过程为:将$(0.4g \pm 0.01)g$沥青试样均匀涂在金属片上,置于有冷却设备的脆点仪内,摇动脆点仪的曲柄,使涂有沥青的金属片产生重复弯曲,随着冷却设备中制冷剂温度以$1℃/min$的速度降低,沥青薄膜温度也逐渐降低,当沥青薄膜在规定弯曲条件下产生断裂时,对应的温度即为脆点。在实际工程中,通常要求沥青具有较高的软化点和较低的脆点,否则沥青材料在夏季容易发生流淌,或是在冬季易变脆甚至开裂。

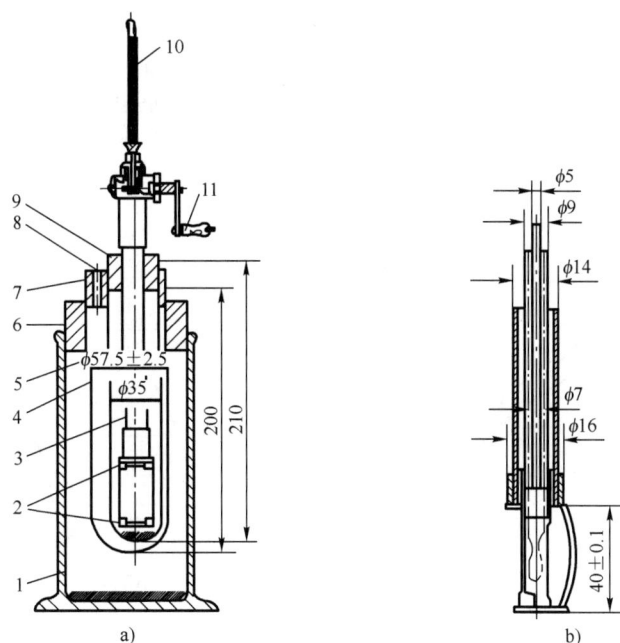

图3-12 弗拉斯脆点试验方法(尺寸单位:mm)
a)弗拉斯脆点仪;b)弯曲器

1-外筒;2-夹钳;3-硬塑料管;4-真空玻璃管;5-试样管;6-橡胶管;7-橡胶管;8-通冷却液管道;9-橡胶管;10-温度计;11-摇把

脆点实质上反映了沥青由黏弹性体转变为弹脆体(玻璃态)时的温度,即达到临界硬度时发生脆裂的温度,也即沥青达到等劲度时的温度。沥青出现脆裂时的劲度约为$2.1 \times 10^9 Pa$。

(3)低温劲度和蠕变速率

研究表明,低温劲度是反映沥青材料抗裂性能的重要指标。美国SHRP(战略公路研究计划)研究开发了一种能够准确评价沥青劲度和蠕变速率的方法,即弯曲梁流变试验(Bending Bean Rheometer,简称BBR)。该试验在弯曲梁流变仪上进行,利用弯曲梁流变仪测量沥青小梁试件在蠕变荷载作用下的劲度,用蠕变荷载模拟温度下降时路面中产生的应力。试验曲线见图3-13。

通过试验可以获得以下两个评价指标:

①蠕变劲度模量 S,要求不超过 300MPa。

如果沥青材料的蠕变劲度模量太大,则呈现脆性,路面容易开裂;表征沥青低温劲度随时间变化率的 m 值越大,则沥青开裂的可能性会随之减小,即 m 值越大越好。

②蠕变曲线的斜率,要求不小于 0.3。

(4)直接拉伸试验

直接拉伸试验是 SHRP 为测试沥青拉伸性能而开发的,用于测试沥青在低温时的极限拉伸应变。试验温度为 0 ~ 36℃,沥青呈脆性特征。沥青试件如哑铃状,试件质量约 2g,两端粗、中间细,长 40mm,有效标准长度为 27mm,截面积为 36mm²。一只试件仅需 3g 沥青。试验温度为设计最低温度以上 10℃(如设计温度为 – 10℃,则试验温度为 0℃),拉伸速率为 1mm/min,较延度试验慢得多。测得的结果是试件拉断时的荷载和伸长变形。试件的应力和应变分别按式(3-7)、式(3-8)计算。

$$应力\ \sigma = \frac{最大荷载}{试样截面积} \tag{3-7}$$

$$应变\ \varepsilon_f = \frac{长度变化(伸长\ \Delta L)}{有效标准长度(27mm)} \tag{3-8}$$

图 3-14 显示了不同温度下直接拉伸试验的破坏应变及试验应力关系图,相应于低温状态脆性破坏的试件的应变通常不大于 1%,因此 SHRP 规范要求直接拉伸试验的破坏应变不得小于 1%。

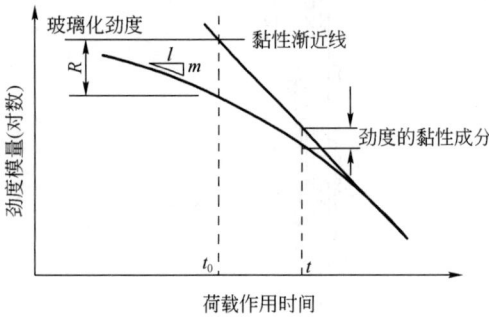

图 3-13 蠕变劲度与时间关系图

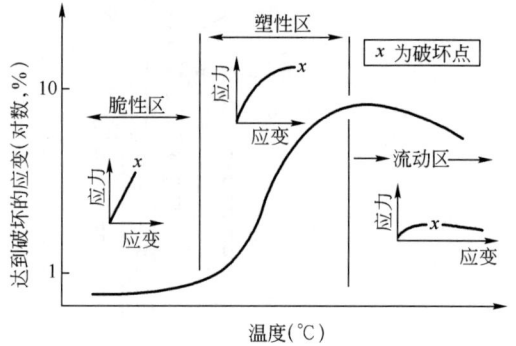

图 3-14 直接拉伸试验的破坏应变与试验应力关系图

3. 沥青的感温性

沥青是复杂的胶体结构,沥青的黏度会因温度的不同而产生明显变化。通常,将沥青黏度随温度变化的感应性称为感温性。工程上使用的沥青,要求具有良好的感温性。

由于沥青胶体结构的差异,沥青的黏度-温度曲线变化是很复杂的。常用的感温性评价方法有针入度指数(PI)法和针入度-黏度指数(PVN)法,其中以针入度指数法最为常用。

(1)针入度指数(PI)法

针入度指数是应用经验的针入度和软化点试验结果来表征沥青感温性的一种指标。同时,针入度指数值也可用来评价沥青的胶体结构状态。

①针入度-温度感应性系数 A

P. Ph.普费和范·德·玻尔等研究认为,沥青的黏度 η 随温度 T 而变化。若以针入度的对数 $\lg P$ 为纵坐标,以温度 T 为横坐标,则可得到如图 3-15所示的关系,表示为:

$$\lg P = AT + K \qquad (3\text{-}9)$$

式中：P——沥青的针入度(0.1mm)；

　　　A——针入度-温度感应性系数,可由针入度和软化点确定；

　　　K——回归系数。

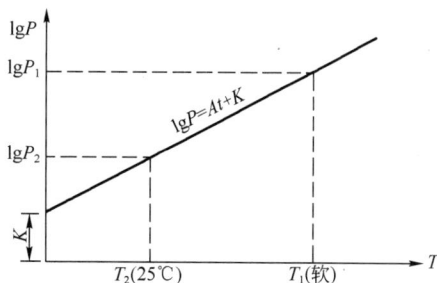

图 3-15　针入度-温度关系图

普费等对多种沥青进行研究,认为沥青在软化点温度时,针入度为 600～1000。假设沥青在软化点时的针入度等于 800(0.1mm),则针入度-温度感应性系数 A 可由下式表示：

$$A = \frac{\lg 800 - \lg P_{(25\text{℃},100g,5s)}}{T_{R\&B} - 25} \qquad (3\text{-}10)$$

式中：$P_{(25\text{℃},100g,5s)}$——在 25℃、100g、5s 条件下测定的针入度值(0.1mm)；

　　　$T_{R\&B}$——环球法测定的软化点温度(℃)。

由于软化点温度时针入度值有时与 800 相差较大,因此斜率 A 应根据不同温度的针入度值确定,按图 3-15 及式(3-11)计算。常采用的温度有 15℃、25℃及 30℃(或 5℃),必要时可增加 10℃、20℃等,但用于仲裁试验的温度条件应为 5 个。

$$A = \frac{\lg P_1 - \lg P_2}{T_1 - T_2} \qquad (3\text{-}11)$$

通过回归求取针入度-温度感应性系数 A 值,由 3 个温度的针入度回归的相关系数 R 应在 0.997 以上,由 4 个温度的针入度回归的相关系数应不小于 0.995,否则说明试验误差过大,此试验结果不能采用。

②针入度指数(PI)的确定

普费等推导出了针入度-温度感应性系数 A 与针入度指数 PI 的关系式：

$$PI = \frac{30}{1 + 50A} - 10 \qquad (3\text{-}12)$$

按式(3-12)可绘制成诺谟图,如图 3-16 所示。

按针入度指数可将沥青划分为三种胶体结构类型：针入度指数值 PI < -2 的沥青为溶胶型结构；针入度指数值 PI > +2 的沥青为凝胶型结构；针入度指数值 PI = -2～+2 的沥青为溶-凝胶型结构。

当 PI < -2 时,沥青的温度敏感性强；当 PI > +2 时有明显的凝胶特征,耐久性差；一般认为选用 PI 值为 -1～+1 的溶-凝胶型沥青适宜修筑沥青路面。

表 3-5 列出了几种沥青采用 3 个温度的针入度测定的 PI 值的计算结果。

③当量软化点 T_{800} 和当量脆点 $T_{1.2}$

当量软化点 T_{800} 和当量脆点 $T_{1.2}$ 分别定义为与沥青针入度 800 和 1.2 对应的温度,它们可以代替软化点和脆点反映沥青高温性能和低温性能。其计算公式分别为式(3-13)和式(3-14)。

$$T_{800} = \frac{\lg 800 - K}{A} \qquad (3\text{-}13)$$

$$T_{1.2} = \frac{\lg 1.2 - K}{A} \qquad (3\text{-}14)$$

式中，A、K 意义同式(3-9)。

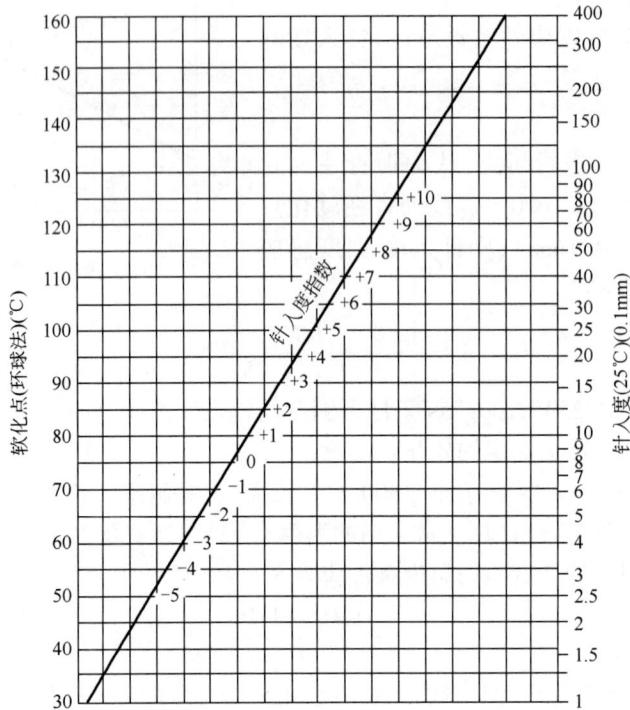

图 3-16　由针入度和软化点求取针入度指数 PI 的诺漠图

沥青感温性指标测试结果　　　　　　　　　　　　表 3-5

沥青品种	不同温度的针入度(0.1mm)			PI 值	A	K	针入度温度相关系数 R
	15℃	25℃	35℃				
克拉玛依	42	90	213	+0.85	0.0353	1.0872	0.9994
胜利	28	96	298	−1.59	0.0514	0.6841	0.9997
兰炼	32	88	208	−0.11	0.0406	0.9064	0.9989
茂名	30	72	198	−0.16	0.0410	0.8526	0.9991

当量软化点 T_{800}、当量脆点 $T_{1.2}$ 以及针入度指数 PI 也可以由壳牌诺漠图确定，如图 3-17 所示。具体方法如下：测试沥青在两个温度 T_1 和 T_2 下的针入度 P_1 和 P_2，在图 3-17 中确定点 A(T_1、P_1)和点 B(T_2、P_2)的位置，以直线连接 AB 两点并延长，延长线与针入度 800 对应的温度为当量软化点 T_{800}，与针入度 1.2 对应的温度为当量脆点 $T_{1.2}$。将直线平行移动至图中的 O 点，与 PI 标尺的交点即为沥青的针入度指数 PI。

(2)针入度-黏度指数(PVN)法

针入度指数值(PI)通常仅能表征低于软化点温度的沥青感温性，而沥青在道路使用过程中或在施工时，还需要了解高于软化点温度时沥青的感温性。N. W. Mcleod 为此提出了"针入度-黏度指数"法(PVN 法)。该方法是应用沥青 25℃ 时的针入度值和 135℃(或 60℃)时的黏度值与温度的关系来计算沥青感温性。

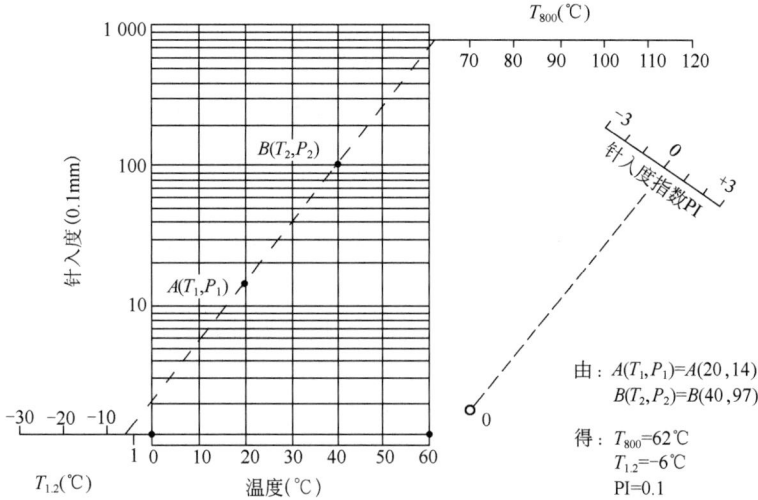

图3-17 确定当量软化点 T_{800} 和针入度指数 PI 的壳牌诺谟图

已知25℃时的针入度值 $P(0.1\mathrm{mm})$ 和135℃时的运动黏度值 $\nu(10^{-6}\,\mathrm{m^2/s})$ 时,按式(3-15)计算针入度-黏度指数(PVN_1)。

$$\mathrm{PVN}_1 = \left(\frac{4.258 - 0.7967\lg P - \lg\nu}{0.7951 - 0.1858\lg P}\right) \times (-1.5) \qquad (3\text{-}15)$$

已知25℃时的针入度值 $P(0.1\mathrm{mm})$ 和60℃绝对黏度 $\eta(\mathrm{Pa \cdot s})$ 时,按式(3-16)计算针入度-黏度指数(PVN_2)。

$$\mathrm{PVN}_2 = \left(\frac{5.489 - 1.590\lg P - \lg\eta}{1.0500 - 0.2234\lg P}\right) \times (-1.5) \qquad (3\text{-}16)$$

针入度-黏度指数越大,表示沥青的感温性越低。由上述公式计算所得的针入度-黏度指数值,可按表3-6进行感温性评价。

PVN 与沥青感温性分类　　　　　　　　　　　　　　　　表3-6

针入度-黏度指数	$-0.5 \sim 0$	$-1.0 \sim -0.5$	$-1.5 \sim -1.0$
沥青感温性分类	低感温性沥青	中感温性沥青	高感温性沥青

4. 加热稳定性

沥青在加热或长时间加热过程中,会发生轻质组分挥发、氧化、裂化、聚合等一系列物理及化学变化,使沥青的化学组成及性质发生相应变化。为了解沥青材料在路面施工及使用过程中的耐久性,《公路工程沥青及沥青混合料试验规程》(JTG E20—2011)规定,要对沥青材料进行加热质量损失和加热后残留物性质的试验。对道路石油沥青采用薄膜加热试验(TFOT)或旋转薄膜加热试验(RTFOT),测定其质量变化、25℃残留针入度比及10℃或15℃的残留延度;对液体石油沥青采用蒸馏试验,测定其在225℃、315℃、360℃蒸馏体积的变化,蒸馏后残留物的性质主要测定25℃针入度、25℃延度与5℃延度。

(1)薄膜烘箱加热试验(TFOT)

该试验方法是将50g±0.5g沥青试样放入不锈钢盛样皿(内径140mm,深9.5~10mm)内,使沥青成为厚约3.2mm的沥青薄膜。沥青薄膜在163℃±1℃的标准薄膜加热烘箱(图3-18)中,转盘在水平面以5.5r/min±1r/min的速度旋转,加热5h后,取出冷却,测定其质量损失,并按规定的方法测定残留物的针入度、延度等技术指标。

(2)旋转薄膜烘箱加热试验(RTFOT)

旋转薄膜加热试验是将35g±0.5g沥青试样装入高139.7mm±1.5mm、外径64mm±1.2mm,壁厚2.4mm±0.3mm,口部直径为31.75mm±1.5mm的开口玻璃瓶中,盛样瓶插入旋转烘箱中,一边接受以4000mL/min±200mL/min流量吹入的热空气,一边在163℃±0.5℃的高温下以15r/min±0.2r/min的速度旋转。受热时间不少于75min,总的持续时间为85min,测定沥青的质量损失及针入度、黏度等各种性能指标的变化,如图3-19所示。

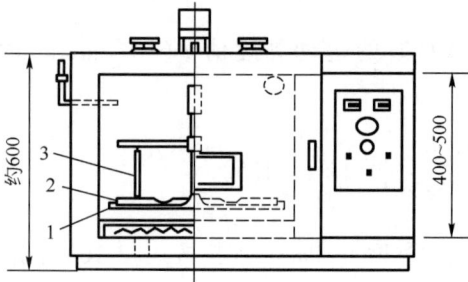

图3-18 标准薄膜加热烘箱(尺寸单位:mm)
1-转盘;2-试样;3-温度计

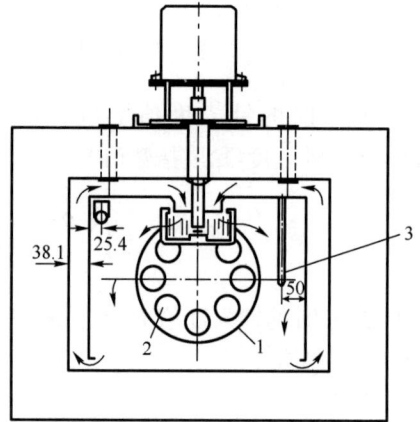

图3-19 沥青旋转薄膜加热试验(尺寸单位:mm)
1-垂直转盘;2-盛样瓶插孔;3-温度计

(3)压力老化试验(PAV)

以上两种老化试验方法是模拟沥青混合料在拌和过程中的老化条件,为短期老化。而对于路面使用过程中沥青的长期老化,美国Superpave成果提出了压力老化试验(Pressure Aging Vessel,PAV)。压力老化试验仪见图3-20。

标准的老化温度视沥青标号不同规定为90~110℃,老化时间为20h,容器内的充气压力为2.1MPa。研究成果表明,PAV试验对沥青老化的影响相当于使用期路面表层沥青大约老化5年的情况。另外,PAV老化后的胶结料,可用于进一步试验研究和Superpave胶结料试验评估。

(4)液体石油沥青蒸馏试验

该法是测定沥青试样受热时,在规定温度范围内蒸出的馏分含量,以占试样体积百分率表示。除有特殊需要,各馏分蒸馏的标准切换温度为225℃、316℃、360℃。通过此试验可以了解液体沥青各温度范围内含轻质挥发油的数量,并可根据残留物的性质测定预估液体沥青在道路路面中的状态。

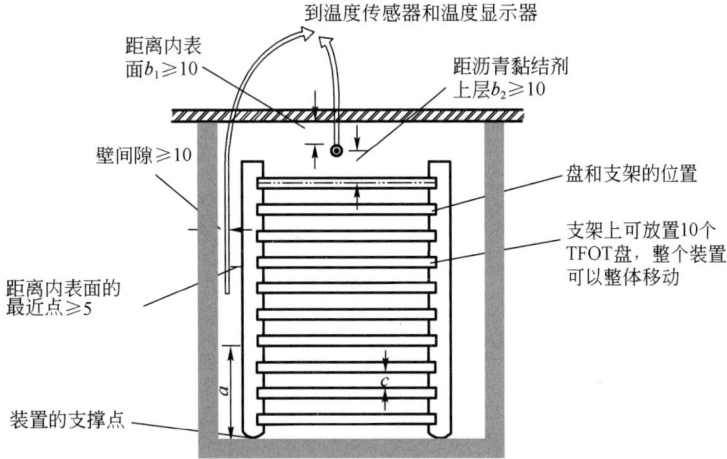

图 3-20 压力老化加热试验装置(尺寸单位:mm)

5. 沥青的黏弹性

路用沥青多为溶-凝胶型沥青,在低温时表现为弹性,高温时表现为黏性,在相当宽的温度范围内表现为黏性和弹性共存,是一种典型的黏弹性材料。黏弹性材料在应力保持不变的情况下,应变随时间而增加的现象,称为蠕变。例如,公共汽车停靠站处的沥青路面因受汽车荷载长时间重压而产生凹陷就是蠕变的过程。沥青的结构、环境的温度和作用力的大小都对蠕变有影响。与蠕变现象相反,在保持应变不变的条件下,应力随时间增加而逐渐减小的现象称为应力松弛。蠕变和应力松弛可能是由沥青胶体结构内部的某些分子产生位移或分子构型发生变化而导致。

(1)劲度模量

研究沥青材料的黏弹性具有很重要的实用价值。在荷载作用下,应力和应变呈现非线性关系,采用劲度模量描述沥青处于黏弹状态下的力学特性。它是随温度和荷载作用时间变化而变化的参数,是表现沥青黏性和弹性联合效应的指标。

范·德·玻尔采用以荷载作用时间 t 和温度 T 为函数的应力应变之比来表示黏弹性沥青抵抗变形的性能,由此得出劲度模量为:

$$S = \left(\frac{\sigma}{\varepsilon}\right)_{T,t} \tag{3-17}$$

式中:S——沥青的劲度模量(Pa);

σ——应力(Pa);

ε——应变;

t——荷载作用时间(s);

T——温度(℃)。

沥青材料的劲度模量 S 可以采用"微膜滑板黏度计"或"微弹性仪"等仪器来测定,也可通过图表确定。范·德·玻尔根据荷载作用时间 t 或频率 ω、路面温度差 ΔT、沥青的胶体结构类型(PI)等参数绘制出了实用沥青劲度模量诺漠图,如图 3-21 所示。应用诺漠图时,荷载作用时间根据汽车交通作用时间而定,通常采用停车站的停车时间进行校核。路面温度差是指当地平均最低气温时,路面面层 5cm 深度的温度与软化点的差值。

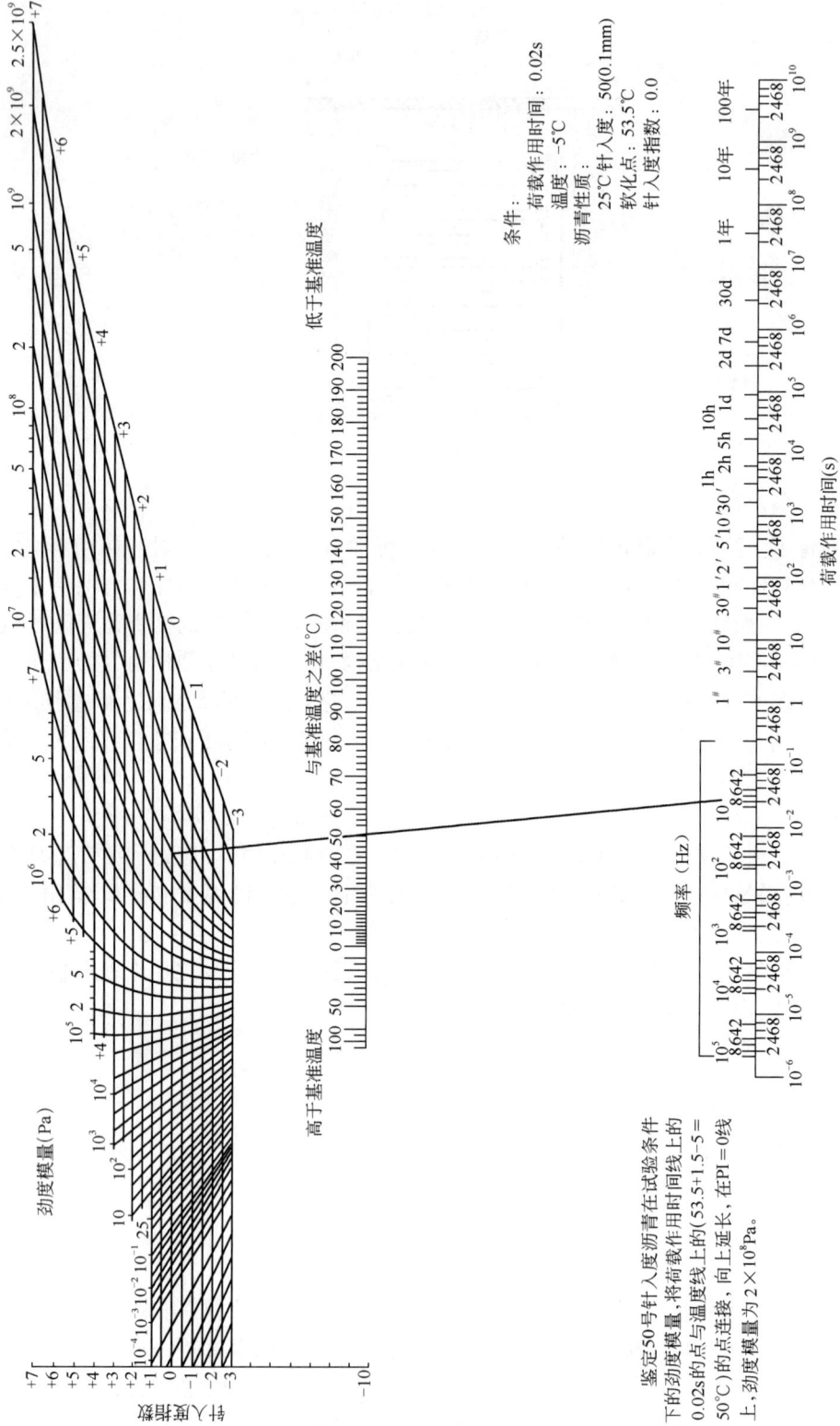

图3-21 沥青劲度模量诺模图

鉴定50号针入度沥青在试验条件下的劲度模量,将荷载作用线上的0.02s的点与温度线上的(53.5+1.5-5=50℃)的点连接,向上延长,在PI=0线上,劲度模量为2×10⁸Pa。

（2）沥青动态剪切流变试验

作用于道路上的行车荷载是连续不断的反复荷载。在振动作用下,沥青的黏度通常小于静载时的黏度。美国 SHRP 沥青结合料路用性能规范采用动态剪切流变仪(DSR)评价沥青的高温稳定性,即对原样沥青和旋转薄膜加热试验(RTFOT)后的残留沥青试样分别进行两次动态剪切试验,通过测定沥青材料的复数剪切模量 G^* 和相位角 δ 来表征其黏性和弹性性质。复数剪切模量 G^* 是材料重复剪切变形时总阻力的度量,包括弹性(可恢复)部分和黏性(不可恢复)部分。相位角 δ 是可恢复与不可恢复变形的相对指标。

动态剪切流变试验见图 3-22。在 DSR 试验过程中,摆动板连续不断地摆动,速度为 10rad/s,约等于 1.59Hz 的频率(相当于公路上车辆行驶速度为 88km/h)。沥青的应变由传感器记录下来,如图 3-23 所示,通过计算可以得到复数剪切模量 G^* 和相位角 δ。沥青试样的剪应力 τ、剪应变 γ、复数模量 G^* 和相位角 δ 分别按式(3-18)～式(3-21)计算:

$$\tau = \frac{2T}{\pi r^3} \tag{3-18}$$

$$\gamma = \frac{\theta \cdot r}{h} \tag{3-19}$$

$$G^* = \frac{\tau_{\max} - \tau_{\min}}{\gamma_{\max} - \gamma_{\min}} \tag{3-20}$$

$$\delta = 2\pi f \cdot \Delta t \tag{3-21}$$

式中:　　　　T——最大扭矩(N·m);

　　　　　　　r——摆动板半径(mm),取 12.5mm 或 4mm;

　　　　　　　f——摆动板频率;

　　　　　　　θ——摆动板的旋转角(rad);

　　　　　　　h——试样高度(mm),取 1mm 或 2mm;

　　　　　　　Δt——应变滞后时间(s);

$\tau_{\max}$、$\tau_{\min}$、$\gamma_{\max}$、$\gamma_{\min}$——试件承受的最大、最小剪应力,最大、最小剪应变。

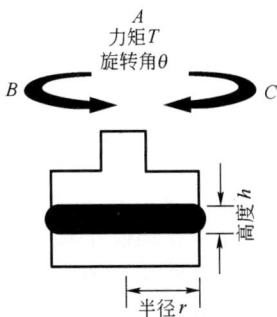

图 3-22　沥青动态剪切流变试验模型　　　图 3-23　沥青动态剪切流变试验曲线

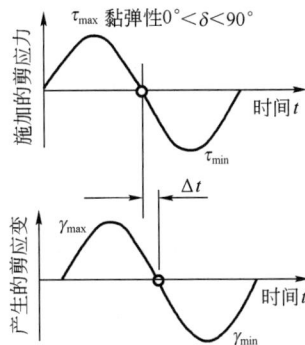

6. 黏附性

沥青与集料的黏附性是沥青的重要路用性能之一,直接影响沥青路面的使用质量和耐久性。特别是在使用酸性岩石和潮湿石料施工时,黏附性尤为重要。

我国《公路工程沥青及沥青混合料试验规程》(JTG E20—2011)规定,沥青与粗集料黏附性试验方法根据沥青混合料的最大粒径决定,>13.2mm 者采用水煮法,≤13.2mm 者采用水浸法。水煮法是选取粒径为 13.2~19mm 形态接近立方体的规则集料 5 个,用沥青裹覆后,在蒸馏水中沸煮 3min,按沥青膜剥落的情况分为 5 个等级来评价沥青与集料的黏附性。水浸法是选取粒径为 9.5~13.2mm 的集料 100g 与 5.5g 的沥青在规定温度条件下拌和成混合料,冷却后浸入 80℃的蒸馏水中保持 30min,然后按剥落面积百分率来评定沥青与集料的黏附性。

(三)其他性质

1. 安全性

沥青材料在使用时必须加热,当加热至一定温度时,沥青材料中挥发的油分蒸气与周围空气组成混合气体,此混合气体遇火焰则发生闪火。若继续加热,油分蒸气的饱和度增加,此种蒸气与空气组成的混合气体遇火焰极易燃烧,从而引起火灾或导致沥青烧坏。为此,必须测定沥青的闪点和燃点。

闪点指混合气体产生闪火时的沥青温度(℃);燃点指混合气体与火接触能持续燃烧 5s 以上时的沥青温度(℃)。闪点、燃点温度一般相差 10℃左右。《公路工程沥青及沥青混合料试验规程》(JTG E20—2011)规定,采用克利夫兰开口杯式闪点仪测定沥青的闪点和燃点。

2. 溶解度

沥青的溶解度是指沥青在三氯乙烯中溶解的百分率(即有效物质含量)。那些不溶于三氯乙烯的物质为有害物质(如沥青碳、似碳物),会降低沥青的性能,应加以限制。

3. 含水率

沥青在加热过程中,如果水分过多,易产生"溢锅"现象,使材料损失,甚至可能会引起火灾,因此要求沥青的含水率不宜过大。沥青的含水率用沥青含水率测定仪测定,以抽提出的水分占沥青质量的百分数表示。水分如果小于 0.025mL,则认为是痕迹。液体沥青可以直接抽提,黏稠沥青需加挥发性溶剂(二甲苯等)以助水分蒸发。

四、道路石油沥青的技术要求

我国道路石油沥青分为黏稠道路石油沥青和液体石油沥青两大类。

1. 黏稠道路石油沥青的技术要求

我国黏稠道路石油沥青采用针入度划分等级,《公路沥青路面施工技术规范》(JTG F40—2004)在针入度分级的基础上引入了气候分区的概念,并且将各牌号沥青又进一步分为 A、B、C 三个档次,每一牌号按照具体的气候分区和档次设定了不同指标要求。其具体适用范围见表 3-7。

道路石油沥青适用范围　　　　　　　　　　　　　　表3-7

沥青等级	适 用 范 围
A级沥青	各个等级的公路,适用于任何场合和层次
B级沥青	1. 高速公路、一级公路沥青下面层及以下的层次,二级及二级以下公路的各个层次; 2. 用作改性沥青、乳化沥青、改性乳化沥青、稀释沥青的基质沥青
C级沥青	三级及三级以下公路的各个层次

工程实践表明,针入度、软化点和延度等指标不能有效地控制和评价沥青的使用性能。在《公路沥青路面施工技术规范》(JTG F40—2004)中,沥青等级划分以沥青路面的气候条件为依据,在同一个气候分区内根据道路等级和交通特点再将沥青分为1~3个不同的针入度等级。另外,在技术指标中增加了反映沥青感温性的指标针入度指数PI、沥青高温性能指标60℃动力黏度,并选择10℃延度指标评价沥青的低温性能,相关要求见表3-8。

2. 道路用液体石油沥青的技术要求

道路用液体石油沥青按液体沥青的凝固速度可分为快凝AL(R)、中凝AL(M)、慢凝AL(S)三个等级。快凝型液体石油沥青按黏度又划分为两个标号,中凝和慢凝型液体石油沥青各划分为六个标号。液体石油沥青的黏度采用道路沥青标准黏度计测定。除黏度要求外,对不同温度的蒸馏馏分含量、残留物的性质以及闪点和含水率等亦提出相应的要求。液体石油沥青的技术要求见表3-9。

3. 美国Superpave沥青胶结料的技术要求

在美国SHRP研究成果的Superpave沥青胶结料分级体系中,沥青等级以PG_{x-y}表示,PG是Performance Grade的词首,表示路用性能等级,脚标x代表路面设计最高温度(7d最高平均路面温度),脚标y代表路面设计最低温度(年极端最低温度)。按照路面的设计温度,将沥青分为7个高温等级以及相应的低温亚级,高温等级的温度范围52~82℃,每6℃为一级;低温亚级温度范围-10~-46℃,每-6℃为一级。例如PG_{58-28}表示该级沥青适用于最高路面设计温度不超过58℃,最低路面设计温度不低于-28℃的地区。Superpave沥青胶结料PG分级及路用性能标准见表3-10。

路面最高设计温度和最低设计温度分别按式(3-22)和式(3-23)计算:

$$T_{20mm} = (T_{air,max} - 0.00618L_a^2 + 0.2289L_a + 42.2) \times 0.9545 - 17.78 \qquad (3-22)$$

$$T_{min} = 0.859T_{air,min} + 1.7 \qquad (3-23)$$

式中:T_{20mm}——位于20mm深处的最高路面设计温度(℃);

　　　$T_{air,max}$——7d平均最高气温(℃);

　　　$T_{air,min}$——平均年最低气温(℃);

　　　L_a——地理纬度(°);

　　　T_{min}——最低路面设计温度(℃)。

道路石油沥青技术要求（JTG F40—2004）

表3-8

指 标	单位	等级	160号①	130号①	110号	90号	70号②	50号②	30号①	试验方法③
针入度(25℃,5s,100g)	0.1mm		140~200	120~140	100~120	80~100	60~80	40~60	20~40	T 0604
适用的气候分区④			注①	注①	2-1 2-2 3-2	1-1 1-2 1-3 2-2 2-3 3-2	1-3 1-4 2-2 2-3 2-4	1-4	注①	
针入度指数 PI⑤		A	-1.5 ~ +1.0							T 0604
		B	-1.8 ~ +1.0							
软化点(R&B) 不小于	℃	A	38	40	43	45	46	49	55	T 0606
		B	36	39	42	43	44	46	53	
		C	35	37	41	42	43	45	50	
60℃动力黏度⑤ 不小于	Pa·s	A	—	60	120	160	180	200	260	T 0620
10℃延度⑤ 不小于	cm	A	50	50	40	45 30 20	30 20 15	15	10	T 0605
		B	30	30	30	30 20 15	20 15 10	10	8	
15℃延度 不小于	cm	A、B	100	100	100	100	100	80	50	
		C	80	80	60	50	40	30	20	
蜡含量(蒸馏法) 不大于	%	A	2.2							T 0615
		B	3.0							
		C	4.5							

续上表

指　标	单位	等级	160号①	130号①	110号	90号	70号②	50号②	30号①	试验方法③
闪点 不小于	℃		230			245	260			T 0611
溶解度 不小于	%					99.5				T 0607
密度(15℃)	g/cm³					实测记录				T 0603
TFOT(或RTFOT)后⑥										T 0610 或 T 0609
质量变化 不大于	%					±0.8				
残留针入度比(25℃) 不小于	%	A	48	54	55	57	61	63	65	T 0604
		B	45	50	52	54	58	60	62	
		C	40	45	48	50	54	58	60	
残留延度[10℃] 不小于	cm	A	12	12	10	8	6	4	—	T 0605
		B	10	10	8	6	4	2	—	
残留延度(15℃) 不小于	cm	C	40	35	30	20	15	10	—	T 0605

注：①30号沥青仅适用于沥青稳定层，130号和160号沥青除严寒地区可直接应用于中低级公路上直接应用外，通常用作乳化沥青、稀释沥青、改性沥青的基质沥青。
②70号沥青可根据需要求提供针入度范围为60~70或70~80的沥青，50号沥青可要求提供针入度范围为40~50或50~60的沥青。
③试验方法按照《公路工程沥青及沥青混合料试验规程》（JTG E20—2011）规定的方法执行，用于仲裁试验取PI时的5个温度的针入度关系系数不得小于0.997。
④气候分区见《公路沥青路面施工技术规范》（JTG F40—2004）附录A。
⑤经建设单位同意，表中PI值、60℃动力黏度、10℃延度可作为选择性指标，也可不作为施工质量检验指标。
⑥老化试验以TFOT为准，也可以RTFOT代替。

表3-9

道路液体石油沥青技术要求（JTG F40—2004）

试验项目	快凝		中凝						慢凝					
	AL(R)1	AL(R)2	AL(M)1	AL(M)2	AL(M)3	AL(M)4	AL(M)5	AL(M)6	AL(S)1	AL(S)2	AL(S)3	AL(S)4	AL(S)5	AL(S)6
黏度(s) $C_{25,5}$	<20	—	<20	—	—	—	—	—	<20	—	—	—	—	—
黏度(s) $C_{60,5}$	—	5~15	—	5~15	16~25	26~40	41~100	101~200	—	5~15	16~25	26~40	41~100	101~200
蒸馏体积(%) 225℃前	>20	>15	<10	<7	<3	<2	0	0	—	—	—	—	—	—
蒸馏体积(%) 315℃前	>35	>30	<35	<25	<17	<14	<8	<5	—	—	—	—	—	—
蒸馏体积(%) 360℃前	>45	>35	<50	<35	<30	<25	<20	<15	<40	<35	<25	<20	<15	<5
蒸馏后残留物性质 针入度(25℃)(0.1mm)	60~200	60~200	100~300	100~300	100~300	100~300	100~300	100~300	—	—	—	—	—	—
蒸馏后残留物性质 延度(25℃)(cm) >	60	60	60	60	60	60	60	60	—	—	—	—	—	—
蒸馏后残留物性质 浮漂度(50℃)(s) >	—	—	—	—	—	—	—	—	<20	>20	>30	>40	>45	>50
闪点(COC法)(℃) >	30	30	65	65	65	65	65	65	70	70	100	100	120	120
含水率(%) ≤	0.2	0.2	0.2	0.2	0.2	0.2	0.2	0.2	2.0	2.0	2.0	2.0	2.0	2.0

表3-10

Superpave沥青胶结料PG分级的技术要求（ASTM D 6373）

沥青使用性能等级	PG46			PG52							PG58					PG64						PG70						PG76					PG82				
	-34	-40	-46	-10	-16	-22	-28	-34	-40	-46	-16	-22	-28	-34	-40	-10	-16	-22	-28	-34	-40	-10	-16	-22	-28	-34	-40	-10	-16	-22	-28	-34	-10	-16	-22	-28	-34
7d平均最高设计温度[1](℃) <	<46			<52							<58					<64						<70						<76					<82				
最低设计温度[1](℃) >	>-34	>-40	>-46	>-10	>-16	>-22	>-28	>-34	>-40	>-46	>-16	>-22	>-28	>-34	>-40	>-10	>-16	>-22	>-28	>-34	>-40	>-10	>-16	>-22	>-28	>-34	>-40	>-10	>-16	>-22	>-28	>-34	>-10	>-16	>-22	>-28	>-34
原样沥青 闪点(COC, ASTM D92—18)(℃) ≥	230																																				
原样沥青 黏度 ASTM D4402—12[2] 最大值 3Pa·s, 试验温度(℃)	135																																				

续上表

沥青使用性能等级	PG46			PG52							PG58					PG64						PG70						PG76					PG82				
	-34	-40	-46	-10	-16	-22	-28	-34	-40	-46	-16	-22	-28	-34	-40	-10	-16	-22	-28	-34	-40	-10	-16	-22	-28	-34	-40	-10	-16	-22	-28	-34	-10	-16	-22	-28	-34
动态剪切(AASHTO T315—12)③ G*/sinδ,最小值1.0kPa,@10rad/s,试验温度(℃)	46			52							58					64						70						76					82				
RTFOT残留沥青(PP1 T240)　质量损失(%) ≤	1.00																																				
RTFOT残留沥青(PP1 T240)　动态剪切(AASHTO T315—12) G*/sinδ,最小值2.2kPa,@10rad/s,试验温度(℃)	46			52							58					64						70						76					82				
PAV残留沥青(PP1)　PAV老化温度④(℃)	90			90							100					100						100(110)						100(110)					100(110)				
PAV残留沥青(PP1)　动态剪切(AASHTO T315—12) G*/sinδ,最大值5.0MPa,@10rad/s,试验温度(℃)	10	7	4	25	22	19	16	13	10	7	25	22	19	16	13	31	28	25	22	19	16	34	31	28	25	22	19	37	34	31	28	25	40	37	34	31	28
物理老化	实测记录																																				
蠕变劲度⑤(ASTM D648—08) S最大值300MPa, m最小值0.300@60s,试验温度(℃)	-24	-30	-36	0	-6	-12	-18	-24	-30	-36	-6	-12	-18	-24	-30	0	-6	-12	-18	-24	-30	0	-6	-12	-18	-24	-30	0	-6	-12	-18	-24	0	-6	-12	-18	-24
直接拉伸②(ASTM D6723—12)破坏应变,最小值1.0%,@1.0mm/min,试验温度(℃)	-24	-30	-36	0	-6	-12	-18	-24	-30	-36	-6	-12	-18	-24	-30	0	-6	-12	-18	-24	-30	0	-6	-12	-18	-24	-30	0	-6	-12	-18	-24	0	-6	-12	-18	-24

注：①路面温度由大气温度按SUPERPAVE程序中的方法计算，也可由指定的机构确定。

②如果供应商能保证在所有安全的温度下，沥青结合料都能很好地泵送或拌和，此要求可由指定的机构确定放弃。

③为控制非改性沥青品的质量，在试验温度下测定原样品沥青结合料黏度，可以取代原样品测定动态剪切的 $G^*/\sin\delta$。在此温度下，沥青多处于牛顿流体状态，任何测定黏度的标准试验方法均可使用，包括毛细管黏度计或旋转黏度计(AASHTO T201或T202)。

④PAV老化温度为模拟气候条件温度，从90℃,100℃,110℃中选择一个温度，高于PG64时为100℃，在沙漠条件下为110℃。

⑤如果蠕变劲度小于300MPa，直接拉伸试验可不要求；如果蠕变劲度为300~600MPa，直接拉伸应变应符合要求，m 值在两种情况下都应满足。

101

第二节　改　性　沥　青

改性沥青是指掺加橡胶、树脂等高分子聚合物、磨细的橡胶粉或其他填料型外加剂,与沥青均匀混合,从而使沥青的性质得以改善并制成的沥青混合物。通过对沥青材料的改性,可以改善以下几方面的性能:提高高温抗变形能力,增强沥青路面的抗车辙性能;提高沥青的弹性性能,改善其抗低温和抗疲劳开裂性能;改善沥青与矿料的黏附性;提高沥青的抗老化能力,延长沥青路面的寿命。

一、改性沥青的分类与技术要求

(一)改性沥青的分类

改性沥青根据改性剂类型及所起作用的不同,可按图 3-24 进行分类。

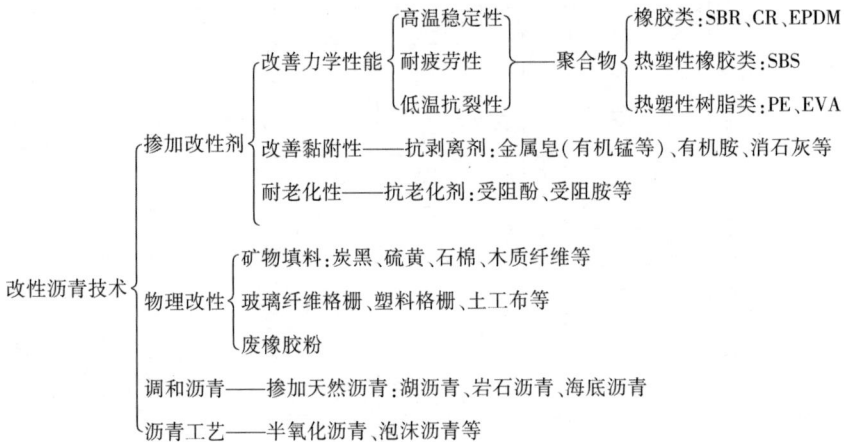

图 3-24　改性沥青的分类

图 3-24 中的分类主要指改性沥青的广义分类。从狭义角度讲,改性沥青通常指聚合物改性沥青(Polymer Modified Asphalt,PMA 或 Polymer Modified Bitumen,PMB)。研究及工程实践表明,不同的改性剂可以在不同程度上改善沥青混合料的使用性能。例如,热塑性橡胶类改性剂可以有效地改善沥青的高温抗车辙能力、抗疲劳开裂能力以及抗低温开裂能力,用于高等级沥青路面,可提高路面使用寿命;热塑性树脂类改性剂强度很高,能提高沥青的抗永久变形能力,并具有特别高的耐燃料油和润滑油腐蚀的能力,适用于汽车停靠站等处的路面以及钢桥面铺装层等。

(二)改性沥青的生产工艺及改性剂选择

1.生产工艺

改性工艺是改性剂发挥改性效果的保证。根据改性剂种类的不同,改性沥青的加工制作及使用方式可以分为预混法和直接投入法两大类,预混法又包括母体法和胶体磨式与高速剪切法,如图 3-25 所示。

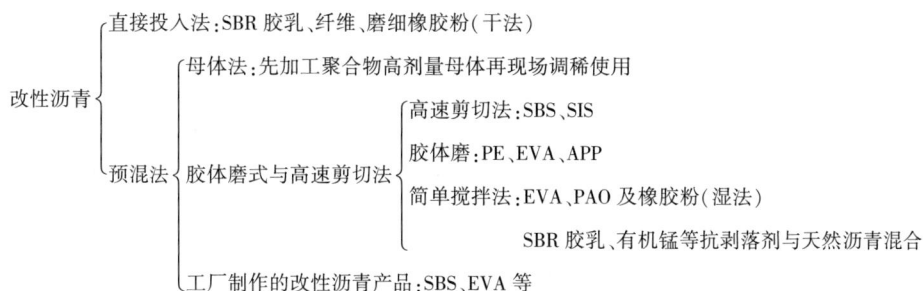

图 3-25 改性沥青的生产工艺：

改性沥青
- 直接投入法:SBR 胶乳、纤维、磨细橡胶粉(干法)
- 预混法
  - 母体法:先加工聚合物高剂量母体再现场调稀使用
  - 胶体磨式与高速剪切法
    - 高速剪切法:SBS、SIS
    - 胶体磨:PE、EVA、APP
    - 简单搅拌法:EVA、PAO 及橡胶粉(湿法)
    - SBR 胶乳、有机锰等抗剥落剂与天然沥青混合
  - 工厂制作的改性沥青产品:SBS、EVA 等

图 3-25　改性沥青的生产工艺

（1）母体法

母体法的原理是先采用一种适当的方法制备加工出高剂量聚合物改性沥青母体,然后在现场把改性沥青母体与基质沥青掺配调制成要求剂量的改性沥青。对于与沥青相容性不好的 SBR、SBS、PE 等聚合物改性剂,都可以采用高速剪切等工艺生产高浓度的改性沥青母体。母体法生产改性沥青的过程中需注意两个关键问题:一是改性沥青母体的稳定性问题,另一个是改性沥青母体与掺配沥青的相容性及稳定性问题。

（2）胶体磨式与高速剪切法

该方法主要为:利用胶体磨或高速剪切设备,在高温高速运转状态下将聚合物研磨成很细的颗粒,以增加沥青与聚合物的接触面积,从而促使聚合物溶胀,使聚合物与沥青更好混溶。其一般需要经过聚合物的溶胀、分散磨细、继续发育三个过程。此法的优点为:生产成本较低,改性剂分散后不等其出现离析或凝聚便与混合料拌和,改性效果好。

2. 改性剂的选用

改性沥青可根据改性的目的和要求选择改性剂,具体参考如下:

（1）为提高沥青的抗永久变形能力,宜选用热塑性橡胶类、热塑性树脂类改性剂。

（2）为提高沥青的抗低温开裂能力,宜选用热塑性橡胶类、橡胶类改性剂。

（3）为提高沥青的抗疲劳开裂能力,宜选用热塑性橡胶类、橡胶类、热塑性树脂类改性剂。

（4）为提高沥青的抗水损害能力,宜选用各类抗剥落剂改性剂。

（三）改性沥青的技术要求

我国聚合物改性沥青性能评价方法基本沿用了道路石油沥青质量标准体系,增加了一些评价聚合物性能的指标,如弹性恢复、黏韧性和离析(软化点差)等。首先,根据聚合物类型将改性沥青分为 Ⅰ、Ⅱ、Ⅲ 三类;其次,按照软化点的不同,又将 Ⅰ、Ⅲ 类聚合物改性沥青分为 A、B、C、D 四个等级,将 Ⅱ 类聚合物改性沥青分为 A、B、C 三个等级,以适应不同的气候条件。同一类型中的 A、B、C 或 D 主要反映基质沥青标号及改性剂含量的不同,由 A 至 D 表现为改性沥青针入度减小,黏度增加,即高温性能提高,低温性能下降。等级划分以改性沥青的针入度作为主要依据。对于采用几种不同类型改性剂制备的复合改性沥青,可以根据所掺各种改性剂的种类和剂量比例,按照工程对改性沥青的使用要求,并参照表 3-11,综合确定其应该达到的质量要求。

聚合物改性沥青的技术要求（JTG F40—2004）　　　　　表 3-11

指　标	SBS 类（I 类）				SBR 类（II 类）			EVA、PE 类（III 类）			
	I-A	I-B	I-C	I-D	II-A	II-B	II-C	III-A	III-B	III-C	III-D
针入度(25℃,100g,5s) (0.1mm)	>100	80~100	60~80	40~60	>100	80~100	60~80	>80	60~80	40~60	30~40
针入度指数 PI　≥	-1.2	-0.8	-0.4	0	-1.0	-0.8	-0.6	-1.0	-0.8	-0.6	-0.4
延度(5℃,5cm/min) (cm)　≥	50	40	30	20	60	50	40	—			
软化点 $T_{R\&B}$(℃)　≥	45	50	55	60	45	48	50	48	52	56	60
运动黏度①(135℃)(Pa·s)　≤	3										
闪点(℃)　≥	230				230			230			
溶解度(%)　≥	99				99			—			
弹性恢复(25℃)(%)　≥	55	60	65	75	—			—			
黏韧性(N·m)　≥	—				5						
韧性(N·m)　≥	—				2.5						
储存稳定性②离析 (48h 软化点差)(℃)　≤	2.5							无改性剂明显析出、凝聚			
TFOT(或 RTFOT)后残留物											
质量变化(%)　≤	±1.0										
针入度比(25℃)(%)　≥	50	55	60	65	50	55	60	50	55	58	60
延度(5℃)(cm)　≥	30	25	20	15	30	20	10	—			

注：①表中 135℃运动黏度可采用《公路工程沥青及沥青混合料试验规程》（JTG E20—2011）中的"沥青布氏旋转黏度试验方法（布洛克菲尔德黏度计法）"进行测定。若在不改变改性沥青物理力学性质并符合安全条件的温度下易于泵送和拌和，或经证明适当提高泵送和拌和温度时能保证改性沥青的质量，容易施工，可不要求测定。
　　②储存稳定性指标适用于工厂生产的成品改性沥青。现场制作的改性沥青对储存稳定性指标可不作要求，但必须在制作后，保持不间断搅拌或泵送循环，保证使用前没有明显的离析。

二、常用聚合物改性沥青

1.橡胶类改性沥青

丁苯橡胶（SBR）和氯丁橡胶（CR）是最为常用的橡胶类改性材料。这类改性剂常以胶乳的形式加入沥青中制成橡胶沥青，可以提高沥青的黏度、韧性、软化点，降低脆点，并使沥青的延度和感温性得到改善。其改性机理在于：橡胶吸收沥青中的油分产生溶胀，改善了沥青的胶体结构，从而使沥青的黏度等指标得以提高，但增加了沥青混合料的拌和及压实温度。

丁苯橡胶（SBR）是较早开发的沥青改性剂，其应用范围非常广泛。SBR 的性能与结构随苯乙烯与丁二烯的比例和聚合工艺而变化，选择沥青改性剂时应通过试验加以确定。目前，常采用 SBR 胶乳或 SBR 沥青母体作为改性剂。表 3-12 列出了采用 SBR 胶乳改性的 100 号道路沥青的性能测试结果。

SBR 胶乳改性 100 号道路石油沥青的技术指标   表 3-12

性　　质		基质沥青	SBR 掺量(占改性沥青的质量分数)(%)			
			2	3	4	5
软化点(℃)		47	49	51	51	53
针入度 (0.1mm)	25℃	101	83	77	78	76
	15℃	24	30	26	26	28
	5℃	4	10	10	8	8
针入度指数 PI		0.0701	0.0459	0.0443	0.0494	0.0481
延度(cm)	25℃	110	40	58	53	61
	15℃	69	150 +	150 +	150 +	150 +
	7℃	4	150 +	150 +	150 +	150 +
	5℃	0.25	117	125	150 +	150 +
黏度(60℃)(Pa·s)		88.2	128.6	158.4	192.6	254.4
黏度(135℃)(mm²/s)		429.6	569.4	669.4	777.9	878.0
薄膜烘箱试验后						
残留针入度(%)		52.5	68.7	74.0	72.4	77.6
延度(cm)	25℃	88	60	68	53	50
	15℃	13	73	71	86	121
黏韧性(N·m)		3.6	4.4	4.9	5.6	6.3
韧性(N·m)		0.7	1.2	1.5	1.9	2.3

由表 3-12 可见，随着 SBR 掺量的增加，改性沥青的黏度增大，软化点升高，抗变形能力得到改善；25℃针入度下降，而低温针入度升高，说明沥青的感温性得到改善；此外，加入 SBR 胶乳后，沥青的低温延度大幅度提高，韧度和黏韧性增强，耐老化性能得到不同程度的改善。

2. 热塑性橡胶类改性沥青

热塑性弹性体(TPE)是通过橡胶类弹性体热塑化和弹性体与树脂熔融共混热塑化技术而生产出的热塑性弹性体材料和弹性材料，其品种牌号繁多，性能优异，其中苯乙烯-二烯烃嵌段共聚物广泛用于沥青改性。当二烯烃采用丁二烯时，所得产品即为苯乙烯-丁二烯嵌段共聚物(SBS)，共聚物中丁二烯称为软段，苯乙烯称为硬段。中国石油化工行业标准《热塑性弹性体苯乙烯-丁二烯嵌段共聚物(SBS)》(SH/T 1610—2011)将 SBS 命名为苯乙烯-丁二烯嵌段共聚物。SBS 按聚合物的结构可分为线形和星形。星形 SBS 对沥青的改性效果优于线形 SBS。SBS 的分子量越大，改性效果越明显，但难以加工为改性沥青(沥青中芳香分含量高则较易加工)。各种型号的 SBS 中若苯乙烯含量高，则能显著提高改性沥青的黏度、韧度和韧性。

热塑性弹性体对沥青的改性机理除了一般的混合、溶解、溶胀等物理作用外，更重要的是改性剂在一定条件下产生交联作用，形成了不可逆的化学键，同时形成立体网状结构，使沥青获得较高的弹性和强度。而在沥青拌和温度条件下，网状结构消失，具有塑性状态，便于施工。改性沥青在路面使用温度条件下为固态，具有高抗拉强度。

在埃索70号沥青中加入5%的星形和线形SBS，经高速剪切搅拌制成的SBS改性沥青的技术性能指标见表3-13。

SBS改性沥青的技术性能指标　　　　　　　　　表3-13

技术性质	基质沥青	+5% SBS的改性沥青		技术性质		基质沥青	+5% SBS的改性沥青	
		星形	线形				星形	线形
针入度(25℃)(0.1mm)	64	38	40	针入度指数PI		−1.36	0.96	0.16
软化点(℃)	48	92	55	测力延度(10℃)	拉力强度(MPa)	0.73	0.52	0.62
延度(15℃)(cm)	200	100	54		黏韧度(N·m)	2.99	21.5	19.6
当量软化点(℃)	47.2	63.1	58.3	薄膜烘箱试验(163℃,5h)	质量损失(%)	0.07	0.07	0.02
当量脆点(℃)	−8.6	−16.7	−11.4		针入度比(%)	78.3	88.9	88.9
回弹率(15℃)(%)	14	78	65		延度(10℃)(cm)	0.9	68	42

由表3-13可以看出，SBS改性沥青在改善温度敏感性、提高低温韧性等方面具有显著效果，并且星形SBS对沥青热稳定性和低温延度等方面的改性效果要优于线形SBS。

3. 热塑性树脂类改性沥青

热塑性树脂是聚烯烃类高分子聚合物，包括聚乙烯(PE)、聚丙烯(PP)、聚氯乙烯(PVC)、聚苯乙烯(PS)、乙烯-乙酸乙酯共聚物(EVA)、无规聚丙烯(APP)、乙烯基丙烯酸共聚物(EEA)、丙烯腈丁二烯丙乙烯共聚物(NBR)等。这些改性剂在道路沥青改性中均有不同程度的使用。热塑性树脂的共同特点是加热后软化，冷却时变硬。此类改性剂可以使沥青结合料的常温黏度增大，高温稳定性提高，沥青的强度和劲度提高；但对沥青结合料的弹性改善效果有限，且加热后易离析，再次冷却时会产生众多的弥散体。

4. 热固性树脂类改性沥青

热固性树脂品种有聚氨酯(PV)、环氧树脂(EP)、不饱和聚酯树脂(VP)等类，其中环氧树脂已成功用于配制改性沥青。环氧树脂是指含有两个或两个以上环氧或环氧基团的醚或酚的齐聚物或聚合物。配制环氧改性沥青的关键在于选择合适的混合沥青作基料，并需选择适合此类环氧树脂的固化剂。比较便宜的固化剂以芳香胺类为主。环氧树脂改性沥青的延伸性不好，但其强度很高，具有优越的抗永久变形能力、耐燃料油和润滑油腐蚀的能力，适用于汽车停靠站等处的路面及钢桥面铺装层等。

第三节 其 他 沥 青

一、煤沥青

(一)煤沥青的化学组成和结构特点

煤沥青(俗称柏油)是用煤在隔绝空气的条件下干馏,制取焦炭和煤气的副产品——煤焦油炼制而成的。路用煤沥青主要由高温煤焦油加工而得。

煤沥青的组成主要包括芳香族碳氢化合物及其氧、硫、氮衍生物的混合物。其主要化学元素有 C、H、O、S 和 N。煤沥青化学组分的研究与石油沥青相似,采用选择溶解等方法可将煤沥青分离为油分、软树脂、硬树脂和游离碳四个组分,其组分分离流程如图3-26 所示。

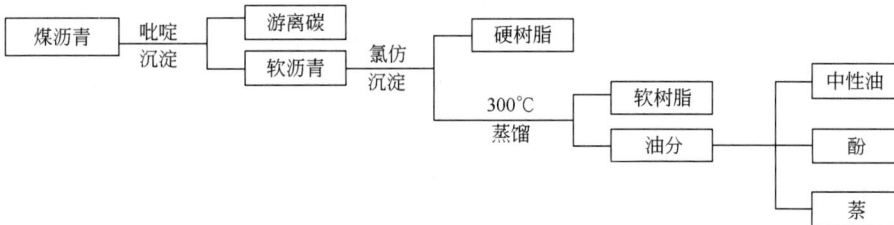

图 3-26 煤沥青化学组分分析流程

1. 游离碳

游离碳又称自由碳,是高分子的有机化合物的固态碳质微粒,不溶于任何有机溶剂,只有在高温下才能溶解。煤沥青的游离碳含量增加,可提高其黏度和温度稳定性。但当游离碳含量超过一定程度时,沥青的低温脆性亦随之增加。

2. 树脂

树脂为环心含氧碳氢化合物,分为硬树脂(类似石油沥青中的沥青质)和软树脂(赤褐色,黏-塑性物,溶于氯仿,类似石油沥青中的树脂)。

3. 油分

油分是液态碳氢化合物,与其他组分相比,是结构最为简单的物质。

除了上述的基本组分外,煤沥青的油分中还含有萘、蒽和酚等。萘和蒽能溶解于油分中,在含量较高或低温时能呈固体晶状析出,影响煤沥青的低温变形能力。酚为苯环中含羟物质,能溶于水,且易被氧化。煤沥青中酚、萘和水均为有害物质,其含量必须加以限制。

煤沥青各化学组分含量示例见表3-14。

煤沥青化学组分示例 表3-14

煤沥青标号	化学组分(%)					
	游离碳	硬树脂	软树脂	中性油	酚	萘
软煤沥青 T-9	13.32	11.78	38.14	33.71	2.41	0.64

煤沥青的胶体结构与石油沥青相类似，也是一种复杂的胶体分散系。游离碳和硬树脂组成的胶体微粒为分散相，油分为分散介质，而软树脂吸附于固态分散胶粒周围，逐渐向外扩散，并溶解于油分中，使分散系形成稳定的胶体结构。

（二）煤沥青的技术性质与技术标准

1.煤沥青的技术性质

煤沥青与石油沥青相比，在技术性质上有以下差异：

（1）煤沥青的温度稳定性较低。煤沥青是较粗的分散系，可溶性树脂含量较多，受热易软化，温度稳定性差。因此对加热温度和时间都要严格控制，更不宜反复加热，否则易引起性质急剧恶化。

（2）煤沥青的大气稳定性差。由于煤沥青中含有较多不饱和碳氢化合物，在热、阳光、氧气等长期综合作用下，使煤沥青的组分变化较大，易老化变脆。

（3）煤沥青与矿质集料的黏附性好。在煤沥青组成中含有较多数量的极性物质，它们赋予煤沥青较高的表面活性，使煤沥青与矿质集料有着较好的黏附性。

（4）煤沥青塑性较差。由于煤沥青含有较多的游离碳，使其塑性降低，在使用时容易因受力变形而开裂。

（5）煤沥青含有较多的对人体有害成分，不宜用于城市道路和路面面层。

2.煤沥青的技术性质

根据煤沥青在工程中应用要求的不同，按稠度可将煤沥青划分为软煤沥青和硬煤沥青两大类。道路工程中主要应用软煤沥青，其技术要求见表3-15。

道路用煤沥青的技术要求（JTG F40—2004） 表3-15

试验项目		T-1	T-2	T-3	T-4	T-5	T-6	T-7	T-8	T-9
标准黏度 （s）	$C_{30,5}$	5~25	26~70							
	$C_{30,10}$			5~25	26~50	51~120	121~200			
	$C_{50,10}$							10~75	76~200	
	$C_{60,10}$									35~65
蒸馏试验馏出量 （%）	170℃前，≤	3	3	3	2	1.5	1.5	1.0	1.0	1.0
	270℃前，≤	20	20	20	15	15	15	10	10	10
	300℃，≤	15~25	15~35	30	30	25	25	20	20	15
300℃蒸馏残留物软化点(环球法) （℃）		30~45	30~45	35~65	35~65	35~65	35~65	40~70	40~70	40~70
水分（%），≤		1.0	1.0	1.0	1.0	1.0	0.5	0.5	0.5	0.5
甲苯不溶物（%），≤		20	20	20	20	20	20	20	20	20
萘含量（%），≤		5	5	5	4	4	3.5	3	2	2
焦油酸含量（%），≤		4	4	3	3	2.5	2.5	1.5	1.5	1.5

二、乳化沥青

乳化沥青是将黏稠沥青加热至流动状态,再经高速离心、搅拌及剪切等机械作用,使沥青形成细小的微粒($2 \sim 5\mu m$ 左右),且均匀分散在含有乳化剂和稳定剂的水中,形成水包油(O/W)型沥青乳液。

乳化沥青具有以下优点:

(1)可冷态施工,节约能源,减少环境污染。

(2)常温下具有较好的流动性,能保证洒布的均匀性,可提高路面修筑质量。

(3)采用乳化沥青,扩展了沥青路面的类型,如稀浆封层等。

(4)乳化沥青与矿料表面具有良好的工作性和黏附性,可节约沥青并保证施工质量。

(5)乳化沥青施工受低温多雨季节影响较小,可延长施工季节。

(一)乳化沥青的组成材料

乳化沥青主要由沥青、乳化剂、稳定剂和水等组成。

1. 沥青

乳化沥青中的沥青含量占55%~70%,沥青的性质将直接决定乳化沥青的成膜性能和路用性能。在选择乳化用沥青时,应首先考虑它的易乳化性。一般来说,相同油源和工艺的沥青,针入度较大者易形成乳液。另外,沥青中活性组分的含量与沥青乳化难易程度有直接关系,通常认为沥青酸总量大于1%的沥青,采用通用乳化剂和一般工艺即可加工成乳化沥青。

2. 乳化剂

乳化剂是乳化沥青形成的关键材料。从化学结构上看,它是一种"两亲性"分子。分子的一部分只有亲水作用,而另一部分具有亲油性质,这两个基团具有使互不相溶的沥青与水连接起来的特殊功能。在沥青、水分散体系中,沥青微粒被乳化剂分子的亲油基吸引,此时以沥青微粒为固体核,乳化剂包裹在沥青颗粒表面形成吸附层。

乳化剂按其亲水基在水中是否电离而分为离子型乳化剂和非离子型乳化剂两大类,具体分类见图3-27。

图3-27　乳化剂分类

(1)阴离子型乳化剂

阴离子型乳化剂是在溶于水时能电离为离子胶束,且与亲油基相连的亲水基团带有阴(或负)电荷的乳化剂,如图3-28所示。阴离子型乳化剂最主要的亲水基团有羟酸盐(如—COONa)、硫酸酯盐(如—OSO₃Na)和磺酸盐(如—SO₃Na)三种。

(2)阳离子型乳化剂

阳离子型乳化剂是在溶于水时能电离为离子或离子胶束,且与亲油基相连的亲水基团带有阳(或正)电荷的乳化剂,如图3-29所示。阳离子型乳化剂按化学结构,主要有季铵盐类、烷基胺类、酰胺类、环氧乙烷二胺类和胺化木质素类等。

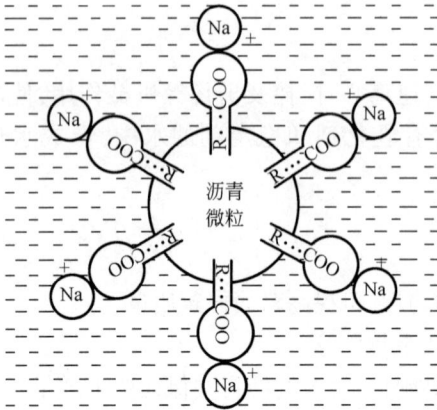

图 3-28　阴离子型乳液结构示意图

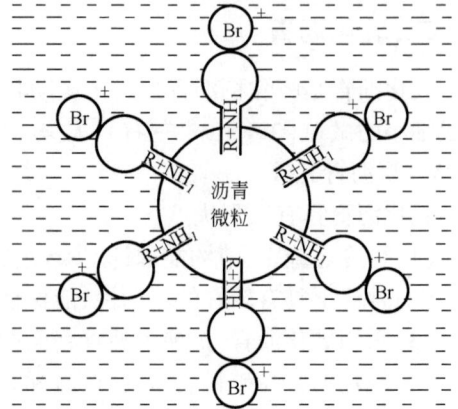

图 3-29　阳离子型乳液结构示意图

（3）两性离子型乳化剂

两性离子型乳化剂是在溶于水时能电离为离子或离子胶束,且与亲油基相连的亲水基团既带有阴电荷又带有阳电荷的乳化剂。两性离子型乳化剂按其亲水基团的结构和特性,主要有氨基酸型、咪啉型等。但是,两性离子型乳化剂的合成原料来源较困难,价格较高,目前在乳化沥青中应用较少。

（4）非离子型乳化剂

这类乳化剂是在水中溶解时不能离解成离子状态,而是依赖分子所含的羧基(—OH)和醚链(—O—)等作为亲水基团的乳化剂。非离子型乳化剂根据亲水基团的结构可分为醚基类、酯基类、酰胺类和杂环类等,但应用最多的主要为环氧乙烷缩合物和一元醇或多元醇的缩合物。非离子型乳化剂通常不单独作为沥青乳化剂使用,而主要与阳离子、阴离子乳化剂配合用于制造乳化沥青。

3. 稳定剂

稳定剂通常包括有机稳定剂和无机稳定剂两种。稳定剂的作用是防止已经分散的沥青乳液在储存期内彼此凝聚,以保证在施工喷洒或机械拌和作用下具有良好的稳定性。稳定剂对乳化剂的协同作用必须通过试验来确定,并且其用量不宜过多,一般以沥青乳液的0.1% ~0.15%为宜。

4. 水

水是乳化沥青的主要组成部分,在乳化沥青中起着润湿、溶解及化学反应的作用。水的用量一般为30% ~70%。

（二）乳化沥青的形成与分裂机理

1. 形成机理

沥青能够均匀稳定地分散在乳化剂水溶液中的原因包括:

（1）乳化剂降低界面能作用

沥青与水的表面张力相差较大,一般情况下是不能互溶的。当乳化剂加入沥青与水组成的溶液中后,乳化剂分子吸附在沥青-水界面上形成吸附层,从而降低了沥青与水之间的表面张力差,如图3-30所示。

（2）增强界面膜的保护作用

乳化剂分子的亲油基吸附在沥青表面,在沥青-水界面上形成界面膜,且界面膜具有一定的强度,对沥青微滴起保护作用,使其在相互碰撞时不易聚结。

（3）界面电荷稳定作用

乳化剂溶于水后发生离解,当亲油基吸附于沥青时,使沥青微滴带有电荷(阳离子型乳化沥青带正电荷,如图 3-31 所示),此时在沥青-水界面上形成扩散双电层,水-沥青体系成为稳定体系。

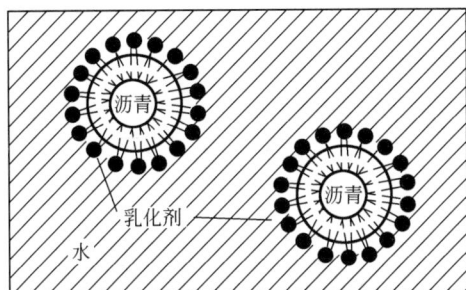

图 3-30 乳化剂在沥青表面形成界面膜

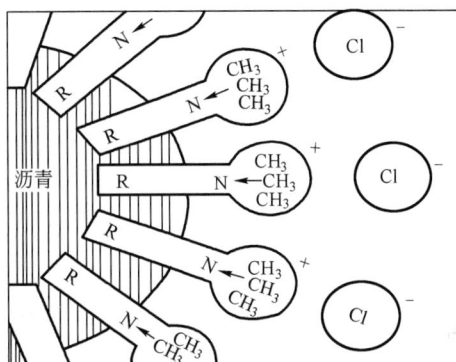

图 3-31 阳离子乳化沥青的界面电荷

2. 分裂机理

为使沥青发挥黏结功能,必须将其从乳液中分离出来,并在集料表面形成连续的薄膜覆盖,这一过程称为分裂(俗称破乳)。路用乳化沥青要有足够的稳定性,以保证在运输及洒布过程中不致过早分裂。

乳化沥青的分裂过程如图 3-32 所示。

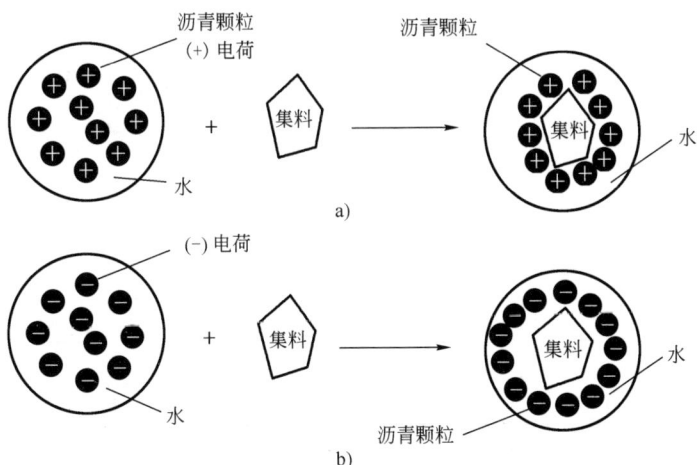

图 3-32 乳化沥青的分裂过程示意图

路用乳化沥青的分裂速度与水的蒸发速度、集料表面性质以及洒布和碾压等因素有关。

（1）蒸发作用

乳液中的水分由于蒸发或被集料吸收而产生分解,多孔、粗糙、干燥的集料易吸收水分,破坏乳液的平衡,加速破乳。

（2）乳液与集料的吸附作用

除了水分蒸发作用,沥青与矿料还有吸附作用。阴离子型乳液(带负电荷)与带正电荷的碱性集料(如石灰岩、玄武岩等)具有较好的黏结性;阳离子型乳液(带正电荷)与带负电荷的酸性集料(如花岗岩、石英石等)具有较好的黏结性。

(三)乳化沥青的技术标准

乳化沥青与矿料拌和后,在空气中逐渐脱水,水膜变薄,沥青微粒逐渐靠拢,乳化剂薄膜挤裂并形成连续的沥青黏结膜层。成膜后的乳化沥青具有一定的耐热性、黏结性、抗裂性、韧性和防水性。

道路用乳化石油沥青的技术要求见表3-16。

道路用乳化沥青的技术要求（JTG F40—2004） 表3-16

试验项目		单位	品种及代号									
			阳离子				阴离子				非离子	
			喷洒用			拌和用	喷洒用			拌和用	喷洒用	拌和用
			PC-1	PC-2	PC-3	BC-1	PA-1	PA-2	PA-3	BA-1	PN-2	BN-1
破乳速度			快裂	慢裂	快裂或中裂	慢裂或中裂	快裂	慢裂	快裂或中裂	慢裂或中裂	慢裂	慢裂
粒子电荷			阳离子(+)				阴离子(−)				非离子	
筛上残留物(1.18mm筛) 不大于		%	0.1				0.1				0.1	
黏度	恩格拉黏度计 E_{25}		2～10	1～6	1～6	2～30	2～10	1～6	1～6	2～30	1～6	2～30
	道路标准黏度计 $C_{25,3}$	s	10～25	8～20	8～20	10～60	10～25	8～20	8～20	10～60	8～20	10～60
蒸发残留物	残留分含量,不小于	%	50	50	50	55	50	50	50	55	50	55
	溶解度,不小于	%	97.5				97.5				97.5	
	针入度(25℃)	0.1mm	50～200	50～300	45～150		50～200	50～300	45～150		50～300	60～300
	延度(15℃),不小于	cm	40				40				40	
与粗集料的黏附性,裹附面积,不小于			2/3			—	2/3			—	2/3	—
与粗、细粒式集料拌和试验			—			均匀	—			均匀	—	—
水泥拌和试验筛上剩余,不大于		%	—				—				—	3
常温储存稳定性	1d,不大于		1				1				1	
	5d,不大于		5				5				5	

注:1. P为喷洒型,B为拌和型,C、A、N分别表示阳离子、阴离子、非离子型乳化沥青。
    2. 黏度可选用恩格拉黏度计或沥青标准黏度计之一测定。
    3. 表中的破乳速度与集料的黏附性、拌和试验的要求、所使用的石料品种有关,质量检验时应采用工程上实际的石料进行试验,仅进行乳化沥青产品质量评定时可不要求此三项指标。
    4. 储存稳定性根据施工实际情况选用试验时间,通常采用5d,乳液生产后能在当天使用时也可用1d的稳定性。
    5. 当乳化沥青需要在低温冰冻条件下储存或使用时,尚需按T 0656进行−5℃低温储存稳定性试验,要求没有粗颗粒、不结块。
    6. 当乳化沥青是将高浓度产品运到现场经稀释后使用时,表中的蒸发残留物等各项指标指稀释前乳化沥青的要求。

三、天然沥青

天然沥青按照形成的环境可分为湖沥青、岩沥青和海底沥青等。天然沥青具有较高的含氮量(一般沥青中很少含氮),这使它具有很强的特殊浸润性和较高的抵御自由基氧化的能力,因此天然沥青黏度大,抗氧化性强。天然沥青的强极性还使它具有很好的黏附性及抗剥落性。此外,天然沥青不含蜡,将其加入高含蜡沥青中能够在一定程度上削弱蜡对沥青的消极影响。

1. 湖沥青

湖沥青是石油不断从地壳中冒出并存在于天然湖中,经长年沉降、变化、硬化而形成的天然沥青。湖沥青的代表性产品为产于南美洲特立尼达岛的特立尼达湖沥青(Trinida Lake Asphalt),简称TLA。将特立尼达湖沥青经过精炼加工后得到的产品称为特立尼达精炼湖沥青。

胶体结构分析表明,TLA属于凝胶结构。对于掺配TLA改性后得到的改性沥青,沥青的结构性能与温度敏感性得到了较大改善,其软沥青质组成物的成分使改性沥青具备了良好的抗剥落性能,同时沥青的劲度模量与沥青路面的抗滑性能均有不同程度的提高。

TLA改性沥青被广泛应用于重交通路段,包括飞机场道面、桥面铺装、高速公路路面等。其具体应用条件见表3-17。

各等级TLA改性沥青的适用范围 表3-17

等级	针入度(25℃,100g,5s) (0.1mm)	建议应用的条件
TMA1	40~55	极繁重的荷载条件、重交通路面、停机坪等
TMA2	60~75	繁重的交通量、标准负荷的高速公路、机场道面、街道等
TMA3	800~100	中等至繁重的交通量、标准负荷的干线公路、次干道、公路、停车场等
TMA4	120~150	轻至中等的交通量、标准负荷的次干道、停车场、热拌沥青及冷拌沥青混合料、表面修复

美国ASTM规范对TLA改性沥青的技术要求见表3-18。

TLA改性沥青技术标准(ASTM D5710—13) 表3-18

指标	针入度等级							
	TMA1		TMA2		TMA3		TMA4	
	最小(min)	最大(max)	最小(min)	最大(max)	最小(min)	最大(max)	最小(min)	最大(max)
针入度(25℃,100g,5s) (0.1mm)	40	55	60	75	80	100	120	150
黏度(135℃)(mm²/s)	385	—	275	—	215	—	175	—
延度(25℃)(cm)	100	—	100	—	100	—	100	—
闪点(℃)	232		232		232		232	
溶解度(%)	77	90	77	90	77	90	77	90
TFOT残留物								
针入度(25℃,100g,5s) 降低,(%)	55	—	52	—	47	—	42	—
延度(25℃)(cm)	50	—	50	—	75	—	100	—
无机质(灰分)(%)	7.5	19.5	7.5	19.5	7.5	19.5	7.5	19.5

注:1. 如原样沥青延度小于100cm,则应采用抽提的不多于5%无机质灰分的改性沥青重新试验。
　　2. 如原样沥青25℃延度小于100cm,15℃延度大于100cm也予通过。
　　3. 溶解度要求由用户按照混合的TLA比例在此范围内提出。

2. 岩沥青

岩沥青是石油不断地从地壳中冒出,存在于山体、岩石裂隙中,经长期蒸发凝固而形成的天然沥青。其代表性产品有布敦岩沥青(BMA)、UINTAITE北美岩沥青。我国新疆、青海及四川一带也有储量丰富的天然岩沥青。

北美岩沥青和布敦岩沥青的组分见表3-19。

两种岩沥青的组分   表3-19

岩 沥 青	饱和分(%)	芳香分(%)	胶质(%)	沥青质(%)
北美岩沥青	1~3	1~3	21~37	57~76
布敦岩沥青	12~34	12~23	20~54	37~56

几种常用岩沥青的技术要求见表3-20。

常用岩沥青的技术要求   表3-20

指 标	UINTAITE北美岩沥青	布敦岩沥青(BMA)
软化点(℃)	175	144
针入度(0.1mm)	0	0
沥青含量(%)	70.0	20.4
含水率(%)	1.0	0.64
加热损失(%)	0.2	1.05
5℃密度(g/cm³)	1.05	1.81
有机物含量(%)	—	—
灰分(%)	0.5	27.3
闪点(COC)(℃)	315	306

四、胶粉改性沥青

废旧橡胶轮胎通过常温或低温研磨工艺可以制备得到废胎胶粉,将其与基质沥青按一定比例采用专用设备拌和而得到的满足技术指标要求的改性沥青,称为胶粉改性沥青。根据《公路工程废胎胶粉橡胶沥青》(JT/T 798—2011),胶粉掺量一般为基质沥青质量的17.6%~30%(外掺),同时,在其制备加工过程中也会掺加一定比例的添加剂,改善胶粉改性沥青的技术性能。

胶粉改性沥青的生产方式分为连续式和间歇式,宜采用间歇式生产胶粉改性沥青,由于胶粉易吸收沥青中的轻质组分发生溶胀,造成胶粉改性沥青黏度增大,因此,加工生产温度宜控制在180℃~190℃,当其掺量较大时,加工生产温度不应高于210℃,加工生产时间不小于45min。《公路工程废胎胶粉橡胶沥青》(JT/T 798—2011)对胶粉改性沥青提出了具体指标要求,见表3-21。

胶粉改性沥青的技术要求   表3-21

气候分区	寒区	温区	热区
基质沥青	110号、90号、70号	90号、70号	70号、50号
旋转黏度(180℃)(Pa·s)	1.5~3.5	2.0~4.0	2.0~5.0
针入度,(25℃,100g,5s)(0.1mm)	60~100	40~80	30~70
软化点,(℃)	>50	>58	>65
弹性恢复(25℃)(%)	>50	>55	>60
延度(5℃,1cm/min)(cm)	>10	>10	>5

注:气候分区见JTG F40—2004 附录A。

胶粉改性沥青具有较好的高温、低温等流变性能,可用于高等级沥青路面。但胶粉改性沥青在运输和储存的过程中,由于胶粉与石油沥青的相容性较差,容易产生离析,因此,需要采取一定措施,如添加稳定剂、对胶粉进行活化,来增强胶粉改性沥青的储存稳定性。

五、泡沫沥青

在高温的普通针入度级沥青中加入少量冷水,使沥青表面积大大增加,体积膨胀数倍至数十倍,然后在1min内沥青又恢复原状,这种膨胀成泡沫的沥青称为泡沫沥青。泡沫沥青多与水泥一起作为稳定剂,应用于沥青路面的冷再生工程。

泡沫沥青的制备工艺如图3-33所示。

通常,采用膨胀率和半衰期两个指标对泡沫沥青的性能进行评价。膨胀率指沥青发泡膨胀达到的最大体积与泡沫完全消失时的体积之比,它可以反映泡沫沥青的黏度大小。半衰期指泡沫沥青从最大体积降低到最大体积的一半所需的时间,以s计,它反映了泡沫沥青的稳定性。对泡沫沥青而言,希望膨胀率和半衰期两个指标都尽可能提高,但实际上两个指标呈现相反的变化趋势,如图3-34所示。

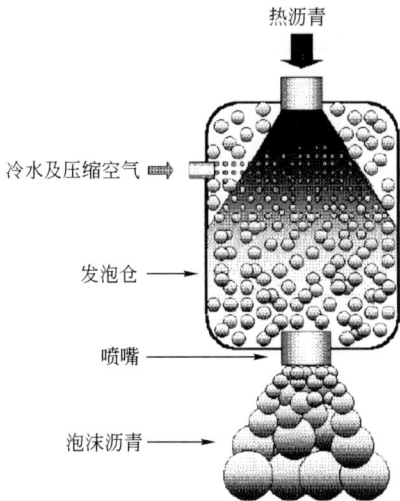

图3-33 泡沫沥青的发泡示意图

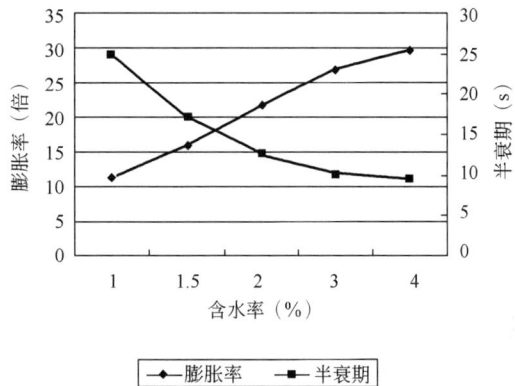

图3-34 泡沫沥青膨胀率与半衰期的变化趋势

研究表明,当泡沫沥青两个评价指标中的任何一个达到最优而另一个较差时,都不利于泡沫沥青性能的稳定。因此,在设计确定泡沫沥青的发泡条件时,应尽可能通过变化试验参数使膨胀率和半衰期两个指标均能达到较好的状态,从而获得最佳的沥青发泡效果。

六、生物沥青

生物质作为一种可再生能源,具有可再生、储量巨大、分布广的特点。生物质来源主要有:农作物秸秆、牲畜粪便、谷物草壳、竹材蔗渣、废弃食用油等。通过快速裂解技术(图3-35)对秸秆木屑、谷物草壳等生物质进行提炼,获取残留物生物重油,生物重油在化学组成、物理性能及流变特性上与石油沥青具有较大相似性,其主要元素含量见表3-22,因此,可以采用生物重油对传统石油沥青进行改性与代替,制备生物沥青材料,应用于道路工程中,其具有较好的低温抗裂性能。但是,由于生物质来源广泛,生物重油生产工艺复杂、且含有较多的轻质组分及一定的可溶性物质,生物沥青高温及抗老化性能有待进一步改善。

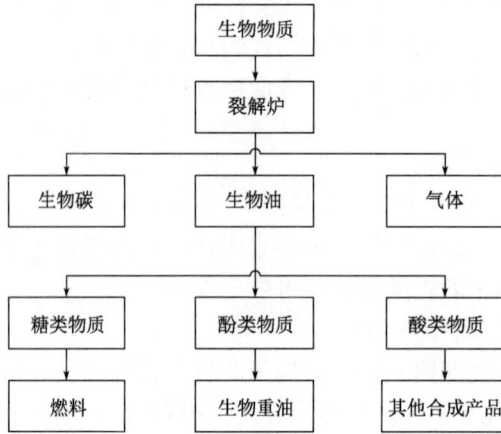

图 3-35　生物质快速裂解过程

某生物重油主要元素组成　　　　　　　　　　　　　　表 3-22

元素	C	H	O	其他
含量(%)	60% ~75%	5% ~10%	15% ~30%	<0.5%

【复习题】

1. 采用四组分分析方法可将沥青分离为哪几组分？与沥青的技术性质有何关系？

2. 石油沥青可划分为哪几种胶体结构？各种胶体结构的石油沥青有何特点？

3. 石油沥青的"三大指标"表征沥青哪些特征？简述其主要试验方法与条件。

4. 美国 SHRP 沥青技术规范中对沥青的性能提出了哪些新的试验方法？各自反映沥青哪些方面的性能？

5. 沥青的感温性采用哪些指标来表征？

6. 重交通道路石油沥青的技术标准有哪几项指标？

7. 什么是沥青黏弹性？采用什么技术指标对其进行评价？

8. 为什么对沥青进行改性？常用的聚合物改性沥青有哪几种？改性沥青性能的评价方法与指标有哪些？

9. 试述乳化沥青形成和分裂机理及其在节约能源、保护环境和经济效益等方面的优越性。

10. 沥青在 10℃、25℃和 30℃下测定的针入度分别为 24、85 和 125(0.1mm)，求出沥青的针入度温度敏感性系数 A，由此计算针入度指数 PI，并判断沥青的胶体结构类型。

11. 两种沥青 A 和 B 在不同温度下的针入度测试结果如下表所示，试评价两种沥青的温度敏感性，并分析指出寒冷气候条件下修筑沥青路面首选哪一种沥青。

沥青种类	针入度(0.1mm)	
	15℃	25℃
A	52	110
B	60	100

第二篇 无机混合料

道路工程中所用的无机混合料主要包括水泥混凝土和无机结合料稳定类材料。分类情况如下图所示。

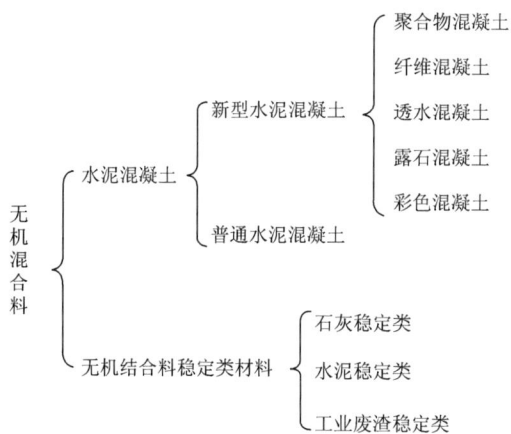

```
                                            ┌─ 聚合物混凝土
                                            │
                                            ├─ 纤维混凝土
                                            │
                            ┌─ 新型水泥混凝土 ┤  透水混凝土
                            │               │
             ┌─ 水泥混凝土 ──┤               ├─ 露石混凝土
             │              │               │
             │              │               └─ 彩色混凝土
无机                        │
混   ────────┤              └─ 普通水泥混凝土
合           │
料           │                            ┌─ 石灰稳定类
             │                            │
             └─ 无机结合料稳定类材料 ──────┤  水泥稳定类
                                          │
                                          └─ 工业废渣稳定类
```

无机混合料分类情况

水泥混凝土材料包括普通水泥混凝土和各种新型水泥混凝土,广泛应用于水泥混凝土路面、桥梁等道路工程结构物。无机结合料稳定类材料包括石灰稳定类、水泥稳定类、工业废渣稳定类,主要应用于修筑路面结构的基层和底基层。

第四章

普通水泥混凝土

【内容提要】

本章重点讲述普通水泥混凝土的组成、技术性质、普通水泥混凝土的组成设计方法、道路水泥混凝土的组成设计方法，工业废渣混凝土的组成设计方法，同时对外加剂作了简要介绍。

【学习要求】

通过学习，必须掌握普通水泥混凝土的主要技术性质及其影响因素、现行配合比设计方法；了解道路水泥混凝土和工业废渣混凝土组成设计方法及常用外加剂的作用和品种。

第一节　水泥混凝土组成及特点

水泥混凝土是由水泥、水、粗集料、细集料按预先设计的比例进行掺配，并在必要时加入适量外加剂、掺合料或其他改性材料，经搅拌、成型、养护后而得到的具有一定强度和耐久性的人造石材，常简称混凝土，如图 4-1 所示。水泥混凝土广泛应用于各种建筑物及路桥工程结构物，是用量最大的建筑材料之一。

水泥混凝土的快速发展及广泛应用得益于其自身的诸多特点，归纳如图 4-2 所示。

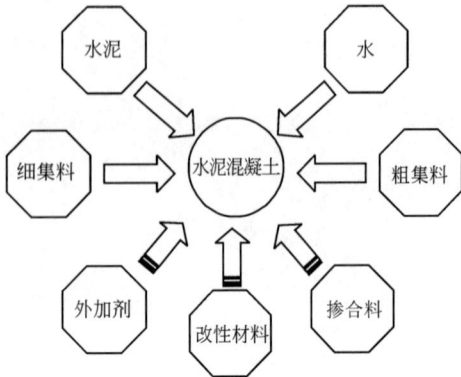

图 4-1　水泥混凝土的组成

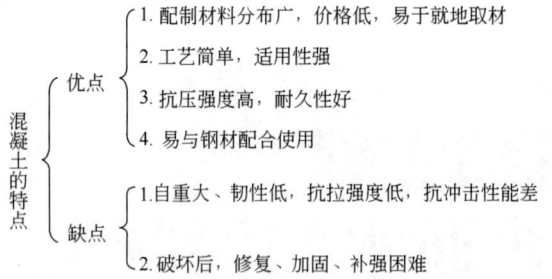

图 4-2　混凝土的特点

第二节　水泥混凝土的技术性质

水泥混凝土的主要技术性质包括施工阶段的和易性(工作性)、混凝土硬化阶段的力学性质、使用阶段的耐久性。

一、新拌水泥混凝土的施工和易性

(一)新拌水泥混凝土施工和易性的含义

新拌水泥混凝土是指在施工过程中使用的尚未凝结硬化的水泥混凝土。新拌混凝土的施工和易性,又称工作性,是指混凝土拌合物在现有施工条件下(气候条件、施工机具等),易于施工操作(搅拌、运输、浇筑、振捣和表面处理)并获得质量均匀、成型密实的混凝土结构物的性能。混凝土的施工和易性不仅影响施工过程本身,还在很大程度上制约着硬化后混凝土的技术性质,因此,研究新拌水泥混凝土的施工和易性及其影响因素有着十分重要的意义。

混凝土拌合物的施工和易性是一项综合技术性质,包括流动性、振实性、黏聚性、保水性等方面的含义。

流动性是指混凝土拌合物在自重或机械振动密实作用下能产生适当的流动并均匀密实地填满模板的性能。

振实性是指混凝土拌合物易于振捣密实,排出所有被挟带空气的性质。

黏聚性是指混凝土拌合物在施工过程中其组成材料之间有一定的黏聚力,不致产生分层和离析的现象。混凝土的均匀密实及离析现象对比见图 4-3。

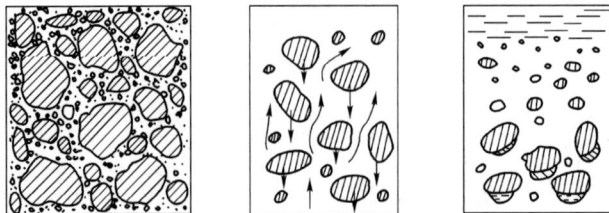

图 4-3　新拌混凝土的密实和离析对比

保水性是指混凝土拌合物在施工过程中具有一定的保水能力,不致产生严重的泌水现象。通常将水分逐渐析出至混凝土拌合物表面的现象称为泌水,水分析出后会在混凝土内部形成泌水通道,使混凝土的密实性、耐久性下降。

(二)施工和易性的测定方法

各国混凝土工作者都曾提出大量的工作性测试方法,但目前国际上还没有一种能够全面测试新拌混凝土施工和易性的方法。通常的试验方法大都基于经验提出,且在一定的条件下测试混凝土拌合物和易性的某一方面。因此,还可辅以观察来评定混凝土拌合物和易性中其他方面的性能。

1. 坍落度试验

坍落度试验由美国查普曼(Chapman)首先提出,因其简便易行已被世界各国广泛采用。该试验方法虽有不足,但至今仍没有一种完全有效的替代方法。我国行业标准《公路工程水泥及水泥混凝土试验规程》(JTG 3420—2020)规定:将搅拌好的混凝土拌合物分三层装入标准的坍落度圆锥筒内,每层装入高度稍大于筒高的1/3,并用捣棒在每层的横截面上均匀捣插25 次。多余试样用抹刀刮平,然后垂直提起坍落筒并放于锥体混凝土试样一旁,测量筒高与坍落后混凝土试体最高点之间的高差,即为新拌混凝土拌合物的坍落度,见图4-4。试验结果以 mm 为单位,并修约至最接近的 5mm。坍落度越大表示混凝土拌合物的流动性越大。

坍落度试验的同时,可用目测方法评定混凝土拌合物的黏聚性、保水性、棍度。在测试坍落度后,用捣棒在已坍落的混凝土锥体试样的一侧轻轻敲击,如锥体在轻打后逐渐下沉则表示黏聚性良好,如锥体突然倒塌、部分崩裂或发生石子离析现象则表示黏聚性较差。保水性指水分从拌合物中的析出情况,如果提起坍落筒后有少量水分从底部析出则表示保水性良好,若析出水分较多并引起锥体试样中的集料外露,则表示该混凝土拌合物的保水性较差。

棍度按插捣混凝土拌合物时的难易程度评定,分为"上""中""下"三级。

坍落度试验适用于坍落度值不小于 10mm、集料最大粒径不大于 31.5mm 的混凝土拌合物,且该试验只对富水泥浆的新拌混凝土才敏感。相同性质、不同组成的新拌混凝土,它们的工作性可能有很大差别,但却可得到相同的坍落度值。因此,坍落度值并不是满意的工作性评价指标。

2. 维勃稠度试验

维勃稠度试验(VB 稠度试验)是瑞典 V. 皮纳(Bahrner)首先提出的,因而用他名前字母 VB 命名。坍落度小于 10mm 的新拌混凝土可用维勃稠度仪测定工作性,见图4-5。

《公路工程水泥及水泥混凝土试验规程》(JTG 3420—2020)规定:维勃稠度试验方法是将坍落度筒放在直径为 240mm 的圆筒中,圆筒安装在专用的振动台上。按坍落度试验的方法将新拌混凝土顶上置一透明圆盘。开动振动台并记录时间,从开始振动至透明圆盘底面被水泥浆布满瞬间止,所经历的时间即为新拌混凝土的维勃稠度值。试验结果以秒计并精确至 1s。维勃稠度值越大,混凝土拌合物的流动性越小。

维勃稠度试验适用于集料公称最大粒径不大于 31.5mm 的水泥混凝土及维勃时间在 5 ~ 30s 之间的干稠性水泥混凝土的稠度测定。

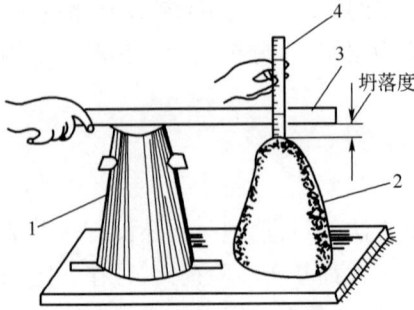

图4-4 混凝土拌合物坍落度测定示意图
1-坍落度筒;2-拌合物试体;3-木尺;4-钢尺

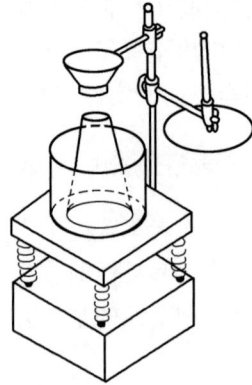

图4-5 混凝土拌合物 VB 稠度测定示意图

此外,测定工作性的试验方法还包括密实因数试验、重塑性试验、球体贯入试验和振动黏度系数试验等。

（三）影响施工和易性的主要因素

影响新拌水泥混凝土施工和易性的主要因素分为内因和外因,归纳如图4-6 所示。

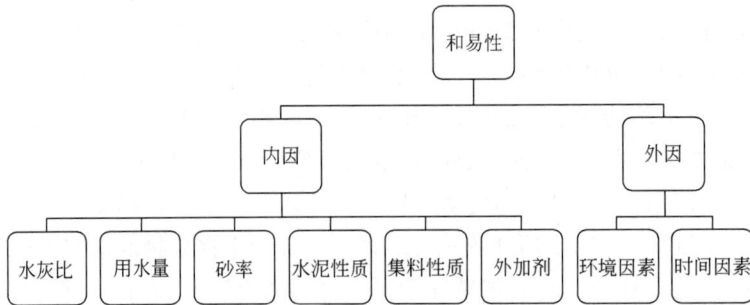

图4-6 新拌水泥混凝土施工和易性影响因素

1.组成材料的影响(内因)

(1)水灰比

水灰比指水与水泥的质量比。在水泥、集料用量一定的情况下,水灰比的变化实际上是水泥浆稠度的变化,水灰比小则水泥浆稠度大,混凝土拌合物的流动性小。当水灰比过小时,在一定的施工条件下就不能保证混凝土的密实成型。反之,若水灰比过大,水泥浆稠度较小,虽然混凝土拌合物的流动性增加,但可能会引起混凝土拌合物黏聚性和保水性不良,当水灰比超过某一极限值时,混凝土拌合物将产生严重的泌水和离析现象,导致混凝土强度和耐久性的降低,故水灰比值应根据混凝土设计强度和耐久性要求合理选用。

(2)单位用水量

单位用水量实际上决定了混凝土拌合物中水泥浆的数量。如图4-7 所示,在组成材料确定的情况下,混凝土拌合物的流动性随单位用水量的增加而增大。当水灰比一定时,若单位用水量过小,则水泥浆数量过少,集料颗粒间缺少足够的黏结材料,混凝土拌合物的黏聚性较差,易发生离析和崩坍,且不易成型密实;但若单位用水量过多,在混凝土拌合物流动性增加的同时,黏聚性和保水性也将随之恶化,会由于水泥浆过多而出现泌水、分层或流浆现象,致使拌合物产生离析。

单位用水量过多还会导致混凝土产生收缩裂缝，使混凝土强度和耐久性严重降低。此外，在水灰比不变的情况下，水泥用量也随单位用水量的增加而增加，导致混凝土经济性降低。

试验表明，当集料不变时，如果单位用水量一定，若水泥增减量不超过 $50 \sim 100kg/m^3$，混凝土拌合物的坍落度可大致保持不变，这一规律称为"固定用水量定则"。在进行混凝土配合比设计时，通过固定单位用水量，在一定范围内上下浮动水泥用量，就可以配制出不同强度而坍落度相近的混凝土。

图 4-7 混凝土拌合物坍落度与单位用水量的关系

（3）砂率

砂率是指混凝土中的细集料（砂）的质量占全部集料（砂、石）总质量的百分比，它反映了粗细集料的相对比例。由于砂形成的砂浆在粗集料间起润滑作用，在一定砂率范围内，随砂率的增加润滑作用越明显，流动性得以提高；另一方面，在砂率增大的同时，集料的总表面积随之增大，需要润滑的水分增多，在用水量一定的条件下，拌合物流动性降低，所以砂率超过一定范围后，流动性反而随砂率的增加而降低，如图 4-8 所示。如果砂率过小，砂浆数量不足会导致混凝土拌合物黏聚性和保水性降低，产生离析和流浆现象。因此，混凝土的砂率存在一个最佳值，采用最佳砂率时，在用水量和水泥用量不变的情况下，可使混凝土拌合物获得所要求的流动性以及良好的黏聚性和保水性。

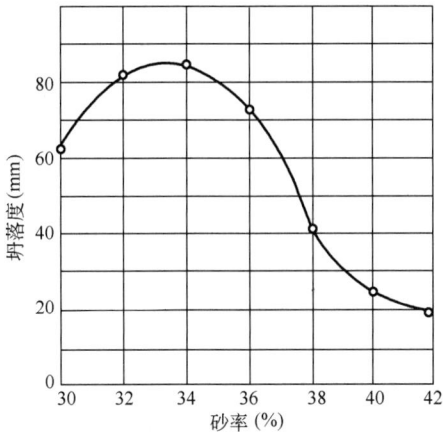

图 4-8 混凝土拌合物坍落度与砂率的关系

（4）水泥的品种和细度

不同品种的水泥，达到标准稠度的需水量不同，给定用水量时配制成的混凝土拌合物的流动性也就不同。对于给定的水泥混凝土拌合物，水泥细度增加会使流动性降低，这种影响对水泥用量较高的拌合物较为明显，但较细的水泥可以改善混凝土拌合物的黏聚性，减轻离析和泌水等现象。

（5）集料的性质

集料在混凝土中所占体积最大，它的特性对混凝土拌合物和易性的影响较大。混凝土拌合物的和易性主要与集料的最大粒径、级配、颗粒形状、表面粗糙程度和吸水性有关。一定质量的集料，其最大粒径减小会使比表面积增大。比表面积增大就需要更多的水泥浆来润滑，因此，当给定水泥、水和集料用量时，混凝土拌合物的流动性将随集料最大粒径的减小而降低。针片状颗粒含量较少、圆形颗粒较多、级配较好的集料，其组成的混凝土拌合物流动性较大，黏聚性和保水性较好。表面粗糙多棱角的集料会增加混凝土拌合物的内摩擦力，使流动性降低，如碎石混凝土的流动性低于卵石混凝土的流动性。吸水性大的集料，会加快混凝土拌合物的和易性损失速率。

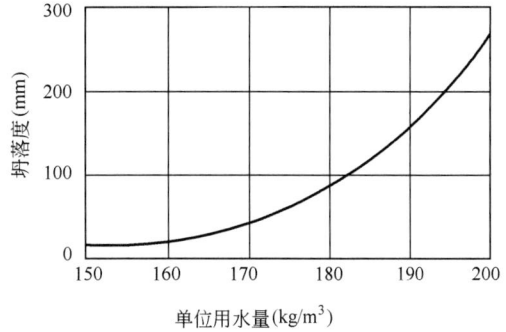

（6）外加剂

外加剂对混凝土拌合物和易性的影响较大,在混凝土拌合物中加入少量的外加剂可以在不改变用水量和水泥用量的情况下,有效地改善混凝土拌合物的工作性,同时提高混凝土的强度和耐久性。其中,改善混凝土拌合物和易性的主要外加剂是减水剂和引气剂。

2.外界因素的影响(外因)

（1）环境因素

影响新拌水泥混凝土和易性的环境因素包括温度、湿度和风速。在组成材料性质和配合比一定的条件下,混凝土拌合物的流动性主要受水泥的水化程度和水分蒸发率的影响。环境温度升高会使水泥水化速度加快、水分蒸发增加,导致拌合物坍落度减小。因此夏季施工时,应采取措施减少混凝土拌合物流动性的损失。同样,风速和湿度通过影响水分的蒸发速度也会影响混凝土拌合物的流动性。

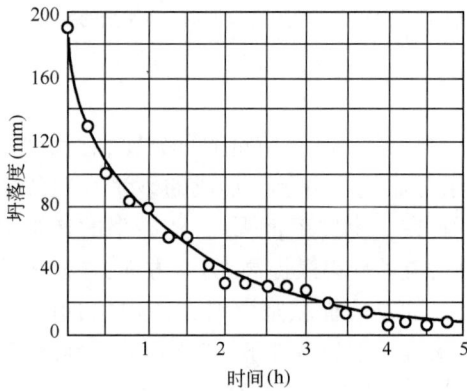

图4-9 混凝土拌合物坍落度与时间的关系

（2）时间因素

混凝土拌合物在搅拌后,其坍落度随时间的延长逐渐减小,称为坍落度损失,如图4-9所示。坍落度损失的产生是由于一部分水分被集料所吸收,一部分水分蒸发,一部分水分随水泥水化反应变成水化产物结合水,所以混凝土拌合物的流动性随时间的延长而逐渐减小。

（四）混凝土拌合物和易性分级

在不同的混凝土结构工程中,对混凝土拌合物和易性的分级方法有所不同。根据《混凝土质量控制标准》(GB 50164—2011)的规定,混凝土拌合物根据其坍落度或VB稠度值进行分级,见表4-1。

混凝土和易性分级(GB 50164—2011)　　表4-1

按坍落度分级			按VB稠度分级		
级别	坍落度（mm）	允许误差（mm）	级别	VB稠度值（s）	允许偏差（s）
S1	10～40	±10	V0	≥31	±3
S2	50～90	±20	V1	30～21	±3
S3	100～150	±30	V2	20～11	±3
S4	160～210	±30	V3	10～6	±2
S5	≥220	±30	V4	5～3	±1

二、硬化后混凝土的力学性质

硬化后混凝土的力学性质,主要包括强度和变形两个方面。

（一）强度

硬化后的水泥混凝土在路面结构、桥梁构件以及建筑结构中将受到复杂的应力作用，因此要求水泥混凝土材料必须具备各种力学强度。按我国国家标准《混凝土物理力学性能试验方法标准》（GB/T 50081—2019）规定，混凝土的强度包括立方体抗压强度、轴心抗压强度、抗弯拉强度、劈裂抗拉强度。

1. 立方体抗压强度（f_{cu}）

按照标准方法制成 150mm 的立方体试件，在标准养护条件（温度 20℃ ±2℃，相对湿度 95%以上）下养护至 28d 龄期，按标准方法测定其受压极限破坏荷载，以式（4-1）计算混凝土的抗压强度，以 MPa 计。混凝土立方体抗压强度通常被用于建筑工程的有关规范和质量控制。

$$f_{cu} = \frac{F}{A} \tag{4-1}$$

式中：f_{cu}——混凝土抗压强度（MPa）；

F——抗压试验中的极限破坏荷载（N）；

A——试件的承载面积（mm^2）。

（1）立方体抗压强度标准值 $f_{cu,k}$

混凝土立方体抗压强度标准值是按照标准方法制作和养护的边长为 150mm 的立方体试件，在 28d 龄期用标准试验方法测定的抗压强度总体分布中的一个值，用 $f_{cu,k}$ 表示，强度低于该值的百分比不超过 5%（即具有 95% 保证率的抗压强度），以 MPa 计，由式（4-2）计算。立方体抗压强度标准值按数理统计方法确定。

$$f_{cu,k} = \bar{f} - 1.645\sigma \tag{4-2}$$

式中：$\bar{f}$——强度总体分布的平均值（MPa）；

σ——强度总体分布的标准差（MPa）；

1.645——与保证率 95% 对应的保证率系数值，查表 4-2 得出。

保证率系数 t 值与保证率值 $P(t)$ 表 4-2

t	0.00	−0.524	−0.842	−1.00	−1.04	−1.28	−1.40	−1.60
$P(t)$	0.50	0.70	0.80	0.841	0.85	0.90	0.919	0.945
t	−1.645	−1.80	−2.00	−2.06	−2.33	−2.58	−2.88	−3.00
$P(t)$	0.950	0.964	0.977	0.980	0.990	0.995	0.998	0.999

（2）强度等级

混凝土的强度等级是根据立方体抗压强度标准值确定的。强度等级的表示方法用"C"和"立方体抗压强度标准值"两项内容来表示，如 C20 表示混凝土的立方体抗压强度标准值 $f_{cu,k}$ 不小于 20MPa。《混凝土结构设计规范》（GB 50010—2010）将普通水泥混凝土按立方体抗压强度标准值分为 C15、C20、C25、C30、C35、C40、C45、C50、C55、C60、C65、C70、C75、C80 共 14

个等级。

2.轴心抗压强度(f_{cp})

混凝土的抗压强度是采用立方体试件确定的,但在实际工程中,大部分钢筋混凝土结构形式为棱柱体或圆柱体。为了较真实地反映实际受力状况,在钢筋混凝土结构设计中,计算轴心受压构件时,均以混凝土的轴心抗压强度为设计指标。

《公路工程水泥及水泥混凝土试验规程》(JTG 3420—2020)规定,采用 $\phi150mm \times 300mm$ 的圆柱体作为标准试件进行轴心抗压强度测定。混凝土的轴心抗压强度f_{cp}以 MPa 计,精确至 0.1,可按式(4-3)计算:

$$f_{cp} = \frac{F}{A} \tag{4-3}$$

式中:f_{cp}——混凝土轴心抗压强度(MPa);

F——抗压试验中的极限破坏荷载(N);

A——试件的承载面积(mm^2)。

混凝土的立方体抗压强度与轴心抗压强度间存在关系,大量试验表明:立方体抗压强度在 15~55MPa 的范围内,轴心抗压强度与立方体抗压强度之比为 0.7~0.8。

3.抗弯拉强度(抗折强度)(f_{cf})

在道路和机场工程中,混凝土结构主要承受荷载的弯拉作用,因此将抗弯拉强度作为混凝土结构设计和质量控制的重要指标,而将抗压强度作为参考强度指标。道路水泥混凝土的抗弯拉强度采用标准方法制备成的 150mm × 150mm × 550mm 的梁形试件,在标准条件下养护 28d 后,按三分点加荷方式进行试验,见图 4-10。按式(4-4)计算混凝土的抗弯拉强度,以 MPa 计,精确至 0.01。

$$f_{cf} = \frac{FL}{bh^2} \tag{4-4}$$

式中:f_{cf}——混凝土抗弯拉强度(MPa);

F——抗弯拉试验中的极限破坏荷载(N);

L——支座间距(mm);

b——试件宽度(mm);

h——试件高度(mm)。

4.劈裂抗拉强度(f_{ts})

混凝土的劈裂抗拉强度值较低,通常为抗压强度的 1/10~1/20,这个比值随着混凝土抗压强度的提高而有所减小。在普通钢筋混凝土结构设计中虽不考虑混凝土承受拉力,但抗拉强度对混凝土的抗裂性起着重要作用,有时也用抗拉强度间接衡量混凝土与钢筋的黏结强度,或用于预测混凝土构件由于干缩或温缩受约束引起的裂缝。

由于直接抗拉试验时,试件在夹具附近易产生局部破坏且易受到弯折作用,导致试验结果波动较大。因此,常采用劈裂抗拉试验法间接求出混凝土的抗拉强度。

《公路工程水泥及水泥混凝土试验规程》(JTG 3420—2020)规定,采用 150mm 立方体标准试件,在立方体试件中心平面内用圆弧为垫条施加两个方向相反、均匀分布的压应力,当压力增大至一定程度时,试件沿此平面劈裂破坏。图 4-11 为混凝土劈裂强度受力模式示意图。

劈裂抗拉强度由式(4-5)计算,以 MPa 计,精确至0.01。

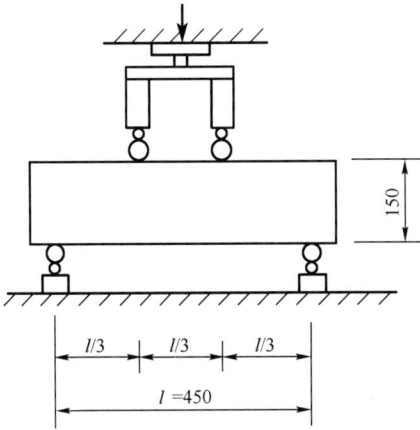

图4-10 混凝土抗折强度受力模式示意图(尺寸单位:mm)

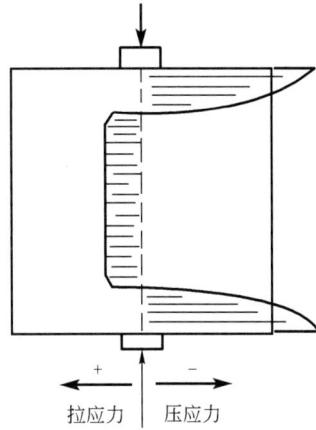

图4-11 混凝土劈裂强度受力模式示意图

$$f_{ts} = \frac{2F}{\pi A} = 0.637\frac{F}{A} \tag{4-5}$$

式中:f_{ts}——混凝土劈裂抗拉强度(MPa);

F——劈裂抗拉试验中的极限破坏荷载(N);

A——试件劈裂面面积(mm^2)。

劈裂抗拉强度与立方体抗压强度之间存在着如式(4-6)所反映的关系。

$$f_{ts} = A f_{cu}^{m} \tag{4-6}$$

式中:f_{ts}——混凝土劈裂抗拉强度(MPa);

f_{cu}——混凝土立方体抗压强度(MPa);

A、m——试验统计参数。

(二)影响混凝土强度的主要因素

混凝土受到外力作用产生破坏时,破裂面可能出现在三个位置,如图4-12所示。

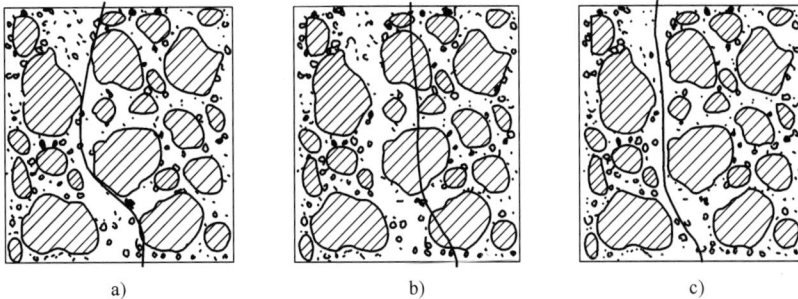

图4-12 混凝土受力破坏模式图

其中,图4-12a)显示混凝土的破坏发生在集料和水泥石的黏结界面上,这是混凝土最常见的破坏形式;图4-12b)显示集料自身发生破裂,此类情况多发生在高强度混凝土中;图4-12c)是水泥石发生破坏,这种情况在低强度水泥混凝土中较常见。由此可知,普通水泥

127

混凝土的强度主要取决于水泥石强度及其与集料的界面黏结强度,而两者与混凝土组成材料密切相关,并受到施工质量、养护条件及龄期的影响,归纳如图4-13所示。

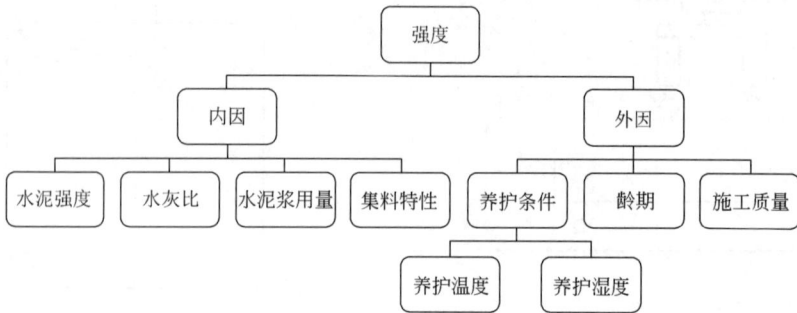

图4-13　混凝土强度影响因素图

1.混凝土组成材料的影响

组成材料是混凝土形成强度的内因,主要取决于水泥、水、砂、石及外加剂等的质量和配合比。

(1)水泥的强度和水灰比

水泥混凝土的强度主要取决于其内部起胶结作用的水泥石的质量。水泥石的质量则取决于水泥的强度和水灰比。当试验条件相同时,在相同水灰比条件下,水泥强度越高,则水泥石强度越高,从而使用其配制的混凝土强度也越高。

当水泥的强度及其他特性一定时,混凝土的强度取决于水灰比。水泥充分水化时的需水量远低于配制混凝土时的用水量,即水泥水化时所需的水灰比很低,约为0.23。但以此水灰比拌制的混凝土将过于干硬,难以在一定的振捣条件下密实成型。为使混凝土获得必要的流动性便于施工,通常加入较多的水,即采用较大的水灰比,为0.4~0.7。当混凝土硬化后,未参与水泥水化的部分水分便残留在了混凝土中形成水泡或蒸发后形成气孔,从而大大减少了混凝土抵抗荷载的有效断面,且有可能在孔隙周围产生应力集中。因此,在水泥强度相同的情况下,水灰比越小,水泥石的强度越高,与集料的黏结力越大,混凝土的强度越高。

根据大量工程实践及试验统计结果,在原材料一定的情况下,混凝土28d龄期抗压强度与水灰比及水泥强度存在如式(4-7)所示关系;混凝土28d龄期抗弯拉强度与水灰比及水泥强度存在如式(4-8)所示关系。

$$f_{\text{cu},28} = \alpha_a \cdot f_{ce} \cdot (C/W - \alpha_b) \tag{4-7}$$

$$f_{\text{cf},28} = \alpha_c + \alpha_d \cdot f_{cef} + \alpha_e \cdot C/W \tag{4-8}$$

式中：　　　C/W——混凝土的灰水比(%);

$f_{\text{cu},28}$、$f_{\text{cf},28}$——混凝土28d抗压强度、抗弯拉强度(MPa);

f_{ce}、f_{cef}——水泥的实际抗压强度、抗折强度(MPa);

α_a、α_b、α_c、α_d、α_e——统计公式的回归系数,与集料品种有关。

由式(4-7)和式(4-8)所反映的关系称为混凝土的"水灰比定则"。它表明水泥强度和水灰比是影响混凝土强度的最主要因素。同时,可以根据所采用的水泥强度及水灰比估计所配制混凝土的强度,也可以根据水泥强度和设计混凝土强度等级计算将要采用的水灰比。

（2）水泥浆的用量

水泥浆的用量受多重因素综合影响,选择时必须全面考虑。影响水泥浆用量的因素包括和易性、强度、耐久性、成本等。

当水泥浆用量不足时,会使砂浆黏聚性变差,施工时易出现离析现象,硬化后混凝土强度低,耐久性差,耐磨性差,易起粉,翻砂;集料间的水泥浆润滑不够,施工流动性差,混凝土难于密实成型。当水泥浆用量过多时,会使混凝土成本提高,混凝土硬化后收缩增大,易引起干缩裂缝。

（3）集料特性

影响混凝土强度的集料特性包括集料的强度、粒形及粒径等。不同强度的集料会使混凝土产生不同的破坏形式,如果集料强度高于水泥石强度,则混凝土的强度由界面黏结强度和水泥石强度决定,集料对混凝土强度几乎没有影响;如果集料强度低于水泥石强度,则混凝土的强度与集料强度有关,集料强度低导致混凝土强度下降。

为提高混凝土强度应优选接近球形或立方形的集料,使用针片状颗粒含量较高的集料,不但会给施工造成影响,还会增加混凝土的孔隙率,扩大混凝土中集料的表面积,增加混凝土的薄弱环节,导致混凝土强度降低。适当增大混凝土用集料的粒径也对提高混凝土强度有利,但粒径过大会减小集料的表面积,使黏结强度降低,导致混凝土强度降低。较大集料也会限制水泥石的收缩从而产生较大的应力,使混凝土产生开裂后期强度降低。

2.混凝土养护条件的影响

为确保混凝土结构物的质量,在其成型后必须创造适宜的环境进行养护,以保证水泥水化的正常进行。对于给定的混凝土,水泥的水化速度与程度、水化产物结构特征都取决于养护的温度和湿度条件。

（1）养护温度

图4-14显示混凝土在不同温度的水中养护时强度的发展规律,当养护温度较高时,可以增大水泥初期水化速度,混凝土早期强度也高。但是早期养护温度越高,混凝土后期强度增进率越小,这是由于急速的早期水化反应,导致水泥水化物的不均匀分布。水化物稀少区域成为水泥石中的薄弱点,而在水化物稠密区域,水化物包裹水泥颗粒,将妨碍水泥颗粒的进一步水化,从而减少水化物数量。在相对较低的养护温度下,水泥的水化反应较为缓慢,使其水化物具有充分的扩散时间均匀地分布在水泥石中,导致混凝土后期强度提高。但如果混凝土养护温度过低或降至冰点以下时,水泥水化反应停止,致使混凝土的强度不再发展,并可能因为冰冻作用使混凝土已获得的强度受到损失。

（2）养护湿度

混凝土浇筑后的养护期间,必须保证其所处环境有足够的湿度,以维持水化反应的顺利进行。如果湿度不足,水泥水化反应不能顺利进行,将严重降低混凝土的强度,且使水泥石结构松散,形成干缩裂缝,影响混凝土的耐久性。如图4-15所示,在不同养护湿度条件下的混凝土强度发展趋势,在空气中养护的混凝土在所有龄期得到的强度值都较低,而在标准湿度养护下混凝土各龄期的强度值均较高。因此,在混凝土养护期间应维持一定的潮湿环境,以便产生更多的水化产物,使混凝土密实度增加。特别是在夏季气温较高、水分蒸发较快时,更应注意混凝土的养护。

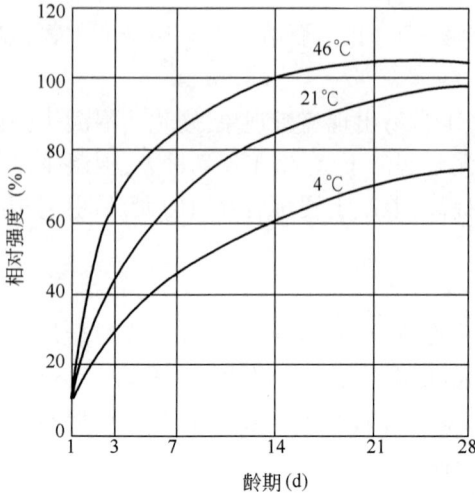

图 4-14　混凝土强度与养护温度的关系

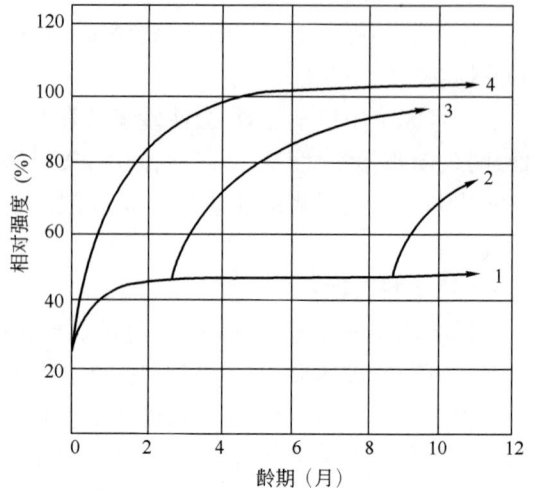

图 4-15　混凝土强度与养护湿度的关系

1-空气中养护;2-先在空气中养护 9 个月后水中养护;3-先在空气中养护 3 个月后水中养护;4-标准湿度条件下养护

3. 混凝土龄期的影响

图 4-16 反映了混凝土强度随龄期增加而增长的规律。在标准养护条件下,混凝土的强度随龄期的增长而提高,在最初的 3 ~ 7d 内发展较快,28d 达到设计强度规定的数值,以后强度发展逐渐缓慢。在对数坐标下,混凝土的强度与其龄期的对数大致呈正比关系。在混凝土施工过程中,可根据混凝土的这种特性,由其早期强度推算后期强度,其表达式为式(4-9)。当混凝土早期强度不足时,可及时采取措施来保证混凝土的施工质量并避免损失。

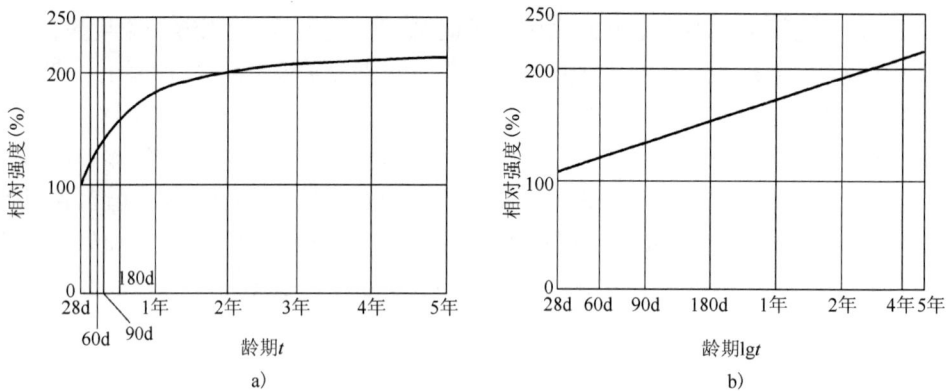

图 4-16　混凝土强度随时间的增长

a)龄期为常数坐标;b)龄期为对数坐标

$$f_{cu,n} = f_{cu,a} \frac{\lg n}{\lg a} \tag{4-9}$$

式中:$f_{cu,n}$ —— n 天龄期的混凝土抗压强度(MPa);

　　　$f_{cu,a}$ —— a 天龄期的混凝土抗压强度(MPa)。

4. 试验条件和施工质量

组成材料、制备条件及养护条件相同的混凝土试件,其力学强度还受试验条件的影响。主要影响因素有试件形状与尺寸、试件湿度、试件温度、支承条件和加载方式等。

混凝土结构物的施工质量同样会对混凝土的强度产生影响,其中包括配料的准确性、搅拌的均匀性、振捣效果等。

(三)变形

混凝土的变形,主要有弹性变形、徐变变形、温度变形和干缩变形四类。

1. 弹性变形

(1)混凝土的应力-应变特征

弹性变形是指当荷载施加于材料时立即出现、荷载卸除后立即消失的变形。水泥混凝土是一种多相复合材料,当混凝土承受荷载时,其应力-应变关系是非线性的,当卸荷后其变形并不能恢复到原点。在较低的荷载水平下重复加载和卸载时,每一次卸载都会残留部分残余变形。它的应力-应变关系曲线如图4-17所示。当第一次加载卸载后,加载曲线为 OA,卸载曲线为 AC,残余变形为 OC。经四次循环后残余变形总量为 OC'。

(2)弹性模量

在混凝土应力-应变曲线上,任一点的应力与应变的比值称为混凝土在该应力下的弹性模量。如图4-18所示,弹性模量分为三种:

①应力-应变曲线原点的切线斜率为初始切线弹性模量 E_i,即 $E_i = \tan\alpha_1$。初始切线弹性模量很难测定,在结构设计中基本没有应用价值。

②应力-应变曲线上任意一点的切线斜率为切线弹性模量 E_t,即 $E_t = \tan\alpha_3$。它仅适用于很小的荷载范围。

③应力-应变曲线上任意一点与原点连线的斜率为割线弹性模量 E_s,即 $E_s = \tan\alpha_2$。在混凝土工艺和混凝土结构设计中常采用规定条件下的割线弹性模量。

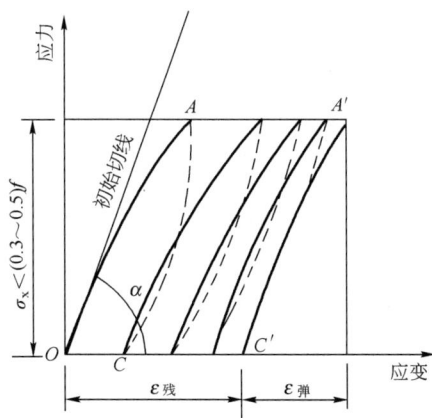

图4-17 混凝土的应力-应变特征

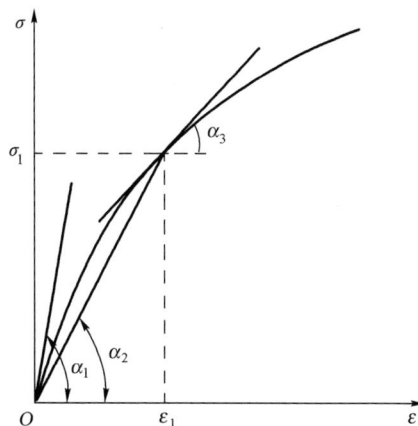

图4-18 混凝土弹性模量分类

(3)弹性模量影响因素

弹性模量影响因素归纳如图4-19所示。

影响因素
- 混凝土强度越高,弹性模量越大
- 集料弹性模量越大,集料与水泥的比例越大,混凝土弹性模量越大
- 早期养护温度较低的混凝土弹性模量较大
- 混凝土在潮湿状态的弹性模量较干燥状态的大
- 混凝土后期弹性模量随龄期的增长而增大

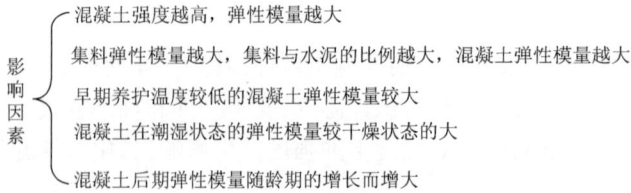

图4-19 影响因素图

2. 徐变变形

混凝土在持续荷载的作用下,随时间增长的变形称为徐变变形,也称为蠕变。混凝土的徐变变形在早期增长很快,然后逐渐减慢,一般要2~3年才可能基本趋于稳定。当混凝土卸载后,一部分变形瞬间恢复;还有一部分变形要若干天内才能逐渐恢复并稳定,称为徐变恢复;剩下不可恢复的部分称为永久变形,又称残余变形。当混凝土结构承受持续荷载时,如果所承受的持续荷载较大,可能会导致混凝土结构破坏。所以在结构设计时必须考虑徐变的影响,否则,可能会导致对整个结构变形的严重程度估计不足。在预应力混凝土中,必须考虑徐变变形导致构件缩短而造成的预应力钢筋束中拉力的损失。

3. 温度变形

混凝土与其他材料一样,也具有热胀冷缩的性质。因热胀冷缩性质产生的变形称为温度变形。水泥水化是个放热过程,随着水化的进行会导致混凝土内部温度升高,使混凝土内部产生体积膨胀;而此时混凝土外部却因气温降低而产生收缩,结果导致外部混凝土产生很大的拉应力,当这种拉应力超过混凝土的抗拉强度时外部混凝土就会开裂。因此,温度变形对大体积混凝土工程和在温差较大季节施工的混凝土结构极为不利。为减小温度变形对混凝土性能的不利影响,在纵长的混凝土及钢筋混凝土结构物中,每隔一段长度,设置温度伸缩缝,在结构物中设置温度钢筋。在大体积混凝土或钢筋混凝土中,应设法降低混凝土的发热量,如采用低热水泥、人工降温以及对表面混凝土加强保湿、保温等措施。

4. 干缩变形

混凝土处于干燥环境中时,混凝土内部的水分蒸发而引起的混凝土体积收缩,称为干燥收缩,简称干缩。

当外界环境湿度低于混凝土本身湿度时,水泥石内部的游离水被蒸发,毛细管壁受压,混凝土开始收缩。在环境湿度低于40%相对湿度时,水泥水化物中的胶凝水开始蒸发,引起更大的收缩。当环境湿度上升时,已经干缩的混凝土会产生膨胀即"湿胀",但湿胀值远小于干缩值,即使将干缩变形的混凝土长期浸在水中,其膨胀量也不足以弥补收缩量。普通混凝土不可恢复的变形为干缩变形的30%~60%。这是由于水泥石中一部分接触较紧密的凝胶体颗粒,在干燥期间失去吸附水膜后,产生新的比较牢固地结合,水泥混凝土再吸水并不能完全破坏这种新的结合。

混凝土的干缩变形进行得很慢,而且是由表面向内部逐渐进行的,因此会导致表面收缩大,内部收缩小,使混凝土表面受到拉力作用,易在混凝土表面产生裂缝。此外,在混凝土干缩过程中,集料并不产生收缩,因而在集料与水泥石界面上产生微裂缝,对混凝土的强度及耐久性产生不利影响,尤其是对大体积混凝土工程危害更大。混凝土的湿胀变形远比干缩变形小,一般对混凝土没有不良影响。

三、耐久性

混凝土除满足工作性和强度要求外,还要求具有优良的耐久性。混凝土的耐久性是指混凝土在使用过程中,抵抗周围环境介质作用,保持其强度和使用质量的能力。

1.混凝土的抗冻性

混凝土遭受到冻融的循环作用,可导致强度降低甚至破坏。混凝土的抗冻性即指混凝土抵抗冻融循环破坏作用的能力,它是决定混凝土耐久性的主要因素。

混凝土的抗冻性一般以抗冻标号来表示。抗冻标号是以龄期28d的标准试件吸水饱和后,在 $-18 \sim -20℃$ 至 $18 \sim 20℃$ 的温度条件下反复冻融循环,以满足抗压强度下降不超过25%,质量损失不超过5%时所能承受的最大冻融循环次数来确定。混凝土抗冻标号有 D_{50}、D_{100}、D_{150}、D_{200}、$> D_{200}$,分别表示混凝土能够承受反复冻融循环次数为50次、100次、150次、200次和大于200次。混凝土的抗冻性也可以按照同时满足相对动弹性模量值不小于60%或质量损失不超过5%时所能承受的最大循环次数来确定。

2.混凝土的抗渗性

混凝土对液体或气体渗透的抵抗能力称为混凝土的抗渗性。

在混凝土的使用过程中,影响其使用质量的主要环境因素包括淡水溶出作用、硫酸盐化学侵蚀作用等引起的水泥石强度降低;二氧化碳、氯气及氧气等的作用导致混凝土中钢筋锈蚀;碱-集料反应引起的混凝土开裂等破坏。由于环境中的各种侵蚀介质均要通过渗透才能进入混凝土内部,所以渗透性能是影响混凝土耐久性的重要因素。

混凝土的抗渗性以抗渗强度来表示。采用标准养护28d的标准试件,依规定的方法进行试验,按混凝土所能承受的最大水压力,将混凝土的抗渗强度分为六个等级:P_4、P_6、P_8、P_{10}、P_{12} 和 $> P_{12}$,分别表示混凝土能抵抗0.4MPa、0.6MPa、0.8MPa、1.0MPa、1.2MPa和大于1.2MPa的水压力而不渗水。通常,为缩短试验时间,简化试验过程,也可采用氯离子渗透法来测试混凝土的抗渗性能。

混凝土的抗冻性和抗渗性均与混凝土密实程度,即孔隙总量及孔隙结构特征有关。若混凝土内部的孔隙形成相互连通的渗水通道,则混凝土的抗渗性变差,相应的抗冻性和抗化学侵蚀性也将随之降低。因此应采取有效措施改善混凝土的孔隙结构,减少混凝土内部的毛细管通道,以提高混凝土的抗冻性和抗渗性。常用的方法为采用减水剂降低水灰比,增大混凝土的密实性,提高抵御外界水分和腐蚀性离子侵入的能力;加强养护,杜绝施工缺陷;防止由于离析、泌水而在混凝土内形成孔隙通道等;此外,还可以通过掺加引气剂,在混凝土中形成均匀分布的不连通微孔,缓冲因水冻结而产生的挤压力,以改善混凝土的抗冻性;采用外部保护措施以隔离侵蚀介质不与混凝土相接触,以提高混凝土的抗化学侵蚀性,如抗酸的侵蚀等。

3.耐磨性

耐磨性是指混凝土抵抗表层磨耗损伤的能力。

道路混凝土在使用过程中,其表面层将会受到车辆轮胎的磨耗作用,桥梁墩台、坝面混凝土会受到高速水流的冲刷作用。因此,耐磨性是道路和桥梁用混凝土结构的重要性能之一。

混凝土耐磨性评价,以试件磨损面上单位面积的磨损量作为评定混凝土耐磨性的相对指标。按现行试验方法（JTG 3420—2020），是以边长150mm的立方体试件，养护至27d龄期，在60℃温度下烘干至恒量，然后在带有花轮磨头的混凝土磨耗试验机上，在200N负荷下磨削60转，按式（4-10）计算磨损量。

$$G_c = \frac{m_1 - m_2}{0.0125} \tag{4-10}$$

式中：G_c——单位面积的磨损量（kg/m²）；

　　　m_1——试件的初始质量（kg）；

　　　m_2——试件磨损后的质量（kg）；

　0.0125——试件磨损面积（m²）。

混凝土的耐磨性与其强度等级有密切关系，同时也与水泥品种、集料硬度有关，细集料对路面混凝土的耐磨性有较大影响。欲提高混凝土抗磨损能力，应提高混凝土的断裂韧性，降低脆性，减少原生缺陷，提高硬度及降低弹性模量。

4. 混凝土中的碱-集料反应

水泥、外加剂等混凝土组成物质及环境中的碱与某些碱活性集料在有水存在的条件下发生化学反应，可引起混凝土产生膨胀、开裂，甚至破坏。这种化学反应称为碱-集料反应（简称AAR）。碱-集料反应会导致高速公路路面或大型桥梁墩台的开裂和破坏，并且这种破坏会继续发展下去，难以补救。碱-集料反应必须具备三个条件：混凝土中的集料具有碱活性，混凝土中含有一定量的可溶性碱或混凝土处于碱环境中，有一定湿度。

（1）碱-集料反应类型

根据集料中活性物质类型，可将碱-集料反应分为两种类型。

①碱-硅酸反应（ASR）：碱与集料中活性二氧化硅，如蛋白石、玉髓、鳞石英及凝灰岩、安山岩和隐晶质流纹岩等反应。

②碱-碳酸盐反应（ACR）：碱与集料中活性碳酸盐，如含黏土的白云石质石灰石等反应。

（2）碱活性检验

为避免碱-集料反应的发生，应进行碱活性检验。

采用岩相法判断集料中是否存在与碱发生反应的活性成分。如图4-20所示，若集料中含有活性二氧化硅，应采用化学法和砂浆长度法进行检验；若含有活性碳酸盐的集料，应使用岩石柱法进行检验。如果用高碱水泥制成的砂浆长度膨胀率在3个月时小于0.05%，或6个月时小于0.1%，即可判断为非活性集料。

具有潜在碱-碳酸盐反应的集料不宜作为混凝土集料，如必须使用，应根据专门的混凝土试验结果评定。潜在危害属碱-硅酸反应的，可采用碱含量小于0.6%的水泥或采用能抑制碱-集料反应的掺合料等措施。当使用含钾、钠离子的外加剂时，必须进行专门的试验以确定不会引起碱-集料反应（图4-20）。

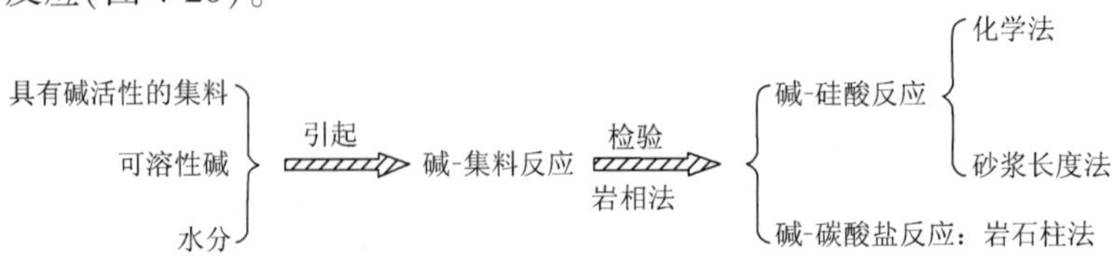

图 4-20　碱-集料反应的检验

第二篇/第四章▸普通水泥混凝土

第三节　普通水泥混凝土组成设计

混凝土配合比设计就是根据原材料的性能和对混凝土的技术要求,通过计算和试配调整,确定出满足工程技术经济指标的混凝土各组成材料的用量。其中,对混凝土的技术要求包括混凝土拌合物具有与施工条件相适应的和易性,硬化后混凝土应满足设计强度等级和耐久性等。

一、原材料技术要求

1.水泥品种和强度

水泥是混凝土的胶结材料,混凝土的性能很大程度上取决于水泥的质量。在混凝土组成材料中水泥所耗费的费用最高。因此,为满足混凝土结构的功能要求并保证工程的经济性,对水泥品种和强度的选择必须特别慎重。

一般来说,硅酸盐水泥、普通硅酸盐水泥、矿渣硅酸盐水泥、火山灰硅酸盐水泥、粉煤灰硅酸盐水泥等均可配制普通水泥混凝土。选择时要根据混凝土的工程性质、所处环境及施工条件的不同,选择不同的水泥品种。在满足工程要求的前提下,应选用价格较低的水泥品种,以节约工程造价。

选用水泥强度时,应以能使所配的混凝土强度达到要求、收缩小、和易性好和节约水泥为原则。如果用高强度等级水泥配制低强度等级的混凝土,根据"水胶比定则"所反映的关系,少量水泥就能满足强度要求,但水泥用量过少无法保证混凝土的其他性能。为满足和易性和耐久性的要求,如果额外增加水泥用量,就会造成水泥的浪费,此时可以考虑掺加一定数量的掺合料。用低强度等级水泥配制高强度等级混凝土,会加大水泥用量造成浪费,同时影响混凝土的其他技术性质。

2.粗集料

普通混凝土常用的粗集料有卵石(砾石)和碎石。它是混凝土的主要组成材料,也是影响混凝土强度的重要因素之一。选择粗集料时要保证其具有稳定的物理性能和化学性能,不与水泥发生有害反应。

普通混凝土用粗集料的主要技术要求如下:

(1)强度和坚固性

粗集料在混凝土中起骨架作用,为保证混凝土的强度要求,粗集料必须具有足够的强度。碎石和卵石的强度采用岩石立方体抗压强度和压碎指标两种方式表示。国家标准《建设用卵石、碎石》(GB/T 14685—2011)将粗集料分为Ⅰ类、Ⅱ类、Ⅲ类。

为保证混凝土的耐久性,用作混凝土的粗集料应具有足够的坚固性,以抵抗冻融和自然因素的风化作用,应对碎石或卵石进行坚固性试验,试验用粗集料的坚固性用硫酸钠溶液法检验,试样在溶液中循环5次后,其质量损失应符合表4-3的规定。

碎石和卵石坚固性试验　　　　　　　　表4-3

类别	Ⅰ	Ⅱ	Ⅲ
质量损失(%)	≤5	≤8	≤12

135

（2）有害杂质

粗集料中常含一些有害杂质,如黏土、淤泥、硫酸盐及硫化物和有机物等。它们黏附在集料表面,妨碍水泥与集料黏结,降低混凝土的抗渗性和抗冻性,硫酸盐、硫化物、有机物等对水泥也有侵蚀作用。依路面用水泥混凝土粗集料技术要求的规定,粗集料中含泥量、有机物含量、硫化物及硫酸盐含量等不得大于相应等级的技术要求（表1-7）,并应对混凝土所用的碎石或砾石进行碱活性检验。

（3）最大粒径及颗粒形状与级配

粗集料最大粒径应根据混凝土结构的具体情况及施工方法选取。粗集料的粒径增大,其总面积降低,包裹集料所需水泥浆数量减少,节约了水泥。但为保证混凝土的施工质量,保证混凝土构件的完整性和密实度,最大粒径不得超过结构截面最小尺寸的1/4和钢筋间最小净距的3/4;在两层或多层密布钢筋结构中,不得超过钢筋最小净距的1/2;在混凝土实心板中,不宜超过板厚的1/3,且不得超过40mm。同时,集料中针、片状颗粒不宜过多,以防止降低混凝土的强度。

粗集料应具有良好的颗粒级配,以减小空隙率,增强密实性,从而可以节约水泥,保证混凝土拌合物的和易性及混凝土的强度。

粗集料的颗粒级配,可采用连续级配或连续级配与单粒级配合使用。在特殊情况下,需要采用单一的单粒级集料配制混凝土时,则应做技术经济分析,并通过试验证明无离析现象或没有影响混凝土的质量。混凝土中碎石或卵石颗粒级配应符合表4-4的规定。

碎石或卵石的颗粒级配规定（GB/T 14685—2011） 表4-4

公称粒级 (mm)		累计筛余（%）											
		方孔筛（mm）											
		2.36	4.75	9.50	16.0	19.0	26.5	31.5	37.5	53.0	63.0	75.0	90
连续粒级	5~16	95~100	85~100	30~60	0~10	0							
	5~20	95~100	90~100	40~80	—	0~10	0						
	5~25	95~100	90~100	—	30~70	—	0~5	0					
	5~31.5	95~100	90~100	70~90	—	15~45	—	0~5	0				
	5~40	—	95~100	70~90	—	30~65	—	—	0~5	0			
单粒粒级	5~10	95~100	80~100	0~15	0								
	10~16		95~100	80~100	0~15								
	10~20		95~100	85~100		0~15	0						
	16~25			95~100	55~70	25~40	0~10						
	16~31.5		95~100		85~100			0~10	0				
	20~40			95~100		80~100			0~100	0			
	40~80					95~100			70~100		30~60	0~10	0

3. 细集料

配制混凝土所用的细集料应为级配良好、质地坚硬、颗粒洁净的河砂或海砂。若受施工条件限制缺少河砂或海砂资源时,也可使用符合要求的山砂或机制砂。各类砂应分批试验,各项技术指标合格才能使用。

（1）压碎值和坚固性

混凝土用细集料同样应具有一定的强度和坚固性。混凝土中强度等级与细集料技术等级的关系见表4-5。

混凝土强度等级与细集料技术等级的关系　　　　　　　　　　　　　表4-5

混凝土的强度等级	≥C60	C30～C60	<C30
细集料的技术等级	Ⅰ级	Ⅱ级	Ⅲ级

（2）级配与细度模数

细集料的级配应符合表4-6中的规定。Ⅱ区是由中砂和部分偏粗的细砂组成,配制混凝土时应优先选择该类型的级配;Ⅰ区为粗砂,采用Ⅰ区的级配配制混凝土时,应提高砂率,并保持足够的水泥用量,否则会增大混凝土拌合物的内摩擦力,使保水性变差且不易捣实成型;Ⅲ区砂由细砂和部分偏细的中砂组成,若配制混凝土采用Ⅲ区砂应适当降低混凝土的砂率以保证混凝土强度。

细集料级配范围（JTG/T F30—2014）　　　　　　　　　　　　　表4-6

砂的种类	分级	细度模数	方孔筛尺寸（mm）（试验方法 JTG E42 T0327）							
			9.5	4.75	2.36	1.18	0.60	0.30	0.15	0.075
			通过各筛孔的质量百分率（%）							
天然砂	粗砂	3.1～3.7	100	90～100	65～95	35～65	15～30	5～20	0～10	0～5
	中砂	2.3～3.0	100	90～100	75～100	50～90	30～60	8～30	0～10	0～5
	细砂	1.6～2.2	100	90～100	85～100	75～100	60～84	15～45	0～10	0～5
机制砂	Ⅰ级砂	2.3～3.1	100	90～100	80～95	50～85	30～60	10～20	0～10	—
	Ⅱ、Ⅲ级砂	2.8～3.9	100	90～100	50～95	30～65	15～29	5～20	0～10	—

注:1.面层水泥混凝土使用的天然砂细度模数宜在2.0～3.7。

　　2.面层水泥混凝土使用的机制砂细度模数宜在2.3～3.1。

（3）有害杂质

细集料中的有害杂质对混凝土的危害与粗集料相同。拌制混凝土时所用细集料中有害杂质的含量也应满足相应范围。

4.拌和用水

混凝土拌和用水包括饮用水、洁净的天然水、地下水、海水及经适当处理后的工业废水,选用时应根据有害杂质含量和对混凝土物理力学性质的影响进行区分。如海水可以拌制素混凝土,但不得用于拌制钢筋混凝土和预应力混凝土。非饮用水应进行水质检测,并符合表4-7的规定,还应与蒸馏水进行水泥凝结时间和水泥胶砂强度的对比试验,对比试验的水泥初凝与终凝时间差均不应大于30min,水泥胶砂3d和28d强度不应低于蒸馏水配置的水泥胶砂3d和28d强度的90%。

非饮用水质量标准　　　　　　　　　　　　　表4-7

项次	项　　目	钢筋混凝土及钢纤维混凝土	素混凝土
1	pH值,≥	5.0	4.5
2	Cl^-含量（mg/L）,≤	1000	3500

续上表

项次	项　目	钢筋混凝土及钢纤维混凝土	素 混 凝 土
3	SO_4^{2-} 含量(mg/L)，≤	2000	2700
4	碱含量(mg/L)，≤	1500	1500
5	可溶物含量(mg/L)，≤	5000	10000
6	不溶物含量(mg/L)，≤	2000	5000
7	其他杂质	不应有漂浮的油脂和泡沫;不应有明显的颜色和异味	

5.矿物掺合料

矿物掺合料能改善混凝土的施工和易性、降低混凝土水化热、调解凝结时间等。常见的混凝土用矿物掺合料包括粉煤灰、粒化高炉矿渣粉、沸石粉、硅粉及复合型矿物掺合料等。矿物掺合料是在混凝土搅拌前或搅拌过程中与其他组成材料一样直接加入，所以，它不同于生产水泥时与熟料共同磨细的混合材料。目前，在普通混凝土中使用较多的为粉煤灰。

6.外加剂

外加剂是能按照一定要求改变混凝土某些性能的物质，如能够改善混凝土和易性的减水剂和改善混凝土耐久性的引气剂等。一般在混凝土拌和前或拌和过程中加入，且掺量不超过胶凝材料质量的5%，混凝土工程对外加剂的品种选用及质量要求均有规定。

二、普通混凝土组成设计

混凝土配合比设计就是根据原材料的性能和对混凝土的技术要求，通过计算和试配调整，确定出混凝土中各组成材料的质量或体积之间的比例关系。

混凝土的配合比可采用如下两种表示方法：

(1)以1m³混凝土中各材料的质量表示：

水泥231kg，粉煤灰109kg，水185kg，砂588kg，石子1281kg。

(2)以胶凝材料质量为1表示其他材料的相对关系：

胶凝材料(水泥和粉煤灰):砂:石子 = 1:1.73:3.77，水胶比 = 0.54。

如图4-21所示，混凝土配合比设计的主要内容包括:根据经验公式和试验参数确定各组成材料的比例，得出"初步配合比";以初步配合比在试验室进行试拌，观察混凝土拌和的施工和易性是否满足要求，调整后提出"基准配合比";对混凝土进行强度复核，如有其他要求，也应作出相应的检验复核，以便确定出满足施工、强度和耐久性要求且经济合理的"设计配合比";在施工现场，依据现场砂石材料的含水率对配合比进行修正，得出"施工配合比"。

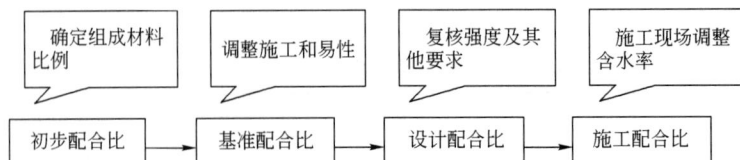

图 4-21　混凝土组成设计流程图

（一）配合比设计指标

进行普通混凝土配合比设计时,主要考虑混凝土拌合物的施工和易性、硬化混凝土的强度和耐久性。

1.混凝土施工和易性选择

坍落度是反映新拌混凝土施工和易性最常用的方法。普通混凝土的坍落度应根据构件截面尺寸大小、钢筋疏密和施工方式来确定,见表4-8。

混凝土浇筑时的坍落度要求　　　　　　　　　　　　　　　　　　表4-8

结 构 种 类	坍落度(mm)
基础或地面等的垫层、无配筋的大体积结构(挡土墙、基础等)或配筋稀的结构	10 ~ 30
板、梁和大型及中型截面的柱子等	30 ~ 50
配筋密列的结构(薄壁、斗仓、细柱等)	50 ~ 70
配筋特密的结构	70 ~ 90

注:1.本表为机械振捣混凝土时的坍落度,当采用人工捣实混凝土时其值可适当增大。
　　2.当需要配制大坍落度混凝土时,应掺用外加剂。
　　3.曲面或倾斜结构混凝土的坍落度应根据实际需要另行选定。
　　4.泵送混凝土的坍落度宜为80 ~ 180mm。

2.混凝土配制强度 $f_{cu,0}$

混凝土设计强度等级应根据实际工程构造物的结构特点、功能要求、所处环境等众多因素综合考虑决定。在实际施工过程中,原材料的质量和施工条件可能会产生波动,造成混凝土强度波动。因此,必须使混凝土的配制强度大于设计强度要求的强度等级,以使混凝土的强度保证率能满足国家标准的要求。当混凝土的设计强度小于 C60 时,其配制强度按式(4-11)计算;当混凝土的设计强度大于等于 C60 时,其配制强度按式(4-12)计算:

$$f_{cu,0} \geq f_{cu,k} + 1.645\sigma \tag{4-11}$$

$$f_{cu,0} \geq 1.15f_{cu,k} \tag{4-12}$$

式中: $f_{cu,0}$ ——混凝土配制强度(MPa);

　　　$f_{cu,k}$ ——混凝土设计强度(MPa);

　　1.645——混凝土强度达到95%保证率时的保证率系数;

　　　σ ——混凝土强度标准差(MPa)。

混凝土强度标准差可根据 1 ~ 3 个月期间同类混凝土强度统计资料确定,计算时的试件组数不应少于 30 组。当混凝土强度等级不大于 C30,如强度标准差计算值低于 3.0MPa 时,则标准差取 3.0MPa;当强度等级不低于 C30 且小于 C60 时,如标准差值低于 4.0MPa,则标准差取 4.0MPa。若无历史统计资料,标准差可按表4-9选取。

标 准 差 σ 表　　　　　　　　　　　　　　　　　　表4-9

混凝土强度标准值	≤C20	C25 ~ C45	C50 ~ C55
σ(MPa)	4.0	5.0	6.0

3.混凝土耐久性

混凝土的耐久性主要取决于混凝土的密实程度,而密实度的高低又在于混凝土的水胶比的大小和水泥用量的多少。当水胶比偏大或水泥用量偏少时,都有可能在硬化后的混凝土构件内部产生过多的毛细孔隙,为日后引起混凝土耐久性不良现象留下隐患。所以为了保证混凝土的耐久性,要对混凝土中的最大水胶比和最小水泥用量做出限制规定。

当满足耐久性要求时,混凝土中最小胶凝材料用量应符合表4-10的要求。

满足耐久性要求混凝土最小胶凝材料用量 表4-10

最大水胶比	最小胶凝材料用量(kg/m³)		
	素混凝土	钢筋混凝土	预应力混凝土
0.60	250	280	300
0.55	280	300	300
0.50	320		
≤0.45	330		

当混凝土中掺加矿物掺合料时,其最大量按表4-11考虑。

钢筋混凝土中矿物掺合料最大掺量 表4-11

矿物掺合料种类	水 胶 比	最大掺量(%)	
		采用硅酸盐水泥	采用普通硅酸盐水泥
粉煤灰	≤0.40	45	35
	>0.40	40	30
粒化高炉矿渣	≤0.40	65	55
	>0.40	55	45
钢渣粉	—	30	20
磷渣粉	—	30	20
硅灰	—	10	10
复合掺合料	≤0.40	65	55
	>0.40	55	45

同时,满足耐久性要求时还应达到表4-12中所列指标的要求。

满足耐久性要求混凝土最大水胶比 表4-12

环境等级主要类型	环 境 特 点	最大水胶比	最低强度等级	最大碱含量
一	室内干燥环境;无侵蚀性静水浸没环境	0.60	C20	不限制
二 a	室内潮湿环境;非严寒和非寒冷地区的露天环境;非严寒和非寒冷地区与无侵蚀性的水或土壤直接接触的环境;寒冷和严寒地区的冰冻线以下与无侵蚀性的水或土直接接触的环境	0.55	C25	3.0
二 b	干湿交替环境;水位频繁变动环境,严寒和寒冷地区的露天环境;严寒和寒冷地区的冰冻线以上与无侵蚀性的水或土直接接触的环境	0.50(0.55)	C30(C25)	
三 a	严寒和寒冷地区冬季水位变动区环境;受除冰盐影响环境;海风环境	0.45(0.50)	C35(C30)	
三 b	盐渍土环境;受除冰盐作用环境;海岸环境	0.40	C40	

注:处于严寒和寒冷地区的二 b、三 a 类环境中的混凝土应使用引气剂,并可采用括号中的有关参数。

(二)初步配合比设计步骤

1. 计算混凝土的配制强度 $f_{cu,0}$

按设计要求的强度等级,依式(4-11)和式(4-12)计算普通混凝土的配制强度。

2. 计算水胶比(W/B)并校核

当混凝土强度等级不大于 C60 等级时,混凝土水胶比宜按式(4-13)计算。为保证混凝土的耐久性,水胶比计算值不得超过表4-12中所规定的最大水胶比值。

$$W/B = \frac{\alpha_a \times f_b}{f_{cu,0} + \alpha_a \times \alpha_b \times f_b} \tag{4-13}$$

式中:f_b——胶凝材料28d胶砂抗压强度实测值(MPa);

$f_{cu,0}$——混凝土配制强度(MPa);

α_a、α_b——回归系数,应根据工程所使用的水泥、集料通过试验确定,当无试验统计资料时,可按表4-13进行选取。

回归系数(α_a,α_b)取值表(JGJ 55—2011)　　　　　　表4-13

系　　数	粗集料品种		系　　数	粗集料品种	
	碎石	卵石		碎石	卵石
α_a	0.53	0.49	α_b	0.20	0.13

3. 选定用水量

单位用水量取决于集料特性以及混凝土拌合物施工和易性的要求,按以下方法选用。

(1)干硬性和塑性混凝土用水量的确定

当水胶比在0.4~0.8范围时,应根据集料的品种、最大粒径及施工要求选定混凝土拌合物的流动性。表4-14和表4-15中单位用水量为采用中砂时的平均取值,当采用细砂时,用水量可增加5~10kg/m³;当采用粗砂时,则可减少5~10kg/m³。掺用各种外加剂或掺合料时,用水量应相应调整。水胶比小于0.4的混凝土及采用特殊成型工艺混凝土用水量应通过试验确定。

干硬性混凝土的用水量(单位:kg/m³)　　　　　　表4-14

拌合物稠度		卵石最大公称粒径(mm)			碎石最大公称粒径(mm)		
项目	指标	10.0	20.0	40.0	16.0	20.0	40.0
维勃稠度（s）	16~20	175	160	145	180	170	155
	11~15	180	165	150	185	175	160
	5~10	185	170	155	190	180	165

塑性混凝土的用水量(单位:kg/m³)　　　　　　表4-15

拌合物稠度		卵石最大公称粒径(mm)				碎石最大公称粒径(mm)			
项目	指标	10.0	20.0	31.5	40.0	16.0	20.0	31.5	40.0
坍落度（mm）	10~30	190	170	160	150	200	185	175	165
	35~50	200	180	170	160	210	195	185	175
	55~70	210	190	180	170	220	205	195	185
	75~90	215	195	185	175	230	215	205	195

（2）流动性和大流动性混凝土用水量的确定

未掺加外加剂时,以表4-14和表4-15中坍落度90mm的用水量为基础,按坍落度每增大20mm用水量增加5kg/m³的原则计算混凝土的用水量。

当掺加外加剂时,混凝土用水量按式(4-14)计算。

$$m_{w0} = m'_{w0}(1 - \beta) \tag{4-14}$$

式中：m_{w0}——掺加外加剂混凝土的单位用水量（kg/m³）；

m'_{w0}——未掺加外加剂混凝土的单位用水量（kg/m³）；

β——外加剂的减水率（%），经试验确定。

4. 确定砂率

坍落度在10~60mm范围内的混凝土,其砂率可根据集料品种、最大公称粒径及水胶比按表4-16选取。

混凝土砂率选用表（单位:%）（JGJ 55—2011）　　　　　表4-16

水胶比	卵石最大公称粒径（mm）			碎石最大公称粒径（mm）		
	10.0	20.0	40.0	16.0	20.0	40.0
0.40	26~32	25~31	24~30	30~35	29~34	27~32
0.50	30~35	29~34	28~33	33~38	32~37	30~35
0.60	33~38	32-37	31~36	36~41	35~40	33~38
0.70	36~41	35~40	34~39	39~44	38~43	36~41

注：1. 本表数值系中砂的选用砂率,对细砂或粗砂,可相应地减少或增大砂率。

　　2. 采用人工砂配制混凝土时,砂率可适当增大。

　　3. 只用一个单粒级粗集料配制混凝土时,砂率应适当增大。

坍落度大于60mm的混凝土应在表4-16的基础上,按坍落度每增大20mm,砂率增大1%的幅度予以调整。坍落度小于10mm的混凝土及使用外加剂或掺合料的混凝土应根据试验确定砂率。

5. 计算并校核单位水泥用量

根据水胶比W/B和单位用水量依式(4-15)计算单位胶凝材料用量。为保证混凝土的耐久性,水泥用量计算值不得小于表4-10中规定的最小胶凝材料用量。

$$m_{b0} = \frac{m_{w0}}{W/B} \tag{4-15}$$

式中：m_{b0}——混凝土中的单位胶凝材料用量（kg/m³）；

m_{w0}——混凝土中的单位用水量（kg/m³）；

W/B——混凝土水胶比。

6. 计算细集料用量和粗集料用量

（1）质量法

采用质量法计算粗、细集料用量时,先假定一个适宜的单位混凝土拌合物质量m_{cp},混凝土各组成材料之和即为m_{cp},如式(4-16)所示的关系。

$$\begin{cases} m_{f0} + m_{c0} + m_{g0} + m_{s0} + m_{w0} = m_{cp} \\ \beta_s = \dfrac{m_{s0}}{m_{g0} + m_{s0}} \times 100\% \end{cases} \tag{4-16}$$

式中：m_{f0}——混凝土中的单位矿物掺合料用量(kg/m^3)；

$\quad m_{c0}$——混凝土中的单位水泥用量(kg/m^3)；

$\quad m_{g0}$——混凝土中的单位粗集料用量(kg/m^3)；

$\quad m_{s0}$——混凝土中的单位细集料用量(kg/m^3)；

$\quad m_{w0}$——混凝土中的单位用水量(kg/m^3)；

$\quad \beta_s$——砂率(%)；

$\quad m_{cp}$——单位混凝土拌合物的假定质量(kg)，可取 2350～2450kg/m^3。

(2)体积法

当采用体积法，认为混凝土拌合物总体积等于水泥、矿物掺合料、砂、石和水五种材料与空隙体积之和，即如式(4-17)所表示的关系。

$$\begin{cases} \dfrac{m_{c0}}{\rho_c} + \dfrac{m_{f0}}{\rho_f} + \dfrac{m_{g0}}{\rho_g} + \dfrac{m_{s0}}{\rho_s} + \dfrac{m_{w0}}{\rho_w} + 0.01\alpha = 1 \\ \beta_s = \dfrac{m_{s0}}{m_{g0} + m_{s0}} \times 100\% \end{cases} \tag{4-17}$$

式中：ρ_c——水泥密度(kg/m^3)；

$\quad \rho_f$——矿物掺合料密度(kg/m^3)；

$\quad \rho_g$——粗集料的表观密度(kg/m^3)；

$\quad \rho_s$——细集料的表观密度(kg/m^3)；

$\quad \rho_w$——水的密度(kg/m^3)，可取1000kg/m^3；

$\quad \alpha$——混凝土的含气量百分数，在不使用引气型外加剂时，α 可取1；

其他符号意义同式(4-16)。

将已经确定的单位用水量 m_{w0}、单位水泥用量 m_{c0}、单位矿物掺合料用量 m_{f0}、砂率 β_s 代入式(4-15)或式(4-16)中，可求出粗集料用量 m_{g0} 和细集料用量 m_{s0}，由此得到混凝土的初步配合比：

水泥∶矿物掺合料∶水∶砂∶石子 $= m_{c0}∶m_{f0}∶m_{w0}∶m_{s0}∶m_{g0}$

在上述两种计算粗、细集料的方法中，质量法试验工作量较少，不需要提前对各种原材料进行密度测定，如操作者已积累了有关混凝土表观密度资料，通过该方法亦可得到准确的结果；体积法需要事先对所用材料进行密度测定，投入一定的工作量，但由于是根据组成材料实测密度进行计算，所以得到的砂、石材料用量相对较为精确。

(三)试验室配合比试配、调整与确定

1.试拌配合比

试拌混凝土时所用的各种原材料，要与实际工程使用的材料相同，并采用与施工时相同的搅拌方法。粗、细集料的称量均以干燥状态为基准，即细集料含水率小于0.5%、粗集料含水率小于0.2%。如所用集料不为干燥状态，试拌混凝土时应在用水量中扣除集料中过多的含水量,集料称量也应相应增加。

如果按"初步配合比"进行拌制的混凝土,其实测坍落度或 VB 稠度不能满足设计要求,或黏聚性和保水性能不好时,应在保持水胶比不变的条件下,调整水泥浆的含量或根据砂率与流动性的关系,通过调整砂率来改善混凝土的流动性。每次调整时应加入少量材料,反复试验直到符合要求为止。然后提出供混凝土强度校核用的"试拌配合比":水泥:矿物掺合料:水:砂:石子 = $m_{ca} : m_{fa} : m_{wa} : m_{sa} : m_{ga}$。

2. 设计配合比

(1)强度试件的制作

依"试拌配合比"配制混凝土进行强度试验。进行强度试验时,至少应采用三个不同水胶比的配合比,其中一个为"试拌配合比",另外两个水胶比分别较试拌配合比增加和减少 0.05,且单位用水量与试拌配合比相同。根据"固定用水量定则",水胶比的这种变化不会对混凝土的流动性造成较大影响。每种水胶比下的拌合物至少应制作三块试件,并应标准养护到 28d 时进行抗压强度试验。

(2)和易性的检测

制作混凝土强度试件时,应检验混凝土的和易性(坍落度或 VB 稠度、黏聚性、保水性),并测定拌合物的表观密度,以此结果作为代表相应配合比的混凝土拌合物的性能。当不同水胶比的混凝土拌合物坍落度与要求值相差超过允许偏差时,可以通过适当增减用水量进行调整,也可将砂率酌情增加或减小 1%。

(3)设计配合比的确定

根据强度试验结果,建立胶水比 B/W 与强度的关系,选定与混凝土配制强度($f_{cu,0}$)相对的胶水比 B/W。然后,依下列步骤确定混凝土"设计配合比"中的各种材料用量。

①单位用水量 m_{wb},根据制作强度试件时测得的坍落度或维勃稠度对试拌配合比中的单位用水量 m_{wa} 进行调整。

②单位水泥用量 m_{cb},根据单位用水量 m_{wb} 乘以选定胶水比 B/W 计算确定。

③细集料 m_{sb} 和粗集料用量 m_{gb},按试拌配合比中的砂率和单位水泥用量 m_{cb}、单位用水量 m_{wb} 代入式(4-16)和式(4-17)中计算确定。

(4)根据实测拌合物表观密度修正配合比

由式(4-18)计算混凝土的表观密度,并由式(4-19)计算混凝土配合比校正系数。

$$\rho_{c,c} = m_{cb} + m_{fb} + m_{wb} + m_{sb} + m_{gb} \tag{4-18}$$

式中: $\rho_{c,c}$——混凝土的表观密度计算值(kg/m³);

m_{cb}、m_{fb}、m_{wb}、m_{sb}、m_{gb}——混凝土设计配合比组成材料单位用量(kg/m³)。

$$\delta = \frac{\rho_{c,t}}{\rho_{c,c}} \tag{4-19}$$

式中:δ——混凝土配合比校正系数;

$\rho_{c,t}$——混凝土表观密度实测值(kg/m³);

$\rho_{c,c}$——混凝土表观密度计算值(kg/m³)。

当混凝土表观密度实测值 $\rho_{c,t}$ 与计算值 $\rho_{c,c}$ 之差的绝对值不超过计算值的 2% 时,上述方法得到的各种材料用量即为混凝土的设计配合比。当两者之差超过 2% 时,将各项材料用量乘以

校正系数 δ，即为确定的混凝土设计配合比：水泥：矿质掺合料：水：砂：石子 $= m_c : m_f : m_w : m_s : m_g$。

(四)施工配合比确定

进行混凝土配合比计算时，所有计算公式和相关参数表格中的数值均以干燥状态集料为基准。而施工现场存放的砂石材料含有一定水分，与配合比设计时存在差异。因此，施工现场各种材料的称量应按工地砂石材料的实际含水率进行修正，修正后的配合比成为"施工配合比"：水泥：矿质掺合料：水：砂：石子 $= m'_c : m'_f : m'_w : m'_s : m'_g$。具体方法为：测出工地砂的含水率 w_s、石子的含水率 w_g，以下列公式进行计算：

水泥：$m'_c = m_c$

胶凝材料：$m'_f = m_f$

砂：$m'_s = m_s \times (1 + w_s)$

碎石：$m'_g = m_g \times (1 + w_g)$

水：$m'_w = m_w - (m_s \times w_s + m_g \times w_g)$

三、普通混凝土配合比设计例题

【例4-1】 普通混凝土配合比设计示例。

1. 组成材料

普通硅酸盐水泥 42.5 级，实测 28d 抗压强度为 47.3MPa，密度 $\rho_c = 3100 \text{kg/m}^3$，且不掺其他胶凝材料；中砂，表观密度 $\rho_s = 2650 \text{kg/m}^3$，施工现场砂含水率为 3%；碎石，4.75 ~ 31.5mm，表观密度 $\rho_g = 2700 \text{kg/m}^3$，施工现场碎石含水率为 1%；水，采用自来水。

2. 设计要求

某桥梁工程桥台用钢筋混凝土(受冰雪影响)，混凝土设计强度等级 C40，要求强度保证率为 95%，强度标准差为 5.0MPa。混凝土由机械拌和和振捣，施工要求坍落度为 55 ~ 70mm。试确定该混凝土的设计配合比及施工配合比。

3. 设计计算

1)步骤1：初步配合比的计算

(1)计算配制强度($f_{cu,0}$)

根据设计要求，混凝土强度等级 $f_{cu,k} = 40 \text{MPa}$，强度标准差 $\sigma = 5.0 \text{MPa}$，带入式(4-11)计算该混凝土的配制强度 $f_{cu,0}$：

$$f_{cu,0} = f_{cu,k} + 1.645\sigma = 40 + 1.645 \times 5 = 48.2(\text{MPa})$$

(2)计算水胶比(W/B)

由所给材料，水泥实测抗压强度 $f_b = 47.3 \text{MPa}$，混凝土配制强度 $f_{cu} = 48.2 \text{MPa}$，粗集料为碎石，查表4-13 得：$\alpha_a = 0.53$，$\alpha_b = 0.20$，代入式(4-13)，计算混凝土水胶比为：

$$W/B = \frac{0.53 \times 47.3}{48.2 + 0.53 \times 0.20 \times 47.3} = 0.47$$

混凝土所处环境为受冰雪影响地区，查本节表4-12 中的二 b，得知最大水胶比为 0.50，按照强度计算的水胶比结果符合耐久性要求，故取计算水胶比 $W/B = 0.47$。

(3)确定单位用水量(m_{w0})

根据题意要求混凝土拌合物坍落度为 55～70mm,碎石最大粒径为 31.5mm,且属塑性混凝土。查表 4-15,选取混凝土的单位用水量为:$m_{w0} = 185kg/m^3$。

(4)计算单位水泥用量(m_{c0})

根据单位用水量及计算水胶比 W/B,带入式(4-15),计算无其他胶凝材料时的单位水泥用量:

$$m_{c0} = \frac{m_{w0}}{W/B} = \frac{185}{0.47} = 393kg/m^3$$

查表 4-10,符合耐久性最小水泥用量为 320kg/m³ 的要求。

(5)确定砂率(β_s)

由碎石的最大粒径 31.5mm,水胶比 0.47,参考表 4-16,采用内插方法选取混凝土砂率 $\beta_s = 33\%$。

(6)计算细集料、粗集料用量(m_{s0} 及 m_{g0})

按照体积法,将已知的单位水用量 m_{w0}、单位水泥用量 m_{c0}、砂率 β_s 以及各原材料密度代入式(4-17),且属非引气型混凝土,取 $a = 1$。

$$\begin{cases} \dfrac{m_{s0}}{2650} + \dfrac{m_{g0}}{2700} = 1 - \dfrac{393}{3100} - \dfrac{185}{1000} - 0.01 \times 1 \\ \dfrac{m_{s0}}{m_{s0} + m_{g0}} \times 100\% = 33\% \end{cases}$$

求解得:细集料用量 $m_{s0} = 601kg/m^3$,粗集料用量 $m_{g0} = 1220kg/m^3$。

按体积法计算拌和 1m³ 混凝土初步配合比为(kg/m³):

$$m_{c0} : m_{w0} : m_{s0} : m_{g0} = 393 : 185 : 601 : 1220$$

按质量法,假定混凝土的表观密度为 $\rho_{cp} = 2410kg/m^3$,将 m_{w0}、m_{c0} 和 β_s 代入式(4-16)得:

$$\begin{cases} m_{s0} + m_{g0} = 2410 - 393 - 185 \\ \dfrac{m_{s0}}{m_{s0} + m_{g0}} \times 100\% = 33\% \end{cases}$$

联立求解得:细集料用量 $m_{s0} = 604kg/m^3$,粗集料用量 $m_{g0} = 1228kg/m^3$。

按密度法确定的混凝土初步配合比为(kg/m³):

$$m_{c0} : m_{w0} : m_{s0} : m_{g0} = 393 : 185 : 604 : 1228$$

可看出本例题中两种方法计算结果很接近,表明无论是体积法还是质量法都能很好地计算得到粗、细集料的用量。

2)步骤 2:试拌配合比设计

按初步配合比试拌 0.015m³ 混凝土拌合物用于坍落度试验,采用体积法结果,各种材料用量为:

水泥 = 393 × 0.015 = 5.895kg   水 = 185 × 0.015 = 2.775kg

细集料 = 601 × 0.015 = 9.015kg   粗集料 = 1220 × 0.015 = 18.300kg

将混凝土拌合物搅拌均匀后,进行坍落度试验,测得坍落度为 95mm,高于设计坍落度 55～70mm 的要求。同时,试拌混凝土的黏聚性和保水性表现良好。为此仅针对水泥浆用量加以调整,也就是适当减少水泥浆用量 5%,此例采用水泥浆减少 5% 进行计算。

水泥用量减至 $5.895\text{kg} \times (1-5\%) = 5.600\text{kg}$；

水用量减至 $2.775\text{kg} \times (1-5\%) = 2.636\text{kg}$。

再经拌和后重新测得坍落度为 60mm，满足坍落度要求，且黏聚性、保水性良好，所以无须改变原有砂率，也就是说初步配合比的粗、细集料用量保持不变，完成混凝土工作性检验。

此时，对应的试拌配合比为（ kg/m^3 ）：

$$m_{c0}:m_{w0}:m_{s0}:m_{g0} = 373:176:601:1220$$

3）步骤3：设计配合比的确定

（1）强度检验

以计算水胶比 0.47 为基础，采用水胶比分别为 0.42、0.47 和 0.52，基准用水量 176kg/m³ 不变，细集料、粗集料用量亦不变，仅改变水泥掺量，拌制三组混凝土拌合物，分别进行坍落度试验，发现各组混凝土工作性均满足要求。

三组配合比分别成型，在标准条件下养护 28d，按规定方法测定其立方体抗压强度，结果见表 4-17。

不同水胶比测得混凝土强度 表 4-17

组　别	水胶比（W/B）	胶水比（B/W）	28d 立方体抗压强度（MPa）
1	0.42	2.38	56.59
2	0.47	2.13	49.83
3	0.52	1.92	44.48

根据表中数据，绘出 28d 抗压强度与胶水比关系图（图 4-22）。

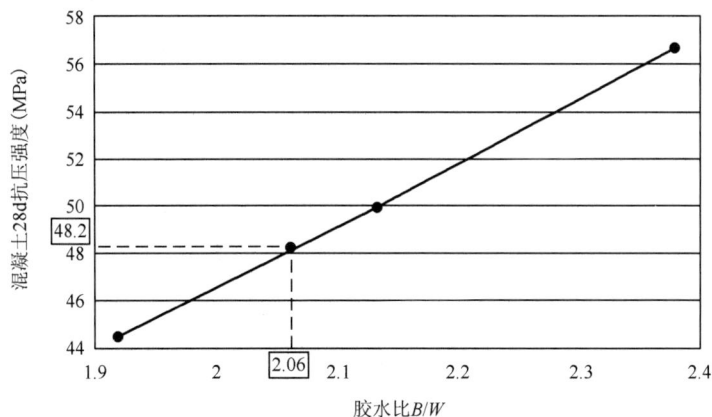

图 4-22　混凝土 28d 抗压强度与胶水比关系曲线

由图 4-22 可知，达到混凝土配制强度 48.2MPa 要求时对应的胶水比是 2.064，转换为水胶比是 0.48。这就是说，当混凝土水胶比是 0.48 时，配制强度能够满足设计要求。

（2）设计配合比的确定

按强度试验结果修正混凝土配合比，各种材料用量为：

单位用水量仍为试拌配合比用水量 $m_{wb} = 176\text{kg/m}^3$，由 0.48 的水胶比得到单位水泥用量为 $m_{cb} = 176 \div 0.48 = 367\text{kg/m}^3$；粗、细集料按体积法计算：

$$\begin{cases} \dfrac{m_{sb}}{2650} + \dfrac{m_{gb}}{2700} = 1 - \dfrac{367}{3100} - \dfrac{176}{1000} - 0.01 \times 1 \\ \dfrac{m_{sb}}{m_{sb} + m_{gb}} \times 100\% = 33\% \end{cases}$$

计算结果为,细集料用量为 $m_{sb} = 617\text{kg/m}^3$,粗集料用量为 $m_{gb} = 1253\text{kg/m}^3$。计算得设计配合比为:

$$m_{cb} : m_{wb} : m_{sb} : m_{gb} = 367 : 176 : 617 : 1253$$

(3)设计配合比密度修正

混凝土拌合物表观密度计算值为: $\rho_c = 367 + 176 + 617 + 1253 = 2413\,(\text{kg/m}^3)$

实测表观密度: $\rho_t = 2400\text{kg/m}^3$。

计算密度修正系数: $\delta = \rho_t / \rho_c = 2400/2413 = 0.99$。由于密度测定值与计算值之差的绝对值未超过计算值的2%,故设混凝土配合比的材料用量无须进行密度修正。

最后确定试验室混凝土的设计配合比为 (kg/m^3):

$$m'_{cb} : m'_{wb} : m'_{sb} : m'_{gb} = 367 : 176 : 617 : 1253$$

或

$$m'_{cb} : m'_{wb} : m'_{gb} = 1 : 1.68 : 3.41 ; W/B = 0.48$$

4)步骤4:施工配合比的计算

根据施工现场实测的结果,砂含水率 w_s 为3%,碎石含水率 w_g 为1%,各种材料现场实际用量:

水泥: $m_c = m'_{cb} = 367\text{kg/m}^3$

细集料: $m_s = m'_{sb} \times (1 + w_s) = 617 \times (1 + 3\%) = 636\,(\text{kg/m}^3)$

水: $m_w = m'_{wb} - (m'_{sb} \cdot w_s + m'_{gb} \cdot w_g) = 176 - (617 \times 3\% + 1253 \times 1\%) = 145\,(\text{kg/m}^3)$

所以,现场施工配合比如下:

$$m_c : m_w : m_s : m_g = 367 : 145 : 636 : 1266$$

整个配合比设计内容最终完成。

第四节　道路混凝土组成设计

道路混凝土主要指路面混凝土。根据《公路水泥混凝土路面施工技术细则》(JTG/T F30—2014)的规定,路面水泥混凝土必须满足混凝土路面摊铺工作性(和易性)、弯拉强度、耐久性与经济性要求。

一、道路混凝土技术性能

1. 和易性

道路混凝土拌合物在施工拌和、运输、浇筑、捣实和抹面等过程中不分层、不离析、不泌水,能均匀密实填充在结构物模板内,即具有良好的施工和易性,符合施工要求。

滑模摊铺前拌合物最佳工作性及允许范围见表4-18。

混凝土路面滑模摊铺机工作性（JTG/T F30—2014） 表4-18

指标	坍落度 S_L（mm）		振动黏度系数（N·s/m²）
	碎石混凝土	卵石混凝土	
工作性范围	10～30	5～20	200～500

注:1.当坍落度在10～30mm时,布料松铺系数宜在1.08～1.15之间。
　　2.滑模摊铺速度可在0.75～2.5m/min之间选择,宜采用1m/min。
　　3.滑模摊铺振捣频率可在100～183Hz之间调整,宜为150Hz。

轨道摊铺机、三辊轴机组、小型机具摊铺的路面混凝土坍落度及最大单位用水量应满足表4-19的规定。

不同路面施工方式混凝土坍落度及最大单位用水量（JTG/T F30—2014） 表4-19

摊铺方式	滑模摊铺机摊铺		三辊轴机组摊铺		小型机具摊铺	
摊铺坍落度（mm）	碎石10～30	卵石5～20	20～40		5～20	
最大单位用水量（kg/m³）	碎石混凝土 160	卵石混凝土 155	碎石混凝土 153	卵石混凝土 148	碎石混凝土 150	卵石混凝土 145

注:1.拌和楼(机)出口拌合物坍落度值,应根据不同工艺摊铺时的坍落度值加上运输过程中坍落度损失值确定。
　　2.破碎卵石混凝土最大单位用水量可在碎石和卵石之间内插取值。

2.强度

各级交通要求的道路混凝土设计弯拉强度标准值 f_{cm} 应符合《公路水泥混凝土路面设计规范》（JTG D40—2011）的规定,见表4-20。

水泥混凝土弯拉强度标准值（JTG D40—2011） 表4-20

交通荷载等级	极重、特重、重	中等	轻
水泥混凝土的弯拉强度标准值（MPa）	≥5.0	4.5	4.0
钢纤维混凝土的弯拉强度标准值（MPa）	≥6.0	5.5	5.0

3.耐久性

道路混凝土的使用环境可分为无抗冻性、有抗冻性和有抗盐冻性要求三种。为了提高混凝土的抗冻性,在不同环境条件下使用的路面混凝土中的含气量应控制在表4-21推荐的范围内。当含气量不符合要求时,应使用引气剂。在确定严寒和寒冷地区道路混凝土配合比前,应检验所配制混凝土的抗冻性。严寒地区混凝土抗冻强度等级不宜小于 D_{250},寒冷地区不宜小于 D_{200}。

拌和机出口拌合物含气量均值及允许偏差范围（%）（JTG/T F30—2014） 表4-21

公称最大粒径（mm）	无抗冻要求	有抗冰冻要求	有抗盐冻要求
9.5	4.5±1.0	5.0±0.5	6.0±0.5
16.0	4.0±1.0	4.5±0.5	5.5±0.5
19.0	4.0±1.0	4.0±0.5	5.0±0.5
26.5	3.5±1.0	3.5±0.5	4.5±0.5
31.5	3.5±1.0	3.5±0.5	4.0±0.5

此外,道路混凝土的最大水灰比或水胶比以及最小水泥用量应符合表 4-22 的规定。

各级公路面层水泥混凝土最大水胶比和最小单位水泥用量(JTG/T F30—2014) 表 4-22

公路等级		高速、一级	二级	三、四级
最大水胶比		0.44	0.46	0.48
有抗冰冻要求时最大水胶比		0.42	0.44	0.46
有抗盐冻要求时最大水胶比①		0.40	0.42	0.44
最小单位水泥用量 (kg/m³)	52.5 级	300	300	290
	42.5 级	310	310	300
	32.5 级	—	—	315
有抗冰冻、抗盐冻 要求时最小单位水泥 用量(kg/m³)	52.5 级	310	310	300
	42.5 级	320	320	315
	32.5 级	—	—	325
掺粉煤灰时最小单 位水泥用量(kg/m³)	52.5 级	250	250	245
	42.5 级	260	260	255
	32.5 级	—	—	265
有抗冰冻、抗盐冻 要求时掺粉煤灰混凝 土最小单位水泥用量 (kg/m³)②	52.5 级	265	260	255
	42.5 级	280	270	265

注:①处在除冰盐、海风、酸雨或硫酸盐等腐蚀性环境中或在大纵坡等加减速车道上,最大水胶比宜比表中数值降低 0.01~0.02。

②掺粉煤灰,并有抗冰冻、抗盐要求时,面层不应使用 32.5 级水泥。

二、道路混凝土组成设计

长安大学承担的西部交通建设科技项目"道路水泥混凝土组成设计研究"(以下简称西部项目)对道路混凝土组成设计方法进行了深入系统的研究,提出了以系统论为指导的针对不同交通荷载等级和耐久性气候分区条件下,分层次、分阶段的道路水泥混凝土组成设计新理念。

(一)系统论的应用

道路混凝土可分为混凝土主系统、砂浆子系统和净浆从系统三个层次,如图 4-23 所示。砂浆和混凝土之间属于直接联系的垂直结构,两者的性能具有相比性。这是基于砂浆层次设计道路混凝土的可行性基础。

道路混凝土属于一种典型的开放式系统,存在于特定的环境之中,并与环境发生着持续的能量交换。道路混凝土一般直接暴露在大气环境和交通荷载作用之下,其性能表现是自然环境、使用环境与混凝土内部材料相互作用的过程和结果;而交通荷载的弯拉疲劳破坏、车轮的磨耗损伤、轮间水的渗透溶蚀破坏和大气的冻融腐蚀破坏导致了道路混凝土系统的衰变和破坏,如图 4-24 所示。

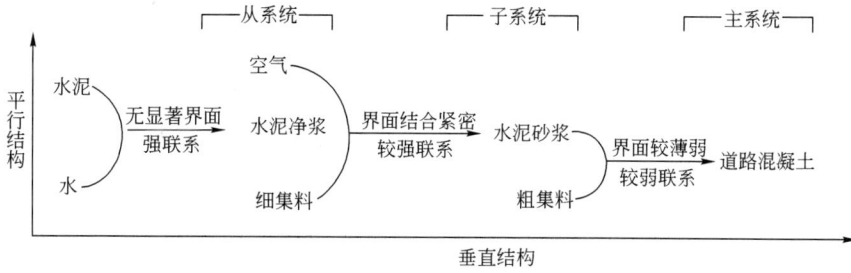

图 4-23 道路混凝土的个体、联系及结构关系

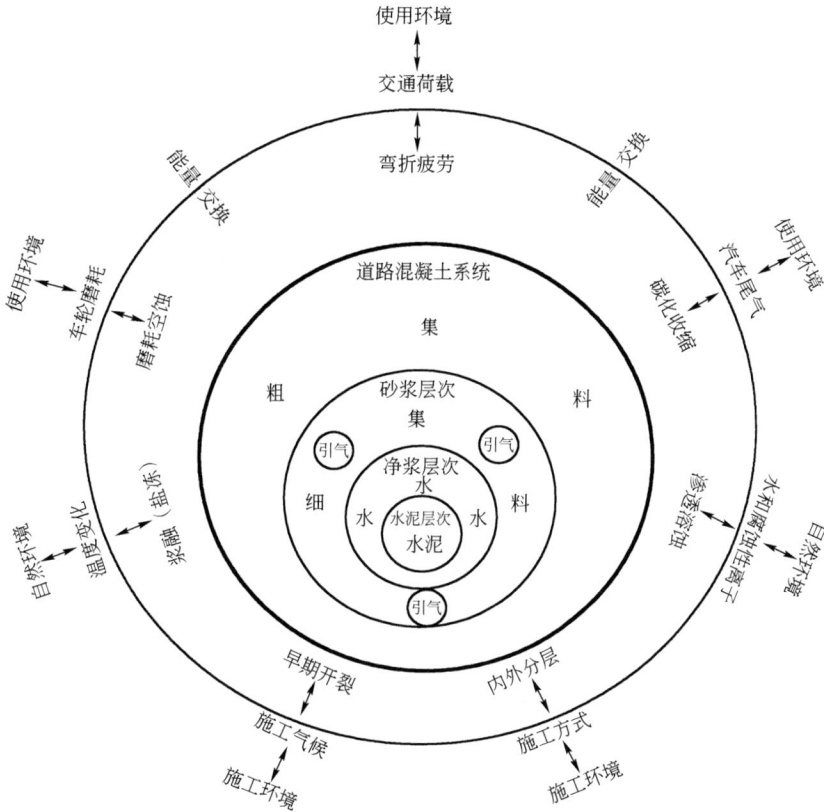

图 4-24 道路混凝土系统的组成与工作环境

(二)设计分区

设计分区是根据工作环境对道路混凝土的作用效应划分的气候分区或交通等级。设计分区充分考虑了水泥混凝土路面的工作环境及其对混凝土路用性能的影响程度,是普遍适用于我国大多数使用条件下道路混凝土的组成设计准则。

1.一级气候分区

根据混凝土路面的冻融破坏严重程度,将我国大陆地区分为严寒区、寒冷区、微冻区和无冻区四类耐久性一级气候分区,见表 4-23。

耐久性一级气候分区　　　　　　　　　　　　　　　　表4-23

气候分区	划分条件					
	纬度 (°)	年冻融次数 (次)	年平均最低月 温度(℃)	年最低温度 (℃)	混凝土饱水度	是否需要除冻盐
严寒区	45～65	≥100	≤-8	≤-21	高	是
寒冷区	35～45	50～100	-8～-3	-8～-21	高	是
微冻区	25～35	<50	-3～3	-8～0	高	否
无冻区	10～25	无	≥3	>0	高	否

注:相同纬度时,海拔高度每升高1000m,气候分区向不利化提高一级。

2. 二级气候分区

根据相对湿度年平均值、日变化值以及年平均降水量导致道路混凝土开裂及传力杆锈蚀的严重程度,在一级气候分区框架中,可将每个一级分区继续细分为潮湿、干湿交替和干燥等二级分区,见表4-24。

耐久性二级气候分区　　　　　　　　　　　　　　　　表4-24

干湿类型	潮湿	干湿交替	干燥
气候类型	热带季风气候、 副极地大陆性气候	副热带气候、 温带季风气候	副热带干旱气候
平均相对湿度(%)	>80	50～80	<50
年平均降水量(mm)	>800	200～800	<200

注:干燥地区应注意收缩抗裂设计,潮湿地区需注重抗渗透溶蚀设计。

(三)设计新理念

1. 分层次设计

根据设计原则和要求,进行原材料、砂浆及混凝土结构层次的组成与性能设计。

分层次设计可分为原材料层次、砂浆层次和混凝土结构层次。原材料对硬化混凝土的路用性能有重要影响,是设计的基础和第一层次,原材料的选择和技术性质测试、集料级配的确定均属于这个层次;水泥浆或砂浆是混凝土中最主要的黏结料,其性能和体积分量制约着混凝土的施工性能、强度和耐久性,是联系原材料及混凝土结构层次的关键中间层次,确定砂浆体积分量和水灰比属于该层次的内容;混凝土结构层次是最终设计过程和目标,其任务是根据路用性能的综合要求,调整、反馈和确定各材料组成参数的取值,进行配合比的室内设计、室内及现场检验和优化工作,确定最终的混凝土配合比。

2. 分阶段设计

根据道路混凝土的结构形成、性能获得及性能衰变过程,进行施工性能、强度、耐久及抗裂性设计及验证。道路混凝土结构的形成和劣化阶段见图4-25。

分阶段动态设计需要从原材料、新拌混凝土、硬化混凝土的使用过程及影响环境条件等方面进行设计。在分层次体积设计的基础上,分阶段性能设计从混凝土的结构形成、强度和耐久性的获得、使用环境对强度和耐久性的影响等阶段进行综合设计,分为施工性能设计(包括施工抗裂性)、强度设计及耐久性(包括抗裂性)设计三个阶段,从而控制道路混凝土的综合路用性能。

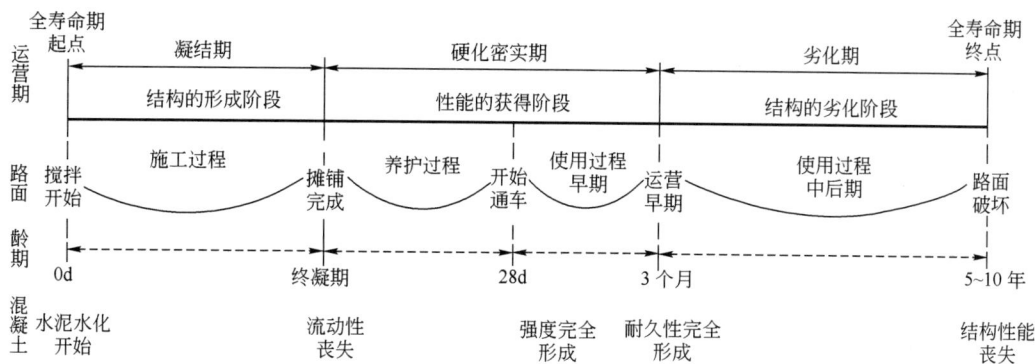

图 4-25　道路混凝土结构的形成和劣化阶段

(四)设计过程

道路混凝土配合比设计适用于滑模摊铺机、三辊轴机组及小型机具 3 种施工方式,也包括掺用外加剂或真空脱水、掺用粉煤灰的道路混凝土、全部缩缝插传力杆的路面混凝土、配筋混凝土路面、桥面和桥头搭板等混凝土配合比设计。重要的路面工程或桥面铺装混凝土应采用正交试验法进行配合比优选。

以下对现行规范及西部项目研究成果中的设计方法进行比较说明。

1. 配制弯拉强度

与普通混凝土相似,道路混凝土的强度也存在变异性,其中一部分变异性来自试验室的试验误差,另一部分来自混凝土组成的变异和施工质量控制与管理的变异。在进行配合比设计时,必须考虑这两部分因素对混凝土强度的影响,因此普通道路混凝土的配制弯拉强度均值 f_c 按式(4-20)计算。

$$f_c = \frac{f_{cm}}{1 - 1.04C_v} + t \cdot s \tag{4-20}$$

式中:f_{cm}——混凝土的设计弯拉强度标准值(MPa);

s——混凝土弯拉强度试验样本的标准差(MPa);

t——保证率系数,按样本数 n 和判别概率 p 参照表 4-25 确定;

C_v——混凝土弯拉强度变异系数,应按统计数据取值,小于 0.05 时取 0.05;当无统计数据时,在表 4-26 的规定范围中取值,其中高速公路、一级公路变异水平应为低,二级公路变异水平应不低于中;如果施工配制弯拉强度超出设计给定的弯拉强度变异系数上限,则必须改变施工机械装备,提高施工控制水平。

保证率系数 t　　　　　　　　　表 4-25

公路技术等级	判别概率 p	样本数 n(组)			
		6~8	9~14	15~19	≥20
高速公路	0.05	0.79	0.61	0.45	0.39
一级公路	0.10	0.59	0.46	0.35	0.30
二级公路	0.15	0.46	0.37	0.28	0.24
三、四级公路	0.20	0.37	0.29	0.22	0.19

混凝土路面弯拉强度变异系数　　　　　　　表 4-26

变异水平等级	低	中	高
变异系数允许范围	0.05 ~ 0.10	0.10 ~ 0.15	0.15 ~ 0.20

西部项目研究分报告《道路水泥混凝土配合比设计方法》(以下简称《方法》)中提出在配合比设计时,以规定数量试样的 28d 配制抗弯拉强度和模制劈裂抗拉强度进行设计,配制强度可按式(4-21)计算。

$$\begin{cases} f_{r} = \dfrac{f_{rk}}{1 - tC_{v}} \\[3mm] f_{msp} = \dfrac{f_{mspk}}{1 - tC_{v}} \end{cases} \tag{4-21}$$

式中：f_r、f_{msp}——配制抗弯拉强度、配制模制劈裂抗拉强度(MPa)；

　　f_{rk}、f_{mspk}——抗弯拉强度标准值、模制劈裂抗拉强度标准值(MPa)；

　　t——与强度保证率有关的常数,按表 4-27 取值；

　　C_v——施工变异系数,按表 4-28 取值。

混凝土强度保证率系数　　　　　　　表 4-27

公路技术等级	高速、一级公路	二级公路	其他等级公路
强度保证率(%)	95	90	85
保证率系数 t	1.645	1.28	1.04

施 工 变 异 系 数　　　　　　　表 4-28

变异水平等级	低	中	高
摊铺机械	滑模	滑模、三辊轴	三辊轴、小型机械
施工强度变异系数 C_v(%)	8 ~ 11	11 ~ 14	14 ~ 17

《方法》中提到的模制劈裂抗拉强度是指采用圆柱形试模成型混凝土试件,之后对试件进行劈裂抗拉强度试验所得到的强度值。

2. 水灰比 W/C 的计算、校核及确定

(1)按照混凝土弯拉强度计算水灰(胶)比

依照现行规范,二级及二级以下公路根据粗集料类型、混凝土的水灰比 W/C 按经验公式(4-22)和式(4-23)计算。

碎石(或被碎卵石混凝土)：

$$W/C = \frac{1.5684}{f_c + 1.0097 - 0.3595f_s} \tag{4-22}$$

卵石混凝土：

$$W/C = \frac{1.2618}{f_c + 1.5492 - 0.4709f_s} \tag{4-23}$$

式中：f_c——混凝土配制 28d 弯拉强度的均值(MPa)；

　　f_s——水泥 28d 实测抗折强度(MPa)。

如果掺加粉煤灰等矿物掺合料时,应计入超量取代法中代替水泥的那一部分粉煤灰用量 F,代替砂的超量部分不计入,然后用水胶比 $W/(C+F)$ 代替水灰比 W/C。

《方法》提出,当按抗弯拉强度或模制劈裂抗拉强度进行配合比设计时,可按式(4-24)和式(4-25)初步计算 W/C。

$$f_r = 0.861 f_{rc}^{0.262} D^{-0.098} V_m^{-0.529} (W/C)^{-1.533} \tag{4-24}$$

$$f_{msp} = 0.877 \times f_{rc}^{0.518} \times D^{-0.068} V^{0.367} (W/C)^{-1.116} \tag{4-25}$$

式中:f_r——配制抗弯拉强度(MPa);

　　f_{msp}——配制模制劈裂抗拉强度(MPa);

　　f_{rc}——水泥抗折强度(MPa);

　　V_m——砂浆体积分量;

　W/C——水灰比;

　　D——粗集料公称最大粒径(mm)。

(2)按耐久性校核确定水灰(胶)比

现行规范规定,按照道路混凝土的使用环境、道路等级查表4-22得到满足耐久性要求的最大水灰(胶)比。在满足弯拉强度和耐久性要求的水灰(胶)比中取最小值作为道路混凝土的设计水灰(胶)比。

《方法》中按表4-29校核 W/C,对比按照配制强度计算的 W/C,取两者中的较低值。

道路混凝土水灰比、用水量及水泥用量建议值(单位:kg/m³)　　　　表4-29

耐久性分区	荷 载 等 级					
	特重、重			中等、轻		
	水灰比	用水量	水泥用量	水灰比	用水量	水泥用量
严寒、寒冷区	<0.40	<145	320~380	<0.44	<150	320~380
微冻区	<0.42	<155	320~360	<0.46	<160	300~360
无冻区	<0.44	<160	300~360	<0.46	<165	280~340

注:单方用水量低于155kg/m³时建议掺入粉煤灰。

3.选取砂率 β_s 或砂浆体积分量 V_m

现行相关规范要求根据砂的细度模数和粗集料品种,查表4-30选取砂率 β_s。该表的适用条件为:水灰比在 0.35~0.48,使用外加剂,集料级配良好,卵石最大粒径 19.0mm,碎石最大粒径 31.5mm,碎卵石可在碎石和卵石混凝土之间内插取值。

砂的细度模数与最优砂率的关系　　　　表4-30

砂细度模数		2.2~2.5	2.5~2.8	2.8~3.1	3.1~3.4	3.4~3.7
砂率 β_s(%)	碎石混凝土	30~34	32~36	34~38	36~40	38~42
	卵石混凝土	28~32	30~34	32~36	34~38	36~40

《方法》中省去砂率这一组成设计参数,引入了砂浆体积分量 V_m。砂浆体积分量是道路混凝土的体积组成中,由水泥、矿物外掺料、细集料、引入空气和水组成的砂浆占混凝土总体积的比率分数。砂浆体积分量的取定与粗集料表面积密切相关,因此粗集料 NMPS(最大公称粒径)、砂的细度模数都将会影响其取值,见表4-31。

V_m的推荐范围

表 4-31

细度模数	无 冻 区	微冻区、无除冰盐	严寒、寒冷及有除冰盐
2.40 ~ 2.60	0.49 ~ 0.51	0.50 ~ 0.52	0.51 ~ 0.53
2.60 ~ 2.80	0.50 ~ 0.52	0.51 ~ 0.53	0.52 ~ 0.54
2.80 ~ 3.00	0.51 ~ 0.53	0.52 ~ 0.54	0.53 ~ 0.55
基本原则与说明	1. 无抗冻要求时,在满足施工性要求时取低值; 2. 冰冻地区重交通路面可取较高值,但宜控制粗细集料体积比; 3. 以上均针对 NMPS = 26.5mm,其他情况 NMPS 每增大一个粒级,V_m需相应降低0.015 ~ 0.02; 4. 表中值针对级配良好状况,实际级配接近推荐级配范围上限取较高值,反之则取较低值

4. 单位用水量

(1)不掺外加剂和掺合料时的单位用水量

规范提出,单位用水量根据选定坍落度、粗集料品种、砂率及水灰比,按照经验公式(4-26)或公式(4-27)计算,其中砂石材料质量按自然风干状态计。

碎石:

$$m_{w0} = 104.97 + 0.309S_L + 11.27(C/W) + 0.61\beta_s \tag{4-26}$$

卵石:

$$m_{w0} = 86.89 + 0.370S_L + 11.24(C/W) + 1.00\beta_s \tag{4-27}$$

式中:S_L——坍落度(mm);

β_s——砂率(%);

C/W——灰水比。

(2)掺外加剂的混凝土单位用水量

相关规范要求,掺外加剂混凝土的单位用水量按式(4-28)计算。

$$m_{w,ad} = m_{w0}(1 - \beta_{ad}) \tag{4-28}$$

式中:$m_{w,ad}$——掺外加剂混凝土的单位用水量(kg/m³);

m_{w0}——未掺外加剂时混凝土的单位用水量(kg/m³);

β_{ad}——外加剂减水率的实测值,以小数计。

比较计算值与表 4-32 中规定值的大小,取其中较小者为最终用水量。如果实际用水量在仅掺引气剂的混凝土拌合物中不能满足坍落度要求时,应掺用引气剂复合(高效)减水剂。

(3)《方法》中用水量的确定

《方法》中通过查表 4-29 得到耐久性要求的最大用水量,同时对比表 4-32 中不同摊铺机械要求的用水量,选取两者的低值作为初定用水量 M_{w0}。当水泥用量确定后,通过水灰比计算设计单位用水量 M_w。

不同摊铺机械条件下的基本单位用水量要求

表 4-32

摊铺机械种类	滑 模		三辊轴机组		小 型 机 械	
摊铺坍落度(mm)	碎石 10 ~ 30	卵石 5 ~ 20	20 ~ 40		5 ~ 20	
摊铺 VB 稠度(s)	5 ~ 10		5 ~ 10		5 ~ 10	
单位用水量(kg/m³)	碎石 160	卵石 155	碎石 153	卵石 148	碎石 150	卵石 145

注:1. 拌和楼(机)出口拌合物的坍落度,应根据不同工艺摊铺时的坍落度值加上运输过程中坍落度损失值确定。

2. 破碎卵石混凝土最大单位用水量可在碎石和卵石混凝土之间内插取值。

5. 单位水泥用量 m_{c0} 的确定

相关规范规定,单位水泥用量 m_{c0} 按照式(4-29)计算,然后根据道路等级和环境条件,查表4-22,得到满足耐久性要求的最小水泥用量,取两者中的最大值。

$$m_{c0} = m_{w0} \times (C/W) \qquad (4-29)$$

式中:m_{w0}——混凝土单位用水量(kg/m^3);

C/W——混凝土的灰水比。

《方法》根据初定用水量 M_{w0} 和设计水灰比(W/C),计算水泥用量 $M_{c0} = M_{w0}/(W/C)$,复核该值是否满足表4-29建议的水泥用量范围,选取较低值作为设计水泥用量 M_c。

6. 确定设计含气量

《方法》中对道路混凝土的含气量做了相关规定,通过查表4-33确定含气量 V_a。

道路混凝土含气量控制建议值(%)   表4-33

耐久性分区		交通等级		备　注
		特重、重	中等、轻	
严寒	特别严重盐冻	6.5 ±0.5	6.0 ±0.5	表中建议值针对 NMPS = 26.5mm, NMPS 每增大一档, 含气量控制值相应降低 0.5%
	严重盐冻	6.0 ±0.5	5.5 ±0.5	
寒冷	比较严重盐冻	5.5 ±0.5	4.5 ±0.5	
微冻	普通冻融	4.5 ±0.5	4.0 ±0.5	
无冻	无冻融	3.5 ±0.5	3.0 ±0.5	

7. 确定砂浆体积分量 V_m、减水剂掺量 M_j、引气剂掺量 M_a

《方法》中通过固定 W/C、M_c 和 M_w,按照 V_{m0} 以及增减 ±0.015 的砂浆体积分量 V_{m1}、V_{m2},试拌混凝土,测试坍落度和含气量的大小,并观察黏聚性和保水性的优劣,确定砂浆体积分量 V_m、引气剂掺量 M_a 和减水剂掺量 M_j。如三者均符合施工性要求,非冰冻地区宜取较低者,冰冻地区重交通等级路面可取较高者。

8. 单位粉煤灰用量

道路混凝土掺用粉煤灰时,其配合比应按照超量取代法进行。代替水泥的粉煤灰掺量:I型硅酸盐水泥≤30%;II型硅酸盐水泥≤25%;道路水泥≤20%;普通水泥≤15%;矿渣水泥不得掺粉煤灰。粉煤灰的超量部分应代替砂,并折减用砂量。

《方法》中提出:II级以上粉煤灰在道路混凝土中的应用需满足表4-34的要求。

粉煤灰在道路混凝土中的应用方法   表4-34

应用条件	应用目的	粉煤灰等级	取代水泥量(%)	超量取代系数	追加抗弯拉强度(MPa)
严寒、寒冷地区	提高耐久性	>II级	10 ~ 15	1.1 ~ 1.3	+0.5 ~ +1.0
微冻、无冻地区	提高抗裂性	>II级	10 ~ 20	1.1 ~ 1.3	+0 ~ +0.5
使用机制砂和粗砂地区	提高流动性、耐久性和抗裂性	>II级	5 ~ 10	1.1 ~ 1.3	+0
施工气候条件恶劣	提高抗塑性开裂和抗裂性	>II级	10 ~ 15	1.1 ~ 1.3	+0

9. 砂石材料用量 m_{s0} 和 m_{g0}

规范规定,砂石用量可按质量法或体积法计算,具体方法与普通混凝土配合比计算方法相同。按质量法计算时,混凝土的单位质量可取 2400 ~ 2450kg/m³;按体积法计算时,应计入设计含气量。采用超量取代法掺用粉煤灰时,超量部分应取代等体积的砂,并折减用砂量。计算得到的配合比,应验算单位粗集料填充体积率,且不宜小于 70%。

《方法》中根据实测的水泥表观密度 ρ_c、粗集料表观密度 ρ_g 和细集料表观密度 ρ_s 等材料参数,采用体积法进行计算。

粗集料体积分量:

$$V_g = 1 - V_m, M_g = \rho_g V_g$$

细集料体积分量:

$$V_s = 1 - V_g - \frac{M_c}{\rho_c} - \frac{M_w}{1000} - V_a, M_s = \rho_s V_s$$

当掺加粉煤灰并采用超量取代法时,应计算混合胶凝体系多出原水泥的体积分量,并按该值等体积的对细集料的体积分量进行折减。

混凝土初步配合比确定后,应对该配合比进行试配、调整,确定其设计配合比。有关方法与普通混凝土配合比设计方法基本相同,此处不再赘述。

《方法》中提出将道路水泥混凝土组成设计中的验证与调整步骤分为施工性能验证与调整、强度设计验证与调整、耐久性设计验证与调整、抗裂性设计验证与调整四个步骤。

(五)设计实例(采用《方法》中提出的配合比设计方法)

项目处于吉林省长春市,经度为 E125°19′,纬度为 N43°52′;道路等级为高速公路,设计基准期为 30 年;设计基准期内设计车道标准荷载累计作用次数 $N_e = 22102143$ 次。采用德国进口滑模机械摊铺路面,建议坍落度 $H = 20mm$。

1. 原材料技术性质

供应 42.5R 型水泥,$\rho_c = 3112kg/m^3$,实测强度为 8.6MPa;细集料:$\rho_s = 2670kg/m^3$,细度模数为 2.85;粗集料:NMPS = 26.5mm,$\rho_g = 2710kg/m^3$;减水剂:萘系高效减水剂,掺量 1% 时减水率为 15%;引气剂:松香类引气剂,掺量 1/10000 时引气量为 4% ~ 8%。

2. 设计要求

按所给资料计算初步配合比。

3. 设计分区和相关路用性能指标的确定

(1)耐久性设计气候分区

调研气候资料可知,长春市纬度为 43°52′,30 年最冷月平均温度为 -15.1℃,年极端月最低温度为 -33℃,查询《方法》中耐久性一级气候分区表,确定耐久性设计分区为严寒区,并确定耐久性设计控制指标,见表 4-35。

项目设计控制指标 表 4-35

交通分级	耐久性气候分区	抗侵入性(C)	抗冻性(DF)	耐磨性(kg/m²)
特重	严寒	<1500	>80	<1.5

（2）交通荷载分级

根据实测交通量 N_e，参考《方法》中交通荷载分级表，确定耐久性设计荷载分级为特重交通量等级。因此，根据道路混凝土设计强度标准建议值表，可确定抗弯拉强度设计标准值为5MPa，设计劈裂抗拉强度标准值为3.6MPa。

计算施工配制强度：$f_r = 5.98\text{MPa}$；$f_{msp} = 4.31\text{MPa}$。

4. 设计步骤

（1）初定砂浆体积含量 V_{m0}

查表4-31确定砂浆体积参数 $V_m = 0.53 \sim 0.55$，强度计算取中值 $V_{m0} = 0.54$。

（2）确定设计水灰比（W/C）

由式（4-24）和式（4-25）计算 $(W/C)_0 = 0.41$，查表4-29 得 $(W/C)_1 = 0.40$；取较低值 $W/C = 0.40$ 作为设计水灰比。

（3）初定单位用水量 M_{w0}

由施工流动性要求和粗集料 NMPS，查表 4-32 得单方用水量 $M_{w2} = 160\text{kg/m}^3$，复核表4-29，得到耐久性要求的最大单方用水量 $M_{w1} = 145\text{kg/m}^3$，取较小者 $M_{w0} = 145\text{kg/m}^3$ 为初定用水量。

（4）确定单位水泥用量 M_c

确定 $M_c = M_{w0}/(W/C) = 145/0.40 = 363\text{kg/m}^3$，该水泥用量符合表4-29的要求，确定为设计水泥用量。

（5）确定单位用水量 M_w

$$M_w = M_c \times (W/C) = 363 \times 0.40 = 145(\text{kg/m}^3)$$

（6）确定设计含气量

查表4-33，选定 $V_a = 5.5\%$。

（7）确定砂浆体积分量 V_m、减水剂用量、引气剂掺量

按照确定的 W/C、M_c 和 M_w，分别取 $V_m = 0.525$、0.54 和 0.555。按照经验的减水剂和引气剂掺量，试拌混凝土并测试坍落度和观察黏聚性、保水性，试验结果见表4-36。

施工性能试拌结果 表4-36

不同砂浆体积分量时的混凝土配合比		
材料组分	体积组分	质量组分（kg/m³）
水泥	$V_c = 0.117$	$M_c = 363$
水	$V_w = 0.145$	$M_w = 145$
空气	$V_a = 0.055$	—
砂浆体积分量	$V_{m0} = 0.525$	—
	$V_{m1} = 0.540$	—
	$V_{m2} = 0.555$	—
粗集料（烘干）	$V_{g0} = 0.475$	$M_{g0} = 1287$
	$V_{g1} = 0.460$	$M_{g1} = 1247$
	$V_{g2} = 0.445$	$M_{g2} = 1206$

不同砂浆体积分量时的混凝土配合比		
材料组分	体积组分	质量组分（kg/m³）
细集料 （烘干）	$V_{s0} = 0.208$	$M_{s0} = 555$
	$V_{s1} = 0.223$	$M_{s1} = 595$
	$V_{s2} = 0.238$	$M_{s2} = 635$
粗细集料体积比/ 砂率	$V_{g0}/V_{s0} = 2.28$	$S_{P0} = M_{s0}/(M_{s0} + M_{g0}) = 0.301$
	$V_{g1}/V_{s1} = 2.06$	$S_{P1} = M_{s1}/(M_{s1} + M_{g1}) = 0.323$
	$V_{g2}/V_{s2} = 1.87$	$S_{P2} = M_{s2}/(M_{s2} + M_{g2}) = 0.345$
不同砂浆体积分量时的混凝土施工性能测试结果		
砂浆体积分量	V_{m0}	V_{m1}	V_{m2}
坍落度（mm）	20	30	40
黏聚性	良好	良好	略离析
保水性	良好	良好	有泌水

由施工性测试结果，选择 $V_m = 0.540$。

通过试配调整，确定高效减水剂的掺量为水泥用量的 1.0%，减水剂用量 $M_j = 363 \times 0.01 = 3.63$（kg）。

引气剂掺量为水泥用量的 1/10000，引气剂用量 $M_a = 363 \times 0.0001 = 0.036$（kg）。

5. 验证与调整步骤

（1）施工性能验证与调整

试拌混合料的坍落度测试值为 1.5cm，含气量试配为 4%，坍落度低于要求值 1cm，含气量满足要求。因此，增大减水剂用量为 1.1%。

$$M_j = 363 \times 1.1\% = 3.99（kg/m^3）$$

调整后实测坍落度为 25mm，含气量为 4%，符合要求，黏聚性和保水性较好。至此，工作性调整完成。

（2）强度设计验证与调整

①室内检验：

a. 制作抗弯拉强度与模制劈裂抗拉强度试件。

按照初步配合比的 $W/C = 0.40$，并减少 0.02 计算两组混凝土的配合比。

A 组：$\qquad W/C = 0.40 \qquad M_{cA} = 363kg/m^3 \qquad M_{wA} = 145kg/m^3$

B 组：$\qquad W/C = 0.38 \qquad M_{cA} = 382kg/m^3 \qquad M_{wA} = 145kg/m^3$

注：由于耐久性要求，因此不采用较高的水灰比（0.42）进行室内设计试拌调整。

b. 测定抗弯拉强度与劈裂抗拉强度。

按照标准方法成型试件、养护并测试强度。

A 组：$\qquad W/C = 0.40 \qquad f'_{rA} = 6.05MPa \qquad f'_{mspA} = 4.41MPa$

B 组：$\qquad W/C = 0.38 \qquad f'_{rA} = 6.42MPa \qquad f'_{mspA} = 4.75MPa$

从强度试验结果和经济性双重优选，选择 A 组作为室内设计配合比。

②现场检验：

铺筑时根据工地每班实际情况,从运料车辆中取样制作现场试件测试抗弯拉强度 f_{xc} 和模制劈裂抗拉强度 f_{xsp},此外对硬化路面取芯并测试劈裂抗拉强度 f_{ct}。

$$f_{xc} = 6.11MPa > f_r = 5.98MPa$$

$$f_{xsp} = 4.45MPa > f_{msp} = 4.31MPa$$

现场制作试件测试强度符合要求。

$$f_{ct} = 3.25MPa,换算 f_{ct}' = 0.7369 \times 3.25 + 1.4075 = 3.80(MPa) > f_{mspk}$$

$$换算 f_{rt}' = 2.0156 f_{ct}^{0.7841} = 5.08MPa > f_{rk}$$

硬化路面取芯测试结果符合要求。

综上所述,$\begin{cases} f_{xc} > f_r \\ f_{xsp}' > f_{sp} \\ f_{ct}' > f_{mspk} \\ f_{rt}' > f_{rk} \end{cases}$ 关系式全部成立,检验工作完成。

(3)耐久性设计验证与调整

测试各类耐久性能见表4-37。

道路混凝土耐久性测试值　　　　　　　　表4-37

耐久性	抗侵入性(C)	抗冻性(DF)	耐磨性(kg/m²)
测试值	1310	81	2.0
控制指标	<1500	>80	<1.5

分析上表可知,抗侵入性和抗冻性符合要求,但耐磨性偏低。

因此,调整 $W/C = 0.39$,并固定 $M_c = 363kg/m^3$,调整用水量 $M_w = 0.39 \times 363 = 142(kg/m^3)$。

相应提高减水剂掺量为 1.2%,$M_j = 1.2\% \times 363 = 4.36(kg/m^3)$。

固定 V_m,重新调整混凝土配合比,见表4-38。

调整后道路混凝土配合比　　　　　　　　表4-38

材料组分	体积组分	单位体积质量(kg/m³)
水泥	$V_c = 0.117$	$M_c = 363$
水	$V_m = 0.142$	$M_w = 142$
粗集料(烘干)	$V_g = 0.46$	$M_g = 1247$
细集料(烘干)	$V_s = 0.226$	$M_s = 603$
减水剂		$M_j = 4.36$
引气剂	$V_a = 0.055$	$M_a = 0.036$
总计	1	2359

按照该配比制作试件并实测磨耗量为 $1.48kg/m^2$,符合《方法》中提出的混凝土耐磨性要求建议值。

(4)抗裂性设计验证与调整

①理论计算:

$$V_p = V_c + V_w = 0.117 + 0.142 = 0.259$$

$$(W/C) \times V_p = 0.39 \times 0.259 = 0.101$$

符合《方法》中净浆体积分量建议值对特重交通等级的要求。

②试验验证：

测试 28d 干缩值为 170×10^{-6}，满足《方法》中的要求，因此收缩性能满足要求，不需另行调整。

第五节　工业废渣混凝土组成设计

在混凝土中掺入工业废渣主要有以下四大好处：一是节约水泥，减少水泥用量和减少生产水泥产生的有害物质，有利于水泥、混凝土行业的可持续发展；二是降低混凝土的成本，大多数工业废渣价格低于水泥，在保证混凝土质量的前提下，掺入工业废渣越多则混凝土成本越低；三是降低了工业废渣对环境的破坏，工业废渣的不利存储会造成环境污染，将工业废渣变废为宝有利于道路工程建设行业的发展；四是改善了混凝土的性能，掺入合适的工业废渣不仅能改善新拌混凝土的和易性，还能改善硬化后混凝土的性能，如提高强度、改善混凝土耐久性等。现已开发并应用于道路工程的工业废渣主要有粉煤灰、粒化高炉矿渣等。

一、粉煤灰混凝土组成设计

（一）原材料技术要求

1. 粉煤灰技术要求

根据《粉煤灰混凝土应用技术规范》（GB/T 50146—2014），用于混凝土中的粉煤灰分为Ⅰ级、Ⅱ级、Ⅲ级三个等级，各等级粉煤灰技术要求应符合表 2-21 的规定。

在混凝土中掺加粉煤灰时，应根据工程性质选用不同质量等级的粉煤灰，预应力混凝土宜掺用Ⅰ级 F 类粉煤灰，掺用Ⅱ类 F 类粉煤灰时应经过试验论证；其他混凝土宜掺用Ⅰ级、Ⅱ级粉煤灰，掺用Ⅲ级粉煤灰时应经过试验论证。

2. 其他材料技术要求

为确保粉煤灰混凝土的质量，在配制粉煤灰混凝土时宜采用硅酸盐水泥或普通硅酸盐水泥，采用其他品种的硅酸盐水泥时，应根据水泥中混合材料的品质和掺量，并通过试验确定粉煤灰的合理掺量。粉煤灰与各类外加剂同时使用时，应通过试验确定粉煤灰与外加剂的适应性。选用的水泥、粗集料、细集料、水和外加剂，应符合现行的国家标准或行业标准。

（二）配合比设计

1. 配合比设计原则

粉煤灰混凝土的配合比应根据混凝土的强度等级、强度保证率、耐久性、拌合物的工作性等要求，采用工程实际使用的原材料进行设计。

粉煤灰混凝土的设计龄期应根据建筑物类型和实际承载时间确定，并宜采用较长的设计龄期。地上、地面工程宜为 28d 或 60d，地下工程宜为 60d 或 90d，大坝混凝土宜为 90d 或 180d。

试验室进行粉煤灰混凝土配合比设计时，应采用搅拌机拌和。试验室确定的配合比应通过搅拌楼试拌检验后使用。

粉煤灰混凝土的配合比设计可按体积法或质量法计算。

2. 配合比设计步骤

(1)计算混凝土的基准配合比。根据普通混凝土配合比设计方法,计算各材料的基准配合比 m_{c0}、m_{w0}、m_{s0} 和 m_{g0}。

(2)选定粉煤灰的掺量百分率 $f(\%)$,最大掺量宜符合表4-39的规定。

粉煤灰的最大掺量(%)(GB/T 50146—2014)   表4-39

混凝土种类	硅酸盐水泥		普通硅酸盐水泥	
	水胶比≤0.4	水胶比>0.4	水胶比≤0.4	水胶比>0.4
预应力混凝土	30	25	25	15
钢筋混凝土	40	35	35	30
素混凝土	55		45	
碾压混凝土	70		65	

注:1. 当浇筑量比较大的基础钢筋混凝土时,粉煤灰最大掺量可增加5%~10%。
   2. 当粉煤灰掺量超过本表规定时,应进行试验论证。

(3)计算粉煤灰混凝土中的单位水泥用量:

$$m_c = m_{c0}(1 - f) \tag{4-30}$$

(4)根据所选用的粉煤灰等级,按表4-40选择超量取代系数 k。

各级粉煤灰的超量取代系数   表4-40

粉煤灰等级	Ⅰ	Ⅱ	Ⅲ
超量取代系数 k	1.1~1.4	1.3~1.7	0.5~2.0

(5)按照所选用的粉煤灰超量取代系数 k,计算粉煤灰混凝土中的单位粉煤灰掺量:

$$m_f = kfm_{c0} \tag{4-31}$$

(6)粉煤灰的超量部分的体积应代替砂,即在砂料中扣除相同体积的砂重,计算调整后的单位用砂量:

$$m_s = m_{s0} - (k - 1)fm_{c0}\frac{\rho_s}{\rho_f} \tag{4-32}$$

式中:ρ_s、ρ_f——砂、粉煤灰的密度。

(7)确定粉煤灰混凝土各材料用量。由上述公式已计算得 m_s、m_c,取 $m_g = m_{g0}$、$m_w = m_{w0}$。粉煤灰混凝土各材料用量为 m_c、m_w、m_s、m_g、m_f。

(8)试拌、调整、提出混凝土设计配合比。

二、矿渣混凝土组成设计

(一)矿渣技术要求

用于拌制混凝土掺合料的矿渣,一般选用 S105、S95 和 S75 三种规格的矿渣粉,技术指标应符合《用于水泥、砂浆和混凝土中的粒化高炉矿渣粉》(GB/T 18046—2017)的要求,见表4-41,试验方法应符合《水泥制品用矿渣粉应用技术规程》(JC/T 2238—2014)的有关规定。

矿渣粉的技术要求(GB/T 18046—2017) 表4-41

项　目		级　别		
		S105	S95	S75
密度(g/cm³)		≥2.8		
比表面积(m²/kg)		≥500	≥400	≥300
活性指数(%)	7d	≥95	≥70	≥55
	28d	≥105	≥95	≥75
流动度比(%)		≥95		
初凝时间比(%)		≤200		
含水率(质量分数,%)		≤1.0		
三氧化硫(质量分数,%)		≤4.0		
氯离子(质量分数,%)		≤0.06		
烧失量(质量分数,%)		≤1.0		
不溶物(质量分数,%)		≤3.0		
玻璃体含量(质量分数,%)		≥85		
放射性		$I_{Ra} \leq 1.0$ 且 $I_\gamma \leq 1.0$		

(二)配合比设计

1.配合比设计原则

掺矿渣粉的混凝土宜采用硅酸盐水泥、普通硅酸盐水泥,其质量应符合《通用硅酸盐水泥》(GB 175—2007)的有关要求。

在进行混凝土配合比设计时,应根据设计要求的混凝土强度等级、成型工艺、养护制度等条件,以基准混凝土配合比设计为基础,按照《普通混凝土配合比设计规程》(JGJ 55—2011)规定的方法进行试配、调整,满足设计要求后才能投入生产应用。

矿渣粉单掺时,所配制混凝土的胶凝材料最小用量见表4-42;矿渣粉与粉煤灰等双掺时,混凝土的最小胶凝材料用量也应符合表4-42的规定;若采用泵送工艺,最小胶凝材料用量不宜小于300kg/m³。

混凝土的胶凝材料最小用量(JC/T 2238—2014) 表4-42

水 胶 比	混凝土的胶凝材料最小用量(kg/m²)	
	钢筋混凝土	预应力混凝土
>0.55,≤0.60	280	300
>0.50,≤0.55	300	
>0.45,≤0.50	320	
0.45	330	

2. 配合比设计步骤

（1）计算混凝土的基准配合比。根据普通混凝土配合比设计方法，计算各材料的基准配合比 m_{c0}、m_{w0}、m_{s0} 和 m_{g0}。

（2）选定矿渣的掺量百分率 $f(\%)$，最大掺量宜符合表 4-43 的规定。

胶凝材料中矿渣粉的最高比例（%）（JC/T 2238—2014）　　　　　表 4-43

水 胶 比	钢筋混凝土		预应力混凝土	
	硅酸盐水泥	普通硅酸盐水泥	硅酸盐水泥	普通硅酸盐水泥
≤0.4	65	55	55	45
>0.4	55	45	45	35

（3）计算矿渣混凝土中的单位水泥用量：

$$m_{c} = m_{c0}(1 - f) \tag{4-33}$$

（4）计算矿渣混凝土中的单位矿渣掺量：

$$m_{d} = fm_{c0} \tag{4-34}$$

（5）计算矿渣混凝土中的单位用水量：

$$m_{w} = \frac{m_{w0}}{m_{c0}}(m_{c} + m_{d}) \tag{4-35}$$

（6）计算水泥和矿渣的浆体体积：

$$V_{cd} = \frac{m_{c}}{\rho_{c}} + \frac{m_{d}}{\rho_{d}} + \frac{m_{w}}{\rho_{w}} \tag{4-36}$$

式中：ρ_{d}——矿渣密度。

（7）计算粗集料、细集料的总体积：

$$V_{sg} = 1000(1 - a) - V_{cd} \tag{4-37}$$

（8）计算粗集料、细集料用量：

$$m_{s} = V_{sg}\rho_{s}\beta_{s} \tag{4-38}$$

$$m_{g} = V_{sg}\rho_{g}(1 - \beta_{s}) \tag{4-39}$$

（9）用等量取代法设计矿渣混凝土配合比时各材料用量为 m_{c}、m_{w}、m_{s}、m_{g}、m_{d}。

（10）试拌、调整、提出混凝土设计配合比。

第六节　水泥混凝土外加剂

混凝土外加剂是在混凝土拌和时或拌和前掺入的、掺量一般不大于水泥质量的5%，并能按要求改变混凝土性能的材料。随着外加剂在水泥混凝土工程中应用的日益广泛，其显著的工程技术经济效益越来越受到国内外工程界的普遍重视，已经成为混凝土四种基本组成材料以外的第五种组分。

一、外加剂的类型及功能

常用外加剂的类型和主要功能见表4-44。

外加剂的类型功能及使用范围 表 4-44

外加剂类型	主 要 功 能	适 用 范 围
普通减水剂	1.在保证混凝土工作性及强度不变的条件下,可节约水泥用量; 2.在保证混凝土工作性及水泥用量不变的条件下,可减少用水量,提高混凝土的强度; 3.在保证混凝土用水量及水泥用量不变的条件下,可增大混凝土的流动性	1.用于日最低气温 +5℃以上强度等级为 C40 以下的混凝土施工; 2.各种预制及现浇混凝土、钢筋混凝土及预应力混凝土; 3.大模板施工、滑模施工、大体积混凝土、泵送混凝土以及流动性混凝土
高效减水剂	1.在保证混凝土工作性及水泥用量不变的条件下,可大幅减少用水量,可制备早强、高强混凝土; 2.在保证混凝土用水量及水泥用量不变的条件下,可增大混凝土拌合物的流动性,可制备大流动性混凝土	1.可用于日最低气温 +0℃以上的混凝土施工; 2.用于钢筋密集、界面复杂、空间狭窄以及混凝土不易振捣部位; 3.各种预制及现浇混凝土、钢筋混凝土及预应力混凝土; 4.凡普通减水剂适用的范围高效减水剂亦适用; 5.制备早强、高强混凝土以及流动性混凝土
引气剂及引气减水剂	1.改善混凝土拌合物的工作性,减少混凝土泌水离析; 2.增加硬化混凝土的抗冻融性	1.有抗冻融性要求的混凝土,如公路路面、飞机跑道等大面积易受冻部位; 2.集料质量差以及轻集料混凝土; 3.提高混凝土抗渗性可用于防水混凝土; 4.改善混凝土的抹光性; 5.泵送混凝土和易产生泌水的混凝土
缓凝剂及缓凝减水剂	降低热峰值及推迟热峰值出现的时间	1.用于日最低气温 +5℃以上的混凝土施工; 2.大体积混凝土; 3.夏季和炎热地区的混凝土施工; 4.预制新拌混凝土、滑模混凝土、泵送混凝土施工
早强剂	1.缩短混凝土的热蒸养时间; 2.增加硬化混凝土的抗冻融性	1.用于日最低气温 −5℃以上的混凝土施工; 2.正负气温交替的亚寒地区混凝土施工; 3.用于蒸养混凝土、早强混凝土施工
速凝剂	速凝、早强	用于喷射混凝土
防冻剂	混凝土在负温条件下,使拌合物中仍有液相的自由水,以保证水泥水化,使混凝土达到预制强度	冬季负温(0℃以下)混凝土施工
膨胀剂	使混凝土体积在水化硬化过程中产生一定膨胀,以减少混凝土干缩裂缝,提高抗裂性和抗渗性能	1.补偿收缩混凝土,用于防水屋面、地下防水及基础后浇缝、防水堵漏等; 2.填充用膨胀混凝土,用于设备底座灌浆,地脚螺栓固定等; 3.自应力混凝土,用于自应力混凝土输水管、灌注桩等

二、常用外加剂的作用机理

1.减水剂

减水剂是在混凝土坍落度基本不变的条件下,能减少拌和用水及提高混凝土强度的外加剂。其主要品种包括木质素磺酸盐类、糖蜜类、多环芳香族磺酸盐类、水溶性树脂类等。

减水剂通过以下三个作用来实现其功能。

(1)吸附-分散作用

水泥在加水搅拌后,会产生一种絮凝状结构,在这些絮凝状结构中包裹着很多拌和水,从而降低了新拌混凝土的工作性。加入减水剂后,减水剂的憎水基团定向吸附于水泥颗粒表面,亲水基团指向水溶液,如图 4-26 所示。由于减水剂的定向排列,使水泥颗粒表面均带有相同电荷,在电性斥力的作用下打破絮凝结构,使絮凝体内的游离水释放出来增加了拌合物的流动性,如图4-27所示。

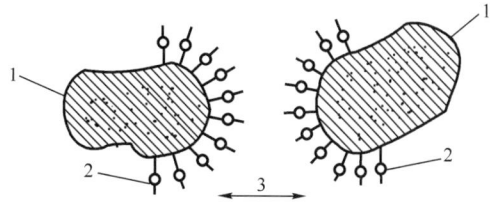

图4-26 水泥颗粒间减水剂定向排列产生电性斥力
1-水泥颗粒;2-减水剂;3-电性斥力

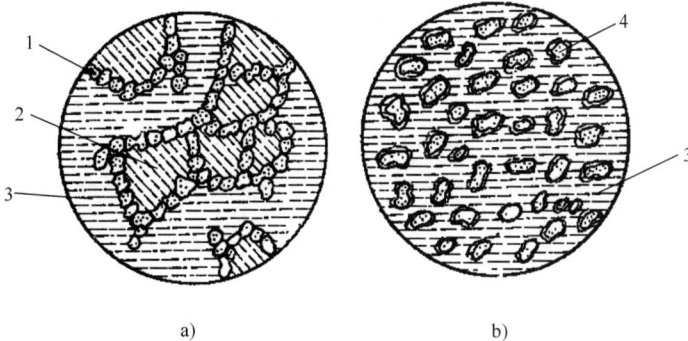

a)   b)

图4-27 减水剂对水泥絮凝结构的分散作用
a)未掺减水剂前絮状结构;b)掺减水剂后分散结构
1-水泥颗粒;2-包裹在水泥颗粒絮凝结构中的游离水;3-游离水;4-带有电性斥力和溶剂化水膜的水泥颗粒

(2)润滑作用

减水剂在水泥颗粒表面吸附定向排列,其亲水端极性很强,带有负电荷,很容易与水分子中氢键产生缔合作用,使水泥颗粒表面形成一层稳定的溶剂化水膜,它不仅能阻止水泥颗粒间的直接接触,并在颗粒间起润滑作用。

(3)湿润作用

由于减水剂对水泥颗粒的分散作用,使水泥与水的接触表面增加,水化更加充分,从而提高混凝土的强度。

2. 引气剂

引气剂是指掺入混凝土拌合物后,经搅拌能在混凝土拌合物中引入大量均匀分布稳定而封闭的微小气泡以改善工作性,并在混凝土硬化后保留微小气泡以改善其抗冻融耐久性的物质。其主要品种包括松香热聚物类、烷基苯磺酸盐类、脂肪醇磺酸盐类等。

引气剂为憎水性表面活性物质。混凝土在搅拌时会将一部分空气引入,引气剂加入后会被吸附到气泡表面,并在空气与水的界面上作定向排列,降低了气泡面上水的表面张力及界面能,从而使溶液形成众多表面时所需的功减少,同时使气泡稳定存在。

当掺入引气剂时,相互独立的、微小的空气泡就被引入混凝土中。这些气泡起到了如滚珠轴承的作用,显著改善了混凝土拌合物的和易性,并减少泌水和离析。同时,这些气泡彼此隔离,切断了混凝土中毛细管渗水通道,使水分不易渗入,提高了混凝土的抗冻性和抗渗性。气泡的存在会使混凝土有效受力面积减小,从而降低混凝土强度,但可以通过降低水灰比使强度提高。气泡的存在也会使混凝土的弹性模量降低,这对混凝土的抗裂性是有利的。

引气剂多用于水工混凝土,以及抗冻、防渗、抗硫酸盐混凝土,泌水严重的混凝土,贫混凝土,轻集料混凝土,对饰面有要求的混凝土,但不宜用于蒸养及预应力混凝土。长期处于潮湿或水位变动的寒冷和严寒环境以及盐冻环境的混凝土,应掺用引气剂或引气减水剂,其掺量应通过混凝土的含气量试验确定。混凝土最小含气量应符合表4-45中规定,且不超过7%,以免混凝土强度损失过大。

混凝土最小含气量(JGJ 55—2011)　　　　　　　　表4-45

粗集料最大公称粒径(mm)	混凝土最小含气量(%)	
	潮湿或水位变动的寒冷和严寒环境	盐冻环境
40.0	4.5	5.0
25.0	5.0	5.5
20.0	5.5	6.0

注:含气量为气体占混凝土体积的百分比。

3. 缓凝剂

缓凝剂是能延缓混凝土的凝结时间,并对其后期强度无不良影响的外加剂。其主要品种包括糖类、木质素磺酸盐类、羟基羧基及其盐类、无机盐类、氯盐类等,其中糖蜜缓凝效果最好。

缓凝剂的作用机理:缓凝剂分子吸附于水泥表面,所形成的单分子吸附膜层阻碍并抑制了水分进一步渗入水泥内部,使水泥初期水化速度变慢。此外,大多混凝土剂中含有糖分。糖是多羟基水化合物,亲水性很强,吸附于水泥后,使水泥颗粒表面的水化物膜大大增厚,使水泥颗粒间的凝聚力小于其分散作用力,从而使水泥水化延缓,产生缓凝。

缓凝剂适用于大体积混凝土、炎热季节施工的混凝土以及需要长时间停放或长距离运输的混凝土。在掺硬石膏或工业废料石膏的水泥中,掺用糖类缓凝剂时应经试验合格后方可使用。

4. 早强剂

早强剂是提高混凝土早期强度而对后期强度无不利影响的外加剂。其主要品种包括氯盐类、硫酸盐类及有机胺类。此外,高效减水剂均能在不同程度上提高混凝土的早期强度。

早强剂作用机理:氯盐是强电解质,溶解于水后将全部电离成离子,氯离子吸附于水泥颗粒表面,增加水泥颗粒的分散度,加速水泥初期水化反应。由于溶液中大量的钙离子与氯离子的存在,与C_3A和CaO反应生成了大量不溶物。这些生成物使水泥浆中固相比例增大,促使水泥凝结硬化,有助于水泥石结构的形成。

硫酸盐类如Na_2SO_4可与$Ca(OH)_2$反应生成高分散性的硫酸钙$CaSO_4$,从而降低水泥浆体中$Ca(OH)_2$的浓度,促使硅酸三钙C_3S水化加速。其综合作用促使混凝土的早期强度得以提高。

早强剂适用于蒸养混凝土、常温、低温和负温(最低气温不小于-5℃)条件下施工的有早强和防冻要求的混凝土,但不宜单独用在5℃以下施工,且有早强要求的混凝土及蒸养混凝土。由于氯盐类早强剂含有氯离子,会引起混凝土中的钢筋锈蚀,在大部分钢筋混凝土工程中限制使用氯盐类早强剂。在有耐久性要求或其他特殊要求的混凝土中,使用早强剂时也应通过试验确定。

三、外加剂掺量及掺加方法

每种外加剂都有一个最佳掺量,即使是同一种外加剂,当用途不同时,也有不同的适宜掺量,而且变化范围很小。外加剂对矿物组成不同的水泥作用效果是不同的,环境气温、施工条件对某些外加剂的功效都有一定的影响,各种外加剂品种的质量稳定性也不相同。因此,在使用外加剂前,应按说明书所推荐的掺量范围,进行必要的试配试验,以确定合适的外加剂掺量。

外加剂的掺入方法对其作用效果有较大影响,使用外加剂时应根据外加剂的品种及施工条件等具体情况,选择合适的掺入方法以提高功效。外加剂掺入方法如图4-28所示。

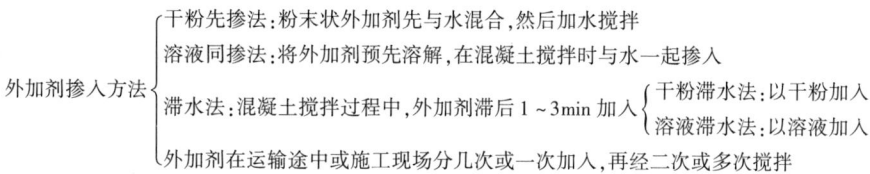

外加剂掺入方法 {
  干粉先掺法:粉末状外加剂先与水混合,然后加水搅拌
  溶液同掺法:将外加剂预先溶解,在混凝土搅拌时与水一起掺入
  滞水法:混凝土搅拌过程中,外加剂滞后1~3min加入 { 干粉滞水法:以干粉加入 / 溶液滞水法:以溶液加入 }
  外加剂在运输途中或施工现场分几次或一次加入,再经二次或多次搅拌
}

图4-28 外加剂掺入方法

外加剂掺入方法对混凝土性能的影响效果见表4-46。

外加剂掺入方法对混凝土的影响 表4-46

效 果		掺 入 方 法			
		干粉先掺法	溶液同掺法	滞水法	后掺法
在相同掺量时	混凝土拌合物流动性	较小	较小	较大	较大
	混凝土拌合物保水性	好	好	有泌水	有泌水
	缓凝作用			有	有
强度	水灰比相同时	基本一致	基本一致	基本一致	基本一致
	流动性相同时			较高	较高
减水剂用量(流动性相同时)		标准掺量	标准掺量	比标准掺量少1/3	比标准掺量少1/3
水泥用量(当掺量相同、强度及流动性相近时)				可节约水泥	可节约水泥

【复习题】

1. 水泥混凝土有哪几种组分?简述水泥混凝土材料的优缺点。

2. 试述混凝土拌合物施工和易性的含义,影响混凝土拌合物和易性的主要因素及改善措施。

3. 水泥混凝土的强度指标有哪几种?分别说明各指标的含义及计算方法。

4. 简述影响混凝土强度的主要因素及提高混凝土强度的主要措施。

5. 水泥混凝土的变形有哪几种? 分别说明各种变形的含义。

6. 试述碱-集料反应的含义及如何避免碱-集料反应的发生。

7. 普通水泥混凝土的组成材料在技术性质上有哪些主要要求?

8. 普通水泥混凝土配合比设计流程分为哪几步? 经过初步计算所得的配合比,为什么还要试拌、调整? 试拌、调整的内容是什么,如何进行?

9. 简述道路混凝土的含义及其组成设计方法。

10. 简述外加剂的类型、主要功能及掺入方法。

11. 试设计某跨度6m预应力 T 梁用水泥混凝土的配合比。

【设计资料】

水泥混凝土设计强度等级C40,工程要求的强度保证率为95%,水泥混凝土施工强度标准差 6.0MPa;要求混凝土拌合物的坍落度为 30 ~ 50mm。

组成材料及性质:水泥 P·I 52.5 级,实测抗压强度 58.5MPa,密度 $\rho_c = 3100kg/m^3$;碎石用一级石灰岩轧制,最大粒径20mm,表观密度 $\rho'_g = 2780kg/m^3$,现场含水率 $w_g = 1.0\%$;砂为清洁河砂,细度模数 = 2.4,表观密度 $\rho'_s = 2680kg/m^3$,现场含水率 $w_s = 5.0\%$;水符合混凝土拌和用水要求;减水剂用量 0.8%,减水率 $\beta_{ad} = 12\%$;粉煤灰符合 I 级灰标准,表观密度 = $2120kg/m^3$。

【设计要求】

(1)计算混凝土初步配合比(不掺减水剂和粉煤灰),并按现场含水率折算为工地配合比;

(2)计算掺加0.8%减水剂后,混凝土的初步配合比;

(3)用超量取代法计算粉煤灰混凝土初步配合比。

12. 已知水泥:砂:石的比例为 $1:2.0:4.0$,$W/C = 0.5$,水泥密度是 $3.100g/cm^3$,砂、石的表观密度分别是 $2.650g/cm^3$、$2.700g/cm^3$。试计算:

(1)在不使用外加剂的情况下,每立方米混凝土各材料用量是多少?

(2)若水泥浆用量减少5%、砂率减少2%满足坍落度要求,请计算调整后的材料用量。

第五章

新型水泥混凝土

【内容提要】

新型水泥混凝土包括聚合物改性水泥混凝土、纤维混凝土、透水混凝土、露石混凝土、彩色混凝土、SAP 内养生混凝土、自修复混凝土、绿色生态混凝土等。本章主要讲述了以上新型水泥混凝土混合料的技术特征、原材料的技术要求和混合料组成设计方法。

【学习要求】

通过学习,要求熟悉聚合物改性水泥混凝土、纤维混凝土、透水混凝土、露石混凝土、彩色混凝土、SAP 内养生混凝土、自修复混凝土、绿色生态混凝土的混合料技术特征,并对以上新型水泥混凝土原材料的技术要求和混合料组成设计方法有一定的了解。

第一节　聚合物改性水泥混凝土

聚合物水泥混凝土(Polymer Cement Concrete,简称 PCC)也称为聚合物改性水泥混凝土(Polymer Modified Cement Concrete,简称 PMC),是在普通水泥混凝土的拌合物中加入单体或聚合物,浇筑后经养护和聚合而成的一种水泥混凝土。

一、混合料技术特征

(一)新拌聚合物改性水泥混凝土的性能

1.减水性和流动性

聚合物具有较好的减水作用,普通水泥混凝土中加入专用聚合物乳液后会使混凝土的和易性大大改善。一般情况下,减水率随着聚灰比(P/C)的提高而增大,如图5-1所示,即随着聚灰比的提高,水泥混凝土拌合物的流动性增大。聚合物对混凝土拌合物的流动性改善原理如下:

(1)滚珠效应:聚合物固体微粒数量多、粒径小,起到润滑效应,提高流动性。

(2)分散作用:聚合物能使水泥加水搅拌后形成的絮凝结构分散,释放出游离水。

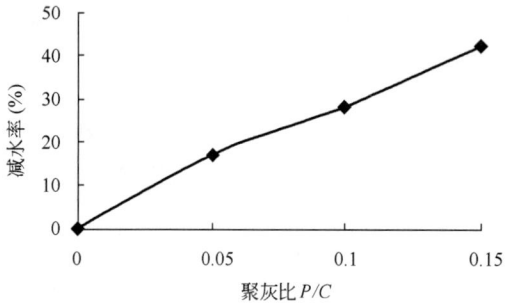

图5-1 减水率随聚灰比的变化关系

2.混凝土中含气量

加入聚合物后,会在混凝土中引入大量的气泡。少量气泡对于混凝土的流动性和抗冻性是有益的,但如果含气量过高则会降低混凝土的强度。此时,可掺加适量的消泡剂来控制聚合物改性水泥混凝土中的含气量。

3.保水性、泌水和离析

与普通水泥混凝土相比,聚合物改性水泥混凝土具有优良的保水性能,这与聚合物乳液本身亲水的胶体特性和聚合物薄膜的填充及封闭效果有关。聚合物水泥混凝土的保水能力受聚灰比影响较大。

聚合物乳液本身亲水的胶体特性及减水效应,还可以减小混凝土(砂浆)的泌水和离析现象,这样有益于提高混凝土的强度和抗渗性能。

4.凝结时间

聚合物改性水泥混凝土的凝结时间比普通水泥混凝土要长,延长的程度与聚合物的类型和聚灰比有密切关系。

(二)硬化聚合物改性水泥混凝土的性能

1.力学性能

(1)强度

聚合物的品种不同,对聚合物改性水泥混凝土强度的影响也不相同。弹性乳胶有使抗压强度下降的趋势,而热塑性树脂乳液有使抗压强度提高的倾向。同一种聚合物乳液,其共聚物中单体含量不同对强度也有不同影响。

一般来说,聚合物改性水泥混凝土的抗压强度、抗弯拉强度和抗剪强度均随聚灰比的增加而有所提高,其中以抗弯拉强度的增加最为显著,而抗压强度则基本不变或有时呈现上升或下降的趋势。在混凝土中聚灰比对混凝土抗压强度、抗弯拉强度的影响见图 5-2。

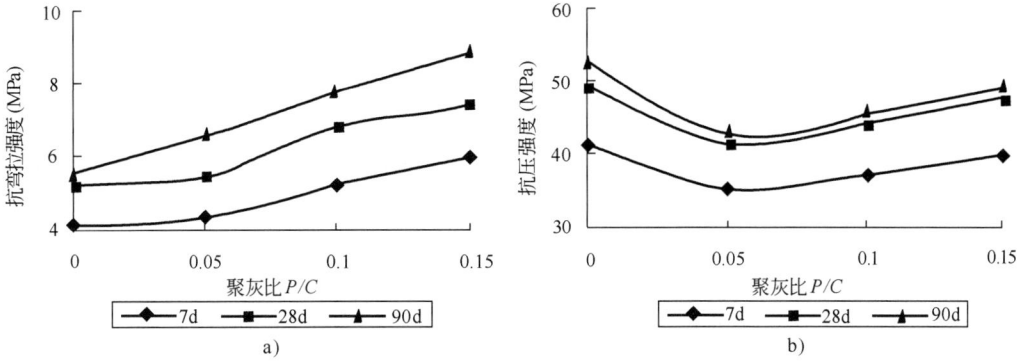

图 5-2　聚灰比对强度的影响

（2）韧性和弹性模量

聚合物水泥混凝土的韧性比普通水泥混凝土要好得多,断裂能是普通水泥混凝土的 2 倍以上。微观结构研究表明,在聚合物水泥混凝土的横断面上,可以清楚地看到聚合物薄膜像桥一样跨于微裂缝上,有效地阻止了裂缝的形成和扩张。因此,聚合物改性水泥混凝土的韧性、变形性能较普通水泥混凝土有很大提高。

聚合物水泥混凝土的弹性模量比普通混凝土有明显下降。如图 5-3 所示,羧基丁苯乳液改性水泥混凝土的动静弹性模量测试结果表明,掺入聚合物乳液后,混凝土的 28d 静弹性模量和 3d、28d 动弹性模量均有所降低,且弹性模量随着聚灰比的增大而下降。弹性模量的下降程度也与聚合物种类有关。

（3）抗弯拉疲劳性能

在相同应力水平条件下,聚合物水泥混凝土的抗疲劳性能明显优于普通水泥混凝土,且疲劳寿命随聚灰比的增大而提高。不同聚灰比条件下,羧基丁苯乳液改性水泥混凝土的疲劳寿命次数如图 5-4 所示。聚合物对混凝土疲劳性能的改善作用包括两方面:一方面,是由于聚合物成膜后对混凝土内部的原生裂缝有约束作用并可以钝化裂缝尖端的应力集中;另一方面,柔性较高的聚合物膜可以吸收冲击能量,有效细化因水化热、温差、干湿、离析等因素作用形成的裂隙的尺度,增强了混凝土内部材料的连续性。

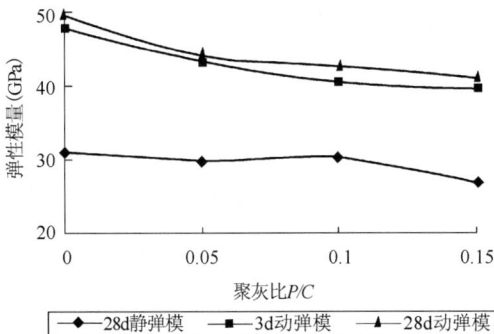

图 5-3　聚灰比对弹性模量的影响

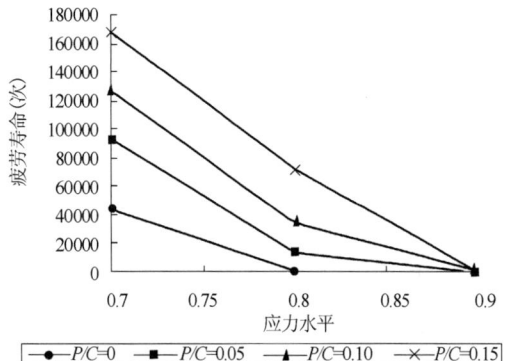

图 5-4　聚合物对混凝土疲劳寿命的影响

（4）干缩和徐变

聚合物水泥混凝土的干缩与徐变受聚合物种类及聚灰比影响,与普通混凝土相比,掺入不同聚合物,其干缩与徐变表现出不同的增大或减小规律。

2. 耐久性

（1）抗冻性

掺入聚合物使得混凝土密实度提高,孔隙率减小,吸水率大大降低,加之聚合物的引气作用,其抗冻性优于普通水泥混凝土。

（2）耐磨性

聚合物水泥混凝土的耐磨性优于普通混凝土。耐磨性提高的程度与聚合物的种类、聚灰比及磨损条件有关。随着聚灰比的增大,聚合物改性水泥混凝土的耐磨性提高。混凝土中掺加聚合物,可使磨损表面含有一定数量的有机聚合物。这些聚合物对混凝土颗粒起着很好的黏结作用,可防止它们从表面脱落。

（3）抗渗性

聚合物改性水泥混凝土的抗渗性可以从混凝土的耐水性和抗氯离子渗透性两方面进行评价。

耐水性可以用吸水性、不透水性和软化系数来描述。由于聚合物填充了混凝土内部的孔隙,使总的孔隙量、大孔隙和开口孔隙减少,因此聚合物水泥混凝土的吸水性大大降低。在比较理想的情况下,聚合物水泥混凝土的吸水率可下降50%,软化系数达到0.80～0.85。聚合物还可降低混凝土的透水性,这主要是由于聚合物能够提高水泥混凝土的密实度。一般来说,聚灰比越大,聚合物水泥混凝土的透水性越低。聚合物种类不同,其改性混凝土的耐水性也不同。

聚合物水泥混凝土良好的不透水性,使其具有优良的抗氯离子渗透性。随着聚灰比的提高,氯离子扩散系数降低,氯离子的渗透深度呈线性下降。

（4）耐化学腐蚀性

聚合物水泥混凝土由于聚合物的填充作用和聚合物薄膜的封闭作用使其耐腐蚀性提高。聚合物水泥混凝土的耐化学腐蚀性随着聚灰比的增大而提高。聚合物的耐油、耐油脂能力很强,但不耐酸。

（5）抗碳化性

在聚合物乳液改性水泥砂浆和混凝土中,由于聚合物的填充和封闭作用,空气、二氧化碳、氧气的透过性降低,因而其抗碳化能力大大提高。一般情况下,聚灰比提高,抗碳化能力随之提高。抗碳化作用的大小与聚合物的含量、二氧化碳的暴露条件等有关。

二、原材料技术要求

1. 水泥

聚合物水泥混凝土所用的水泥,除优先选用普通硅酸盐水泥外,还可使用各种硅酸盐水泥、快硬水泥等,其技术性质能符合国家现行标准的要求,强度等级大于或等于32.5MPa即可。

2. 聚合物

聚合物水泥混凝土所用的聚合物可以分为4类:

（1）聚合物乳液（或水分散体）。

（2）水溶性聚合物。

（3）可再分散的聚合物粉料。

（4）液体聚合物。

对水泥中掺用的聚合物,除应满足表5-1中的要求外,一般还应满足:

（1）对水泥的凝结硬化和胶结性能无不良影响。

（2）水泥水化过程中释放的高活性离子有很高的稳定性。

（3）自身有很好的储存稳定性。

（4）有很高的机械稳定性,不会因计量、运输和搅拌时的高剪切作用而破乳。

（5）具有很低的引气性。

（6）在混凝土或砂浆中能形成与水泥水化产物和集料有良好黏结力的膜层。

（7）形成的聚合物薄膜应有极好的耐水性、耐碱性和耐候性。

（8）水泥的碱性介质不被水解或破坏。

（9）对钢筋无锈蚀作用。

水泥掺合用聚合物的质量要求

表5-1

试 验 种 类	试 验 项 目	规 定 值
分散体试验	外观总固体成分	应无粗颗粒,异物和凝固物35%以上,误差在±1.0%以内
聚合物水泥砂浆试验	抗弯强度(MPa)	4以上
	抗压强度(MPa)	10以上
	黏结强度(MPa)	1以上
	吸水率(%)	15以下
	透水量(g)	30以下
	长度变化率(%)	0~0.15

3. 集料

聚合物水泥混凝土所用的粗细集料与普通水泥混凝土相同。

4. 主要外加剂

（1）稳定剂

为了防止乳液与水泥拌和及凝结过程中聚合物过早凝聚,保证聚合物与水泥均匀混合,通常需要加入适量的稳定剂。常用的稳定剂有OP型乳化剂、均染剂102、农乳600等。

（2）消泡剂

聚合物乳液与水泥拌和时,由于乳液中的乳化剂和稳定剂等表面活性剂的影响,通常在混凝土内产生许多小泡,增加砂浆的孔隙率,使其强度明显下降。因此,必须添加适量的消泡剂。

必须特别指出,消泡剂的针对性很强,使用消泡剂时必须认真选择,并通过试验加以验证。几种消泡剂复合使用有较好的效果。

（3）抗水剂

有些聚合物耐水性比较差,会严重影响聚合物水泥混凝土的耐久性,因此在配制中需掺加适量的抗水剂。

（4）促凝剂

当聚合物水泥混凝土中的乳胶树脂等掺量较多时,会延缓聚合物水泥混凝土的凝结速度,应根据施工温度等条件加入适量的促凝剂,以促进水中的凝结。

三、混合料组成设计

聚合物改性水泥混凝土在进行配合比设计时,除考虑普通混凝土的一般性能外,还应当考虑聚合物的种类、聚合物的掺量、聚合物与水泥用量之比(聚灰比)、水灰比、消泡剂及稳定剂的掺量和种类等影响因素。

聚合物改性水泥混凝土的配合比设计除应考虑聚灰比外,其他大致可按普通水泥混凝土进行。一般情况下,聚合物水泥混凝土的配合比为:

（1）水泥:砂 = 1:2 ~ 1:3(质量比)。

（2）聚灰比控制在 5% ~20% 范围内。

（3）水灰比根据混凝土拌合物的设计及和易性适当选择,大致控制在 0.30 ~ 0.60 范围内。

聚合物改性水泥混凝土的参考配合比见表5-2。

聚合物改性水泥混凝土的参考配合比

表5-2

聚灰比 （%）	水灰比	砂率 （%）	聚合物用量 （kg/m³）	用水量 （kg/m³）	水泥用量 （kg/m³）	砂用量 （kg/m³）	石子用量 （kg/m³）	坍落度 （mm）	含气量 （%）
0	0.50	45	0	160	320	510	812	50	5
5	0.50	45	16	140	320	485	768	170	7
10	0.50	45	32	121	320	472	749	210	7

第二节　纤维混凝土

纤维增强混凝土简称纤维混凝土,指在素混凝土基体中掺入均匀分散的短纤维而组成的一种复合材料。纤维混凝土的种类较多,常用的主要有钢纤维混凝土、玄武岩混凝土、玻璃纤维混凝土、聚丙烯纤维混凝土及碳纤维混凝土等。

1. 钢纤维混凝土

与普通混凝土相比,能显著提高混凝土的韧性,改善混凝土抗拉、抗弯、抗磨和抗裂性能。但钢纤维混凝土施工和易性和耐久性较差,还有用量大、价格高、易生锈、在火灾爆炸等情况下表现较差等缺点,也限制了其在工程上的应用。

2. 玄武岩纤维混凝土

玄武岩纤维与水泥基材料有较好的相容性,能有效防止水泥混凝土开裂。它具有强度高、耐高温、耐酸碱腐蚀、抗冲击性好等一系列优点,同时还兼有绿色、环保、节约资源等优势,更加符合绿色建材发展趋势。

3. 玻璃纤维混凝土

玻璃纤维混凝土与普通混凝土相比自重轻、抗冲击。同时由于采用抗拉强度极高的玻璃纤维作增强材料,因而其抗拉强度很高。但玻璃纤维自身具有脆性与混凝土结合比较困难,且当其在大气中暴露一段时间后,其强度和韧性会随着时间的增加而逐渐下降。普通玻璃纤维易受水泥中碱性物质的腐蚀,因此用于水泥混凝土中的玻璃纤维需进行表面处理。

4. 聚丙烯纤维混凝土

聚丙烯纤维混凝土具有轻质、抗拉强度高、抗冲击和抗裂性能等优点,聚丙烯纤维代替部分钢筋可以减小混凝土的自重,提高结构的抗震性能。但是聚丙烯纤维比表面积较大,拌和过程中出现增稠现象,不利于混凝土的振动密实。同时聚丙烯纤维在抗拉、抗老化和耐碱性能方面较差。

5. 碳纤维混凝土

碳纤维混凝土具有抗拉强度和弹性模量高、化学性质更加稳定,与混凝土结合良好等的优点,但由于碳纤维价格昂贵,工程应用中受到很大的限制。

由于篇幅所限,下面以钢纤维混凝土为例介绍其技术性能及配合比设计。

一、混合料技术特征

1. 强度

钢纤维能显著改善混凝土的抗弯拉强度,但对混凝土抗压强度的改善作用并不明显。钢纤维掺入混凝土后,约束了受压过程中混凝土的横向膨胀,推迟了破坏过程,这对提高抗压强度是有益的;但是,由于混凝土基体的抗拉强度低,钢纤维的掺入增加了界面薄弱层,混凝土受压后,大多数破坏首先发生在界面区。

2. 抗裂性

钢纤维的重要作用是推迟和控制混凝土的受控开裂。影响钢纤维混凝土抗裂性的因素主要有钢纤维掺量、钢纤维与混凝土界面的黏结强度以及混凝土基体强度等。纤维掺量与抗裂性之间的关系如图 5-5 所示,图中采用抗弯初裂荷载作为抗裂性的表征指标。由图中关系曲线可看出,初裂荷载随钢纤维掺量的增加而明显提高,钢纤维混凝土的抗裂性不断增强。

3. 抗冲击性能

钢纤维混凝土的抗冲击能力随钢纤维掺量的增加而增大,与普通混凝土相比,其最大提高幅度可达数倍甚至是几十倍。钢纤维掺量与冲击次数的关系曲线见图 5-6。随着钢纤维含量的增加,混凝土的抗冲击性能明显增强,但如果纤维掺量过大,可能会降低混凝土的流动性,并且较大的纤维体积率还将导致造价升高。

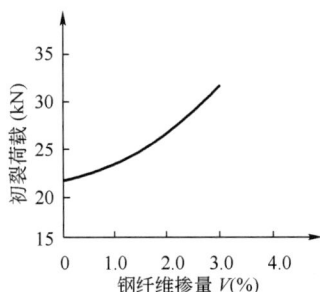

图 5-5　纤维掺量与抗裂性能关系　　　　图 5-6　纤维掺量与冲击次数关系

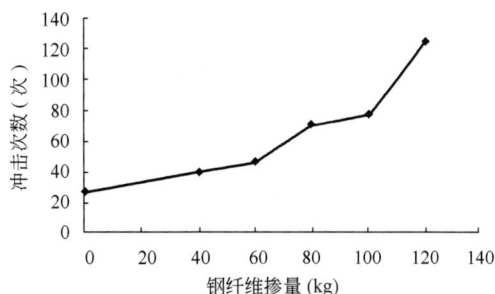

4. 抗冻及耐磨性

钢纤维混凝土的抗冻耐久性及耐磨性较普通混凝土更为优异。抗冻试验表明,经过300次冻融循环后,普通混凝土已完全破坏,而钢纤维混凝土却依然完好。在恶劣环境下,钢纤维混凝土具有优良的长期使用性能。钢纤维混凝土的耐磨性能也很好,当钢纤维掺量为1%时,混凝土的耐磨性可提高60%~90%。

二、原材料技术要求

1. 钢纤维

配制钢纤维混凝土时对钢纤维的要求,主要包括钢纤维的强度、尺寸、形状、长径比和技术性能等方面。

钢纤维的尺寸由强化特性和施工难易程度确定,如果钢纤维过于粗、短,则钢纤维混凝土强化特性差;如果过于细、长,搅拌时易结团。为增加钢纤维与混凝土之间的黏结强度,常采用增大纤维表面积或将钢纤维加工成凹凸形状,但不宜加工过于薄、细,以免在搅拌时折断。控制钢纤维长径比的目的是使其均匀地分布在混凝土中。钢纤维几何参数及技术性能应满足表5-3和表5-4中的要求。

各种混凝土结构中适用的钢纤维几何参数采用范围 表5-3

用　途	长度(mm)	直径(当量直径)(mm)	长径比
一般浇筑钢纤维混凝土	20~60	0.3~0.9	30~80
钢纤维喷射混凝土	20~35	0.3~0.8	30~80
钢纤维混凝土抗震框架节点	35~60	0.3~0.9	50~80
钢纤维混凝土铁路轨枕	30~35	0.3~0.6	50~70
层布式钢纤维混凝土复合路面	30~120	0.3~1.2	60~100

水泥混凝土增强用的钢纤维技术指标 表5-4

材料名称	相对密度	直径(mm)	长度(mm)	(软化点/熔点)(℃)	弹性模量(MPa)	抗拉强度(MPa)	极限变形(%)	泊松比
低碳钢纤维	7.80	0.25~0.50	20~50	500/1450	0.20	400~1200	0.4~1.0	0.30~0.33
不锈钢纤维	7.80	0.25~0.50	20~50	550/1450	0.20	500~1600	0.4~1.0	—

2. 水泥

对于钢纤维混凝土路面,一般选用普通硅酸盐水泥,重型交通路面混凝土通常选用42.5级水泥。由于钢纤维混凝土路面的特殊工作条件以及路面厚度较小,故路面混凝土应尽可能采用强度高、干缩性小、耐磨性及抗冻性好的水泥。一般情况下,普通混凝土路面的水泥用量不宜少于300kg/m³。而国内外纤维改性混凝土路面的水泥用量大多在340~380kg/m³,这样可以有效地提高纤维混凝土的弯拉强度。

3. 集料

配制钢纤维混凝土应选用硬度大、强度高的碎石,在实际工程中,一般宜选用花岗岩、辉绿岩、正长岩及致密石灰岩等。

钢纤维混凝土中碎石的最大粒径不宜大于16mm。粗集料的其他质量要求,应符合国家标准《建设用卵石、碎石》(GB/T 14685—2011)中的规定。

细集料一般选用河砂、山砂和碎石砂。其质量要求应符合国家标准《建设用砂》(GB/T 14684—2011)中的规定。公路路面纤维混凝土一般应采用河砂,其细度模数为2.3~3.7,即采用中砂或粗砂。

4.掺合料

为提高混凝土基体的强度,在配制钢纤维混凝土时,一般应掺加适量的掺合料。用于钢纤维混凝土的掺合料,可以是二级以上的粉煤灰、硅灰、磨细高炉矿渣、磨细沸石粉等。粉煤灰、磨细高炉矿渣、磨细沸石粉的比表面积应控制在$4500m^2/kg$以上。

5.外加剂

配制钢纤维混凝土常用的外加剂主要有减水剂和缓凝剂。

三、混合料组成设计

钢纤维混凝土的配合比应直接基于钢纤维混凝土的性能及用途进行设计,一般以钢纤维混凝土的抗折强度作为配合比设计指标,通过调整钢纤维掺入量、钢纤维长径比、水泥强度等级与水灰比之间的比例关系,进而控制钢纤维混凝土的抗折强度。钢纤维混凝土的配合比设计必须满足路面设计要求的拌和性能、硬化后的性能以及钢纤维混凝土路面结构的设计要求。这些指标要求通常体现为抗压强度、抗折强度和弯曲韧度等。

钢纤维混凝土的配合比设计应满足结构设计要求的抗压强度与抗折强度,以及施工中要求的和易性。钢纤维混凝土配合比设计应通过试验并按以下步骤进行。

1.确定水灰比

(1)根据强度标准值或设计值以及施工配制强度提高系数,确定试配抗压强度和抗折强度。钢纤维混凝土配合比设计的试配抗压强度提高系数按《普通混凝土配合比设计规程》(JGJ 55—2011)的规定采用。钢纤维混凝土的试配弯拉强度,可根据施工技术水平和工程的重要性,取弯拉强度设计值的1.10~1.15倍。

(2)按试配抗压强度计算水灰比,一般不大于0.50,并检验水灰比是否满足耐久性要求(表5-5)。

钢纤维混凝土满足耐久性要求的最大水(胶)灰比 表5-5

公 路 等 级	最大水(胶)灰比	抗冰冻要求最大水(胶)灰比	抗盐冻要求最大水(胶)灰比
高速、一级公路	0.47	0.45	0.42
二级公路	0.49	0.46	0.43
三、四级公路	0.50	0.48	0.46

2.纤维掺量体积率

根据试配抗折强度,按规定计算或通过已有资料确定钢纤维体积率,一般钢纤维体积率为0.35%~1.0%。

3.单位体积用水量

根据施工要求的稠度,通过试验或已有资料确定单位体积用水量,如掺用外加剂应考虑外加剂的影响。

4.单位水泥用量

根据水灰比及单位体积用水量,确定出单位水泥用量,并依表5-6检验是否满足耐久性要求。钢纤维混凝土凝胶材料用量不宜小于360kg/m³。

钢纤维混凝土满足耐久性要求的最小水泥用量　　　　　　　表5-6

公路等级		高速公路、一级公路	二级公路
最小单位水泥用量(kg/m³)	52.5级	350	350
	42.5级	360	360
抗冰冻、抗盐冻最小单位水泥用量(kg/m³)	52.5级	370	370
	42.5级	380	380
掺粉煤灰时最小单位水泥用量(kg/m³)	52.5级	310	310
	42.5级	320	320
抗冰冻、盐冻掺粉煤灰最小单位水泥用量(kg/m³)	52.5级	320	320
	42.5级	340	340

注:处在除冰盐、海风、酸雨或硫酸盐等腐蚀性环境中或在大纵坡等加减速车道上时,宜采用较小的水灰(胶)比。

5.合理砂率

根据试验或有关资料确定合理砂率,一般选用50%左右,使用时根据所用材料的品种规格、纤维体积率和水胶比等适量调整。

6.砂石料用量

按绝对体积法或假定质量密度法计算材料用量,确定试验配合比。

7.确定强度试验基准配合比

按初步计算配合比进行拌合物性能试验,调整单位体积用水量和砂率,确定强度试验用基准配合比。

8.按强度试验结果调整水胶比和钢纤维体积率,确定施工配合比

第三节　透水混凝土

透水混凝土(Pervious Concrete)也称多孔混凝土(Porous Concrete)。它是由特殊级配的集料、水泥、外加剂和水等经特定工艺配制而成的,其内部含有很大比例的贯通性孔隙。其内部形成的蜂窝状结构,有助于提高混凝土的透水性能,但同时也对混凝土的强度产生了不良影响。

透水混凝土根据其组成材料不同,又可分为三种主要类型:水泥透水混凝土、高分子透水混凝土和烧结型透水制品。在路面工程中通常使用水泥透水混凝土。

一、混合料技术特征

透水混凝土是一种生态环保型混凝土,它既具有一定的强度,又具有一定的透水透气性,

可以很好地缓解不透水铺装对环境造成的影响。从技术性能上看,透水混凝土除了能够排除地表积水外,它在净化雨水、降低路面交通噪声等方面的效果同样很明显。与不透水的混凝土路面铺装材料相比,透水混凝土具有以下优点。

(1)透水混凝土路面能够使雨水迅速渗入地表,还原成地下水,使地下水资源得到及时补充。透水路基还可以发挥"蓄水池"功能,这种功能有利于保持土壤湿度,对改善城市地表植物和土壤微生物的生存环境具有重要意义。

(2)透水混凝土具有较大的孔隙率,其自身可以与外部空气和下部透水垫层相连通,有利于调节城市空间的温度和湿度;此外,透水混凝土对城市地表的透水透气作用,还可以维护城市地表的生态平衡。

(3)透水混凝土路面凭借其特有的多孔吸声结构,可以吸收车辆行驶时产生的噪声,从而创造一个安静舒适的交通环境。

(4)透水混凝土路面能够消除雨天行车产生的"漂滑""飞溅"等现象,缓解了雨天给行人出行和车辆行驶带来的不便。在冬季,透水混凝土路面也不会形成"黑冰"(由霜雾形成的一层几乎看不见的薄冰,极其危险),提高了行人、车辆的通行安全性。

(5)透水混凝土路面表面的自然色对光线具有良好的反射性。透水混凝土较大的孔隙能够积蓄较多的热量,有利于减少路面对太阳光热量的吸收,从而避免形成"热岛效应"。

(6)在降雪季节,地热可以通过透水混凝土路面的孔隙把积起的固体状雪融化成液体状水,然后再渗透到地下以补充地下水。

虽然透水混凝土具有以上诸多优点,但其在强调透水能和环保效应的同时必然会给其他性能带来影响,所以透水混凝土也存在一些缺陷。

①透水混凝土与密实性水泥混凝土相比,其本身的抗压强度和抗折强度较低,修筑的路面不能行驶重型交通车辆。

②透水混凝土对路基的要求比较高,其基础的高度必须能够达到蓄水和渗水的要求。

③透水混凝土路面通常被限制在缓坡地段使用。

④透水混凝土路面的运行成本较高且清扫非常困难,特别是垃圾和污物随着雨水渗透到透水混凝土的空隙中后,其空隙率急剧下降,如果长时间得不到清理,透水混凝土的渗水作用甚至会完全失效。

二、原材料技术要求

1. 水泥

配制普通透水混凝土时,最好选用硅酸盐水泥、普通硅酸盐水泥,也可以用矿渣硅酸盐水泥、粉煤灰硅酸盐水泥或快硬水泥,所选用水泥的强度等级一般应在42.5级以上。

无论采用何种水泥,均需要降低游离石灰的溶出,以避免对植物生长造成影响,同时还需要兼顾混凝土的耐久性。

2. 集料

透水混凝土所用的集料主要包括普通集料和特种集料两种。集料可以采用普通的卵石、碎石,也可以采用特制的陶粒、浮石等轻集料。再生型集料也是透水混凝土集料的选择之一。

集料的性质对透水混凝土的性能有着重要影响，因此对集料的颗粒直径、级配、颗粒形状以及强度等指标应加以严格控制。集料粒径的大小应根据透水混凝土结构的强度和厚度要求而定。集料的粒径不宜过大，最大集料粒径应不大于25mm，且粒径大于20mm的集料含量应控制在5%以内。在必要时，也可以掺加部分细集料，但细集料含量不宜太多。

3. 外加剂

透水混凝土中常掺加的外加剂有增强剂、减水剂、着色剂、消石灰、早强剂等。掺入适量的增强剂，有助于提高水泥浆与集料间的界面黏结强度；掺入适量的减水剂，有助于改善混凝土成型时的和易性，同时也能提高混凝土的强度；添加一定量的着色剂，可以使路面混凝土变得更加美观；掺入一定量的消石灰，可以增加水泥浆的黏性，提高施工时面层的平整度，同时消石灰还对酸性雨有中和作用，因此也能提高透水混凝土路面的耐久性；在冬季低温条件下施工时，加入适量的氯化钠等早强剂，还可以加速混凝土的硬化。

4. 矿物质掺合料

在透水混凝土中加入矿物质掺合料，可以提高透水混凝土的强度，改善透水混凝土路面的耐久性。粉煤灰用量不得超过胶凝材料总质量的25%，磨细粒化高炉矿渣用量不得超过胶凝材料总质量的50%，当同时掺加三种矿物质掺合料时，其总替代量不应超过水泥质量的50%。当透水混凝土路面的周围环境温度降低到50℉（10℃）以下时，磨细粒化高炉矿渣掺量要减少到30%。

三、混合料组成设计

1. 设计参数选定

透水混凝土配合比设计时，主要考虑的参数有孔隙率、水胶比和集浆比。

（1）孔隙率

透水混凝土配制强度确定后，需要根据用途确定混凝土的孔隙率。对绿化透水混凝土而言，要给予植物生长及所需养分储存以充足的空间，因此孔隙率要求在20%以上；对于用于路面的透水混凝土，在保证强度的前提下，孔隙率宜为15%~20%。

（2）水胶比

透水混凝土的水胶比决定着浆体的流动性。水胶比大则浆体的流动性大，被包裹的集料表面光滑，但浆体易滴淌，聚积在试件的底部不利于形成连通孔隙。对于特定集料级配而言，透水混凝土可采用的水胶比范围较窄，通常介于0.25~0.35，如果加入了减水剂，水胶比范围为0.22~0.35。

（3）集浆比

集浆比是指集料用量与水泥用量的比例。选择合理的集浆比，是保证透水混凝土具有相互贯通孔隙的关键所在。当水泥用量一定时，增大集浆比，集料颗粒周围包裹的水泥浆厚度变薄，此时混凝土的孔隙率增加，但其强度会减小；当水泥用量一定时，减小集浆比，集料颗粒周围包裹的水泥浆厚度增大，透水混凝土的强度提高，但其孔隙率将减小，透水能力降低。一般情况下，透水混凝土的集浆比应控制在3~6。另外，小粒径集料的集浆比应适当比大粒径的小一些。

2. 选定原材料用量

（1）用水量

透水混凝土和易性可以通过经验方法确定。大致标准为：目测观察所有集料颗粒表面，若表面均形成平滑的水泥浆包裹层并且包裹层有光泽、不流淌，认为用水量比较适宜。对于使用卵石、碎石作为集料的透水混凝土来说，其用水量一般为 $80 \sim 120kg/m^3$。但实际用水量应根据透水及强度要求由试验确定。

（2）集料用量

$1m^3$ 混凝土所用的集料总量通常取集料的紧密堆积密度数值，该值大致为 $1200 \sim 1400kg/m^3$。集料中主要采用粗集料，细集料用量应控制在 20% 以内。

（3）水泥用量

在保证最佳用水量的前提下，适当增加水泥用量能够使集料周围水泥浆膜层的稠度和厚度变大，可有效提高透水混凝土的强度。但水泥用量过大会使浆体增多，孔隙率减少，降低透水性。如果集料粒径较小、集料的比表面积较大，则应适当增加水泥用量。水泥用量随着所用集料粒径的增大而减少，一般控制在 $250 \sim 350kg/m^3$ 范围内。

3. 混合料设计步骤

透水水泥混凝土配合比设计步骤宜符合下列规定：

（1）单位体积粗集料用量应按式（5-1）计算确定：

$$W_G = \alpha \cdot \rho_G \tag{5-1}$$

式中：W_G——透水水泥混凝土中粗集料用量（kg/m^3）；

ρ_G——粗集料紧密堆积密度（kg/m^3）；

α——粗集料用量修正系数，取 0.98。

（2）胶结料浆体体积应按式（5-2）计算确定：

$$V_P = 1 - \alpha \cdot (1 - v_c) - 1 \cdot R_{void} \tag{5-2}$$

式中：V_P——每立方米透水水泥混凝土中胶结料浆体体积（m^3/m^3）；

v_c——粗集料紧密堆积孔隙率（%）；

R_{void}——设计孔隙率（%）。

（3）水胶比应经试验确定，水胶比选择范围控制在 $0.25 \sim 0.35$，并应满足表 5-7 中给出的透水混凝土的各项技术要求。

（4）单位体积水泥用量应按式（5-3）确定：

$$W_c = \frac{V_P}{R_{w/c} + 1} \cdot \rho_c \tag{5-3}$$

式中：W_c——每立方米透水水泥混凝土中水泥用量（kg/m^3）；

V_P——每立方米透水水泥混凝土中胶结料浆体体积（m^3/m^3）；

$R_{w/c}$——水胶比；

ρ_c——水泥密度（kg/m^3）。

（5）单位体积用水量应按式（5-4）确定：

$$W_w = W_c \cdot R_{w/c} \tag{5-4}$$

式中：W_w——每立方米透水水泥混凝土中用水量(kg/m^3)；

$\quad$ W_c——每立方米透水水泥混凝土中水泥用量(kg/m^3)；

$\quad$ $R_{w/c}$——水胶比。

(6)外加剂用量应按下式确定：

$$M_a = W_c \cdot a \tag{5-5}$$

式中：M_a——每立方米透水水泥混凝土中外加剂用量(kg/m^3)；

$\quad$ W_c——每立方米透水水泥混凝土中水泥用量(kg/m^3)；

$\quad$ a——外加剂的掺量(%)。

(7)当掺用增强剂时,掺量应按水泥用量的百分比计算,然后将其掺量换算成对应的体积。

(8)透水水泥混凝土配合比可采用每立方米透水水泥混凝土中各种材料的用量表示。

透水水泥混凝土的性能 表5-7

项　目		计量单位	性能要求	
耐磨性(磨坑长度)		mm	≤30	
透水系数(15℃)		mm/s	≥0.5	
抗冻性	25次冻融循环后抗压强度损失率	%	≤20	
	25次冻融循环后质量损失率	%	≤5	
连续孔隙率		%	≥10	
强度等级		—	C20	C30
抗压强度(28d)		MPa	≥20.0	≥30.0
弯拉强度(28d)		MPa	≥2.5	≥3.5

注:耐磨性与抗冻性性能检验可视各地具体情况及设计要求进行。

第四节　露石混凝土

露石混凝土主要用于露石水泥混凝土路面的修筑。露石混凝土路面(Exposed-Aggregate Cement Concrete Pavement,简称EACCP),是在面层水泥混凝土混合料铺筑完成后,喷洒露石剂并覆盖塑料膜养护,其间,通过露石剂作用对水泥混凝土表面层进行化学处理,延缓表面一定厚度水泥砂浆的凝结,但不影响主体混凝土的正常凝结硬化,当主体混凝土达到一定强度后,刷洗其表面,进行表面除浆,露出均匀分布的粗集料,这样所形成的水泥路面叫露石混凝土路面。

露石混凝土路面,由于具有随机凸起的集料表面,声波和压力波在轮胎花纹下的空隙中会自行消失,因此降低了噪声。目前,该类路面多在澳大利亚、丹麦、比利时、法国和英国等国家使用。

一、原材料技术要求

1. 水泥

用于普通混凝土的水泥均可用于露石混凝土。

2. 集料

露石混凝土中的部分粗集料暴露在路面表面,直接承受行车的磨耗作用,对石料的耐磨性要求高,这就要求石料具有足够的综合力学强度以抵抗车轮荷载冲击、剪切、磨耗等作用。表5-8给出了粗集料的技术要求。

EACCP 粗集料的技术要求　　　　　　　　　　　　　　　　表5-8

技 术 指 标	抗滑表层粗集料要求		EACCP 推荐指标
	高速、一级公路	其他公路	
石料磨光值 PSV,不小于	42	35	45
压碎值(%)	26	28	20
磨耗值(%),不大于	14	16	10
冲击值(%),不大于	25	30	15

同时,为保证路面表面集料不脱落,应采用带有棱角、近似立方体的粗集料颗粒,控制扁平、针状的粗集料颗粒含量。为提高抗滑力和水泥浆与界面的黏结力,应选用表面粗糙、洁净的粗集料。集料的粒径和级配要综合多方面因素后选择,粒径大的集料与水泥石黏结力强不易脱落,但粒径过大也会增加行车噪声,降低舒适性。在选择集料时,颜色也是综合考虑的因素之一,在条件允许的情况下,优选能形成路表光线柔和、颜色赏心悦目的碎石。

细集料应质地坚硬、耐久、洁净,符合规定级配,泥土、云母、硫化物和硫酸盐以及有机物的含量,应满足公路水泥混凝土路面设计规范与施工技术规范的要求。天然砂和海砂的质量一般都满足要求,当河砂与海砂不易得到,也可采用人工砂,但各项指标必须合格。

二、混合料组成设计

露石混凝土配合比设计,既要符合普通混凝土的设计原则,又要考虑露石水泥混凝土路面(EACCP)的特殊技术要求。

在强度方面,基本上按照普通水泥混凝土路面混合料的设计方法,以抗弯拉强度为主要强度指标进行配合比设计。考虑到 EACCP 的特殊性,在满足强度要求的基础上,要进行实际露石混凝土试样板的浇筑与刷洗,研究其表面纹理效果,同时还要考虑工艺性。在同时满足各方面技术要求的几个配合比中,选择最佳的配合比作为施工配合比。

露石混凝土配合比设计除满足强度、耐久性、工作性和经济性要求外,还需考虑如下因素。

1. 水泥砂浆与粗集料的黏结

为防止表层露出集料的剥落,原则上水泥砂浆-集料界面间的黏结强度越高越好。提高界面黏结强度的主要措施是提高水泥强度等级、减小水灰比、增大水泥用量,同时选择表面粗糙、颗粒有棱角、近似立方体的粗集料。

2. 露石混凝土的耐磨性

露石混凝土的耐磨性主要依赖于集料的耐磨性,应选择磨光值高、冲击值小的粗集料。同时,由于露石混凝土表面仍有一部分水泥砂浆会受到交通荷载作用,故其耐磨性不能忽视,而耐磨性的影响因素与普通混凝土相同。

3. EACCP 结构形式

EACCP 既可用于普通道路(二级及二级以下公路),又可用于高等级公路(高速公路、一级公路),所以对于不同等级的公路,在配合比设计时应选择相应的设计指标。

由于粗集料最大粒径及级配的不同,露石混凝土表面外观有较大差异。最大粒径超过20mm时,表面会过于粗糙;连续级配碎石所形成的露石混凝土表面在视觉上比单一粒径碎石的要差。如果按强度要求所选用的混凝土集料与上述按路面外观要求所选用的集料间存在差异,有必要将水泥混凝土路面分为两个层次铺筑。即表面层混凝土采用所期望露石效果的集料,厚度为4~5cm,其余厚度混凝土采用按强度要求所选择的集料组成。

第五节　彩色混凝土

彩色混凝土是以白色水泥、彩色水泥或白色水泥掺入彩色颜料,以及彩色集料和白色或浅色集料按一定比例配制而成的混凝土。彩色水泥混凝土路面通常使用彩色混凝土铺筑而成。彩色混凝土路面具有施工方便、自然美观、立体感强、坚固耐久、保养维修简便等优点,主要适用于人行道、各种类型广场、停车场、校园或各种公共场合的休闲道路等。

一、原材料技术要求

1. 彩色水泥

用于生产彩色水泥的颜料,应具备与水泥相容性好、色彩浓厚、颗粒较细、耐碱性强、耐久性好、均匀性好和不含杂质等性能特点。在正常情况下,颜料的掺量一般约为水泥质量的6%,且最大不超过10%。彩色水泥中的颜料一般使用天然或合成的矿物颜料比较适宜,它们不会与水泥或集料发生化学反应。有机颜料在使用中容易褪色,一般不予选用。

彩色硅酸盐水泥的技术标准主要包括物理力学性能和化学性能两个方面。根据《彩色硅酸盐水泥》(JC/T 870—2012)中的规定,国产彩色水泥的技术标准应符合表5-9中的要求。

国产彩色水泥(42.5MPa)的技术标准　　　　　　　　　　　表5-9

技术标准项目			技 术 标 准			
物理力学性能	水泥细度(筛余)		80μm方孔筛筛余不大于6%			
	凝结时间		初凝不得早于60min,终凝不得迟于10h			
	体积安定性		用沸煮法试验,试件体积变化必须均匀			
	强度(MPa)	强度类别及养护龄期	抗压强度		抗折强度	
			3d	28d	3d	28d
		强度指标	≥15.0	≥42.5	≥3.50	≥6.50
化学性能	烧失量		水泥的烧失量不得超过5%			
	氧化镁含量		熟料中氧化镁含量不得超过4.5%			
	三氧化硫含量		水泥中三氧化硫含量不得超过4.0%			

2. 集料

彩色混凝土所用的集料,除应符合设计的色泽要求外,其他的技术性质应符合国家标准《建设用卵石、碎石》(GB/T 14685—2011)和《建设用砂》(GB/T 14684—2011)中的要求。特别需要注意的是,彩色集料中不允许含有尘土、有机物或可溶盐,因此在配制时应对集料进行清洗。一般情况下,宜选用天然集料,如花岗岩等。

3. 掺合料

彩色混凝土所用的掺合料,主要包括引气剂、促凝剂、填充料、防水剂和火山灰等,它们各自的掺量应符合设计的要求。

在彩色混凝土中加入3%~10%的引气剂,可以增加混凝土的抗风化能力和抗冻性;加入促凝剂,可以使混凝土具有较高的早期强度,彩色混凝土中应用最广泛的促凝剂是氯化钙,其使用量一般为水泥质量的2%;为了增加混凝土的和易性和密实度,还可以掺加适量的磨细硅石、黏土和硅藻土等填充料,其掺加量一般占水泥用量的3%~8%;在彩色混凝土中加入火山灰质细掺料,可以提高混凝土的强度。最常用的矿物细掺料是优质粉煤灰,但粉煤灰含有一定量的碳质,加入后可能使彩色混凝土变成墨色或减弱原来的颜色,这一点需加以注意。

二、混合料组成设计

彩色混凝土一般用于装饰工程和结构工程。根据不同使用目的可分为装饰用彩色混凝土配合比设计和结构用彩色混凝土配合比设计,如图5-7所示。

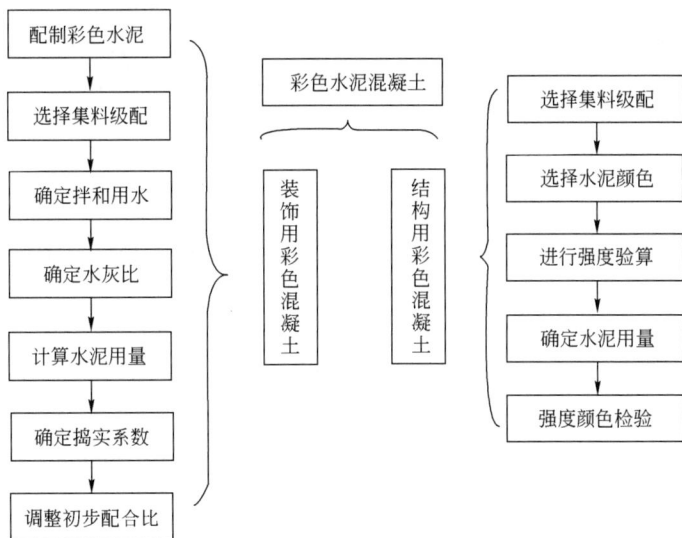

图5-7 彩色混凝土设计流程

1. 装饰用彩色混凝土配合比设计

(1)配制彩色水泥并确定其活性

白色水泥可掺加5%的赭石。采用掺10%~20%的赭石的灰水泥和白色水泥混合,可以制得带灰色的黄色混凝土;当掺加铁丹颜料时,掺量为水泥用量的5%,配制的混凝土的颜色和强度较好,如果颜料用量增至10%~20%,彩色混凝土的强度会下降。

(2)选择集料混合物的颗粒级配

对于浇筑在密实混凝土基层上的装饰混凝土,集料的孔隙率应控制在25%左右;对于浇筑在轻混凝土基层上的装饰混凝土,集料的孔隙率应控制在33%~35%,粗集料的最大粒径不大于20mm。

(3)确定拌和用水

当集料采用石灰石时,拌和用水一般为240kg/m³;当集料采用大理石或河砂时,拌和用水一般为 120kg/m³。

（4）确定混凝土水灰比

按照普通水泥混凝土强度计算经验公式，求得混凝土的水灰比，装饰混凝土的强度一般可取 15MPa 左右。

（5）求单位体积水泥用量

为使彩色装饰混凝土具有最大的气候稳定性，必须使水泥用量较少，而使表面突出的集料颗粒较多。水泥用量和最佳用水量必须通过试拌确定。彩色混凝土的水泥用量可按式(5-6)计算。

$$R_{28} = 0.55R_c(C/W - 0.50) \qquad (5-6)$$

式中：R_{28}——彩色混凝土的设计强度(MPa)；

R_c——水泥的实际强度(MPa)；

C/W——混凝土灰水比。

（6）确定混凝土拌合物的捣实系数

混凝土拌合物的捣实系数，是指标准松散状态下的混凝土拌合物体积与捣实后的混凝土体积之比，一般可取 1.3 ~ 1.4。

（7）调整初步配合比

初步配合比确定后，将试拌的混凝土制成抗压强度试块，按规定的条件和时间养护后进行试压，对不符合要求的配合比进行适当调整。

2. 结构用彩色混凝土配合比设计

（1）集料混合物颗粒级配选择

结构用彩色混凝土宜采用细度模数介于 2 ~ 4 的碎石，必要时可采用彩色集料，如大理石和石灰石集料。

（2）选择水泥颜色

为防止水泥的强度降低过大，对结构用彩色混凝土中掺加的颜料应当加以控制，铁丹颜料掺量应不大于 5%，赭石掺量应不大于 15%。

（3）进行强度验算

若采用干硬性彩色混凝土，可参考式(5-7)进行强度验算。

$$R_2 = 0.16R_c(C/W - 0.50) \qquad (5-7)$$

式中：R_2——混凝土经过 2h 蒸养后的强度(MPa)；

R_c——水泥的实际强度(MPa)；

C/W——混凝土灰水比。

（4）确定水泥用量

结构用彩色混凝土的水泥用量用试验法确定，首先近似地选用混凝土的胶集比，当采用台座法生产预制板时，水泥:砂子:碎石 =1:2.5:1，则其胶集比为1:3.5；当采用压轧板时，水泥:砂子:碎石 = 1:1.5:0.5，则其胶集比为1:2。

按照预先确定的灰水比制作混凝土试块并测其强度，然后调整水泥浆使混凝土的工作性达到 30 ~ 40s。

（5）强度和颜色检验

对制作的混凝土块进行强度试验和颜色鉴定，如不符合设计要求，可调整水泥用量及颜料用量。

第六节 SAP 内养生混凝土

SAP 内养生混凝土是指在新拌混凝土中加入预先储存水分的超吸水性聚合物(Super Absorbent Polymer，简称 SAP)，SAP 在水泥水化过程中及时释水补充因蒸发而损失的水分并促进水化作用，进而提升水泥混凝土的抗裂性和耐久性。

一、混合料技术特征

1.收缩性能

SAP 技术通过延缓混凝土内部相对湿度的降低，有效地抑制混凝土干燥收缩变形，可以明显改善混凝土的收缩性能。SAP 主要通过目数和掺量影响混凝土收缩性能。当掺量相同时，SAP 目数越大，吸收的内养生水分越多，收缩性能提升越多。当目数相同时，SAP 的掺量越大，SAP 吸收的内养生水分越多，收缩变形就越小。

2.强度

SAP 使混凝土中存在更多的水和孔隙，对混凝土早期强度和弹性模量可能会产生一些不利影响，造成混凝土早期强度损失。但随着龄期增加，SAP 使水化程度进一步加深，有利于混凝土后期强度的发展。影响 SAP 内养生混凝土力学性能的主要因素有 SAP 粒径及掺量、养护湿度、水灰比、额外引水量。

(1)SAP 粒径及掺量

不同粒径的 SAP 对混凝土强度的影响程度不同，而且不同粒径对应着不同的最佳掺量，在合适粒径及其最佳掺量下，SAP 将会显著提高混凝土的抗压强度。当粒径一定时，合适的掺量能够有效提高混凝土的后期强度，如图 5-8 所示。

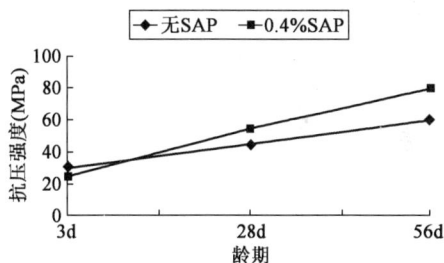

图 5-8 SAP 对混凝土抗压强度的影响

(2)养护湿度

养护湿度与抗压强度密切相关，养护湿度越低，SAP 作用越显著，内养生混凝土的强度降低越小，且 SAP 宜应用在处于低湿度环境下的混凝土，对其强度的提升更加有效。

(3)水灰比

当水灰比较小时，SAP 掺量的增大并不会明显提高或降低水泥砂浆的抗压强度；当水灰比较大时，砂浆的早期强度会随着 SAP 的掺入而有所降低。

(4)额外引水量

随着额外引水量增加，SAP 吸水变多，可能在混凝土内部留下过多的孔隙反而对强度带来不良影响。因此选择适宜的额外引水量才能在保证混凝土的水化程度的同时，有利于内养生混凝土强度的提高。

3.耐久性

(1)抗冻性

SAP 释水后将在原位形成分布均匀的不连通孔隙，孔隙中包裹气体增加了混凝土的含气量,可以为水结冰体积的增大提供足够的空间,以减小混凝土中产生的内应力,从而改善抗冻性。

(2)抗渗性

SAP可以促进水化,细化混凝土孔结构,减少有害孔隙,对抗渗性能具有良好的改善效果,大大提升混凝土的抗渗透能力。

(3)疲劳性能

SAP释水能促进水泥进一步水化,更多的水化物将填充孔隙增强混凝土结构密实度和强度,减小界面过渡区宽度,可改善SAP内养生混凝土的疲劳性能。

二、原材料技术要求

1.水泥

SAP内养生混凝土一般选用普通硅酸盐水泥,所选用水泥的强度等级一般应在42.5级以上。

2.SAP

SAP按原材料来源可分为淀粉类、纤维素类、合成树脂类及有机-无机复合类4种。淀粉类SAP和纤维素类高吸水性树脂都是天然系SAP,既有较高的吸水率,又有良好的降解能力,是绿色环保型树脂,然而制备起来较为复杂。合成树脂类SAP材料来源广泛,制备简易,也具有良好的吸液特性,然而生物降解率低,易造成环境污染,不符合绿色建材发展趋势。利用新官能团或共混技术改善聚合物的综合性能得到的有机-无机复合类高吸水性树脂具有可被生物降解、凝胶强度高、多功能的特点,已成为高吸水性树脂研究的热点。

SAP的粒径、形状、掺量以及种类均会影响SAP内养护混凝土的性能。应根据工程要求进行试验,优化出SAP的最佳参数,才能最大限度发挥SAP改善混凝土收缩及耐久性的作用。

3.集料

粗、细集料的质量要求都应符合相应的国家标准,即《建设用卵石、碎石》(GB/T 14685—2011)和《建设用砂》(GB/T 14684—2011)中的规定。

4.矿物掺合料及外加剂

粒化高炉矿渣粉、硅灰以及粉煤灰都是SAP内养生混凝土中常见的矿物掺合料,掺量根据具体工程实际情况经试验后确定。SAP内养生混凝土常用的外加剂主要为减水剂。

三、混合料组成设计

SAP内养生混凝土设计步骤与普通混凝土基本相同,主要区别在于额外引水量的计算,在普通混凝土配合比设计方法和步骤的基础上,再考虑SAP掺量及额外引水量的计算部分即可。SAP内养生混凝土配合比设计方法,具体步骤如下。

1.计算初步配合比

(1)混凝土的配制强度

混凝土配制强度,按照《普通混凝土配合比设计规程》(JGJ 55—2011)(简称《规程》)要求确定。

（2）原材料用量

主要控制指标应按照相应的设计规范进行选取，根据工程实际增加特殊的控制指标。与普通混凝土相同，按照《规程》中的计算方法计算得到水灰比、用水量、外加剂用量、矿物掺合料用量、水泥用量、砂率、粗集料用量及细集料用量。

（3）SAP 掺量及额外引水量

首先确定不同粒径 SAP 在水泥浆中的吸水倍率，再根据式（5-8）、式（5-9）由水灰比计算 SAP 额外引水量。

$$\frac{W_e}{C} = \begin{cases} 0.18\left(\dfrac{W}{C}\right) & \dfrac{W}{C} \leqslant 0.36 \qquad\qquad (5\text{-}8) \\ 0.42 - \dfrac{W}{C} & 0.36 < \dfrac{W}{C} \leqslant 0.42 \qquad (5\text{-}9) \end{cases}$$

式中：C——水泥用量；

W/C——水灰比；

W_e——额外引水量。

根据计算所得 SAP 额外引水量和各粒径 SAP 吸水倍率可得到各粒径 SAP 掺量。［或按式（5-10）计算得到 SAP 掺量，再由 SAP 掺量和各粒径 SAP 吸水倍率计算额外引水量］。

$$M = \frac{CL\alpha}{\varphi} \qquad\qquad (5\text{-}10)$$

式中：M——干燥 SAP 质量；

L——水泥的化学收缩率；

α——预期水泥最大水化度，取值范围为 $0 \sim 1$；

φ——30min 干燥 SAP 在孔溶液中的吸水率。

2. 确定 SAP 最佳粒径，提出基准配合比

初步配合比确定后，采用实际施工材料（以干燥状态为基准），掺入各粒径 SAP 后进行试拌，并检验混凝土拌合物的施工和易性及强度。根据试拌结果，调整各材料用量，确定最佳 SAP 粒径，并提出一个既满足施工和易性又满足强度要求的基准配合比。

3. 确定试验室配合比

采用最佳粒径 SAP，基于基准配合比，按照现行《普通混凝土设计规程》进行配合比调整，通过制备试块测定强度、收缩率、氯离子渗透系数、冻融后质量损失率及强度损失等。

4. 换算施工配合比

根据工地实测砂石含水率，换算为施工配合比。

第七节 自修复混凝土

目前，解决混凝土裂缝问题的主要方法包括结构补强法、外观修补法、裂缝灌浆法等。上述方法是混凝土产生裂缝后才进行的被动的补救处理措施。此外，这些措施还存在操作复杂、成本高昂、破坏混凝土结构和功能等缺点。因此，开发对混凝土内部结构实行主动的、自动触

发修复技术,以期能延长混凝土构造物使用寿命、降低养护维修费用已成为行业新的发展趋势。

自修复混凝土是一种具有自感知、自愈合能力的新型混凝土。自愈合和自修复技术按照原理不同,可以分为结晶沉淀自修复、渗透结晶自修复、电沉积法自修复、基于胶囊的自修复、形状记忆合金自修复、纤维增强自修复、微生物自修复等。

(1)结晶沉淀自修复

结晶沉淀自修复技术是利用了传统混凝土损伤部位中未水化或水化不充分的胶凝材料,在水介质作用下持续水化,进一步反应生成新反应产物即碳酸钙晶体,结晶在混凝土中沉淀聚集填堵细小裂缝,从而实现混凝土裂缝自修复。

(2)渗透结晶自修复

渗透结晶自修复技术是在混凝土内部掺入或表面涂刷复合无机渗透结晶材料,渗透结晶材料被水激发,通过渗透作用形成不溶于水的结晶体,逐渐填充、弥合毛细孔和微裂纹。

(3)电沉积法自修复

电沉积法自修复是利用电化学原理,以水或海水作为电解质溶液,电位差作用下离子迁移生成难溶性物质积聚在混凝土表面或裂缝中,达到微裂缝自修复的目的。

(4)基于胶囊的自修复

基于胶囊的自修复技术是将内部封盛有修复剂的胶囊或多孔集料等脆性容器预置于混凝土内,当外力作用致使胶囊等载体破裂后,释放修复材料与混凝土中的水或水化物反应,填充和修复裂缝。

(5)形状记忆合金自修复

将经过预拉伸处理的形状记忆合金(SMA)预埋在水泥混凝土中,当混凝土中出现的裂缝宽度达到临界值时,对损伤部位的SMA进行电加热处理,SMA产生收缩变形和较大的回复力使裂缝基本闭合。

(6)纤维增强自修复

沿混凝土受拉方向分层布设一些注入胶黏剂的中空玻璃纤维,形成智能仿生自愈合网络系统。当混凝土受到外力作用损伤时玻璃纤维破裂修复剂渗入裂缝,抑制混凝土开裂修复裂隙。

(7)微生物自修复

微生物自修复技术是利用具有矿化沉积能力的微生物,为其提供充分适宜的生存、繁殖和活化条件,通过代谢、酶的水解将特殊营养物质转化为矿物沉淀,制备出可实现裂缝自感知、自愈合的混凝土。

各类自修复混凝土技术特点见表5-10。

各类自修复技术特点　　　　　　　　　　　　　　　　　　表5-10

名　　称	优　　点	缺　　点	裂缝修复效果	适用范围
结晶沉淀自修复	不依赖外部条件持续的自然修复	修复能力弱,不易调控,修复时间长	修复效果不稳定,混凝土回复强度较弱	有水、碳酸钠环境下混凝土的细微裂纹
渗透结晶自修复	修复作用持续进行,修复时间短	材料成本高,依赖有水环境	显著提高混凝土密实度	有水或者有足够湿度环境的微小裂缝

续上表

名 称	优 点	缺 点	裂缝修复效果	适 用 范 围
电沉积法自修复	裂缝填充效果好	修复过程需全程通电,成本高	修复处理后的混凝土抗氯离子侵蚀或抗碳化等性能明显提高	水下钢筋混凝土的修复
基于胶囊的自修复	及时、全方位的修复裂缝且修复速度快	制备工艺复杂,搅拌易破裂,成本较高	强度、刚度恢复。当微胶囊平均粒径在 0.2mm 时,自修复效果更好	在空气中修复,适用于裂缝敏感构件的修复
形状记忆合金自修复	可实现长期、在线和实时监测	修复需要加热,工作范围有所限制,成本高	使混凝土挠度变形恢复	混凝土易开裂部位
纤维增强自修复	修复及时,能较好地修复由于应力或腐蚀造成的裂缝	制备工艺复杂,与原材料同时搅拌易破裂	提高开裂部分强度和延性弯曲性能	宽度较小的微裂缝
微生物自修复	绿色无污染,应用前景广	技术较为复杂,细菌普遍寿命较短	有效降低混凝土吸水率、碳化和氯离子侵蚀,提高冻融性能	适宜微生物生存的混凝土环境

一、修复材料性能要求

无论是混凝土产生裂缝后进行的被动修复还是采用自修复技术主动修复,修复材料的性能都会直接影响裂缝的修复效果。因此,修复材料自身应具有良好的性能。

1.载体

一般选用微胶囊和中空纤维作为载体,也可以选用多孔陶粒、硅藻土以及具有多孔结构的再生集料为载体。载体的韧性、强度及稳定性都会影响修复效果。

(1)载体韧性要适中。其韧性应当使载体既能在混凝土搅拌过程中不发生破裂,又能在混凝土受外力作用开裂时载体也随之破裂释放出修复剂。

(2)载体的强度要与混凝土基体的强度相匹配。若载体抗压强度过低,会降低混凝土抗压强度。若载体的抗拉强度过高,混凝土开裂时载体还没达到破坏极限无法破裂释放出修复剂,不能进行及时修复。

(3)载体的化学性质要稳定。载体应能长期稳定地存在于混凝土中,且不与储存在内的修复剂发生反应。

2.修复剂

目前,国内外用于混凝土自修复的修复剂主要有聚丙烯酸酯类黏结剂、缩醛高分子类黏结剂、聚氯胺类黏结剂、水玻璃类黏结剂以及环氧树脂类黏结剂等。黏结剂应具备以下性能。

(1)黏结性好,裂缝修复后才能恢复混凝土强度。
(2)良好的流动性,修复剂可迅速流出,尽快充分填充空隙抑制裂纹扩展。
(3)固化条件简单,固化速度适中。
(4)化学性质稳定,保质期较长。
(5)绿色环保无污染,不对环境产生负担。
(6)制备工艺简单,修复过程不需要借助其他条件和手段。
(7)成本低廉,便于推广和大规模使用。

3.微生物

基于混凝土内的高碱性环境,应选择生命力强的嗜碱细菌,保证其在混凝土内部的恶劣环境中能长期储存,如嗜碱芽孢杆菌。

二、自修复效果评价指标

目前,对混凝土自修复还没有统一的评价方法。自愈合效果的评价指标主要有裂缝修复程度、强度指标、耐久性指标、愈合产物评价等。

(1)裂缝修复程度。目前普遍采用显微镜观察、高像素相机拍摄等方法来确定愈合裂缝的宽度,通过衡量修复前后裂缝宽度对比来评价修复效果。

(2)强度评价指标。依据损伤前与修复剂发挥作用后试件强度的变化比率来表征自主愈合的修复效果。

$$R = \frac{f_2}{f_1} \times 100\% \tag{5-11}$$

式中:R——强度恢复率;

f_1——预制裂缝前试件的抗压强度(MPa);

f_2——预制裂缝后试件的抗压强度(MPa)。

(3)耐久性评价指标。通过氯离子或水的渗透试验和吸水性试验得到的氯离子渗透系数、气体渗透系数或电通量来反映混凝土的自修复效果。

(4)愈合产物评价。可采用微观试验手段,观察微观结构进行物相分析,从本质上反应裂缝处产物的组成及其晶体结构,这是目前最准确、最能从本质反映混凝土自修复效果的评价方法。

第八节　绿色生态混凝土

绿色生态混凝土是既能减少环境负荷,又能调节生态系统平衡,为人类构造舒适环境的可持续发展的混凝土。绿色生态混凝土主要分为高性能混凝土、再生混凝土、环保型混凝土、机敏型混凝土,如图5-9所示。

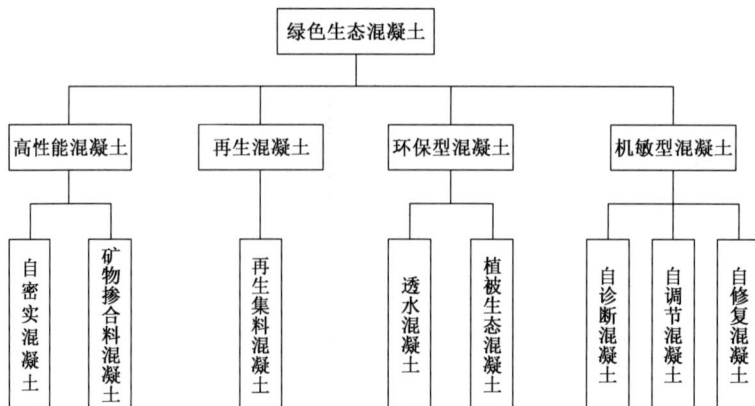

图5-9　绿色生态混凝土分类

1. 自密实混凝土

自密实混凝土是指在其自身重力作用下能够流动、密实、逐渐填满模板,具有良好的均质性并且不需要辅助额外振动的混凝土。自密实混凝土可以提高施工速度,降低施工能耗,减少噪声对周围环境的影响。

2. 矿物掺合料混凝土

利用工业固体废弃物作矿物细粉掺合料与硅酸盐水泥复合配制高性能混凝土,若将工业废渣作为混凝土掺合料,不仅可以减少环境污染、碳排放量和土地资源占用情况,还具有良好的经济社会效益,实现废物利用。其中粉煤灰混凝土最为常见,将粉煤灰运用到绿色混凝土中有很多优势,如提高混凝土工作性能、降低混凝土孔隙率、减少水泥水化热等特点。

3. 再生集料混凝土

再生集料是建筑废弃集料经过清洗、破碎、分级之后,按照一定比例和级配混合而成的集料。由再生集料部分或全部替代砂石等天然集料配制成的混凝土,称为再生集料混凝土。再生集料混凝土节省了天然集料的使用量,使得混凝土在强度满足要求的情况下对建筑垃圾进行二次利用,缓解了国内天然砂石资源紧缺的问题。

4. 植被生态混凝土

植被生态混凝土是能适宜绿色植物生长、与自然环境相适应并且改善生态条件的混凝土。这种混凝土一般由植物、泥土、多孔渗水混凝土、废料和保水材料组成,有着多孔、透气和透水的性能,常用于修筑河坝护堤、城市道路两侧及中央分隔带、景观墙体、景观屋顶等工程中。不仅能美化环境,还能够起到吸收噪声、减少粉尘以及改善城市热岛效应的作用。

5. 机敏型混凝土

机敏型混凝土是指具有感知和修复性能的混凝土,主要包括自诊断混凝土、自调节混凝土和自修复混凝土。自诊断混凝土具有压敏性和温敏性性能,能自主抵抗压力和调节温度;自调节混凝土具有电力效应和电热效应,可以调节混凝土由于温度自重引起的蠕变;自修复混凝土能够在混凝土结构使用中发生损伤时,自动利用修复材料进行恢复,甚至提高混凝土材料的性能。

一、混合料技术特征

1. 力学性能

矿物掺合料可以发挥其火山灰活性效应,能够与混凝土中的氢氧化钙反应生成有一定强度的物质,可以填充其他材料间的孔隙提高弹性模量,还能提高集料与水泥石界面的黏结力增进强度。其中以硅灰与矿渣或矿渣与粉煤灰复掺效果最佳。再生集料与天然集料相比,孔隙率大、吸水性大、强度低。因此,再生集料的取代率、颗粒级配、粒型、表面特征以及孔隙率都会对混凝土强度产生一定影响。

2. 耐久性

利用粉煤灰、矿渣等部分取代水泥作为胶凝材料可以使混凝土密实度提高,孔隙率减小,从而提高混凝土的耐久性和降低混凝土的成本。使用建筑垃圾做再生集料,不可避免使混凝土中存在一些混杂物。这些混杂物即使含量很少,也会显著的降低混凝土的耐久性。

3. 植生性

植生性主要取决于绿色生态混凝土的孔隙率、孔隙平均孔径及孔内水环境的 pH 值 3 个因素。孔隙率和孔隙平均孔径越大越有利于植物生长。胶结材料中水泥含量越小,碱性越小使得孔隙内水环境 pH 值随之减小更加适宜植物生长。

4. 环境协调性

环境协调性是指绿色生态混凝土在生产、施工、使用直至废弃的整个过程中能大量利用工业废弃资源,实现资源的再生循环利用;采用新工艺、新技术、新装备提高混凝土质量,降低生产、施工中的能耗;减少环境污染,推动可持续发展,促进人与自然生态系统和谐共生。

二、原材料技术要求

1. 水泥

水泥应优先选择生态水泥,也常选用强度等级不小于 42.5 的普通硅酸盐水泥。对于植被生态混凝土而言,主要是水泥碱含量方面的要求,宜降低植被生态混凝土中碱含量,来适应植物生长的需要。

2. 集料

粗细集料选择清洁、级配良好、粒形接近、质地均匀坚硬的材料。生态混凝土可以利用再生集料替代天然集料。但再生集料的性能波动较大需控制再生集料含量,30% 以下的再生集料等量取代混凝土中天然集料,其性能与天然集料混凝土相似。若在混凝土中使用 100% 再生集料,再生集料混凝土由于再生细集料吸水率高,对坍落度保持十分不利,将严重影响泵送施工。此外需注意再生集料中的有害杂质量不得超过相关规范规定。

3. 掺合料

粉煤灰、矿渣、硅灰是绿色生态混凝土最常用的三种矿物掺合料。可以减少水泥用量改善混凝土性能,依据相关国家标准进行添加。

4. 外加剂

对于绿色生态混凝土来说,外加剂的选择原则主要考虑是否有利于强度的提高或碱度的降低。

三、混合料组成设计

与普通混凝土相比,强度不是高性能绿色环保混凝土好坏的唯一衡量指标。当混凝土工作性和强度满足要求时,注意耐久性指标也很重要。同时,经济性也是设计混凝土配合比时要考虑的重要指标。因此,绿色生态混凝土混合料组成设计应注意:①混合优质矿物掺合料以减少水泥用量;②提高再生集料的质量,减小用水量和胶凝材料的使用量。

1. 水灰比

掺加掺合料的水灰比的确定以普通混凝土强度等级与水胶比关系为基准,根据集浆比来调整。一般情况下,对于耐久性要求较高的中等强度等级的混凝土,掺用活性掺合料超过 30% 时(包括水泥中已含的混合材料),水灰比以不超过 0.44 为宜。

2.集浆比

一般情况下,水灰比一定时应选择较大的集浆比,这样虽然强度值稍微降低,但混凝土弹性模量高、整体体积稳定性好,减少开裂发生,对提高混凝土耐久性十分有利。

3.砂率

在水灰比和集浆比一定的条件下,砂率的变动主要影响混凝土的施工和易性、表观密度和变形能力,对硬化后混凝土强度等级也会有所影响。一般情况下,泵送混凝土的砂率应在36%～45%。

4.矿物掺合料

矿物掺合料种类与掺加量的确定与工程性质、混凝土构件所处环境以及施工条件相关。对于地下、水下的工程,在保证整体稳定性合格的情况下,矿物掺合料可以用到最大掺量(矿物掺合料占胶凝材料总量的最大掺量)。一般情况下最大掺量为:粉煤灰为50%,矿渣粉为75%,钢渣微粉为40%,陶瓷废料微粉为30%。

【复习题】

1.简述聚合物水泥混凝土、纤维混凝土、透水混凝土、露石混凝土、彩色混凝土、SAP 内养生混凝土、自修复混凝土、绿色生态混凝土的含义。

2.简述聚合物对新拌水泥混凝土性能有哪些影响。

3.试述钢纤维水泥混凝土的配合比设计步骤。

4.简述透水混凝土的优缺点。

5.试述露石混凝土对集料有哪些技术要求。

6.简述彩色混凝土、SAP 内养生混凝土配合比设计步骤。

第六章
无机结合料稳定类材料

【内容提要】

本章主要叙述了以水泥稳定类、石灰稳定类和石灰、粉煤灰稳定类为代表的无机结合料稳定类混合料,阐述了这类材料的强度形成机理和收缩特性,介绍了各自的适用范围和混合料组成设计方法。

【学习要求】

通过本章的学习,要求掌握几种典型无机结合料稳定材料的材料组成,掌握它们的主要技术性质和影响因素,在此基础上了解材料组成设计方法。

无机结合料稳定类混合料是指将一定剂量的水泥、石灰等无机结合料或其他固化剂掺入各种经过粉碎、原来松散的土或碎(砾)石中,加水、拌和后得到的混合料。常用的无机结合料稳定类材料主要包括水泥稳定类、石灰稳定类、石灰粉煤灰稳定类和水泥粉煤灰稳定类。

无机结合料稳定类材料经过拌和、摊铺、压实及养护后,具有一定强度、稳定性和板体性,可以用作路面结构的基层和底基层或者垫层。

第一节　水泥稳定类混合料

一、水泥稳定类混合料的技术性质

水泥能够稳定的材料范围很广,除有机质或硫酸盐含量较高的土以外,各种砾类土、砂类土、细粒土以及天然砂砾、碎石均可用水泥稳定。其中用水泥稳定细粒土质砂、黏质土、粉质土以及其他细粒土得到的混合料简称为水泥稳定土;用水泥稳定级配碎石或未筛分的碎石得到的混合料称为水泥稳定碎石;用水泥稳定天然砂砾得到的混合料称为水泥稳定砂砾。其中水泥稳定级配碎石或砾石可用于各交通荷载等级路面的基层、底基层。水泥稳定土主要用于轻交通荷载等级路面的基层或各级交通荷载等级路面的底基层。

1. 水泥稳定类的强度

(1) 强度形成机理

水泥稳定类混合料的强度形成主要取决于水泥水化硬化、离子交换和火山灰反应过程。以水泥稳定土为例,水泥颗粒分散于土中,经水化反应以及火山灰反应生成的水化硅酸钙等系列水化物,在土粒的孔隙中形成骨架,使土体硬化。此外,水泥水化产物氢氧化钙溶液中的钙离子与土中的钠、钾离子进行吸附交换,降低了黏性土的亲水性和塑性,使分散土粒形成较大的土团。在氢氧化钙的强烈吸附作用下,这些较大的土团进一步结合起来形成水泥稳定土的链条结构,并封闭土团之间的孔隙,形成稳定的结构。

(2) 材料组成对强度的影响

影响水泥稳定类混合料强度的主要因素有水泥剂量、土质、集料颗粒组成等。

水泥稳定类的强度会随水泥剂量的增加而增长,但过高的水泥用量在提高水泥稳定类混合料强度的同时,可能会导致使用过程中收缩量的增加,且在经济上不合理。

水泥可以稳定各种类型的材料,但稳定效果有所不同。图 6-1 为不同土质水泥稳定土的强度情况,其中以稳定低液限黏土的强度最高,而高液限黏土的强度最低。由于黏质土的分散度极高,它能强烈地与水泥的水化物发生各种反应,从而破坏水泥正常水化与硬化条件,致使水泥不能充分发挥自身应有的作用,需要较多的水泥进行稳定而不经济,所以塑性较大的土不宜用水泥稳定。

为了改善水泥在黏质土中的硬化条件,提高稳定效果,可以在水泥稳定土中掺加少量添加剂。石灰是水泥稳定类材料中最常用的添加剂之一。在用水泥稳定之前,先掺入少量石灰,使之与土粒进行离子交换和化学反应,为水泥在土中的水化和硬化创造良好的条件,从而加速水泥的硬化过程,并可减少水泥用量。

对于水泥稳定砂砾,改善级配可以明显增加其

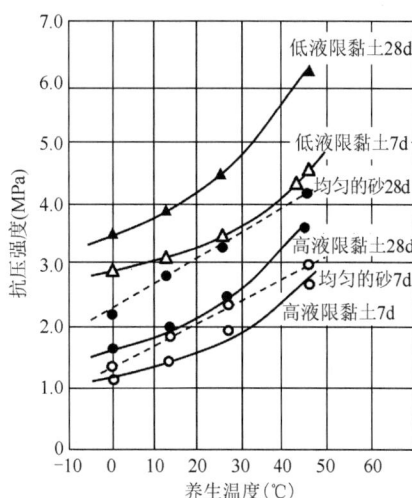

图 6-1　土质、养护温度与水泥稳定类材料强度的关系曲线

强度。例如:对于级配不好的天然砂砾,要用6%～8%的水泥稳定,才能达到规定的强度,如若添加部分细料使其达到较好的级配后,只要掺加3%～5%的水泥就可以达到要求的强度。

在水泥稳定碎石中,碎石级配同样对抗压强度有较大影响。按照碎石中粗集料能否形成嵌挤结构,以及压实后粗集料孔隙体积与细料部分所占体积之间的关系,可以将水泥稳定碎石分为悬浮密实结构、骨架密实结构和骨架空隙结构(图6-2)。在水泥用量相同的条件下,不同结构类型的水泥稳定碎石,强度也会有所不同。

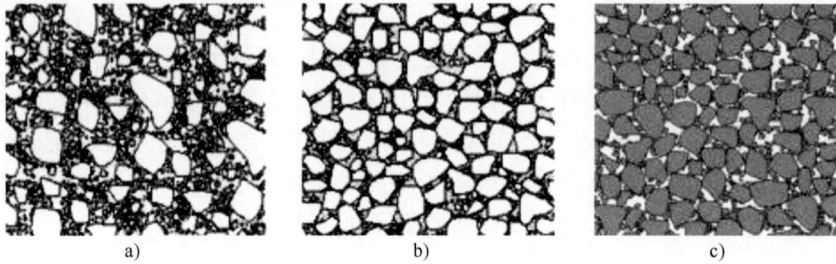

图6-2　不同结构类型水泥稳定碎石
a)悬浮密实结构;b)骨架密实结构;c)骨架空隙结构

(3)环境因素对强度的影响

养护温度直接影响水泥水化进程,因而对水泥稳定类材料的强度有明显影响。在相同龄期时,养护温度越高,水泥稳定类材料的强度也越高。

延迟时间对水泥稳定类材料的强度有显著影响。延迟时间是指水泥稳定类材料施工过程中,从加水拌和开始至碾压结束所经历的时间。图6-3为延迟时间与水泥稳定砂砾强度和干密度的关系。由图可见,延迟时间越长,水泥稳定砂砾的强度和密度的损失就越大。

延迟时间对稳定类材料强度的影响取决于两个因素,即水泥品种和被稳定材料。在被稳定材料不变的情况下,用终凝时间短的水泥时,延迟时间对混合料强度损失的影响大;在水泥不变的情况下,延迟时间为2h时,用黏土或砾质砂等制得

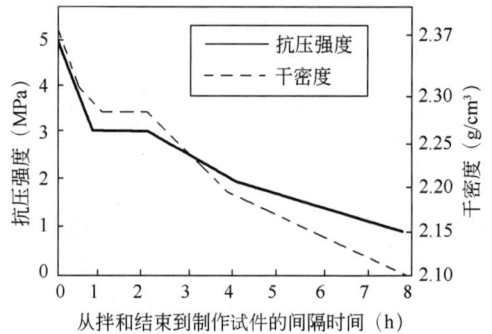

图6-3　延迟时间与水泥稳定砂砾强度和干密度的关系曲线

的水泥稳定类材料强度损失为60%,用一些原状砂砾或粗石灰石等制得的混合料的强度损失可能只有20%左右,而水泥稳定中砂的强度甚至没有损失。为此,应根据水泥品种、土质特征来控制水泥稳定类材料的施工速度。

2.收缩特性及影响因素

水泥稳定类材料在使用过程中会出现温度收缩和干燥收缩。较大的收缩变形会导致基层开裂。

水泥稳定类材料的温度收缩,主要因外界温度变化引起。混合料中塑性土含量对其温缩系数的影响较大,因此,细料成分越多收缩现象越明显。水泥稳定类材料的温缩系数随温度降低变化幅度越来越大,水泥稳定土变化幅度最大,而水泥稳定粒料在不同负温度时的温缩系数变化较小。水泥稳定类材料的温度收缩变形随着水泥用量的增加明显增大,例如水泥稳定碎石、

水泥稳定砂砾的水泥剂量在小于6%时,其温度收缩系数较小,超过6%后,混合料的收缩系数明显增大。因此,为减少混合料的收缩性,应控制水泥剂量不超过6%。

水泥稳定类材料的干燥收缩主要因水分变化而引起,其干缩系数受粒料含量及矿物成分的影响。混合料中的黏粒含量越高,土的塑性指数越大,混合料的干缩现象越严重。粗颗粒粒料的比表面积小,活性低,与水的相互作用极其微弱,对水泥稳定类材料的干缩有抑制作用。水泥稳定土的干缩系数和干缩应变都显著大于水泥稳定碎石或水泥稳定砂砾。水泥用量也会影响水泥稳定类材料的干缩性质。图6-4为水泥稳定类材料干缩系数与水泥剂量的关系曲线,当水泥剂量降低、粒料含量增多时,水泥稳定砂砾的干缩系数减小。

3. 水泥稳定类混合料的适用性

水泥稳定类材料中的水泥稳定碎石、水泥稳定砂砾具有较高的强度、刚度和稳定性,可适用于各种交通类别路面的基层和底基层。但是水泥稳定土的干缩系数和温缩系数都明显大于水泥稳定碎石、水泥稳定砂砾,容易产生严重的收缩裂缝,并影响沥青面层,使沥青路面增加不少裂缝。此外,水泥稳定土的抗冲刷能力明显小于水泥稳定碎石、水泥稳定砂砾。当表面水由沥青面层的裂缝或由水泥混凝土面板的接缝渗入时,容易产生冲刷现象。在沥青面层较薄的情况下,冲刷形成的浆被唧出到表面,冲刷唧浆的结果是裂

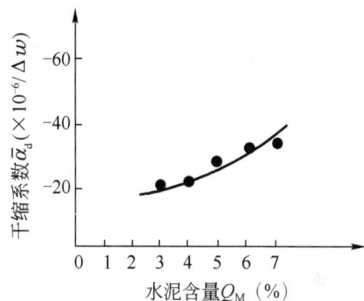

图6-4 水泥稳定类材料干缩系数与水泥剂量的关系曲线

缝下陷和路面变形,裂缝两侧产生新裂缝。在水泥混凝土面板下,冲刷唧浆会引起混凝土板边角断裂。因此,水泥稳定土不能用作高等级公路路面基层。

二、水泥稳定类混合料的组成设计

1. 材料组成设计要求

水泥稳定类材料主要用于路面基层、底基层。目前,材料组成设计中的主要指标是无侧限抗压强度,同时需要考虑收缩特性和抗冲刷能力。根据《公路沥青路面设计规范》(JTG D50—2017),水泥稳定类材料7d无侧限抗压强度应符合表6-1的规定。

水泥稳定类材料压实度及7d无侧限抗压强度   表6-1

层位	稳定材料类型	高速及一级公路				二级及二级以下公路			
		压实度（%）	抗压强度（MPa）			压实度（%）	抗压强度（MPa）		
			极重、特重	重	中、轻		极重、特重	重	中、轻
基层	集料	≥98	5.0~7.0	4.0~6.0	3.0~5.0	≥97	5.0~7.0	3.0~5.0	2.0~4.0
	细粒土	—	—	—	—	≥95			
底基层	集料	≥97	3.0~5.0	2.5~4.5	2.0~4.0	≥95	2.5~4.5	2.0~4.0	1.0~3.0
	细粒土	≥95				≥93			

2. 原材料要求

(1)水泥

普通硅酸盐水泥、矿渣硅酸盐水泥和火山灰质硅酸盐水泥,都可用于水泥稳定类材料,但

应选用终凝时间较长(宜在 6h 以上)的水泥,并可采用强度等级较低(如 32.5 级)的水泥。快硬水泥、早强水泥及已受潮变质的水泥不应使用。

(2)水泥稳定类混合料所用集料与土

适宜用水泥稳定的材料有级配碎石、未筛分碎石、砾类土、碎石土、砂类土、煤矸石和各种粒状矿渣等。集料中不宜含有塑性指数较大的细土,或应控制其含量。用于不同等级道路路面基层、底基层的集料的最大粒径和压碎值要求见表 6-2。

水泥稳定类材料用集料的技术要求   表 6-2

道路等级	高速公路及一级公路				二级和二级以下公路	
	极重、特重交通		重、中轻交通			
结构层位	基层	底基层	基层	底基层	基层	底基层
最大粒径(方孔筛)(mm),≤	31.5	37.5	31.5	37.5	37.5	53
压碎值(%),≤	22 *	30	26	30	35	40

注:* 花岗岩石料的压碎值可以放宽至 25%。

用于底基层时,所用细粒土的均匀系数应大于 5,液限不超过 40%,塑性指数不应超过 17。中粒和粗粒土中小于 0.6mm 颗粒含量在 30% 以下时,塑性指数可略大。实际工程中,宜选用均匀系数大于 10,塑性指数小于 12 的土。塑性指数大于 17 的土,宜用石灰稳定或用水泥和石灰综合稳定。有机质含量超过 2% 的土,必须先用石灰进行处理,闷料一夜后再用水泥稳定。硫酸盐含量超过 0.25% 的土不应用水泥稳定。

集料颗粒组成应符合相应规范的要求,对于级配不良的碎石、碎石土、砂砾、砂砾土、砂等,宜外加某种集料改善其级配。用水泥稳定粒径较均匀的砂时,可在砂中添加少量塑性指数小于 10 的低液限土或石灰土。在具有粉煤灰时,添加 20% ~ 40% 的粉煤灰效果更好。

3. 水泥剂量

水泥剂量为水泥质量占被稳定材料干质量的百分率,水泥剂量的推荐范围见表 6-3。

水泥剂量推荐范围   表 6-3

土 的 类 型	水泥剂量(%)	
	基层	底基层
中粒土和粗粒土	3,4,5,6,7	3,4,5,6,7
塑性指数小于 12 的土	5,7,8,9,11	4,5,6,7,9
其他细粒土	8,10,12,14,16	6,8,9,10,12

4. 设计内容与步骤

(1)设计内容

水泥稳定类材料的组成设计,主要是根据相关规范中的强度标准,通过试验选取最适宜稳定的土类,确定必需的水泥用量和混合料的最佳含水率。水泥稳定类材料的各项试验应该按照无机结合料稳定材料试验规程进行。

(2)步骤

①准备被稳定材料,并在其中加入不同剂量的水泥。

②确定混合料最大干密度和最佳含水率。至少应做三个不同水泥剂量的混合料击实试

验,即最小剂量、中间剂量、最大剂量,其他剂量的混合料最大干密度和最佳含水率可用内插法确定。

③按照工地预定达到的压实度和确定的最大干密度、最佳含水率在室内成型试件,并养护。养护条件:在规定温度下保湿养护 6d,浸水 1d 后,进行 7d 无侧限抗压强度测试。

④根据测试结果,选择合适的材料组成比例。

第二节 石灰稳定类混合料

一、石灰稳定类材料的技术性质

石灰稳定混合料包括石灰稳定土和石灰稳定集料。用石灰稳定细粒土得到的混合料简称石灰土。石灰稳定集料包括用石灰稳定天然砂砾土或级配砂砾(无土)得到的混合料,简称石灰砂砾土;用石灰稳定天然碎石土和级配碎石(包括未筛分碎石)得到的混合料,简称石灰碎石土。石灰稳定未筛分的碎石或砾石、石灰土可用于轻交通荷载等级路面的基层或各交通荷载等级路面的底基层。

1. 石灰稳定类混合料的强度特征

(1)强度形成机理

石灰土强度的形成与发展是通过机械压实、离子交换反应、氢氧化钙结晶和碳酸化反应,以及火山灰反应等一系列复杂、交织的物理-化学作用过程完成的。

离子交换反应是指石灰中的游离钙离子和氢氧根离子与细粒土黏土矿物中的钠离子、氢离子发生离子交换,从而减薄黏土颗粒吸附水膜厚度,促使土粒凝集和凝聚,并形成稳定团粒结构。离子交换反应是石灰土获得初期强度的主要原因。在石灰硬化过程中得到的氢氧化钙和碳酸钙晶体相互结合,并把土粒结成整体,从而使石灰土的稳定性得到提高。黏土颗粒表面少量的活性氧化硅、氧化铝在石灰的碱性激发作用下,与氢氧化钙发生火山灰反应,生成不溶于水的水化硅酸钙和水化铝酸钙等。这些物质遍布于黏土颗粒之间,形成凝胶、棒状及纤维状晶体结构,将土粒胶结成整体。随着时间的推移,棒状和纤维状晶体不断增多,致使石灰土的刚度不断增大,强度与水稳性不断提高。由于火山灰反应是在不断吸收水分的情况下逐渐发生的,速度较慢;石灰中氢氧化钙的碳酸化反应缓慢且过程较长,所以石灰硬化及火山灰反应是石灰土后期强度增长的主要原因。

在石灰稳定集料中,粒状集料颗粒与石灰或石灰土构成一种复合材料,其强度主要取决于集料颗粒间的内摩阻力和嵌挤作用。经压实成型后,集料颗粒相互靠拢,相互嵌锁,形成骨架结构。石灰和细料起填充骨架空隙、包裹并黏结集料颗粒的作用。在石灰稳定集料中,由于石灰土的胶结能力比较弱,要特别注意发挥集料的集料嵌锁作用。

(2)强度的影响因素

①石灰的细度与剂量。石灰细度越大,在相同剂量下与土粒的作用越充分,反应进行得越快,稳定效果越好。直接使用磨细生石灰粉可利用其在消解时放出的热能,促进石灰与土之间物理化学反应的进行,有利于与土中的黏性矿物发生离子交换及火山灰反应,加速石灰土的

硬化。

由于石灰起稳定作用,使土的塑性、膨胀性和吸水性降低,因而随着石灰剂量的增加,石灰土的强度和稳定性提高,但超过一定剂量后,强度的增长就不明显了。图6-5给出了几种土用石灰稳定后强度与石灰剂量的关系。

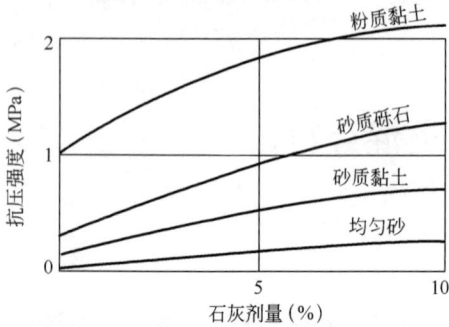

图6-5　土质对石灰稳定类材料抗压强度的影响

②土与集料。石灰的稳定效果与土中的黏土矿物成分及含量有显著关系。一般来说,黏土矿物化学活性强,比表面积大,当掺入石灰等活性材料后,所形成的离子交换、结晶作用和火山灰反应都比较活跃,稳定效果好。所以石灰土的强度随土中黏土矿物含量的增多和塑性指数的增大而提高。图6-5中几种石灰稳定类材料的强度曲线表明,石灰对粉质黏土稳定效果明显优于对砂质黏土的稳定效果,而石灰对均质砂的稳定效果较差。

实践表明,塑性指数15~20的黏土,易于粉碎和拌和,便于碾压成型,施工和使用效果都较好。塑性指数更大的重黏土虽然含黏土矿物较多,但由于不易破碎拌和,稳定效果反而不佳。塑性指数小于12的土则不宜用石灰稳定,最好用水泥来稳定。对于无黏性或无塑性指数的集料,单纯用石灰稳定的效果远不如用水泥稳定的效果。

③养护条件和龄期。石灰稳定类材料的强度是在一系列复杂的物理、化学反应过程中逐渐形成的,而这些反应需要一定的温度和湿度条件。当养护温度较高时,可使各种反应过程加快,对石灰土的强度形成是有利的。适当的湿度为火山灰反应提供了必要的结晶水,但湿度过大会影响石灰中氢氧化钙的结晶硬化,从而影响石灰土强度的形成。

石灰稳定类材料中的火山灰反应的进程缓慢,其强度随着龄期的增大而增长,甚至到180d时,石灰稳定类材料的强度还会继续增长。所以,7d或28d龄期的强度试验结果,并不能代表石灰稳定类材料的最终强度。石灰土的强度随龄期的增长大体符合指数规律。

2. 收缩特征及影响因素

石灰稳定类材料的体积收缩特征,主要表现为因温度变化而造成的温缩和因含水率变化而造成的干缩。

石灰稳定类材料中的固体矿物组成包括原材料和新生矿物。一般情况下,各原材料矿物的热胀缩性较小,但其中黏土矿物的热胀缩性较大,而新生矿物如氢氧化钙、氢氧化镁、水化硅酸钙和水化铝酸钙均有着较大的热胀缩性。所以,就石灰稳定类材料而言,含粒料的石灰稳定集料比石灰土的温缩系数低得多。此外,随着龄期的增长,各类新生矿物不断增多,导致石灰稳定类材料的温度收缩系数随龄期的增加而有所增加,初期增长速率较快,后期较慢。

石灰稳定类材料的干燥收缩,主要是由于水分蒸发而产生的。石灰稳定类材料中的液态水分包括自由水、毛细水和吸附水。水分蒸发使颗粒表面水膜变薄,颗粒间距变小,分子力增加,导致收缩。此外,石灰稳定类材料中大量层状结构的晶体或非晶体间夹层间水的迁移或蒸发,也会引起整体材料的收缩。

石灰稳定类材料中粒料增加时,将降低整体材料的比表面积和需水量,并对水化凝胶物的收缩产生一定的抑制作用,从而可较大幅度降低干燥收缩性。图 6-6 为石灰稳定砂砾干缩系数与砂砾体积率之间的关系曲线,随着砂砾含量的增多,石灰稳定砂砾的干缩系数将降低。

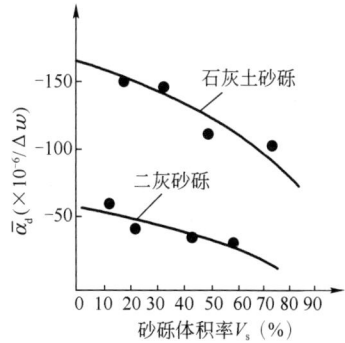

图 6-6 干缩系数与砂砾含量关系

3. 石灰稳定类材料的适用性

石灰稳定类材料强度相对较低,且具有遇水后表层软化、抗水冲刷能力差的缺点,因此,石灰稳定类材料只能用作高等级路面的底基层,或一般交通量道路路面的基层、底基层。特别需要指出的是,石灰土禁止用作高等级路面的基层,其原因与水泥稳定土类似,而且石灰土的这些不良性质比水泥稳定土更为严重。

二、石灰稳定类材料组成设计

1. 材料组成设计要求

根据《公路沥青路面设计规范》(JTG D50—2017),石灰稳定类材料 7d 无侧限抗压强度应符合表 6-4 的要求。

石灰稳定类材料压实度及 7d 无侧限抗压强度   表 6-4

层位	类 型	重、中交通		轻 交 通	
		压实度(%)	抗压强度(MPa)	压实度(%)	抗压强度(MPa)
基层	集料	—	—	≥97	≥0.8[①]
	细粒土	—		≥95	
底基层	集料	≥97	≥0.8[①]	≥95	≥0.5~0.7[②]
	细粒土	≥95		≥93	

注:[①]在低塑性土(塑性指数小于 7)地区,石灰稳定砂砾和碎石的 7d 无侧限抗压强度应大于 0.5MPa。
[②]低限用于塑性指数小于 7 的黏土,高限用于塑性指数大于或等于 7 的黏土。

2. 原材料要求

(1)石灰

石灰质量应符合 3 级以上消石灰或生石灰的技术要求。对于高速公路和一级公路,宜采用磨细生石灰粉。有效钙含量在 20% 以下的等外石灰、贝壳石灰、珊瑚石灰、电石渣等结合料能否用于稳定类材料,需要通过试验给予验证。如果这类结合料的稳定类材料强度符合设计要求,就可以使用。石灰堆放在野外无覆盖时,遭受风吹雨淋和日晒,其有效氧化钙和氧化镁含量很快降低,放置 3 个月时氧化钙和氧化镁可从原来的大于 80% 降至 40% 左右,放置半年则可能降至 30% 左右。

(2)石灰稳定类材料所用集料与土

土中的黏土矿物越多,土颗粒越细,塑性指数 I_p 越大,用石灰稳定的效果就越好。为了提高稳定效果,塑性指数偏大的黏性土,要使粉碎后土块最大尺寸不应大于 15mm。塑性指数在 10 以下的亚黏土和砂土,需要采用较多的石灰进行稳定,且难以碾压成型,稳定效果较差,最好采用水泥进行稳定。用石灰稳定的土的塑性指数范围宜为 15~20,且土中硫酸盐含量不得超过 0.8%，有机质含量不超过 30%。

当用石灰稳定不含黏土或无塑性指数的集料时，需要添加 15% 左右的黏性土，以增加稳定效果。因此，石灰稳定集料实际上是石灰土稳定集料，在该类混合料中，集料含量应在 80% 以上，并具有良好的级配；当级配不好时，宜外加其他集料改善其级配。

集料的最大粒径是影响稳定类混合料质量最为关键的因素之一。最大粒径越大，铺筑过程中越难达到较高的平整度要求。集料的最大粒径太小，则稳定性不足，且增加集料的加工量。综合考虑以上因素，为了保证石灰稳定类材料的强度和稳定性，建议所用碎石或砾石压碎值应符合表 6-5 的规定。

石灰稳定类材料用集料的最大粒径和压碎值要求 表 6-5

公路等级	高速公路、一级公路		二级和二级以下公路	
结构层位	底基层	基层	底基层	基层
最大粒径(方孔筛)(mm)，≤	37.5	37.5	53	37.5
压碎值(%)，≤	35	—	40	30/35[①]

注:[①]"30" 适用于二级公路，"35" 适用于二级以下公路。

3. 石灰剂量

石灰土配合比以石灰剂量表示，石灰剂量 = 石灰质量/干土质量。石灰剂量与土的种类、石灰品种关系甚大，石灰剂量范围可参考表 6-6 中的推荐值。

石灰剂量推荐范围 表 6-6

稳定类材料	石灰剂量(%)	
	基层	底基层
砂砾土和碎石土	3,4,5,6,7	—
黏性土(塑性指数 < 12)	10,12,13,14,16	8,10,11,12,14
黏性土(塑性指数 > 12)	5,7,9,11,13	5,7,8,9,11

4. 设计内容与步骤

石灰稳定类材料的组成设计步骤与水泥稳定类材料基本相同。

第三节　石灰粉煤灰稳定类混合料

一、石灰粉煤灰稳定类材料的技术性质

石灰、粉煤灰常被简称为二灰，石灰粉煤灰稳定类混合料简称为二灰稳定类混合料。二灰稳定细粒土，简称为二灰土；二灰稳定砂砾、碎石等，简称为二灰砂砾或二灰碎石。石灰粉煤灰稳定级配碎石或砾石可用于各交通等级路面的基层和底基层，石灰粉煤灰未定未筛分的碎石或砾石和石灰粉煤灰稳定土可用于轻交通荷载等级路面的基层和各交通荷载等级路面的底基层。

1. 二灰稳定类材料的强度特征

二灰稳定类材料的强度形成机理与石灰稳定类材料基本相同，主要依靠集料的骨架作用和

石灰粉煤灰的水硬性胶结及填充作用。由于粉煤灰能提供较多的活性氧化硅和活性氧化铝成分,在石灰的碱性激发作用下生成较多的水化硅酸钙、水化铝酸钙,具有较高的强度和稳定性。

与石灰稳定类相比,二灰稳定类材料强度形成更多地依赖于火山灰反应生成的水化物。而粉煤灰是一种缓凝物质,表面能较低,难以在水中溶解,导致二灰稳定类材料中的火山灰反应进程相当缓慢。因此二灰稳定类材料的强度随龄期的增长速率缓慢,早期强度较低,但到后期仍保持一定的强度增长速率,有着较高的后期强度。二灰稳定类材料中粉煤灰的用量越多,初期强度就越低,后期的强度增长幅度也越大。如果需要提高二灰稳定类材料的早期强度,可以掺加少量水泥或某些早强剂。

二灰稳定碎石、砂砾的强度还受到碎石或砂砾级配的影响,级配良好的混合料往往强度也较高。

养护温度对二灰稳定类材料的抗压强度有明显影响,较高的温度会促使火山灰反应进程加快。而当气温低于4℃时,二灰混合料的抗压强度几乎停止增长。表6-7为两组二灰稳定碎石混合料抗压强度测试值,当养护温度由20℃提高到40℃时,抗压强度可提高3倍以上。骨架密实二灰粒料的强度较悬浮密实二灰粒料的强度高15%以上。

二灰碎石的7d无侧限抗压强度与养护温度　　　　　表6-7

养护温度(℃)		20	30	40
抗压强度(MPa)	悬浮密实二灰粒料	1.35	—	5.85
	骨架密实二灰粒料	1.60	3.03	6.78

2. 二灰稳定类材料的收缩特征

二灰稳定类材料的干缩和温缩机理及其影响因素与石灰稳定类材料相同,其收缩程度主要取决于混合料的含水率、材料组成(如粒料含量、石灰剂量、粉煤灰含量、黏土矿物的含量与其塑性指数)等。表6-8为二灰稳定类材料在最佳含水率下制成试件,在空气中自然风干时产生的最大干缩应变。可见,细集料含量较多时干缩性较大,随着混合料中粗集料含量的增加,干缩性呈减少趋势;含土二灰稳定类材料的干缩性明显高于无土二灰稳定类材料的干缩性,其中以二灰土的干缩性最大。

石灰土与二灰稳定类材料的最大干缩应变　　　　　表6-8

混合料种类	二灰稳定粒料		石灰:粉煤灰:碎石:土		石灰土	二灰土
	多粗集料	多细集料	4:18:84:0	4:12:60:24		
最大干缩应变 (×10^{-3})	0.23~0.27	0.83	0.67	1.78	3.12~6.03	0.34~2.63

由于粉煤灰颗粒对混合料的收缩起着约束作用,因此当石灰剂量不变时,二灰稳定类材料的干缩系数和温缩系数随着粉煤灰用量增加而减少;粉煤灰用量不变时,二灰稳定类材料的干缩系数和温缩系数随着石灰剂量增加而增大。

由于粉煤灰的作用,二灰土与石灰土相比,二灰稳定砂砾与石灰稳定砂砾相比,干缩性和温缩性均有不同程度的降低。按照稳定类材料干缩系数和温缩系数的大小排序为:石灰土 >
石灰稳定砂砾 > 二灰土 > 二灰稳定砂砾。

3. 二灰稳定类材料的适用性

二灰稳定类材料初期强度与石灰稳定类材料类似,后期强度与水泥稳定类相近。二灰稳定类中的二灰碎石、二灰砂砾可以做各等级公路的基层和底基层。由于二灰土的性质与水泥土、石灰土类似,所以二灰土也不能用作高等级公路路面基层。

为了弥补二灰稳定类材料初期强度较低的不足,在实际应用中可以在二灰稳定类混合料中掺入一定量的水泥。

二、石灰粉煤灰稳定类材料组成设计

1. 材料设计组成要求

根据《公路沥青路面设计规范》(JTG D50—2017),石灰、粉煤灰稳定类材料 7d 无侧限抗压强度应符合表 6-9 中的规定。

石灰粉煤灰稳定类材料压实度及 7d 无侧限抗压强度　　　　表 6-9

层位	稳定材料类型	高速及一级公路				二级及二级以下公路			
		压实度(%)	抗压强度(MPa)			压实度(%)	抗压强度(MPa)		
			极重、特重	重	中、轻		极重、特重	重	中、轻
基层	集料	≥98	≥1.1	≥1.0	≥0.9	≥97	≥0.9	≥0.8	≥0.7
	细粒土	—	—	—	≥0.9	≥95			
底基层	集料	≥97	≥0.8	≥0.8	≥0.8	≥95	≥0.7	≥0.6	≥0.5
	细粒土	≥95				≥93			

2. 原材料要求

(1)石灰

石灰粉煤灰稳定类材料对石灰的要求与石灰稳定类相同。

(2)粉煤灰

粉煤灰中 SiO_2、Al_2O_3 和 Fe_2O_3 的总含量应大于 70%,烧失量不应超过 20%,比表面积宜大于 $2500cm^2/g$,干粉煤灰和湿粉煤灰都可以应用,湿粉煤灰的含水率不宜超过 35%。使用时应将凝结的粉煤矿灰打碎或过筛,同时清除有害杂质。

(3)二灰稳定类材料所用集料与土

在二灰稳定类材料中宜采用塑性指数在 12～20 范围内的黏性土或亚黏土。土中所含土块的最大尺寸不应超过 15mm,也不可选用有机质含量超过 10% 的土。

二灰稳定集料中所用集料的最大粒径和压碎值应符合表 6-10 的要求,为了充分发挥集料密实和嵌锁作用,集料应具有良好的级配,并满足相关规范要求,集料中应少含或不含塑性指数较大的土,以保证混合料的稳定性和耐久性。

石灰粉煤灰稳定类材料中集料的技术要求　　　　表 6-10

道路等级	高速公路及一级公路		二级及二级以下公路	
结构层位	基层	底基层	基层	底基层
最大粒径(方孔筛)(mm),≤	31.5	37.5	37.5	53
压碎值(%),≤	30	35	35	40

3. 二灰稳定类材料组成材料的配合比范围

石灰、粉煤灰稳定混合料的组成材料配合比范围见表 6-11,在进行配合比设计时可参照选用。为了提高石灰工业废渣稳定混合料的早期强度,可以掺加1% ~2% 的水泥。

石灰工业废渣稳定类材料的配合比范围参考值　　　　　　表6-11

稳定类材料类型	材料比例	底基层	基层
二灰	石灰:粉煤灰	1:2 ~ 1:9	
二灰土	石灰粉煤灰:土 (石灰:粉煤灰)	30:70 ~ 90:10 (1:2 ~ 1:4,粉土时 1:2 为宜)	
二灰集料	石灰粉煤灰:集料 (石灰:粉煤灰)	—	20:80 ~ 15:85 (1:2 ~ 1:4)

4.设计内容与步骤

石灰粉煤灰稳定类材料组成设计步骤与水泥稳定类、石灰稳定类基本相同。

第四节　水泥粉煤灰稳定类混合料

一、水泥粉煤灰稳定类材料的技术性质

水泥粉煤灰能够稳定碎石或砾石,其初期强度高于石灰、粉煤灰碎石或砾石,同时又具备一定的抗裂性。水泥粉煤灰稳定碎石或砾石可用于各交通荷载等级路面的基层和底基层。

1.水泥粉煤灰稳定类材料的强度特征

水泥粉煤灰稳定材料的强度形成主要以水泥的水化硬化、水泥粉煤灰之间的火山灰反应和机械压实为主。水泥自身的水化硬化是该类混合料早期强度的主要来源,而后期强度的增长主要源自水泥粉煤灰之间的火山灰反应,压实是保证混合料强度的必要条件。

水泥的水化硬化与粉煤灰的火山灰反应并不是孤立进行的,粉煤灰的存在将影响水泥的水化。粉煤灰对水泥水化的影响分为诱导期和加速期,诱导期粉煤灰将延迟水泥颗粒的水化,加速期粉煤灰将促进水泥颗粒的水化。水泥中的硅酸盐成分作为激发剂,可促进粉煤灰中活性组分的水化反应。随着龄期的增长,水化产物的增加,水化产物在过饱和溶液状态中以微晶体形式析出,析出的微晶体则伸展到水泥粉煤灰混合料固相的空隙中,互相连生,形成结晶体网状结构,并将固体颗粒联结成整体。火山灰反应是一个缓慢、长期的过程,这是水泥粉煤灰稳定材料具有较高后期强度的原因。

粉煤灰与水泥之间的火山灰反应是混合料强度的主要来源,因此,水泥的掺量及粉煤灰的品质(细度)、掺量等都会显著影响混合料的强度。研究表明,混合料的强度随着水泥掺量的增加而显著增大,且随着粉煤灰细度的增大,混合料无侧限抗压强度呈现增大的趋势;混合料强度随着集料用量的增加则呈现出先增大后降低的趋势。因为随着集料的增加,混合料的嵌挤和锁结作用对混合料强度的贡献增强,但当集料比例过高时,结合料的黏结力降低,致使混合料强度降低。

2.水泥粉煤灰稳定类材料的收缩特征

研究表明,在水泥粉煤灰稳定碎石混合料中当碎石集料掺量相同时,粉煤灰与水泥的掺量

比越大,混合料的干缩应变越小,这表明了粉煤灰对混合料的干缩应变具有抑制作用。这是因为粉煤灰的掺入会降低水泥水化物中水化硅酸钙的钙硅比和集料界面区域 $Ca(OH)_2$ 的生成量,对混合料的抗裂性有利。随着水泥掺量的增加,混合料的最大累计干缩应变增大。

3. 水泥粉煤灰稳定类材料的适用性

相对于石灰粉煤灰稳定类材料而言,水泥粉煤灰稳定材料是用一定剂量的水泥替换了全部石灰,这有利于提高基层结构的初期强度。相对水泥稳定类材料而言,是用粉煤灰替换了部分剂量的水泥,不但降低了造价,而且减弱了基层初期干缩的趋势。水泥粉煤灰稳定碎石或砾石具有较高的强度、刚度和稳定性,可适用于各交通等级道路的基层和底基层。

二、水泥粉煤灰稳定类材料组成设计

1. 材料设计组成要求

根据《公路沥青路面设计规范》(JTG D50—2017),水泥、粉煤灰稳定类材料 7d 无侧限抗压强度应符合表 6-12 的规定。

水泥粉煤灰稳定类材料压实度及 7d 无侧限抗压强度   表 6-12

层位	稳定材料类型	高速及一级公路				二级及二级以下公路			
		压实度(%)	抗压强度(MPa)			压实度(%)	抗压强度(MPa)		
			极重、特重	重	中、轻		极重、特重	重	中、轻
基层	集料	≥98	4.0~5.0	3.5~4.5	3.0~4.0	≥97	3.5~4.5	3.0~4.0	2.5~3.5
	细粒土	—	—	—	—	≥95			
底基层	集料	≥97	2.5~3.5	2.0~3.0	1.5~2.5	≥95	2.0~3.0	1.5~2.5	1.0~2.0
	细粒土	≥95				≥93			

2. 原材料要求

水泥粉煤灰稳定材料对水泥、粉煤灰、集料或土等组成材料的技术要求与前述稳定材料基本相同。

3. 水泥粉煤灰稳定类材料组成材料的配合比范围

水泥粉煤灰稳定混合料的组成材料配合比范围见表 6-13,在进行配合比设计时可参照选用,进行试验。

水泥粉煤灰稳定类材料的配合比范围参考值   表 6-11

稳定类材料类型	材料比例	底基层	基层
水泥硅铝粉煤灰①	水泥:粉煤灰	1:3~1:9	
水泥粉煤灰稳定土	水泥粉煤灰:细料材料 (水泥:粉煤灰)	30:70②~10:90 (1:3~1:5)	
水泥粉煤灰稳定集料	水泥粉煤灰:集料 (水泥:粉煤灰)	—	20:80~15:85③ (1:3~1:5)

注:①CaO 含量为 2%~6% 的硅铝粉煤灰。

  ②采用此比例时,水泥与粉煤灰之比宜为 1:2~1:3。

  ③水泥粉煤灰与粒料之比为 15:85~20:80 时,在混合料中,粒料形成骨架,水泥粉煤灰起填充孔隙和胶结作用。

4.设计内容与步骤

水泥、粉煤灰稳定类材料组成设计步骤,与前述的水泥稳定类、石灰稳定类和石灰粉煤灰稳定类基本相同。

【复习题】

1.影响水泥稳定类材料强度的主要因素有哪些?

2.在强度形成机理上石灰稳定类材料与二灰稳定类材料有何异同?

3.采用无机结合料稳定材料做路面基层需要关心哪些技术性质?

4.水泥土、石灰土、二灰土为什么不能用作高等级公路的基层?

5.无机结合料稳定类材料组成的主要设计指标是什么?设计内容包括哪些?

第三篇 有机混合料

　　道路工程中常用的有机混合料主要包括普通沥青混合料（主要有普通热拌沥青混合料、Superpave 沥青混合料、GTM 沥青混合料）以及其他沥青混合料[包括沥青稳定碎石、沥青玛蹄脂碎石（SMA）、开级配抗滑磨耗层（OGFC）、乳化沥青混合料稀浆封层与微表处以及冷再生沥青混合料]。

第七章

普通沥青混合料

【内容提要】

本章着重阐述热拌沥青混合料的组成结构、强度形成原理、技术性质、体积特征参数和组成设计方法,重点介绍了热拌沥青混合料的马歇尔设计方法,同时对 Superpave 与 GTM 沥青混合料设计方法进行了简要介绍。

【学习要求】

通过学习,要求掌握沥青混合料的组成结构、强度形成原理、技术性质和技术要求,并能按马歇尔法设计沥青混合料,同时对 Superpave 与 GTM 设计方法应有一定了解。

沥青混合料是矿质混合料(简称矿料)与沥青结合料经拌和而形成的混合料的总称,其中矿料起骨架作用,沥青与填料起胶结和填充作用。沥青混合料是现代道路路面结构的重要材料之一。其具有以下特点:

(1)沥青混合料具有良好的力学性质和路用性能,路面平整无接缝,行车舒适。

(2)沥青混合料可全部采用机械化施工,施工后即可快速开放交通。

(3)沥青混合料可进行再生利用。

第一节　沥青混合料的分类及组成结构

一、沥青混合料的分类

沥青混合料的分类方法取决于矿质混合料的级配、集料的最大粒径、压实空隙率和沥青品种等。

1. 按结合料类型分类

根据使用的结合料不同,沥青混合料可分为石油沥青混合料和煤沥青混合料。其中,石油沥青混合料又包括黏稠石油沥青混合料、乳化石油沥青混合料和液体石油沥青混合料。

2. 按材料组成及结构分类

(1)连续级配沥青混合料

沥青混合料中的矿料是按连续级配原则设计的,即从大到小的各级粒径都有,且按比例相互搭配组成。

(2)间断级配沥青混合料

连续级配沥青混合料的矿料中缺少一个或几个档次粒径而形成的沥青混合料。

3. 按矿料级配组成及空隙率大小分类

(1)密级配沥青混合料

按连续密级配原理设计组成的沥青混合料,如设计空隙率为 3% ~ 6% 的密级配沥青混凝土混合料(AC)和密级配沥青稳定碎石混合料(ATB)。沥青玛蹄脂碎石混合料(SMA)也属于密级配沥青混合料。

(2)半开级配沥青混合料

由适当比例的粗集料、细集料及少量填料(或不加填料)与沥青结合料拌和而成,压实后剩余空隙率在 6% ~ 12%。半开式沥青混合料主要指半开式沥青碎石,以 AM 表示。

(3)开级配沥青混合料

矿料级配主要由粗集料嵌挤组成,细集料及填料较少,如排水式沥青磨耗层(OGFC)及排水式沥青基层(ATPB)。

4. 按矿料公称最大粒径分类

(1)特粗式沥青混合料

集料公称最大粒径为 37.5mm 的沥青混合料。

(2)粗粒式沥青混合料

集料公称最大粒径为 26.5mm 或 31.5mm 的沥青混合料。

(3)中粒式沥青混合料

集料公称最大粒径为 16mm 或 19mm 的沥青混合料。

(4)细粒式沥青混合料

集料公称最大粒径为 9.5mm 或 13.2mm 的沥青混合料。

（5）砂粒式沥青混合料

集料公称最大粒径小于9.5mm的沥青混合料。

5. 按制造工艺分类

（1）热拌热铺沥青混合料

热拌热铺沥青混合料简称热拌沥青混合料（Hot Mix Asphalt，HMA），指需将沥青与矿料在热态下拌和、热态下铺筑的沥青混合料。

（2）温拌沥青混合料

温拌沥青混合料是指通过一定的技术措施，使沥青混合料能在相对较低的温度下进行拌和及施工。

（3）冷拌沥青混合料

采用乳化沥青或液体沥青与矿料在常温状态下拌和、铺筑的沥青混合料。

（4）再生沥青混合料

再生沥青混合料指将需翻修或废弃的旧沥青路面，经翻挖、破碎后回收旧沥青混合料，然后将其与再生剂、新集料、新沥青材料等按一定比例重新拌和，形成具有一定路用性能的再生沥青混合料。

二、沥青混合料的组成结构

沥青混合料是由粗集料、细集料、矿粉与沥青以及外加剂所组成的一种复合材料。受组成材料质量、矿质混合料级配类型、沥青用量等因素的影响，沥青混合料可以形成不同的组成结构，并表现出不同的力学性能。

目前，在沥青混合料组成结构研究方面存在两种不同的理论，即表面理论和胶浆理论。表面理论认为沥青混合料由粗集料、细集料和填料组成密实的矿质骨架，沥青结合料分布在其表面，从而形成一个具有强度的整体。强度形成的关键在于矿质骨料的强度和密实度。胶浆理论则认为沥青混合料是一种多级空间网状结构的分散系，其组成结构决定沥青混合料的高温稳定性能和低温变形能力。

按照沥青混合料的矿料级配组成特点，可将沥青混合料分为悬浮密实结构、骨架空隙结构和骨架密实结构三种类型。

1. 悬浮-密实结构

当采用连续型密级配矿料（图7-1中曲线①）与沥青配制沥青混合料时，矿料颗粒由大到小连续存在。这种结构虽然密实度很大，但粒径较大的颗粒被较小一档的颗粒挤开，不能直接接触形成嵌挤骨架结构，彼此分离悬浮于较小颗粒和沥青胶浆之间，形成了所谓的悬浮密实结构，如图7-2a)所示。此种结构的特点是黏聚力较高，混合料的密实性与耐久性较好，但内摩阻力较小，高温稳定性较差。我国传统的AC型沥青混凝土就属于典型的悬浮-密实结构。

2. 骨架-空隙结构

采用连续型开级配矿料（图7-1中曲线②）与沥青组成沥青混合料时，由于所组成的矿质混合料中粗集料所占比例较高，细集料很少，因此粗集料可以互相靠拢形成骨架。但细集料不足以充分填充骨架空隙，压实后混合料中的空隙较大，形成了所谓的骨架空隙结构，如图7-2b)所示。这种结构的沥青混合料内摩擦角较高，高温稳定性较好，但黏聚力较低，耐久性差。沥青碎石混合料（AM）及开级配排水式磨耗层沥青混合料（OGFC）均属于典型的骨架-空隙结构。

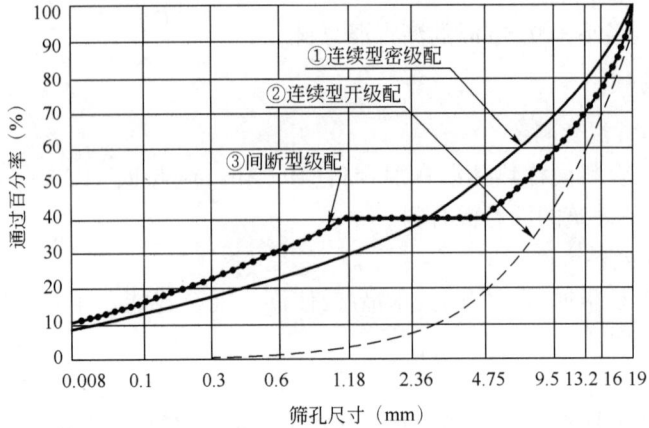

图 7-1　三种类型矿质混合料的级配曲线

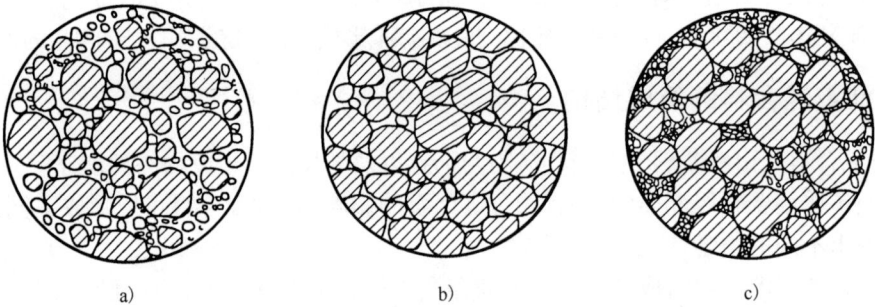

图 7-2　沥青混合料的典型组成结构
a)悬浮-密实结构;b)骨架-空隙结构;c)骨架-密实结构

3.骨架-密实结构

当采用间断型密级配矿料(图 7-1 中曲线③)与沥青组成沥青混合料时,在沥青混合料中既有足够的粗集料形成骨架,又根据骨架空隙大小加入了足够的细集料和沥青胶浆,使之填满骨架结构,形成了较高密实度的骨架结构,如图 7-2c)所示。这种结构兼具上述两种结构的优点,但施工和易性较差,是一种较为理想的结构类型。沥青玛蹄脂碎石混合料(SMA)即是一种典型的骨架-密实型结构。

第二节　沥青混合料强度及其影响因素

一、强度形成原理

在较高温度下,沥青混合料可能会由于沥青黏结力不足或是其本身的抗剪能力不足而发生破坏,一般采用摩尔-库仑理论来分析沥青混合料的强度和稳定性。

通常认为沥青混合料的结构强度由矿料颗粒之间的嵌锁力(内摩阻角)和沥青与矿料之间的黏结力及沥青自身的内聚力构成。当采用摩尔-库仑理论分析时,认为沥青混合料不发生剪切滑移的必要条件是满足公式(7-1)。

$$\tau \leqslant c + \sigma\tan\varphi \tag{7-1}$$

式中：τ——沥青混合料的抗剪强度(MPa)；

c——沥青混合料的黏结力(MPa)；

φ——沥青混合料的内摩阻角(rad)；

σ——试验时的正应力(MPa)。

沥青混合料的黏结力和内摩阻角可以通过三轴剪切试验确定。在规定条件下，对沥青混合料试件施加不同的侧向应力，测试其法向应力。由试件的侧向应力和法向应力，可以得到一组摩尔应力圆，如图7-3所示。在图7-3中，应力圆的公切线为摩尔-库仑应力包络线，即为抗剪切强度曲线。包络线与纵轴相交的截距表示混合料的黏结力c，切线与横轴的交角φ表示混合料的内摩阻角。

二、沥青混合料结构强度的影响因素

1. 沥青性质对黏结力(c)的影响

从沥青本身来看，沥青的黏滞度是影响沥青混合料黏结力c的重要因素。沥青的黏度反映了沥青在外力作用下抵抗变形的能力，沥青的黏度越大，则沥青混合料的黏结力越大，并可保持矿质集料的相对嵌挤作用，抗变形能力越强。由于沥青是一种感温性材料，其黏度随温度的变化而变化，在高温条件下，沥青黏度降低，沥青混合料的黏结力也会有所降低。沥青黏度对沥青混合料黏结力和内摩阻角的影响如图7-4所示。

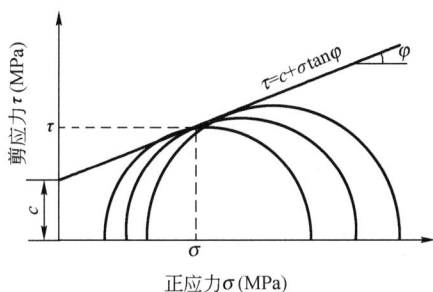

图7-3 摩尔应力圆包络线图

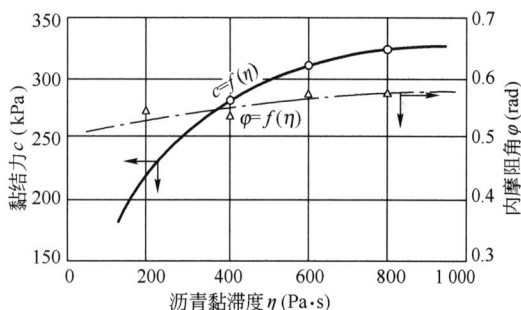

图7-4 沥青黏度对沥青混合料c、φ值的影响

2. 矿质混合料性能对内摩阻角φ的影响

矿质混合料的级配组成、颗粒形状棱角和表面特性等对沥青混合料的嵌锁力或内摩阻角影响较大。

一般来说，悬浮密实型沥青混合料的结构强度主要依靠沥青与矿料的黏结力和沥青的内聚力，而矿料颗粒间的内摩阻力相对较小；骨架空隙型沥青混合料的强度主要依靠矿料间的嵌锁力，沥青的内聚力起辅助作用；骨架密实型沥青混合料既有以粗集料为主的嵌锁骨架，又有很强的黏结力。

采用粒径较大且均匀的矿料可以提高沥青混合料的嵌锁力与内摩阻角。通常，砂粒式、细粒式、中粒式、粗粒式沥青混凝土的内摩阻角依次递增，见表7-1。由此可见，增大集料粒径是提高内摩阻角的途径，但应保证其级配良好、空隙率适当。对于相同粒径组成的集料，卵石的内摩阻角比碎石要低。

矿质混合料级配对沥青混合料 c、φ 值的影响 表7-1

沥青混合料级配类型	三轴试验结果	
	内摩阻角(° ′ ″)	黏结力(MPa)
粗粒式沥青混凝土	45 55 00	0.076
细粒式沥青混凝土	35 45 30	0.197
砂粒式沥青混凝土	33 19 30	0.227

3. 矿料与沥青交互作用能力的影响

在沥青混合料中,沥青与矿料交互作用后,沥青在矿料表面形成一层厚度为 δ_0 的扩散溶剂膜,如图 7-5a)所示(η_0 为沥青的黏滞度,Pa·s)。此膜厚度以内的沥青称为"结构沥青",膜层较薄,黏度较高,具有较强的黏结力;此膜厚度以外的沥青称为"自由沥青",其未与矿料发生交互作用,保持着沥青的初始内聚力。

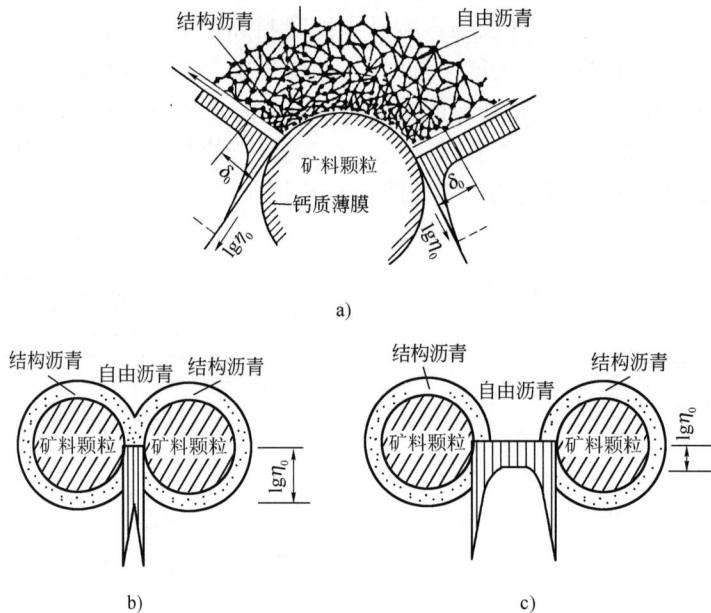

图 7-5 沥青与矿料的交互作用示意图

若矿料颗粒之间的接触处由结构沥青膜连接[图 7-5b)],则沥青扩散溶剂膜与矿料具有较大的接触面积,颗粒间黏结力较大;反之,若矿料颗粒之间的接触处由自由沥青连接[图 7-5c)],则扩散溶剂膜与矿料的接触面积小,颗粒间黏结力较小。

沥青与矿料的交互作用不仅与沥青的化学性质有关,而且与矿料的性质有关。研究认为,石油沥青与碱性石料的黏附性比酸性石料强,这是由于在不同性质的矿料表面形成了不同组成结构和厚度的吸附溶剂化膜,如图 7-6 所示。在石灰石矿料表面形成的吸附溶剂化膜较为发育,而在石英石矿料表面形成的吸附溶剂化膜则较差。因此,当采用石灰石矿料时,矿料之间更有可能通过结构沥青来连接,黏聚力较高。

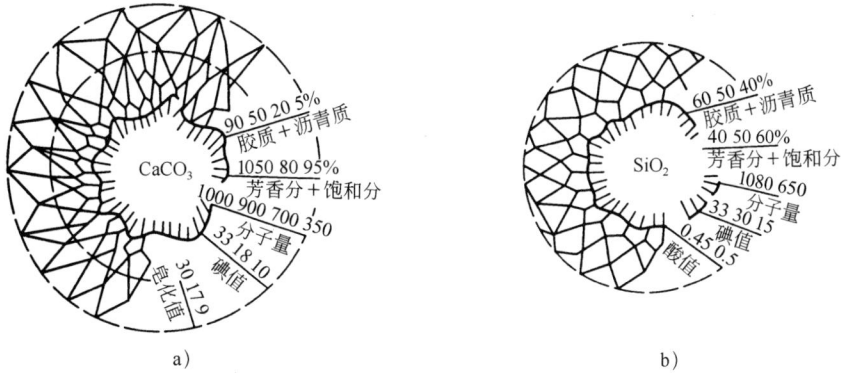

图 7-6　不同矿料的吸附溶剂化膜结构图

a) 石灰石矿料;b) 石英石砂料

4. 矿料比表面积与沥青用量的影响

沥青混合料中的矿料不仅能填充空隙,提高密实度,而且在很大程度上也影响着混合料的黏结力。在密实型的混合料中,矿料的比表面积一般占总面积的 80% 以上,这就大大增强了沥青与矿料的相互作用,减薄了沥青的膜厚,并在矿料表面形成"结构沥青层",使矿料颗粒牢固黏结,构成强度。

在沥青和矿料质量固定的条件下,沥青与矿料的比例(即沥青用量)是影响沥青混合料强度的重要因素。不同沥青用量所形成的沥青混合料的结构见图 7-7。

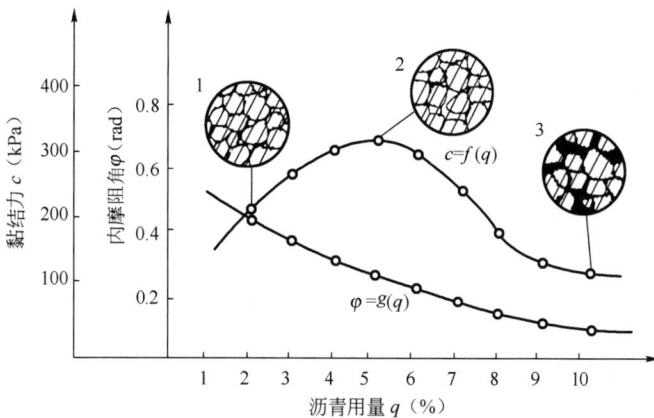

图 7-7　沥青用量对沥青混合料 c、φ 值的影响

1-沥青用量不足;2-沥青用量适中;3-沥青用量过多

当沥青用量很少时,不足以形成结构沥青薄膜来黏结矿料颗粒。随着沥青用量增加,结构沥青薄膜逐渐形成,沥青与矿料间的黏结力随沥青用量增加而增大。当沥青足够黏附在矿料颗粒表面时,若沥青用量继续增加,过多的沥青会逐渐将矿料颗粒推开,在颗粒间形成不与矿料发生交互作用的"自由沥青",此时沥青胶浆的黏结力随自由沥青的增加而降低。当沥青用量增加至某一用量后,沥青混合料的黏结力主要取决于自由沥青,这时沥青不仅发挥黏结剂的作用,而且还起着润滑剂的作用,致使沥青混合料的黏结力降低。另外,沥青用量越高,矿料颗粒之间的相互位移越明显,沥青混合料的内摩阻角也越小。

5.温度和变形速率的影响

沥青混合料的黏结力随温度升高而显著降低,但内摩阻角受温度影响较小。在其他条件相同的情况下,沥青混合料的黏结力与荷载作用时间或变形速率之间关系密切。沥青混合料的黏结力随变形速率的增加而显著提高,而内摩阻角随变形速率的增加变化较小。温度和变形速率对沥青混合料黏结力与内摩阻角的影响如图7-8所示。

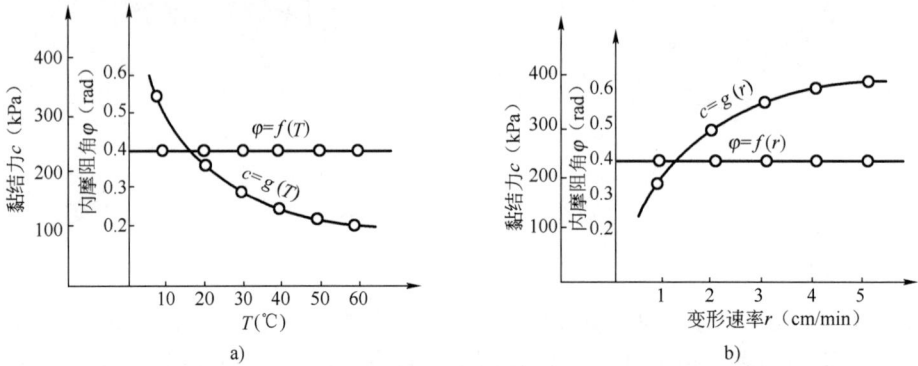

图7-8　温度与变形速率对沥青混合料 c、φ 值的影响
a)c、φ 随温度 T 的变化;b)c、φ 随变形速率 r 的变化

第三节　沥青混合料的路用性能

沥青混合料作为沥青路面的面层材料,在使用过程中将承受车辆荷载反复作用以及环境因素的作用,因此沥青混合料应具有足够的高温稳定性、低温抗裂性、水稳定性、抗老化性、抗滑性等技术性能,以保证沥青路面优良的服务性能,且经久耐用。

一、高温稳定性

高温稳定性是指沥青混合料在高温条件下,能够抵抗车辆荷载的反复作用,不发生显著永久变形,保证路面平整度的特性。沥青混合料是典型的黏-弹-塑性材料,在高温及长时间荷载作用下会产生显著的变形,其中不可恢复的部分称为永久变形。在交通量大、重车多和慢速路段的沥青路面上,车辙是最严重、最具危害的破坏形式之一。

1.高温稳定性评价方法及指标

评价沥青混合料高温稳定性的试验方法较多,如圆柱体试件的单轴(或三轴)静载、动载、重复荷载试验以及单轴贯入试验;简单剪切的静载、动载、重复荷载试验;反复碾压模拟试验,如车辙试验等。此外还有马歇尔稳定度、维姆稳定度和哈费氏稳定度等工程试验。目前常用马歇尔稳定度试验和车辙试验来评价沥青混合料高温稳定性。

(1)马歇尔稳定度试验

马歇尔稳定度试验方法最早由美国密西西比州公路局布鲁斯·马歇尔(Bruce Marshall)提出,迄今已经历了半个多世纪。马歇尔试验设备简单,操作方便,被世界上许多国家所采用,也是目前我国评价沥青混合料高温性能、进行沥青混合料配合比设计的主要试验之一。

马歇尔试验用于测定沥青混合料试件的破坏荷载和抗变形能力。将沥青混合料制成直径为

101.6mm ± 0.25mm、高为 63.5mm ± 1.3mm 的圆柱体试件,试验时将试件横向置于两个半圆形压模中,使试件受到一定的侧限,如图 7-9 所示。在规定温度(60℃)和 50mm/min ± 5mm/min 的加荷速度下,对试件施加压力直至试件破坏,测定稳定度(MS)、流值(FL)两项指标。稳定度指试件受压至破坏时承受的最大荷载,以 kN 计;流值指达到最大破坏荷载时试件的垂直变形,以 0.1mm 计。马歇尔稳定度与流值的关系见图 7-10。

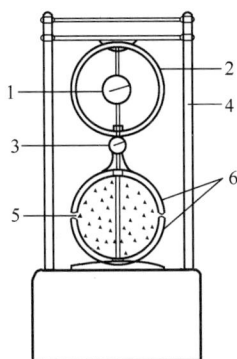

图 7-9 马歇尔稳定度仪示意图

1-百分表;2-应力环;3-流值表;4-压力架;5-试件;6-半圆形压头

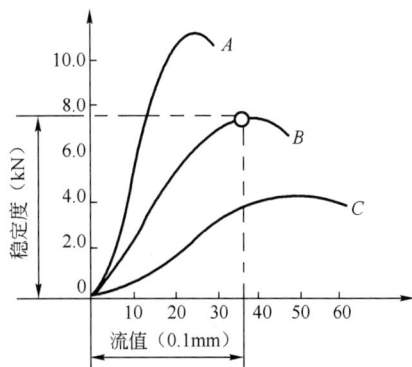

图 7-10 马歇尔稳定度与流值关系图

在我国沥青路面工程中,马歇尔稳定度和流值既是沥青混合料配合比设计的主要指标,也是沥青路面施工质量控制的重要试验项目。各国沥青混合料高温稳定性试验方法的研究和实践表明,仅用马歇尔试验指标预估沥青混合料的性能是不够的。它是一种经验性指标,具有一定的局限性,不能确切反映沥青混合料永久变形的产生机理,与沥青路面的抗车辙能力相关性不好。对于某些沥青混合料,即使马歇尔稳定度和流值都满足技术指标要求,也无法避免沥青路面出现车辙。因此,在评价沥青混合料的高温抗车辙能力时,还需要采用其他试验。

(2)车辙试验

车辙试验方法首先由英国运输与道路研究试验所(TRRL)开发,此后法国、日本等国的道路工作者对其进行了改进与完善。车辙试验是一种模拟车辆轮胎在路面上滚动形成车辙的工程试验方法,试验结果较为直观,且与沥青路面车辙深度之间有着较好的相关性。

目前,我国车辙试验采用标准方法成型的沥青混合料板块状试件(300mm × 300mm × 50mm),在 60℃温度条件下,试验轮(轮压 0.7MPa)以 42 次/min ± 1 次/min 的频率沿着试件表面同一轨迹反复行走,测试试件表面在试验轮反复作用下所形成的车辙深度,以产生 1mm 车辙变形所需要的行走次数即动稳定度指标,评价沥青混合料的抗车辙能力。动稳定度由式(7-2)计算。沥青混合料车辙深度与试验轮行走时间的关系曲线见图 7-11。

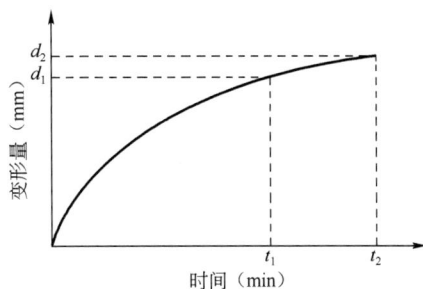

图 7-11 车辙深度与试验时间的关系曲线

$$\text{DS} = \frac{(t_2 - t_1) \cdot 42}{d_2 - d_1} \cdot c_1 \cdot c_2 \tag{7-2}$$

223

式中:DS——沥青混合料动稳定度(次/mm);

    t_1、t_2——试验时间,通常为45min和60min;

    d_1、d_2——与试验时间t_1、t_2对应的试件表面的变形量(mm);

    c_1、c_2——试验机与试样的修正系数;

    42——每分钟行走次数。

我国《公路沥青路面施工技术规范》(JTG F40—2004)规定,对用于高速公路、一级公路和城市快速路、主干路沥青路面上面层和中面层的沥青混合料,在用马歇尔试验进行配合比设计时,必须采用车辙试验对沥青混合料的抗车辙能力进行检验,不满足要求时应对矿料级配或沥青用量进行调整,重新进行配合比设计。

2. 高温稳定性的主要影响因素

沥青混合料高温稳定性的形成,主要来源于矿质集料颗粒间的嵌锁作用和沥青的高温黏度。采用表面粗糙、多棱角、颗粒接近立方体的碎石集料,经压实后集料颗粒间能够形成紧密的嵌锁作用,增大沥青混合料的内摩阻角,有利于增强沥青混合料的高温稳定性。沥青的高温黏度越大,与集料的黏附性越好,相应的沥青混合料的高温抗变形能力也就越强。同时,适当减小沥青混合料的沥青用量,有助于增强其高温抗变形能力。

二、低温抗裂性

沥青混合料不仅应具备高温稳定性,同时还要具有低温抗裂性,以保证路面在冬季低温时不产生裂缝。一般认为,沥青路面的低温收缩开裂主要有两种形式:一种是由于气温骤降造成材料低温收缩,在有约束的沥青混合料面层内产生的温度应力超过沥青混合料在相应温度下的抗拉强度时造成的开裂;另一种是低温收缩疲劳裂缝,当沥青混合料经受长期多次的温度循环后,材料的抗拉强度降低,变成温度疲劳强度,当温度应力超过温度疲劳强度时就会产生开裂。低温收缩疲劳裂缝主要发生在温度变化频繁的温和地区。

1. 低温抗裂性的评价方法和评价指标

沥青混合料的低温抗裂性仍处于研究阶段,目前世界上采用的评价方法可以分为三类:预估沥青混合料的开裂温度;评价沥青混合料的低温变形能力或应力松弛能力;评价沥青混合料的断裂能。与评价方法相关的试验主要包括间接拉伸试验、直接拉伸试验,低温收缩试验,低温蠕变弯曲试验,受限试件温度应力试验(冻断试验),应力松弛试验等。

(1)预估沥青混合料的开裂温度

通过间接拉伸试验或直接拉伸试验,建立沥青混合料的低温抗拉强度与温度的关系(图7-12中曲线1)。再根据理论方法,由沥青混合料的劲度模量、温度收缩系数及降温幅度计算沥青面层可能出现的温度应力与温度的关系(图7-12中曲线2)。根据温度应力与抗拉强度的关系预估沥青面层出现低温开裂的温度t_p。t_p越低,即沥青混合料的开裂温度越低,低温抗裂性越好。

(2)低温蠕变试验

在规定温度下,对规定尺寸的沥青混合料小梁试件的跨中施加恒定集中荷载,测定试件随时间不断增长的蠕变变形,见图7-13。蠕变变形曲线分为三个阶段:第一阶段为蠕变迁移阶段,第二阶段为蠕变稳定阶段,第三阶段为蠕变破坏阶段。以蠕变稳定阶段的蠕变速率评价沥青混合料的低温变形能力,蠕变速率由式(7-3)计算。蠕变速率越大,沥青混合料在低温下的变形能力越大,松弛能力越强,低温抗裂性能越好。

$$\varepsilon_{speed} = \frac{(\varepsilon_2 - \varepsilon_1)/(t_2 - t_1)}{\sigma_0} \tag{7-3}$$

式中:ε_{speed}——沥青混合料的低温蠕变速率[$1/(s \cdot MPa)$];

σ_0——沥青混合料小梁试件跨中梁底的蠕变弯拉应力(MPa);

t_1、t_2——蠕变稳定期的初始时间和终止时间(s);

ε_1、ε_2——t_1、t_2对应的小梁试件跨中梁底应变。

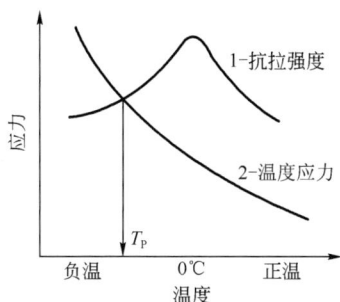

图 7-12 沥青混合料抗拉强度、温度应力与温度的关系　　　图 7-13 沥青混合料蠕变变形曲线

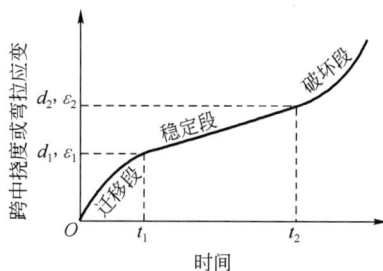

(3)低温弯曲试验

低温弯曲试验是评价沥青混合料低温变形能力的常用方法之一。在试验温度 $-10℃ ± 0.5℃$ 的条件下,以 50mm/min 速率,对沥青混合料小梁试件跨中施加集中荷载至断裂破坏,记录试件跨中荷载与挠度的关系曲线。由小梁试件破坏时的跨中挠度,按照式(7-4)计算沥青混合料的破坏弯拉应变。沥青混合料在低温下的破坏弯拉应变越大,低温柔韧性越好,抗裂性越好。

$$\varepsilon_B = \frac{6hd}{L^2} \tag{7-4}$$

式中:ε_B——试件破坏时的最大弯拉应变;

h——跨中断面试件的高度(mm);

d——试件破坏时的跨中挠度(mm);

L——试件的跨径(mm)。

我国《公路沥青路面设计规范》(JTG D50—2017)规定,采用低温弯曲试验的破坏应变作为评价改性沥青混合料的低温抗裂性能指标。

(4)约束试件的温度应力试验

该法是美国公路战略研究计划(SHRP)所推荐的评价沥青混合料低温抗裂性能的方法。试验装置如图 7-14 所示。试件端部与夹具用环氧树脂黏结,测定在降温冷却过程中试件内部的温度应力变化曲线,直至试件断裂破坏。试验结束后,分析冻断温度。试验冷却过程中的温度应力变化过程曲线如图 7-15 所示。

由图 7-15 可以得到四个指标:冻断温度、破坏强度、温度应力曲线斜率和转折点温度。冻断温度与沥青性能、沥青路面抗裂性能的相关性最好,与冻断强度也有较好的相关性。温度应力试验模拟现场条件较好,表达直观。

2.低温抗裂性的主要影响因素

沥青混合料的低温抗裂性能与其抗拉强度、松弛能力以及收缩性质等密切相关。一般情况下,沥青针入度数值越大,其感温性越低,低温劲度模量越小,沥青的低温柔韧性就越好,其抗裂性能越好。因此,在寒冷地区,可采用稠度低、低温劲度模量小的沥青,或选择松弛性能较好的橡胶类改性沥青来提高沥青混合料的低温抗裂性。

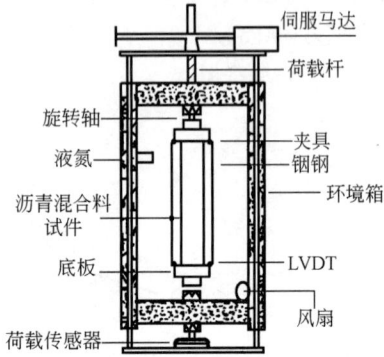

图7-14　温度应力试验装置

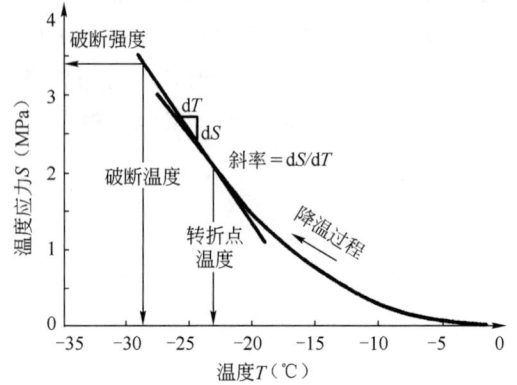

图7-15　温度应力变化过程曲线

通常,密级配沥青混合料的低温抗拉强度高于开级配的沥青混合料,另外,环境因素对沥青混合料的开裂也有一定影响。路表面温度越低,沥青路面越易开裂;降温速率越大,温度开裂趋势越明显。

三、耐久性

耐久性是指沥青混合料在使用过程中抵抗环境因素及行车荷载反复作用的能力,包括沥青混合料的抗老化性能、水稳定性能等。

1. 抗老化性

沥青混合料在使用过程中,受到空气中氧气、水、紫外线等介质的作用,促使沥青发生诸多复杂的物理化学变化,致使沥青混合料变脆易裂,从而导致沥青路面出现各种与沥青老化有关的裂纹或裂缝。

沥青混合料老化取决于沥青的老化程度,也与外界环境因素和压实空隙率有关。在气候温暖、日照时间较长的地区,沥青的老化速率快;而在气温较低、日照时间短的地区,沥青的老化速率相对较慢。沥青混合料的空隙率越大,环境介质对沥青的作用就越强烈,其老化程度也越高。

为了减轻沥青混合料的短期老化,可考虑采取以下几项措施。①在保证沥青混合料拌和、摊铺、碾压技术性能的前提下,尽可能采用比较低的施工温度;②尽量缩短沥青混合料的高温保存时间,还应避免沥青混合料运输距离过长,或拌和站等料时间过长;③选择优质的重交通道路沥青材料,通过热老化试验,根据沥青的老化指数选择耐老化的沥青;④合理地进行沥青混合料设计,尽可能采用密级配沥青混合料,降低空隙率,减少阳光、雨水通过空隙浸入沥青混合料内,减轻沥青的氧化和剥落;⑤在保证沥青混合料具有足够热稳定性的条件下,适当增加沥青用量,增厚集料颗粒表面沥青膜的厚度;⑥使用适当外加剂,尤其在沥青中添加适当的外掺剂,例如炭黑等,抵抗紫外线的作用。

2.水稳定性

水稳定性是指沥青混合料抵抗由于水侵蚀而发生沥青膜剥离、松散、坑散等破坏的能力。水稳定性差的沥青混合料在有水存在的情况下,沥青与矿料颗粒表面会产生局部分离,同时在车辆荷载作用下,沥青与矿料的剥落加剧,形成松散薄弱块,从而造成路面缺失,并逐渐形成坑槽,即所谓的沥青路面"水损害"。当沥青混合料的压实空隙率较大,路面排水系统不完善时,将加剧沥青路面的"水损害"现象。

(1)水稳定性的评价方法和评价指标

①沥青与集料的黏附性试验

试验方法包括水煮法、水浸法、光电比色法及搅动水净吸附法等。这些方法是将沥青裹覆在矿料表面并浸入水中,根据矿料表面沥青的剥落程度,判断沥青与集料的黏附性。其中水煮法和水浸法是目前道路工程中的常用方法,但采用水煮法或水浸法评价沥青与集料黏附性等级时受人为因素影响较大。此外,一些满足黏附性等级要求的沥青混合料在使用时仍有可能发生水损害,试验结果存在一定的局限性。综上可知,这类试验仅可以初步评价沥青与集料的黏附性,还必须结合沥青混合料的水稳定性试验结果做出综合评价。

沥青与集料的黏附性在很大程度上取决于集料的化学组成。表 7-2 为不同矿物组成集料与沥青的黏附性等级测试结果。由表 7-2 可以看出,SiO_2 含量较高的花岗岩集料与沥青的黏附性明显低于碱性石灰岩集料与沥青的黏附性,也明显低于中性玄武岩集料与沥青的黏附性;另外,掺加抗剥落剂可以显著改善酸性集料或中性集料与沥青的黏附性。

不同矿物组成集料与沥青的黏附性等级 表 7-2

| 集 料 类 型 | 韩国 SK 沥青 | | | | 东海 70 号沥青 | | | |
| | 原样沥青 | | TFOT 残留物 | | 原样沥青 | | TFOT 残留物 | |
	未加抗剥落剂	加抗剥落剂	未加抗剥落剂	加抗剥落剂	未加抗剥落剂	加抗剥落剂	未加抗剥落剂	加抗剥落剂
花岗岩 1	1^+	5^-	2	5^-	1^+	5	3	5^-
花岗岩 2	1	5^-	3	4	1^-	4^+	3^-	5
砂岩	3	5^-	5^-	5^-	2^+	5	3^-	5^-
玄武岩	3^-	5	3^+	4^+	3	5	3^+	5
石灰岩	5^-	5	5^-	5	5^-	5	5	5

注:上标"+"或"-",表示强一级或弱一级。

②浸水试验

浸水试验是根据沥青混合料浸水前后物理、力学性能的降低程度来表征其水稳定性的一类试验方法。常用的试验方法有浸水马歇尔试验、浸水车辙试验、浸水劈裂强度试验和浸水抗压强度试验等。在浸水条件下,沥青与集料之间的黏附性降低,最终表现为沥青混合料整体力学强度发生损失,通常以浸水前后的马歇尔稳定度比值、车辙深度比值、劈裂强度比值和抗压强度比值的大小来评价沥青混合料的水稳定性。

③冻融劈裂试验

按照《公路工程沥青及沥青混合料试验规程》(JTG E20—2011)中的方法,在冻融劈裂试验中,将沥青混合料试件分为两组:一组试件用于测定常规状态下的劈裂强度;另一组试件首先进行真空饱水,然后置于 −18℃条件下冷冻 16h,再置于 60℃水中浸泡 24h,最后进行劈裂强度测试。在冻融过程中,集料颗粒表面的沥青膜经历了水的冻胀剥落作用,促使沥青从集料表面剥落,导致沥青混合料松散,劈裂强度降低。沥青混合料试件的冻融劈裂强度比(TSR)采用式(7-5)计算。

$$TSR = \frac{\sigma_2}{\sigma_1} \times 100 \qquad (7\text{-}5)$$

式中:TSR——沥青混合料试件的冻融劈裂强度比(%);

σ_1——试件在常规条件下的劈裂强度(MPa);

σ_2——试件经一次冻融循环后在规定条件下的劈裂强度(MPa)。

表7-3 显示了不同集料组成的沥青混合料的冻融劈裂试验强度比。试验结果表明,采用花岗岩集料组成的沥青混合料的水稳定性最差,采用石灰岩集料组成的沥青混合料的水稳定性最好。

不同集料组成的沥青混合料的冻融劈裂强度比(TSR)　　　　表7-3

集 料 类 型	常规状态劈裂强度 σ_1 （MPa）	冻融状态劈裂强度 σ_2 （MPa）	TSR （%）	劈裂强度降低 （%）
花岗岩集料	0.86	0.57	66.3	33.7
辉绿岩集料	0.89	0.66	74.1	25.9
石灰岩集料	1.02	0.89	87.3	12.7

（2）水稳定性的影响因素

沥青混合料的水稳定性除了与沥青的黏附性有关外,还受沥青混合料压实空隙率大小及沥青膜厚度的影响。当空隙率较大时,外界水分容易进入沥青混合料结构内部,在高速行车造成的动水压力作用下,集料表面的沥青会发生迁移甚至剥落。当沥青混合料中的沥青膜较薄时,水可能穿透沥青膜层导致沥青从集料表面剥落,使沥青混合料松散。

成型方法对沥青混合料的抗水损害性能也有较大影响。当成型温度较低时,为了达到要求的压实密度,可能会压实过度,将粗集料颗粒压碎,从而增加沥青混合料对水的敏感性。此外,当压实度不够时,即便是密级配的沥青混合料也会出现空隙率过大的情况。这不仅对沥青路面的水稳定性不利,还可能引发沥青路面的车辙病害。

开级配的沥青混合料由于压实空隙率较大,通常水稳定性不好,需要采取掺加抗剥落剂等措施提高沥青与集料的黏附性。在气温低、湿度大甚至降水条件下铺筑沥青路面也会降低沥青混合料的水稳定性。为了提高水稳定性,在进行沥青混合料配合比设计时,应在满足高温稳定性的前提下,尽量增加沥青混合料中的沥青膜厚度。

四、抗疲劳性能

沥青混合料的疲劳是材料在荷载重复作用下产生不可恢复的强度衰减积累所引起的一种现象。荷载的重复作用次数越多,强度的降低就越剧烈,沥青混合料所能承受的应力或应变值就越小。通常,把沥青混合料出现疲劳破坏的重复应力值称作疲劳强度,相应的应力重复作用次数称为疲劳寿命。沥青混合料的抗疲劳性能即指混合料在反复荷载作用下抵抗疲劳破坏的能力。在相同的荷载重复作用次数下,疲劳强度降低幅度小的沥青混合料或是疲劳强度变化率小的沥青混合料,抗疲劳性能好。

沥青混合料的疲劳试验方法主要有实际路面在真实汽车荷载作用下的疲劳破坏试验;足

尺路面结构在模拟汽车荷载作用下的疲劳试验研究,包括大型环道试验和加速加载试验;试板试验法,试验室小型试件的疲劳试验研究。前两种试验研究方法耗资大、周期长;试验周期短、费用较少的室内小型疲劳试验通常采用较多。

影响沥青混合料疲劳寿命的因素很多,包括加载速率、施加应力或应变波谱的形式、荷载间歇时间、试验和试件成型方法、混合料劲度、混合料的沥青用量、混合料的空隙率、集料的表面性状、温度、湿度等。

五、施工和易性

沥青混合料应具备良好的施工和易性,以便在拌和、摊铺及碾压过程中使集料颗粒保持均匀分布,并能被压实到规定的密度。这是保证沥青路面使用品质的必要条件。影响沥青混合料施工和易性的因素很多,包括沥青混合料组成材料的技术品质、用量比例及施工条件等。目前,尚无直接评价沥青混合料施工和易性的方法和指标。但当前有尝试通过测定沥青混合料在不同拌和速率下搅拌机的功率输出,利用功率输出的大小来评价沥青混合料的施工和易性,或测量沥青混合料在搅拌过程中给搅拌轴下方埋没于沥青混合料中的搅拌叶片造成的阻力-扭矩值,以扭矩值的倒数作为和易性指数来表征沥青混合料施工和易性。然而,这些方法的有效性还有待工程实践验证。

1.组成材料的影响

矿料级配和沥青用量是影响沥青混合料施工和易性的主要因素。在间断级配的矿质混合料中,粗细集料的颗粒尺寸相差过大,缺乏中间尺寸颗粒,沥青混合料容易离析。如果细集料太少,沥青就不容易均匀地分布在粗集料表面;如果细集料过多,则导致拌和困难。当沥青用量过少或矿粉用量过多时,沥青混合料容易产生疏松且不易压实;反之,如果沥青用量过多或矿料质量不好,则容易使沥青混合料黏结成团块,不易摊铺。

2.施工条件的影响

沥青混合料应在一定的温度下进行施工,以使沥青结合料能够达到要求的流动性,在拌和过程中能够充分均匀地黏附在矿料颗粒表面。然而施工温度过高会引起沥青老化,从而会严重影响沥青混合料的使用性能。沥青混合料的拌和、压实温度与沥青黏度有关,应根据沥青黏度与温度的关系曲线确定。我国《公路工程沥青及沥青混合料试验规程》(JTG E20—2011)中对沥青的施工黏度要求见表7-4。

适用于沥青混合料拌和及压实的沥青等温黏度 　　　　表7-4

沥青结合料种类	黏　　度	适宜于拌和的黏度	适宜于压实的黏度
石油沥青(含改性沥青)	表观黏度(Pa·s) 运动黏度(mm²/s) 赛波特黏度(s)	0.17 ± 0.02 170 ± 20 85 ± 10	0.28 ± 0.03 280 ± 30 140 ± 15
煤沥青	赛波特黏度(s)	25 ± 3	40 ± 5

六、表面功能

沥青混合料的表面功能是指沥青混合料铺筑成沥青路面后,应具有一定的抗滑、排水、降噪和反光等特性。沥青路面的表面功能与沥青混合料的组成结构所构成的表面宏观构造有密切的关系。

1. 抗滑性能

沥青路面的抗滑性对于保障道路交通安全至关重要。抗滑性能必须通过合理地选择沥青混合料组成材料、正确地设计与施工来保证。

沥青路面的抗滑性与所用矿料的表面构造深度、颗粒形状与尺寸、抗磨光性有着密切的关系。用于沥青路面表层的粗集料应选用表面粗糙、坚硬、耐磨、抗冲击性好、磨光值大的碎石或破碎砾石集料。通常,坚硬耐磨的矿料多为酸性石料,与沥青的黏附性较差。为了保证沥青混合料的水稳定性,应采取有效的抗剥落措施。

沥青路面的抗滑性除了取决于矿料自身的表面构造外,还取决于矿料级配所确定的表面构造深度。前者通常称为微观构造,用集料的磨光值(PSV)表征;后者通常称为宏观构造,通过压实后路表的构造深度(TD)或摩擦系数试验评价。

增加沥青混合料中的粗集料含量有助于提高沥青路面的宏观构造深度,如图7-16所示。为了使沥青路面路表形成较大的宏观构造深度,设计人员往往选用开级配或半开级配的沥青混合料,但这类混合料的空隙

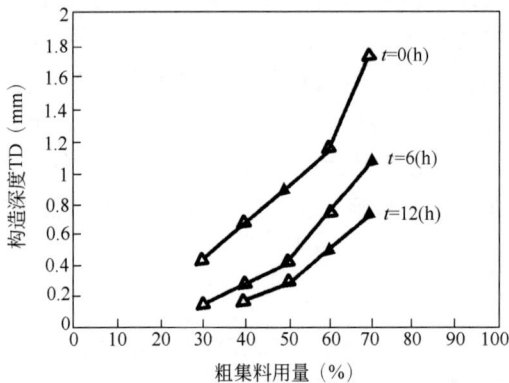

图 7-16　粗集料用量与沥青路面表面构造深度的关系

率较大,耐久性较差。此外还应严格控制沥青混合料中的沥青含量,特别是应选用含蜡量低的沥青,以免行车时出现滑溜现象。

2. 排水、降噪性能

近年来,世界上许多国家为降低交通噪声和快速排除路表积水采取了各种措施,其中,开级配的低噪声排水沥青路面引起了广泛的兴趣和重视。排水、降噪沥青路面的主要特点是开级配沥青混合料的高空隙率,不仅具有良好的渗水功能,而且还具有良好的降噪特性。

研究表明,沥青路面的表面构造,即粗糙度、纹理深度等几何特征,对轮胎与路面的接触噪声有明显影响。同时路面的不平整度,也影响路表的噪声。通常采用驻波管来测定材料的垂直入射吸声系数。吸声系数越大,表明材料的吸声性能越好。试验与研究表明沥青混合料的吸声特性主要与沥青混合料的空隙率有关。增大沥青混合料的连通空隙率有助于提高吸声功能。开级配的多孔性沥青路面,其高空隙率赋予了路面以减低交通噪声,加速排水、增加抗滑的功能。但另一方面也对路面本身的强度、耐久性造成不利影响,给沥青混合料设计和施工带来困难。从降低噪声的要求出发,在采用各种措施保证沥青混合料具有一定强度、抗松散性的前提下,综合分析各种影响因素,通常将多孔沥青路面的空隙率控制在20%左右。

3. 反光特性

路面的能见度是影响行车安全的重要因素。路面良好的反光特性可以有效保证行车的安全性。

由于路表面状况不同,其反光特性有镜面反射、散光反射和定向反射三种情况。在干燥的

粗糙路面上,光线多为散光反射,也称为漫反射;水膜较厚的潮湿路面的反射常形成镜面反射;有小珠的干燥道路标线多为定向反射。具有良好宏观构造的沥青路面,由于集料不规则的棱角凸起,使光线产生散光反射,而不会形成镜面反射。即使雨天也因排水迅速,路面上无水膜,同样不会出现镜面反射。因而雨天的夜间在这种路面上行驶,不会产生眩光,道路标线也清晰可见,有效地保证了行车的安全性。因此,从路面反光特性考虑,设计和选择具有良好宏观构造的沥青混合料铺筑路面面层是非常必要的。正因为如此,多孔性排水式沥青路面、沥青玛蹄脂碎石路面得到了广泛的应用。

4. 抗凝冰性能

寒区冬季低温路面凝冰会对行车安全和道路行驶功能带来重大影响,更有甚者造成交通事故及人员伤亡。因此,对于特殊路段,如冬季易发生结冰的上下坡、弯道、公路背阴处、高速公路上、下岔口,交叉口、隧道进出口,桥面铺装等应关注路面的抗凝冰性能。抗凝冰路面在保证不降低路面其他方面性能的同时,使路面抗滑功能在凝冰期得以有效维持,使路面在一定的负温环境下具有较好的抑制冻结能力。当前,抗凝冰路面主要有抗凝冰弹性路面、抗凝冰涂层以及抗凝冰改性剂等技术措施。

第四节 沥青混合料技术性质及标准

沥青混合料的物理力学性质与使用环境密切相关。在沥青结合料等级选择、沥青混合料配合比设计以及沥青混合料使用性能检验时,应考虑沥青路面工程的环境因素(尤其是温度和湿度条件),按照不同气候分区特点对沥青混合料的技术性能提出相应要求。

一、沥青路面使用性能气候分区

1. 气候分区指标

(1)按照设计高温分区

采用工程所在地最近30年内年最热月份平均最高气温的平均值,作为反映沥青路面在高温和重载条件下出现车辙等流动变形的气候因子,并作为气候分区的一级指标。按照设计高温指标,一级区划分为3个区。

(2)按照设计低温分区

采用工程所在地最近30年内的极端最低气温,作为反映沥青路面由于温度收缩产生裂缝的气候因子,并作为气候分区的二级指标。按照设计低温指标,二级区划分为4个区。

(3)按照设计雨量分区

采用工程所在地最近30年内的年降雨量的平均值,作为反映沥青路面受水影响的气候因子,并作为气候区划的三级指标。按照设计雨量指标,三级区划分为4个区。

2. 气候分区的确定

沥青路面使用性能气候分区由一、二、三级区划组合而成,以综合反映该地区的气候特征。每个气候分区用三个数字表示;第一个数字代表高温分区,第二个数字代表低温分区,第三个数字代表雨量分区。每个分区的表示数字越小,表示气候因素对沥青路面的影响越严重。如我国西安市属于1-3-2分区,即为夏炎热冬冷湿润区。

我国《公路沥青路面施工技术规范》(JTG F40—2004)中提出的沥青路面使用性能气候分区见表7-5。

沥青路面使用性能气候分区　　　　　　　　　　　　表7-5

气候分区指标		气候分区			
按照高温指标	高温气候区	1	2	3	
	气候区名称	夏炎热区	夏热区	夏凉区	
	最热月平均最高气温(℃)	>30	20~30	<20	
按照低温指标	低温气候区	1	2	3	4
	气候区名称	冬严寒区	冬寒区	冬冷区	冬温区
	极端最低气温(℃)	<-37.0	-37.0~-21.5	-21.5~-9.0	>-9.0
按照雨量指标	雨量气候区	1	2	3	4
	气候区名称	潮湿区	湿润区	半干区	干旱区
	年降雨量(mm)	>1000	500~1000	250~500	<250

二、沥青混合料的体积特征参数

沥青混合料是由沥青和矿质混合料组成的复合材料。其体积特征参数由密度、空隙率、矿料间隙率和沥青饱和度等指标表征。它们反映了压实后沥青混合料各组成材料之间质量与体积的关系。沥青混合料的体积特征参数对其路用性能有显著影响,也是沥青混合料配合比设计的重要参数。

1. 沥青混合料的密度

沥青混合料的密度是指压实沥青混合料试件单位体积的干质量。在实际使用中,沥青混合料密度的测试是一个非常重要而又有一定难度的问题。沥青混合料的密度计算或测试方法如下:

(1)沥青混合料的理论最大密度

理论最大密度是假设沥青混合料试件被压实至完全密实,在没有空隙的理想状态下的最大密度,即压实沥青混合料试件全部被矿料(包括矿料内部孔隙)和沥青所占有,空隙率为零时的最大密度。沥青混合料的理论最大密度可以通过实测法或计算法确定。对于普通沥青混合料来说,沥青混合料的理论最大密度可以通过实测法确定,其包括真空法和溶剂法;对于改性沥青混合料和SMA沥青混合料来说,理论最大密度可以通过计算法来确定,其根据沥青混合料的配合比及组成材料密度按照下面的方法进行计算。

沥青在沥青混合料中的用量通常有两种表示方法,即油石比(沥青与矿料的质量比)和沥青含量(沥青质量占沥青混合料总质量的百分率)。当采用油石比时,沥青混合料的理论最大密度按式(7-6)计算;当采用沥青含量时,理论最大密度可按式(7-7)计算。

$$\gamma_{ti} = \frac{100 + P_{ai}}{\frac{100}{\gamma_{se}} + \frac{P_{ai}}{\gamma_b}} \tag{7-6}$$

$$\gamma_{ti} = \frac{100}{\frac{100 - P_{bi}}{\gamma_{se}} + \frac{P_{bi}}{\gamma_b}} \tag{7-7}$$

式中:γ_{ti}——沥青混合料的最大理论相对密度;

P_{ai}——沥青混合料中的油石比(%);

P_{bi}——沥青混合料的沥青含量,$P_{bi} = P_{ai}/(1 + P_{ai})$(%);

γ_{se}——合成矿料的有效相对密度;

γ_{b}——沥青结合料的相对密度。

在式(7-6)、式(7-7)中,合成矿料的有效相对密度 γ_{se} 可以通过矿料的合成毛体积相对密度与合成表观相对密度按式(7-8)计算确定。

$$\gamma_{se} = C \times \gamma_{sa} + (1 - C) \times \gamma_{sb} \tag{7-8}$$

式中:γ_{sb}——矿料的合成毛体积相对密度,按式(7-9)求取;

γ_{sa}——矿料的合成表观相对密度,按式(7-10)求取;

C——合成矿料的沥青吸收系数,可按矿料的合成吸水率由式(7-11)求取。

$$\gamma_{sb} = \frac{100}{\dfrac{P_1}{\gamma_1} + \dfrac{P_2}{\gamma_2} + \cdots + \dfrac{P_n}{\gamma_n}} \tag{7-9}$$

$$\gamma_{sa} = \frac{100}{\dfrac{P_1}{\gamma'_1} + \dfrac{P_2}{\gamma'_2} + \cdots + \dfrac{P_n}{\gamma'_n}} \tag{7-10}$$

$$C = 0.033w_x^2 - 0.2936w_x + 0.9339 \tag{7-11}$$

式中:P_1、$P_2 \cdots P_n$——各种矿料成分的配比,其和为100;

γ_1、$\gamma_2 \cdots \gamma_n$——各种矿料相应的毛体积相对密度;

γ'_1、$\gamma'_2 \cdots \gamma'_n$——各种矿料相应的表观相对密度;

w_x——合成矿料的吸水率(%),按式(7-12)求取。

$$w_x = \left(\frac{1}{\gamma_{sb}} - \frac{1}{\gamma_{sa}}\right) \times 100 \tag{7-12}$$

(2)沥青混合料的毛体积密度

毛体积密度是指沥青混合料单位毛体积(含沥青混合料实体矿物成分体积、不吸收水分的闭口孔隙、能吸收水分的开口孔隙等颗粒表面轮廓所包围的全部毛体积)的干质量。在工程中,常根据试件的空隙率大小,选择用表干法、蜡封法或体积法测定沥青混合料的毛体积。

表干法适用于较密实而吸水很少(吸水率≤2%)的试件,此时毛体积密度按式(7-13)计算。

$$\gamma_f = \frac{m_a}{m_f - m_w} \tag{7-13}$$

式中:γ_f——沥青混合料试件的毛体积相对密度;

m_a——沥青混合料干燥试件在空气中的质量(g);

m_w——沥青混合料试件在水中的质量(g);

m_f——沥青混合料饱和面干状态试件在空气中的质量(g)。

试件的吸水率是指试件吸水体积占沥青混合料毛体积的百分率,按式(7-14)计算。

$$S_a = \frac{m_f - m_a}{m_f - m_w} \times 100 \tag{7-14}$$

式中:S_a——试件的吸水率(%);

m_a、m_w、m_f的意义同上。

对于吸水率>2%的沥青混凝土、沥青碎石或大空隙沥青混合料试件,一般采用蜡封法或体积法测试其毛体积密度。

2. 沥青混合料的空隙率

沥青混合料试件的空隙率是指压实状态下沥青混合料内矿料与沥青实体之外的空隙(不包括矿料本身或表面已被沥青封闭的孔隙)的体积占试件总体积的百分率。空隙率根据压实沥青混合料试件的毛体积密度与理论最大密度按式(7-15)计算。

$$VV = \left(1 - \frac{\gamma_f}{\gamma_t}\right) \times 100 \tag{7-15}$$

式中:VV——沥青混合料试件的空隙率(%);

γ_f——沥青混合料试件的毛体积相对密度,根据试件吸水率,由表干法、蜡封法或体积法测定;

γ_t——沥青混合料的理论最大相对密度。

3. 沥青混合料的矿料间隙率

矿料间隙率是指压实沥青混合料试件中矿料实体以外的体积占试件总体积的百分率,由式(7-16)计算。

$$VMA = \left(1 - \frac{\gamma_f}{\gamma_{sb}} \cdot \frac{P_s}{100}\right) \times 100 \tag{7-16}$$

式中:VMA——沥青混合料试件的矿料间隙率(%);

γ_f——沥青混合料试件的毛体积相对密度;

γ_{sb}——矿质混合料的合成毛体积相对密度,按式(7-9)计算;

P_s——各种矿料占沥青混合料总质量的百分率,即$P_s = 100 - P_b$(%)。

矿料间隙率是指试件空隙率与沥青体积百分率之和,由式(7-17)表示。

$$VMA = VA + VV \tag{7-17}$$

式中:VMA——沥青混合料试件的矿料间隙率(%);

VA——沥青混合料试件的沥青体积百分率(%);

VV——沥青混合料试件的空隙率(%)。

4. 沥青混合料的沥青饱和度

沥青饱和度是指压实沥青混合料试件矿料间隙中扣除被集料吸收的沥青以外的有效沥青实体体积,在矿料间隙中所占的百分率,按式(7-18)计算。

$$VFA = \frac{VMA - VV}{VMA} \times 100 \tag{7-18}$$

式中:VFA——沥青混合料试件的沥青饱和度(%);

VMA——沥青混合料试件的矿料间隙率(%)。

三、沥青混合料的技术标准

我国《公路沥青路面施工技术规范》(JTG F40—2004)对热拌沥青混合料的主要技术指标规定如下。

1. 密级配沥青混凝土混合料马歇尔试验技术标准

密级配沥青混凝土混合料马歇尔试验的技术标准列于表 7-6，适用于公称最大粒径不大于 26.5mm 的密级配沥青混凝土。

密级配沥青混凝土混合料马歇尔试验技术标准（JTG F40—2004）　　表 7-6

试验指标		单位	高速公路、一级公路				其他等级公路	行人道路
			夏炎热区 (1-1、1-2、1-3、1-4 区)		夏热区及夏凉区 (2-1、2-2、2-3、2-4、3-2 区)			
			中轻交通	重载交通	中轻交通	重载交通		
击实次数(双面)		次	75				50	50
试件尺寸		mm	$\phi101.6 \times 63.5$					
空隙率 VV	深约 90mm 以内	%	3 ~ 5	4 ~ 6	2 ~ 4	3 ~ 5	3 ~ 6	2 ~ 4
	深约 90mm 以下	%	3 ~ 6		2 ~ 4	3 ~ 6	3 ~ 6	—
稳定度 MS，≥		kN	8				5	3
流值 FL		mm	2 ~ 4	1.5 ~ 4	2 ~ 4.5	2 ~ 4	2 ~ 4.5	2 ~ 5
矿料间隙率 VMA(%) ≥	设计空隙率 (%)		相应于以下公称最大粒径(mm)的最小 VMA 及 VFA 技术要求(%)					
			26.5	19	16	13.2	9.5	4.75
	2		10	11	11.5	12	13	15
	3		11	12	12.5	13	14	16
	4		12	13	13.5	14	15	17
	5		13	14	14.5	15	16	18
	6		14	15	15.5	16	17	19
沥青饱和度 VFA(%)			55 ~ 70		65 ~ 75			70 ~ 85

2. 沥青混合料高温稳定性车辙试验的技术标准

对用于高速公路和一级公路的公称最大粒径等于或小于 19mm 的密级配沥青混合料以及 SMA、OGFC 混合料，按规定方法进行车辙试验，动稳定度应符合表 7-7 的要求。二级公路也可参照此要求执行。

沥青混合料车辙试验动稳定度技术要求　　表 7-7

气候条件与技术指标		相应于下列气候分区所要求的动稳定度(次/mm)								
七月平均最高气温(℃)及气候分区		> 30				20 ~ 30				< 20
		1. 夏炎热区				2. 夏热区				3. 夏凉区
		1-1	1-2	1-3	1-4	2-1	2-2	2-3	2-4	3-2
普通沥青混合料，≥		800		1000		600		800		600
改性沥青混合料，≥		2400		2800		2000		2400		1800
SMA 混合料	非改性，≥	1500								
	改性，≥	3000								
OGFC 混合料，≥		1500(一般交通路段)、3000(重交通量路段)								

3. 沥青混合料水稳定性检验的技术标准

按规定的试验方法进行浸水马歇尔试验和冻融劈裂试验。残留稳定度及残留强度比均必须符合表 7-8 的规定,达不到要求时必须采取抗剥落措施,调整最佳沥青用量后再次试验。

沥青混合料水稳定性检验技术要求(JTG F40—2004)　　　表 7-8

气候条件与技术指标	相应于下列气候分区的技术要求(%)			
年降雨量(mm)及气候分区	>1000	500~1000	250~500	<250
	1.潮湿区	2.湿润区	3.半干区	4.干旱区
浸水马歇尔试验残留稳定度(%),≥				
普通沥青混合料	80		75	
改性沥青混合料	85		80	
SMA 混合料　普通沥青	75			
SMA 混合料　改性沥青	80			
冻融劈裂试验的残留强度比(%),≥				
普通沥青混合料	75		70	
改性沥青混合料	80		75	
SMA 混合料　普通沥青	75			
SMA 混合料　改性沥青	80			

4. 沥青混合料低温抗裂性能检验技术标准

采用低温弯曲试验测定密级配沥青混合料的破坏强度、破坏应变、破坏劲度模量,并根据应力-应变曲线的形状,综合评价沥青混合料的低温抗裂性能。沥青混合料的破坏应变不小于表 7-9 中的要求。

沥青混合料低温弯曲试验破坏应变($\mu\varepsilon$)技术要求(JTG F40—2004)　　　表 7-9

气候条件与技术指标	相应于下列气候分区所要求的破坏应变($\mu\varepsilon$)							
年极端最低气温(℃)及气候分区	<-37.0	-21.5~-37.0			-9.0~-21.5		>-9.0	
	1.冬严寒区	2.冬寒区			3.冬冷区		4.冬温区	
	1-1　2-1	1-2	2-2	3-2	1-3	2-3	1-4	2-4
普通沥青混合料,≥	2600	2300			2000			
改性沥青混合料,≥	3000	2800			2500			

5. 沥青混合料渗水系数检验技术标准

对轮碾机成型的车辙试件进行渗水试验检验,渗水系数应符合表 7-10 中的要求。

沥青混合料试件渗水系数技术要求(JTG F40—2004)　　　表 7-10

级配类型	渗水系数要求(mL/min)
密级配沥青混凝土,≤	120
SMA 混合料,≤	80
OGFC 混合料,≥	实测

第五节　普通热拌沥青混合料原材料及组成设计

普通热拌沥青混合料是由矿料与黏稠沥青在专门设备中加热拌和而成,用保温运输设备运送至施工现场,并在热态下进行摊铺和压实的混合料,简称"热拌沥青混合料"(Hot Mix Asphalt),以 HMA 表示。

一、原材料技术要求

沥青混合料的技术性质取决于组成材料的性质、组成配合的比例和混合料的制备工艺等因素。为保证沥青混合料的技术性质,首先应根据沥青混合料各组成材料的技术要求,正确选择符合质量要求的组成材料。

沥青混合料组成材料的选用和检验是保证沥青混合料配合比设计的关键。沥青路用性能的各种材料运至现场后必须取样进行质量检验,经评定合格后方可使用。

1.道路石油沥青

沥青是沥青混合料中最重要的组成材料,其性能优劣直接影响沥青混合料的技术性质。通常,为使沥青混合料获得较高的力学强度和较好的耐久性,沥青路面所用的沥青标号,宜按照公路等级、气候条件、交通性质、路面类型、在结构层中的层位及受力特点、施工方法等因素,结合当地的使用经验确定。对高速公路、一级公路,夏季温度高、高温持续时间长、重载交通、山区及丘陵区上坡路段、服务区、停车场等行车速度慢的路段,尤其是汽车荷载剪应力大的层次,宜采用稠度大的沥青,也可提高高温气候分区的温度水平选用沥青等级;对冬季寒冷的地区或交通量小的公路、旅游公路宜选用稠度小、低温延度大的沥青;对日温差、年温差大的地区宜选用针入度指数大的沥青。当高温要求与低温要求发生矛盾时应优先考虑高温性能的要求。

各个沥青等级的适用范围应符合表 3-7 的规定。选用适当标号的沥青,经检验质量必须符合表 3-8 规定的道路石油沥青的各项技术指标的要求。当缺乏所需标号的沥青时,可采用不同标号沥青掺配的调和沥青,其掺配比例应由试验确定。掺配后的沥青技术指标亦应符合表 3-9 道路液体石油沥青的技术要求。

道路石油沥青在储存时,必须按品种、标号分开存放。沥青在储罐中的储存温度宜在 130～170℃ 的范围内。沥青在储运、使用和存放过程中应有良好的防水措施。

2.粗集料

沥青混合料用粗集料可选用碎石、破碎砾石、筛选砾石、钢渣、矿渣等,但高速公路和一级公路不得使用筛选砾石和矿渣。粗集料必须由具有生产许可证的采石场生产或施工单位自行加工。

粗集料应该洁净、干燥、表面粗糙,质量应符合表 1-5 的规定。当单一规格集料的质量指标达不到表中要求,而按照集料配比计算的质量指标符合要求时,工程上允许使用。对受热易变质的集料,宜采用经拌和机烘干后的集料进行检验。

粗集料的粒径规格应按照表 7-11 进行生产和选用。如某一档粗集料不符合表 7-11 的规格,但确认与其他集料组配后的合成级配符合设计级配的要求时,也可以使用。

沥青面层用粗集料规格（JTG F40—2004） 表 7-11

规格名称	公称粒径（mm）	通过下列筛孔(mm) 的质量百分率(%)								
		37.5	31.5	26.5	19.0	13.2	9.5	4.75	2.36	0.6
S6	15 ~ 30	100	90 ~ 100	—	—	0 ~ 15	—	0 ~ 5		
S7	10 ~ 30	100	90 ~ 100		—	0 ~ 15		0 ~ 5		
S8	10 ~ 25		100	90 ~ 100	—	0 ~ 15	—	0 ~ 5		
S9	10 ~ 20			100	90 ~ 100	—	0 ~ 15	0 ~ 5		
S10	10 ~ 15				100	90 ~ 100	0 ~ 15	0 ~ 5		
S11	5 ~ 15				100	90 ~ 100	40 ~ 70	0 ~ 15	0 ~ 5	
S12	5 ~ 10					100	90 ~ 100	0 ~ 15	0 ~ 5	
S13	3 ~ 10					100	90 ~ 100	40 ~ 70	0 ~ 20	0 ~ 5
S14	3 ~ 5						100	90 ~ 100	0 ~ 15	0 ~ 3

高速公路、一级公路沥青路面的表面层（或磨耗层）的粗集料的磨光值应符合表 7-12 的要求。除 SMA、OGFC 路面外，允许在硬质粗集料中掺加部分较小粒径的磨光值达不到要求的粗集料，其最大掺加比例由磨光值试验确定。

粗集料磨光值及其与沥青黏附性的技术要求（JTG F40—2004） 表 7-12

雨量气候区		1（潮湿区）	2（湿润区）	3（半干区）	4（干旱区）
年降雨量（mm）		>1000	1000 ~ 500	500 ~ 250	<250
粗集料的磨光值 PSV, ≥	高速公路、一级公路表面层	42	40	38	36
粗集料与沥青的黏附性, ≥	高速公路、一级公路表面层	5	4	4	3
	高速公路、一级公路的其他层次及其他等级公路的各个层次	4	4	3	3

粗集料与沥青的黏附性应符合表 7-12 的要求。当使用不符合要求的粗集料时，宜掺加消石灰、水泥或用饱和石灰水处理后使用，必要时可同时在沥青中掺加耐热、耐水、长期性能好的抗剥落剂；也可采用改性沥青的措施，使沥青混合料的水稳定性检验达到要求。

破碎砾石应采用粒径大于 50mm、含泥量不大于 1% 的砾石轧制。破碎砾石的破碎面应符合表 7-13 的要求。

粗集料对破碎面的要求（JTG F40—2004） 表 7-13

路面部位或混合料类型		具有一定数量破碎面颗粒的含量(%)	
		1 个破碎面	2 个或 2 个以上破碎面
沥青路面表面层	高速公路、一级公路, ≥	100	90
	其他等级公路, ≥	80	60
沥青路面中下面层、基层	高速公路、一级公路, ≥	90	80
	其他等级公路, ≥	70	50
SMA 混合料, ≥		100	90
贯入式路面, ≥		80	60

筛选砾石仅适用于三级及三级以下公路的沥青表面处治路面。

经过破碎且存放期超过 6 个月以上的钢渣可作为粗集料使用。除吸水率允许适当放宽外，各项质量指标应符合表 1-5 的要求。钢渣在使用前应进行活性检验，要求钢渣中的游离氧化钙含量不大于 3%，浸水膨胀率不大于 2%。

3. 细集料

沥青路面选用的细集料，可采用天然砂、机制砂和石屑。细集料应洁净、干燥、无风化、无杂质，并有适当的颗粒级配，其质量应符合表 1-6 的规定。细集料的洁净程度，天然砂以小于 0.075mm 含量的百分数表示；石屑和机制砂以砂当量(适用于 0~4.75mm)或亚甲蓝值(适用于 0~2.36mm 或 0~0.15mm)表示。

天然砂可采用河砂或海砂，通常宜采用粗砂、中砂，其规格应符合表 7-14 的规定。砂的含泥量超过规定时应水洗后使用，海砂中的贝壳类材料必须筛除。热拌密级配沥青混合料中天然砂的用量通常不宜超过集料总量的 20%。

沥青用天然砂规格(JTG F40—2004) 表 7-14

分类	通过各筛孔(mm)的质量百分率(%)								细度模量 M_x
	9.5	4.75	2.36	1.18	0.6	0.3	0.15	0.075	
粗砂	100	90~100	65~95	35~65	15~30	5~20	0~10	0~5	3.1~3.7
中砂	100	90~100	75~90	50~90	30~60	8~30	0~10	0~5	2.3~3.0
细砂	100	90~100	85~100	75~100	60~84	15~45	0~10	0~5	1.6~2.2

石屑是采石场破碎石料时通过 4.75mm 或 2.36mm 的筛下部分。它与机制砂有着本质的不同，其为石料加工破碎过程中表面剥落下来的边角，强度一般较低，且针片状含量较高，在沥青混合料的使用过程中还会进一步细化。所以在生产石屑的过程中应特别注意，避免山体覆盖层或夹层的泥土混合石屑。

石屑规格应符合表 7-15 的要求。不得使用泥土、细粉、细薄碎片颗粒含量高的石屑，砂当量应符合表 1-6 的要求。对于高速公路、一级公路、城市快速路、主干路，应将石屑加工成 S14(3~5mm)和 S16(0~3mm)两档使用，S15 可用于沥青稳定碎石基层或其他等级公路。在细集料中石屑含量不宜超过总量的 50%。

沥青混合料用机制砂或石屑规格(JTG F40—2004) 表 7-15

规 格	公称粒径 (mm)	水洗法通过各筛孔(mm)的质量百分率(%)							
		9.5	4.75	2.36	1.18	0.6	0.3	0.15	0.075
S15	0~5	100	90~100	60~90	40~75	20~55	7~40	2~20	0~10
S16	0~3		100	80~100	50~80	25~60	8~45	0~25	0~15

细集料级配在沥青混合料中的适用性，应将其与粗集料及填料配制成矿质混合料后，再判定其是否符合矿料设计级配的要求再做决定。当一种细集料不能满足级配要求时，可采用两种或两种以上的细集料掺合使用。

4. 填料

填料在沥青混合料中的作用非常重要，沥青混合料主要依靠沥青与矿粉的交互作用形成具有较高黏结力的沥青胶浆,将粗细集料结合成一个整体。沥青混合料所用矿粉最好采用石灰岩或岩浆岩中的强基性岩石等憎水性石料经磨细得到的矿粉,原石料中的泥土杂质应除净。矿粉应干燥、洁净,能自由地从矿粉仓流出,其质量应符合表1-12的要求。

拌和楼的粉尘也可作为矿粉的一部分进行使用。回收粉的用量不得超过填料总量的25%,掺有粉尘填料的塑性指数不得大于4%。

粉煤灰作为填料使用时,其用量不得超过填料总量的50%,烧失量应小于12%,与矿粉混合后的塑性指数应小于4%。高速公路、一级公路的沥青面层不宜采用粉煤灰作填料。

为了改善沥青混合料水稳定性,可以采用干燥的磨细生石灰粉、消石灰粉或水泥作为填料,其用量不宜超过矿料总量的1%~2%。

二、沥青混合料配合比设计方法(马歇尔法)

沥青混合料配合比设计包括三个阶段:目标配合比设计阶段、生产配合比设计阶段、生产配合比验证即试验路试铺阶段。后两个设计阶段是在目标配合比的基础上进行的,需借助于施工单位的拌和设备、摊铺和碾压设备完成。通过三个阶段的配合比设计过程,可以确定沥青混合料中组成材料品种、矿质集料级配和沥青用量。此处着重介绍沥青混合料的目标配合比设计过程。

(一)目标配合比设计

目标配合比设计分两部分进行,即矿质混合料组成设计与最佳沥青用量的确定。密级配沥青混合料的目标配合比设计,采用马歇尔试验配合比设计方法的设计流程图如图7-17所示。

1. 矿质混合料配合比组成设计

(1)选择热拌沥青混合料类型

热拌沥青混合料适用于各种等级公路的沥青路面。其种类应考虑集料公称最大粒径、矿料级配、空隙率等因素进行选择,分类见表7-16。

(2)确定工程设计级配范围

密级配沥青混合料的设计级配宜根据公路等级、气候及交通条件按表7-17选择采用粗型(C)或细型(F)混合料,并在表7-18规定的范围内确定工程设计级配范围。通常情况下,工程设计级配范围不宜超出表7-18的要求,但必要时允许超出规范级配范围。经确定的工程设计级配范围是配合比设计的依据,不得随意变更。

调整工程设计级配范围宜遵循下列原则:

①通常情况下,合成级配曲线宜尽量接近设计级配的中限,尤其应使0.075mm、2.36mm、4.75mm等筛孔的通过量尽量接近设计级配范围的中限。

②考虑路面的交通轴载及工程所在地的气温状况,按表7-17确定采用粗型(C型)或细型(F型)的混合料。对夏季温度高、高温持续时间长及重载交通多的路段,宜选用粗型密级配沥青混合料(AC-C型),并取较高的设计空隙率。对冬季温度低,且低温持续时间长的地区,或者重载交通较少的路段,宜选用细型密级配沥青混合料(AC-F型),并取较低的设计空隙率。

③为确保高温抗车辙能力,同时兼顾低温抗裂性的需要,配合比设计时宜适当减少公称最大粒径附近的粗集料用量,减少0.6mm以下部分细料的用量,使中等粒径集料较多,形成S形级配曲线,并取中等或偏高水平的设计空隙率。

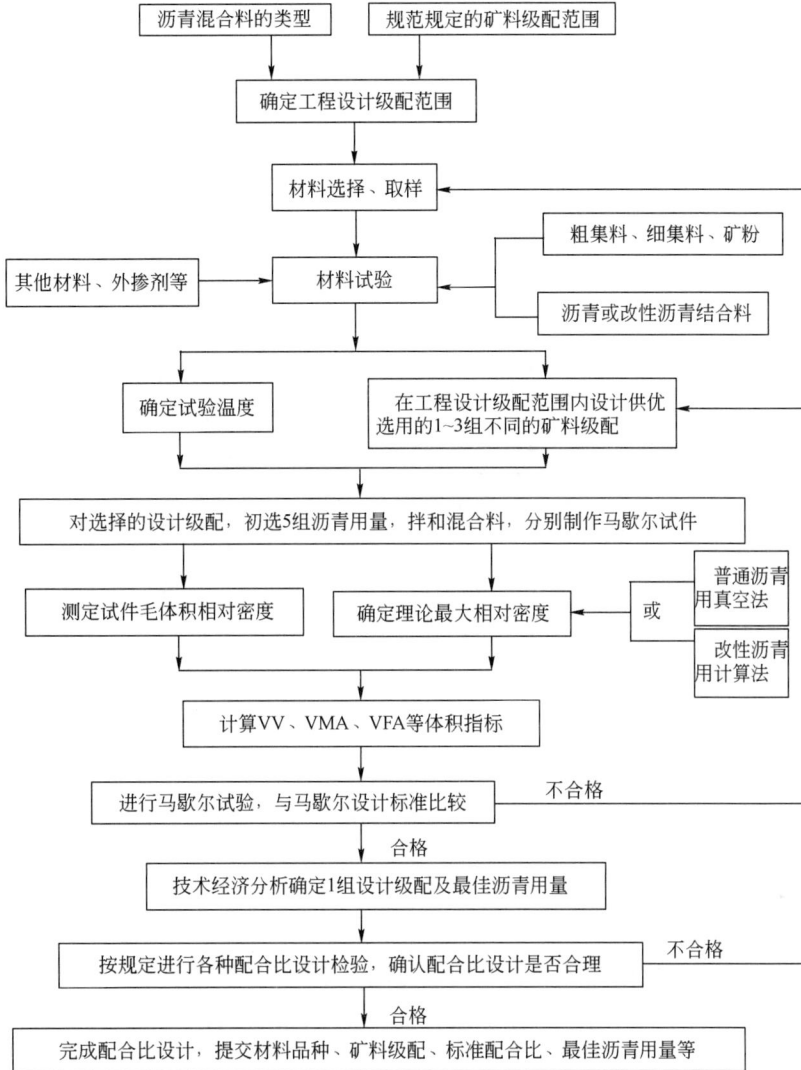

图 7-17 密级配沥青混合料目标配合比设计流程图

热拌沥青混合料种类

表 7-16

混合料类型	密级配			开级配		半开级配	公称最大粒径（mm）	最大粒径（mm）
	连续级配		间断级配	间断级配		沥青稳定碎石		
	沥青混凝土	沥青稳定碎石	沥青玛蹄脂碎石	排水式沥青磨耗层	排水式沥青碎石基层			
特粗式	—	ATB-40	—	—	ATPB-40	—	37.5	53.0
粗粒式	—	ATB-30	—	—	ATPB-30	—	31.5	37.5
	AC-25	ATB-25	—	—	ATPB-25	—	26.5	31.5
中粒式	AC-20	—	SMA-20	—	—	AM-20	19.0	26.5
	AC-16	—	SMA-16	OGFC-16	—	AM-16	16.0	19.0
细粒式	AC-13	—	SMA-13	OGFC-13	—	AM-13	13.2	16.0
	AC-10	—	SMA-10	OGFC-10	—	AM-10	9.5	13.2
砂粒式	AC-5	—	—	—	—	AM-5	4.75	9.5
设计空隙率(%)	3~5	3~6	3~4	>18	>18	6~12		

粗型和细型密级配沥青混凝土的关键性筛孔通过率(JTG F40—2004)　　表 7-17

混合料类型	公称最大粒径（mm）	用以分类的关键性筛孔（mm）	粗型密级配		细型密级配	
			名称	关键性筛孔通过率（%）	名称	关键性筛孔通过率（%）
AC-25	26.5	4.75	AC-25C	<40	AC-25F	>40
AC-20	19	4.75	AC-20C	<45	AC-20F	>45
AC-16	16	2.36	AC-16C	<38	AC-16F	>38
AC-13	13.2	2.36	AC-13C	<40	AC-13F	>40
AC-10	9.5	2.36	AC-10C	<45	AC-10F	>45

密级配沥青混凝土混合料矿料级配范围(JTG F40—2004)　　表 7-18

级配类型		通过下列筛孔(mm)的质量百分率(%)												
		31.5	26.5	19	16	13.2	9.5	4.75	2.36	1.18	0.6	0.3	0.15	0.075
粗粒式	AC-25	100	90~100	75~90	65~83	57~76	45~65	24~52	16~42	12~33	8~24	5~17	4~13	3~7
中粒式	AC-20		100	90~100	78~92	62~80	50~72	26~56	16~44	12~33	8~24	5~17	4~13	3~7
	AC-16			100	90~100	76~92	60~80	34~62	20~48	13~36	9~26	7~18	5~14	4~8
细粒式	AC-13				100	90~100	68~85	38~68	24~50	15~38	10~28	7~20	5~15	4~8
	AC-10					100	90~100	45~75	30~58	20~44	13~32	9~23	6~16	4~8
砂粒式	AC-5						100	90~100	55~75	35~55	20~40	12~28	7~18	5~10

（3）矿质混合料配合比的计算

①组成材料的技术指标测试。按照规定方法对实际工程中使用的材料进行取样,测试粗集料、细集料及矿粉的密度,并进行筛分试验,确定各种规格集料的级配组成。

②确定各档集料的用量比例。根据各档集料的筛分结果,借助电子计算机的电子表格用试配法确定各档集料的用量比例,计算矿质混合料的合成级配。矿质混合料的合成级配曲线必须符合设计级配范围的要求,不得有过多的犬牙交错。当经过反复调整仍有两个以上筛孔超出设计级配范围时,必须对原材料进行调整或更换原材料重新设计。

2. 沥青混合料马歇尔试验

沥青混合料马歇尔试验的主要目的是确定最佳沥青用量。最佳沥青用量以 OAC 表示。《公路沥青路面施工技术规范》(JTG F40—2004)规定,采用马歇尔试验方法确定沥青混合料的最佳沥青用量。

1)制备试样

按确定的矿质混合料配合比,计算各种规格集料的用量。

根据矿质混合料的合成毛体积相对密度和合成表观密度等物理常数,预估沥青混合料适宜的沥青掺加量。

$$P_{a} = \frac{P_{a1} \times \gamma_{sb1}}{\gamma_{sb}} \qquad (7\text{-}19)$$

$$P_{b} = \frac{P_{a}}{100 + \gamma_{sb}} \times 100 \qquad (7\text{-}20)$$

式中:P_{a}——预估的最佳油石比(%);

$\quad P_{b}$——预估的最佳沥青用量,$P_{b} = P_{a}/(1 + P_{a})$(%);

$\quad P_{a1}$——已建类似工程沥青混合料的标准油石比(%);

$\quad \gamma_{sb}$——集料的合成毛体积相对密度;

$\quad \gamma_{sb1}$——已建类似工程集料的合成毛体积相对密度。

以预估的油石比为中值,按一定间隔(对密级配沥青混合料通常为0.5%,对沥青碎石混合料可适当缩小间隔为0.3%~0.4%)等间距向两侧扩展,取5个或5个以上不同的油石比分别成型马歇尔试件。每一组试件的个数按现行试验规程的要求确定(通常为每组4~6块试件),对粒径较大的沥青混合料,宜增加试件数量。当缺少可参考的预估沥青用量时,可以考虑以5.0%的油石比作为基准。

2)测定试件的物理、力学指标

测定沥青混合料试件的毛体积密度和理论最大密度(改性沥青或SMA混合料采用计算最大理论密度),并计算试件的空隙率、沥青饱和度、矿料间隙率、粗集料间隙率等体积参数。在测试沥青混合料密度时,应根据沥青混合料类型及密实程度选择测试方法。在工程中,吸水率小于0.5%的密实型沥青混合料试件可采用水中重法测定,吸水率小于2%的沥青混合料应采用表干法测定,吸水率大于2%的沥青混合料、沥青碎石混合料应采用蜡封法测定。

采用马歇尔试验仪,测定马歇尔稳定度及流值。

(1)最佳沥青用量的确定

①绘制沥青用量(或油石比)与物理-力学指标关系图。

按图7-18的方法,以油石比或沥青用量为横坐标,以马歇尔试验的各项指标为纵坐标,将试验结果绘制成顺滑的曲线。确定各项指标均符合热拌沥青混合料技术标准要求的沥青用量范围OAC_{min}~OAC_{max}。选择的沥青用量范围必须涵盖设计空隙率的全部范围,并尽可能涵盖沥青饱和度的要求范围,并使密度及稳定度曲线出现峰值。如果没有涵盖设计空隙率的全部范围,试验必须扩大沥青用量范围重新进行。

②依据试验曲线,确定沥青混合料的最佳沥青用量OAC_{1}。

在关系曲线图7-18上求取相应于密度最大值、稳定度最大值、目标空隙率(或范围中值)、沥青饱和度范围中值的沥青用量a_{1}、a_{2}、a_{3}、a_{4},按式(7-21)取平均值作为OAC_{1}。

$$OAC_{1} = \frac{a_{1} + a_{2} + a_{3} + a_{4}}{4} \qquad (7\text{-}21)$$

③如果所选择的沥青用量范围未能涵盖沥青饱和度的要求范围,按式(7-22)求取三者的平均值作为OAC_{1}。

$$OAC_{1} = \frac{a_{1} + a_{2} + a_{3}}{3} \qquad (7\text{-}22)$$

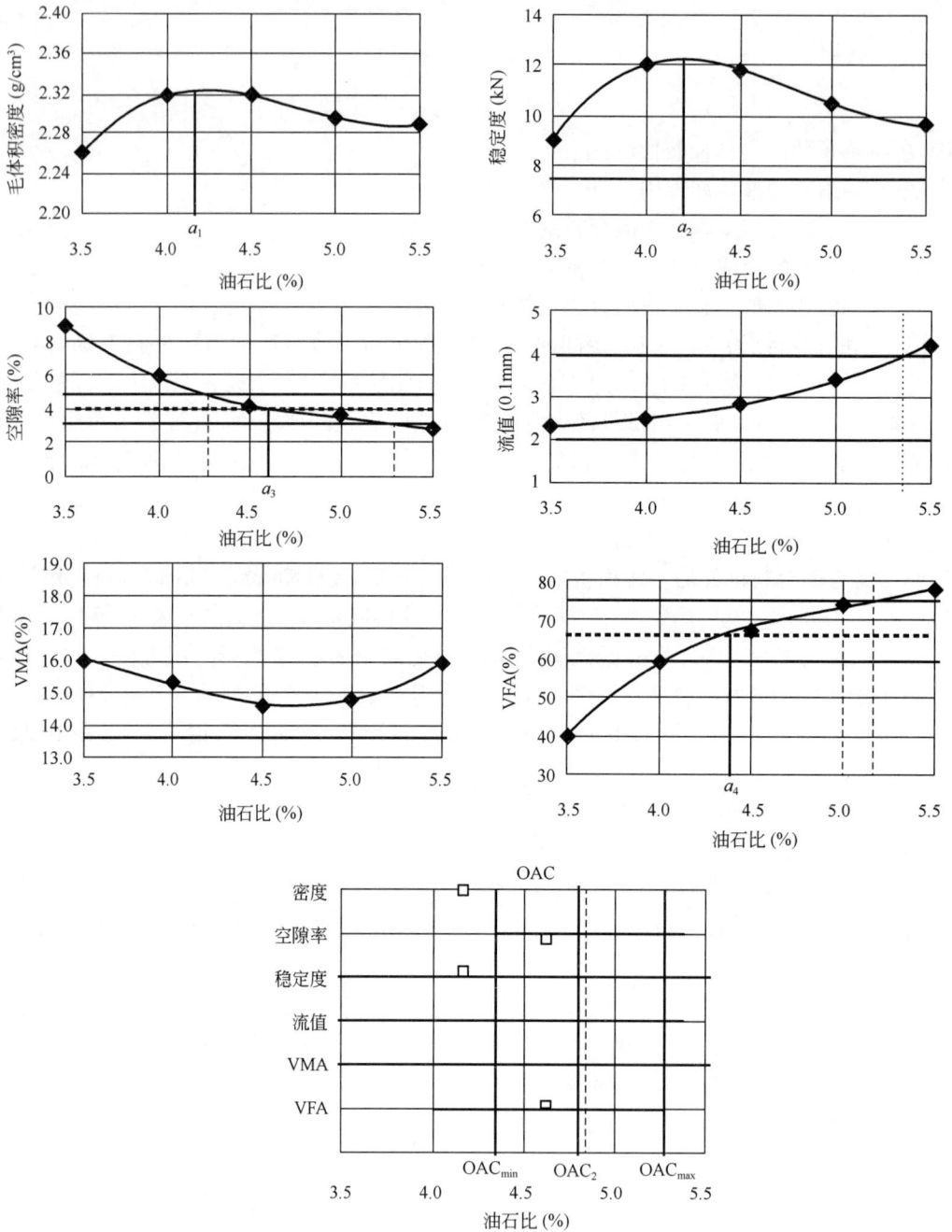

图 7-18　沥青用量与马歇尔试件物理-力学指标关系图

　　对所选择试验的沥青用量范围,若密度或稳定度没有出现峰值(最大值经常在曲线的两端)时,可直接以目标空隙率所对应的沥青用量 a_3 作为 OAC_1;但此 OAC_1 必须介于 OAC_{min} ~ OAC_{max} 的范围内,否则应重新进行配合比设计。

　　④确定沥青混合料的最佳沥青用量 OAC_2。

　　以稳定度、流值、空隙率、VFA 指标均符合技术标准要求的沥青用量范围 OAC_{min} ~ OAC_{max}

中值作为 OAC_2。

$$OAC_2 = \frac{OAC_{min} + OAC_{max}}{2} \tag{7-23}$$

通常情况下,取 OAC_1 与 OAC_2 的平均值作为最佳沥青用量 OAC。检验与 OAC 对应的 VMA 是否满足 VMA 最小值的要求,且宜位于 VMA 凹形曲线最小值的贫油一侧。

⑤综合确定最佳沥青用量 OAC。

最佳沥青用量 OAC 的确定应考虑沥青路面工程实践经验、道路等级、交通特性、气候条件等因素。一般情况下,可取 OAC_1 与 OAC_2 的平均值作为最佳沥青用量 OAC。

对炎热地区公路以及高速公路、一级公路的重载交通路段,山区公路的长大坡度路段,预计有可能产生较大车辙时,宜在空隙率符合要求的范围内将计算的最佳沥青用量减小0.1% ~ 0.5%作为设计沥青用量。

对寒区公路、旅游公路、交通量很少的公路,最佳沥青用量可以在 OAC 的基础上加0.1% ~ 0.3%,以适当减小设计空隙率,但不得降低压实度要求。

(2)检验最佳沥青用量时的粉胶比和有效沥青膜厚度

①计算沥青结合料被集料吸收的比例及有效沥青含量。

沥青结合料被集料吸收的比例及有效沥青含量分别按式(7-24)、式(7-25)计算。

$$P_{ba} = \frac{\gamma_{se} - \gamma_{sb}}{\gamma_{se} \times \gamma_{sb}} \times \gamma_b \times 100 \tag{7-24}$$

$$P_{be} = P_b - \frac{P_{ba}}{100} \times P_s \tag{7-25}$$

式中:P_{ba}——沥青混合料中被集料吸收的沥青结合料比例(%);

P_{be}——沥青混合料中的有效沥青用量(%);

γ_{se}——集料的有效相对密度;

γ_{sb}——矿料的合成毛体积相对密度;

γ_b——沥青的相对密度(25℃/25℃);

P_b——沥青含量(%);

P_s——各种矿料占沥青混合料总质量的百分率之和(%),即 $P_s = 100 - P_b$。

②计算最佳沥青用量时的粉胶比和有效沥青膜厚度。

沥青混合料的粉胶比是指沥青混合料的矿料中 0.075mm 通过率与有效沥青含量的比值,按式(7-26)计算。对常用的公称最大粒径为 13.2 ~ 19mm 的密级配沥青混合料,粉胶比宜控制在 0.8 ~ 1.2 的范围内。

$$FB = \frac{P_{0.075}}{P_{be}} \tag{7-26}$$

式中:FB——粉胶比(无量纲);

$P_{0.075}$——矿料级配中 0.075mm 的通过率(水洗法)(%);

P_{be}——有效沥青用量(%)。

集料的比表面积和沥青混合料的沥青膜有效厚度分别按式(7-27)和式(7-28)计算。

$$SA = \sum (P_i \times FA_i) \tag{7-27}$$

$$DA = \frac{P_{be}}{\gamma_b \times SA} \times 10 \tag{7-28}$$

式中:SA——集料的比表面积(m^2/kg);

$\quad$ P_i——各种粒径的通过百分率(%);

$\quad$ FA_i——相应于各种粒径的集料的表面积系数,见表7-19;

$\quad$ DA——沥青膜有效厚度(μm)。

集料的表面积系数计算示例

表7-19

筛孔尺寸(mm)	19	16	13.2	9.5	4.75	2.36	1.18	0.6	0.3	0.15	0.075	集料比表面积总和 SA (m^2/kg)
表面积系数 FA_i	0.0041	—	—	—	0.0041	0.0082	0.0164	0.0287	0.0614	0.1229	0.3277	
通过百分率 P_i(%)	100	92	85	76	60	42	32	23	16	12	6	
比表面积 $FA_i \times P_i$ (m^2/kg)	0.41	—	—	—	0.25	0.34	0.52	0.66	0.98	1.47	1.97	6.60

(3)沥青混合料的性能检验

①沥青混合料的高温稳定性检验。按最佳沥青用量 OAC 制作车辙试验试件,在规定的条件下进行车辙试验,检验设计沥青混合料的高温抗车辙能力,当其动稳定性不符合规定时,应对矿料级配或沥青用量进行调整,重新进行配合比设计。

②沥青混合料的低温抗裂性能检验。对公称最大粒径等于或小于19mm 的混合料,应按照最佳沥青用量 OAC 制作车辙试验试件,再用切割机将试件锯成规定尺寸的棱柱体试件,按照规定方法进行低温弯曲试验,检验其破坏应变是否符合规范要求。

③沥青混合料的水稳定性检验。按最佳沥青用量 OAC 制作马歇尔试件进行浸水马歇尔试验或冻融劈裂试验,检验试件的残留稳定度或冻融劈裂强度比是否满足要求。

当最佳沥青用量 OAC 与两个初始值 OAC₁、OAC₂ 相差较大时,宜按 OAC 与 OAC₁(或 OAC₂)分别制作试件,进行上述性能检验,并根据试验结果对 OAC 进行适当调整。

(二)生产配合比设计

目标配合比确定之后,即可进入生产配合比设计阶段,需结合实际施工拌和楼进行,以确定施工配合比。试验前,应首先根据级配类型选择振动筛筛号,使几个热料仓的材料不致相差太多,最大筛孔应保证使超粒径粒料排出,各级筛孔的通过量要符合设计级配范围要求。试验时,按目标配合比设计的冷料比例上料、烘干、筛分,然后从各热料仓的材料取样进行筛分,与试验室配合比设计一样进行矿料级配计算,得到不同料仓及矿粉用量比例,并按该比例进行马歇尔试验。现行规范规定试验油石比可取目标配合比得出的最佳油石比及其 ±0.3% 共三组油石比进行试验,通过室内试验及拌和机取样试验综合确定生产配合比的最佳油石比,供试拌试铺使用。由此确定的最佳油石比与目标配合比的差值不宜大于 0.2%。

(三)生产配合比验证

生产配合比验证阶段,即试拌试铺阶段。按照生产配合比在试验段上试铺,观察摊铺、碾压过程和成型混合料的表面状况,判断混合料的级配和油石比。如不满意应适当调整,重新试拌试铺,直至满意为止。同时,试验室要密切配合现场,在拌和场、摊铺现场采集沥青混合料试样进行马歇尔试验,进行高温稳定性及水稳定性验证。试铺试验时,试验室还应在现场取样进行抽取试验,再次检验实际级配和油石比是否合格,并且在试验路上钻取芯样测定实际空隙率,由此确定生产用的标准配合比,进入正常生产阶段。

以下为沥青混合料配合比设计实例。

【设计资料】

某高速公路沥青路面为三层式结构,上面层结构设计厚度为4cm。

气候条件:7月份平均最高气温28℃,年极端最低气温为-24℃,年降雨量为1200mm。

沥青材料:沥青密度1.003g/cm³,经检验各项技术指标均符合要求。

矿质材料:集料采用某采石场的石灰石,其筛分结果见表7-20。粗集料压碎值为15%,洛杉矶磨耗率为19%,黏附性等级为5级,表观密度为2.72g/cm³。矿粉采用石灰石磨细石粉,粒度范围符合技术要求,无团粒结块,表观密度为2.65g/cm³。

矿质集料级配与设计级配范围 表7-20

原 材 料	各筛孔(mm)的通过百分率(%)									
	16	13.2	9.5	4.75	2.36	1.18	0.6	0.3	0.15	0.075
碎石	100	95	26	0	0	0	0	0	0	0
石屑	100	100	100	80	40	17	0	0	0	0
砂	100	100	100	100	94	90	76	38	17	0
矿粉	100	100	100	100	100	100	100	100	100	83
AC-13级配范围	100	90~100	68~85	38~68	24~50	15~38	10~28	7~20	5~15	4~8
级配范围中值	100	95	76.5	53	37	26.5	19	13.5	10	6

【设计要求】

(1)确定沥青混合料类型,并进行矿质混合料配合比设计。

(2)确定最佳沥青用量。

【设计步骤】

1. 矿质混合料配合比设计

(1)矿质混合料级配类型及矿质混合料的级配范围

根据设计资料,所铺筑道路为高速公路,沥青路面上面层,结构层设计厚度为4cm。选用AC-13型沥青混合料,相应的设计级配范围查表7-18确定,设计级配范围和中值见表7-20。

(2)采用图解法进行矿质混合料配合比设计

①绘制图解法用图

根据表7-18中AC-13沥青混合料的级配范围中值数据,确定各筛孔尺寸在横坐标上的位置;然后将各档集料与矿粉的级配曲线绘制于图7-19中。

②确定各种集料用量

在碎石与石屑级配曲线相重叠部分作一垂线 AA',使垂线截取这两条级配曲线的纵坐标值相等(即 $a = a'$)。垂线 AA' 与对角线 OO' 有一交点 M,过 M 引一水平线,与纵坐标交于 P 点,OP 的长度 $X = 36\%$,即碎石的用量。

同理,求出石屑的用量 $Y = 31\%$,砂的用量 $Z = 25\%$,矿粉的用量 $W = 8\%$。

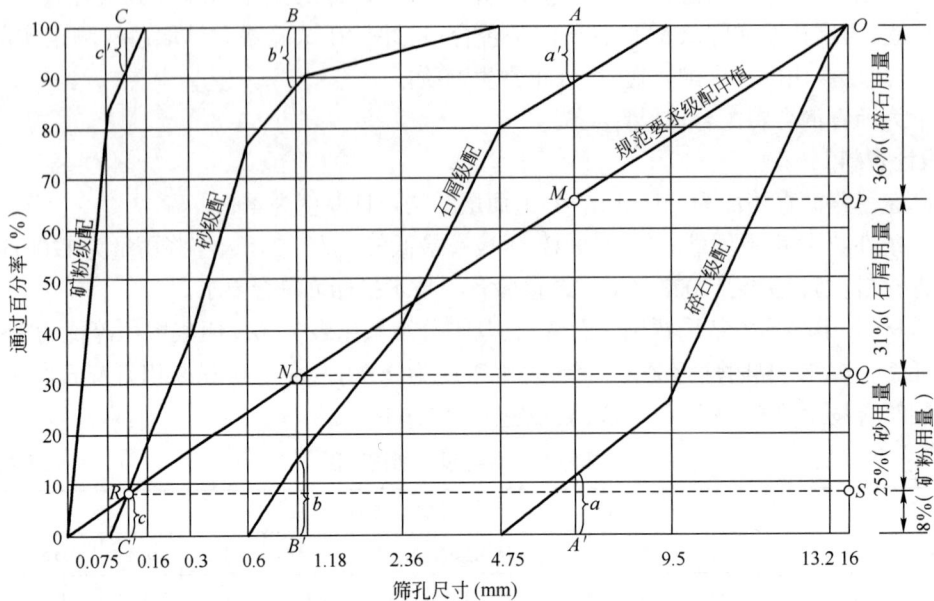

图7-19 矿质混合料配合比计算图

③配合比校核与调整

按照碎石：石屑：砂：矿粉 =36%：31%：25%：8% 的比例,计算矿质混合料的合成级配,结果见表7-21。对四种矿料的组成比例进行调整,使合成级配尽量接近要求级配范围中值。经调整后的矿料合成级配计算列于表7-21 中,绘制合成级配曲线,如图7-20 所示。

矿质混合料合成级配计算表

表7-21

设计混合料配合比（%）	下列筛孔(mm)的通过百分率(%)									
	16	13.2	9.5	4.75	2.36	1.18	0.6	0.3	0.15	0.075
碎石 36 (41)	36	33.8	9.4	0	0	0	0	0	0	0
	(41)	(38.5)	(10.7)	(0)	(0)	(0)	(0)	(0)	(0)	(0)
石屑 31 (36)	31	31	31	24.8	12.4	4.3	0	0	0	0
	(36)	(36)	(36)	(28.8)	(14.4)	(6.1)	(0)	(0)	(0)	(0)
砂 25 (15)	25	25	25	25	23.5	23	19	9.5	4.3	0
	(15)	(15)	(15)	(15)	(14.1)	(13.5)	(11.4)	(5.7)	(2.6)	(0)
矿粉 8 (8)	8	8	8	8	8	8	8	8	8	8
	(8)	(8)	(8)	(8)	(8)	(8)	(8)	(8)	(8)	(6.6)
合成级配	100	97.5	73	57.8	43.9	35.3	27	17.5	12.3	6.6
	(100)	(97.5)	(69.7)	(51.8)	(36.5)	(27.6)	(19.4)	(13.7)	(10.6)	(6.6)
要求级配	100	90~100	68~85	38~68	24~50	15~38	10~28	7~20	5~15	4~8
级配中值	100	95	76.5	53	37	26.5	19	13.5	10	6

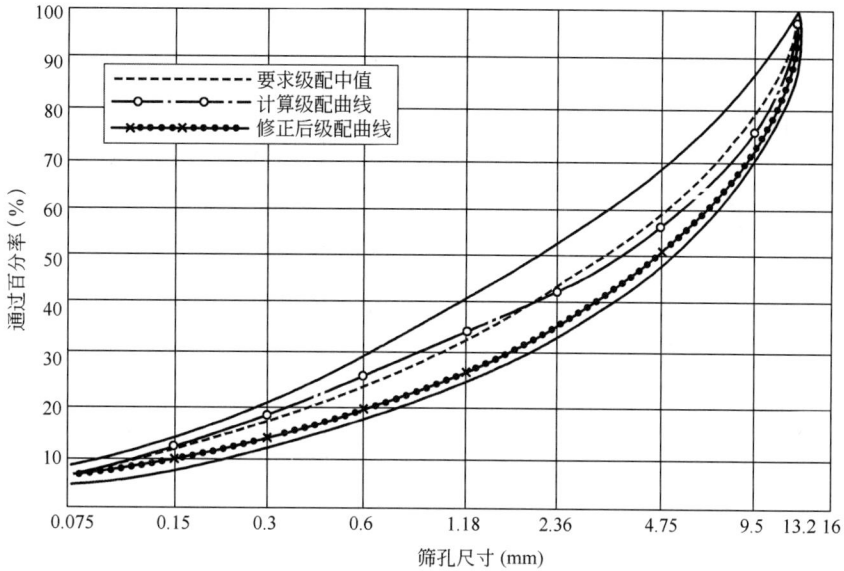

图 7-20　矿质混合料级配曲线图

经调整后得到的矿质混合料的组成为：

碎石：石屑：砂：矿粉 = 41%：36%：15%：8%。

2. 沥青混合料的马歇尔试验

（1）根据式(7-19)及以往工程的经验，预估最佳沥青用量为 5.5%。采用 0.5% 间隔变化，分别选择沥青用量 4.5%、5.0%、5.5%、6.0% 与 6.5% 拌制 5 组沥青混合料，双面击实 75 次成型 5 组试件。

（2）试件物理力学指标的测定

根据沥青混合料材料组成，按照式(7-6)计算沥青用量下试件的理论最大密度。

采用表干法测定试件毛体积密度，计算其空隙率与沥青饱和度等体积参数指标，结果见图 7-21。

在 60℃ 温度下，测定各组试件的马歇尔稳定度和流值，结果见表 7-22 中最后两列。

沥青混合料马歇尔试验数据汇总表 表 7-22

试件组号	沥青用量（%）	实测密度（g/cm³）	空隙率（%）	饱和度（%）	稳定度（%）	流值(0.1mm)
1	4.5	2.472	7.5	53.3	10.4	28.8
2	5	2.512	5.5	63.6	11.9	29.3
3	5.5	2.531	4.1	72.6	12.4	30.7
4	6.0	2.542	3.4	77.6	10.9	33.2
5	6.5	2.532	2.6	83.4	9.0	36.2

（3）绘制沥青混合料试件物理-力学指标与沥青用量关系图

根据表 7-22 中的数据，绘制沥青用量与毛体积密度、空隙率、沥青饱和度、马歇尔稳定度和流值等指标的关系曲线图，如图 7-21 所示。

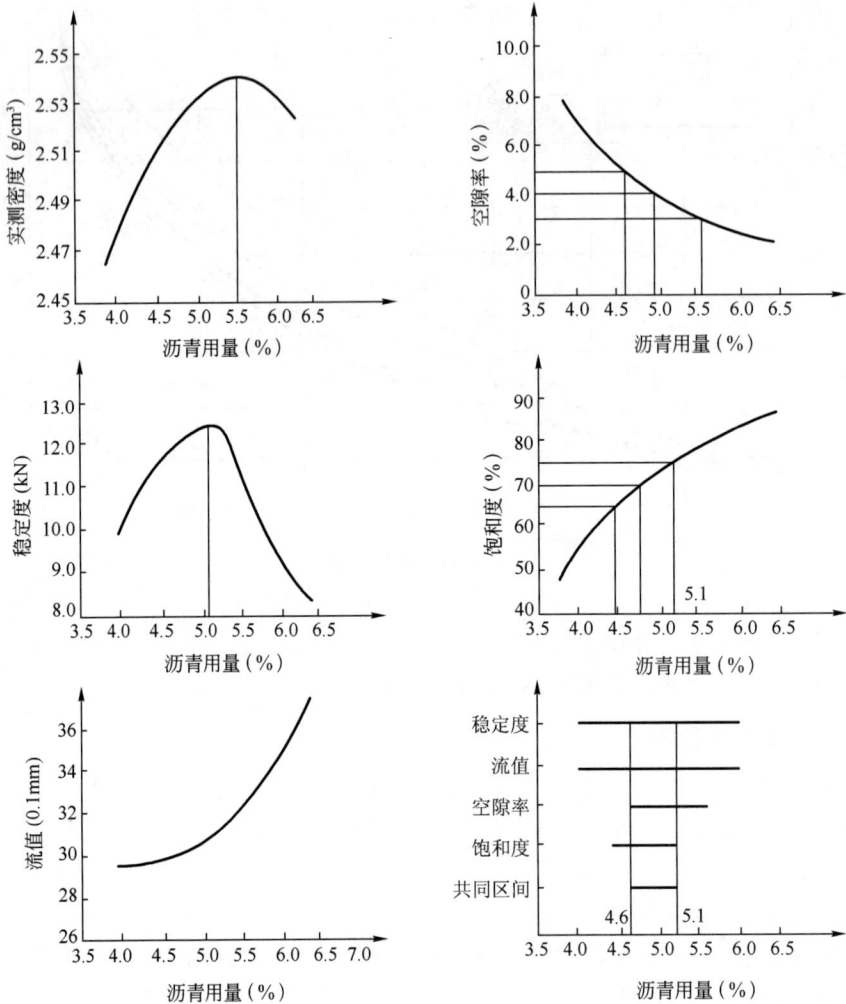

图 7-21 马歇尔试验各项指标与沥青用量关系图

3. 最佳沥青用量确定

(1)确定最佳沥青用量初始值 OAC_1

由图 7-21 可知,对应于密度最大值的沥青用量 $a_1 = 5.5\%$,对应于马歇尔稳定度最大值的沥青用量 $a_2 = 5.0\%$,对应于规定空隙率范围中值的沥青用量 $a_3 = 5.0\%$,对应于饱和度范围中值的沥青用量 $a_4 = 4.7\%$。将 a_1、a_2、a_3 和 a_4 代入式(7-21),得最佳沥青用量初始值。

$$OAC_1 = \frac{a_1 + a_2 + a_3 + a_4}{4} = \frac{5.5\% + 5.0\% + 5.0\% + 4.7\%}{4} = 5.05\%$$

(2)确定最佳沥青用量初始值 OAC_2

确定各项指标均符合沥青混合料技术标准要求的沥青用量范围,其中 $OAC_{min} = 4.6\%$,$OAC_{max} = 5.1\%$。

$$OAC_2 = \frac{OAC_{min} + OAC_{max}}{2} = \frac{4.6\% + 5.1\%}{2} = 4.9\%$$

（3）综合确定最佳沥青用量 OAC

因为天气条件属于温和地区,加之渠化交通,预计有可能出现车辙,则 OAC 的取值在 OAC_2 与 OAC_{min} 的范围内,故根据经验取 OAC =4.8%。

4. 沥青混合料的路用性能验证

（1）沥青混合料的水稳定性检验

按最佳沥青用量 4.8% 制作马歇尔试件,进行浸水马歇尔试验和冻融劈裂强度试验。沥青混合料的浸水残留稳定度为 86%,大于规范所要求的 80%;冻融劈裂强度比为 82%,大于规范所要求的 75%,满足沥青混合料的水稳定性要求。

（2）沥青混合料的抗车辙能力检验

按最佳沥青用量 4.8% 制作车辙板试件,测试其动稳定度,其结果为 1260 次/mm,大于规范所要求的 800 次/mm,满足对沥青混合料的高温稳定性要求。

通过以上试验和计算,可以确定最佳沥青用量为 4.8%。

第六节 Superpave 沥青混合料组成设计方法

由于路面性能的下降及研究经费的减少,美国国会于 1987 年批准建立公路战略研究计划（SHRP）,历时 5 年,投入 1 亿 5 千万美元（1 美元≈6.37 元）,旨在提高美国道路的性能和耐久性,其中 1/3 的研究经费用于开发基于性能的沥青材料（包括沥青结合料、沥青混合料）规范,使试验室测量同现场性能联系更紧密。

Superpave 即 Superior Performing Asphalt Pavement 的缩写。Superpave 体系包括沥青胶结料物理特性试验及规范、一系列集料试验与规范、热拌沥青混合料设计和分析体系以及集成体系各部分的计算机软件。

Superpave 混合料设计的四个基本步骤为材料选择、设计集料结构选择、设计沥青胶结料含量选择和混合料水敏感性评估。

一、沥青胶结料性能评价方法

永久变形、疲劳开裂与低温开裂是沥青路面在高温、中等温度与低温状况下普遍产生的三种典型病害类型。Superpave 胶结料体系中提出与之相对应的胶结料试验评价方法,以描述沥青在实际路面温度及最可能发生病害时间段内的特性,如表 7-23 及图 7-22 所示。

Superpave 沥青胶结料试验 表 7-23

Superpave 胶结料试验	目 的
动态剪切流变试验（DSR）	测定高温和中等温度性质
旋转黏度试验（RV）	测定高温性质
弯曲梁流变试验（BBR） 直接拉伸试验（DTT）	测定低温性质
旋转薄膜烘箱试验（RTFO）	模拟硬化（短期老化）特性
压力老化试验（PAV）	模拟耐久性（长期老化）特性

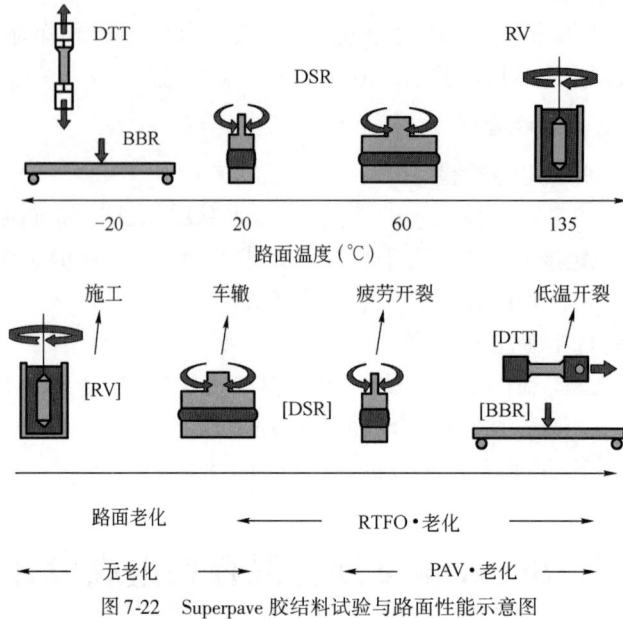

图7-22　Superpave 胶结料试验与路面性能示意图

二、Superpave 集料性能评价方法

1. 集料技术性能

SHRP 路面研究者都意识到,在所有情况下要得到高性能的沥青路面,集料的某些特性是非常重要的。这些特性又被称为"认同特性",主要包括粗集料棱角性、细集料棱角性、集料的针片状含量与集料黏土含量。

Superpave 集料规范中对粗集料棱角性采用人工识别方法,测试大于 4.75mm 的集料中具有一个或一个以上破碎面的集料占集料总质量的百分数;细集料棱角性采用间隙率法棱角性测试仪,测试小于 2.36mm 集料未压实空隙率;针片状含量采用针片状规准仪,测试集料中最大与最小尺寸之比大于 5 的粗集料质量的百分率;黏土含量采用砂当量法,测试小于4.75mm 集料中黏土的质量百分率。

Superpave 规范中提出的基于路面交通轴载的集料性能指标要求见表 7-24。

Superpave 的集料性能要求（AASHTO M 323—04）　　　　　　　表 7-24

指　标	交通量 ESAL$_S$（百万次）	<0.3	0.3~3	3~10	10~30	≥30
粗集料棱角性　（％）	路表 100mm 以内	55/—	75/—	85/80	95/90	100/100
	路表 100mm 以下	—	50/—	60/—	80/75	100/100
细集料棱角性　（％）	路表 100mm 以内	—	40	45	45	45
	路表 100mm 以下	—	40	40	40	45
针片状含量(％)		—	≤10	≤10	≤10	≤10
黏土含量(砂当量)(％)		≥40	≥40	≥45	≥45	≥50

注:1. "85/80"指粗集料中 85% 具有一个破碎面,80% 具有两个破碎面。

　　2. 细集料棱角性采用间隙率进行表征。

　　3. 黏土含量采用砂当量进行表征。

2.集料级配

Superpave 集料规范中采用横坐标间隔为筛孔尺寸的 0.45 次方的级配图定义级配范围。为了规范集料范围,0.45 次方图上增加了两个附加特征:控制点和限制区(又称禁区)。控制点是级配必须通过的范围,设置在公称最大尺寸、中等尺寸(2.36mm)和粉尘尺寸(0.075mm)处;限制区是在最大密度级配线附近,在中等尺寸和 0.3mm 尺寸之间,形成的一个级配不应通过的区域,如图 7-23 所示。Superpave 设计体系认为集料的级配曲线(设计集料结构)只有落在控制点范围内,且不通过限制区时,混合料方可取得较为优越的路用性能,如图 7-24 所示。

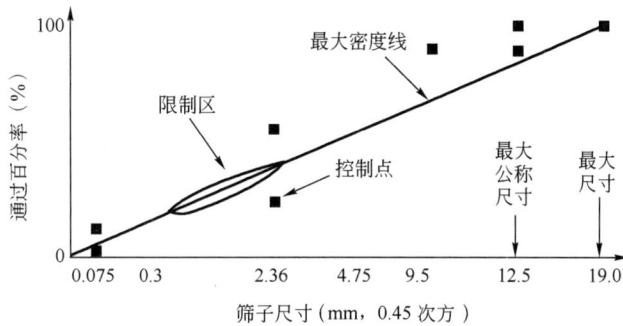

图 7-23　Superpave 混合料级配控制点与限制区

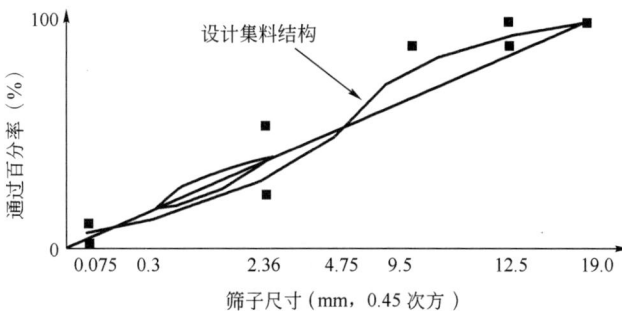

图 7-24　Superpave 混合料级配曲线

三、Superpave 混合料设计方法

Superpave 混合料设计分为三个水准:①混合料体积设计,也称水准 I 设计,使用旋转压实机(SGC),根据体积设计要求选择沥青用量;②混合料中等路面性能水平设计,也称水准 II 设计,以混合料体积设计为基础,附加一组剪切试验(SST)和间接拉伸试验(IDT)试验以达到一系列性能预测;③混合料最高路面性能水平设计,也称水准 III 设计,以混合料体积设计为基础,附加的 SST 和 IDT 试验是在一个较宽温度变化范围内进行试验。由于包含了更广泛的试验范围和结果,完全分析可提供更可靠的性能预测水平。目前,Superpave 混合料设计体系中仅水准 I 设计比较完善,水准 II 与水准 III 设计仍在研究完善之中。

1.Superpave 沥青混合料的成型方法

Superpave 沥青混合料设计体系中采用 Superpave 旋转压实机(SGC)对热拌沥青混合料采用旋转搓揉方法成型圆柱体沥青混合料试件,可实时测量试件在压实过程中的高度,从而实时计算其密度、空隙率等体积参数。

旋转压实过程中有三种旋转次数需特别关注:设计旋转压实次数 N_{des}、初始旋转压实次数 N_{ini} 与最大旋转压实次数 N_{max}。Superpave 设计体系提出的基于沥青路面交通轴载状况的沥青混合料旋转压实次数见表 7-25。

Superpave 设计旋转压实次数　　　　　　　　表 7-25

设计 ESAL$_S$ (百万次)	压 实 参 数		
	N_{ini}	N_{des}	N_{max}
<0.3	6	50	75
$0.3 \leqslant ESAL_S < 3$	7	75	115
$3 \leqslant ESAL_S < 30$	8	100	160
≥30	9	125	205

2. Superpave 沥青混合料技术要求

水准 I 的 Superpave 沥青混合料技术要求包括:

①混合料体积特性要求;

②粉胶比;

③水敏感性。

(1)混合料体积特性要求

沥青混合料体积特性要求包括空隙率、矿料间隙率、沥青饱和度以及在 N_{ini} 和 N_{max} 条件下的混合料密度。其中,空隙率是极为重要的性质,是沥青胶结料含量确定的基础。Superpave 设计体系中,沥青混合料的设计空隙率为 4%。

设计空隙率为 4% 时,矿料间隙率(VMA)的要求与集料的公称最大粒径有关,见表 7-26。

Superpave 规范中对 VMA 的要求　　　　　　表 7-26

公称最大粒径(mm)	最小 VMA(%)	公称最大粒径(mm)	最小 VMA(%)
4.75	16.0	19	13.0
9.5	15.0	25	12.0
12.5	14.0	37.5	11.0

在设计空隙率为 4% 时,沥青饱和度 VFA 的要求范围与沥青路面的交通轴载状况有关,见表 7-27。

Superpave 规范中对 VFA 的要求　　　　　　表 7-27

设计 ESAL$_S$(百万次)	设计 VFA(%)	设计 ESAL$_S$(百万次)	设计 VFA(%)
<0.3	70~80	10~30	65~75
0.3~3	65~78	≥30	65~75
3~10	65~75		

Superpave 设计体系中,对沥青混合料不同旋转次数时的压实度也做出了相应规定,要求 N_{ini} 初始压实状态时,压实密度与沥青混合料最大理论密度的比值不超过 89%;N_{max} 最大压实状态时,该比值不得超过 98%。前者的意义在于可限制沥青混合料设计中产生的软弱集料级配与结构,后者的意义在于可限制沥青混合料在设计交通量下压密过度。

(2)粉胶比

Superpave 设计体系中对混合料体积参数的另一个要求是粉胶比,即小于 0.075mm 矿粉与有效沥青含量的质量比值,要求沥青混合料的粉胶比范围为 0.6 ~ 1.6。粉胶比过低会引起沥青混合料的高温稳定性不良,其过高则会引起沥青混合料耐久性不足。

(3)水敏感性

Superpave 沥青混合料设计体系中采用高度为 95mm、空隙率为 6% ~ 8% 的 SGC 沥青混合料试件,对其进行真空饱水冻融劈裂试验,计算经冻融循环后沥青混合料间接抗拉强度与原样试件间接抗拉强度的比值,即冻融劈裂强度比 TSR。Suerpave 要求沥青混合料的 TSR 不得小于 80%,若 TSR 较低,易导致沥青混合料产生水损害。

3. Superpave 沥青混合料设计方法

水准 I 的 Superpave 混合料设计的四个基本步骤为材料选择、设计集料结构选择、设计沥青胶结料含量选择和混合料水敏感性评估。材料的选择标准与要求在前文已经进行了阐述,以下介绍设计集料结构、胶结料含量与混合料水敏感性评估。

(1)沥青混合料设计集料结构(设计级配)的选择

①合成级配选择

设计集料结构的主要任务是确定各种集料的用量比例,配制合成级配,并使其级配曲线满足最大筛孔、公称最大筛孔、2.36mm 筛孔和 0.075mm 筛孔的控制点要求,并不得通过限制区。

在级配配制过程中可尝试多个合成级配方案,但不得少于 3 个合成级配。通常可选择一个中等合成级配、粗的合成级配与较细的合成级配进行设计。

②试拌沥青用量的选择

按每一种合成级配,拌制热拌沥青混合料试样,并采用 SGC 至少压实成型两个试件。其中,试拌沥青混合料所需的沥青用量可按式(7-29)进行预估。

$$P_{bi} = \frac{G_b \times (V_{be} + V_{ba})}{[G_b \times (V_{be} + V_{ba})] + W_s} \times 100 \tag{7-29}$$

式中:P_{bi}——试拌沥青混合料所需的预估沥青用量(%);

  V_{be}——有效胶结料的体积(%);

  V_{ba}——被集料吸收的胶结料体积(%);

  G_b——胶结料的相对密度;

  W_s——集料的质量(g)。

通过旋转压实过程中对沥青混合料试件高度的实时记录数据,计算其毛体积密度 G_{mb};利用沥青混合料最大理论密度 G_{mm},计算设计压实次数 N_{des} 时各组沥青混合料的空隙率、矿料间隙率 VMA、沥青饱和度 VFA 与粉胶比;对初始压实次数 N_{ini} 时压密程度进行校核,并对该级配的预估沥青胶结料用量进行调整。经综合比较后,最终选择一种合成级配。

（2）设计沥青胶结料含量选择

确定矿料合成级配后，选择不同的沥青胶结料用量进行旋转压实成型试件，对混合料特性进行评估，从而最终确定设计沥青胶结料的用量。

①以预估沥青用量为中心，以 0.5% 为间隔，选择 5 个沥青胶结料用量。

②每组最少 2 个，旋转压实成型 5 组沥青混合料试件。

③计算每组试件在设计压实次数 N_{des} 时各组沥青混合料的空隙率、矿料间隙率 VMA、沥青饱和度 VFA 与粉胶比。

④选择设计压实次数 N_{des} 时空隙率为 4% 的沥青胶结料用量作为最佳胶结料用量。

⑤以最佳胶结料用量再次旋转压实成型沥青混合料试件，对其最大压实次数 N_{des} 时的压密程度进行验证，要求其不得超过 98%。

4. Superpave 沥青混合料水敏感性评估

采用设计集料结构（矿料级配）及设计最佳沥青胶结料用量，旋转压实成型高度为 95mm、空隙率为 7% 的 SGC 沥青混合料试件，对其进行真空饱水冻融劈裂试验，计算冻融劈裂强度比 TSR，要求沥青混合料的 TSR 不得小于 80%。

第七节　GTM 沥青混合料组成设计方法

GTM（Gyratory Testing Machine），即美国工程兵旋转压实剪切试验，作为一种理论研究和工程兵实际应用的工具，是由美国工程兵为解决轰炸机跑道容易破损的问题而专门研究发明的。

GTM 是柔性路面在荷载作用下的机械模拟。该试验机采用类似于施工中压路机作用的搓揉方法压实沥青混合料，并且模拟了现场压实设备与随后交通的作用，具有改变垂直压力的灵活性。

GTM 的结构组成与工作原理如图 7-25 所示。试模夹具顶部有一凸出圆盘，在圆盘上、下面各有一滚轮，上下滚轮之间的连线与水平面有一定角度，称为机器角（机器角可通过调整滚轮相对高低而改变）。与试模同一轴线的上下有垂直压力加载系统，施加与实际路面结构受力相等的最大压力。当上下滚轮旋转时，试件便随着试模夹具在设定垂直压力下被不断揉搓、压实、剪切，直到平衡状态（指每旋转 100 次试件的密度变化率为 0.016g/cm³）。在试件被压实到平衡状态过程中，GTM 能自动随时采集试件的应力-应变数据，并显示抗剪强度变化曲线，以判断试件是否会达到破坏及塑性过大状态，从而决定沥青用量是否合理。试件的应变是通过机器角的大小来表征的，抗剪强度 S_G 则是用滚轮压力推理换算而得的。

GTM 一个重要的特征是能够直接反映出颗粒状塑性材料中可能出现的塑性过大的现象。

GTM 成型方法的试验目的在于模拟路面行车荷载作用下沥青混合料的最终压实状态即平衡状态，并测试分析试样在被压实到平衡状态过程中剪切强度 S_G 和最终塑性形变大小，以判断混合料组成是否合理。在混合料被压实到平衡状态过程中，若机器角上升，滚轮压力下降，说明混合料的抗剪强度在降低，变形在增加，呈现出塑性状态，即表明沥青混合料的沥青用量已经过大。压实试件的最终塑性形变大小是用旋转稳定系数 GSI（Gyratory Stability Index）

来表示的。GSI 是试验结束时的机器角与压实过程中的最小机器角的比值,是表征试件受剪应力作用的变形稳定程度参数。GSI 接近于 1.0 时所对应的沥青用量为混合料的最大沥青用量。

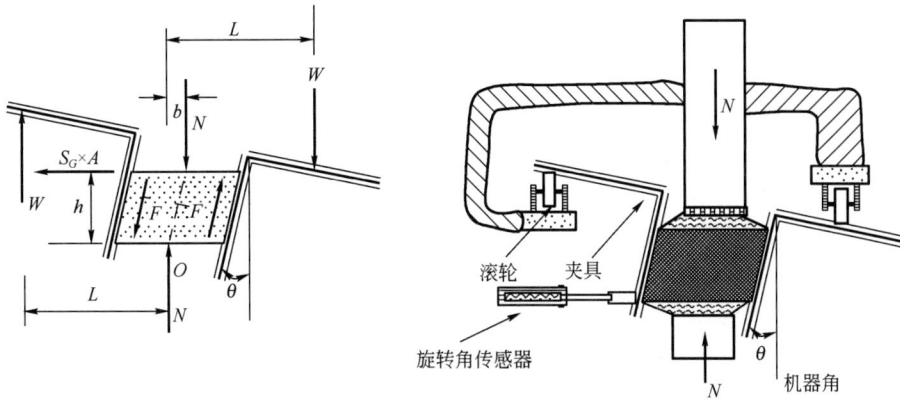

图 7-25　GTM 的部件与工作原理图

GTM 沥青混合料设计时,需变化沥青用量分别进行 GTM 压实试验,然后绘制 GSI 与沥青用量的关系曲线,以确定混合料的最大沥青用量。另外,GTM 试验时还可提供试件的最大密度,即试件处于平衡状态时的密度、安全系数 GSF(抗剪强度与最大剪应力之比值)、静态剪切模量、抗压模量等。

在 GTM 试验中,确定最佳用油量的指标包括:

1. 试件压实到平衡状态时的毛体积密度

试件密度作为一种体积指标在实际设计过程当中几乎不作为确定最佳油量的判据,但是可以作为一种参考。从理论上讲,由 GTM 设计方法确定的最佳油量下对应的密度也是最大的。

2. 应变比(旋转压实稳定度 GSI)

旋转压实稳定度 GSI 是试验结束时的机器角与压实过程中的最小机器角的比值,是表征试件受剪应力作用的变形稳定程度的参数,检验沥青混合料在被压实到平衡状态时是否会出现塑性变形;一般认为,GSI 接近 1.0 时(最大可放宽至 1.05)所对应的沥青用量为混合料的最大沥青用量。

3. 抗剪安全系数 GSF

GSF 即抗剪强度与最大剪应力之比,检验沥青混合料被压实到平衡状态时的抗剪强度,是否达到在行车荷载的作用下需要承受的剪应力。GSF 应大于 1.0。

由于 GTM 旋转压实成型时的压实功显著大于马歇尔击实功,因而,GTM 设计的混合料最佳油石比、矿料间隙率、空隙率小于大马歇尔法;试件标准密度、马歇尔稳定度大于大马歇尔法。

一般而言,GTM 设计的沥青混合料具有较好的高温稳定性、水稳性;但由于该方法设计的沥青用量偏低,将会对混合料的低温抗裂性能产生不利影响。

【复习题】

1. 试述沥青混合料的定义。沥青混凝土混合料与沥青碎石混合料有何区别?

2. 沥青混合料的结构类型有哪几种? 各种结构类型的沥青混合料各有什么特点?

3. 简述沥青混合料应具备的路用性能及其影响因素。

4. 简述沥青混合料高温稳定性的评价方法与指标。

5. 试述沥青混合料强度形成的原理,并从内部材料组成参数和外界影响因素方面加以分析。

6. 沥青混合料组成材料主要有哪些技术要求? 这些技术要求对沥青混合料的技术性质有什么影响?

7. 试述我国现行热拌沥青混合料配合比组成的设计方法。矿质混合料的组成和沥青最佳用量如何确定?

8. 沥青用量的变化对沥青混合料的各技术性质有何影响? 并说明其原因。

9. 符号 AC-16、AM-20、SMA-13、OGFC-16 分别表示哪种类型的沥青混合料?

10. 采用马歇尔试验法设计沥青混凝土配合比,为什么需要进行浸水稳定度试验和车辙试验?

11. 什么是 Superpave? Superpave 沥青混合料设计方法的主要步骤是什么?

12. 水准 I 的 Superpave 沥青混合料技术要求包括哪几方面?

13. GTM 设计的沥青混合料的主要路用性能特点是什么?

14. 根据表7-28给出的测定结果,计算沥青混合料的各项体积参数。沥青密度 $1.051g/cm^3$,集料的有效相对密度为2.703,合成毛体积相对密度为2.680。

马歇尔试件实测指标　　　　　　　　　　　　　　　表7-28

序　号	沥青含量(%)	空气中质量(g)	水中质量(g)	表干质量(g)	最大理论密度(kg/m³)	试件的毛体积密度(kg/m³)	试件的空隙率(%)	矿料间隙率(%)	沥青饱和度(%)
1	4.5	1157.3	670.0	1161.9					
2	5.0	1177.3	685.4	1180.5					
3	5.5	1201.9	704.1	1205.9					

15. 试设计一级公路沥青路面面层用细粒式沥青混凝土的配合比组成。

【设计资料】

(1) 道路等级,一级公路;路面类型,沥青混凝土;结构层位,三层沥青混凝土的上面层,设计厚度4cm;气候条件,所处地区2-2区。

(2) 材料参数:采用 A 级 70 号沥青,密度 $1.021g/cm^3$,其他各项指标均满足技术要求;碎石与石屑,I级石灰岩轧制碎石,饱水抗压强度150MPa,洛杉矶磨耗率15%,黏附性V级,视密度 $2.72t/m^3$;细集料,洁净河砂,粗度属中砂,含泥量小于1%,视密度 $2.69t/m^3$;矿粉,石灰石粉,粒度范围满足要求,无团粒结块,视密度 $2.58t/m^3$;矿质集料的筛分试验结构见表7-29。

各种组成材料筛分结果

表 7-29

材料名称	筛孔尺寸(mm)									
	16	13.2	9.5	4.75	2.36	1.18	0.6	0.3	0.15	0.075
	通过百分率(%)									
碎石	100	96	20	2	0	0	0	0	0	0
石屑	100	100	100	80	45	18	3	0	0	0
砂	100	100	100	100	91	80	71	36	18	2
矿粉	100	100	100	100	100	100	100	100	100	85

【设计要求】

(1)根据道路等级、路面类型和结构层次,确定沥青混凝土的类型和矿质混合料的级配范围。

(2)根据现有各种矿质材料的筛分结构,用图解法确定各种矿质混合料的配合比,并根据一级公路路面对沥青混合料的要求,对矿质混合料的级配进行调整。

(3)根据预估最佳沥青油石比选择 3.8% ~ 5.8% 的掺量范围,通过马歇尔试验的物理和力学指标,确定最佳沥青用量。

马歇尔试验结果汇总见表 7-30,供分析确定最佳沥青用量使用。

马歇尔试验结果汇总表

表 7-30

试件组号	油石比 (%)	毛体积密度 (t/m³)	空隙率 (%)	矿料间隙率 (%)	沥青饱和度 (%)	稳定度 MS (kN)	流值 FL (0.1mm)
1	3.8	2.362	6.1	17.4	66.7	9.3	20
2	4.3	2.379	4.6	17.1	75.4	10.8	23
3	4.8	2.394	3.5	16.9	81.2	10.6	28
4	5.3	2.38	2.8	17.3	84.3	8.9	36
5	5.8	2.378	2.4	17.9	85.7	7.3	45

其他沥青混合料

【内容提要】

本章介绍了作为沥青路面柔性基层的沥青稳定碎石混合料的技术性质、设计方法和评价指标;介绍了 SMA、OGFC 等具有特定路用性能的典型混合料的性能特点、设计方法,以及乳化沥青混合料性能特点、设计方法,稀浆封层和微表处、冷再生等混合料的技术性质和主要优点;介绍了近年来不断涌现的环保型与功能型沥青混合料。

【学习要求】

掌握沥青稳定碎石混合料的技术性质和设计方法,掌握 SMA、OGFC 等具有特定路用性能的典型混合料的性能特点;熟悉乳化沥青混合料、稀浆封层、微表处和冷再生等混合料基本技术性质、应用范围和优点;了解环保型与功能型沥青混合料。

第一节　沥青稳定碎石混合料

沥青稳定碎石(Asphalt Treated Base,简称 ATB)属路面柔性结构层材料,具有较高的抗剪强度、抗弯拉强度和抗疲劳性。与半刚性基层相比,其不易产生收缩开裂和水损害,具有良好的经济效益和使用性能。与用于面层的沥青混凝土相比,沥青稳定碎石混合料针对基层设计,粒径偏大,级配偏粗,沥青用量偏少,对原材料的要求略低。

沥青稳定碎石基层沥青路面是在国外级配碎石沥青路面基础上发展起来的,由于沥青稳定类材料具有良好的强度和抗疲劳性能,这种结构在国外得到长期的应用。使用沥青稳定碎石基层的沥青路面具有修筑时间短、路面结构均匀、受水与冰冻影响较小、维修费用低、路面材料能全部被重复利用和使用寿命长等特点。

一、沥青稳定碎石混合料的技术特征

设计良好的沥青稳定碎石不仅具有较高的强度和刚度,用于基层材料时,能有效地完成应力消散,避免应力集中;由于与沥青面层材料性质相似,能与面层牢固黏结保证层间连续接触,避免沥青层内部出现较大的剪应力和弯拉应力。沥青稳定碎石混合料受水和冰冻病害作用小,裂缝自愈能力强,具有良好的路用性能。

1. 沥青稳定碎石混合料技术性质

(1)高温抗变形性能

永久变形是沥青路面在汽车荷载反复作用下产生竖直方向永久变形的积累,特别是在高温季节,这种变形更容易发生。

作为基层的沥青稳定碎石混合料,所处环境的温度远低于沥青路面表面的高温;但是在夏季高温时,沥青稳定碎石基层内的最高温度接近40℃,仍要求沥青稳定碎石具有一定的高温稳定性能以避免车辙破坏。沥青稳定碎石基层采用较低的沥青用量,级配碎石形成的骨架结构使沥青稳定碎石材料具有良好的抗高温变形能力。

(2)低温抗裂性

沥青稳定碎石混合料是黏弹性材料,相对于半刚性基层具有良好的抗开裂能力,并具有一定的裂缝自愈能力,具有良好的低温抗裂性能。

在一般气候条件下,沥青稳定碎石作为路面结构的基层所面临的低温状态不会很严重,但在冬季气温急剧降低时,也可能会因收缩而产生横向裂缝。基层的开裂不但会造成基层本身强度的降低,而且裂缝会反射到面层,造成面层的开裂,破坏路面结构完整性,进而在水分和行车荷载的综合作用下产生破坏。

(3)水稳定性

沥青稳定碎石的水稳定性取决于沥青与集料良好的黏附作用。较低的沥青用量和较大的空隙率决定了其水稳定性能低于密级配沥青混凝土。在路面结构设计时应避免水进入沥青稳定碎石结构层或使得水迅速从其空隙中排出。

沥青稳定碎石混合料作为基层所面临的水损害不如面层严重。大部分的地面水经面层混合料的阻挡,下渗水分已有所减少;同时,经面层应力分散后的汽车动荷载作用的动水压力和抽吸力有所下降;此外,没有了地表辐射、吸热作用和温度传递随深度递减的规律,均使得基层混合料面临的冻融循环破坏大为缓解。

(4)耐疲劳性能

沥青稳定碎石是以沥青为结合料的黏弹性材料,具有应力松弛特性,具有较好耐疲劳性能,保证沥青路面结构承受荷载重复作用而不产生破坏。

对于沥青稳定碎石基层,由于其层位的关系受到面层隔温、保护的作用,处于高温温度域或低温温度域的机会少于面层,主要是处于常温温度域。此时,沥青混合料的模量适中,重复荷载反复所造成的疲劳破坏成为混合料的主要破坏模式。在现代交通中,交通量越来越大,轴载越来越重,为了保证路面在设计使用年限内满足使用性能要求,对基层材料的抗疲劳性能提出了更高的要求。

2.沥青稳定碎石基层的应用和优势

近年来,欧美各国均对长寿命沥青路面展开研究,即以柔性抗疲劳沥青稳定碎石为沥青路面的基层,为满足未来更大的交通量和轴重的增加,将原来的路面设计寿命20年提高到40～50年。在欧洲、美国、日本等地区和国家的高速公路沥青路面结构中,绝大部分采用了沥青稳定类基层。沥青稳定碎石基层是最为常用的结构类型。

我国目前的沥青路面结构中基层形式以半刚性基层为主。半刚性基层用料具有来源广泛,造价低,板体性好,刚度、强度大等优点,但同时半刚性基层也存在开裂问题,影响路面使用性能。沥青稳定碎石基层是不同于半刚性基层的柔性基层,是用适量的沥青对级配集料进行稳定后用作沥青路面的基层。

相比于半刚性基层,沥青稳定碎石具有下列优势:

(1)沥青稳定碎石基层沥青路面,由于面层和基层材料结构的相似性,路面结构受力、变形更为协调。

(2)设计优良的沥青稳定基层混合料能保证一定的空隙率,使水分顺畅地通过基层排出,不会滞留在路面结构中造成路面的水稳性破坏。

(3)沥青混合料对于水分的变化不敏感,受水和冰冻影响较小,不会因为干缩裂缝而导致面层出现反射裂缝。

(4)沥青稳定碎石基层同沥青面层一起构成全厚式沥青面层,从而使得整个沥青面层的修筑时间减少。

(5)维修养护费用低,使用寿命长。

二、沥青稳定碎石组成设计

目前,我国沥青稳定碎石混合料设计采用的是体积设计方法——马歇尔设计法。该方法是将一定级配的矿质混合料在一定的压实条件下,得到最佳体积状态的沥青含量作为最佳沥青含量,其前提是将混合料的体积性质与路用性能建立良好的对应关系。矿料的级配组成主要根据经验来确定,以一定压实条件下的空隙率和矿料间隙率为主要控制指标。

1.沥青稳定碎石混合料的技术要求

设计良好的沥青稳定碎石不仅具有较高的强度和刚度,而且应具有较高的抗剪强度和抗弯拉强度。我国《公路沥青路面施工技术规范》(JTG F40—2004)规定了沥青稳定碎石的基本类型,见表8-1。

沥青稳定碎石混合料基层的层厚对其级配公称最大粒径有着重要的影响。在一定的路面厚度下,混合料粒径偏大,则路面容易造成离析、压实困难、集料压碎等现象,从而导致路面整体强度的降低;如果粒径偏小,则混合料的内摩阻力减小,高温稳定性降低。对公称最大粒径为31.5mm的沥青稳定碎石混合料,结构层厚度一般为15cm左右,同时还应根据压实机械的压实功能情况选择分两层施工。

沥青稳定碎石混合料的组成材料技术性质应满足我国《公路沥青路面施工技术规范》

（JTG F40—2004）对沥青、粗集料、细集料的技术要求规定。

沥青稳定碎石基本类型

表8-1

沥青稳定碎石类型	密 级 配	开 级 配	半开级配	公称最大粒径（mm）	最大粒径（mm）
	连续级配	间断级配	沥青稳定碎石		
	沥青稳定碎石	排水式沥青碎石基层			
特粗式	ATB-40	ATPB-40	—	37.5	53.0
粗粒式	ATB-30	ATPB-30	—	31.5	37.5
	ATB-25	ATPB-25	—	26.5	31.5
中粒式	—	—	AM-20	19.0	26.5
	—	—	AM-16	16.0	19.0
细粒式	—	—	AM-13	13.2	16.0
	—	—	AM-10	9.5	13.2
砂粒式	—	—	AM-5	4.75	9.5
设计空隙率（%）	3～6	>18	6～12	—	—

2.沥青稳定碎石混合料的组成设计

由于沥青稳定碎石基层材料的公称最大粒径较大,因此其组成设计采用大马歇尔方法成型试件。为获得与普通马歇尔方法相同的击实功能,马歇尔法击实锤落距同样为457.2mm,锤重由4536g调整到10210g,击实次数增加到标准击实次数的1.5倍。由于试件尺寸发生改变,大马歇尔试验的一些指标也相应改变,比标准试验稳定度和流值要求均有所提高。

（1）根据规范要求级配范围选用级配组成,密级配、半开级配和开级配三种类型沥青稳定碎石混合料级配范围见表8-2～表8-4。按大马歇尔方法击实法成型试件,每个油石比成型12个试件,4个用于马歇尔试验,剩余8个分成两组,分别用于测定抗压强度和劈裂强度。在成型试件时,应仔细观察混合料的外观,黑色发亮且不过分黏结盛料盆,并注意盛料盆底黏附细集料应全部装入试模,以减少级配、沥青用量的变异性。

密级配沥青碎石混合料矿料级配范围

表8-2

级配类型		通过下列筛孔（mm）的质量百分率（%）													
		53	37.5	31.5	26.5	19	16	13.2	9.5	4.75	2.36	1.18	0.6	0.3	0.15	0.075
特粗式	ATB-40	100	90～100	75～92	65～85	49～71	43～63	37～57	30～50	20～40	15～32	10～25	8～18	5～14	3～10	2～6
	ATB-30		100	90～100	70～90	53～72	44～66	39～60	31～51	20～40	15～32	10～25	8～18	5～14	3～10	2～6
粗粒式	ATB-25			100	90～100	60～80	48～68	42～62	32～52	20～40	15～32	10～25	8～18	5～14	3～10	2～6

半开级配沥青碎石混合料矿料级配范围

表8-3

级配类型		通过下列筛孔（mm）的质量百分率（%）										
		26.5	19	16	13.2	9.5	4.75	2.36	1.18	0.6	0.3	0.15	0.075
中粒式	AM-20	100	90～100	60～85	50～75	40～65	15～40	5～22	2～16	1～12	0～10	0～8	0～5
	AM-16		100	90～100	60～85	45～68	18～40	6～25	3～18	1～14	0～10	0～8	0～5
细粒式	AM-13			100	90～100	50～80	20～45	8～28	4～20	2～16	0～10	0～8	0～6
	AM-10				100	90～100	35～65	10～35	5～22	2～16	0～12	0～9	0～6

开级配沥青碎石混合料矿料级配范围 表8-4

级配类型		通过下列筛孔(mm)的质量百分率(%)													
		53	37.5	31.5	26.5	19	16	13.2	9.5	4.75	2.36	1.18	0.6	0.3	0.15	0.075
特粗式	ATPB-40	100	70~100	65~90	55~85	43~75	32~70	20~65	12~50	0~3	0~3	0~3	0~3	0~3	0~3	0~3
	ATPB-30		100	80~100	70~95	53~85	36~80	26~75	14~60	0~3	0~3	0~3	0~3	0~3	0~3	0~3
粗粒式	ATPB-25			100	80~100	60~100	45~90	30~82	16~70	0~3	0~3	0~3	0~3	0~3	0~3	0~3

（2）用体积法测出试件密度,从而计算出空隙率。进行马歇尔稳定度试验,测出试件的稳定度和流值。按表8-5所列技术标准评价沥青稳定碎石混合料技术性能,并绘出各级配油石比与密度、空隙率、稳定度的关系图。

沥青稳定碎石混合料马歇尔试验配合比设计技术标准 表8-5

试验指标	单位	密级配基层(ATB)		半开级配面层(AM)	排水式开级配磨耗层(OGFC)	排水式开级配基层(ATPB)
公称最大粒径	mm	26.5	≥31.5	≤26.5	≤26.5	所有尺寸
马歇尔试件尺寸	mm	φ101.6×63.5	φ152.4×95.3	φ101.6×63.5	φ101.6×63.5	φ152.4×95.3
击实次数(双面)	次	75	112	50	50	75
空隙率VV[①]	%	3~6		6~10	≥18	≥18
稳定度,≥	kN	7.5	15	3.5	3.5	—
流值	mm	1.5~4	实测	—	—	—
沥青饱和度VFA	%	55~70		40~70	—	—

密级配基层ATB的矿料间隙率VMA(%),≥	设计空隙率(%)	ATB-40	ATB-30	ATB-25
	4	11	11.5	12
	5	12	12.5	13
	6	13	13.5	14

注:① 在干旱地区,可将密级配沥青稳定碎石基层的空隙率适当放宽到8%。

（3）在初始最佳油石比的基础上,综合考虑马歇尔试验结果的密度、空隙率和稳定度与油石比的关系图。分别求取稳定度最大值、密度最大值、空隙率范围中值时的油石比 a_1、a_2、a_3,以三者的均值作为 OAC_1;求取符合各项沥青混合料技术标准的油石比范围上下限的中值作为 OAC_2。确定出沥青稳定碎石混合料最佳油石比 OAC,为 OAC_1 和 OAC_2 的均值。

第二节 沥青玛蹄脂碎石(SMA)

SMA是沥青玛蹄脂碎石(Stone Matric Asphalt)的缩写,是一种以沥青结合料与少量的纤维稳定剂、细集料以及较多的填料(矿粉)组成的沥青玛蹄脂,填充于间断级配的粗集料骨架间隙中,组成一体所形成的沥青混合料,简称SMA。SMA混合料属于骨架密实结构,具有耐磨抗滑、密实耐久、抗疲劳、抗高温车辙、减少低温开裂等优点,适用于高等级道路沥青路面的上面层。

一、强度形成理论

SMA 提高路用性能的机理如图 8-1 所示。SMA 中粗集料形成骨架,混合料中粗集料相互之间的接触面(或支撑点)很多,细集料很少,玛蹄脂部分仅仅填充了粗集料之间的空隙,行车荷载主要由粗集料骨架承受。由于粗集料颗粒相互间良好的嵌挤作用,同时又能达到较为密实的状态,所以 SMA 混合料能够兼顾高温性能和低温性能,具有良好的耐久性,路用性能优异。

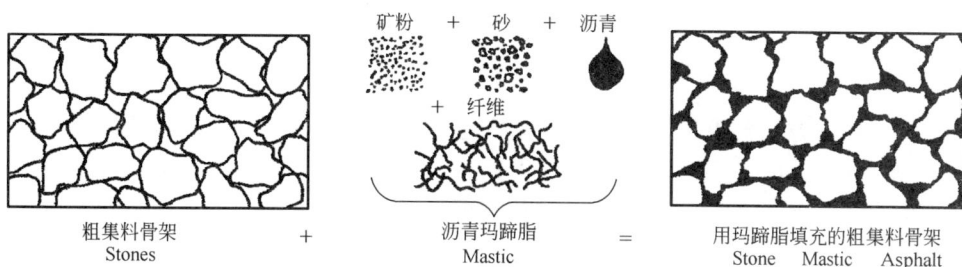

图 8-1 沥青玛蹄脂碎石混合料的构成

二、性能特点

1. 高温稳定性

SMA 混合料由相互嵌挤的粗集料骨架和沥青玛蹄脂两个部分组成。在材料组成上,粒径≥4.75mm 的粗集料高达 70% ~ 80%,矿粉用量为 10% 左右,细集料较少。粗颗粒之间有着良好的嵌挤作用,沥青玛蹄脂起胶结作用并填充粗集料的骨架空隙,所以 SMA 混合料抵抗荷载变形的能力较强。即使在高温条件下,沥青玛蹄脂的黏度下降,对混合料抗变形能力的影响不大,因而 SMA 混合料有着较强的高温抗车辙能力。

表 8-6 为 SMA 混合料与 AC 混合料技术性能的比较。从 SMA 混合料的高温车辙试验结果来看,SMA 混合料的动稳定度较 AC 混合料的动稳定度高,尤其是采用改性沥青后,SMA 混合料的动稳定度比 AC 混合料提高近 1 倍。

SMA 混合料与 AC 混合料技术性能的比较 表 8-6

试验指标	SMA-16		AC-16I	
	60/70 沥青	SBS 改性沥青	60/70 沥青	SBS 改性沥青
动稳定度(60℃)(次/mm)	1781	4673	1200	1520
劈裂强度(0℃)(MPa)	3.275	3.794	3.871	3.743
劈裂模量(0℃)(MPa)	2544	2098	3472	3059
弯拉模量(0℃)(MPa)	1980	1446	2393	177

2. 低温抗裂性

在低温条件下,沥青混合料的低温抗裂性能主要由结合料的性质决定。由于在 SMA 混合料中有着相当数量的沥青玛蹄脂,当温度下降混合料收缩使集料颗粒被拉开时,沥青玛蹄脂具有较高的黏结能力,它的韧性和柔性使得混合料具有良好的低温变形能力。

由表 8-6 可知,在 0℃时,与 AC-16I 型混合料相比,SMA 混合料的低温强度有所降低,但低温模量降低幅度大得多,表明 SMA 混合料在低温下变形能力的增大,有利于提高沥青路面的低温抗裂性。

3. 耐久性

在 SMA 中粗集料骨架空隙被富含大量沥青的玛蹄脂密实填充,并将集料颗粒黏结在一起,沥青在集料表面形成较厚的沥青膜。此外,SMA 混合料空隙率较小,沥青与水或空气的接触较少,因而 SMA 混合料的水稳定性和抗老化性较普通沥青混合料好;同时,由于 SMA 混合料基本不透水,用于路面表面层时对中、下面层和基层有着较好的保护作用和隔水作用,使沥青路面保持较高的整体强度和稳定性。

4. 表面特征

SMA 混合料一方面要求使用坚硬、粗糙、耐磨的高质量碎石,另一方面采用间断级配的矿料,压实后表面形成的构造深度大,一般超过 1mm。这使得沥青面层具有良好的抗滑性和耐磨性能,还能减少溅水,减少噪声,提高道路行驶质量。

三、SMA 设计方法

1. SMA 组成特点

SMA 的材料结构组成特点可概括为"三多一少",即粗集料含量多、矿粉含量多、沥青含量多,而细集料用量少。SMA 混合料以粗集料形成骨架,少量细集料和玛蹄脂填充空隙,这就要求必须严格进行 SMA 的配合比设计。同时,SMA 的优良性能对其原材料也提出了较高的要求。

表 8-7 是我国《公路沥青路面施工技术规范》(JTG F40—2004)规定的 SMA-16 级配和 AC-16 级配的级配范围比较。SMA-16 级配的 4.75mm 以上的粗集料含量要求严格,但 0.075mm 筛孔的通过率比 AC-16 型级配多。

各种沥青混合料矿料级配的比较   表 8-7

沥青混合料	筛孔(mm)										
	19	16	13.2	9.5	4.75	2.36	1.18	0.6	0.3	0.15	0.075
AC-16	100	90~100	76~92	60~80	34~62	20~48	13~36	9~26	7~18	5~14	4~8
SMA-16	100	90~100	65~85	45~65	20~32	15~24	14~22	12~18	10~15	9~14	8~12

表 8-8 为我国现行规范关于 SMA 混合料级配范围的建议值。SMA 混合料的最大粒径应与面层结构设计厚度相匹配,结构设计厚度为集料公称最大粒径的 2~2.5 倍。

沥青玛蹄脂碎石混合料矿料级配范围   表 8-8

级配类型		通过下列筛孔(mm)的质量百分率(%)										
		26.5	19	16	13.2	9.5	4.75	2.36	1.18	0.6	0.3	0.15	0.075
中粒式	SMA-20	100	90~100	72~92	62~82	40~55	18~30	13~22	12~20	10~16	9~14	8~13	8~12
	SMA-16		100	90~100	65~85	45~65	20~32	15~24	14~22	12~18	10~15	9~14	8~12
细粒式	SMA-13			100	90~100	50~75	20~34	15~26	14~24	12~20	10~16	9~15	8~12
	SMA-10				100	90~100	28~60	20~32	14~26	12~22	10~18	9~16	8~13

2. 原材料技术要求

由于 SMA 混合料的骨架结构特性以及对它较高的性能要求,其组成材料的质量除了应满足普通热拌沥青混合料组成材料的基本要求外,还应满足一些特殊要求。

(1)在 SMA 混合料中,要求沥青具有较高的黏度,与集料有良好的黏附性。SMA 所用沥青质量必须符合我国《公路沥青路面施工技术规范》(JTG F40—2004)中道路石油沥青技术要求,并应采用比当地常用普通热拌沥青混合料所用沥青硬一级的沥青。南方炎热地区可以采用 50 号 A、B 级沥青,中部及北方温暖地区用 70 号 A、B 级,寒冷地区用 70 号或 90 号沥青。

对于高速公路、承受繁重交通的重大工程道路、夏季特别炎热或冬季特别寒冷地区的道路,最好采用改性沥青配制 SMA 混合料。

(2)用于 SMA 混合料中的粗集料应是高质量的轧制碎石,其岩石应坚韧,具有较高的强度和刚度,如玄武岩、花岗岩等石料。严格控制集料中的针片状颗粒含量,集料的颗料形状应接近立方体,富有棱角,纹理粗糙。

(3)细集料最好使用坚硬的机制砂,也可以从洁净的石屑中筛取粒径范围 0.5～3mm 部分作为机制砂使用。当采用普通石屑作为细集料时,宜采用石灰岩石屑。石屑中不得含有泥土类杂物。当与天然砂混用时,天然砂的含量不宜超过机制砂或石屑的比例。细集料质量除了满足普通热拌沥青混合料对细集料的要求外,棱角性最好大于 45%。

(4)纤维作为 SMA 混合料中的添加剂,必须满足 SMA 混合料从生产过程到路面运行使用中的工艺要求和性能要求,如耐热性和吸油性。目前,我国主要使用木质素纤维和矿物纤维。

3. SMA 混合料的体积结构参数

SMA 混合料是石-石接触的骨架嵌挤结构。沥青玛蹄脂填充于"骨架"间隙中,并将"骨架"胶结成整体,构成的混合料将具有较高的强度、柔韧性和耐久性。因此,在 SMA 混合料中必须有足够数量的细集料形成骨架嵌挤、互不干涉的体积结构。在进行配合比设计时,首先应考虑的因素是与集料级配有关的体积结构参数。

(1)捣实状态下粗集料骨架间隙率

捣实状态下粗集料骨架间隙率是将 4.75mm(或 2.36mm)以上的干燥粗集料按照规定条件在容量筒中捣实,所形成的粗集料骨架实体以外的空间体积占容量筒体积的百分率,以 VCA_{DRC} 表示,采用式(8-1)计算。

$$VCA_{DRC} = \left(1 - \frac{\rho}{\rho_b}\right) \times 100 \tag{8-1}$$

式中:VCA_{DRC}——捣实状态下粗集料骨架间隙率(%);

ρ——捣实法测定的粗集料装填密度(g/cm^3);

ρ_b——粗集料的平均毛体积密度(g/cm^3)。

(2)沥青混合料试件的粗集料间隙率

沥青混合料试件的粗集料间隙率(VCA_{mix})是指压实沥青混合料试件内粗集料骨架以外的体积占整个试件体积的百分率,采用式(8-2)计算。对于 SMA-16 和 SMA-13,粗集料通常是指粒径≥4.75mm 的集料,对于 SMA-10 粗集料是指粒径≥2.36mm 的集料。

$$VCA_{mix} = \left(1 - \frac{\rho_b \times P_{ca}}{\rho_{ca} \times \rho_w}\right) \times 100 \tag{8-2}$$

式中:VCA_{mix}——沥青混合料粗集料骨架间隙率(%);

P_{ca}——沥青混合料中粒径≥4.75mm(或≥2.36mm)的粗集料比例(%);

ρ_{ca}——粗集料平均毛体积密度(g/cm^3);

ρ_b——沥青混合料实测毛体积密度(g/cm^3);

ρ_w——水的密度(g/cm^3),取$1g/cm^3$。

SMA混合料是按照骨架嵌挤原则设计的,为了充分发挥SMA混合料中粗集料石-石骨架的嵌挤作用,在压实状态下,沥青混合料中的粗集料间隙率VCA_{mix}必须满足式(8-3)的要求。粗集料骨架间隙率VCA_{DRC}能否大于沥青混合料骨架间隙率VCA_{mix},是检验粗集料能否形成嵌挤骨架的关键。当不能满足式(8-3)的要求时,混合料的粗集料骨架实际上是被所填充沥青玛蹄脂撑开了,表明在混合料中沥青玛蹄脂过多或者粗集料骨架间隙率过小。所以,粗集料骨架间隙率VCA实际上控制了SMA混合料中沥青玛蹄脂的总体积。

$$VCA_{mix} \leq VCA_{DRC} \tag{8-3}$$

式中:VCA_{mix}——沥青混合料粗集料骨架间隙率(%);

VCA_{DRC}——捣实状态下粗集料骨架间隙率(%)。

(3)SMA马歇尔试件的体积参数

我国的沥青混合料设计方法采用马歇尔设计方法。由于SMA结构特点有别于普通密实型沥青混合料,所以导致SMA的马歇尔体积参数要求也存在一定的差别。矿料间隙率VMA足够大是保证加入足够数量沥青的前提,否则在路面使用的压密过程中,过多的沥青会浮于混合料的表面,出现泛油或油斑等病害。由于SMA混合料的沥青用量高于普通沥青混合料,所以对其矿料间隙率的要求较大。

由于马歇尔试验的局限性,在相同的试验条件下,与密级配AC型混合料相比,SMA混合料通常表现为马歇尔稳定度低,而流值高。由于试验结果与这两种混合料在实际路面中的表现不相符,所以马歇尔试验的稳定度和流值不是SMA混合料配合比设计的主要指标。马歇尔试验的目的是检测试件的各项体积结构参数,以确定SMA混合料的矿料级配。

SMA混合料配合比设计的技术指标及其相应的要求见表8-9。

SMA混合料马歇尔试验配合比设计技术要求　　　　　表8-9

试验项目	单位	技术要求		试验方法
		不使用改性沥青	使用改性沥青	
马歇尔试件尺寸	mm	$\phi101.6 \times 63.5$		T 0702
马歇尔试件击实次数		两面击实50次		T 0702
空隙率VV	%	3~4		T 0705
矿料间隙率VMA,不小于	%	17.0		T 0705
粗集料骨架间隙率VCA_{mix},不大于		VCA_{DRC}		T 0705
沥青饱和度VFA	%	75~85		T 0705
稳定度,不小于	kN	5.5	6.0	T 0709
流值	mm	2~5	—	T 0709
谢伦堡沥青析漏试验的结合料损失	%	不大于0.2	不大于0.1	T 0732
肯塔堡飞散试验的混合料损失或浸水飞散试验	%	不大于20	不大于15	T 0733

4.SMA 混合料的配合比设计方法

SMA 混合料配合比设计原则体现在两个方面:一是粗集料颗粒互相嵌挤,组成高稳定性的"石-石骨架"结构;二是由细集料、沥青结合料和稳定添加剂组成的沥青玛蹄脂填充"骨架"间隙,并将"骨架"胶结在一起,沥青玛蹄脂应略有富余,以使沥青混合料获得较好的柔韧性和耐久性。SMA 混合料配合比设计包括目标配合比设计和生产配合比设计。目标配合比设计流程见图 8-2。

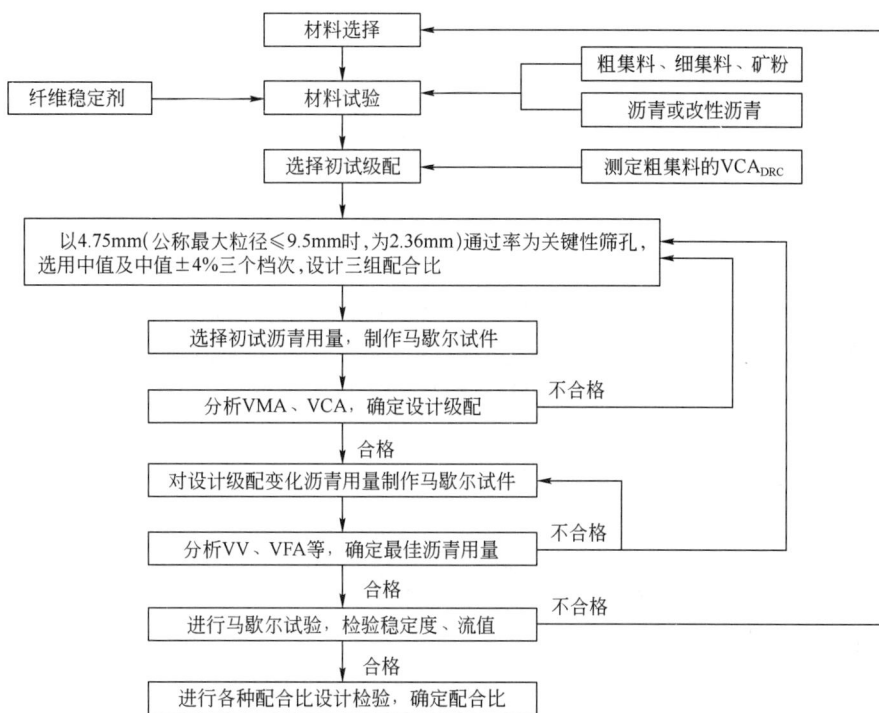

图 8-2　SMA 目标配合比设计流程图

(1)原材料选择及其性能测试

按照规定方法,精确测定各种原材料的密度。其中,粗集料为毛体积密度,石屑、砂和矿粉为表观密度。

(2)确定 SMA 混合料的初试级配

调整各种集料用量比例,设计 3 组不同的初试级配。3 组级配在 4.75mm(如果是 SMA-10,则为 2.36mm,以下相同)筛的通过率应分别为设计级配范围的中值及中值 ±3% 左右;3 组级配的矿粉数量最好相等,使 0.075mm 通过率为 10% 左右;在其他筛孔上,3 个级配必须符合所选择的级配范围要求。

(3)试验检测

将 3 组初试级配混合料中小于 4.75mm 的集料筛除,分别测定 4.75mm 以上各档粗集料的毛体积密度,并按照各档集料比例计算粗集料的平均毛体积密度。用捣实法测定 4.75mm 以上粗集料的装填密度,计算各组初试级配在捣实状态下粗集料骨架间隙率 VCA_{DRC}。

马歇尔试件击实次数为双面各击实 50 次。按照初试油石比和矿料级配制作马歇尔试件。

采用表干法测试 SMA 混合料马歇尔试件的毛体积密度。最好采用实测法测定 SMA 混合料的最大毛体积密度,当使用改性沥青时用溶剂法测试,使用非改性沥青时也可以采用真空法测定;若采用实测法有困难或难以得到准确结果时,也可以采用 SMA 混合料的理论最大密度代替实测最大毛体积密度。

(4)确定 SMA 混合料的设计级配

从 3 组初试级配的试验结果中选择满足 $VCA_{mix} \leqslant VCA_{DRC}$ 和 VMA > 16.5% 要求的级配作为设计级配。当有 1 组以上的级配同时满足要求时,以 4.75mm 通过率大且 VMA 较大的级配为设计级配。

(5)确定 SMA 混合料的沥青用量

根据所选择的设计级配和初试油石比的空隙率结果,以 0.2% ~ 0.4% 为间隔,调整 3 个不同的油石比,再次制作马歇尔试件。然后测试密度,并计算试件空隙率等各项体积参数指标。绘制各项体积指标与油石比的关系曲线,根据要求的设计空隙率确定最佳油石比。在炎热地区可选择规范规定的空隙率上限值,寒冷地区可选择靠近空隙率中、下限值。

(6)SMA 混合料的性能检验

SMA 混合料的配合比确定后,应对混合料进行谢伦堡沥青析漏试验、肯塔堡飞散试验。SMA 混合料必须进行车辙试验,以验证混合料的高温抗车辙能力。SMA 混合料的水稳定性试验采用轮碾法成型的 SMA 混合料试件,进行试件表面的渗水系数试验和构造深度检验。

第三节　开级配抗滑磨耗层(OGFC)

开级配抗滑磨耗层(Open Graded Friction Course,简称 OGFC),是一种多孔性排水式沥青混合料,具有优良的表面功能。在沥青路面的表面功能中,抗滑、排水、减少噪声、防溅水、防水雾、防眩光以及透水等,有些是互相矛盾的,需根据路面使用情况选择。开级配抗滑磨耗层是指用具有连通大空隙的沥青混合料铺筑,能迅速从内部排走路表雨水,具有防滑、抗车辙及降低噪声的路面。当对此种路面主要强调其降噪功能时,则这种路面又称为低噪声路面。开级配抗滑磨耗层属骨架空隙结构型沥青混合料,它的孔隙率比普通沥青碎石要高,一般在 20% 左右。

一、开级配抗滑磨耗层的技术性质

OGFC 混合料由于空隙率大,使得内部的空隙呈连通状态,从而在有坡降、遇雨时,水可在 OGFC 混合料内部沿连通的空隙流动,最后由路面边缘排水系统排出路面结构。

1. 排水性能

利用 OGFC 混合料修筑的沥青面层,可提高雨天的抗滑性和雨天的行车安全。在雨天的普通路面上,高速行车会产生水滑现象,汽车有失去控制的感觉,使行驶的汽车处于危险状态。水滑现象是由于路表面来不及排走的高压水膜将轮胎托起而产生的。水滑现象的严重程度取决于车速、路表积水程度、轮胎及路表构造深度。在透水性路面上,由于雨水能及时排走,因而消除了水滑现象。即使表面仍有部分积水,也会因路面的丰富空隙使水压沿多方向消散,这样可保持车轮与路面的稳定接触,避免或减轻在中、大雨时的水漂程度,防止制动和操纵失控,提高安全性。

同时,由于可完全排除雨天路表面积水,开级配抗滑磨耗层可大大减少行驶车轮引起的水雾及溅水,使雨天行车的能见度提高,并且避免雨天夜间行车车灯造成眩光。因此,其可提高雨天行车的速度和安全性。另外,开级配抗滑磨耗层所测得的较高摩擦系数,也表明了在一般条件下的良好抗滑性能。

2. 降噪功能

开级配抗滑磨耗层降低噪声的性能主要是由于大空隙的作用。车轮轮胎在路面上滚动产生的噪声在交通噪声中所占的比例较高,当车速超过 50km/h 时更为突出。这种轮胎—路面噪声一般由三部分组成:一是撞击噪声,由车辆轮胎撞击路面产生,其大小同轮胎花纹、路表面的纹理有关,而路表面纹理又与集料几何形状、级配等有关;二是气压噪声,由车辆轮胎变形时轮胎沟槽中的空气受到挤压而振动、喷射所产生的噪声;三是滑黏噪声,由橡胶轮胎在路表上拖滑而产生的噪声。光滑的表面虽然可降低撞击噪声,却会增大气压噪声和滑黏噪声,而多孔的路面可使气流顺利消散,所以降低了这两部分噪声。

由于沥青路面的柔性对撞击、振动的缓冲吸收作用及沥青路面自身的空隙及表面纹理结构对声音的吸收作用大于水泥混凝土路面,所以沥青路面上噪声水平低于水泥混凝土路面。在各类型沥青路面中,透水性路面由于较高的空隙率既可降低各种噪声的生成水平,又使声能转化成热能的比例增大,所以总的噪声水平低于其他类型沥青路面。

3. 高温稳定性

采用高黏度改性沥青的开级配抗滑磨耗层的高温稳定性比一般沥青混凝土高。由于粗集料大颗粒间相互直接接触而构成的骨架结构承担了荷载的作用,加上高黏度改性沥青优良的黏附作用,透水性沥青混合料动稳定度能够达到约 5000 次/mm,高温下抵抗变形能力大,具有良好的抗车辙能力。另一方面由于其结构中存在约 20% 的空隙,空隙在车辆荷载的反复作用下的逐渐压实,对抵抗车辙不利。

4. 耐久性

开级配抗滑磨耗层的耐久性比一般沥青混合料路面要低,主要表现为:开级配抗滑磨耗层的空隙在使用一定时间后由于灰尘、污物堵塞而减少,排水、吸噪效果降低,产生老化、剥落的现象会较早。由于这些情况的存在,使得开级配抗滑磨耗层的使用品质随着使用时间的增长而逐渐下降。

开级配抗滑磨耗层沥青混合料具有许多优点,但也存在一些性能上的不足,需要在原材料选择、配合比组成设计、养护方面采取相应的措施,在一定程度上加以消除或弥补。OGFC 沥青混合料的结合料一般要求使用掺入了高黏添加剂的优质道路沥青,改性后的沥青可增加沥青薄膜厚度,延缓沥青的老化,同时也可提高沥青与矿料间的黏结力;使用高压注水冲洗法或双氧水发泡清洗污染等工艺来清除孔隙堵塞,保持路面排水、降噪声等功能。这些措施均会造成 OGFC 的建设、养护费用的增加,但是可以提高透水性路面的耐久性。

二、开级配抗滑磨耗层的设计方法

1. 原材料要求

为使沥青混合料的空隙率达 20% 左右,集料采用间断型开级配。粗集料几乎是单一粒径,其用量达 80% 左右。粗集料的间隙由少量砂粒填充,矿粉的用量也较少。由于透水性沥青混合料为骨架-空隙结构,构成骨架的粗集料的力学性质、颗粒棱角性、表面粗糙程度,对其性能起到极为重要的作用。一般要求粗集料有足够的强度和抗压碎性,颗粒似立方体,表面粗糙,针片状含量少。细集料与一般沥青混凝土用砂不同,要干净、坚硬。填料采用碱性矿粉、消石灰或水泥代替部分填料。我国《公路沥青路面施工技术规范》(JTG F40—2004)规定了开级配排水式磨耗层混合料矿料级配范围,见表 8-10。

开级配排水式磨耗层混合料矿料级配范围　　　　　　　　表 8-10

级配类型		通过下列筛孔(mm)的质量百分率(%)										
		19	16	13.2	9.5	4.75	2.36	1.18	0.6	0.3	0.15	0.075
中粒式	OGFC-16	100	90~100	70~90	45~70	12~30	10~22	6~18	4~15	3~12	3~8	2~6
	OGFC-13		100	90~100	60~80	12~30	10~22	6~18	4~15	3~12	3~8	2~6
细粒式	OGFC-10			100	90~100	50~70	10~22	6~18	4~15	3~12	3~8	2~6

目前 OGFC 混合料使用的均为各种类型的高黏沥青或改性沥青,目的是使拌和的混合料表面沥青膜有一定的厚度,颗粒间的黏结力较高,不易剥落,具有一定的变形能力。

2. 设计方法

透水性沥青混合料设计过程主要围绕如何获得预定的目标空隙率并保证其具有一定的强度、高温稳定性、耐久性等进行级配选择和最佳沥青用量的确定。传统的马歇尔设计方法包括相应的设计指标不作为透水性沥青混合料设计的主要指标,而只能作为参考校核用。我国《公路沥青路面施工技术规范》(JTG F40—2004)给出 OGFC 混合料的技术要求,见表 8-11。

OGFC 混合料技术要求　　　　　　　　表 8-11

试验项目	单位	技术要求	试验方法
马歇尔试件尺寸	mm	$\phi101.6 \times 63.5$	T 0702
马歇尔试件击实次数		两面各击实 50 次	T 0702
空隙率	%	18~25	T 0708
马歇尔稳定度,不小于	kN	3.5	T 0709
析漏损失	%	<0.3	T 0732
肯塔堡飞散损失	%	<20	T 0733

参考已有的级配范围初拟级配,按马歇尔方法每面击实 50 次制备试件,选择空隙率达到目标要求时的若干个沥青用量,如空隙率不能达到预定值时,再进行级配调整;对所选择的若干个沥青用量拌制的混合料做析漏试验以确定最大沥青用量,并通过对试件进行肯塔堡飞散试验来确定最小沥青用量,据此确定最佳沥青用量的范围;然后按透水系数、马歇尔稳定度、残留稳定度、流值及其他性能指标进行分析,最后确定出满足透水性、耐久性、强度要求的最佳沥青用量。

第四节 乳化沥青混合料

乳化沥青混合料是采用乳化沥青与矿质混合料在常温状态下拌和的,经铺筑与压实后形成的沥青混合料。其根据矿料的级配类型分为乳化沥青碎石混合料与乳化沥青混凝土混合料。乳化沥青混合料适用于沥青路面的维修和养护,如铺筑封层、罩面、修补坑槽等,主要目的是封闭路面表面,使空气和水不致侵入路面结构内部,并抑制路表结构中混合料松散,改善道路的表面外观,是一种节约能源、保护环境、方便施工的路面养护维修材料。

一、乳化沥青混合料的强度形成特性

乳化沥青混合料的强度形成过程与热拌沥青混合料有着明显的不同。乳化沥青混合料中的乳化沥青必须经过与矿料界面黏附、分解破乳、排水、蒸干等过程才能完全恢复其中沥青的黏结性能。

由于分散在混合料中的水分不能立即排净,在铺筑初期,这些水分大部分呈游离状态占据着混合料中的空隙,而水的黏度远低于沥青的黏度,在混合料中的"润滑"作用大大高于沥青,从而降低了矿料颗粒间的内摩阻力,使沥青混合料的强度和稳定性下降。因此,经碾压后的乳化沥青混合料,需要经过比热拌沥青混合料成型过程长得多的时间,才能达到一定的强度。随着乳化沥青混合料的摊铺、碾压及行车压实,水分将逐渐蒸干,乳化沥青混合料的密实度随之增强,强度也随时间而提高。

由于乳化沥青混合料的早期强度较低,应注意做好路面的早期养护,并采用适当的措施提高乳化沥青混合料路面的早期强度。

二、乳化沥青混合料的材料要求

(1)乳化沥青混合料可采用的乳化沥青类型见表8-12。

表 8-12

乳化沥青混合料选用的乳化沥青类型

乳化沥青混合料类型	乳化沥青品种	乳化沥青混合料类型	乳化沥青品种
乳化沥青碎石混合料	BC-1,BA-1	乳化沥青混凝土混合料	BC-1,BA-1,BN-1

(2)在乳化沥青混合料中,对集料和填料的质量和规格要求与热拌沥青混合料基本相同。乳化沥青碎石混合料的级配可参照热拌沥青混合料 AM 型的级配,乳化沥青混凝土混合料的级配可参照热拌沥青混凝土混合料 AC 型的级配。

三、乳化沥青混合料的配合比设计

乳化沥青混凝土配合比设计内容与热拌沥青混合料配合比设计程序基本相同,在矿质混合料配合比设计的基础上,采用马歇尔试验确定最佳沥青用量。

1.修正的马歇尔试验方法

由于乳化沥青混合料在摊铺和碾压后,需要较长的成型时间才能获得强度,在配合比设计试验中需要考虑乳化沥青混合料的这些特性,采取相应的成型和养护措施,尽可能模拟实际情况,使室内试验结果具有指导现场施工的意义。乳化沥青混合料的马歇尔试验方法建立在热拌沥青混合料马歇尔试验方法的基础上,在修正的马歇尔试验方法中,试件成型条件和养护条件均有所不同。

（1）试件成型与养护

按照马歇尔试验标准方法每组制备2组试件,将其中的1组试件在室温下放置24h,另1组试件置于温度105℃±5℃烘箱中养护24h。试件养护结束后,立即两面再各击实25次。

（2）试件指标测试

将室温条件下养护的1组试件在25℃水浴恒温后测试马歇尔稳定度。在25℃条件下的稳定度可以作为乳化沥青混凝土混合料初期强度的评定指标。

在烘箱中养护的1组试件在60℃水浴中恒温后测试马歇尔稳定度。经过105℃±5℃高温养护的试件,在60℃条件下测定的稳定度用来评定混合料的后期强度。

乳化沥青混合料各项马歇尔试验技术指标见表8-13。

乳化沥青混凝土混合料马歇尔试验技术要求建议值 表8-13

项　　目	密 级 配		粗 级 配	
	25℃	60℃	25℃	60℃
击实次数（次）	50	50	50	50
稳定度（kN）	2.0	4.0	2.5	3.5
流值（0.1mm）	20～45	20～40	20～45	20～40
空隙率（%）	—	5～8	—	6～10
沥青饱和度（%）	—	60～75	—	50～70
密度（g/cm³）	2.20	2.25	2.15	2.20

2.乳化沥青混凝土混合料的配合比设计过程

乳化沥青混凝土混合料的配合比设计过程分为下述步骤。

（1）在乳化沥青混合料中,乳液中的实际沥青用量可比同规格的热拌沥青混合料中的沥青用量少15%～20%。

以估算的乳化沥青用量为中点,按1%增减乳化沥青用量,称取5组矿料和乳化沥青,制备试件。经标准养护后,测试试件的密度等体积参数,分别在25℃和60℃条件下,测定试件的稳定度和流值。

（2）乳化沥青用量的确定。

根据各项试验结果,绘制马歇尔稳定度、流值、试件密度、空隙率、沥青饱和度与乳化沥青用量的关系曲线。求出各项指标均能符合要求的乳化沥青公共范围,取该公共范围的中值作为设计乳化沥青用量。

在进行施工时,还需要根据道路条件、施工气候、施工方法等情况对设计乳化沥青用量做适当调整。一般来说,现场使用的沥青用量常较室内试验的最佳用量提高1.0%～1.5%。

3.乳化沥青碎石混合料的配合比设计

乳化沥青碎石混合料的配合比,可参照已有道路的成功经验经试拌决定。确定沥青用量时,应根据当地实践经验以及交通量、气候、石料情况、沥青标号、施工机械等条件综合考虑。

第五节　稀浆封层与微表处

沥青稀浆封层是适当级配的石屑或砂、填料(水泥、石灰、粉煤灰、石粉等)与乳化沥青、外掺剂和水,按一定比例拌和而成的流动状态的沥青混合料,将其均匀地摊铺在路面上形成的沥青封层。其混合料简称稀浆混合料。稀浆封层一般用于二级及二级以下公路的预防性养护,也适用于新建公路的下封层。由于稀浆混合料施工方便,投资费用少,对道路使用性能有着较为明显的改观,所以得到了广泛应用。沥青稀浆封层仅仅是在现有道路加铺了很薄的表层,因此它对道路结构无显著的增强作用。

微表处是用适当级配的石屑或砂、填料(水泥、石灰、粉煤灰、石粉等),采用聚合物改性乳化沥青、外掺剂和水,按一定比例拌和而成的流动状态的沥青混合料,将其均匀地摊铺在路面上所形成的沥青封层。微表处主要用于高速公路及一级公路的预防性养护以及填补轻度车辙,也适用于新建公路的抗滑磨耗层。

一、沥青稀浆封层混合料的类型及其适用性

根据乳化沥青特性和使用目的,稀浆封层混合料分为普通乳化沥青稀浆封层(简称普通稀浆封层,代号 ES)和改性乳化沥青稀浆封层(简称改性稀浆封层),用于精细表面处治封层的改性稀浆封层又简称为微表处,代号 MS。

1. 普通沥青稀浆封层混合料

在我国《公路沥青路面施工技术规范》(JTG F40—2004)中,参照国际稀浆协会 ISSA 标准,按照矿料级配组成将普通沥青稀浆封层混合料分为 ES-1、ES-2 和 ES-3 三种类型。这三种稀浆混合料的级配范围及适宜的封层厚度要求见表 8-14。

稀浆封层和微表处的矿料级配范围　　　　表 8-14

筛孔尺寸 (mm)	不同类型通过各筛孔(mm)的百分率(%)				
	微表处		稀浆封层		
	MS-2 型	MS-3 型	ES-1 型	ES-2 型	ES-3 型
9.5	100	100		100	100
4.75	95~100	70~90	100	95~100	70~90
2.36	65~90	45~70	90~100	65~90	45~70
1.18	45~70	28~50	60~90	45~70	28~50
0.6	30~50	19~34	40~65	30~50	19~34
0.3	18~30	12~25	25~42	18~30	12~25
0.15	10~21	7~18	15~30	10~21	7~18
0.075	5~15	5~15	10~20	5~15	5~15
一层的适宜厚度(mm)	4~7	8~10	2.5~3	4~7	8~10

表中的 ES-1 型称为细封层。由于矿料颗粒尺寸较小、沥青含量较高,ES-1 型稀浆混合料具有较好的渗透性,有利于治愈路面裂缝,适用于一般交通道路路面上较大裂缝的修补,以及

中、轻交通道路的薄层罩面处理,尤其适合于寒冷地区道路及轻交通道路使用。ES-2 型称中粒式封层,含有足够数量的细集料和乳化沥青,又含有一定数量的粒径较大颗粒,使得稀浆混合料既能够渗透到路面裂缝之中,又兼具一定的抗滑性和耐磨性,用途广泛,是铺筑中等交通道路磨耗层最常用的类型,也适用于旧路修复罩面。ES-3 型称为粗封层,其混合料中有一定数量的较大粒径的颗粒,封层表面较为粗糙,适用于一般道路的表层抗滑处理,以及铺筑高粗糙度的磨耗层。

2. 改性乳化沥青稀浆封层(微表处)混合料

微表处混合料分为 MS-1、MS-2 和 MS-3 三种类型,见表 8-14。其中微表处混合料 MS-1 型适用于重要道路、桥面铺装的薄层微表处罩面。MS-2 型适用于高速公路、一级公路、城市快速路、主干路的较薄微表处。MS-3 型适用于在高速公路和一级公路上铺筑高粗糙度的磨耗层。高速公路与一级公路的养护维修宜采用微表处。微表处也可作为新建道路的磨耗层。

二、稀浆封层混合料的技术性能

1. 可拌和时间

通过拌和试验可预测稀浆混合料破乳前的可拌和时间。为了模拟稀浆混合料施工现场的工作状况,试验温度应考虑施工中可能遇到的最高温度。可拌和时间的长短与乳化剂品种、乳化性能及用量、乳化效果、集料性能、温度等有直接的关系,可适当调整组成材料及其配合比,使可拌和时间符合要求。

2. 稀浆混合料的稠度

稀浆混合料的稠度应满足施工和易性的要求。在进行稀浆封层施工时,若稀浆混合料稠度过大,则不便于摊铺成型;而稀浆混合料太稀,封层的稳定性较差,摊铺后容易离析,产生集料下沉沥青上浮的现象,导致成型后的封层表面出现油膜而下部为缺乏结合料的松散集料,与原路面黏结不牢,容易出现起皮、脱落等病害。

稀浆混合料中的水由矿料中的水、乳化沥青中的水及拌和时的外加水组成,是稀浆混合料的重要组成部分,也是决定稀浆混合料稠度、摊铺效果、破乳时间以及封层密实度的主要因素。通常稀浆混合料的用水量既应满足施工和易性的要求,又要保证所摊铺的稀浆能够形成稳定、密实的封层,一般用水量控制在矿料用量的 12%～20%,级配较细的稀浆混合料用水量取上限。

3. 稀浆混合料的可操作时间

稀浆混合料的可操作时间包括初凝时间和固化时间。初凝时间是指拌和后至沥青乳液破乳完成的时间。为了保证有足够的时间对稀浆混合料进行拌和与铺筑操作,初凝时间不宜太短,但初凝时间过长,将延迟开放交通时间,给施工的管理带来困难。固化时间是指混合料摊铺后开放交通的时间。固化时间不宜太长,否则将给施工和管理带来困难,延误交通。

实际操作中可绘制黏结力与时间的关系曲线,根据图中黏结力与时间的关系确定稀浆混合料凝结时间。初凝时间对应于稀浆混合料黏结力达到 1.2N·m 的时间。若初凝时间不能满足施工要求,应采用适宜的外加剂进行调节。在开放交通时,稀浆混合料的黏结力至少应达到 2.0N·m。

稀浆混合料的黏结力与时间的关系曲线取决于乳化沥青性质、稀浆混合料配合比、气候温度、摊铺厚度等因素。在气候温度、摊铺厚度等预先假定的条件下,可改变乳化沥青品种和配合比,选择最合理的黏结力与时间的关系。

4.稀浆混合料的耐磨耗性能

稀浆混合料成型后,应具备一定的耐磨耗性,以抵抗车辆荷载的磨耗作用。湿轮磨耗试验是采用模拟汽车轮胎磨耗的方法,检验稀浆混合料中沥青用量、集料质量以及固化后混合料的耐磨强度,目的是控制稀浆封层混合料的最小沥青用量,并可对稀浆混合料的水稳定性进行初步的判断。

5.稀浆混合料的碾压试验

碾压试验模拟交通车辆荷载条件,测定稀浆混合料中是否有过多沥青,用以控制稀浆混合料中的最大沥青用量。在碾压试验中,以56.7kg的负荷车轮、44次/min的碾压频率对稀浆混合料试件碾压1000次。将试样取下清洗干净后,在60℃的烘箱中烘至恒量,称量试样的质量。然后将试件重新装在仪器上原来的位置,称取82℃的热砂200g在试件表面摊平,再对试样碾压1000次后停机。刷去试样上的浮砂,称量试样及吸附砂的总质量,按照式(8-4)计算黏附砂量。

$$LWT = \frac{m_2 - m_1}{A} \tag{8-4}$$

式中:LWT——乳化沥青稀浆封层混合料单位面积黏附砂量(g/m^2);

A——试样负荷面积(m^2);

m_1——第一次1000次碾压后试样的质量(g);

m_2——第二次1000次碾压后试样与砂的总质量(g)。

沥青用量越高,单位面积黏附砂量就越大。根据规定容许的最大黏附砂量,就可确定稀浆混合料的容许最高沥青用量。

6.黏附性

乳化沥青与矿料的黏附性是在规定的试验条件下,以沥青在矿料表面的裹覆面积表示,以评定稀浆混合料的抗水剥落性能。

综上所述,将评价乳化沥青稀浆混合料技术性能的各项指标及其要求汇总于表8-15。

稀浆封层和微表处混合料技术要求　　　　　　　　　表8-15

项　　目		单　　位	微　表　处	稀　浆　封　层	试验方法
可拌和时间		s		>120	手工拌和
稠度		cm	—	2~3	T 0751
黏聚力试验	30min(初凝时间)	N·m	≥1.2	(仅适用于快速开放交通的稀浆封层)　≥1.2	T 0754
	60min(开放交通时间)	N·m	≥2.0	≥2.0	
负荷轮碾压试验(LWT)	黏附砂量	g/m²	<450	(仅适用于重交通道路表层时)　<450	T 0755
	轮迹宽度变化率	%	<5	—	
湿轮磨耗试验的磨耗值(WTAT)	浸水1h	g/m²	<540	<800	T 0752
	浸水6d	g/m²	<800	—	

三、沥青稀浆封层混合料的原材料及其技术要求

1. 乳化沥青

乳化沥青是稀浆封层混合料的黏结材料,其质量直接影响稀浆封层的质量。各类乳化沥青质量必须符合相关的技术要求。

在选择乳化沥青时,要考虑稀浆混合料的施工和易性,即在乳化沥青与矿料的拌和、摊铺过程中,稀浆混合料应均匀、不破乳、不离析、处于良好的流动状态。在需要尽早开放交通路段的道路结构中,应选用凝结速率较快的、慢裂快凝的、拌和型乳化沥青或改性乳化沥青。在不需要立即通车的路段或在尚未通车的新建道路上使用时,可采用慢裂慢凝型乳化沥青或改性乳化沥青。若在普通乳化沥青稀浆中掺加水泥,可以采用非离子型乳化沥青。

2. 集料

稀浆封层与微表处混合料应选择坚硬、耐磨洁净的集料,不得含有泥土和杂物。粗集料除应满足热拌沥青混合料用粗集料的质量要求外,还应满足表8-16的技术要求。当采用酸性石料时,必须掺加消石灰或抗剥落剂,以满足与沥青黏附性的要求。细集料应采用洁净的优质碱性石料生产的机制砂或石屑,不得使用天然砂。细集料中粒径小于4.75mm部分的砂当量应符合表8-16的要求。

稀浆封层用集料的技术要求 表8-16

混合料类型	普通稀浆封层	改性稀浆封层	微　表　处
破碎面比例(%)	100	100	100
原石料的表观相对密度,>	2.6	2.6	2.6
原石料的集料压碎值(%),<	30	28	25
原石料的洛杉矶磨耗率(%),<	30	28	25
集料的坚固性损失(%),<	12	12	12
粗集料的吸水率(%),<	3	2	2
粗集料的针片状颗粒含量(%),<	25	20	20
<4.75mm 细集料的砂当量(%),>	50	55	60

3. 填料和外加剂

稀浆混合料中填料的作用不仅是填充混合料的空隙,还可以改善稀浆混合料的施工和易性,如调节稀浆混合料的稠度、破乳和成型速度,并提高混合料性能和稳定性。填料可以是矿粉、水泥、石灰、粉煤灰等。填料的品种和剂量由试验确定,以不影响稀浆混合料性能为度,最好选用硅酸盐水泥作为填料。

为了调节稀浆混合料中乳化沥青的破乳速度,满足拌和、摊铺和开放交通的需要,可以掺加适量外加剂,如氯化钙、氯化铵、氯化钠、硫酸铝等。外加剂可以直接掺入稀浆混合料中,也可以掺入稀浆混合料的某一成分中,但必须能够与这些成分均匀相容。

四、沥青稀浆封层混合料的配合比设计

在稀浆封层施工前,应进行沥青稀浆封层混合料的配合比设计。设计内容包括确定矿料

配合比、用水量和最佳沥青用量,并确定稀浆混合料的初凝时间及开放交通时间,以指导稀封层的施工操作过程。

1. 矿质混合料配合比设计

(1)稀浆混合料类型的确定

稀浆封层混合料的类型应根据道路使用条件、处治目的、道路等级、环境条件,以及当地砂石材料的质量与规格等参考规范进行选择,经过技术经济论证后确定。

(2)矿质混合料配合比计算

对所选择的集料、填料进行筛分,根据各档集料的级配组成,计算各档集料的用量比例。矿料的合成级配应满足设计级配范围的要求。

2. 确定稀浆混合料的用水量

稀浆混合料的用水量由稠度试验确定。当稠度不能满足表8-15中规定的要求或设计要求时,应适当调整用水量,直至合格为止。

3. 确定沥青用量

沥青用量是稀浆混合料配合比设计的最重要参数。沥青用量太少,稀浆封层可能会松散;而沥青用量过多,可能导致封层的不稳定,使表面出现拥包、推挤等病害。

按照预估沥青用量及其 ±1% 和 ±2% 共 5 个用量制成稀浆混合料试件,分别进行湿轮磨耗试验和碾压试验,得出不同沥青用量下稀浆混合料的磨耗量和黏附砂量。

图 8-3 是普通稀浆混合料磨耗量、黏附砂量与沥青用量的关系曲线。按照表 8-15 的技术要求,以磨耗量接近 $800g/m^2$ 时的沥青用量作为最小沥青用量 P_{min},以砂黏附量接近 $540g/m^2$ 时的沥青用量作为最大沥青用量 P_{max},在 $P_{min} \sim P_{max}$ 之间选择适宜的沥青用量。

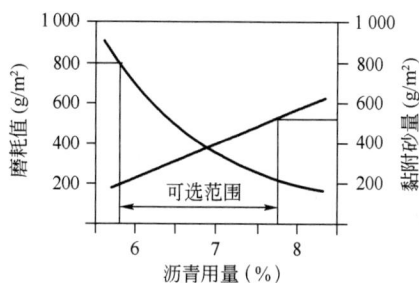

图 8-3 确定稀浆封层和微表处最佳沥青用量的曲线

4. 确定稀浆混合料的初凝时间和开放交通时间

当用水量和沥青用量确定后,拌制稀浆混合料,进行黏结力试验。当黏结力达到 $1.2N \cdot m$ 时,确定为稀浆混合料的初凝时间;当黏结力达到 $2.0N \cdot m$ 时,确定为稀浆混合料的固化时间即开放交通时间。初凝时间和开放交通时间应满足表 8-15 中的要求。

5. 稀浆混合料配合比的调整

在稀浆封层的施工过程中,如出现破乳速度过快或稀浆混合料固化速度过慢,或稀浆封层固化后产生裂缝、起泡或呈海绵状等问题时,应对稀浆混合料的配合比进行调整。如果因稀浆混合料的固化时间过长而影响道路通行要求时,可通过适当减少用水量、增加水泥用量,或采用凝结速度较快的乳化沥青等措施进行调整。而当稀浆混合料破乳速度过快,无法正常施工时,采用与前述相反的措施,并可以掺加硫酸铝水溶液。当稀浆封层固化后出现裂缝时,应调整矿料的级配,并适当增加乳化沥青用量。当稀浆封层出现起泡或呈海绵状时,应适当减少水泥用量、减少稀浆混合料的拌和时间,改善乳化沥青的性能。

第六节　冷再生沥青混合料

泡沫沥青冷再生工艺是将旧沥青面层(有时连同少量基层)铣刨破碎处置后,加入一定量的新集料并通过专门设备喷入泡沫沥青,经过拌和、碾压成型的施工过程,是一种节能环保、经济简便的先进道路维修手段。在美国、加拿大、南非、澳大利亚和欧洲等国家和地区都有着成功的先例,但我国无论是室内研究还是实践应用都仍处于起步阶段。

沥青路面再生技术分类如图8-4所示。泡沫沥青冷再生作为一种新型道路维修方案,在当前我国大面积的道路进入养护维修期,推广应用冷再生技术将能够获得巨大的经济和社会效益。冷再生技术的关键在于应用泡沫沥青作为结合料黏结再生粒料。泡沫沥青也称为膨胀沥青,是将一定的水注入热沥青使其体积发生膨胀,形成大量的沥青泡沫,经过很短的时间沥青泡沫破裂。当泡沫沥青与集料接触时,沥青泡沫瞬间化为数以百万计的"小颗粒",散布于细集料(特别是粒径小于0.075mm细料)的表面,形成黏有大量沥青的细填缝料,经过拌和压实,这些细料能填充湿冷粗料之间的空隙并产生类似砂浆的作用,使混合料达到稳定。

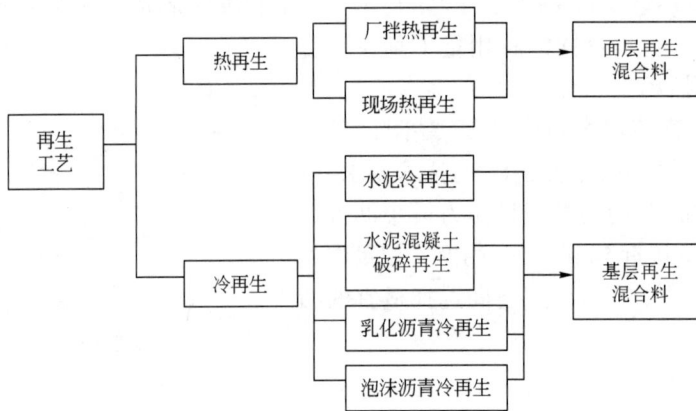

图8-4　路面材料再生分类

一、冷再生沥青混合料强度形成机理

沥青的发泡过程实际上是在膨胀腔内完成的。在膨胀腔上部,高温(通常在140℃以上)状态下的沥青在液压泵的推动下不断循环流动,而水压和气压的喷入阀门在膨胀腔的右侧。当发泡指令下达后,热沥青和水压、气压阀门同时开启,三种状态、温度差异悬殊的物质在膨胀腔内发生如下物理变化:首先高压水流在高压蒸汽的冲击作用下均匀分散成众多均匀的细微水体颗粒(近似水雾状),这些细微水体颗粒在极短的时间内喷入高温沥青之中,由于温度相差悬殊,众多细微水体颗粒在极短时间内几乎同时汽化。它们被具备一定黏度的高温沥青裹覆后,就形成了众多蜂巢状的膨胀空气室。此时,汽化水体外侧的沥青薄膜表面张力与汽化水体、压缩空气共同形成的内部气压之间达到短暂的相对平衡状态。体积不断膨胀的三相混合体从沥青喷嘴中喷射而出,即形成宏观状态上的泡沫沥青(图8-5)。

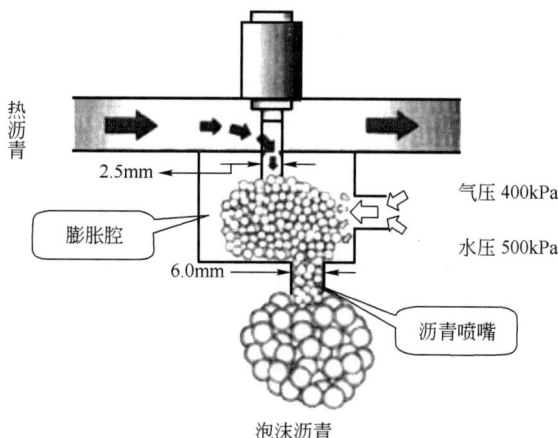

图 8-5 泡沫沥青的形成过程

由于热沥青内部所分散的水体微粒大小不一,分布不均,形成的蜂巢状膨胀空气室体积、表面沥青膜厚度各异,且泡沫沥青喷出后沥青膜温度骤降而黏度增加,因此该平衡状态极不稳定,很容易被打破。在宏观上表现为泡沫沥青在达到最大膨胀体积后会很快衰减,迅速恢复原有体积。一般而言,泡沫沥青在几十秒内即可完成体积的膨胀和衰减的过程。

在施工拌和过程中,沥青短暂的发泡状态虽然能够满足施工和易性,但理论上泡沫沥青并不能直接裹覆大粒径的集料,仅能够裹覆细集料形成沥青胶浆。这些沥青胶浆分散在粗集料的四周,并在碾压过程中黏结粗集料,从而形成泡沫沥青再生混合料的初期强度(图 8-6)。因此,混合料的初期强度的形成有赖于充足的细集料。

图 8-6 冷再生混合料强度形成机理

二、冷再生沥青混合料设计方法

根据泡沫沥青再生混合料的强度形成机理和材料组成特征,再生混合料初期强度较低,压实后空隙率较高,吸水率较大。水稳定性是泡沫沥青再生混合料的薄弱环节。此外,泡沫沥青再生料主要作为道路基层使用,需要具有一定的强度和承载能力。因此,泡沫沥青混合料的组成设计主要考虑其水稳定性和强度。国外相关资料已经给出了适合泡沫沥青稳定的级配范围,见表 8-17。

适合泡沫沥青稳定的级配范围 表 8-17

编　　号	筛孔尺寸(mm)	0.075	0.15	0.3	0.6	1.18	2.36	4.75
级配范围1	上限(%)	20	25	30	39	47	57	67
	下限(%)	5	8	12	19	26	35	45
级配范围2	上限(%)	20	21	23	28	33	42	55
	下限(%)	5	7	10	13	18	25	34

编 号	筛孔尺寸(mm)	9.5	13.2	16	19	26.5	31.5	37.5
级配范围1	上限(%)	80	86	90	94	100	100	100
	下限(%)	56	62	66	69	76	82	90
级配范围2	上限(%)	73	85	92	100	100	100	100
	下限(%)	48	56	62	66	75	80	88

第七节　环保型与功能型沥青混合料

随着人类社会的进步与科技的飞速发展,道路工程材料领域的知识更新速度也越来越快,与沥青路面相关的新理论、新方法、新技术、新工艺、新结构、新材料等不断涌现,本节介绍环保型沥青混合料与功能型沥青混合料。

1. 温拌沥青混合料

温拌沥青混合料是一种在基本不改变沥青混合料配合比和施工工艺的前提下,通过技术手段,使沥青混合料的拌和温度降低30~40℃以上,性能达到或接近热拌沥青混合料的新型沥青混合料。目前,主流温拌技术主要通过外加材料降低沥青混合料的高温黏度来实现。

温拌沥青混合料使沥青混合料的拌和和摊铺温度降低20~60℃,节省大量的加热能源。有利于环境保护,采用温拌沥青混合料技术可以最大程度减少有害气体排放,有效保护施工人员的身体健康、降低环境污染。温拌沥青混合料的拌和温度较低,在混合料的生产过程中对拌和设备的损耗也相对较低,有效地延长了拌和设备的使用寿命,降低了生产成本。采用温拌沥青混合料,可以降低沥青的老化程度。

2. 环氧沥青混合料

环氧沥青混合料是在沥青结合料中添加环氧树脂而形成的高性能改性沥青混合料。环氧树脂加入沥青中,经与固化剂发生固化反应,形成不可逆的固化物。因此,环氧沥青在高温条件下不再像原沥青呈热塑性状态,而是转变成一种热固性材料,从而提高沥青的高温稳定性及耐疲劳性能。

用环氧树脂对沥青进行改性而配制成的环氧改性沥青混合料,具有强度高、刚度大、优良的耐疲劳性能及良好的抗腐蚀性等特点。近年来,环氧沥青混合料开始在我国应用,因其成本较高,多用于大跨径钢桥面铺装中。选用环氧沥青混合料作为路面抗疲劳层,在不改变疲劳寿命的情况下可以减小沥青层厚度,尽管前期造价较大,但后期养护维修费用低,综合考虑各种情况,环氧沥青混合料具有良好的工程效益和广阔的市场应用前景。

3. 生物沥青混合料

含有生物沥青的混合料称为生物沥青混合料。生物沥青是由农作物秸秆、废弃油脂、能源植物和牲畜粪便等生物质快速裂解后的生物质重油与石油沥青或外掺剂组成的结合物。具有储量巨大、环保再生、来源广泛和价格低廉等显著优点,与石油沥青有相似的化学组成和良好的相容性,作为新型道路工程材料近年来被广泛探索用于替代或部分替代不可再生的石油沥青。研究表明,使用生物沥青混合料对沥青路面的低温抗裂性能、耐水损害性能和抗老化性能提升明显。

4. 橡胶沥青混合料

使用橡胶改性沥青制备的混合料,称为橡胶沥青混合料。橡胶改性沥青是先将废旧轮胎加工成为橡胶粉粒,再按一定的粗细级配比例进行组合,同时添加多种聚合物改性剂,并在充分拌和的高温条件下,与基质沥青充分熔胀反应后形成的。橡胶经过裂解之后,吸收基质沥青内的轻质组分,拌和后产生溶胀反应,达到物理填充的效果,同时能够产生化学反应,形成橡胶与沥青的共混体系,达到改善材料性能的目的。

橡胶沥青是一种环保材料,可以节约资源、保护环境。橡胶沥青混合料不仅具有优异的抗疲劳性、低温抗裂性、抗老化性能以及抗车辙能力,还具有降噪性能,且废旧轮胎胶粉价格低廉,可显著降低沥青混合料成本。

5. 阻燃沥青混合料

由于沥青是可燃物,在隧道沥青路面发生火灾时,容易导致沥青路面的大面积燃烧,产生强热、浓烟、有毒有害气体,给安全疏散和救援工作带来困难。阻燃沥青混合料是指将阻燃剂添加到沥青混合料中,提高沥青混合料的阻燃效果。对于提高隧道运营期的安全,降低隧道火灾事故发生的概率,保证驾驶人员的生命财产安全,具有重要实用价值。

掺入阻燃剂可提高沥青的分解温度,增加气体中不燃成分或在沥青表面形成阻燃性炭层,抑制燃烧。沥青阻燃剂的阻燃机理包括吸热阻燃、凝聚相阻燃、抑制链反应阻燃及气相阻燃等。吸热阻燃是通过降低可燃物质表面温度的方式,抑制或防止易燃物质的燃烧反应;凝聚相阻燃是通过在高温情况下形成稳定的泡沫覆盖层或玻璃状,隔绝与空气的接触,从而起到阻燃作用;抑制链反应阻燃是通过捕捉燃烧反应的自由基,降低燃烧反应速度,阻止火焰传播;气相阻燃是根据阻燃剂受热时产生不燃气体抑制燃烧反应。实际上,沥青燃烧和阻燃均是十分复杂的物理化学过程,涉及的影响因素众多,通常是几种阻燃机理共同作用。

6. 超薄磨耗层沥青混合料

超薄磨耗层沥青混合料是一种间断级配改性沥青混合料,使用专用的摊铺设备摊铺在一层聚合物改性乳化物沥青黏膜上。该材料将间断级配沥青混合料与乳化沥青相结合,主要应用于高等级沥青路面的预防性养护和轻微路面病害的维修。同时也可将其作为新建道路的表面磨耗层,具有超长耐久、抗滑性能好、降低噪声、减少水雾和路面水膜、抗车辙和抗磨耗等优良性能。

超薄磨耗层沥青混合料的主要特点:其厚度很小,几乎不改变原有的路面高程,而且施工期短,因此非常适合运用于立交桥较多和路缘石高度一定的城市道路养护和高速公路的预防性养护;而在一些罩面层受净空高程、桥梁承载能力和经济投资等条件限制的地方,也可以采用超薄磨耗层沥青混合料。

7. 雾封层沥青混合料

雾封层沥青混合料是将乳化沥青或改性乳化沥青及沥青路面养护剂等流体状材料混合而成的混合料。雾封层沥青混合料通常用于路面没有发生结构性损坏、或只有轻微缺陷和病害迹象的路面,使用喷洒机械设备将其喷洒在沥青路面上,从而封闭路面孔隙,稳定松散集料,修复路面老化。

雾封层技术是一种费用-效益突出的预防性养护措施,具有保护路面的功能,防止病害的进一步扩展,以减缓路面使用性能的恶化速率,从而延长路面使用寿命,减少路面寿命周期的成本,节约养护维修资金。

8. 尾气降解沥青混合料

尾气降解沥青混合料是将光触媒材料(如 TiO_2)添加到薄罩层、微表处或封层的混合料中,制备出的具有降解汽车尾气功能的环保型沥青混合料。汽车尾气污染物在其浓度梯度作用下于近路面层逐渐扩散,在太阳紫外光的照射下,经光催化氧化为硝酸盐、硫酸盐等无机物吸附于路面的空隙中,其后遇下雨天时即随雨水冲走。应用纳米光催化技术建设环保型沥青混合料,可以有效降解汽车尾气污染物,净化空气,符合社会可持续发展要求。

9. 相变调温沥青混合料

相变调温沥青混合料是指在沥青混合料中添加相变材料制备而成的能够调节路面温度的沥青混合料。相变材料是利用相变过程中吸收或释放的热量来进行潜热储能的物质,具有在相变过程中将热量以潜热的形式储存于自身或释放给环境的性能,可以进行热能储存和温度调节控制。

沥青混合料中掺加相变材料能够主动调控沥青路面温度,提高沥青路面对环境变化的适应能力。利用相变材料的相变潜热特性,当外界环境温度升高时,沥青混合料的温度随之上升,当达到相变温度时,相变材料瞬间发生相变,吸收并储存大量的热,减少了提高沥青路面温度的热量,升温速率降低,相同时间内沥青混合料达到的高温温度减小,起到"削峰"作用;当外界环境温度降低时,与此过程相反,相变材料可以起到"填谷"作用。应用相变材料沥青混合料修筑路面可以减少高、低温病害,延长路面使用寿命,并且可以减少路面的凝霜结冰,增强抗滑性,减少融雪剂使用,利于环保。

10. 热阻沥青温混合料

在热拌沥青混合料基础上,使用导热系数较小的热阻集料部分或全部替代普通集料,称之为热阻沥青混合料。应用该材料能够降低路面材料的导热率,从而阻止热量顺利向下传导,达到降低沥青路面层内部温度的目的。常用的热阻集料有铝矾石类、陶制品、膨胀蛭石及多孔玄武岩等。

热阻沥青混合料可以利用热阻集料的化学组成、内部结构及构造等,显著降低路面结构内温度的作用。例如,高铝质耐火碎石、多孔玄武岩、陶粒、陶砂等热阻集料内部含有大量非连通的闭口孔隙,膨胀蛭石集料结构内部含有许多细薄的叠片构成的层间充满空气的间隔层,这些闭口孔隙及间隔层的存在都具有显著降低沥青混合料内热量传递的效果。目前热阻沥青混合料中热阻集料的主要应用方式有:等体积替换普通粗或细集料、层间设置热阻黏封层、路表加铺热阻薄层等,其中以等体积替换普通集料的应用方式最为普遍。应用热阻沥青混合料可以降低夏季沥青路面温度,减少车辙病害,缓解城市热岛效应。

【复习题】

1. 简述沥青稳定碎石混合料的基本技术特性。

2. 简述沥青稳定碎石混合料的主要应用范围。

3. SMA 有何主要性能特点和优势?

4. 简述 SMA 的结构组成特点和设计方法。

5. OGFC 有何路用性能特点？

6. 乳化沥青混合料的主要性能是什么？

7. 简述稀浆封层和微表处的技术性能和设计方法。

8. 什么是稀浆封层和微表处？各自的适用范围是什么？

9. 简述冷再生沥青混合料强度形成机理。

10. 简述冷再生技术的主要优势。

11. 简述环保型与功能型沥青混合料的技术特点。

第四篇　其他道路工程材料

本篇介绍的其他道路工程材料主要包括建筑钢材、桥面防水材料、土工合成材料以及高分子聚合物。

第九章

建筑钢材

【内容提要】

本章重点介绍建筑钢材的技术性能及其评价方法和指标,以及道路工程建筑用钢的要求。

【学习要求】

通过本章学习,要求学生掌握钢材的技术性质和技术要求。

建筑钢材是重要的建筑材料,主要指在建筑工程中用于钢结构中的各种型材(如角钢、槽钢、工字钢、圆钢等)、钢板、钢管和用于钢筋混凝土结构中的各种钢筋、钢丝等。建筑钢材在道路工程中有着重要的作用,尤其在桥梁建造中更是占有举足轻重的地位。

第一节　钢材的冶炼与分类

1. 钢材的冶炼

炼钢的过程就是将生铁进行精炼,使碳的含量降低到一定的限度,同时把其他杂质的含量也降低到允许范围内。理论上,凡含碳量在2%以下,含有害杂质较少的铁碳合金均可称为钢。常用的炼钢方法有空气转炉法、氧气转炉法、平炉法、电炉法。

空气转炉炼钢法:以熔融状态的铁水为原料,在转炉底部或侧面吹入高压热空气,使杂质在空气中氧化而被除去。

氧气转炉炼钢法:以熔融状态的铁水为原料,用纯氧代替空气,由炉顶向转炉内吹入高压氧气,能有效地除去磷、硫等杂质,使钢的质量显著提高,而成本有所降低。该法常用来炼制优质碳素钢和合金钢。

平炉炼钢法:以固体或液体生铁、铁矿石或废钢为原料,用煤气或重油为燃料进行冶炼。其熔炼时间长,化学成分可精确控制,杂质含量少,成品质量高;但能耗大、成本高、冶炼周期长。

电炉炼钢法:以生铁或废钢为原料,利用电能迅速加热进行高温冶炼。其熔炼温度高,且温度可调节,清除杂质容易。因此,电炉钢的质量最好,但成本高。该法主要用于冶炼优质碳素钢及特殊合金钢。

2. 钢材的分类

钢材用途广泛,品种繁多。为了便于管理和使用,钢材的品种必须按各种属性和标志进行归类、分组,常见分类见表9-1。

钢 材 的 分 类　　　　　　　　　　　　　表9-1

分类方法	类 别		特 性
按化学成分分类	碳素钢	低碳钢	含碳量 < 0.25%
		中碳钢	含碳量 0.25%~0.60%
		高碳钢	含碳量 > 0.60%
	合金钢	低合金钢	合金元素总含量 < 5%
		中合金钢	合金元素总含量 5%~10%
		高合金钢	合金元素总含量 > 10%
按冶炼方法分类	按脱氧程度分	沸腾钢	脱氧不完全,硫、磷等杂质偏析较严重,代号为"F"
		镇静钢	脱氧完全,同时去硫,代号为"Z"
		半镇静钢	脱氧程度介于沸腾钢和镇静钢之间,代号为"B"
		特殊镇静钢	比镇静钢脱氧程度还要充分彻底,代号为"TZ"
	按炉种分	平炉钢	炼钢方法不同
		转炉钢	
		电炉钢	
按品质分类	普通钢		含硫量≤0.055%~0.065%,含磷量≤0.045%~0.085%
	优质钢		含硫量≤0.03%~0.045%,含磷量≤0.035%~0.045%
	高级优质钢		含硫量≤0.02%~0.030%,含磷量≤0.027%~0.035%
按用途分类	结构钢		工程结构构件用钢、机械制造用钢
	工具钢		各种刀具、量具及模具用钢
	特殊钢		具有特殊物理、化学或机械性能的钢,如不锈钢、耐热钢、耐酸钢、耐磨钢、磁性钢等
	专业用钢		如桥梁用钢、船舶用钢、锅炉用钢、压力容器用钢
综合分类	普通钢		碳素结构钢、低合金结构钢、特定用途普通结构钢
	优质钢		结构钢、工具钢、特殊性能钢

目前,建筑工程中常用的钢种是普通碳素结构钢和普通低合金结构钢。

第二节 钢材牌号表示方法

钢的牌号简称钢号，是每一种具体钢产品的名称。凡列入国家标准和行业标准的钢铁产品，均应按《钢铁产品牌号表示方法》(GB/T 221—2008)规定的牌号表示方法编写牌号。

1. 基本原则

产品牌号的表示，一般采用大写汉语拼音字母、化学元素符号和阿拉伯数字相结合的方法，具体含义及表示方法如下。

(1)钢号中化学元素采用国际化学符号表示。

(2)采用汉语拼音字母表示产品名称、用途、特性和工艺方法时，一般从代表产品名称的汉语拼音中选取第一个字母。当和另一个产品所选用的字母重复时，改取第二个字母或第三个字母，或同时选取两个汉字中的第一个拼音字母。采用汉语拼音字母，原则上只取一个，一般不超过三个。暂时没有可采用的汉字及汉语拼音的，采用符号为英文字母。

(3)钢中主要化学元素含量(%)采用阿拉伯数字表示。

2. 常用建筑钢材的牌号表示方法

(1)碳素结构钢和低合金高强度钢

通用结构钢采用代表屈服点的拼音字母"Q"、屈服点数值(单位为 MPa)和质量等级(A、B、C、D、E)、脱氧方法(F、B、Z、TZ)等符号按顺序组成牌号。镇静钢符号"Z"和特殊镇静钢符号"TZ"可省略。根据需要，通用低合金高强度结构钢的牌号也可以采用两位阿拉伯数字(表示平均含碳量，以万分之几计)和化学元素符号按顺序表示。

例如，碳素结构钢牌号为 Q235AF 和 Q235BZ，分别表示屈服点值≥235MPa 的质量等级为 A 级的沸腾碳素结构钢和 B 级的镇静碳素结构钢，其中 Q235BZ 也可以省略为 Q235B；低合金高强度结构钢牌号表示为 Q345C 和 Q345D。Q345 和 Q370 这两个牌号是工程用钢最典型、生产和使用量最大、用途最广泛的牌号。

(2)优质碳素结构钢

优质碳素结构钢采用两位阿拉伯数字(表示平均含碳量，以万分之几计)或阿拉伯数字和元素符号组合成牌号。

①沸腾钢和半镇静钢，在牌号尾部分别加符号"F"和"B"。例如，平均含碳量为 0.08% 的沸腾钢，其牌号表示为 08F；平均含碳量为 0.10% 的半镇静钢，其牌号表示为 10B。

②镇静钢(S、P 含量分别≤0.035%)一般不标符号。例如，平均含碳量为 0.45% 的镇静钢，其牌号表示为 45。

③较高含锰量的优质碳素结构钢，在表示平均含碳量的阿拉伯数字后加锰元素符号。例如，平均含碳量为 0.50%，含锰量为 0.70%~1.00% 的钢，其牌号表示为 50Mn。

④高级优质碳素结构钢(S 含量≤0.030%、P 含量≤0.030%)，在牌号后加符号"A"。例如，平均含碳量为 0.45% 的高级优质碳素结构钢，其牌号表示为 45A。

⑤特级优质碳素结构钢(S 含量≤0.020%、P 含量≤0.025%)，在牌号后加符号"E"。例如，平均含碳量为 0.45% 的特级优质碳素结构钢，其牌号表示为 45E。

（3）合金结构钢

合金结构钢牌号采用两位阿拉伯数字（表示平均含碳量,万分之几计）和标准的化学元素符号表示。合金元素含量表示方法为：平均含量小于 1.50% 时,牌号中仅标明元素,一般不标明含量；平均合金含量为 1.50% ~ 2.49%、2.50% ~ 3.49%、3.50% ~ 4.49%……时,在合金元素后相应写成 2、3、4……例如,碳、铬、锰、硅的平均含量分别为 0.30%、0.95%、0.85%、1.05% 的合金结构钢,当 S、P 含量分别 ≤0.035% 时,其牌号表示为 30CrMnSi。高级优质合金结构钢（S、P 含量分别 ≤0.025%）,在牌号尾部加符号"A",例如 30CrMnSiA。特级优质合金结构钢（S 含量 ≤0.015%、P 含量 ≤0.025%）,在牌号尾部加符号"E",例如 30CrMnSiE。

（4）焊接用钢

焊接用钢包括焊接用碳素钢、焊接用合金钢和焊接用不锈钢等,其牌号表示方法是在各类焊接用钢牌号头部加符号"H",如 H08、H08Mn2Si、H1Cr18Ni9。高级优质焊接用钢,在牌号尾部加符号"A",如 H08A、08Mn2SiA。

第三节　钢材的技术性质

钢材的技术性质主要包括力学性能（抗拉性能、冲击韧性、耐疲劳和硬度等）和工艺性能（冷弯和焊接）两个方面。

一、力学性能

1. 拉伸性能

拉伸是建筑钢材的主要受力形式,所以拉伸性能是表示钢材性能和选用钢材的重要指标。图 9-1 是低碳钢受拉时的应力-应变曲线。

从图 9-1 可看出,低碳钢受拉至拉断经历了四个阶段：弹性阶段（O—A）、屈服阶段（A—B）、强化阶段（B—C）和颈缩阶段（C—D）等。各阶段变形特征如下。

弹性阶段：曲线中 O—A 段是一条直线,应力与应变成正比,卸去外力试件能恢复原来的形状,称此现象为弹性。与 A 点对应的应力称为弹性极限 σ_p。应力与应变的比值为常数,即弹性模量 E。其反映钢材抵抗弹性变形的能力,是工程结构力学计算的基本参数。

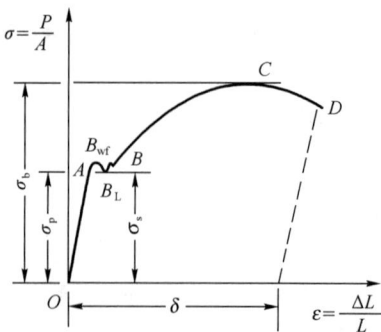

图 9-1　低碳钢受拉时的应力-应变曲线

屈服阶段：应力超过 A 点后,应力与应变不再成正比,开始出现明显的塑性变形,称此现象为屈服。产生屈服现象时的最小应力值即为屈服点。在屈服阶段,锯齿形的最高点所对应的应力称为屈服上限,锯齿形的最低点所对应的应力称为屈服下限。屈服上限与试验过程中的许多因素有关,屈服下限比较稳定,容易测试,所以规定以屈服下限作为钢材的屈服点 σ_s。钢材受力大于屈服点后,会出现较大的塑性变形,已不能满足使用要求,因此屈服强度是设计上钢材强度取值的依据,是工程结构计算中非常重要的一个参数。

强化阶段:当应力超过屈服强度后,由于钢材内部组织中的晶格发生了畸变,阻止了晶格进一步滑移,钢材得到强化,钢材抵抗塑性变形的能力又重新提高,B—C呈上升曲线,称为强化阶段。对应于最高点C的应力值σ_b称为极限抗拉强度,简称抗拉强度。显然,σ_b是钢材受拉时所能承受的最大应力值。抗拉强度虽然不能直接作为计算依据,但屈服强度和抗拉强度之比(即屈强比σ_s/σ_b)能反映钢材的利用率和结构安全可靠程度。屈强比越小,其结构的安全可靠程度越高,但屈强比过小,又说明钢材强度的利用率偏低,造成钢材浪费。建筑结构钢合理的屈强比一般为0.60~0.75。

颈缩阶段:试件受力达到最高点C后,其抵抗变形的能力明显降低,变形迅速发展,应力逐渐下降,试件被拉长,有杂质或缺陷处断面急剧缩小,直到断裂。故CD段称为颈缩阶段。

中碳钢与高碳钢(硬钢)的拉伸曲线与低碳钢不同,屈服现象不明显,难以测定屈服点,则规定产生残余变形为原标距长度的0.2%时所对应的应力值,作为硬钢的屈服强度,也称条件屈服点,用$\sigma_{0.2}$表示,如图9-2所示。

2. 塑性

建筑钢材应具有良好的塑性,使结构在使用中能由于塑性变形而避免突然破断。钢材塑性通常用伸长率和断面收缩率来表示。如图9-3所示,伸长率以试件拉断后标距长度的增量($L_1 - L_0$)与原标距长度L_0的百分比表征,按式(9-1)计算;断面收缩率以试件拉断后断口处截面面积收缩量($A_0 - A_1$)与原有截面面积A_0的百分比表征,按式(9-2)计算。

$$\delta = \frac{L_1 - L_0}{L_0} \times 100 \tag{9-1}$$

$$\psi = \frac{A_0 - A_1}{A_0} \times 100 \tag{9-2}$$

式中:δ、ψ——伸长率(%)和断面收缩率(%);

L_0、L_1——试件原标距长度(mm)和拉断后标距部分的长度(mm);

A_0、A_1——试件原横截面积(mm^2)和拉断后断口处的横截面积(mm^2)。

δ和ψ用来评价钢材的塑性。δ和ψ越大,表示钢材的塑性越好,一般以$\delta \geqslant 5\%$、$\psi \geqslant 10\%$为宜。

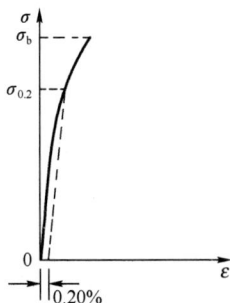

图9-2 中高碳钢应力-应变图

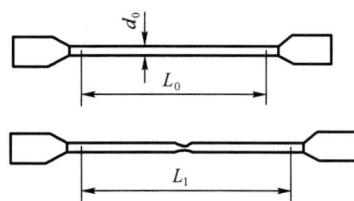

图9-3 钢材试件的伸长率

3. 冲击韧性

冲击韧性是指钢材抵抗冲击荷载的能力。钢材的冲击韧性是用按规定制成的有槽口的标准试件(图9-4),在冲击试验机的一次摆锤冲击下,以破坏后缺口处单位面积上所消耗的功来表示。试验时将试件放置在固定支座上,然后以摆锤冲击试件刻槽的背面,使试件承受冲击弯曲而断裂。试验表盘上指示出冲断试样时所消耗的功能,按式(9-3)计算。

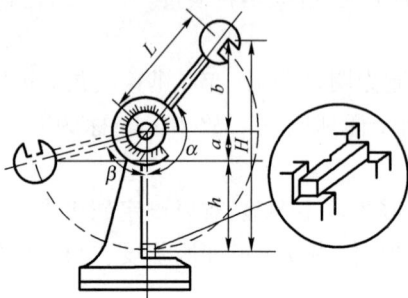

图9-4　钢材冲击试验示意图

$$a_k = \frac{A_k}{A} \qquad (9-3)$$

式中:a_k——冲击韧性(J/cm^2);

A_k——试件冲断时所吸收的冲击能(J);

A——试件槽口处最小横截面积(cm^2)。

a_k值越大,冲击韧性越好。a_k值小的钢材在断裂前没有显著的塑性变形,属脆性材料,不宜用作承担冲击荷载的构件,如连杆、桥梁轨道等。对于经常受冲击荷载作用的结构,要选用 a_k 值大的钢材。

影响钢材冲击韧性的因素很多,如化学成分、冶炼质量、冷作及时效、环境温度等。钢材冲击韧性随温度的降低而下降,其规律是开始时冲击韧性随温度的降低而缓慢下降,但当温度降至一定的狭窄温度区间时,钢材的冲击韧性骤然下降而呈脆性,即冷脆性,这时的温度称为脆性转变温度。脆性转变温度越低,表明钢材低温冲击韧性越好。在负温下使用的结构,设计时必须考虑钢材的冷脆性,应选用脆性转变温度低于最低使用温度的钢材。

4. 耐疲劳性

钢材在交变荷载的反复作用下,往往在最大应力远小于其抗拉强度时就发生破坏。这种现象称为钢材的疲劳性。疲劳破坏的危险应力用疲劳强度或称疲劳极限表示,它是指疲劳试验时试件在交变应力作用下,在规定的周期基数内不发生断裂所能承受的最大应力。一般把钢材承受交变荷载 $1 \times 10^6 \sim 1 \times 10^7$ 次时不发生破坏的最大应力作为疲劳强度。设计承受反复荷载且需进行疲劳验算的结构时,应了解所用钢材的疲劳极限。

钢材的疲劳破坏是拉应力引起的,首先在局部开始形成微细裂纹,其后由于裂纹尖端处产生应力集中而使裂纹迅速扩展直至钢材断裂。因此,钢材的内部成分的偏析、夹杂物的多少以及最大应力处的表面光洁程度、加工损伤等,都是影响钢材疲劳强度的因素。疲劳破坏经常是突然发生的,因而具有很大的危险性,往往造成严重事故。

5. 硬度

硬度是指钢材抵抗硬物压入表面的能力,也反映钢材的耐磨性能。测定钢材硬度采用压入法,即以一定的静荷载 P,把一定的压头压在金属表面,然后通过测定压痕的面积或深度来确定硬度。按压头或压力不同,有布氏法、洛氏法等,相应的硬度试验指标称布氏硬度和洛氏硬度。布氏硬度法较准确,但压痕较大,不宜用于成品检验;洛氏硬度法的压痕小,所以常用于判断工件的热处理效果。其中布氏法比较常用,如图9-5所示。

布氏硬度按式(9-4)计算。

$$HBW = \frac{P}{F} \times 试验常数$$

$$= \frac{2P}{\pi D(D - \sqrt{D^2 - d^2})} \times 0.102 \qquad (9-4)$$

式中:HBW——布氏硬度;

P——所受的荷载(N);

F——凹痕表面积(mm^2);

D——钢球直径(mm);

d——凹痕直径(mm)。

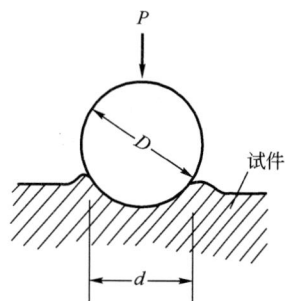

图9-5 布氏法示意图

材料的强度越高,塑性变形抵抗力越强,硬度值也就越大。钢材的 HB 值与抗拉强度之间经验关系式为:当 HB < 175 时,$\sigma_b \approx 0.36HB$;当 HB > 175 时,$\sigma_b \approx 0.35HB$。

二、工艺性能

良好的工艺性能,可以保证钢材顺利通过各种加工,而使钢材制品的质量不受影响。冷弯、冷拉、冷拔及焊接性能均是建筑钢材的重要工艺性能。

1. 冷弯性能

冷弯性能是指钢材在常温条件下,承受弯曲变形的能力,是反映钢材缺陷的一种重要工艺性能。冷弯性能以试件弯曲角度和弯心直径对试件厚度(或直径)的比值来表示。

钢材的冷弯试验是通过直径(或厚度)为 a 的试件,采用标准规定的弯心直径 $d(d = na)$,弯曲到规定的弯曲角(180°或90°)时,试件的弯曲处不发生裂缝、裂断或起层,即认为冷弯性能合格。钢材弯曲时的弯曲角度越大,弯心直径越小,则表示其冷弯性能越好。图9-6 为弯曲时不同弯心直径的钢材冷弯试验。

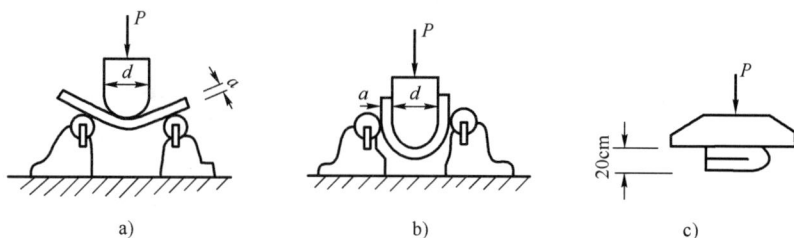

图9-6 冷弯试验示意图

通过冷弯试验更有助于暴露钢材的某些内在缺陷。相对于伸长率而言,冷弯是对钢材塑性更严格的检验,它能揭示钢材是否存在内部组织不均匀、内应力和夹杂物等缺陷。冷弯试验对焊接质量也是一种严格的检验,能揭示焊件在受弯表面存在未熔合、微裂纹及夹杂物等缺陷。

2. 焊接性能

各种型钢、钢板、钢筋及预埋件等通常需要焊接加工,90% 以上钢结构是焊接结构。焊接的质量取决于焊接工艺、焊接材料及钢的焊接性能。

钢材的可焊性是指钢材是否适应通常的焊接方法与工艺的性能。可焊性好的钢材指用一般焊接方法和工艺施焊,焊口处不易形成裂纹、气孔、夹渣等缺陷。焊接后钢材的力学性能,特别是强度不低于原有钢材,硬脆倾向小。钢材可焊性能的好坏,主要取决于钢的化学成分。通常采用碳当量(CEV)或焊接裂纹敏感性指数(Pcm)评估钢材的可焊性能。按熔炼分析成分,碳当量(CEV)和焊接裂纹敏感性指数(Pcm)分别采用式(9-5)和(9-6)计算:

$$CEV(\%) = C + Mn/6 + (Cr + V + Mo)/5 + (Cu + Ni)/15 \tag{9-5}$$

$$Pcm(\%) = C + Si/30 + (Mn + Ni + Cu)/20 + Ni/60 + Mo/15 + V/10 + 5B \tag{9-6}$$

式中:C、Mn、Cr、V、Mo、Cu、Ni、Si——钢中该元素含量。

通常认为,当 CEV≤0.4%时,焊接性好;当 CEV = 0.4%~0.6%时,焊接性稍差,焊前需适当预热;当 CEV≥0.6%时,焊接性较差,属难焊材料,需采用较高的预热温度和严格的工艺方法。此外,钢材中氧、氢、氮、硫、磷属有害元素,同样影响焊接性能。

3. 冷加工性能及时效处理

(1)冷加工强化处理:将钢材在常温下进行冷加工,使之产生塑性变形,从而提高屈服强度,但钢材的塑性、韧性及弹性模量则会降低,这个过程称为冷加工强化处理。常用的冷加工方法有冷拉和冷拔。冷拉是将热轧钢筋用冷拉设备加力进行张拉,使之伸长。钢材经冷拉后屈服强度可提高20%~30%,可节约钢材10%~20%。钢材经冷拉后屈服阶段缩短,伸长率降低,材质变硬。冷拔是将光面圆钢筋通过硬质合金拔丝模孔强行拉拔,每次拉拔断面缩小应在10%以下。钢筋在冷拔过程中,不仅受拉,同时还受到挤压作用,因而冷拔的作用比纯冷拉作用强烈。经过一次或多次冷拔后的钢筋,表面光洁度高,屈服强度提高40%~60%,但塑性大大降低,具有硬钢的性质。

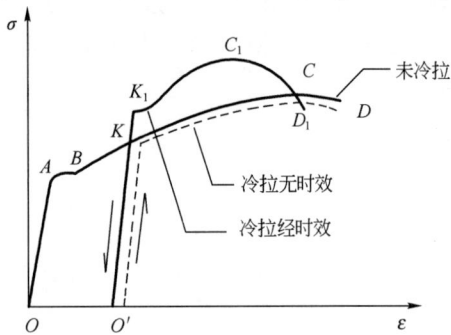

图9-7 钢筋冷拉时效后应力-应变图的变化

(2)时效:钢材经冷加工后,在常温下存放15~20d或加热至100~200℃,保持2h左右,其屈服强度、抗拉强度及硬度进一步提高,而塑性及韧性继续降低,这种现象称为时效。前者称为自然时效,后者称为人工时效。钢材经冷加工及时效处理后,应力应变变化规律见图9-7。图中 OABCD 为未经冷拉和时效试件的 σ-ε 曲线。当试件冷拉至超过屈服强度的任意一点 K,卸去荷载,此时由于试件已产生塑性变形,则曲线沿 KO' 下降,KO' 大致与 AO 平行。如立即再拉伸,则 σ-ε 曲线将成为 O'KCD

(虚线),屈服强度由 B 点提高到 K 点。但如在 K 点卸荷后进行时效处理,然后再拉伸,则 σ-ε 曲线将成为 $O'K_1C_1D_1$。这表明冷拉时效以后,屈服强度和抗拉强度均得到提高,但塑性和韧性则相应降低。

4. 钢材的热处理

(1)淬火:将钢材加热至723℃以上某一温度,并保持一定时间后,迅速置于水中或机油中冷却,这个过程称钢材的淬火处理。钢材经淬火后,强度和硬度提高,脆性增大,塑性和韧性明显降低。

(2)回火:将淬火后的钢材重新加热到723℃以下某一温度范围,保温一定时间后再缓慢地或较快地冷却至室温,这一过程称为回火处理。回火可消除钢材淬火时产生的内应力,使其硬度降低,恢复塑性和韧性。按回火温度不同,该工艺又可分为高温回火(500~650℃)、中温回火(300~500℃)和低温回火(150~300℃)。回火温度越高,钢材硬度下降越多,塑性和韧性恢复越好。若钢材淬火后随即进行高温回火处理,则称调质处理,其目的是使钢材的强度、塑性、韧性等性能均得以改善。

(3)退火:退火是指将钢材加热至723℃以上某一温度,保持相当时间后,就在退火炉中缓慢冷却。退火能消除钢材中的内应力,细化晶粒、均匀组织,使钢材硬度降低,塑性和韧性提高。

(4)正火:正火是将钢材加热到723℃以上某一温度,并保持相当长时间,然后在空气中缓慢冷却,则可得到均匀细小的显微组织。钢材正火后强度和硬度提高,塑性较退火时小。

(5)化学热处理:化学热处理是对钢材表面进行的热处理,利用某些化学元素向钢表层内进行扩散,以改变钢材表面上的化学成分和性能。常用的方法有渗碳法、氮化法、氰化法等。

第四节　化学元素对钢材性能的影响

钢材性能主要取决于其化学成分。钢材中除了主要化学成分铁(Fe)以外,还含有碳(C)、硅(Si)、锰(Mn)、磷(P)、硫(S)、氧(O)、氮(N)、钛(Ti)、钒(V)等元素。这些元素虽然含量相对较少,但对钢材性能影响很大。下面就将这些化学元素对钢材性能的影响进行简要说明。

1. 碳

碳是决定钢材性能的最重要元素。当含碳量小于0.8%时,随着含碳量的增加,钢材的强度和硬度提高,塑性和冲击韧性降低;当含碳量超过0.8%时,随着含碳量的增加,除硬度继续增加外,强度、塑性和冲击韧性都有所下降。此外,随着含碳量的增加,钢材的焊接性能变差(含碳量大于0.3%,可焊性显著下降),冷脆性和时效敏感性增大,耐大气锈蚀性下降;但热轧碳钢的疲劳极限会随着含碳量的增加而降低。一般工程所用碳素钢均为低碳钢,含碳量小于0.25%;工程所用低合金钢,含碳量小于0.52%。

2. 硅

硅是作为脱氧剂而存在于钢中,属于有益元素。硅含量小于1.0%时,能提高钢材的强度,而对塑性和韧性无明显影响;当含量达到1.0%~1.2%时,随着钢材强度的提高,塑性与韧性迅速降低,可焊性降低,脆性加大。

3. 锰

锰在钢中属于有益元素。锰具有很强的脱氧去硫能力,能消除或减轻氧、硫所引起的热脆性,改善钢材的热加工性能,同时能提高钢材的强度和硬度。锰是我国低合金结构钢中的主要合金元素。

4.磷

磷在钢中属于有害元素。随着磷含量的增加,钢材的强度、屈强比、硬度均提高,塑性和韧性显著降低。特别是温度越低,磷含量对塑性和韧性的影响越大,将显著加大钢材的冷脆性,使钢材发生脆断,称为冷脆现象。磷也会降低钢材的可焊性,但可提高钢材的耐磨性和耐蚀性,故在低合金钢中可配合其他元素作为合金元素使用。

5.硫

硫在钢中属于有害的元素。硫的存在会加大削弱钢材晶粒间的黏结力,使钢在灼热状态下压力变形时碎裂,即所谓的热脆现象。同时,由于硫化铁和硫化锰等强度较低、较脆的夹杂物的生成,降低了钢材冲击韧性、耐疲劳性;此外,硫还会降低钢材的焊接性和抗腐蚀性。

6.氧

氧在钢中属于有害元素。随着氧含量的增加,钢材的强度有所提高,但塑性特别是韧性显著降低,可焊性变差。氧的存在会造成钢材的热脆性。

7.氮

氮对钢材性能的影响与碳、磷相似,随氮含量增加,钢材强度提高,塑性特别是韧性显著降低,可焊性变差,冷脆性加剧。氮在铝、铌、钒等配合下可减少其不利影响,改善钢材性能,可作为低合金钢的合金元素使用。

8.钛

钛是强脱氧剂。钛能够显著提高强度,改善韧性、可焊性,但稍降低塑性。钛是常用的微量合金元素。

9.钒

钒是弱脱氧剂。钒加入钢中,可减弱碳和氮的不利影响,有效地提高强度,但有时也会增加焊接淬硬倾向。钒也是常用的微量合金元素。

第五节　道路建筑用钢的技术要求

道路建筑用钢主要有钢结构用钢材和钢筋混凝土结构用钢材两大类。前者主要指桥梁结构用钢,后者主要包括钢筋、钢丝、钢绞线等。

1.桥梁结构用钢

桥梁结构用钢主要有板钢和型钢,以热轧、正火、热机械轧制及调质(含在线淬火＋高温回火)中任何一种状态交货,其表面不应有裂纹、气泡、结疤、折叠、夹杂和分层现象。

(1)牌号及化学成分

钢的牌号及化学成分(熔炼分析)应符合《桥梁用结构钢》(GB/T 714—2015)的规定。

（2）力学性能

钢的力学性能应符合表9-2的规定。

钢的力学性能（GB/T 714—2015）　　　　表9-2

牌号	质量等级	拉伸试验①,②					冲击试验③	
		下屈服强度 R_{eL}（MPa）			抗拉强度 R_m（MPa）	断后拉伸率 A（%）	温度（℃）	冲击吸收能量 KV_2（J）
		厚度≤50mm	50mm<厚度≤100mm	100mm<厚度≤150mm				
		不小于						不小于
Q345q	C	345	345	305	490	20	0	120
	D						−20	
	E						−40	
Q370q	C	360	360	—	510	20	0	120
	D						−20	
	E						−40	
Q420q	D	420	410	—	540	19	−20	120
	E						−40	
	F						−60	47
Q460q	D	460	450	—	570	18	−20	120
	E						−40	
	F						−60	47
Q500q	D	500	480	—	630	18	−20	120
	E						−40	
	F						−60	47
Q550q	D	550	530	—	660	16	−20	120
	E						−40	
	F						−60	47
Q620q	D	620	580	—	720	15	−20	120
	E						−40	
	F						−60	47
Q690q	D	690	650	—	770	14	−20	—
	E						−40	
	F						−60	—

注：① 当屈服不明显时，可测量 $R_{p0.2}$ 代替下屈服强度。

　　② 拉伸试验取横向试样。

　　③ 冲击试验取纵向试样。

（3）工艺性能

钢的弯曲试验应符合表9-3的规定。

工艺性能(GB/T 714—2015)   表9-3

180°弯曲试验		
厚度≤16mm	厚度>16mm	弯曲结果
$D = 2a$	$D = 3a$	在试样外表面不应有肉眼可见的裂纹

注:D-弯曲压头直径;a-试样厚度。

2. 钢筋混凝土结构用钢材

(1)钢筋

在公路桥梁工程中热轧钢筋使用较多,尤其是热轧光圆钢筋。

① 热轧光圆钢筋

热轧光圆钢筋(Hot Rolled Plain Steel Bars),由 HPB + 屈服强度特征值构成牌号,如 HPB300。其化学成分、力学性能及工艺性能分别见表9-4、表9-5。

力学性能及工艺性能[《钢筋混凝土用钢 第1部分:热轧光圆钢筋》(GB/T 1499.1—2017)]
表9-4

牌 号	下屈服强度 R_{eL}(MPa)	抗拉强度 R_m(MPa)	断后伸长率 A(%)	最大力总延伸率 A_{gt}(%)	冷弯试验180° d——弯芯直径 a——钢筋公称直径
	不小于				$d = a$
HPB300	300	420	25	10.0	

② 热轧带肋钢筋

热轧带肋钢筋(Hot Rolled Ribbed Bars)按屈服强度特征值分为400级、500级和600级。其牌号的构成及其含义见表9-5。

牌号的构成及其含义[《钢筋混凝土用钢 第2部分:热轧带肋钢筋》(GB/T 1499.2—2018)]
表9-5

类 别	牌 号	牌号构成	英文字母含义
普通热轧钢筋	HRB400	由 HRB + 屈服强度特征值构成	HRB——热轧带肋钢筋的英文(Hot Rolled Ribbed bars)缩写。 E——"地震"的英文(Earthquake)的首字母
	HRB500		
	HRB600		
	HRB400E	由 HRB + 屈服强度特征值 + E 构成	
	HRB500E		
细晶粒热轧钢筋	HRBF400	由 HRBF + 屈服强度特征值构成	HRBF——在热轧带肋钢筋的英文缩写后加"细"的英文(Fine)首位字母。 E——"地震"的英文(Earthquake)的首字母
	HRBF500		
	HRBF400E	由 HRBF + 屈服强度特征值 + E 构成	
	HRBF500E		

a. 钢筋的力学性能应符合表9-6的规定。

力学性能[《钢筋混凝土用钢 第 2 部分:热轧带肋钢筋》(GB/T 1499.2—2018)] 表 9-6

牌 号	下屈服强度 R_{eL} (MPa)	抗拉强度 R_m (MPa)	断后伸长率 A (%)	最大力总延伸率 A_{gt} (%)	R_m^o/R_{eL}^o	R_{eL}^o/R_{eL}
			不小于			不大于
HRB400 HRBF400	400	540	16	7.5	—	—
HRB400E HRBF400E			—	9.0	1.25	1.30
HRB500 HRBF500	500	630	15	7.5	—	—
HRB500E HRBF500E			—	9.0	1.25	1.30
HRB600	600	730	14	7.5	—	—

注:R_m^o 为钢筋实测抗拉强度;R_{eL}^o 为钢筋实测下屈服强度。

注:公称直径 28 ~ 40mm 各牌号钢筋断后伸长率 A 可降低 1%;公称直径大于 40mm 各牌号钢筋断后伸长率可降低 2%。

b. 工艺性能包括弯曲性能和反向弯曲性能

钢筋应进行弯曲试验,按表 9-7 规定的弯曲压头直径弯曲 180°后,钢筋受弯曲部位表面不得产生裂纹,对牌号带 E 的钢筋应进行反向弯曲试验,经反向弯曲试验后,钢筋受弯曲部位表面不得产生裂纹。根据要求,其他牌号钢筋也可进行反向弯曲试验。可用反向弯曲试验代替弯曲试验。反向弯曲试验的弯曲压头直径比弯曲试验相应增加一个钢筋公称直径。

弯曲性能[《钢筋混凝土用钢 第 2 部分:热轧带肋钢筋》(GB/T 1499.2—2018)] 表 9-7

牌 号	公称直径 d(mm)	弯曲压头直径
HRB400 HRBF400 HRB400E HRBF400E	6 ~ 25	$4d$
	28 ~ 40	$5d$
	>40 ~ 50	$6d$
HRB500 HRBF500 HRB500E HRBF500E	6 ~ 25	$6d$
	28 ~ 40	$7d$
	>40 ~ 50	$8d$
HRB600	6 ~ 25	$6d$
	28 ~ 40	$7d$
	>40 ~ 50	$8d$

(2)钢丝

预应力混凝土常用冷拉或消除应力的低松弛光圆、螺旋肋和刻痕钢丝,其中冷拉钢丝仅用于压力管道。

压力管道用无涂(镀)层冷拉钢丝的力学性能应符合表 9-8 的规定,且 0.2% 屈服力 $F_{p0.2}$ 应不小于最大力的特征值 F_m 的 75%。

消除应力的低松弛光圆及螺旋肋钢丝的力学性能应符合表 9-9 的规定,且 0.2% 屈服力

$F_{p0.2}$ 应不小于最大力的特征值 F_m 的 88%。

消除应力的刻痕钢丝的力学性能,除弯曲次数外其他应符合表 9-9 的规定。对所有规格消除应力的刻痕钢丝,其弯曲次数均应不小于 3 次。

压力管道用冷拉钢丝的力学性能[《预应力混凝土用钢丝》(GB/T 5223—2014)]   表 9-8

公称直径 d_n(mm)	公称抗拉强度 R_m(MPa)	最大力的特征值 F_m(kN)	最大力的最大值 $F_{m,max}$(kN)	0.2%屈服力 $F_{p0.2}$(kN),≥	每210mm扭矩的扭转次数 N,≥	断面收缩率 Z(%),≥	氢敏感性能 负载为70%最大力时,断裂试件 t(h),≥	应力松弛性能 初始力为最大力70%时,1000h应力松弛率 r(%),≤
4.00	1470	18.48	20.99	13.86	10	35	75	7.5
5.00		28.86	32.79	21.65	10	35		
6.00		41.56	47.21	31.17	8	30		
7.00		56.57	64.27	42.42	8	30		
8.00		73.88	83.93	55.41	7	30		
4.00	1570	19.73	22.24	14.80	10	35		
5.00		30.82	34.75	23.11	10	35		
6.00		44.38	60.03	33.29	8	30		
7.00		60.41	68.11	45.31	8	30		
8.00		78.91	88.96	59.18	7	30		
4.00	1670	20.99	23.50	15.74	10	35		
5.00		32.78	36.71	24.59	10	35		
6.00		47.21	52.86	35.41	8	30		
7.00		64.26	71.96	48.20	8	30		
8.00		83.93	93.99	62.95	6	30		
4.00	1770	22.25	24.76	16.69	10	35		
5.00		34.75	38.68	26.06	10	35		
6.00		50.04	55.69	37.53	8	30		
7.00		68.11	75.81	51.08	6	30		

消除应力光圆及螺旋肋钢丝的力学性能(GB/T 5223—2014)   表 9-9

公称直径 d_n(mm)	公称抗拉强度 R_m(MPa)	最大力的特征值 F_m(kN)	最大力的最大值 $F_{m,max}$(kN)	0.2%屈服力 $F_{p0.2}$(kN),≥	最大力总伸长率 (L_0=200mm) A(%),≥	反复弯曲性能		应力松弛性能	
						弯曲次数(次180°),≥	弯曲半径 R(mm)	初始力相当于实际最大力的百分数(%)	1000h应力松弛率 r(%),≤
4.00	1470	18.48	20.99	16.22	3.5	3	10	70	2.5
4.80		26.61	30.23	23.35		4	15		
5.00		28.86	32.78	25.32		4	15		
6.00		41.56	47.21	36.47		4	15		
6.25		45.10	51.24	39.58		4	20	80	4.5
7.00		56.57	64.25	49.64		4	20		
7.50		64.94	73.78	56.99		4	20		
8.00		73.88	83.93	64.84		4	20		

续上表

公称直径 d_n (mm)	公称抗拉强度 R_m (MPa)	最大力的特征值 F_m (kN)	最大力的最大值 $F_{m,max}$ (kN)	0.2%屈服力 $F_{p0.2}$ (kN)，≥	最大力总伸长率 ($L_0=200$mm) A (%)，≥	反复弯曲性能 弯曲次数 (次180°)，≥	反复弯曲性能 弯曲半径 R (mm)	应力松弛性能 初始力相当于实际最大力的百分数 (%)	应力松弛性能 1000h应力松弛率 r (%)，≤
9.00	1470	93.52	106.25	82.07		4	25		
9.50		104.19	118.37	91.44		4	25		
10.00		115.45	131.16	101.32		4	25		
11.00		139.69	158.70	122.59		—	—		
12.00		166.26	188.88	145.90		—	—		
4.00	1570	19.73	22.24	17.37		3	10		
4.80		28.41	32.03	25.00		4	15		
5.00		30.82	34.75	27.12		4	15		
6.00		44.38	50.03	39.06		4	15		
6.25		48.17	54.31	42.39		4	20		
7.00		60.41	68.11	53.16		4	20		
7.50		69.36	78.20	61.04		4	20		
8.00		78.91	88.96	69.44		4	20		
9.00		99.88	112.60	87.89		4	25		
9.50		111.28	125.46	97.93		4	25		
10.00		123.31	139.02	108.51		4	25		
11.00		149.20	168.21	131.30	3.5	—	—	70	2.5
12.00		177.57	200.19	156.26		—	—	80	4.5
4.00	1670	20.99	23.50	18.47		3	10		
5.00		32.78	36.71	28.85		4	15		
6.00		47.21	52.86	41.54		4	15		
6.25		51.24	57.38	45.09		4	20		
7.00		64.26	71.96	56.55		4	20		
7.50		73.78	82.62	64.93		4	20		
8.00		83.93	93.98	73.86		4	20		
9.00		106.25	118.97	93.50		4	25		
4.00	1770	22.25	24.76	19.58		3	10		
5.00		34.75	38.68	30.58		4	15		
6.00		50.04	55.69	44.03		4	15		
7.00		68.11	75.81	59.94		4	20		
7.50		78.20	87.04	68.81		4	20		
4.00	1860	23.38	25.89	20.57		3	10		
5.00		36.51	40.44	32.13		4	15		
6.00		52.58	58.23	46.27		4	15		
7.00		71.57	79.27	62.98		4	20		

（3）钢绞线

预应力混凝土结构用钢绞线常用冷拉光圆钢丝及刻痕钢丝捻制而成。1×2、1×3、1×7、1×19 结构钢绞线的力学性能应符合《预应力混凝土用钢绞线》（GB/T 5224—2014）的相关规定。其中 1×7 结构钢绞线的力学性能应符合表 9-10 的规定。

1×7 结构钢绞线的力学性能（GB/T 5224—2014） 表 9-10

钢绞线结构	钢绞线公称直径 D_n（mm）	公称抗拉强度 R_m（MPa）	整根钢绞线最大力 F_n（kN），≥	整根钢绞线最大力的最大值 $F_{m,max}$（kN），≤	0.2%屈服力 $F_{p0.2}$（kN），≥	最大力总伸长率（L_0≥400mm）A_{gt}（%），≥	应力松弛性能	
							初始负荷相当于实际最大力的百分数（%）	1000h 应力松弛率 r（%），≤
1×7	15.20 (15.24)	1470	206	234	181	对所有规格	对所有规格	对所有规格
		1570	220	248	194			
		1670	234	262	206			
	9.50 (9.53)	1720	94.3	105	83.0			
	11.10 (11.11)		128	142	113			
	12.70		170	190	150			
	15.20 (15.24)		241	269	212			
	17.80 (17.78)		327	365	288			
	18.90	1820	400	444	352			
	15.70	1770	266	296	234			
	21.60		504	561	444			
	9.50 (9.53)	1860	102	113	89.8	3.5		
	11.10 (11.11)		138	153	121			
	12.70		184	203	162			
	15.20 (15.24)		260	288	229		70	2.5
	15.70		279	309	246			
	17.80 (17.78)		355	391	311			
	18.90		409	453	360		80	4.5
	21.60		530	587	466			
	9.50 (9.53)	1960	107	118	94.2			
	11.10 (11.11)		145	160	128			
	12.70		193	213	170			
	15.20 (15.24)		274	302	241			
1×7I	12.70	1860	184	203	162			
	15.20 (15.24)		260	288	229			
(1×7)C	12.70	1860	208	231	183			
	15.20 (15.24)	1820	300	333	264			
	18.00	1720	384	428	338			

（4）预应力混凝土用钢棒

预应力混凝土用钢棒具有强度高、锚固性好，预应力值稳定等优点，可代替高强钢丝。预应力混凝土用钢棒（代号 PCB）按钢棒外形分为光圆钢棒、螺旋槽钢棒、螺旋肋钢棒、带肋钢棒四种。

根据《预应力混凝土用钢棒》（GB/T 523.3—2017），预应力混凝土用钢棒的力学性能和工艺性能应符合表 9-11 的规定，伸长特性应要求（包括延性级别和相应伸长率）符合表 9-12 的规定。

钢棒的力学性能和工艺性能（GB/T 523.3—2017）　　　表 9-11

表面形状类型	公称直径 D_n（mm）	抗拉强度 R_m（MPa）不小于	规定塑性延伸强度 $R_{p0.2}$（MPa）不小于	弯曲性能		应力松弛性能	
				性能要求	弯曲半径（mm）	初始应力为公称抗拉强度的百分数（%）	1000h 应力松弛率 r（%）不大于
光圆	6	1080	930	反复弯曲不小于4次	15	60	1.0
	7	1230	1080		20	70	2.0
	8	1420	1280		20	80	4.5
	9	1570	1420		25		
	10				25		
	11			弯曲 160°~180° 后弯曲处无裂纹	弯曲压头直径为钢棒公称直径的10倍		
	12						
	13						
	14						
	15						
	16						
螺旋槽	7.1	1080	930	—		60	1.0
	9	1230	1080			70	2.0
	10.7	1420	1280			80	4.5
	12.6	1570	1420				
	14						
螺旋肋	6	1080	930	反复弯曲不小于4次/180°	15		
	7	1230	1080		20		
	8	1420	1280		20		
	9	1570	1420		25		
	10				25		
	11						
	12						
	13			弯曲 160°~180° 后弯曲处无裂纹	弯曲压头直径为钢棒公称直径的10倍		
	14						
	16	1080	930				
	18	1270	1140				
	20						
	22						
带肋钢棒	6	1080	930				
	8	1230	1080				
	10	1420	1280				
	12	1570	1420				
	14						
	16						

伸长特性要求（GB/T 523.3—2017）　　　　表9-12

韧性级别	最大力总伸长率 A_{gt}（%） 不小于	断后伸长率（$L_0 = 8D_n$）A（%） 不小于
延性35	3.5	7
延性25	2.5	5

第六节　新型建筑钢材

近年来，随着冶金和焊接技术的发展，各具特点的工程用高性能钢材也越来越多地应用于桥梁工程中，如高性能双腹板梁桥、高性能钢管端翼缘工字梁、钢管混凝土拱桥等。这不仅提高了结构可靠性、减少了材料用量、减轻了结构自重、缩小了桥墩尺寸，还有利于施工，使桥梁在实际运用中发挥更强大的作用。下面简单介绍几种高性能钢材。

1. 高强度钢

桥梁工程应用高强度钢，可有效减薄所用钢板的厚度，减轻结构的总重，获得较大的跨度，并且方便施工。在桥梁结构中，高强度钢材一般仅用到 570N/mm² 级钢为止，但在其他领域有时要求强度要比这高得多。

2. 耐候钢

在湿度高、腐蚀性强的环境条件下，结构钢的防腐性能是桥梁设计考虑的重点。新型的耐候钢能有效地减少在盐分环境条件下盐分对材料的腐蚀，同时不引起过量层状撕裂和无黏结的片状锈蚀物，从而降低了桥梁结构的养护与维修成本。工程实践中，耐候钢不涂装就可以使用，是极好的结构用材，同时可将寿命期内的总费用降到最低。

3. 高韧性钢

在寒冷工作条件下，钢板的冲击韧性对结构的工作性能非常重要。一般来说，桥梁钢材在寒冷工作条件下，其应变的时效效应将降低钢板的韧性，降低的幅度与钢板的制作方法有关。通过减少碳、磷、硫和氮的含量，细化晶粒结构及引入控温控轧技术（TCMP技术），可以减少钢板韧性降低的幅度。对于耐候钢来说，TCMP技术可增加其韧性。

4. 抗疲劳性能钢

目前，改善钢材疲劳性能的途径主要有通过磁化提高结构疲劳性能，通过细化钢材晶粒或加入微量镁和锆可改善钢材的低周疲劳性能。通过这些方法可以提高材料抗裂纹产生的能力，延迟材料产生裂纹的萌生期，从而达到提高钢材疲劳性能的目的。

5. 高焊接性能钢

焊接工艺中焊接预热是一个关键因素。TMCP技术是高性能钢板降低焊接预热温度所采用的一项关键技术。普通 780N/mm² 级钢焊接时需要 120° 以上的预热温度，这带来了各方面的问题，诸如由热膨胀引起的构件变形和高温所带来的工作荷载增加等。这样，不需要预热或预热温度较低的高性能钢板的出现便可以解决这类问题,增加了桥梁结构的耐久性,降低了工作难度,方便施工。

【复习题】

1. 钢材的力学性能包括哪些内容? 影响因素有哪些?

2. 弹性模量、屈服比的含义是什么? 它们反映钢材的什么性能?

3. 钢筋混凝土结构用的热轧钢筋和冷轧钢筋有几种牌号? 各适宜何种用途?

第十章

桥面防水材料

【内容提要】

本章重点介绍桥面防水材料技术性能及其评价方法和指标。

【学习要求】

通过本章学习,要求学生了解桥面防水材料的分类、技术性质和技术要求。

为防止桥面渗水出现铺装层脱落、碱集料反应、钢筋锈蚀等损坏,为提高桥梁的耐久性,一般在桥面铺装层与桥面之间铺设桥面防水层。桥面防水材料是影响桥面防水层功能最主要因素之一,其性能好坏直接影响桥面耐久性和使用寿命。

第一节　防水材料的分类及其特点

目前防水材料的种类繁多,常见分类见图10-1。

1. 防水卷材

防水卷材是指以原纸、纤维毡、纤维布、金属箔、塑料膜或纺织物等材料中的一种或数种复合为胎基,浸涂石油沥青、煤沥青、高聚物改性沥青制成的或以合成高分子材料为基料加入助剂、填充剂,经过多种工艺加工制成的可卷曲片状防水材料。例如,沥青(或改性沥青)防水卷材是在基胎如原纸、纤维织物等上浸涂沥青(或改性沥青)后,再在表面撒布粉状或片状的隔离材料制成的可卷曲片状防水材料;合成高分子防水卷材是指以合成橡胶、合成树脂或两者共混体为基料,加入适量化学助剂和填充料,经一定工序加工而成的可卷曲片状防水卷材。

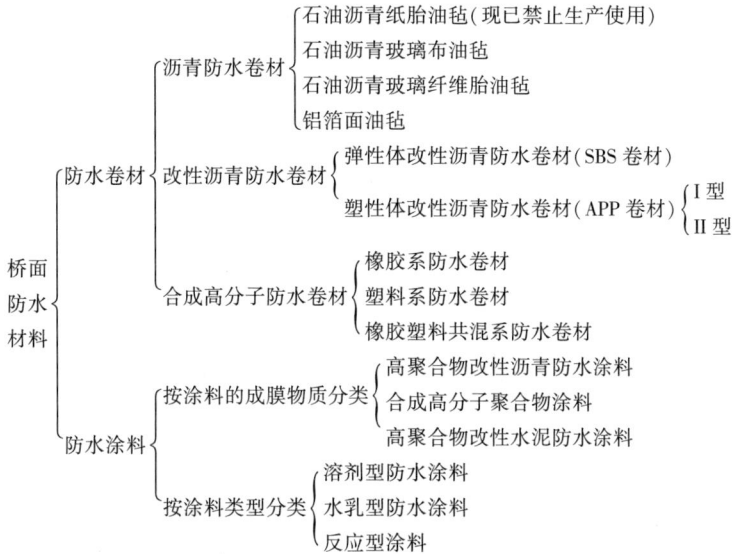

图 10-1 防水材料分类

改性沥青防水卷材与沥青防水卷材相比,其使用温度区间大为扩展,制成的卷材光洁柔软,拉伸强度、耐热度及低温柔性均比较高,并具有较好的不透水性和抗腐蚀性。因而,其在桥面防水层中应用相对较为广泛。其中,SBS 卷材、APP 卷材(Ⅰ型)适用于摊铺式沥青混凝土的铺装,APP 卷材(Ⅱ型)主要用于浇筑式沥青混凝土混合料的铺装。

2. 防水涂料

防水涂料是指常温下呈无固定形状的黏稠液态高分子合成材料,涂布后通过溶剂的挥发或水分的蒸发或反应固化后,在桥面上形成坚韧防水膜的材料的总称。按其防水机理和特点主要可以分为以下几种类型。

(1)溶剂型防水涂料:作为主要成膜物质的高分子材料溶解于有机溶剂中成为溶液,高分子材料以分子状态存于溶液(涂料)中,通过溶剂挥发,经过高分子物质分子链接触、搭接等过程而结膜。该类涂料干燥快,结膜较薄而致密,储存稳定性较好,易燃、易爆、有毒、施工时对环境有污染。

(2)水乳型防水涂料:作为主要成膜物质的高分子材料,以极微小的颗粒,而不是呈分子状态;稳定悬浮,而不是溶解在水中,成为乳液状涂料,通过水分蒸发,经过固体微粒接近、接触、变形等过程而结膜。该类涂料干燥较慢,一次成膜的致密性较溶剂型涂料低,不宜在5℃以下施工;储存期一般不超过半年,可在稍为潮湿的桥面上施工,操作简便,不污染环境,生产成本较低。

(3)反应型防水涂料:作为主要成膜物质的高分子材料以预聚物液态形状而存在,多以双组分或单组分构成涂料,几乎不含溶剂,通过液态的高分子预聚物与相应物质发生化学反应,变成固态物而结膜。该类涂料可一次性结成较厚的涂膜,无收缩,涂膜致密,但价格较贵。

按涂料的不同成膜物质,常用桥面防水材料特点如下:

(1)溶剂型聚合物改性沥青防水涂料:以沥青为基料,经溶剂溶解配制而成,外表呈黑色黏稠状,是一种含有细腻而均匀胶状液体的防水涂料。

（2）水乳型聚合物改性沥青防水涂料：以沥青乳液（如乳化沥青）为基料，以合成乳胶（如氯丁乳胶、丁苯乳胶）为改性剂，复合配制而成的一种防水涂料。该涂料防水性能优良，施工简单，柔韧性能好，耐气候老化和耐化学腐蚀。

（3）聚氨酯防水涂料：以聚氨酯树脂为主要成膜物质的一类高分子防水材料。该涂料具有较大的弹性和延伸能力，以及较好的抗裂性、耐候性、耐酸碱性和抗老化性。

（4）聚合物水泥防水涂料：以聚丙烯酸酯、乙烯—醋酸乙烯酯共聚乳液等聚合物乳液与各种添加剂组成的有机液料以及水泥、石英砂及各种添加剂、无机填料组成的无机粉料，配制而成的一种双组分、水性建筑防水涂料。该涂料弹性高，延伸率大，耐久性、耐水性好。

3. 两类防水材料性能对比（表10-1）

防水卷材和防水涂料的性能对比 表10-1

项 目	卷 材	涂 料
质量稳定性	1. 材料质量取决于生产厂家； 2. 施工后有接缝或搭接； 3. 厚度均匀	1. 质量取决于施工质量； 2. 施工后形成连续防水膜； 3. 涂膜厚度难以均匀控制
适应桥面能力	1. 工厂预制成一定宽度和长度，立面和阴阳角处较难处理； 2. 对桥面陡的起伏适应能力差	1. 与桥面几何形状无关； 2. 薄的涂膜要求桥面相对平整
施工性能	1. 沥青类或改性沥青类防水材料需要喷火加热设备； 2. 合成高分子需要胶黏剂，施工劳动强度大	1. 使用时无须加热，可以减少污染，相对简便； 2. 施工周期长，受风、雨影响较大
经济性	造价相对较高	造价相对较低
室内试验	便于室内试验	不便于室内试验

第二节　防水材料的技术性质

桥面防水材料的技术性质主要包括物理力学性能（耐高温性能、耐低温性能、不透水性能、拉伸性能）、路用性能（耐疲劳性能、黏结性能、抗剪切性能、抗老化性能和抗冻性能）和抗施工损伤性能（抗大型施工设备损伤性能、抗冲破性能、抗燃料污染性能）三个方面。

一、物理力学性能

1. 耐高温性能

耐高温性能是指桥面防水材料能保持良好的工作性能，在施工时抵抗沥青混凝土高温破坏以及通车后抵抗夏季高温破坏的能力。通常以耐热度为评价指标，一般采用在烘箱中加热到一定温度（标准为140℃），观察防水材料会不会发生明显的扭曲甚至流淌为评价方法。

耐热度的评价标准包括两个方面：其一，为保证防水层在热沥青混合料覆盖前不被施工机械和行人损坏，要求防水层在太阳光直射下不发生软化或发黏，即最低发黏温度的确定。其二，在沥青混合料碾压作业中，要求防水层适度变软。发黏或轻微的流淌可利于提高面层与防水层之间的黏结，同时又要防止过度的发软和流淌以避免集料刺破防水层，一般通过分析气温实测法来确定最佳耐热度区间。

2. 耐低温性能

耐低温性能是指桥面防水材料在低温环境下抵抗流变破坏和剪切破坏的能力,通常采用低温弯曲试验测定,以低温柔度表征,如图10-2所示。

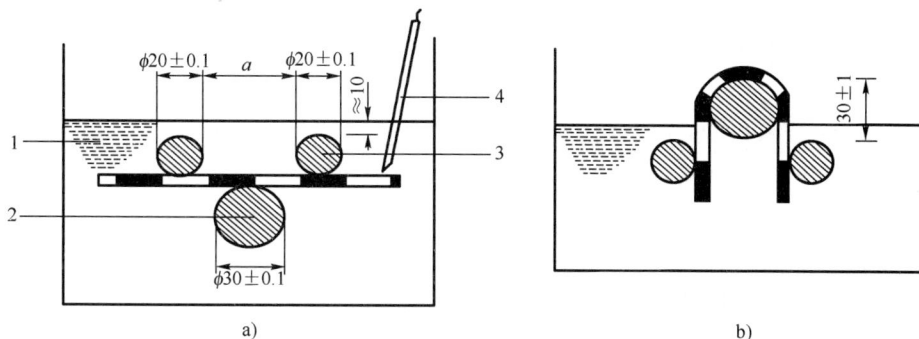

图 10-2　低温弯曲试验装置原理和弯曲过程(尺寸单位:mm)

a)开始弯曲;b)弯曲结果

1-冷冻液;2-弯曲轴;3-固定圆筒;4-半导体温度计(热敏探头)

一般来讲,沥青类防水材料的低温柔性与材料中聚合物沥青的针入度有关系。针入度越大,防水材料的低温柔性越好;反之,低温柔性就越差。因此,一般在防水材料中加入一定数量的填料来提高其低温柔性。

3. 不透水性能

不透水性能是指桥面防水材料在原始状态下抵抗水压破坏的能力,通常采用不透水试验测定。具体测试方法是在一定的水压力下将试件放置 30min,观察有没有渗漏。

4. 拉伸性能

拉伸性能是指桥面防水层在荷载、温度、湿度等外界因素作用下,与上下接触层变形协调的能力,通常采用拉伸试验测定,以断裂延伸率表征,按式(10-1)计算。

$$\varepsilon_R = \frac{\Delta L}{L} \times 100 \qquad (10\text{-}1)$$

式中:ε_R——断裂延伸率(%);

　　　ΔL——断裂时的延伸值(mm);

　　　L——上下夹具之间的有效距离(mm)。

二、路用性能

1. 耐疲劳性能

耐疲劳性能是指桥面防水材料在承受荷载反复作用时,与混凝土的黏结性能不发生大幅度衰减的能力,通常采用疲劳试验测定,以衰减系数表征。

2. 黏结性能

黏结性能是指桥面防水层与上下接触层连接良好,在荷载及自然因素作用下不发生剥落的能力,通常采用拉拔试验测定,以黏结强度表征,按式(10-2)计算。

$$g = \frac{F}{S} \qquad (10\text{-}2)$$

式中:g——黏结强度(MPa);

F——拉力(N);

S——圆截面面积(mm^2)。

3. 抗剪切性能

抗剪切性能是指桥面防水层抵抗外力作用而不发生剪切破坏的能力。它用于评价桥面防水黏结层性能的优劣,通常采用直剪试验测定,以剪切强度表征,按式(10-3)计算。

$$\tau = \frac{F}{S} \qquad (10\text{-}3)$$

式中:τ——剪切强度(MPa);

F——拉力(N);

S——剪切面积(mm^2)。

4. 抗老化性能

抗老化性能也称为耐久性,是指在外界因素长期作用下,材料原有性能不发生大幅度衰减的能力,通常采用人工气候加速老化试验测定,以老化后的纵向拉力保持率和低温柔度两个指标表征。

5. 抗冻性能

抗冻性能是指材料在饱水状态下,经受规定次数冻融循环而强度不发生明显衰减的能力,通常采用冻融循环试验测定。

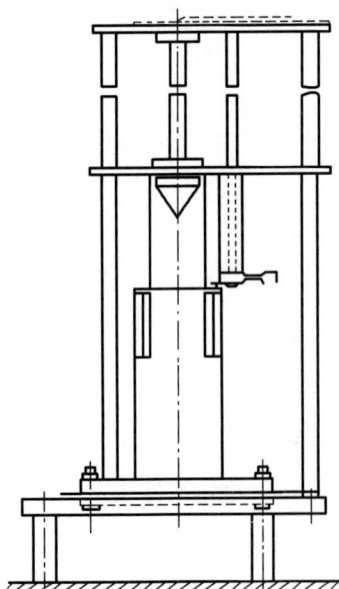

图 10-3 落锥穿刺试验示意图

三、抗施工损伤性能

抗施工损伤性能是指桥面防水材料在正常施工状态下不发生结构破坏的能力,包括抗大型施工设备损伤性能、抗刺破性能、抗燃料污染性能。

1. 抗大型施工设备损伤性能

抗大型施工设备损伤性能是指在面层铺装时,防水层能够抵抗摊铺机、压路机等大型设备破坏的能力。它反映了桥面防水层在使用过程中对意外破坏的抵抗力,通常用车辙仪测定。

2. 抗刺破性能

抗刺破性能是指材料抵抗施工过程中小面积集中荷载刺破的能力。其用于评价防水材料抵御穿透的能力,通常用落锥穿透试验测定,是将标准落锥从规定高度自由下落冲击刺破试件,再用量锥测定破口尺寸,以破口直径作为最终评价指标,如图 10-3 所示。

3.抗燃料污染性能

抗燃料污染性能是指防水层抵抗汽油、柴油等有机溶剂破坏的能力,同时反映了桥面防水材料的耐久性,通常采用有机溶液浸泡法测定。

第三节　防水材料的技术标准

一、桥面防水卷材

路桥用塑性体改性沥青防水卷材的技术性质及要求应符合《路桥用塑性体改性沥青防水卷材》(JT/T 536—2018)的规定,具体见表10-2和表10-3。

路桥用塑性体改性沥青防水卷材的公称厚度和公称宽度(mm)(JT/T 536—2018)　表10-2

序号	规　格		技 术 要 求	
			平均值	最小值
1	公称厚度	3.5	≥3.5	3.3
		4.5	≥4.5	4.3
2	公称宽度		≥1000	995

路桥用塑性体改性沥青防水卷材的性能要求(JT/T 536—2018)　　表10-3

序号	项　目		技 术 要 求	
			Ⅰ型	Ⅱ型
1	可溶物含量(g/m³)	公称厚度3.5mm	≥2400	
		公称厚度4.5mm	≥3100	
2	卷材下表面沥青涂盖层厚度(mm)	公称厚度3.5mm	≥1.2	
		公称厚度4.5mm	≥1.6	
3	矿物粒料黏附性(g)		≤2.0	
4	不透水性(压力不小于0.4MPa,7孔圆盘保持30min)		不透水	
5	热碾压后不透水性(0.1MPa,30min)		不透水	
6	抗碴破性		冲击后不透水	
7	拉力(N/50mm)	纵向	≥600	≥800
		横向	≥550	≥750
8	最大拉力时延伸率(%)	纵向	≥25	≥35
		横向	≥30	≥40
9	耐热性	试验温度(℃)	130±2	150±2
		滑动值(mm)	≤2	
10	高温抗剪性(60℃)(N/mm)		2	2.5
11	低温抗裂性(-20℃)(MPa)		≥6	≥8
12	低温柔性(3s弯曲180°)(℃)		-7	-15
			无裂缝	

续上表

序号	项目		技术要求	
			Ⅰ型	Ⅱ型
13	耐腐蚀性	耐碱腐蚀(23℃,饱和氢氧化钙溶液,15d)	外观无变化或轻微变化	
		耐盐腐蚀(23℃,浓度为3%的氯化钠溶液,15d)	外观无变化或轻微变化	
14	热老化(80℃条件下处理10d)	拉力保持率(%)	≥90	
		延伸率保持率(%)	≥80	
		低温柔性(3s弯曲180°)(℃)	-5	-13
			无裂缝	
		尺寸变化率(%)	≤0.7	
		质量损失(%)	≤1.0	
15	接缝剥离强度(N/mm)		≥1.0	

二、桥面防水涂料

路桥用水性沥青基防水涂料技术要求应符合《路桥用水性沥青基防水涂料》(JT/T 535—2015)的规定,具体见表10-4。

路桥用水性沥青基防水涂料技术要求(JT/T 535—2015)　　　　表10-4

项目		类型	
		Ⅰ型	Ⅱ型
外观		搅拌后黑色或蓝褐色均质液体,搅拌棒上不黏附任何明显颗粒	
固体含量(%)		≥50	
干燥时间(h)	表干时间	≤4	
	实干时间	≤10	
耐热性		160℃无流淌、滑动、滴落	
不透水性		0.3MPa,30min不渗水	
黏结强度(MPa)		≥0.4	≥0.5
低温柔性		-15℃无裂纹、断裂	-25℃无裂纹、断裂
无处理延伸性(%)		≥500	≥600
盐处理	断裂延伸率(%)	≥500	≥600
	低温柔性	-10℃无裂纹、断裂	-20℃无裂纹、断裂
	质量增加(%)	≤2.0	
耐腐蚀性	耐碱(20℃)	3% $C_a(OH)_2$ 溶液浸泡15d,无分层、变色、气泡	
	耐酸(20℃)	3% HCl溶液浸泡15d,无分层、变色、气泡	
高温抗剪(60℃)(MPa)		≥0.16	

续上表

项 目		类 型	
		Ⅰ型	Ⅱ型
热碾压后抗渗水		0.1MPa,30min 不渗水	
热老化	断裂延伸率(%)	≥300	≥400
	低温柔性	-10℃无裂纹、断裂	-15℃无裂纹、断裂
	加热伸缩率(%)	≤1.0	
	质量损失(%)	≤1.0	

路桥用溶剂性沥青基防水黏结涂料技术要求应符合《路桥用溶剂性沥青基防水粘结涂料》(JT/T 983—2015)的要求,具体见表10-5。

路桥用溶剂性沥青基防水粘结涂料技术要求(JT/T 983—2015)　　表10-5

检测项目		技 术 指 标	
		Ⅰ型	Ⅱ型
固体含量(%)		≥42	
表干时间(23℃)(h)		≤3	
实干时间(23℃)(h)		≤8	
耐热性		120℃无流淌、滑动、滴落	90℃无流淌、滑动、滴落
低温柔性		-25℃,无裂纹、断裂	-10℃,无裂纹、断裂
不透水性(0.3MPa/30min)		不透水	
拉伸强度(23℃)(MPa)		≥0.8	≥1.00
断裂伸长率(23℃)(%)		≥400	≥600
黏结强度(23℃)(MPa)		≥0.80	≥1.50
耐腐蚀性(碱处理)	拉伸强度(23℃)(MPa)	≥0.80	≥0.80
	断裂伸长率(23℃)(%)	≥200	≥400
	低温柔性	-5℃,无裂纹、断裂	-20℃,无裂纹、断裂
耐腐蚀性(盐处理)	拉伸强度(23℃)(MPa)	≥0.80	≥0.80
	断裂伸长率(23℃)(%)	≥200	≥400
	低温柔性	-5℃,无裂纹、断裂	-20℃,无裂纹、断裂
热老化	拉伸强度(23℃)(MPa)	≥0.80	≥0.80
	断裂伸长率(23℃)(%)	≥100	≥300
	低温柔性	-5℃,无裂纹、断裂	-20℃,无裂纹、断裂

铺装沥青混凝土后防水黏结涂料的性能见表10-6。

铺装沥青混凝土后防水黏结涂料性能(JT/T 983—2015)　　表10-6

检测项目	技 术 指 标	
	Ⅰ型	Ⅱ型
黏结强度(23℃)	≥0.80	≥1.00
剪切强度(23℃)	≥1.00	≥1.20

315

检测项目	技术指标	
	Ⅰ型	Ⅱ型
黏结强度(40℃)	≥0.15	
剪切强度(40℃)	≥0.30	

注:推荐用量为 0.3~0.6kg/m³。

【复习题】

1. 桥面防水材料有哪些种类?
2. 桥面防水材料有哪些技术要求?

第十一章

土工合成材料

【内容提要】

本章重点介绍土工合成材料技术性能及其评价方法和指标。

【学习要求】

通过本章学习,要求学生了解土工合成材料桥面防水材料的分类、技术性质和技术要求,以及在道路工程中的应用情况。

土工合成材料是土木工程应用的合成材料的总称。它是一种以人工合成聚合物(如塑料、化纤、合成橡胶等)为原料制成的,置于土体内部、表面及土体之间,发挥加强或保护土体的作用的土木工程材料。20世纪90年代以来,土工合成材料以它独特的功能和特性以及在实际工程应用中的显著效果,在各行业中得到广泛的应用。

第一节　土工合成材料的分类及特点

根据《公路土工合成材料应用技术规范》(JTG/T D32—2012)可以将土工合成材料进行如下分类,见表11-1。

土工合成材料分类(JTG/T D32—2012)　　表11-1

	大类	亚类	典型品种
土工合成材料	土工织物	有纺(织造)	机织(含编织)、针织等
		无纺(非织造)	针刺、热黏、化黏等
	土工膜	聚合物土工膜	—
	土工复合材料	复合土工膜	一布一膜、两布一膜等
		复合土工织物	—
		复合防排水材料	排水板(带)、长丝热黏排水体、排水管、防水卷材、防水板等
	土工特种材料	土工格栅	塑料土工格栅(单向、双向、三向土工格栅)、经编土工格栅、黏结(焊接)土工格栅等
		土工带	塑料土工加筋带、钢塑土工加筋带等
		土工格室	有孔型、无孔型
		土工网	平面土工网、三维土工网(土工网垫)等
		土工模袋	机织模袋、针织模袋等
		超轻型合成材料	泡沫聚苯乙烯板块(EPS)
		土工织物膨润土垫(GCL)	—
		植生袋	—

1. 土工织物

土工织物是用于岩土工程和土木工程的机织、针织或非织造的可渗透的聚合物材料,主要分为纺织和无纺两类(图11-1)。纺织土工织物通常具有较高的强度和刚度,但过滤、排水性能较差;无纺土工织物过滤、排水性能较好且断裂延伸率较高,但强度相对较低。

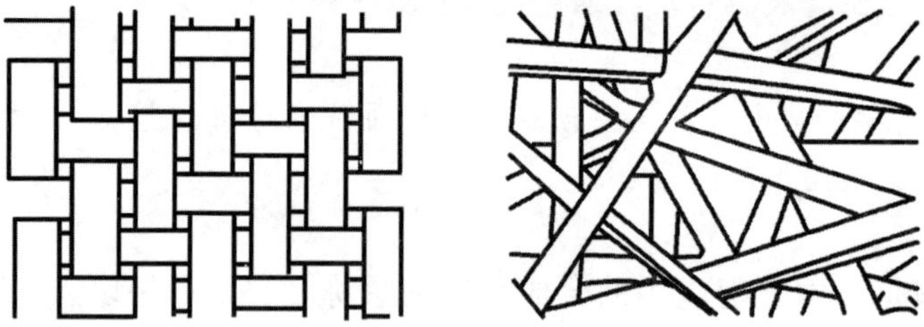

a)　　b)

图11-1　土工织物示意图

a)纺织的土工织物;b)无纺织土工织物(高倍放大)

2. 土工膜

土工膜是由聚合物或沥青制成的一种相对不透水的薄膜,主要由聚氯乙烯(PVC)、氯磺化聚乙烯(CSPE)、高密度聚乙烯(HDPE)和低密度聚乙烯(VLDPE)制成。其渗透性低,常用作流体或蒸气的阻拦层。

3. 土工格栅

土工格栅是由有规则的网状抗拉条带形成的用于加筋的土工合成材料,其质量轻且具有一定柔性,常用作加筋材料,对土起加固作用。

(1)聚酯纤维类土工格栅

聚酯纤维类土工格栅是经拉伸形成的呈方形或矩形的聚合物网材,主要分为单向格栅和双向隔栅两类。前者是沿板材长度方向拉伸制成,后者是继续将单向格栅沿其垂直方向拉伸制成(图11-2)。通常,在塑料类土工格栅中掺入炭黑等抗老化材料,以提高材料的耐酸、耐碱、耐腐蚀和抗老化性能。

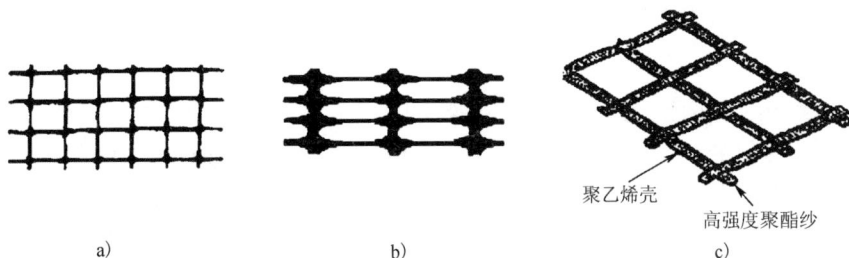

聚乙烯壳
高强度聚酯纱

a)　　　　　　　　b)　　　　　　　　c)

图11-2　土工格栅示意图
a)对轴向(挤出)格栅;b)单轴向(挤出)格栅;c)带式纺织格栅

(2)玻璃纤维类土工格栅

玻璃纤维类土工格栅是以高强度玻璃纤维为材质的土工合成材料,多对其进行自黏感压胶和表面沥青浸渍处理,以加强格栅和沥青路面的结合作用。

(3)钢塑格栅

钢塑格栅是以高强钢丝、聚乙烯等高分子聚合物为主要原料,加入一定量的抗紫外线、防老化助剂及其他增强改性物质,经挤出、复合的钢塑条带径向、纬向整合熔接成型的土工格栅。钢塑格栅分为两类,纵横向极限抗拉强度相同的称为钢塑格栅,纵横向抗拉强度不相同的称为异型钢塑格栅。

(4)纤塑格栅

纤塑格栅是以玻璃纤维、玄武岩纤维、聚酯纤维等经特殊处理后与聚乙烯或聚丙烯及其他助剂为原材料,通过挤出使之成为复合型高强抗拉筋带,其表面有粗糙压纹,采用超声波焊接而成的土工格栅。纤塑格栅按照加筋材料分为三类,分别是玻璃纤维纤塑格栅、玄武岩纤维纤塑格栅和聚酯纤维纤塑格栅。纤塑格栅按照受力方向分为单向纤塑格栅、双向纤塑格栅和双向异型纤塑格栅。

(5)四向拉伸塑料土工格栅

四向拉伸塑料土工格栅是以聚丙烯为主要原料,经塑化挤出、冲孔、整体拉伸而成的平面四向(纵向、横向、+45°方向、-45°方向)网状结构塑料土工格栅。

4.土工特种材料

(1)土工模袋

土工模袋是一种由双层聚合化纤织物制成的连续(或单独)袋状材料,根据材质和加工工艺不同,分为机制模袋和简易模袋两类,常用于护坡或其他地基处理工程。

(2)土工网

土工网是由平行肋条经以不同角度与其上相同肋条黏结为一体的土工合成材料,常用于软基加固垫层、坡面防护、植草以及用作制造组合土工材料的基材。

（3）土工网垫和土工格室

土工网垫多为长丝结合而成的三维透水聚合物网垫。土工格室是由土工织物、土工格栅或土工膜、条带聚合物构成的蜂窝状或网格状三维结构聚合物。两者常用于防冲蚀和保土工程。

（4）聚苯乙烯泡沫塑料(EPS)

聚苯乙烯泡沫塑料(即 EPS)是在聚苯乙烯中添加发泡剂至规定密度,进行预先发泡,再将发泡颗粒放在筒仓中干燥,并填充到模具内加热而成。它质轻、耐热、抗压性能好、吸水率低、自立性好,常用作路基填料。

5.土工复合材料

由土工织物、土工膜、土工格栅和某些特种土工合成材料中的两种或两种以上互相组合起来就成为土工复合材料(图 11-3)。土工复合材料可将不同材料的性质结合起来,更好地满足工程需要。例如,复合土工膜就是将土工膜和土工织物按一定要求制成的一种土工织物组合物,同时起到防渗和加筋作用;土工复合排水材料是由无纺土工织物和土工网、土工膜或不同形状的土工合成材料芯材组成的排水材料,常用于软基排水固结处理、路基纵横排水、建筑地下排水管道、集水井、支挡建筑物的墙后排水、隧道排水、堤坝排水设施等。

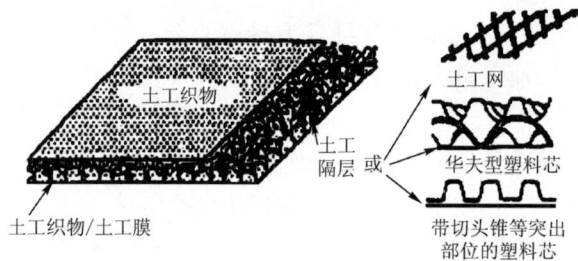

图 11-3　土工复合材料

第二节　土工合成材料的技术性质

一、物理性能

土工合成材料的物理性能主要包括单位面积质量、厚度、幅宽和当量孔径等。

1.单位面积质量

单位面积质量是指单位面积的土工合成材料在标准大气条件下的质量。它是反映材料用量、生产均匀性以及质量稳定性的重要物理指标,采用称量法测定,按式(11-1)计算。

$$m = \frac{M}{A} \tag{11-1}$$

式中:m——单位面积质量(g/cm^2);

　M——试样质量(g);

　A——试样面积(cm^2)。

2.厚度

厚度是指土工合成材料在承受规定的压力下正反两面之间的距离。它反映了材料的力学性能和水力性能,采用千分尺直接测量。

3. 幅宽

幅宽是指整幅土工合成材料经调湿,除去张力后,与长度方向垂直的整幅宽度。它反映了材料的有效使用面积,采用钢尺直接测量。

4. 当量孔径

土工格栅、土工网等大孔径的土工合成材料,其网孔尺寸是通过换算折合成与其面积相当的圆形孔的孔径来表示的,称为当量孔径。它是检验材料尺寸规格的主要物理指标,采用游标卡尺测量,按式(11-2)计算。

$$D_e = 2 \times \sqrt{\frac{A}{\pi}} \tag{11-2}$$

式中:D_e——当量孔径(mm);

A——网孔面积(mm²)。

二、力学性能

土工合成材料的力学性能主要包括拉伸性能、剥离力、撕破强力、顶破强力、刺破强力、穿透性能、摩擦性能和抗蠕变性能等。

1. 拉伸性能

拉伸性能是指材料抵抗拉伸断裂的能力。它是评价土工合成材料使用性能及工程设计计算时的最基本技术性能,主要包括宽条拉伸试验、接头/接缝宽条拉伸试验和条带拉伸试验。

(1)宽条拉伸试验

宽条拉伸试验是检测土工织物及其复合材料拉伸性能的主要方法。它是将标准试样两端用夹具夹住,采用拉伸试验仪按规定施加荷载直至试件拉伸破坏,以拉伸强度和最大负荷下伸长率表征。

拉伸性能是指材料被拉伸直至断裂时每单位宽度的最大抗拉力,按式(11-3)计算。

$$\alpha_f = F_f C \tag{11-3}$$

式中:α_f——拉伸强度(kN/m);

F_f——最大负荷(kN);

C——对于非织造品、高密织物或其他类似材料,$C = 1/B$,B 为试样名义宽度(m);对于稀松机织土工织物、土工网、土工格栅或其他类似松散结构材料,$C = N_m / N_s$,N_m 为试样 1m 宽度内的拉伸单元数,N_s 为试样内的拉伸单元数。

最大负荷下伸长率是指对应于最大拉力时材料的应变量,以百分率表示,按式(11-4)计算。

$$\varepsilon = \frac{\Delta L}{L_0 + L_0'} \times 100 \tag{11-4}$$

式中:ε——伸长率(%);

L_0——名义夹持长度(mm);

L_0'——预负荷伸长量(mm);

ΔL——最大负荷下的伸长量(mm)。

(2)接头/接缝宽条拉伸试验

接头和接缝处是整个土工结构中的薄弱点。接头/接缝的强度就是整个结构物的强度,直接影响工程的质量和寿命。接头/接缝宽条拉伸试验用于测定土工合成材料接头/接缝强度和效率,是将标准试件两端用夹具夹住,按规定施加荷载直至接头/接缝或材料本身断裂,以接头/接缝强度和接头/接缝效率表征,分别按式(11-5)和式(11-6)计算。

$$S_f = F_f C \tag{11-5}$$

式中:S_f——接头/接缝强度(kN/m);

其他符号意义同式(11-3)。

$$E = \frac{\overline{S_f}}{\overline{\alpha_f}} \times 100 \tag{11-6}$$

式中:E——接头/接缝效率(%);

$\overline{S_f}$——平均接头/接缝强度(kN/m);

$\overline{\alpha_f}$——无接头/接缝材料平均拉伸强度(kN/m)。

(3)条带拉伸试验

条带拉伸试验用于测定土工格栅、土工加筋带及其复合材料的拉伸强度和最大负荷下伸长率。试验原理与宽条拉伸试验相似,只是试件规格、施加荷载略有不同。试验以拉伸强度和最大负荷下伸长率表征,分别按式(11-7)和式(11-3)计算。

$$\alpha_f = \frac{fn}{L} \tag{11-7}$$

式中:α_f——拉伸强度(kN/m);

f——试件的最大拉伸力(kN);

n——样品宽度上的筋数;

L——样品宽度(m)。

2. 剥离力

剥离力是指各类黏焊土工格栅黏焊点的极限剥离力。它反映了土工格栅黏焊点抵抗剥离的能力,是评价黏焊土工格栅破损的扩大程度难易的重要力学指标。剥离力采用剥离试验专用夹具夹持含有黏焊点的试样,采用拉伸试验机按规定拉伸速率进行拉伸,直至试件黏焊点破坏,如图11-4所示。

3. 撕破强力

撕破强力是指材料受荷载作用直至撕裂破坏时的极限破坏应力。它反映了土工合成材料抵抗扩大破损裂口的能力,是评价土工织物和土工膜破损的扩大程度难易的重要力学指标。撕破强力多采用梯形法测定,是将标准试件装入卡具内,采用拉伸试验机按规定施加荷载直至试件撕裂破坏,如图11-5所示。

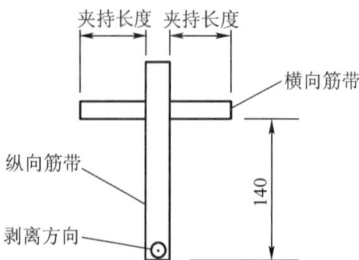

图11-4 剥离试验示意图
(尺寸单位:mm)

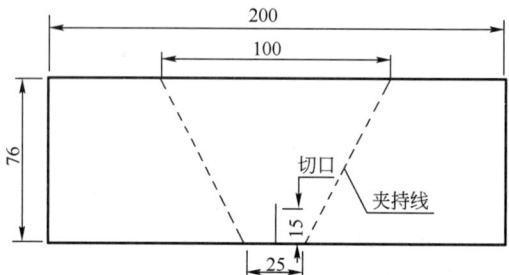

图11-5 撕破强力梯形试样示意图(尺寸单位:mm)

4. 顶破强力

顶破强力是指材料受顶压荷载直至破裂时的最大顶压力。它反映了土工合成材料抵抗各种法向静态应力的能力,是评价各种土工织物、复合土工织物、土工膜、复合土工膜及其相关的复合材料力学性能的重要指标之一。顶破强力多采用 CBR 顶破试验测定,是将标准试件固定于环形顶破夹具中,按规定施加荷载直至试件顶破破坏,如图 11-6 所示。

5. 刺破强力

刺破强力是指材料受顶刺荷载直至破裂时的最大顶刺压力。它反映了土工合成材料抵抗小面积集中荷载的能力,是评价各种机织土工织物、针织土工织物、非织造土工织物、土工膜和复合土工织物材料强度的力学指标。刺破强力试验原理与 CBR 顶破试验相似,只是在试件制作和施加荷载速率上略有不同,如图 11-7 所示。

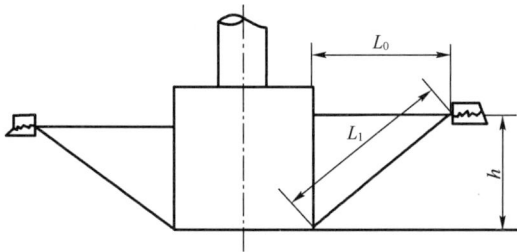

图 11-6 顶破试验示意图(尺寸单位:mm)
h-顶压杆位移距离;L_0-试验前夹具内侧到顶压杆顶端边缘的距离;L_1-试验后夹具内侧到顶压杆顶端边缘的距离

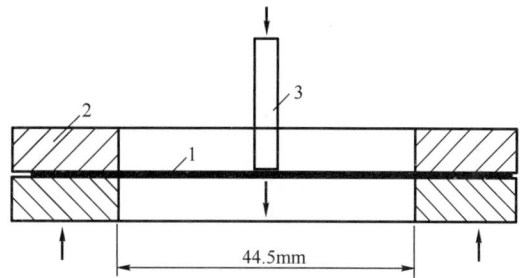

图 11-7 刺破试验示意图
1-试样;2-环形夹具;3-ϕ8mm 平头顶杆

6. 穿透性能

穿透性能反映了土工合成材料抵抗冲击和穿透的能力,是评价土工织物抵抗锐利物体穿刺破坏的力学指标。穿透性能采用落锥穿透试验(图 11-8、图 11-9)测定,是将标准落锥从规定高度自由下落冲击刺破试件,再用量锥测定破口尺寸,以破口直径作为最终评价指标。

7. 摩擦性能

摩擦性能是评价土工合成材料工程结构稳定性的重要指标,包括直剪摩擦试验和拉拔摩擦试验。

(1)直剪摩擦试验

直剪摩擦试验是模拟土工合成材料与土发生单面位移时的摩擦情况,用于评价土工合成材料的摩擦特性。它是将试件与标准砂制成剪切盒,采用直剪仪按规定分别对其施加不同的水平荷载直至规定剪切强度,检测此时试件外观状况,以摩擦比表征。摩擦比是指在相同的法向应力下,砂与土工织物间最大剪应力与砂土最大剪应力之比,按式(11-8)计算。

$$f_{g(\delta)} = \frac{\tau_{\max(\delta)}}{\tau_{s,\max(\delta)}} \qquad (11-8)$$

式中:$f_{g(\delta)}$——摩擦比;

$\tau_{\max(\delta)}$——在不同法向应力下的最大剪应力(kPa);

$\tau_{s,\max(\delta)}$——在不同法向应力下标准砂土的最大剪应力(kPa)。

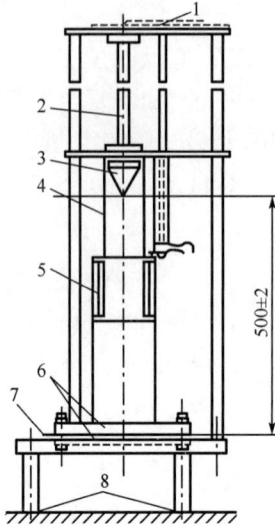

图 11-8　落锥架示意图(尺寸单位:mm)
1-释放系统;2-导杆;3-落锥;4-金属屏蔽;5-屏
蔽;6-夹持环;7-试样;8-水平调节螺钉

图 11-9　量锥示意图(尺寸单位:mm)

（2）拉拔摩擦试验

拉拔摩擦试验是模拟土工合成材料与土发生双面位移时的摩擦情况,用于计算土工合成材料与现场土石材料的摩擦剪切强度。它是对拉拔试验箱施加规定水平荷载直至出现水平应力峰值,以拉拔摩擦系数表征。拉拔摩擦系数是指土与土工合成材料在拉拔试验中测得的剪应力与法向应力的比值,按式(11-9)计算。

$$f = \frac{\tau}{\sigma} = \frac{0.5\frac{T_d}{LB}}{\frac{P}{A}} = \frac{AT_d}{2LBP} \tag{11-9}$$

式中:f——摩擦系数;

τ——剪应力(kPa);

σ——法向应力(kPa);

P、T_d——垂直荷载与水平荷载(kN);

A——试验箱的水平面积(m^2);

L、B——织物被埋在土内部分的长度和宽度(m)。

8.抗蠕变性能

土工合成材料的一个重要特性是在恒定的荷载下其变形是时间的函数,即表现出明显的蠕变特性。作为加强作用的土工合成材料应具有良好的抗蠕变性能。拉伸蠕变与拉伸蠕变断裂性能试验限于土工合成材料过早损坏或由于蠕变影响了其在结构中的加强作用而可能造成结构塌陷的产品。在规定的温度、湿度环境条件下,将一恒定静荷载施加于试样上并保持1000h,连续记录或按规定的时间间隔记录试样的伸长,不足1000h试样发生断裂,则记录断裂时间。通过拉伸蠕变与拉伸蠕变断裂性能试验测定试样的拉伸强度、断裂伸长率和横向收缩。

土工合成材料蠕变性能的表征是有一定困难的,目前没有相关的国际标准和国家标准,且拉伸

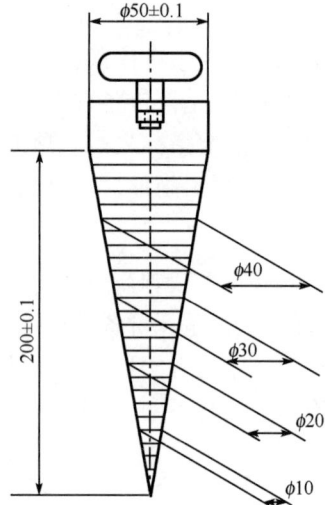

蠕变与拉伸蠕变断裂性能试验时测定土工合成材料在不受土壤约束条件下的拉伸蠕变性能,其结果不能真实代表土工合成材料在土壤中的蠕变特性,但可用于同一条件下不同产品的性能比较。

9. 抗拉强度

土工合成材料多为高分子聚合物材料,具有蠕变特性,应用于土木工程中,还会受到紫外线、生物或化学物质的影响,铺设碾压过程也会对其产生损伤,导致性能降低,因此设计时需考虑这些不利因素。路基加筋的土工合成材料,按照式(11-10)确定其设计计算抗拉强度。

$$T_a = \frac{T_{uh}}{RF} = \frac{T_{uh}}{RF_{CR} \cdot RF_D \cdot RF_{1D}} \tag{11-10}$$

式中:T_{uh}——加筋材料的极限抗拉强度,按《公路工程土工合成材料试验规程》(JTG E50—2006)试验确定;

RF——总折减系数;

RF_{CR}——蠕变折减系数;

RF_D——考虑微生物、化学、热氧化等影响的老化折减系数;

RF_{1D}——施工损伤折减系数。

三、水力性能

土工合成材料的水力性能主要包括垂直渗透性能、防渗性能、压屈强度与通水性能、有效孔径和淤堵性能等。

1. 垂直渗透性能

垂直渗透性能试验主要用于土工合成材料的反滤设计,以确定其渗透性能,采用垂直渗透系数和透水率表征。垂直渗透性能采用恒水头法测定,将浸泡后除去气泡的标准试件装入渗透仪,按规定向渗透仪通水,然后根据达到规定的最大水头差时的渗透水量和渗透时间确定垂直渗透系数和透水率。垂直渗透系数是指在单位水力梯度下垂直于土工织物平面流动水的流速,按式(11-11)计算;透水率是指垂直于土工织物平面流动的水,在水位差等于1时的渗透流速,按式(11-12)计算。

$$k = \frac{v}{i} = \frac{v\,\delta}{\Delta h} \tag{11-11}$$

$$\theta = \frac{k}{\delta} = \frac{v}{\Delta h} \tag{11-12}$$

式中:k——实际水温下的垂直渗透系数(mm/s);

v——垂直土工织物平面水的流动速度(mm/s);

i——试件上下两侧的水力梯度;

δ——试件厚度(mm);

Δh——对试样施加的水头差(mm);

θ——透水率(1/s)。

2. 防渗性能

防渗性能是指土工膜及其复合材料抵抗水流渗入的能力,是其重要的水力性能指标。它对材料使用寿命和工程质量有重要影响,常采用耐静水压试验测定。试验是将试样置于规定的测试装置内,对其两侧施加一定水力压差并保持一定时间,逐级增加水力压差,直至样品出现渗水现象,其能承受的最大水头压差即为材料的耐静水压值;也可通过测定要求水力压差下试样是否有渗水现象来判断是否满足要求。

3. 压屈强度与通水性能

塑料排水带芯带压屈强度与通水量试验用于测定塑料排水带芯带压屈强度与复合体纵向通水量,适用于各种类型的塑料排水带。

(1)压屈强度

压屈强度试验是将试样放在压力机上,上下垫刚性垫板,对试样施加不同等级的压力并记录各级压力下的压缩量。试样在各级压力下的压缩应变按式(11-13)计算。根据试样的应力-应变曲线,取初始线性段的最大压力值作为芯带的压屈强度。

$$\varepsilon_i = \frac{\Delta h_i}{h_0} \times 100 \qquad (11-13)$$

式中:ε_i——第 i 级压力下的压缩应变(%);

Δh_i——第 i 级压力下的压缩变形量(mm);

h_0——试样初始厚度(mm)。

(2)通水性能

通水性能试验采用通水能力测定仪(图 11-10、图 11-11)进行检测,试样沿排水带长度方向随机裁取两块,试样长度与通水能力测定仪相匹配,在恒压及恒定水力梯度下渗流半小时后测量渗流量,并记录测量时间,此后每隔2h测量一次,直到前后两次通水量差小于前次通水量的5%为止,以此作为排水带的通水量。排水带的通水量按式(11-14)计算。

$$Q = \frac{W}{ti} \qquad (11-14)$$

式中:Q——通水量(cm^3/s);

W——在 t 时段内通过排水带的水量(cm^3);

t——通过水量 W 所经历的时间(s);

i——水力梯度,设定 i 为 0.5。

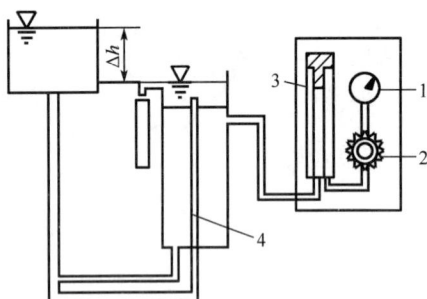

图 11-10　立式通水能力测定仪
1-压力表;2-调压阀;3-体变管;4-排水带;Δh-水位差

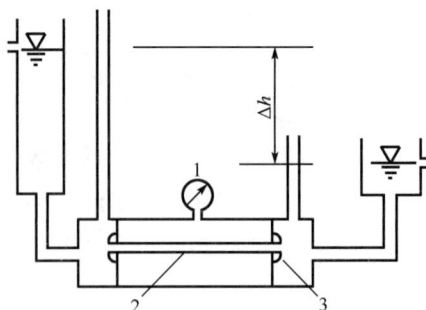

图 11-11　卧式通水能力测定仪
1-压力表;2-排水带;3-端部密封;Δh-水位差

4. 有效孔径

孔径反映了土工织物的过滤性能和透水性能,是评价材料阻止土颗粒通过能力的重要水力学指标,以有效孔径表征。有效孔径是指能有效通过土工织物的近似最大颗粒直径,采用干筛法测定。试验是用土工织物试样作为筛布,将已知粒径的标准颗粒材料置于其上加以振筛,称量通过颗粒的质量并按式(11-15)计算过筛率,根据不同粒径标准颗粒试验,绘出有效孔径分布曲线,以此确定有效孔径。

$$B = \frac{P}{T} \times 100 \qquad (11\text{-}15)$$

式中:B——标准颗粒材料通过试样过筛率(%);

P——试样同组粒径过筛量平均值(g);

T——标准颗粒材料质量(g)。

5. 淤堵性能

淤堵试验适用于土工织物及复合土工织物,以判断土工织物作为某种土的滤层时是否会产生不均匀的淤堵。判断淤堵通常是通过土工织物水流量的减小以及进入土工织物土颗粒的增多进行评估的。梯度比试验方法具有历时较短、操作简单等优点,且相对比较成熟,在淤堵试验中得到普遍采用。在淤堵试验中,梯度比是指土工织物试样至其上方25cm土样的水力梯度与土工织物上方25～75cm之间土样的水力梯度比值,按式(11-16)计算,不计土工织物厚度时按式(11-17)计算,含土量按式(11-18)计算。

$$GR = \frac{\frac{H_{1\text{-}2} + \delta}{L_1}}{\frac{H_{2\text{-}4}}{L_2}} \qquad (11\text{-}16)$$

$$GR = \frac{2H_{1\text{-}2}}{H_{2\text{-}4}} \qquad (11\text{-}17)$$

$$\mu = \frac{m_1 - m_0}{A\delta} \qquad (11\text{-}18)$$

式中:GR——梯度比;

μ——土工织物单位体积试样中的含土量(g/cm³);

δ——土工织物厚度(mm);

$H_{1\text{-}2}$——测压管1号与2号间的水位差(mm);

$H_{2\text{-}4}$——测压管2号与4号间的水位差(mm);

L_1、L_2——渗径长(mm);

m_0——试验前土工织物试样的质量(g);

m_1——试验后土工织物试验的烘干质量(g);

A——土工织物试样面积(cm²)。

四、耐久性能

耐久性能是指土工合成材料抵抗自然因素长期作用而其技术性能不发生大幅度衰退的能力,主要包括抗氧化性能、抗酸碱性能和抗紫外线性能等。

1. 抗氧化性能

土工合成材料在工程应用中长时间与氧气接触,因此抗氧化性能是土工合成材料耐久性能的最重要指标之一,适用于以聚丙烯和聚乙烯为原料的各类土工合成材料(除土工膜外),采用抗氧化性试验测定。试验是将标准试件按要求进行老化处理,然后采用拉伸试验机按规定施加荷载直至试件拉伸破坏,以断裂强力保持率和断裂伸长保持率表征,分别按式(11-19)和式(11-20)计算。

$$R_F = \frac{F_e}{F_c} \times 100 \tag{11-19}$$

$$R_{老化} = \frac{\varepsilon_{老化e}}{\varepsilon_{老化c}} \times 100 \tag{11-20}$$

式中:R_F、$R_{老化}$——断裂强力保持率(%)和断裂伸长保持率(%);

F_e、$\varepsilon_{老化e}$——老化后平均断裂强力(N)和平均断裂伸长(mm);

F_c、$\varepsilon_{老化c}$——对照样平均断裂强力(N)和平均断裂伸长(mm)。

2. 抗酸碱性能

抗酸碱性能是指土工合成材料抵抗酸、碱溶液侵蚀的能力,采用无机酸(碱)浸泡试验测定。试验时将标准试件按规定在标准无机酸(碱)溶液中浸泡,观察浸泡后的表面性状,测定浸泡后质量与表面尺寸,并对浸泡后试件进行横、纵双向拉伸试验,以质量变化率、尺寸变化率、强力保持率和断裂伸长保持率表征,分别按式(11-21)~式(11-24)计算。

$$P_G = \frac{G_e - G_c}{G_0} \times 100 \tag{11-21}$$

$$P_d = \frac{d_e - d_c}{d_0} \times 100 \tag{11-22}$$

$$R_F = \frac{F_e}{F_c} \times 100 \tag{11-23}$$

$$R_{浸\varepsilon} = \frac{\varepsilon_{浸e}}{\varepsilon_{浸c}} \times 100 \tag{11-24}$$

式中:P_G、P_d、R_F、$R_{浸\varepsilon}$——单位面积质量变化率(%)、尺寸变化率(%)、强力保持率(%)和断裂伸长保持率(%);

G_e、G_c、G_0——浸泡后试样、对照样、浸泡前试样的平均单位面积质量(g/m^2);

d_c、d_e、d_0——浸泡后试样、对照样、浸泡前试样的平均尺寸(mm);

F_e、F_c——浸泡后试样、对照样的平均断裂强力(N);

$\varepsilon_{浸e}$、$\varepsilon_{浸c}$——浸泡后试样、对照样的平均断裂伸长(mm)。

3. 抗紫外线性能

抗紫外线性能是指土工合成材料抵抗自然光照等老化因素作用而其性能不发生大幅度衰退的能力,常用"炭黑含量"来评价和控制材料的该项性能。炭黑是聚烯烃塑料制土工合成材料中的重要添加物,有助于屏蔽紫外线防止老化,对防止材料老化起着关键性作用。因此,检验炭黑含量可以间接反映材料的抗紫外线老化性能。炭黑试验是将试样研磨粉碎并称量,按规定对试样进行裂解和煅烧,冷却后称取残留物质量,以炭黑含量和灰分含量表征,分别按式(11-25)和式(11-26)计算。

$$C = \frac{m_2 - m_3}{m_1} \times 100 \qquad (11\text{-}25)$$

$$C_1 = \frac{m_3 - m}{m_1} \times 100 \qquad (11\text{-}26)$$

式中:C、C_1——炭黑含量(%)和灰分含量(%);

m_1——试样质量(g);

m_2——样品舟和试样在550℃热解后的质量(g);

m_3——样品舟和灰分在900℃煅烧后的质量(g);

m——样品舟质量(g)。

第三节　土工合成材料的选择及技术要求

土工合成材料种类繁多,在道路工程中有着广泛的应用。在选用时必须明确材料使用的目的,充分考虑工程特性,仔细比较材料的特点,统筹分析工程、材料、环境、造价之间的关系,最终确定最佳的材料选择。

1.路基加筋

土工合成材料应用于路基加筋,主要作用在于提高路基的稳定性。当路基稳定性不足、需要构筑陡坡以减少占地,以及对路堤边坡进行修复加固、道路加宽、增强重力式挡墙稳定性时,可采用土工合成材料进行加筋。

加筋材料宜采用整体性和耐久性好、强度高、变形小的土工格栅、高强土工织物、土工格室等。这些土工合成材料埋在土体之中,可以有效地分散土体的应力,增加土体的模量,传递拉应力,限制土体侧向位移,还增加土体和其他材料之间的摩擦阻力,提高土体及有关构筑物的稳定性。

路基加筋工程中,对土工合成材料强度影响较大的是蠕变和施工损伤两个因素。根据所选的加筋材料、所处的环境条件、填料类型、加筋材料所处的应力水平进行相关试验,确定式(11-10)中各折减系数;无条件时根据工程情况按照《公路土工合成材料应用技术规范》(JTG/T D32—2012)取值,见表11-2和表11-3。

路基加筋工程土工合成材料蠕变与老化折减系数(JTG/T D32—2012)　表11-2

土工合成材料原材料	蠕变折减系数	老化折减系数
聚酯	1.5~2.5	1.1~2.0
聚丙烯	2.0~4.0	
高密度聚乙烯	1.5~3.5	

路基加筋工程土工合成材料施工损伤折减系数(JTG/T D32—2012)　表11-3

土工合成材料类型	细粒土	砂类土	砾类土
土工织物	1.1~1.2	1.1~1.6	1.2~2.0
土工格栅	1.1~1.2	1.1~1.4	1.2~1.6

当所处工作环境对土工合成材料强度有较大影响时,取高值,反之取低值。总折减系数宜在 2.0~5.0 之间。

2. 路基防排水

(1)过滤作用

过滤又称反滤或倒滤,是指土中渗流流入滤层时流体可以通过,土中固体颗粒被截流下来的现象。滤层的作用主要是保护渗透出口处的土体,以防止发生渗透变形或颗粒流失所引起的破坏。

荷载、渗流、被保护土质情况等均会对土工织物的过滤性能产生影响。因此,需保证土工织物性能和结构的稳定,避免由于荷载的作用而导致其孔径发生大的变化。

过滤准则很复杂,包括挡土准则、透水准则、淤堵准则。土工织物的选择是在挡土和透水之间寻求合理的平衡,根据材料的应用场合和所起的主要作用有所侧重。在过滤准则中,维持长期的透水性是最难的,而阻土的要求则较易达到。考虑到过滤准则的复杂性,要求对重要的工程或者结构,需要根据实际工程情况进行相应的渗透试验、淤堵试验或模型试验,选择土工织物。

用于过滤的土工织物,应满足挡土、保持水流畅通(透水)和防止淤堵三方面的要求。用于包裹碎石盲沟和渗沟的土工织物、处治翻浆冒泥和季节性冻土的土工织物、支挡结构物壁墙后的土工织物、水下坡面防护的土工织物,以及复合排水材料外包的土工织物等,应按过滤设计要求进行选择。

用于过滤的土工合成材料宜采用无纺土工织物,其强度应符合表 11-4 的规定,单位面积质量为 $300 \sim 500 \mathrm{g/m^2}$。通常环境下宜采用Ⅱ级,所处环境条件良好时可采用Ⅲ级,遇有冲刷等较恶劣环境条件时应采用Ⅰ级。

无纺土工织物强度的基本要求(JTG/T D32—2012)　　　　表 11-4

测试项目	Ⅰ级		Ⅱ级		Ⅲ级	
	伸长率 <50%	伸长率≥50%	伸长率<50%	伸长率≥50%	伸长率<50%	伸长率≥50%
握持强度(N)	≥1400	≥900	≥1100	≥700	≥800	≥500
撕裂强度(N)	≥500	≥350	≥400	≥250	≥300	≥500
CBR 顶破强度(N)	≥3500	≥1750	≥2750	≥1350	≥2100	≥950

注:表列数字指卷材沿强度最弱方向测试的最低平均值。

在处治冒泥翻浆或季节性冻融翻浆工程中应用土工织物时,应在土工织物上铺设 10~20cm 中粗砂保护层,在其下铺设 5~10cm 的中粗砂垫层,提高过滤效果。

(2)排水作用

排水作用是指其在土体中形成排水通道,把土中的水分汇集起来,沿着材料的平面排出体外。

排水体的断面尺寸应根据排水需求、土工合成材料的排水能力以及与其配合的其他排水材料的排水能力综合确定,在实际荷载作用下,土工合成材料排水截面最大压缩率应小于15%。用于排水的土工合成材料可采用排水板(带)、透水软管、透水硬管、长丝热黏排水体或其他土工合成材料,其强度应符合表 11-3 的规定。

（3）防渗作用

防渗可选用土工膜、复合土工膜、土工织物膨润土垫（GCL）及复合防水材料等,土工膜、一布一膜或两布一膜均可满足防渗需求。从实际工程效果看,两布一膜对膜保护较好,还有一定的排水排气作用。

土工合成材料可用于公路中央分隔带防渗、路肩底部防渗、排水结构防渗、坡面防渗等。用于中央分隔带防渗时,应铺设于中央分隔带沟槽底部,并宜在中央分隔带护栏立柱打设后铺设,以免遭到破坏;用于排水结构内部和侧边防渗时,应铺设于靠近路基侧或排水结构下侧位置;用于土路肩底部防渗时,应铺设于土路肩底部,当土路肩外侧有挡土结构时,应预留排水出口。

3.路基防护

防护作用是指利用土工合成材料的渗滤、排水、加筋、隔离等功能控制自然界和土建工程的侵蚀现象。土工合成材料因具有质量轻、强度高、耐磨、防腐等优点而逐渐取代传统方法,广泛应用于防护工程中。道路工程中防护作用主要包括坡面防护与路基冲刷防护,前者用于防护由于自然因素影响而破坏的土质或岩石边坡,后者用于防护水流对路基的冲刷与淘刷。

土工合成材料可单独用于坡面生态防护,也可与钢筋混凝土框架或浆砌片石骨架共同进行坡面防护。坡面防护可采用三维土工网、平面土工网、土工格栅、土工格室、植生袋,可用于坡率不陡于1:0.75的土质边坡和强风化石质边坡,其材料性能应满足表11-5～表11-7的要求。土工格栅喷射混凝土边坡防护可用于坡率为1:0.2～1:1.0的强风化和中等风化、节理裂隙发育、破碎结构的岩质边坡,低等级公路边坡防护,其材料性能应满足表11-8的要求。

坡面生态防护三维土工网性能要求（JTG/T D32—2012）　　　　　表11-5

单位面积质量（g/m²）	厚度（mm）	极限抗拉强度（kN/m）	
		纵向	横向
≥400	≥16	≥3.2	≥3.2

坡面生态防护土工格室片材性能要求（JTG/T D32—2012）　　　表11-6

项　目	聚丙烯材料	聚乙烯材料
环境应力开裂 F_{50}（h）	—	≥1000
低温脆化温度（℃）	≤ -23	≤ -50
维卡软化温度（℃）	≥142	≥112
氧化诱导时间（min）	≥20	≥20

坡面生态防护土工格室性能要求（JTG/T D32—2012）　　　表11-7

项　目		聚丙烯土工格室	聚乙烯土工格室
外观		格室片应平整、无气泡、无沟痕	
格室片的极限抗拉强度（MPa）		≥23	≥20
焊接处极限抗拉强度（kN/m）		≥20	≥20
格室组间连接处抗拉强度	格室片边缘（kN/m）	≥20	≥20
	格室片中间（kN/m）	≥20	≥20

<table>
<tr><td colspan="2">土工格栅喷射混凝土坡面防护材料性能要求（JTG/T D32—2012）　　　表 11-8</td></tr>
</table>

材　　料	要　　求
土工格栅	双向拉伸格栅，网孔孔径不小于 40mm，极限抗拉强度不小于 30kN/m
喷射混凝土	C20～C30 混凝土并加入速凝剂
锚杆	HRB335 钢筋，直径 16～22mm

沿河和库海岸路基冲刷防护可采用土工织物软体沉排、土工模袋等。土工织物软体沉排是在土工织物上以块石或预制混凝土块体为压重的护坡结构，可采用单片垫和双片垫两种结构形式，可用于水下工程及预计可能发生冲刷的路基坡面。常用的软体沉排有砂肋软体排、混凝土联锁块软体排、砂肋软体排与混凝土联锁块软体排相结合的混合软体排等。土工模袋是一种双层织物袋，袋中填充流动性混凝土、水泥砂浆或稀石混凝土，凝固后形成高强度和高刚度的硬结板块。土工模袋有反滤排水点的模袋、无反滤排水点的模袋等，应根据工程要求和当地土质、地形、水文、经济与施工条件等进行模袋的选型。土工模袋应满足表 11-9 的要求。

土工模袋材料要求（JTG/T D32—2012）　　　表 11-9

强度（N）	渗透系数（10^{-3} cm/s）	等效孔径 O_{95}（mm）	延伸率（%）
≥1500	0.86～10.0	0.07～0.15	≤15

4. 路基不均匀沉降防治

土工合成材料防治路基不均匀沉降可用于路基填挖交界处、高填方路堤与陡坡路堤、软土地基路堤、软土地基不同处理方式交界处、改扩建公路新老路基结合处，以及路基与桥台构造物结合处等路段。

采用土工合成材料防治路基不均匀沉降时应先做好地基处理，根据公路等级、荷载条件、处治部位、地基条件、路基断面形式及桥台形式，以及路基沉降变形情况选择合适的土工合成材料。防治路基不均匀沉降宜采用整体性和耐久性好、强度高、变形小的双向或三向土工格栅、高强度土工织物、土工格室等土工合成材料。需要减轻路基自重时，可采用 EPS 块等轻质材料。土工合成材料性能应满足表 11-10 的要求。

防治路基不均匀沉降土工合成材料要求（JTG/T D32—2012）　　　表 11-10

材　　料	要　　求
土工格栅、高强土工织物	极限抗拉强度≥50kN/m，2% 伸长率时的抗拉强度≥20kN/m
EPS 块	密度在 20～30kg/m³ 之间，抗压强度≥100kPa
土工格室	格室片极限抗拉强度≥20MPa，焊接处极限抗拉强度≥20kN/m，高度≥10cm；宜用于软弱地基顶部形成垫层

5. 路面裂缝防治

土工合成材料可用于减少或延缓由旧路面裂缝对沥青加铺层的反射裂缝，或半刚性基层、刚性基层裂缝对沥青面层的反射裂缝。用于防治反射裂缝时宜铺设于旧沥青路面、旧水泥混凝土路面沥青加铺层的底部或新建半刚性、刚性基层沥青路面的沥青层底面。应用于沥青路面裂缝防治的土工合成材料可采用玻璃纤维格栅、聚酯玻纤无纺土工织物、长丝纺黏针刺非织造土工织物、聚丙烯非织造纺土工织物等,其技术指标应满足表 11-11 ~ 表 11-14 的规定。

用于路面裂缝防治的玻璃纤维格栅要求(JTG/T D32—2012)　　表 11-11

技 术 指 标	技 术 要 求
原材料	无碱玻璃纤维、碱金属氧化物含量应不大于0.8%
网孔形状与尺寸	矩形,孔径宜为其上铺筑的沥青面层材料最大粒径的0.5~1.0倍
极限抗拉强度	≥50kN/m
极限伸长率	≤4%
热老化后断裂强度	经170℃、1h热处理后,其经向和纬向拉伸断裂强度应不小于原强度的90%

用于路面裂缝防治的聚酯玻纤无纺土工织物技术要求(JTG/T D32—2012)　　表 11-12

单位面积质量	抗 拉 强 度	极限抗拉强度纵、横比	极限延伸率(纵、横向)	CBR 顶破强度
125~200g/m²	≥8.0kN/m	1.00~1.20	≤5%	≥0.55kN

用于路面裂缝防治的长丝纺黏针刺非织造土工织物技术要求(JTG/T D32—2012) 表 11-13

单位面积质量	极限抗拉强度	CBR 顶破强度	纵、横向撕破强度	沥青浸油量
≤200g/m²	≥7.5kN/m	≥1.4kN	≥0.21kN	≥1.2kg/m²

用于路面裂缝防治的聚丙烯非织造纺土工织物技术要求(JTG/T D32—2012)　　表 11-14

单位面积质量	抗 拉 强 度	极限抗拉强度纵、横比	极限延伸率(纵、横向)	CBR 顶破强度	沥青浸油量
120~160g/m²	≥9.0kN/m	≥0.80	≤40%	≥2kN	≥1.2kg/m²

【复习题】

1. 土工合成材料应具备哪些性质?采用什么指标来反映这些性质?
2. 土工合成材料有哪些用途?

第十二章

高分子聚合物

【内容提要】

本章主要介绍工程聚合物材料的基本概念、常用工程聚合物(合成橡胶、合成纤维、塑料以及塑料-橡胶共聚物)的性能及其在道路工程中的应用。

【学习要求】

在本章的学习中,要求了解聚合物的基本知识,掌握合成橡胶、合成纤维、塑料以及塑料-橡胶共聚物的组成成分和分类,掌握常用高分子材料在道路工程中的用途。

第一节　聚合物的概念

一、聚合物材料的组成

聚合物是由千万个低分子化合物通过聚合反应连接而成,因而又称为高分子化合物或高聚物。聚合物有天然聚合物和合成聚合物两类。从自然界直接得到的聚合物为天然高分子化合物,如淀粉、蛋白质、纤维素和天然橡胶等;而由人工用单体制造的高分子化合物称为合成聚合物或合成高分子聚合物。

聚合物的相对分子质量一般都很大,在 $10^3 \sim 10^7$ 的范围内,但其化学组成比较简单,合成

334

聚合物一般均由一种或几种简单的化合物聚合而成,如聚乙烯由聚氯乙烯聚合而成。其聚合过程可以由下列化学反应式表示。

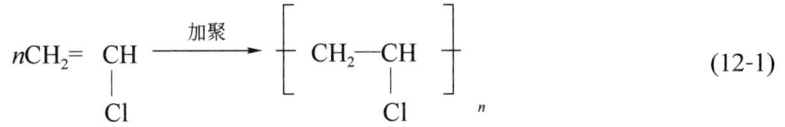

$$nCH_2= \underset{\underset{Cl}{|}}{CH} \xrightarrow{加聚} \left[CH_2-\underset{\underset{Cl}{|}}{CH} \right]_n \qquad (12\text{-}1)$$

从化学反应式中可以看出,聚合物是由许多相同结构单位重复组成的,聚氯乙烯高分子化合物是由许多氯乙烯小分子打开双链聚合而成。这种组成聚合物的低分子物质称为单位,氯乙烯即为聚氯乙烯的单位。聚合物是由这些单体通过化学键之间相互作用力聚集而成。

组成聚合物的相同结构单元称为链节。一个聚合物中链节的数目为聚合度,用 n 表示。例如,式(12-1)中的聚氯乙烯单体氯乙烯,链节是—CH$_2$—CH—,聚合度 n 为 $300 \sim 2500$,相对

$$\underset{\underset{Cl}{|}}{}$$

分子质量为 $2 \times 10^4 \sim 16 \times 10^4$。

二、聚合物的结构特征

聚合物的各种性能主要由其结构决定,按聚合物分子链的连接方式,聚合物分为线形、支化和交联聚合物,结构见图12-1。

聚合物中最简单的链是"一维"的线形链形大分子。支链可以有长支链、短支链、树枝状支链等。支化高分子和线形高分子一样,加热仍能塑化、熔融,仍具热塑性,能溶于适当的溶液剂。

高分子链之间,通过支链联结成三维网状体型分子,称之为交联结构。交联高分子与线形支化高分子有质的区别。它不再能溶于溶剂,加热也不熔融。当然交联程度低的高分子在溶剂中仍能溶胀,加热也可能软化(但不熔

图12-1 线形、支化及交联聚合物结构示意图

融)。一些热固性塑料是高度交联的聚合物,具有刚性和高度良好的尺寸稳定性。用作橡胶的聚合物,如天然橡胶、丁苯、顺丁橡胶等,在加工成制品时,必须使之有适度的交联(硫化),从而可以获得和保持良好的弹性。

三、聚合物材料的分类与命名

1. 分类

聚合物可以从不同的角度来分类,如从单体来源、合成方法、最终用途、加热行为、聚合物结构等。

(1)按分子主链的元素结构,聚合物可分为碳链、杂链和元素有机三类。

碳链聚合物:大分子主链完全由碳原子组成。绝大部分烯类和二烯类聚合物属于这一类,如聚乙烯、聚苯乙烯、聚氯乙烯等。

杂链聚合物:大分子主链中除碳原子外,还有氧、氮、硫等杂原子,如聚醚、聚酯、聚酰胺、聚

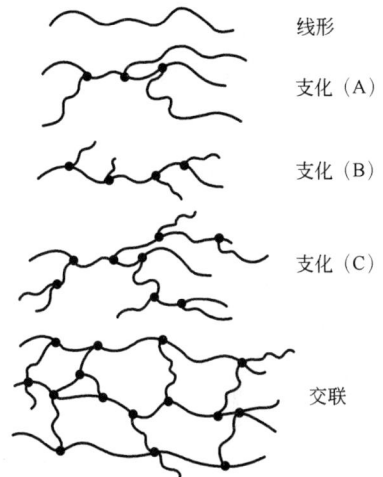

氨酯、聚硫橡胶等。工程塑料、合成纤维、耐热聚合物大多是杂链聚合物。

元素有机聚合物:大分子主链中没有碳原子,主要由硅、硼、铝和氧、氮、硫、磷等原子组成,但侧基却由有机基团组成,如甲基、乙基、乙烯基等。有机硅橡胶就是典型的例子。

元素有机又称杂链的半有机高分子,如果主链和侧基均无碳原子,则称为无机高分子。

(2)按材料的性质和用途分类,高聚物可分为塑料、橡胶和纤维。

2. 命名

(1)根据单位的名称

以形成聚合物的单体作为基础,在单体名称之前加"聚"字而命名,如聚乙烯、聚丙烯、聚氯乙烯等。如单体有两种或两种以上时,常把单体的名称(或其缩写)写在前面,在其后按用途加"树脂"或"橡胶"名称,如苯酚甲醛树脂(简称酚醛树脂)、丁苯橡胶(由丁二烯和苯乙烯聚合而成)、ABS 树脂(由丙烯腈、丁二烯和苯乙烯共聚合成)等。

(2)习惯上的命名或商品名称

一些聚合物常采用习惯命名或商品名称。例如聚乙二酰己二胺,习惯上称为聚酰胺66,商品名称为尼龙66;聚甲基丙烯酸甲酯,商品名称为有机玻璃。

为简化起见,聚合物也常以英文名称的缩写符号表示,如聚乙烯的英文名称为 Polyethylene,缩写为 PE;聚甲基丙烯酸甲酯的英文缩写为 PMMA 等。

四、聚合物的合成

聚合物的合成反应主要有两种:加成聚合反应与缩合聚合反应。

1. 加成聚合反应

加成聚合反应又称加聚反应,是由不饱和低分子化合物相互加成或由环状化合物开环连接成大分子的反应过程。按照加聚反应的单体种类,加聚反应可以分为均聚合和共聚合。

(1)均聚合

由一种单体进行聚合反应称均聚合,其产品称均聚物,其分子链通常为线形结构。乙烯单体由加聚反应生成聚乙烯的过程用式(12-2)表示。

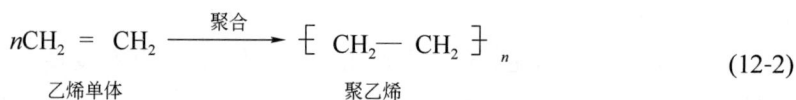

$$n\mathrm{CH_2}=\mathrm{CH_2} \xrightarrow{\text{聚合}} \left[\ \mathrm{CH_2 - CH_2}\ \right]_n \tag{12-2}$$

$$\text{乙烯单体} \qquad\qquad\qquad \text{聚乙烯}$$

其他如聚氯乙烯、聚丙烯、聚苯乙烯、聚四氟乙烯等都是均聚物。均聚物的技术性能往往较为局限,不能满足众多使用要求。

(2)共聚合

由两种或两种以上单体进行的加聚反应称为共聚合,其产品为共聚物。如丁二烯与丙烯腈共聚,可以生成丁腈橡胶。丁二烯与苯乙烯共聚可生产丁二烯与苯乙烯的嵌段共聚物,简写为 SBS,是一种热塑性丁苯橡胶。其结构式分为线形和星形两种。

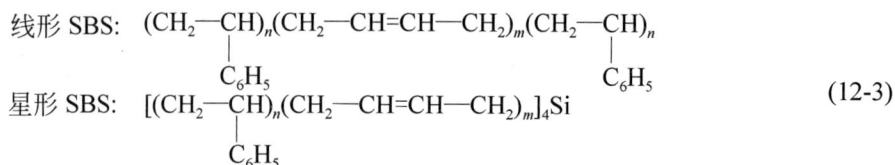

$$\text{线形 SBS:} \quad (\mathrm{CH_2-CH})_n(\mathrm{CH_2-CH=CH-CH_2})_m(\mathrm{CH_2-CH})_n$$
$$\underset{\mathrm{C_6H_5}}{\big|} \qquad\qquad\qquad\qquad\qquad \underset{\mathrm{C_6H_5}}{\big|}$$

$$\text{星形 SBS:} \quad [(\mathrm{CH_2-CH})_n(\mathrm{CH_2-CH=CH-CH_2})_m]_4\mathrm{Si} \tag{12-3}$$
$$\underset{\mathrm{C_6H_5}}{\big|}$$

　　经共聚反应得到的共聚物不是各种单体均聚物的混合物,而是在大分子主链中包含有两种或两种以上单体构成链节的新型聚合物,犹如"合金",可以吸取各种单体均聚物的特性,具有良好的综合性能。

　　以 A、B 表示两种不同的单体作为原料,根据单体链节在大分子链中排列方式的不同,加聚反应可以生成为五种共聚物,见表 12-1。

加聚反应生产聚合物的单体排列方式　　　　　　　　　　　　表 12-1

聚　合　物		链节单元排列通式	聚合物品种
均聚物		……—A—A—A—A—A—……	聚乙烯、聚苯乙烯等
共聚物	无规共聚物	……—A—A—B—A—B—B—……	氯乙烯、乙烯乙酸酯共聚物
	交替共聚物	……—A—B—A—B—A—A— B—……	顺丁烯二酸酐与 1,2—二苯乙烯共聚形成交替共聚物
	嵌段共聚物	……—A—A—A—B—B—B— B—A—A—A—A—……	苯乙烯、丁二烯嵌段共聚物
	接枝共聚物	B—B—B—B— ……—A—A—A—A　……A—A— A—…… B—B—B—B—B	天然橡胶接枝苯乙烯共聚物

2. 缩合聚合反应

　　缩合聚合反应又称缩聚反应,是由两个或两个以上官能团的低分子化合物如羟基、羧基等,通过多次缩合反应最后形成高聚物,同时析出低分子化合物(如水、氨、醇、氯化氢等)副产品的过程。缩聚反应的产物称为缩聚物。例如,聚酰胺的缩聚反应过程见式(12-4)。

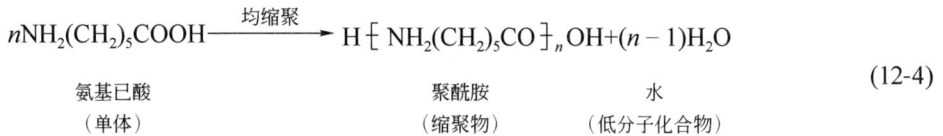

$$n\mathrm{NH_2(CH_2)_5COOH} \xrightarrow{\text{均缩聚}} \mathrm{H}\left[\mathrm{NH_2(CH_2)_5CO}\right]_n\mathrm{OH} + (n-1)\mathrm{H_2O}$$

氨基己酸　　　　　　　　　　　聚酰胺　　　　　　　水　　　　　(12-4)
(单体)　　　　　　　　　　　(缩聚物)　　　　(低分子化合物)

　　在缩聚反应中,聚合物的分子量随反应时间的延长而增加,其相对分子质量不再像加聚物那样是相对分子质量的整数倍,分散性较大,但一般不超过 3×10^4。采用缩聚方法生产的高分子化合物有涤纶、环氧树脂、脲酸树脂、酚醛树脂等。

第二节　常用的工程聚合物

　　土木工程中常用的工程聚合物主要包括合成橡胶、合成纤维、塑料以及塑料-橡胶共聚物等。

一、合成橡胶

　　合成橡胶是以石油、天然气为原料,以二烯烃和烯烃为单体聚合而成的高分子物质。合成橡胶中有少数品种的性能与天然橡胶相似,大多数与天然橡胶不同,但两者都是高弹性的高分子材料,一般均需经过硫化和加工之后才具有使用价值。

1.合成橡胶的分类

(1)按成品状态,其可分为液体橡胶(如端羟基聚丁二烯)、固体橡胶、乳胶和粉末橡胶等。

(2)按橡胶制品形成过程,其可分为热塑性橡胶(如可反复加工成型的三嵌段热塑性丁苯橡胶)、硫化型橡胶(需经硫化才能制得成品,大多数合成橡胶属此类)。

(3)按生胶充填的其他非橡胶成分,其可分为充油母胶、充炭黑母胶和充木质素母胶。

(4)实际应用中按使用特性,其分为通用型橡胶和特种橡胶两大类。通用型橡胶指可以部分或全部代替天然橡胶使用的橡胶,如丁苯橡胶、异戊橡胶、顺丁橡胶等,主要用于制造各种轮胎及一般工业橡胶制品。通用橡胶的需求量大,是合成橡胶的主要品种。

特种橡胶是指具有耐高温、耐油、耐臭氧、耐老化和高气密性等特点的橡胶,常用的有硅橡胶、各种氟橡胶、聚硫橡胶、氯醇橡胶、丁腈橡胶、聚丙烯酸酯橡胶、聚氨酯橡胶和丁基橡胶等,主要用于要求某种特性的特殊场合。

2.合成橡胶的生产

合成橡胶的生产工艺大致可分为单体的合成和精制、聚合过程以及橡胶后处理三部分。合成橡胶的基本原料是单体,精制常用的方法有精馏、洗涤、干燥等。聚合过程是单体在引发剂和催化剂作用下进行聚合反应生成聚合物的过程。合成橡胶的聚合工艺主要应用乳液聚合法和溶液聚合法两种。目前,采用乳液聚合的有丁苯橡胶、异戊橡胶、丁丙橡胶、丁基橡胶等。后处理是使聚合反应后的物料(胶乳或胶液),经脱除未反应单体、凝聚、脱水、干燥和包装等步骤,最后制得成品橡胶的过程。乳液聚合的凝聚工艺主要采用加电解质或高分子凝聚剂,破坏乳液使胶粒析出。溶液聚合的凝聚工艺以热水凝析为主。凝聚后析出的胶粒,含有大量的水,需脱水、干燥。

常用橡胶材料的性能与用途见表12-2。

常用橡胶材料的性能与用途 表12-2

品种	代号	来源	特性		用途
天然橡胶	NR	天然	弹性高、抗撕裂性能优良、加工性能好,易与其他材料相混合,耐磨性良好	耐油、耐溶剂性差,易老化,不适用于100℃以上	轮胎、通用制品
丁苯橡胶	SBR	丁二烯苯乙烯共聚	与天然橡胶性能相近,耐磨性突出,耐热性、耐老化性较好	生胶强度低,加工性能较天然橡胶差	轮胎、胶板、胶布、通用制品
丁腈橡胶	NBR	丁二烯与丙烯腈聚合	耐油、耐热性好,气密性与耐水性良好	耐寒性、耐臭氧性较差,加工性不好	输油管、耐油密封垫圈及一般耐油制品
氯丁橡胶	CR	由氯丁二烯以乳液聚合制成	物理、力学性能良好,耐油耐溶剂性和耐气候性良好	电绝缘性差,加工时易粘辊,相对成本较高	胶管、胶带、胶黏剂、一般制品
顺丁橡胶	BR	丁二烯定向共聚	弹性性能最优,耐寒、耐磨性好	抗拉强度低,黏结性差	橡胶弹簧、减震橡胶垫
丁基橡胶	HR	异丁烯与少量异戊二烯共聚	气密性、耐老化性和耐热性最好,耐酸耐碱性良好	弹性大,加工性能差,耐光老化性差	内胎、外胎、化工衬里及防振制品

续上表

品种	代号	来源	特性		用途
乙丙橡胶	EPDM	乙烯丙烯二元共聚物	耐热性突出,耐气候性、耐臭氧性很好,耐极性溶剂和无机介质	硫化慢、黏着性差	耐热、散热胶管、胶带,汽车配件及其他工业制品
硅橡胶	SI	硅氧烷聚合	耐高温及低温性突出,化学惰性大,电绝缘性优良	机械强度较低、价格较贵	耐高低温制品,印膜材料
聚氨酯橡胶	UR	—	耐磨性高于其他各类橡胶,抗拉强度最高,耐油性优良	耐水、耐酸碱性差,高温性能差	胶轮、实心轮胎、齿轮带及耐磨制品

二、合成纤维

1. 纤维的分类

纤维通常是线性结晶聚合物,平均分子量较橡胶和塑料低。纤维大体分天然纤维、人造纤维和合成纤维。

天然纤维是自然生长或形成的纤维,包括植物纤维(天然纤维素纤维)、动物纤维(天然蛋白质纤维)和矿物纤维。

人造纤维是利用自然界的天然高分子化合物——纤维素或蛋白质作原料,经过一系列的化学处理与机械加工而制成类似棉花、羊毛、蚕丝一样能够用来纺织的纤维,如人造棉、人造丝等。

合成纤维的化学组成和天然纤维完全不同,是从一些本身并不含有纤维素或蛋白质的物质如石油、煤、天然气、石灰石或农副产品中,加工提炼出来的有机物质,再用化学合成与机械加工的方法制成的纤维。合成纤维主要有聚酰胺纤维(锦纶)、聚丙烯腈纤维(腈纶)、聚酯纤维(涤纶)、聚丙烯纤维(丙纶)、聚乙烯醇缩甲醛纤维(维纶)以及特种纤维(耐腐蚀纤维,耐高温纤维,高强度、高模量纤维,以及难燃纤维、弹性体纤维、功能纤维等)。

2. 合成纤维的生产与特性

相对于各种天然纤维和人造纤维,合成纤维具有强度高、密度小、弹性好、耐磨、耐酸碱和不霉、不蛀等优越性能。因此,在道路、建筑等土木工程中,合成纤维的应用越来越多。

合成纤维是由有机化合物单体制备与聚合、纺丝和后加工三个环节完成的。合成纤维的原料是以有机高分子化合物为主要成分,并添加了提高纤维加工和使用性能的某些助剂,如二氧化钛、油剂、染料和抗氧化剂等,制成成纤高聚物。

成纤高聚物的熔体或浓溶液,用纺丝泵连续、定量而均匀地从喷头的毛细孔中挤出,成为液态细流,再在空气、水或特定的凝固液中固化成初生纤维的过程称为"纤维成型"或"纺丝"。纺丝的方法主要有两大类:熔体纺丝方法和溶液纺丝方法。溶液纺丝方法又可分为湿法纺丝和干法纺丝。因此,合成纤维主要有三种纺丝方法。纺丝成型后得到的初生纤维结构还不完善,物理机械性能较差,必须经过一系列的后加工,主要是拉伸和热定型工序,使其性能得到提高和稳定。主要合成纤维性能见表12-3。

主要合成纤维性能 表 12-3

化学名称	商品名称	特 性
聚酯纤维	涤纶(的确良)	弹性好,弹性模量大,不易变形,强度高,抗冲击性好,耐磨性、耐光性、化学稳定性及绝缘性均较好
聚酰胺纤维	锦纶(人造毛)	质轻,强度高,抗拉强度好,耐磨性好,弹性模量低
聚丙腈烯纤维	腈纶(奥纶)	质轻,柔软,不霉蛀,弹性好,吸湿小,耐磨性差
聚乙烯醇	维纶、维尼纶	吸湿性好,强度较好,不霉蛀,弹性差
聚丙烯	丙纶	质轻,强度大,相对密度小,耐磨性优良
聚氯乙烯	氯纶	化学稳定性好,耐酸、碱、弹性、耐磨性均好,耐热性差;可用作纤维增强材料,配制纤维混凝土,具有较高的抗冲击性能,也可作为防护构件用

三、塑料

塑料是以合成或天然聚合物为主要成分,辅以填充剂、增塑剂和其他助剂,在一定温度和压力下加工成型的材料或制品。其中的聚合物常称作树脂,可为晶态和非晶态。塑料的行为介于纤维和橡胶之间,有很广的应用范围;软塑料接近橡胶,硬塑料接近纤维。

1. 塑料的组成

塑料是由许多材料配制而成的,其中高分子聚合物(或称合成树脂)是塑料的主要成分。此外,为了改进塑料的性能,还要在聚合物中添加各种辅助材料,如填料、增塑剂、润滑剂、稳定剂、着色剂等。

(1)合成树脂

合成树脂是塑料的最主要成分,其在塑料中的含量一般在 40% ~ 100%。由于含量大,树脂的性质常常决定了塑料的性质。塑料除了极少一部分含 100% 的树脂外,绝大多数的塑料,除了主要组分树脂外,还需要加入其他物质。

水性环氧树脂是指环氧树脂以微粒或液滴的形式分散在以水为连续相的分散介质中而配制的稳定分散体系。通过在环氧树脂分子链中引入有亲水作用的分子链段或者加入亲水组分制得水性环氧树脂乳液。水性环氧树脂不仅防腐性能优异,而且有机溶剂含量低、气味小、使用安全并可用水清洗。

(2)填料

填料又叫填充剂,它可以提高塑料的强度和耐热性能,并降低成本。填料可分为有机填料和无机填料两类,前者如木粉、碎布、纸张和各种织物纤维等,后者如玻璃纤维、硅藻土、石棉、炭黑等。

(3)增塑剂

增塑剂可增加塑料的可塑性和柔软性,降低脆性,使塑料易于加工成型。增塑剂一般是能与树脂混溶,无毒、无臭,对光、热稳定的高沸点有机化合物,最常用的是邻苯二甲酸酯类。

(4)稳定剂

为了防止合成树脂在加工和使用过程中受光和热的作用分解和破坏,延长使用寿命,要在塑料中加入稳定剂。常用的稳定剂有硬脂酸盐、环氧树脂等。

（5）着色剂

着色剂可使塑料具有各种鲜艳、美观的颜色,常用有机染料和无机颜料作为着色剂。

（6）润滑剂

润滑剂的作用是防止塑料在成型时不粘在金属模具上,同时可使塑料的表面光滑美观。常用的润滑剂有硬脂酸及其钙镁盐等。

（7）抗氧剂

防止塑料在加热成型或在高温使用过程中受热氧化,而使塑料变黄、发裂等。

除了上述助剂外,塑料中还可加入阻燃剂、发泡剂、抗静电剂等,以满足不同的使用要求。

2. 塑料的分类

（1）按使用特性分类

根据各种塑料不同使用特性,通常将塑料分为通用塑料、工程塑料和特种塑料三种类型。

①通用塑料,一般是指产量大、用途广、成型性好、价格便宜的塑料。通用塑料有五大品种,即聚乙烯（PE）、聚丙烯（PP）、聚氯乙烯（PVC）、聚苯乙烯（PS）及 ABS。它们都是热塑性塑料。

②工程塑料,一般是指能承受一定外力作用,具有良好的机械性能和耐高、低温性能,尺寸稳定性较好,可以用作工程结构的塑料,如聚酰胺、聚砜等。

③特种塑料,一般是指具有特种功能,可用于航空、航天等特殊应用领域的塑料。如氟塑料和有机硅具有突出的耐高温、自润滑等特殊功用,增强塑料和泡沫塑料具有高强度、高缓冲性等特殊性能。这些塑料都属于特种塑料的范畴。

（2）按理化特性分类

根据各种塑料不同的理化特性,可以把塑料分为热塑料性塑料和热固性塑料两种类型。

①热塑料性塑料,是指在特定温度范围内能反复加热软化和冷却硬化的塑料,如聚乙烯、聚四氟乙烯等。热塑料性塑料又分烃类、含极性基因的乙烯基类、工程类、纤维素类等多种类型。其受热时变软,冷却时变硬,能反复软化和硬化并保持一定的形状,可溶于一定的溶剂,具有可熔可溶的性质。热塑性塑料具有优良的电绝缘性,特别是聚四氟乙烯（PTFE）、聚苯乙烯（PS）、聚乙烯（PE）、聚丙烯（PP）都具有极低的介电常数和介质损耗,宜于做高频和高电压绝缘材料。

②热固性塑料,是指在受热或其他条件下能固化或具有不溶（熔）特性的塑料,如酚醛塑料、环氧塑料等。热固性塑料又分甲醛交联型和其他交联型两种类型。热加工成型后形成具有不熔不溶的固化物,其树脂分子由线形结构交联成网状结构;再加强热则会分解破坏。典型的热固性塑料有酚醛、环氧、氨基、不饱和聚酯、呋喃、聚硅醚等材料,还有较新的聚苯二甲酸二丙烯酯塑料等。它们具有耐热性高、受热不易变形等优点;缺点是机械强度一般不高,但可以通过添加填料,制成层压材料或模压材料来提高其机械强度。

四、塑料-橡胶共聚物

随着聚合物工业的发展,不论就成分还是就形状而言,橡胶与塑料的区别已不是很明显了。例如,将聚乙烯氯化可以得到氯化聚乙烯橡胶（CPE）,即氯原子部分置换聚乙烯大分子链上氢原子的产物。随着氯含量增加,氯化聚乙烯柔韧性增加而呈现橡胶的特性。ABS 树脂在光、氧作用下容易老化,为了克服这一缺点,将氯化聚乙烯与苯乙烯和丙腈烯进行接枝,可制得耐候性的 ACS 树脂。高冲击聚苯乙烯树脂是由顺丁橡胶(早期为丁苯橡胶)与苯乙烯接枝共聚而成,故亦称接枝型抗冲击聚苯乙烯(HIPS)。该产品韧性较高,抗冲击强度较普通聚苯乙烯提高 7 倍以上。苯乙烯—丁二烯—苯乙烯嵌段共聚物(简称 SBS)是苯乙烯嵌段共聚物,它兼具塑料和橡胶的特性,具有弹性好、抗拉强度高、低温变形能力好等优点。SBS 是较佳的沥青改性剂,可综合提高沥青的高温稳定性和低温抗裂性。

常用塑料的特性与用途见表 12-4。

常用塑料的特性与用途   表 12-4

合成树脂名称	代号	合 成 方 法	特性与用途
聚乙烯	PE	乙烯单体加聚而成,按合成方法的不同,有高压、中压和低压之分	强度高、延伸率大、耐寒性好、电绝缘,但耐热性差。用于制造薄膜、结构材料、配制涂料、油漆等
聚丙烯	PP	丙烯单体加聚而成	密度低,强度、耐热性比 PE 好,延伸率、耐寒性尚好。主要用于生产薄膜、纤维、管道
聚氯乙烯	PVC	氯乙烯单体加聚而成	较高的力学性能、化学稳定性好,但变形能力低、耐寒性差。用于制造建筑配件、管道及防水材料等
聚苯乙烯	PS	苯乙烯加聚而成	质轻、耐水、耐腐蚀、不耐冲击、性脆。用于制作板材和泡沫塑料
乙烯—乙酸乙烯酯共聚物	EVA	乙烯和醋酸乙烯共聚而成	具有优良的韧性、弹性和柔软性,并具有一定的刚度、耐磨性和抗冲击性。用于黏结剂、涂料等
聚甲基丙烯酸甲酯	PMMA	甲基丙烯酸甲酯加聚而成	透明度高,低温时具有较高的冲击强度,坚韧、有弹性。主要用作生产有机玻璃
酚醛树脂	PF	苯酚与甲醛缩聚而成,两者比例及催化剂种类不同时,可得到热塑性及热固性品种	耐热、耐化学腐蚀、电绝缘。较脆,对纤维的胶合能力强。不能单独作为塑料使用
环氧树脂	EP	两个或两个以上环氧基团交联而成	黏结性和力学性能优良,耐碱性良好,电绝缘性能好,固化收缩率低。可生产玻璃钢、胶黏剂和涂料
聚酰胺	PA	由己内酰胺加聚而成	质轻、良好的机械性能和耐磨性、耐油,但不耐酸和强碱。大量用于制造机械零件
有机硅树脂	SI	二氯二甲基硅烷水解缩聚—线型;二氯二甲基硅烷与三氯甲基硅烷水解—体型	耐高温、耐寒、耐腐蚀、电绝缘性好、耐水性好。用于制作高级绝缘材料、防水材料等
ABS 塑料	ABS	丙烯腈、丁二烯和苯乙烯共聚	高强、耐热、耐油、弹性好、抗冲击、电绝缘,但不耐高温、不透明。用于制作装饰板材、家具等
聚碳酸酯	PC	双酚 A(2,2′—双丙烷)缩聚而成	透明度极高,耐冲击、耐热、耐油等,耐磨性差。用于制造电容器、录音带等

第三节　高分子聚合物在道路工程中的应用

随着有机高分子材料品种的不断增加、性能的不断改善,其所使用的领域更加广泛,在土木建筑、道路工程中现已得到大量的应用。在道路工程中应用最多的聚合物是改性沥青,它还用以改善水泥混凝土性能或制作聚合物混凝土,还可作为胶黏和嵌缝密封材料,以及用于加强土基、路基和路面基层的聚合物土工格栅材料等。聚合物改性沥青已在本教材相关章节中予以叙述。

一、聚合物混凝土

聚合物混凝土是由有机、无机材料复合而成的混凝土。按组成材料和制作工艺,其可分为三种:聚合物浸渍混凝土、聚合物水泥混凝土和聚合物胶结混凝土。

1. 聚合物浸渍混凝土(PIC)

聚合物浸渍混凝土是把硬化后的混凝土加热、干燥、抽去孔隙中的空气,以有机单体(甲基丙烯酸甲酯、丙烯腈等)浸渍,然后用加热或辐射等方法使孔隙中的单体聚合而成。其具有高强、耐蚀、抗渗、耐磨等优良性能,作为高强混凝土或改善混凝土的表面性能之用。

由于聚合物填充了普通水泥混凝土硬化后内部存在的孔隙和微裂缝,从而增强了混凝土的密实度,提高了水泥与集料之间的黏结强度,减少了应力集中,因而改善了混凝土的力学和物理性能(抗压强度可提高2~4倍,抗拉强度可提高3倍,抗折强度可提高2~3倍)。

聚合物浸渍混凝土的加工工艺过程比较复杂,需消耗大量的能量,制作成本较高,在美国、日本等国家用于上下水管道、预制预应力桥面板、高强混凝土、地下支撑系统等。

2. 聚合物水泥混凝土(PMC)

聚合物水泥混凝土是在拌和混凝土时掺入聚合物(丙烯酸类等)或单体(丙烯腈、苯乙烯等)制成的。其也称为聚合物改性水泥混凝土(Polymer Modified Concrete)(PMC),采用聚合物乳液或粉状材料拌和水泥,并掺入砂和其他集料制成,生产工艺与普通水泥混凝土相似,便于现场施工,因而成本较低,应用较广泛。其主要应用于机场跑道、混凝土路面或桥梁面层以及构造物的防水层。

一般认为在硬化过程中,聚合物与水泥之间发生化学作用,水泥吸收乳液中的水分进行凝结硬化,聚合物乳液逐渐失去水分而凝固。聚合物与水泥水化产物相互穿透包裹,形成致密的网状结构,因而改善了混凝土的性能,具有黏结性能好,抗拉强度较高,耐久性、耐磨性和耐蚀性高等优点。

3. 聚合物胶结混凝土(PC)

聚合物胶结混凝土也称为树脂混凝土,是完全采用聚合物(聚酯、聚甲基丙烯酸甲酯等)作为胶结材料的混凝土,即主要由聚合物和砂石材料组成。为改善某项性能,必要时也可掺加短纤维、减剂、偶联剂等添加剂。

目前,常用的胶结材料有环氧树脂、不饱和聚酯树脂、呋喃树脂、糠醛树脂及甲基酸甲酯单体、苯乙烯单体等。其中,不饱和聚酯树脂价格较低,对聚合混凝土的固化控制较易。若采用甲基丙烯酸甲酯,由于黏度较低,混凝土和易性好,施工方便,固化性能较好。与普通水泥混凝土比较,聚合物混凝土具有一些新的性能特点,其抗拉强度、抗压强度、抗弯强度都得到较大提高,抗渗性、耐磨性、耐水性、耐腐蚀性都得到较大改善。因此,聚合物混凝土在土建、交通和化工部门都得到重视,已应用于铺筑路面和桥面、修补路面凹坑、修补机场跑道等。由于生产工艺的改进,聚合物混凝土材料的应用越来越广,如混凝土管,隧道衬砌、支柱、堤坝面层及各种土建工程的装饰性构件等。

4. 聚氨酯混合料

聚氨酯混合料是由一定级配的矿料与一定比例的路用聚氨酯胶结料在常温下拌制而成型

的混合料。其中,聚氨酯具有高弹性、耐化学腐蚀、耐光照射、耐磨耗、吸震性强、耐撕裂、软硬度可按需定制等优异性能。水性聚氨酯还具有防水功能,且对砖石、砂浆、混凝土、金属等都具有很强的黏附力,属环保型高分子聚合物,是一种适用于铺装材料的新型胶结料。

（1）聚氨酯硬质混合料

当聚氨酯设计为硬质聚氨酯泡沫塑料时,聚氨酯具有质量轻、比强度高、与其他物质黏结力强、耐老化性能好及可实现快速固化等特点,是一种优良的结构材料。这种聚氨酯混合料常用于高等级公路路面、机场水泥道面混凝土以及隧道铺底等重要道路的快速修复。

（2）聚氨酯弹性混合料

当聚氨酯设计为聚氨酯弹性体时,聚氨酯混合料的弹性模量较低,仅为普通混凝土的10%,且具有一定的弹性变形能力,是一种特殊的聚氨酯混合料,称为聚氨酯弹性混合料。通过良好的弹性变形,聚氨酯弹性混合料可以在一定程度上耗散车辆荷载的竖向冲击作用,具有普通混凝土材料没有的抗冲击能力。聚氨酯弹性混合料可以用于无缝伸缩缝,解决传统伸缩缝易破坏、行车舒适性差、结构复杂、造价高和维修困难等问题,相比改性沥青弹性混合料,弹性聚氨酯混合料性能更优,且维护费用低。

（3）多孔聚氨酯混合料

当聚氨酯混合料的设计空隙率大于18%时,聚氨酯混合料被称之为多孔聚氨酯混合料。自"海绵城市"概念被提出后,作为其关键技术手段的透水路面相关研究逐渐增强,传统的透水路面仍为沥青透水路面。随着聚合物混凝土的发展,多孔聚氨酯透水路面在近几年逐渐发展,与 OGFC 多孔路面相比,多孔聚氨酯混合料具有更优异的抗堵塞和噪声吸收性能;聚氨酯用量和集料粒径的增加将增强多孔聚氨酯混合料抗剥落能力,但其还尚处于研究阶段。

（4）聚氨酯桥面铺装材料

聚氨酯混合料亦可作为具有全防水功能的桥面铺装材料。新型聚氨酯混凝土路面铺装材料可达到全不透水要求,其温度敏感性低,动稳定度及最大弯拉应变两项性能均优于目前最优的沥青混合料;在抗疲劳性能方面,新型聚氨酯混凝土韧性较好,在疲劳寿命方面远超 SMA 沥青混合料;在水稳定性能方面,也完全满足路面使用要求,可用于桥面铺装。

二、其他应用

1. 土工合成材料

聚合物材料包括塑料、合成纤维、合成橡胶,如聚乙烯（PE）、聚丙烯（PP）、聚氯乙烯（PVC）以及聚酯纤维等作为原料制成土工织物、土工膜、土工格栅等土工材料,可以用于加固土基,防止沥青路面反射裂缝,加固挡墙以及桥墩工程,已得到越来越广泛的应用。通常聚合物原料被加工成丝、短纤维、纱或条带后,才能再制成具有平面结构的土工织物。其他土工制品也主要采用聚合物作为原料,如土工格栅在制造过程中,聚合物的高分子在加热延伸过程中重新定向排列,加强了分子链间的联结力,从而达到提高其强度的目的。

2. 膨胀支座和弹性支座

桥梁和管线工程中的膨胀支座一般以聚四氟乙烯（PTFE）树脂为原料,可以保证梁的水平移动的要求。弹性支座可采用氯丁橡胶（CR）和聚异戊二烯橡胶（IR）等制作,以减少噪声和振动。

3.胶黏剂

胶黏剂的品种很多,其中的合成胶包括树脂型、橡胶型和混合型三类。树脂型胶黏剂的胶黏强度高、硬度、耐温、耐介的性能都比较好,但较脆,起黏性、韧性较差;橡胶型柔韧性和起黏性好,抗震和抗弯性能好,但强度和耐热性较差;混合型是树脂与橡胶,或多种树脂、橡胶混合使用可取长补短,发挥各自的优越性。

在土建工程中应用最多的是环氧树脂胶黏剂,它是由环氧树脂、固化剂、增韧剂、填料等组成,有时还包括稀释剂、促进剂、偶联剂等。环氧树脂的特点是黏结力强、收缩率小、稳定性高,而且与其他高分子化合物的混溶性好,可制成不同用途的改性品种,如环氧丁腈胶、环氧尼龙胶、环氧聚砜胶等。环氧树脂的缺点是耐热性不高,耐候性尤其是耐紫外线性能较差,部分添加剂有毒。它可用于金属与金属之间、金属与非金属材料的黏结,也可用作防水、防腐涂料。

聚醋酸乙烯酯胶黏剂也是常用的热塑性树脂脐黏剂,其以聚醋酸为基料,可以制备成乳液黏剂、溶液胶黏剂或热熔胶等,以乳液胶黏剂使用最多。聚醋酸乙烯乳液胶的成膜是通过水分的蒸发或吸收和乳液互相溶结这两个过程实现的,具有树脂分子量高、胶接强度好、黏度低、使用方便、无毒、不燃等优点。其适用于胶结多孔、易吸水的材料,如木材、纤维制品等,也可用来黏结混凝土制品、水泥制品等,用途十分广泛。

4.裂缝修补与嵌缝材料

裂缝修补与嵌缝材料实际是一种胶黏剂,用于修补水泥混凝土路面的裂缝或嵌缝结构或构件的接缝。此类材料必须具备较好的黏结力、较高的拉伸率,并具有较好的低温塑性及耐久性。目前,常用的有环氧树脂及改性环氧树脂类、聚氨酯及改性聚氨酯类、烯类修补材料,以及聚氯乙烯胶泥、橡胶沥青等嵌缝材料。

（1）环氧树脂类

环氧树脂类修补材料的主要组分是环氧树脂。它含有两个以上环氧化基因高分子化合物。常见的环氧树脂可分为两类:一类是缩水甘油基型环氧树脂,另一类是环氧化烯烃。水泥混凝土路面修补中使用的大多属于缩水甘油基型。但环氧树脂的延伸率低、脆性大、不耐疲劳,在使用中会造成一定的缺陷,因此必须对环氧树脂进行改性,以提高延伸率,降低其脆性。改性的方法是加一些改性剂,可采用低分子液体改性剂、增韧剂等。

（2）聚氨酯类

聚氨酯胶液的主体材料是多异腈酸和聚氨基甲酸酯,固化后所得到的弹性体具有极高的黏附性,抗老化性能好,与混凝土的黏结很牢,且不需要打底,可用做房屋、桥梁的嵌缝密封材料。

（3）烯烃类

烯烃类裂缝修补材料主要采用烯类聚合物配制而成,通常有两大类:一类是以烯类单体或预聚体作胶黏剂,另一类是以高分子聚合物本身作胶黏剂。如氰基丙烯酸胶黏剂,其最大的优点是室外固化时间快,几分钟之内就可以黏住,24~48h可达到最高抗拉强度,且气密性能好,但价格较高不宜大面积使用。

（4）聚氯乙烯类

聚氯乙烯胶泥是以煤焦油为基料,加入聚氯乙烯树脂、增塑剂、填充料和稳定剂等配制而成的单组分材料,呈黑色固体状,施工时需要加热至 130~140℃;采用填缝机进行灌注,冷却后成型。它具有良好的防水性、黏结性、柔韧性和抗渗性,且耐寒、耐热、抗老化,能很好地与混凝土黏结,适用于混合凝土路面板的接缝及各种管道的接缝。

(5)橡胶类

氯丁橡胶嵌缝材料是以氯丁橡胶和丙烯系塑料为主体材料,配以适量的增塑剂、硫化剂、增韧剂、防老化剂及填充剂等配制而成的一种黏稠物。其与砂浆、混凝土及金属等有良好的黏结性能,且易于施工,常用做混凝土路面的嵌缝材料。

硅橡胶是一种优质的嵌缝材料,具有良好的低温(-60℃)柔韧性,可耐150℃的高温,且耐腐蚀,但价格较高。聚硫橡胶嵌缝材料兼具塑料和橡胶的性能,常温下不发生氧化,变形小、抗老化,适用于细小、多孔或暴露表面的接缝。

5. 超吸水树脂(SAP)内养生水泥混凝土(SAP)

在混凝土内部引入水分载体,及时补足胶凝材料水化所需自由水分,降低水化及水分蒸发所引发的毛细管负压能够有效消除混凝土早期收缩开裂,增强耐久性。SAP 由于自身独特的吸释水特性及绿色安全、价格低廉等优点,能够明显减小或消除混凝土的自收缩,改善混凝土的性能。且 SAP 具有溶胀特性,混凝土开裂时吸收外界渗入的水分,膨胀填充整个裂缝,为裂缝两侧未水化的水泥颗粒提供水分,促进其水化形成具有一定强度的水化产物封闭裂缝,恢复混凝土性能。

在 SAP 吸水、保水、释水性能方面,SAP 能够发生水合作用,吸收自身重量几十倍甚至上千倍的水,且 SAP 具有低交联度的三维空间网络结构,可通过溶胀作用将自由水固定在聚合物网络内部,具有较强的保水性。在 SAP 对混凝土水化作用促进方面,SAP 的智能化吸水-释水特性能够在混凝土内部水分丧失时及时补水,提高混凝土后期水化程度。在 SAP 改善混凝土的收缩开裂性能方面,SAP 的释水作用可以缓解抑制混凝土由于早期水化作用以及表面干燥蒸发所引起的收缩开裂;且 SAP 吸水率越大,抑制效果越好。SAP 对混凝土的耐久性同样有良好的改善效果,由于 SAP 释水后会在混凝土中留下微孔隙,相当于起到引气剂的作用,且 SAP 对水化的提升可以生成更多的水化产物,从而切断混凝土内部连通孔隙,因此,SAP 对混凝土的抗渗、抗冻等耐久性能均有一定的提升效果。然而,若 SAP 释水后所留孔隙过多过大,将不可避免地对混凝土强度产生负面影响。

超吸水性树脂种类繁多,按照其所用原料的不同 SAP 主要可分为如下 4 类:

(1)淀粉类。淀粉类 SAP 是指淀粉与乙烯基单体在引发剂作用下或经辐射通过自由基聚合将乙基单体接枝到淀粉上而制得吸水树脂。

(2)纤维系类。纤维素系 SAP 是以纤维素为骨架,通过与其他单体接枝共聚形成的一类高分子聚合物。

(3)合成树脂类。与淀粉等天然高分子接枝共聚物相比,合成类 SAP 具有生产成本低,工艺简单、生产效率高、吸水性能好、不易腐败、薄膜结构强度高等一系列优点,目前该类 SAP 已占据了工业化生产的主导地位。

(4)有机-无机复合 SAP。即将 SAP 与其他材料复合可以有效地改善其耐盐性、凝胶强度、热稳定性和保水性等性能。

【复习题】

1.什么是高分子聚合物？有何特点？其聚合方式有哪些？

2.简述合成橡胶、合成纤维以及塑料的主要成分、分类及性能。

3.高分子材料在道路工程中的哪些方面会得到应用？

第五篇　试　验　篇

第十三章

岩石与集料试验

第一节 岩 石 试 验

一、密度试验

1. 目的与适用范围

为选择建筑材料、研究岩石风化、评价工程地基基础岩体稳定性及确定围岩压力等提供必需的计算依据。

用洁净水做试液时适用于不含水溶性矿物成分的岩石的密度测定,对含有水溶性矿物成分的岩石应使用中性液体如煤油做试验。

2. 仪器设备

(1)密度瓶:短颈量瓶,容积为100mL。

(2)天平:感量0.001g。

(3)轧石机、球磨机、瓷研钵或玛瑙研钵、磁铁块、孔径为0.315mm(0.3mm)的筛子。

(4)砂浴、恒温水槽(灵敏度±1℃)及真空抽气设备。

(5)烘箱:能使温度控制在 105 ～ 110℃。

(6)干燥器:内装氯化钙或硅胶等干燥剂。

(7)锥形玻璃漏斗和瓷皿、滴管、中骨匙、温度计等。

3. 试样制备

取代表性岩石试样在小型轧石机上初碎(或用钢锤敲碎),再置于球磨机中进一步磨细,然后用研钵研细,使之全部粉碎成能通过 0.315mm 筛孔的岩粉。

4. 试验步骤

(1)将制备好的岩粉放在瓷皿中,置于 105 ～ 110℃的烘箱中烘至恒量,烘干时间一般为 6 ～ 12h,然后置于干燥器中冷却至室温(20℃ ±2℃)备用。

(2)用四分法取两份岩粉,从每份试样中称取 15g(m_1),精确至 0.001g(下同),用漏斗灌入洗净烘干的密度瓶中,并注入试液至瓶的一半处,摇动密度瓶使岩粉分散。

(3)当使用洁净水做试液时,可采用沸煮法或抽气法排除气体。当使用煤油做试液时,应当用真空抽气法排除气体。采用沸煮法排除气体时,沸煮时间自悬液沸腾时算起不少于 1h;采用真空抽气法排除气体时,真空压力表读数宜为 100kPa,抽气时间维持 1 ～ 2h,直至无气泡逸出为止。

(4)将经过排除气体的密度瓶取出擦干,冷却至室温,再向密度瓶中注入排除气体且同温度的试液,使接近满瓶,然后放置于恒温水槽(20℃ ±2℃)内,待密度瓶内温度稳定,上部悬液澄清后,塞好瓶塞,使多余试液溢出,从恒温水槽中取出密度瓶,擦干瓶外水分,立即称其质量(m_3)。

(5)倾出悬液,洗净密度瓶,注入经排除气体并与试样同温度的试液至密度瓶,再置于恒温水槽内,待密度瓶内温度稳定后,塞好瓶塞,使多余试液溢出,从恒温水槽中取出密度瓶,擦干瓶外水分,立即称其质量(m_2)。

5. 结果整理

(1)按式(13-1)计算岩石的密度值(精确至 0.01g/cm³)。

$$\rho_t = \frac{m_1}{m_1 + m_2 - m_3} \times \rho_{wt} \qquad (13\text{-}1)$$

式中:ρ_t——岩石的密度(g/cm³);

m_1——岩粉的质量(g);

m_2——密度瓶与试液的合质量(g);

m_3——密度瓶、试液与岩粉的总质量(g);

ρ_{wt}——与试验同温度试液的密度(g/cm³),煤油的密度按式(13-2)计算。

$$\rho_{wt} = \frac{m_5 - m_4}{m_6 - m_4} \times \rho_w \qquad (13\text{-}2)$$

式中:m_4——密度瓶的质量(g);

m_5——瓶与煤油的合质量(g);

m_6——密度瓶与经排除气体的洁净水的合质量(g);

ρ_w——经排除气体的洁净水的密度(g/cm³)。

(2)以两次试验结果的算术平均值作为测定值,如两次试验结果之差大于 0.02g/cm³时,应重新取样进行试验。

二、毛体积密度试验

1. 目的与适用范围

岩石的毛体积密度(块体密度)是一个间接反映岩石致密程度、空隙发育程度的参数,也是评价工程岩体稳定性及围岩压力等必需的计算参数。根据岩石含水状态,毛体积密度可分为干密度、饱和密度和天然密度。这里仅介绍干密度试验。

岩石的毛体积密度试验有量积法、水中称量法和蜡封法三种方法。量积法适用于能制备成规则试件的各类岩石;水中称量法适用于除遇水崩解、溶解和干缩湿胀外的其他各类岩石;蜡封法适用于不能用量积法或水中称量法进行试验的岩石。这里仅介绍前两种方法。

2. 仪器设备

(1)切石机、钻石机、磨平机等岩石试件加工设备。

(2)天平:感量 0.01g,称量大于 500g。

(3)烘箱:能使温度控制在 105 ~ 110℃。

(4)水中称量装置。

(5)游标卡尺。

3. 试件制备

(1)量积法试件制备:试件尺寸应符合强度试验的规定。

(2)水中称量法试件制备:试件可采用规则或不规则形状,试件尺寸应大于组成岩石最大颗粒粒径的 10 倍,每个试件质量不宜小于 150g。

(3)试件数量,同一含水状态,每组不得少于 3 个。

4. 量积法试验步骤

(1)用游标卡尺量测试件两端和中间三个断面上互相垂直的两个方向的直径或边长,按截面积计算平均值,精确至 0.01mm。

(2)用游标卡尺量测试件断面周边对称的四个点和中心点的五个高度,计算平均值。

(3)将试件放入 105 ~ 110℃ 的烘箱中烘 12 ~ 24h,取出放入干燥器内冷却至室温,称干试件质量,精确至 0.01g。

5. 水中称量法试验步骤

(1)将试件放入 105 ~ 110℃ 的烘箱中烘至恒量,取出置干燥器内冷却后分别称其质量。

(2)将干试件浸入水中进行饱和,饱和方法可依岩石性质选用煮沸法或真空抽气法。试件的饱和过程和称量,应符合饱水试验相关规定。

(3)取出饱和浸水试件,用湿纱布擦去试件表面水分,立即称其质量。

(4)将试样放在水中称量装置的丝网上,称取试样在水中的质量(丝网在水中质量可事先用砝码平衡)。在称量过程中,称量装置的液面应始终保持同一高度,并记录水温。

6. 结果整理

(1)量积法岩石毛体积密度按式(13-3)计算。

$$\rho_d = \frac{m_d}{V} \tag{13-3}$$

式中:ρ_d——干密度(g/cm³);

    m_d——干燥试件的质量(g);

    V——岩石的体积(cm³)。

（2）水中称量法岩石毛体积密度按式(13-4)计算。

$$\rho_d = \frac{m_d}{m_s - m_w} \times \rho_w \tag{13-4}$$

式中:m_s——浸水饱和后试件的质量(g);

    m_w——试件强制饱和后在洁净水中的质量(g);

    ρ_w——洁净水的密度(g/cm³)。

（3）毛体积密度试验结果精确至0.01g/cm³。3个试件平行试验。组织均匀的岩石,毛体积密度应为3个试件试验结果之平均值;组织不均匀的岩石,毛体积密度应列出每个试件的试验结果。

（4）孔隙率计算。

求得岩石的毛体积密度及密度后,用式(13-5)计算总孔隙率n,试验结果精确至0.1%。

$$n = \left(1 - \frac{\rho_d}{\rho_t}\right) \times 100 \tag{13-5}$$

式中:n——岩石总孔隙率(%);

    ρ_t——岩石的密度(g/cm³)。

三、吸水性试验

1. 目的与适用范围

岩石的吸水率和饱和吸水率能有效地反映岩石微裂隙的发育程度,可用来判断岩石的抗冻和抗风化等性能。

岩石吸水率采用自由吸水法测定,饱和吸水率采用煮沸法或真空抽气法测定。本试验适用于遇水不崩解、不溶解或不干缩湿胀的岩石。

2. 仪器设备

（1）切石机、钻石机、磨石机等岩石试件加工设备。

（2）天平:感量0.01g,称量大于500g。

（3）烘箱:能使温度控制在105～110℃。

（4）抽气设备:抽气机、水银压力计、真空干燥器、净气瓶。

（5）煮沸水槽。

3. 试件制备

（1）规则试样:试件尺寸应符合强度试验的规定。

（2）不规则试样宜采用边长或直径为 40～50mm 的浑圆形岩块。

（3）每组试件至少 3 个；岩石组织不均匀者，每组试件至少 5 个。

4. 试验步骤

（1）将试件放入 105～110℃ 的烘箱内烘至恒量，烘干时间一般为 12～24h，取出置于干燥器内冷却至室温（20℃±2℃），称其质量，精确至 0.01g（后同）。

（2）将称量后的试件置于盛水容器内，先注水至试件高度的 1/4 处，以后每隔 2h 分别注水至试件高度的 1/2 和 3/4 处，6h 后加水至高出试件顶面 20mm。试件全部被水淹没后再自由吸水 48h。

（3）取出浸水试件，用湿纱布擦去试件表面水分，立即称其质量。

（4）试件强制饱和，任选如下一种方法。

煮沸法：将称量后的试件放入水槽，注水至试件高度的一半，静置 2h，再加水使试件浸没，煮沸 6h 以上，并保持水的深度不变。煮沸停止后静置于水槽，待其冷却后取出试件，用湿纱布擦去表面水分，立即称其质量。

真空抽气法：将称量后的试件置于真空干燥器中，注入洁净水，水面高出试件顶面 20mm，开动抽气机，抽气时真空压力需达 100kPa，保持此真空状态直至无气泡逸出为止（不少于 4h）。经真空抽气的试件应放置在原容器中，在大气压力下静置 4h，取出试件，用湿纱布擦去表面水分，立即称其质量。

5. 结果整理

（1）分别用式（13-6）、式（13-7）计算吸水率、饱和吸水率，精确至 0.01%。

$$w_a = \frac{m_1 - m}{m} \times 100 \tag{13-6}$$

$$w_{sa} = \frac{m_2 - m}{m} \times 100 \tag{13-7}$$

式中：w_a——岩石吸水率（%）；

$\quad w_{sa}$——岩石饱和吸水率（%）；

$\quad m$——烘至恒量时的试件质量（g）；

$\quad m_1$——吸水至恒量时的试件质量（g）；

$\quad m_2$——试件经强制饱和后的质量（g）。

（2）组织均匀的试件，取 3 个试件试验结果的平均值作为测定值；组织不均匀的，则取 5 个试件试验结果的平均值作为测定值。试验报告中需同时给出每个试件的试验结果。

四、单轴抗压强度试验

1. 目的与适用范围

测定规则形状岩石试件的单轴抗压强度，用于岩石的强度分级和岩性描述。

2. 仪器设备

（1）压力试验机或万能试验机。

（2）钻石机、切石机、磨平机等岩石试件加工设备。

（3）烘箱、干燥器、游标卡尺、角尺等。

3. 试件制备

(1)建筑地基岩石,采用圆柱体作为标准试件,直径为 50mm ±2mm,高径比为 2∶1。每组试件共 6 个。

(2)桥梁工程用石料,采用立方体试件,边长为 70mm ±2mm。每组试件共 6 个。

(3)路面工程用石料,采用圆柱体或立方体试件,其直径或边长和高均为 50mm ±2mm。每组试件共 6 个。

有显著层理的岩石,分别沿平行和垂直层理方向各加工 6 个试件。试件上、下端面应磨平且平行,试件端面的平面度公差应小于 0.05mm,端面对于试件轴线垂直度偏差不应超过 0.25°。

4. 试验步骤

(1)用游标卡尺量取试件尺寸(精确至 0.1mm),对立方体试件在顶面和底面上各量取边长,以各个面上相互平行的两个边长的算术平均值计算其承压面积;对于圆柱体试件在顶面和底面分别测量两个相互正交的直径,并以其各自的算术平均值分别计算底面和顶面的面积,取其算术平均值作为计算抗压强度所用的截面积。

(2)试件的含水状态可根据需要选择烘干状态、天然状态、饱和状态、冻融循环后状态。

(3)按岩石强度性质,选定合适的压力机。将试件置于压力机的承压板中央,严格对中,不得偏心。

(4)以 0.5 ~ 1.0MPa/s 的速率均匀加荷直至破坏,记录破坏荷载及加载过程中出现的现象,抗压试件试验的最大荷载记录以 N 为单位,精度 1% 。

5. 结果整理

(1)岩石的抗压强度按式(13-8)计算。

$$R = \frac{P}{A} \tag{13-8}$$

式中:R——岩石饱和状态下的单轴抗压强度(MPa);

P——极限破坏荷载(N);

A——试件受压面积(mm^2)。

(2)试验结果应同时列出每个试件的试验值及同组岩石单轴抗压强度的平均值;有显著层理的岩石,分别报告垂直与平行层理方向试件强度的平均值。计算精确至 0.1MPa。

第二节 粗集料试验

一、粗集料密度及吸水率试验(网篮法)

1. 目的与适用范围

测定各种粗集料的表观相对密度、表干相对密度、毛体积相对密度、表观密度、表干密度、毛体积密度,以及粗集料的吸水率。

2. 仪具与材料

（1）天平或浸水天平：可悬挂吊篮用以测定集料的水中质量，并应满足试样数量称量要求，且感量不大于最大称量的 0.05%。

（2）吊篮：耐锈蚀材料制成，直径和高度为 150mm 左右，四周及底部用 1~2mm 的筛网编制或具有密集的孔眼。

（3）溢流水槽：在称量水中质量时能保持水面高度一定。

（4）其他：烘箱、毛巾、温度计、标准筛、盛水容器、搪瓷盘、刷子等。

3. 试验准备

（1）将试样过筛，除去其中的细集料。对较粗的集料，可用 4.75mm 筛过筛；对 2.36~4.75mm 集料或者混在 4.75mm 以下石屑中的粗集料，则用 2.36mm 标准筛过筛。用四分法或分料器缩分至要求的质量，分两份备用。对沥青路面用粗集料，应对不同规格的集料分别测定，不得混杂，所取的每一份集料试样应基本上保持原有的级配。在测定 2.36~4.75mm 的粗集料时，试验过程中应特别小心，不得丢失集料。

（2）经缩分后，供测定密度和吸水率的粗集料质量应不小于表 13-1 的规定。

测定密度所需的试样最小质量   表 13-1

公称最大粒径（mm）	4.75	9.5	16	19	26.5	31.5	37.5	63	75
每份试样的最小质量（kg）	0.8	1	1	1	1.5	1.5	2	3	3

（3）将每份试样分别浸泡在水中，并适当搅动，仔细洗去附在集料表面的尘土和石粉，经多次漂洗至水完全清澈为止。清洗过程中不得散失集料颗粒。

4. 试验步骤

（1）取试样一份装入干净的搪瓷盘中，注入洁净的水，水面至少应高出试样 20mm。轻轻搅动石料，使附着在石料上的气泡完全逸出；在室温下浸水 24h。

（2）将吊篮挂在天平的吊钩上，浸入溢流水槽中，向溢流水槽中注水。水面高度至水槽的溢流孔，将天平调零。吊篮的筛网应保证集料不会通过筛孔流失，对 2.36~4.75mm 的粗集料应更换小孔筛网，或在网篮中加入一个浅盘。

（3）调节水温在 15~25℃ 范围内。将试样移入吊篮中。溢流水槽中的水面高度由水槽的溢流孔控制，维持不变。称取集料的水中质量（m_w）。

（4）提起吊篮，稍稍滴水后，将粗集料倒在拧干的湿毛巾上。将较细的粗集料（2.36~4.75mm）连同浅盘一起取出，稍微倾斜搪瓷盘，仔细倒出余水，将粗集料倒在拧干的湿毛巾上，用毛巾吸走从集料中漏出的自由水。此步骤需特别注意不得有颗粒丢失，或有小颗粒附在吊篮上。再用拧干的湿毛巾轻轻擦干集料颗粒的表面水，至表面看不到发亮的水迹，即为饱和面干状态。当粗集料尺寸较大时，宜逐颗擦干。注意对较粗的粗集料，拧湿毛巾时不要太用劲，防止拧得太干，对较细的含水较多的粗集料，毛巾可拧得稍干些。擦颗粒的表面水时，既要将表面水擦掉，又不能将颗粒内部的水吸出。整个过程中不得有集料丢失，且已擦干的集料不得继续在空气中放置，以防止集料干燥。立即在保持表干状态下，称取集料的表干质量（m_f）。

（5）将集料置于浅盘中，放入 105℃ ±5℃ 的烘箱中烘干至恒量。取出浅盘，放在带盖的容器中冷却至室温,称取集料的烘干质量(m_a)。

(6)对同一规格的集料应平行试验两次,取平均值作为试验结果。

5. 计算

(1)分别按式(13-9)、式(13-10)、式(13-11)计算表观相对密度 γ_a、表干相对密度 γ_s、毛体积相对密度 γ_b,精确至小数点后 3 位。

$$\gamma_a = \frac{m_a}{m_a - m_w} \qquad (13\text{-}9)$$

$$\gamma_s = \frac{m_f}{m_f - m_w} \qquad (13\text{-}10)$$

$$\gamma_b = \frac{m_a}{m_f - m_w} \qquad (13\text{-}11)$$

式中:γ_a——集料的表观相对密度;

$\quad\ \gamma_s$——集料的表干相对密度;

$\quad\ \gamma_b$——集料的毛体积相对密度;

$\quad\ m_a$——集料的烘干质量(g);

$\quad\ m_f$——集料的表干质量(g);

$\quad\ m_w$——集料的水中质量(g)。

(2)集料的吸水率 w_x、含水率 w 以烘干试样为基准,分别按式(13-12)、式(13-13)计算,精确至0.01%。

$$w_x = \frac{m_f - m_a}{m_a} \times 100 \qquad (13\text{-}12)$$

$$w = \frac{m_1 - m_a}{m_a} \times 100 \qquad (13\text{-}13)$$

式中:m_1——烘干前湿试样质量(g);

$\quad\ w_x$——集料的吸水率(%);

$\quad\ w$——集料的含水率(%)。

(3)粗集料的表观密度 ρ_a、表干密度 ρ_s、毛体积密度 ρ_b,分别按式(13-14)、式(13-15)、式(13-16)计算,准确至小数点后 3 位。

$$\rho_a = \gamma_a \times \rho_T \quad 或 \quad \rho_a = (\gamma_a - \alpha_T) \times \rho_w \qquad (13\text{-}14)$$

$$\rho_s = \gamma_s \times \rho_T \quad 或 \quad \rho_s = (\gamma_s - \alpha_T) \times \rho_w \qquad (13\text{-}15)$$

$$\rho_b = \gamma_b \times \rho_T \quad 或 \quad \rho_b = (\gamma_b - \alpha_T) \times \rho_w \qquad (13\text{-}16)$$

式中:ρ_a——粗集料的表观密度(g/cm^3);

$\quad\ \rho_s$——粗集料的表干密度(g/cm^3);

$\quad\ \rho_b$——粗集料的毛体积密度(g/cm^3);

$\quad\ \rho_T$——试验温度 T 时水的密度(g/cm^3),按表13-2 选用;

$\quad\ \alpha_T$——试验温度 T 时的水温修正系数,按表13-2 选用;

ρ_w——水在 4℃时的密度(取 1.000g/cm^3)。

不同水温时水的密度 ρ_T 及水温修正系数 α_T　　表 13-2

水温(℃)	15	16	17	18	19	20
水的密度 ρ_T(g/cm^3)	0.99913	0.99897	0.99880	0.99862	0.99843	0.99822
水温修正系数 α_T	0.002	0.003	0.003	0.004	0.004	0.005
水温(℃)	21	22	23	24	25	
水的密度 ρ_T(g/cm^3)	0.99802	0.99779	0.99756	0.99733	0.99702	
水温修正系数 α_T	0.005	0.006	0.006	0.007	0.007	

6.精密度或允许差

重复试验的精密度,对于表观相对密度、表干相对密度、毛体积相对密度,两次结果之差不得超过 0.02,对吸水率不得超过 0.2%。

二、粗集料的堆积密度及空隙率试验

1.目的与适用范围

测定粗集料的堆积密度,包括自然堆积、捣实、振实密度,用以计算粗集料在不同堆积状态下的空隙率。

2.仪具与材料

(1)天平或台秤:感量不大于称量的 0.1%。

(2)容量筒:适用于粗集料堆积密度测定的容量筒应符合表 13-3 的要求。

容量筒的规格要求　　表 13-3

粗集料公称最大粒径 (mm)	容量筒容积 (L)	容量筒规格(mm)			筒壁厚度 (mm)
		内径	净高	底厚	
≤4.75	3	155 ± 2	160 ± 2	5.0	2.5
9.5 ~ 26.5	10	205 ± 2	305 ± 2	5.0	2.5
31.5 ~ 37.5	15	255 ± 5	295 ± 5	5.0	3.0
≥53	20	355 ± 5	305 ± 5	5.0	3.0

(3)平头铁锹。

(4)烘箱:能控温 105℃ ±5℃。

(5)振动台:频率为 3000 次/min ±200 次/min,负荷下的振幅为 0.35mm,空载时的振幅为 0.5mm。

(6)捣棒:直径 16mm,长 600mm,一端为圆头的钢棒。

3.试验准备

按规定方法取样、缩分,质量应满足试验要求,在 105℃ ±5℃的烘箱中烘干,也可以摊在清洁的地面上风干,拌匀后分成两份备用。

4.试验步骤

(1)自然堆积密度

取试样 1 份,置于平整干净的水泥地(或铁板)上,用平头铁锹铲起试样,使石子自由落入容量筒内。从铁锹的齐口至容量筒上口的距离应保持 50mm 左右,装满容量筒并除去凸出筒口表面的颗粒,并以合适的颗粒填入凹陷空隙,使表面稍凸起部分和凹陷部分的体积大致相等,称取试样和容量筒总质量(m_2)。

(2)振实密度

按堆积密度试验步骤,将装满试样的容量筒放在振动台上,振动 3min,或者将试样分三层装入容量筒。装完一层后,在筒底垫放一根直径为 25mm 的圆钢筋,将筒按住,左右交替颠击地面各 25 下;然后装入第二层,用同样的方法颠实(但筒底所垫钢筋的方向应与第一层放置方向垂直);然后再装入第三层,如法颠实。待三层试样装填完毕后,加料至试样高出容量筒口,用钢筋沿筒口边缘滚转,刮去高出筒口的颗粒,用合适的颗粒填平凹处,使表面稍凸起部分和凹陷部分的体积大致相等,称取试样和容量筒总质量(m_2)。

(3)捣实密度

根据沥青混合料的类型和公称最大粒径,确定起骨架作用的关键性筛孔(通常为 4.75mm 或 2.36mm)。将矿质混合料中此筛孔以上的颗粒筛出,作为试样装入符合要求规格的容器中达 1/3 的高度,由边至中用捣棒均匀捣实 25 次。再向容器中装入 1/3 高度的试样,用捣棒均匀地捣实 25 次,捣实深度约至下层的表面。然后重复上一步骤,加最后一层,捣实 25 次,使集料与容器口齐平。用合适的集料填充表面的大空隙,用直尺大体刮平,目测估计表面凸起部分与凹陷部分的容积大致相等,称取容量筒与试样的总质量(m_2)。

5. 计算

(1)堆积密度(包括自然堆积状态、振实状态、捣实状态下的堆积密度)按式(13-17)计算至小数点后 2 位。

$$\rho = \frac{m_2 - m_1}{V} \tag{13-17}$$

式中:ρ——与各种状态相对应的堆积密度(t/m³);

m_1——容量筒的质量(kg);

m_2——容量筒与试样的总质量(kg);

V——容量筒的容积(L)。

(2)水泥混凝土用粗集料振实状态下的空隙率按式(13-18)计算。

$$V_C = \left(1 - \frac{\rho}{\rho_a}\right) \times 100 \tag{13-18}$$

式中:V_C——水泥混凝土用粗集料的空隙率(%);

ρ_a——粗集料的表观密度(t/m³);

ρ——按振实法测定的粗集料的堆积密度(t/m³)。

(3)沥青混合料用粗集料骨架捣实状态下的间隙率按式(13-19)计算。

$$VCA_{DRC} = \left(1 - \frac{\rho}{\rho_b}\right) \times 100 \tag{13-19}$$

式中:VCA_{DRC}——沥青混合料捣实状态下粗集料骨架间隙率(%);

ρ_b——粗集料的毛体积密度(t/m^3)；

ρ——按捣实法测定的粗集料的自然堆积密度(t/m^3)。

6. 报告

以两次平行试验结果的平均值作为测定值。

三、粗集料针片状颗粒含量试验(规准仪法)

1. 目的与适用范围

测定水泥混凝土粗集料颗粒的最小厚度(或直径)方向与最大长度(或宽度)方向的尺寸之比小于一定比例的颗粒的含量,用于评价集料的颗粒形状及其在工程中的适用性。

2. 仪具与材料

(1)水泥混凝土集料针状规准仪和片状规准仪尺寸应符合表13-4的要求。

水泥混凝土集料针片状颗粒粒级划分及相应的规准仪孔宽或间距　表13-4

粒级(方孔筛)(mm)	4.75~9.5	9.5~16	16~19	19~26.5	26.5~31.5	31.5~37.5
针状规准仪上相对应的立柱之间的间距宽(mm)	17.1 (B_1)	30.6 (B_2)	42.0 (B_3)	54.6 (B_4)	69.6 (B_5)	82.8 (B_6)
片状规准仪上相对应的孔宽(mm)	2.8 (A_1)	5.1 (A_2)	7.0 (A_3)	9.1 (A_4)	11.6 (A_5)	13.8 (A_6)

(2)天平或台秤:感量不大于称量值的0.1%。

(3)标准筛:孔径分别为4.75mm、9.5mm、16mm、19mm、26.5mm、31.5mm、37.5mm,试验时根据需要选用。

3. 试验准备

将试样在室内风干至表面干燥,并用四分法或分料器法缩分至满足表13-5规定的质量,称量(m_0),然后筛分成单粒级备用。

针、片状试验所需的试样最小质量　表13-5

公称最大粒径(mm)	9.5	16	19	26.5	31.5	37.5
试样最小质量(kg)	0.3	1	2	3	5	10

4. 试验步骤

(1)目测挑出接近立方体形状的规则颗粒,将目测有可能属于针、片状的颗粒在规准仪上逐粒进行针、片状鉴定,凡颗粒长度大于针状规准仪上相应间距者,为针状颗粒;厚度小于片状规准仪上相应孔宽者,为片状颗粒。

(2)称量由各粒级挑出的针状颗粒和片状颗粒的质量,其总质量为m_1。

5. 计算

碎石或砾石中针片状颗粒含量按式(13-20)计算,精确至0.1%。

$$Q_e = \frac{m_1}{m_0} \times 100 \qquad (13\text{-}20)$$

式中:Q_e——试样的针片状颗粒含量(%);

m_1——试样中所含针状颗粒与片状颗粒的总质量(g);

m_0——试样总质量(g)。

四、粗集料压碎值试验

1.目的与适用范围

集料压碎值用于衡量石料在逐渐增加的荷载下抵抗压碎的能力,是衡量集料力学性质的指标,以评定其在公路工程中的适用性。

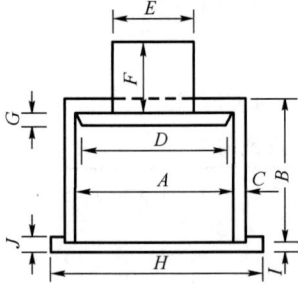

图13-1 压碎指标值测定仪

2.仪具与材料

(1)集料压碎值试验仪:形状和尺寸见图13-1和表13-6。

(2)金属棒:直径10mm,长450~600mm,一端加工成半球形。

(3)天平:称量2~3kg,感量不大于1g。

(4)方孔筛:筛孔尺寸13.2mm、9.5mm、2.36mm方孔筛各一个。

(5)压力机:500kN,应能在10min内达到400kN。

(6)金属量筒:圆柱形,内径112.0mm,高179.4mm,容积1767cm³。

试筒、压柱和底板尺寸表 表13-6

部 位	符 号	名 称	尺寸(mm)
试筒	A	内径	150±0.3
	B	高度	125~128
	C	壁厚	≥12
压柱	D	压头直径	149±0.2
	E	压杆直径	100~149
	F	压柱总长	100~110
	G	压头厚度	≥25
底板	H	直径	200~220
	I	厚度(中间部分)	6.4±0.2
	J	边缘厚度	10±0.2

3.试验准备

(1)取风干试样用13.2mm和9.5mm标准筛过筛,取9.5~13.2mm试样3份各约3000g,供试验用。如过于潮湿需加热烘干时,烘箱温度不得超过100℃,烘干时间不超过4h。试验前石料应冷却至室温。

(2)每次压碎用的集料准确数量按下述方法确定:

将试样分3次(每次数量大体相同)均匀装入量筒中,每次均将试样表面整平。用金属棒的半球面端在试样表面上均匀捣实25次。最后用金属棒作为直刮刀将表面仔细整平。称取量筒中试样质量(m_0)。按此试样质量进行压碎值平行试验。

4.试验步骤

(1)将试筒安放在压碎值仪底板上。

(2)按确定的试样质量,将试样分3次(每次数量大体相同)装入量筒中,每次均将试样表面整平,并用金属棒的半球面端从试样表面上均匀捣实25次,将最上层表面仔细整平。

(3)将压柱放入试筒内试样表面上,注意使压柱摆平,勿楔挤筒壁。将装有试样的试筒连同压柱放到压力机下压板上对中。

(4)开动压力机,均匀地施加荷载,10min左右时达到总荷载400kN,稳压5s,然后卸荷。

(5)将试筒从压力机上取下,倒出试样。

(6)用2.36mm标准筛筛分经压碎的全部试样,可分几次筛分,均需筛到在1min内无明显的筛出物为止。

(7)称取通过2.36mm筛孔的全部筛余物的质量(m_1),准确至1g。

5.计算

石料压碎值按式(13-21)计算,精确至0.1%。

$$Q'_a = \frac{m_1}{m_0} \times 100 \qquad (13\text{-}21)$$

式中:Q'_a——石料压碎值(%);

m_1——试验后通过2.36mm筛孔的细料质量(g);

m_0——试验前试样质量(g)。

对路面集料以3个试样平行试验结果的算术平均值作为压碎值的测定值;对水泥混凝土集料需根据测定值,用式$Y = 0.816X - 5$换算压碎值。

五、粗集料磨耗试验(洛杉矶法)

1.目的与适用范围

测定标准条件下粗集料承受摩擦、撞击的边缘剪切等力联合作用的磨耗损失百分率,用以评价集料的抗磨耗能力,适用于各种规格集料的磨耗试验。

2.仪具与材料

(1)洛杉矶磨耗试验机:如图13-2所示,圆筒内径710mm±5mm,内侧长510mm±5mm,两端封闭,投料口的钢盖通过紧固螺栓和橡胶垫与钢筒紧固密封。钢筒的回转速率为30~33r/min。

(2)钢球:直径约46.8mm,质量为390~445g,大小稍有不同,以便按要求组合成符合要求的总质量。

(3)台秤:感量5g。

(4)标准筛:标准筛系列,以及筛孔为1.7mm的方孔筛一个。

(5)烘箱:能使温度控制在105℃±5℃范围内。

(6)搪瓷盘等。

3.试验步骤

(1)将不同规格的集料用水冲洗干净,置烘箱中烘干至恒量。

(2)根据集料的实际筛分结果,按表13-7选择最接近的粒级类别,确定相应的试验条件。其中,水泥混凝土用集料宜采用A级粒度;沥青路面及各种基层、底基层的粗集料,表中16mm筛孔也可用13.2mm筛孔代替。对非规格材料,应根据材料的实际粒度,从表中选择最接近的粒级类别及试验条件。

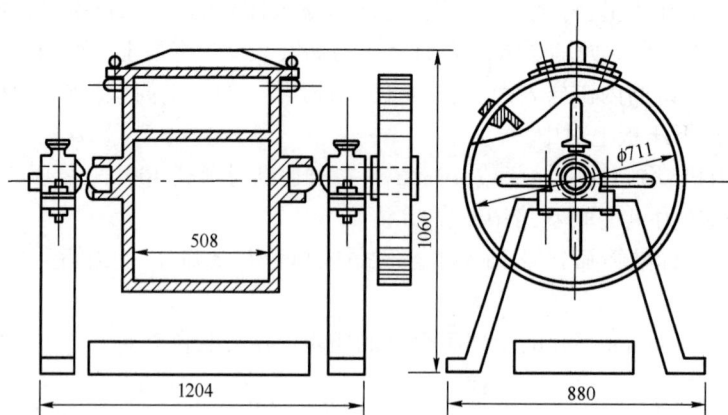

图 13-2　洛杉矶磨耗试验机示意图(尺寸单位:mm)

（3）分级称量配料（准确至 5g），试样总质量为 m_1，应符合表 13-7 的规定，装入磨耗机之圆筒中。

（4）选择钢球，使钢球的数量及总质量符合表 13-7 中规定。将钢球加入钢筒中，盖好筒盖，紧固密封。

（5）将计数器调整到零位，设定要求的回转次数，对水泥混凝土集料，回转次数为 500r,对沥青混合料集料，回转次数应符合表 13-7 的要求。开动磨耗机，以 30~33r/min 转速转动至要求的回转次数为止。

（6）卸下筒盖，再次启动磨耗机，将经过磨耗后的试样从投料口卸入接收金属盘中。

（7）将试样过 1.7mm 的方孔筛，筛去被撞击磨碎的细屑。

粗集料洛杉矶试验条件　　　　　　　　表 13-7

粒度类别	粒级组成（mm）	试样质量（g）	试样总质量（g）	钢球数量（个）	钢球总质量（g）	转数（r）	适用性	
							规格	公称粒径(mm)
A	26.5~37.5 19.0~26.5 16.0~19.0 9.5~16.0	1250±25 1250±25 1250±10 1250±10	5000±10	12	5000±25	500		
B	19.0~26.5 16.0~19.0	2500±10 2500±10	5000±10	11	4850±25	500	S6 S7 S8	15~30 10~30 10~25
C	9.5~16.0 4.75~9.5	2500±10 2500±10	5000±10	8	3330±20	500	S9 S10 S11 S12	10~20 10~15 5~15 5~10
D	2.36~4.75	5000±10	5000±10	6	2500±15	500	S13 S14	3~10 3~5
E	63~75 53~63 37.5~53	2500±50 2500±50 5000±50	10000±100	12	5000±25	1000	S1 S2	40~75 40~60

粒度类别	粒级组成（mm）	试样质量（g）	试样总质量（g）	钢球数量（个）	钢球总质量（g）	转数（r）	适 用 性	
							规格	公称粒径（mm）
F	37.5 ~ 53 26.5 ~ 37.5	5000 ± 50 5000 ± 25	10000 ± 75	12	5000 ± 25	1000	S3 S4	30 ~ 60 25 ~ 50
G	26.5 ~ 37.5 19 ~ 26.5	5000 ± 25 5000 ± 25	10000 ± 50	12	5000 ± 25	1000	S5	20 ~ 40

注:1. 表中16mm 也可用 13.2mm 代替。

2. A 级适用于未筛碎石混合料及水泥混凝土用集料。

3. C 级 S12 可全部采用 4.75 ~ 9.5mm 颗粒500g;S9 及 S10 可全部采用 9.5 ~ 16mm 颗粒 500g。

4. E 级 S2 中缺 63 ~ 75mm 颗粒可用 53 ~ 63mm 颗粒代替。

（8）用水冲洗留在筛上的石子,至水清澈,置105℃ ±5℃烘箱中烘干至恒量,准确称量（m_2）。

4. 计算

按式(13-22)计算粗集料洛杉矶磨耗损失,精确至0.1% 。

$$Q = \frac{m_1 - m_2}{m_1} \times 100 \tag{13-22}$$

式中:Q——洛杉矶磨耗损失（%）;

m_1——装入圆筒中试样总质量（g）;

m_2——试验后在 1.7mm 筛上洗净烘干的试样质量（g）。

5. 报告

（1）试验报告应记录所使用的粒级类别和试验条件。

（2）粗集料的磨耗损失取两次平行试验结果的算术平均值为测定值,两次试验的差值应不大于 2% ,否则须重做试验。

第三节 细集料试验

一、细集料表观密度试验（容量瓶法）

1. 目的与适用范围

测定细集料（天然砂、石屑、机制砂）对水的表观相对密度和表观密度,适用于含有少量大于 2.36mm 部分的细集料。

2. 仪具与材料

（1）天平:称量 1kg,感量不大于 1g。

（2）容量瓶:500mL。

（3）烘箱：能控温在 105℃ ±5℃。

（4）其他：烧杯、洁净水、干燥器、浅盘、铝制料勺、温度计等。

3. 试验准备

将缩分至 650g 左右的试样在温度为 105℃ ±5℃ 的烘箱中烘干至恒量，并在干燥器内冷却至室温，分成两份备用。

4. 试验步骤

（1）称取烘干的试样约 300g（m_0），装入盛有半瓶洁净水的容量瓶中。

（2）摇转容量瓶，使试样在已保温至 23℃ ±1.7℃ 的水中充分搅动，以排除气泡，塞紧瓶塞，在恒温条件下静置 24h 左右，然后用滴管添水，使水面与瓶颈刻度线平齐，再塞紧瓶塞，擦干瓶外水分，称其总质量（m_2）。

（3）倒出瓶中的水和试样，洗净容量瓶，再向瓶内注入同样温度的洁净水（温差不超过 2℃）至瓶颈刻度线，塞紧瓶塞，擦干瓶外水分，称其总质量（m_1）。

注：在砂的表观密度试验过程中应测量并控制水的温度，试验期间的温差不得超过 1℃。

5. 计算

（1）细集料的表观相对密度按式（13-23）计算，精确至小数点后 3 位。

$$\gamma_a = \frac{m_0}{m_1 - (m_2 - m_0)} \times 100 \qquad (13\text{-}23)$$

式中：γ_a——细集料的表观相对密度；

　　m_0——试样的烘干质量（g）；

　　m_1——水及容量瓶的总质量（g）；

　　m_2——试样、水及容量瓶的总质量（g）。

（2）表观密度按式（13-24）计算，精确至小数点后 3 位。

$$\rho_a = \gamma_a \times \rho_T \quad 或 \quad \rho_a = (\gamma_a - \alpha_T) \times \rho_w \qquad (13\text{-}24)$$

式中：ρ_a——细集料表观密度（g/cm³）；

　　ρ_w——水在 4℃ 时的密度（g/cm³）；

　　α_T——试验时水温对水密度影响的修正系数，见表 13-2；

　　ρ_T——试验温度 T 时水的密度（g/cm³），见表 13-2。

6. 报告

以两次平行试验结果的算术平均值作为测定值，如两次结果之差值大于 0.01g/cm³ 时，应重新取样进行试验。

二、细集料堆积密度试验

1. 目的与适用范围

测定砂在自然堆积状态下的密度，用于计算细集料的空隙率。

2. 仪具与材料

（1）台秤：称量 5kg，感量 5g。

（2）容量筒：金属制，圆筒形，内径 108mm，净高 109mm，筒壁厚 2mm，筒底厚 5mm，容积约为 1L。

（3）其他:标准漏斗、烘箱、小勺、直尺、浅盘等。

3.试验准备

用浅盘取样约 5kg,在温度为 105℃±5℃的烘箱中烘干至恒量,取出并冷却至室温,分成大致相等的两份备用。

注:试样烘干后如有结块,应在试验前先予捏碎。

4.试验步骤

将试样装入漏斗中,打开底部的活动门,使砂流入容量筒中,待试样装满并超出容量筒筒口后,移去漏斗,用直尺将多余的试样沿筒口中心线向两个相反方向刮平,称取质量(m_1)。

5.计算

（1）堆积密度按式(13-25)计算,精确至小数点后 3 位。

$$\rho = \frac{m_1 - m_0}{V} \tag{13-25}$$

式中:ρ——砂的堆积密度(g/cm^3);

m_0——容量筒的质量(g);

m_1——容量筒和堆积砂的总质量(g);

V——容量筒容积(mL)。

（2）按式(13-26)计算砂的空隙率,精确至 0.1%。

$$n = \left(1 - \frac{\rho}{\rho_a}\right) \times 100 \tag{13-26}$$

式中:n——砂的空隙率(%);

ρ——砂的堆积密度(g/cm^3);

ρ_a——砂的表观密度(g/cm^3)。

6.报告

以两次试验结果的算术平均值作为测定值。

三、细集料筛分试验

1.目的与适用范围

测定细集料(天然砂、人工砂、石屑)的颗粒级配及粗细程度,用以评价细集料的工程性质。

2.仪具与材料

（1）标准筛。

（2）天平:称量 1000g,感量不大于 0.5g。

（3）摇筛机。

（4）其他:烘箱、浅盘和硬、软毛刷等。

3.试验准备

用 9.5mm 筛(水泥混凝土用砂)或 4.75mm 筛(沥青路面及基层用天然砂、石屑、机制砂等)筛除试样中的超粒径材料。然后将样品在潮湿状态下充分拌匀,用分料器法或四分法缩分至每份不小于550g,取两份在105℃±5℃的烘箱中烘干至恒量,冷却至室温后备用。

4. 试验步骤

(1)准确称取烘干试样约500g(m_1),准确至0.5g。置于套筛的最上一级筛中(即4.75mm筛上),盖上筛盖,将套筛装到摇筛机上,摇筛约10min,然后取下套筛,再按筛孔大小顺序,在清洁的浅盘上逐级进行手筛,直到每分钟的通过量不超过筛余量的0.1%时为止。将筛出的颗粒并入下一级筛中,和下一级筛中的试样一起过筛,按此顺序进行,直到各级筛全部筛完为止。

注:1. 试样如为特细砂时,试样质量可减少到100g。

2. 如试样含泥量超过5%,不宜采用干筛法。

3. 无摇筛机时,可直接用手筛。

(2)称量各筛的筛余量,精确至0.5g。所有各筛的分计筛余量和底盘中的粉尘总量与筛分前的试样总量相比,其相差不得超过1%,否则重新进行试验。当误差符合要求时,将误差处理于底盘中。

5. 计算

(1)计算分计筛余百分率。

各号筛的分计筛余百分率为各号筛上的筛余量除以试样总量(m_1)的百分率,精确至0.1%。

(2)计算累计筛余百分率。

各号筛的累计筛余百分率为该号筛及大于该号筛的分计筛余百分率之和,精确至0.1%。

(3)计算质量通过百分率。

各号筛的质量通过百分率等于100减去该号筛的累计筛余百分率,精确至0.1%。

(4)根据各筛的累计筛余百分率或通过百分率,绘制级配曲线。

(5)天然砂的细度模数按式(13-27)计算,准确至0.01。

$$M_x = \frac{(A_{0.15} + A_{0.3} + A_{0.6} + A_{1.2} + A_{2.36}) - 5A_{4.75}}{100 - A_{4.75}} \tag{13-27}$$

式中:　　　　M_x——砂的细度模数;

$A_{0.15}$、$A_{0.3}$ … $A_{4.75}$——0.15mm、0.3mm…4.75mm各筛上的累计筛余百分率(%)。

(6)进行两次平行试验,以试验结果的算术平均值作为测定值。如两次试验所得的细度模数之差大于0.2,应重新进行试验。

第十四章

水泥试验

第一节 细 度 试 验

一、筛析法

1.目的与适用范围

测定水泥中大于 $45\mu m$ 颗粒的含量,本方法适用于通用硅酸盐水泥、道路硅酸盐水泥及指定采用本方法的其他品种水泥与矿物掺合料。

2.仪器设备

(1)试验筛:由圆形筛框和筛网组成,分负压筛和水筛两种,其结构尺寸见图 14-1 和图 14-2,负压筛为 $45\mu m$ 方孔筛,并附有透明筛盖,筛盖与筛上口应有良好的密封性。筛网应紧绷在筛框上,筛网和筛框接触处应用防水胶密封,防止水泥嵌入。

(2)负压筛析仪:由旋风筒、筛座、负压筛、负压源、收尘系统、控制指示仪和负压筛盖组成,其中筛座由转速为 $30r/min \pm 2r/min$ 的喷气嘴、负压表、控制板、微电机及壳体等部分构成,见图 14-3。

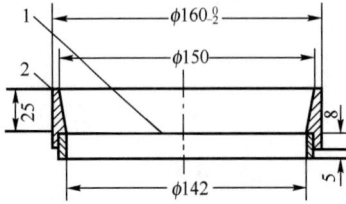

图 14-1 负压筛(尺寸单位:mm)
1-筛网;2-筛框

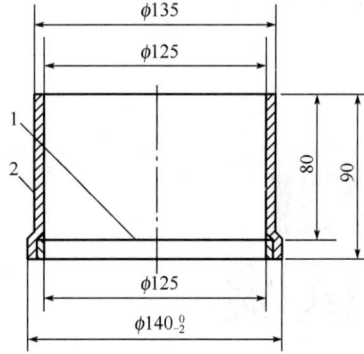

图 14-2 水筛(尺寸单位:mm)
1-筛网;2-筛框

①筛析仪负压可调范围为 4000~6000Pa。

②喷气嘴上口平面与筛网之间距离为 2~8mm。

③喷气嘴的上口尺寸见图 14-4。

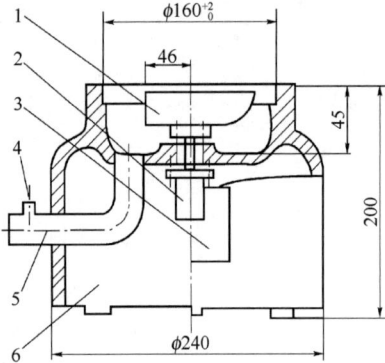

图 14-3 筛座(尺寸单位:mm)

1-喷气嘴;2-微电机;3-控制板开口;4-负压表接口;5-负
压源及收尘器接口;6-壳体

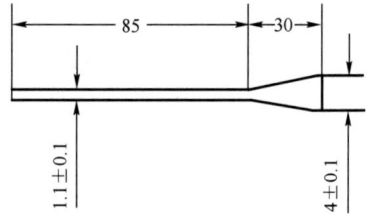

图 14-4 喷气嘴的上开口(尺寸单位:mm)

④负压源和收尘系统由功率不小于 600W 的工业吸尘器和小型旋风收尘筒或由其他具有相当功能的设备组成。

(3)天平:量程应不小于 100g,感量不大于 0.01g。

(4)水筛架和喷头:水筛架上筛座内径为 140_{-3}^{+0}mm。

3.试验准备

水泥样品应充分拌匀,通过 0.9mm 方孔筛,记录筛余物情况,要防止过筛时混进其他粉体。

4.试验步骤

1)负压筛法

(1)筛析试验前,应把负压筛放在筛座上,盖上筛盖,接通电源,检查控制系统,调节负压至 4000~6000Pa 范围内。

（2）称取试样 10g，精确至 0.01g。

（3）试样置于洁净的负压筛中，盖上筛盖，放在筛座上，开动筛析仪连续筛析 120s，在此期间如有试样附着在筛盖上，可轻轻地敲击筛盖使试样落下。筛毕，用天平称量筛余物质量，精确至 0.01g。

（4）当工作负压小于 4000Pa 时，应清理吸尘器内水泥，使负压恢复正常。

2）水筛法

（1）筛析试验前，调整好水压及水筛架的位置，使其能正常运转。喷头底面和筛网之间距离为 35 ~ 75mm。

（2）称取试样 50g，置于洁净的水筛中，立即用淡水冲洗至大部分细粉通过后，将水筛放在水筛架上，用水压为 0.05MPa ± 0.02MPa 的喷头连续冲洗 180s。筛毕，用少量水把筛余物冲至蒸发皿中，等水泥颗粒全部沉淀后，小心倒出清水，烘干并用天平称量筛余物质量，精确至 0.01g。

3）试验筛的清洗

试验筛必须保持洁净，筛孔通畅，使用 10 次以后要进行清洗。金属框筛、铜丝网筛清洗时应用专门的清洗剂，不可用弱酸浸泡。

5. 结果计算

水泥试样筛余百分数，按式（14-1）计算。

$$F = \frac{R_s}{m} \times 100\% \qquad (14-1)$$

式中：F——水泥试样筛余百分数（%），计算结果精确到 0.1%；

R_s——水泥筛余物的质量（g）；

m——水泥试样的质量（g）。

6. 结果处理

（1）修正系数的测定。以两次平行试验结果（经修正系数修正）的算术平均值为测定值，结果精确至 0.1%；当两次筛余结果相差大于 0.3% 时，试验数据无效，需重新试验。

（2）负压筛法与水筛法测定的结果发生争议时，以负压筛法为准。

二、水泥比表面积试验方法（勃氏法）

1. 目的与适用范围

测定水泥比表面积，用以评价水泥的质量。本方法适用于通用硅酸盐水泥及指定采用本方法的其他粉状物料，其比表面积为 2000（200）~ 6000cm²/g（600m²/kg）。不适用于测定多孔材料及超细粉状物料。

2. 仪器与材料

（1）勃氏（Blaine）透气仪分为手动和自动型两种。勃氏透气仪由透气圆筒、穿孔板、捣器、压力计、抽气装置五部分组成，如图 14-5 和图 14-6 所示。

①透气圆筒：内径为 12.70mm ± 0.05mm，由不锈钢制成。

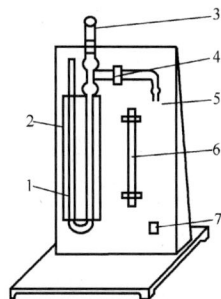

图 14-5 Blaine 透气仪示意图

1-U 形压力计；2-平面镜；3-透气圆筒；4-活塞；5-背面接微型电磁泵；6-温度计；7-开关

圆筒内表面的光洁度▽6,圆筒的上口边应与圆筒主轴垂直,圆筒下部锥度与压力计上玻璃磨口锥度一致,二者严密连接。在圆筒内壁,距离圆筒上口边55mm±10mm处有一突出的宽度为0.5~1.0mm的边缘,以放置金属穿孔板。

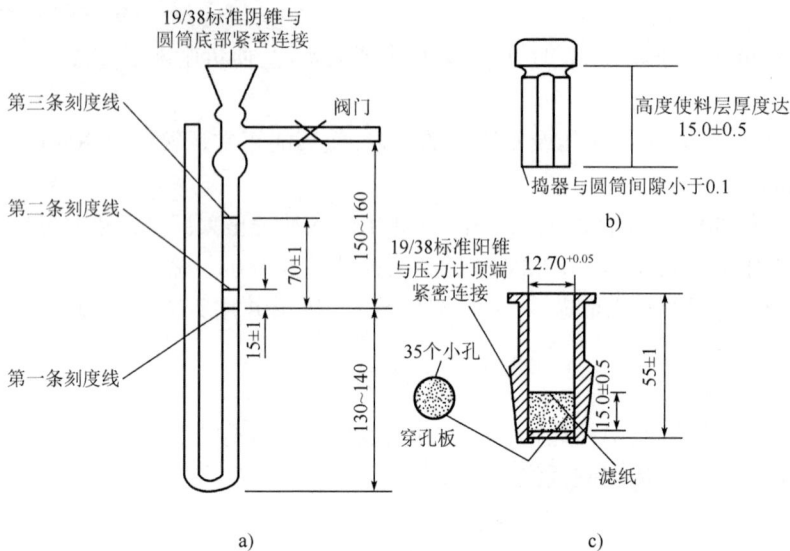

图14-6 透气仪结构及尺寸(尺寸单位:mm)
a)U形压力计;b)捣器;c)透气圆筒

②穿孔板:由不锈钢或其他不受腐蚀的金属制成,厚度为$1.0^{0}_{-0.1}$mm。在其面上,等距离地打有35个直径为1mm的小孔,穿孔板应与圆筒内壁密合。穿孔板两平面应平行。

③捣器:用不锈钢制成,插入圆筒时,其间隙不大于0.1mm。捣器的底面应与主轴垂直,侧面有一个扁平槽,宽度为3.0mm±0.3mm。捣器的顶部有一个支持环,当捣器放入圆筒时,支持环与圆筒上口边接触,这时捣器底面与穿孔圆板之间的距离为15.0mm±0.5mm。

④压力计:U形压力计尺寸如图14-6a)所示,由外径为9mm的具有标准厚度的玻璃管制成。压力计一个臂的顶端有一锥形磨口与透气圆筒紧密连接,在连接透气圆筒的压力计臂上刻有环形线。从压力计底部往上280~300mm处有一个出口管,管上装有一个阀门,连接抽气装置。

⑤抽气装置:用小型电磁泵,也可用抽气球。

(2)滤纸:用中速定量滤纸。

(3)天平:感量为0.001g。

(4)秒表:分度值为0.5s。

(5)压力计液体:带有颜色的蒸馏水。

3.仪器校准

至少每年进行一次仪器设备的校准。月平均使用次数不少于30次时,应每半年进行一次。仪器设备维修后,应重新标定。

4.试验步骤

(1)试样准备

测定水泥的密度,并留样备用。

（2）漏气检查

将透气圆筒上口用橡皮塞塞紧，接到压力计上。用抽气装置从压力计一臂中抽出部分气体，然后关闭阀门，观察是否漏气。如发现漏气，用活塞油脂加以密封。

（3）空隙率 ε 的确定

空隙率是指试料层中空隙的容积与试料层总的容积之比，P·I、P·II 型水泥采用0.500% ±0.005%，其他水泥和粉料的孔隙率选用 0.53% ±0.005%。当上述空隙率不能将试样压至本方法（5）规定的位置时，则允许改变空隙率。空隙率调整以 2000g 砝码（5 等砝码）将试样压实至本方法（5）规定的位置为准。

（4）确定试样量

校正试验用的标准试样量和被测定水泥的质量，应达到在制备的试料层中的空隙率为0.500% ±0.005%，按式（14-2）计算：

$$W = \rho V(1 - \varepsilon) \qquad (14\text{-}2)$$

式中：W——需要的试样质量（g）；

ρ——试样表观密度（g/cm^3）；

V——按 JC/T 956 测定的试料层体积（cm^3）；

ε——试料层空隙率。

结果计算精确至 0.001g。

（5）试料层制备

将穿孔板放入透气圆筒的顶端上，用一根直径比圆筒略小的细棒把一片滤纸送到穿孔板上，边缘压紧。按本方法（4）确定的试样量，精确至 0.001g，倒入圆筒。轻敲圆筒的边，使水泥层表面平坦。再放入一片滤纸，用捣器均匀捣实试料直至捣器的支持环紧紧接触圆筒顶边并旋转两周，慢慢取出捣器。穿孔板上的滤纸，应是与圆筒内径相同、边缘光滑的圆片（直径为12.7mm）。穿孔板上滤纸片比圆筒内径小时，会有部分试样黏于圆筒内壁高出圆板上部；滤纸直径大于圆筒内径时，会引起滤纸片褶皱使结果不准。每次测定需用新的滤纸片。

（6）透气试验

①把装有试料层的透气圆筒下锥面涂一薄层油脂，然后连接到压力计顶端锥形口上，旋转1~2 周（不应振动所制备的试料层），以保证紧密连接不致漏气。

②打开微型电磁泵，慢慢从压力计一臂中抽出空气，直到压力计内液面上升到扩大部下端时关闭阀门。当压力计内液体的弯月液面下降到第一个刻线时开始计时，当液体的弯月面下降到第二条刻线时停止计时，记录液面从第一条刻度线下降到第二条刻度线所需的时间，以秒（s）记录，并记下试验时的温度（℃）。

5. 试验结果计算

（1）当被测物料的密度、试料层中空隙率与标准试样相同，试验时温差不大于 ±3℃时，按式（14-3）计算比表面积。

$$S_c = \frac{S_s \sqrt{T}}{\sqrt{T_s}} \qquad (14\text{-}3)$$

如试验时温差大于 ±3℃时，可按式（14-4）计算：

$$S_c = \frac{S_s \sqrt{T} \sqrt{\eta_s}}{\sqrt{T_s} \sqrt{\eta}} \qquad (14\text{-}4)$$

式中:S_c——被测试样的比表面积(cm^2/g);

S_s——标准试样的比表面积(cm^2/g);

T——被测试样试验时,压力计中液面降落测得的时间(s);

T_s——标准试样试验时,压力计中液面降落测得的时间(s);

η——被测试样试验温度下的空气黏度($\mu Pa \cdot s$);

η_s——标准试样试验温度下的空气黏度($\mu Pa \cdot s$)。

注:$\sqrt{T}$保留小数点后两位。

(2)当被测试样的试料层中空隙率与标准试样试料层中空隙率不同,试验时温差不大于±3℃时,可按式(14-5)计算:

$$S_c = \frac{S_s \sqrt{T}(1-\varepsilon_s)\sqrt{\varepsilon^3}}{\sqrt{T_s}(1-\varepsilon)\sqrt{\varepsilon_s^3}} \tag{14-5}$$

试验时温差大于±3℃时,则按式(14-6)计算:

$$S_c = \frac{S_s \sqrt{T}(1-\varepsilon_s)\sqrt{\varepsilon^3}\sqrt{\eta_s}}{\sqrt{T_s}(1-\varepsilon)\sqrt{\varepsilon_s^3}\sqrt{\eta}} \tag{14-6}$$

式中:ε——被测试样试料层中的空隙率;

ε_s——标准试样试料层中的空隙率。

注:$\sqrt{T}$保留小数点后两位,$\sqrt{\varepsilon^3}$保留小数点后三位。

(3)当被测试样的密度和空隙率均与标准试样不同,试验时温差不大于±3℃时,可按式(14-7)计算:

$$S_c = \frac{S_s \sqrt{T}(1-\varepsilon_s)\sqrt{\varepsilon^3}\rho_s}{\sqrt{T_s}(1-\varepsilon)\sqrt{\varepsilon_s^3}\rho} \tag{14-7}$$

如试验时温度相差大于±3℃时,可按式(14-8)计算:

$$S_c = \frac{S_s \sqrt{T}(1-\varepsilon_s)\sqrt{\varepsilon^3}\rho_s\sqrt{\eta_s}}{\sqrt{T_s}(1-\varepsilon)\sqrt{\varepsilon_s^3}\rho\sqrt{\eta}} \tag{14-8}$$

式中:ρ——被测试样的密度(g/cm^3);

ρ_s——标准试样的密度(g/cm^3)。

注:$\sqrt{T}$保留小数点后两位,$\sqrt{\varepsilon^3}$保留小数点后三位。

(4)水泥比表面积应由两次平行试验结果的算术平均值确定,结果计算精确至10 cm^2/g。两次试验结果相差超过平均值的2%时,应重新试验。

(5)当同一水泥用手动勃氏透气仪测定的结果与用自动勃氏透气仪测定的结果有争议时,以手动勃氏透气仪测定结果为准。

第二节 水泥标准稠度用水量、凝结时间、安定性试验

1.目的与适用范围

测定水泥的标准稠度用水量、凝结时间和体积安定性,用于评价水泥的质量。本方法适用

于通用硅酸盐水泥、道路硅酸盐水泥及指定采用本方法的其他品种水泥。

2.仪具与材料

(1)水泥净浆搅拌机。

(2)标准维卡仪:如图14-7a)所示。标准稠度测定用试杆[图14-7c)]有效长度为50mm±1mm、由直径为10mm±0.05mm的圆柱形耐腐蚀金属制成。测定凝结时间用试针[图14-7d)和图14-7e)]由钢制成。初凝针有效长度为50mm±1mm、终凝针为30mm±1mm,直径均为1.13mm±0.05mm。滑动部分的总质量为300g±1g。与试杆、试针联结的滑动杆表面应光滑,能靠重力自由下落,不得有紧涩和旷动现象。

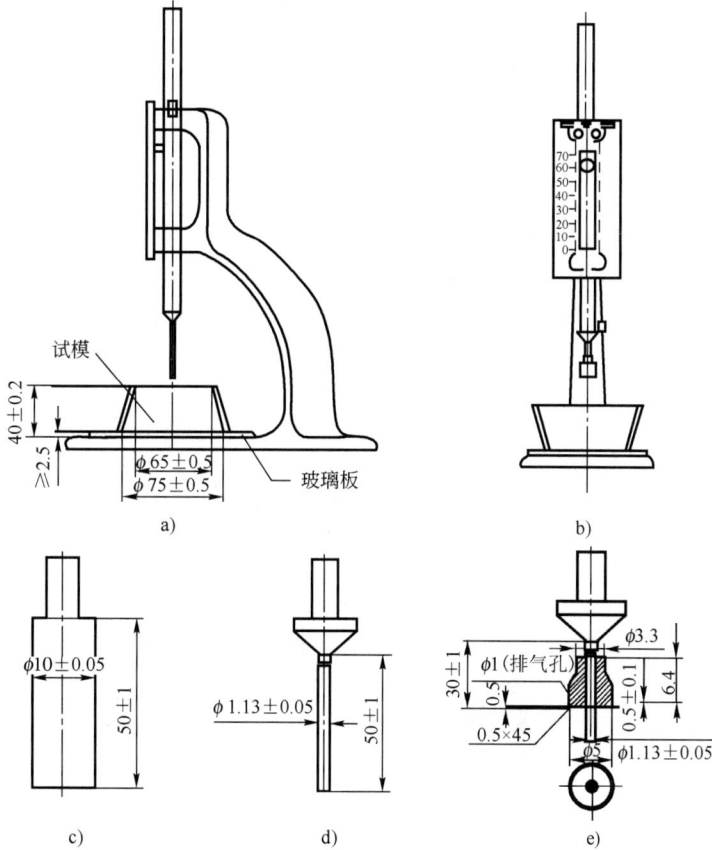

图14-7　标准法维卡仪(尺寸单位:mm)

a)初凝时间测定用立式试模侧视图;b)终凝时间测定用反转试模前视图;c测标准稠度试杆;d)初凝用试针;e)终凝用试针

盛装水泥净浆的试模[图14-7a)]应由耐腐蚀的、有足够硬度的金属制成。试模深40mm±0.2mm,圆锥台顶内径为65mm±0.5mm,底内径为75mm±0.5mm,每只试模应配备一个边长或直径约为100mm,厚度为4~5mm的平板玻璃底板或金属底板。

(3)沸煮箱:有效容积约为410mm×240mm×310mm,箱的内层由不易锈蚀的金属材料制成,能在30min±5min内将箱内的试验用水由室温升至沸腾并可保持沸腾状态180min±5min以上,整个试验过程中不需补充水量。

（4）雷氏夹：由铜质材料制成，其结构如图14-8所示。当一根指针的根部先悬挂在一根金属丝或尼龙丝上，另一根指针的根部再挂上300g质量的砝码时，两根指针的针尖距离增加应在17.5mm±2.5mm范围以内，当去掉砝码后针尖的距离能恢复至挂砝码前的状态。雷氏夹受力示意图如图14-9所示。

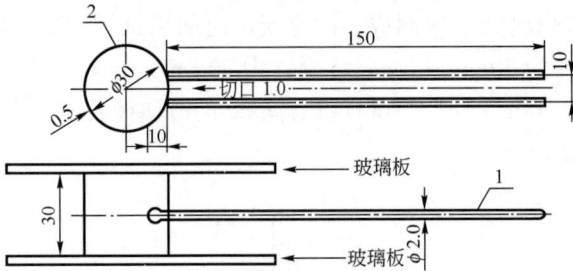

图14-8 雷氏夹示意图(尺寸单位:mm)
1-指针;2-环模

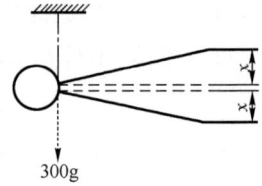

图14-9 雷氏夹标定示意图

（5）量水器：分度值为0.5mL。

（6）天平：量程不小于1000g，感量不大于1g。

（7）水泥标准养护箱：温度控制在20℃±1℃，相对湿度大于90%。

（8）雷氏夹膨胀值测定仪：如图14-10所示，标尺最小刻度0.5mm。

（9）秒表：分度值1s。

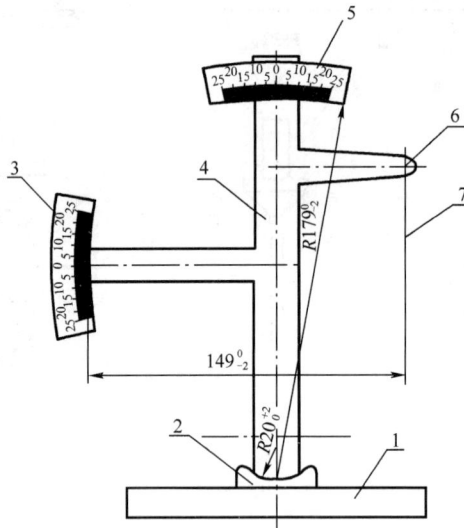

图14-10 雷氏夹膨胀值测定仪(尺寸单位:mm)
1-底座;2-模子座;3-测弹性标尺;4-立柱;5-测膨胀值标尺;6-悬臂;7-悬丝

3.试验准备

（1）水泥试样应充分拌匀，通过0.9mm方孔筛，并记录筛余物情况，但要防止过筛时混进其他粉料。

（2）试验用水宜为洁净的饮用水，如有争议时可用蒸馏水。

4.试验环境

（1）试验环境温度为20℃±2℃，相对湿度大于50%。

（2）水泥试样、拌和水、仪器和用具的温度应与试验室内室温一致。

5.标准稠度用水量测定（标准法）

（1）试验前必须做到：

①维卡仪的金属棒能够自由滑动。试模和玻璃底板用湿布擦拭（但不允许有明水），将试模放在底板上。

②调整至试杆接触玻璃板时指针对准零点。

③水泥净浆搅拌机运行正常。

（2）水泥净浆的拌制

用水泥净浆搅拌机搅拌，将搅拌锅和搅拌叶片先用湿布擦过，将拌和水倒入搅拌锅中，然后在5~10s内小心将称好的500g水泥加入水中，防止水和水泥溅出。拌和时，先将锅放在搅拌机的锅座上，升至搅拌位置，启动搅拌机，低速搅拌120s，停15s，同时将叶片和锅壁上的水泥浆刮入锅中间，接着高速搅拌120s后停机。

（3）标准稠度用水量的测定步骤

①拌和结束后，立即取适量水泥净浆一次性将其装入已置于玻璃底板上的试模中，浆体超过试模上端，用宽约25mm的直边刀轻轻拍打超出试模部分的浆体5次以排除浆体中的孔隙，然后在试模上表面约1/3处，略倾斜于试模分别向外轻轻锯掉多余净浆，再从试模边沿轻抹顶部一次，使净浆表面光滑。在锯掉多余的净浆和抹平的操作过程中，注意不要压实净浆。

②抹平后迅速将试模和底板移到维卡仪上，并将其中心定在试杆下，降低试杆直到与水泥净浆表面接触，拧紧螺丝1~2s后，突然放松，使试杆垂直自由地沉入水泥净浆中。在试杆停止沉入或释放试杆30s时记录试杆距底板之间的距离，升起试杆后，立即擦净。

③整个操作应在搅拌后90s内完成。以试杆沉入净浆并距底板6mm±1mm的水泥净浆为标准稠度净浆。其拌和水量为该水泥的标准稠度用水量（P），按水泥质量的百分比计，结果精确至1%。

④当试杆距玻璃板距离小于5mm时，应适当减水，重复水泥浆的拌制和上述过程；若距离大于7mm，则应适当加水，并重复水泥浆的拌制和上述过程。

6.标准稠度用水量的测定（代用法）

（1）标准稠度用水量的测定可用调整水量法和不变水量法两种方法中的任一种，发生争议时，以调整水量法为准。采用调整水量法测定标准稠度用水量时，拌和水量应按经验找水；采用不变水量法测定时，拌和水量为142.5mL，水量精确到0.5mL。

（2）试验前须检查项目：仪器金属棒应能自由滑动；试锥降至模顶面位置时，指针应对准标尺零点；搅拌机运转应正常等。

（3）水泥净浆的拌制：用符合要求的水泥净浆搅拌机搅拌，搅拌锅和搅拌叶片先用湿棉布擦净，将称好的500g水泥试样倒入搅拌锅内。拌和时，先将锅放到搅拌机锅座上，升至搅拌位置，启动机器，同时徐徐加入水拌和，慢速搅拌120s，停拌15s，接着快速搅拌120s后停机。

(4)标准稠度用水量的测定

①拌和结束后,立即将拌好的净浆装入锥模内,用宽约 25mm 的直边刀轻轻插捣 5 次,再轻轻振动 5 次,刮去多余净浆;抹平后迅速放到试锥下面固定位置上。将试锥降至净浆表面拧紧螺丝处,拧紧螺丝 1~2s 后,突然放松,让试锥自由沉入净浆中,到试锥停止下沉时记录试锥下沉深度。整个操作应在搅拌后 90s 内完成。

②用调整水量法测定时,以试锥下沉深度 30mm ± 1mm 时的净浆为标准稠度净浆。其拌和水量为该水泥的标准稠度用水量(P),按水泥质量的百分比计。如下沉深度超出范围,须另称试样,调整水量,重新试验,直至达到 30mm ± 1mm 时为止。

③用不变水量法测定时,标准稠度用水量按式(14-9)计算:

$$P = 33.4 - 0.185S \tag{14-9}$$

式中:P——水泥标准稠度用水量(%);

S——试锥下沉深度(mm)。

结果计算精确至 1%。

当试锥下沉深度小于 13mm 时,应改用调整水量法测定。

7.凝结时间的测定

(1)测定前准备工作:调整凝结时间测定仪的试针接触玻璃板时,指针对准零点。

(2)试件的制备:以标准稠度用水量制成标准稠度净浆(记录水泥全部加入水中的时间作为凝结时间的起始时间),一次装满试模,振动数次刮平,立即放入养护箱中。

(3)初凝时间的测定

①记录水泥全部加入水中至初凝状态的时间作为初凝时间,用"min"计。

②试件在湿汽养护箱中养护至加水后 30min 时进行第一次测定。测定时,从湿汽养护箱中取出试模放到试针下,降低试针与水泥净浆表面接触。拧紧螺丝 1~2s 后,突然放松,使试针垂直自由地沉入水泥净浆中。观察试针停止沉入或释放试针 30s 时指针的读数。

③临近初凝时每隔 5min(或更短时间)测定一次,当试针沉至距底板 4mm ± 1mm 时,为水泥达到初凝状态。

④当达到初凝时应立即重复测一次,当两次结论相同时才能定为达到初凝状态。

(4)终凝时间的测定

①由水泥全部加入水中至终凝状态的时间为水泥的终凝时间,用"min"计。

②为了准确观察试件沉入的状况,在终凝针上安装了一个环形附件[图 14-7e)]。在完成初凝时间测定后,立即将试模连同浆体以平移的方式从玻璃板取下,翻转 180°,直径大端向上,小端向下放在玻璃板上,再放入湿气养护箱中继续养护。

③临近终凝时间时每隔 15min(或更短时间)测定一次,当试针沉入试件 0.5mm 时,即环形附件开始不能在试件上留下痕迹时,为水泥达到终凝状态。

④达到终凝时需要在试件另外两个不同点测试,结论相同时才能确定达到终凝状态。

(5)测定时应注意,在最初测定的操作中应轻轻扶持金属柱,使其徐徐下降,以防止试针撞弯,但结果以自由下落为准;在整个测试过程中试针沉入的位置至少要距试模内壁 10mm。每次测定不能让试针落入原针孔,每次测试完毕须将试针擦净并将试模放回湿汽养护箱内,整个测试过程要防止试模振动。

8. 安定性测定(标准法)

(1)测定前的准备工作

每个试样需要两个试件,每个雷氏夹需配备边长或直径约80mm、厚度为4～5mm的玻璃板两块。凡与水泥净浆接触的玻璃板和雷氏夹表面都要稍稍涂上一层油。

(2)雷氏夹试件的制备方法

将预先准备好的雷氏夹放在稍涂黄油的玻璃板上,并立刻将已制好的标准稠度净浆装满试模。装浆时一只手轻轻扶持试模,另一只手用宽约25mm的直边小刀在浆体表面轻轻插捣3次,然后抹平,盖上稍涂黄油的玻璃板,接着立刻将试模移至湿汽养护箱内养护24h±2h。

(3)煮沸

①调整好沸煮箱内的水位,使之在整个沸煮过程中都能没过试件,不需中途添补试验用水,同时保证在30min±5min内能沸腾。

②脱去玻璃板取下试件,先检查试饼是否完整。在试饼无缺陷的情况下,用雷氏法测定时,先测量雷氏夹指针尖端间的距离(A),精确到0.5mm,接着将试件放入沸煮箱的试件架上,指针朝上,试件之间互不交叉,然后在30min±5min内加热至沸腾,并恒沸180min±5min。

(4)结果判定

沸煮结束后,即放掉箱中的热水,打开箱盖,待箱体冷却至室温,测量雷氏夹指针尖端间的距离(C),精确至0.5mm。当两个试件煮后增加距离($C-A$)的平均值不大于5.0mm时,即认为该水泥安定性合格;当两个试件的($C-A$)的平均值大于5.0mm时,应用同一样品立即重做一次试验。再如此,则认为该水泥为安定性不合格。

9. 安定性的测定(代用法)

(1)试验前准备工作

每个样品需准备两块约100mm×100mm的玻璃板。凡与水泥净浆接触的玻璃板都要稍稍涂上一层油。

(2)试饼的成型方法

将制好的标准稠度净浆取出一部分分成两等份,使之成球形,放在预先准备好的玻璃板上,轻轻振动玻璃板并用湿布擦净的小刀由边缘向中央抹动,做成直径为70～80mm、中心厚约10mm、边缘渐薄、表面光滑的试饼,接着将试饼放入湿汽养护箱内养护24h±2h。

(3)沸煮

①调整好沸煮箱内的水位,使之在整个沸煮过程中都能没过试件,无须中途添补试验用水,同时保证水在30min±5min内能沸腾。

②脱去玻璃板取下试件,先检查试饼是否完整(如已开裂、翘曲,要检查原因,确定无外因时,该试饼已属不合格品,不必沸煮),在试饼无缺陷的情况下将试饼放在沸煮箱的水中箅板上,然后在30min±5min内加热至水沸腾,并恒沸180min±5min。

(4)结果判别

沸煮结束后,立即放掉沸煮箱中的热水,打开箱盖,待箱体冷却至室温,取出试件进行判别。目测试饼未发现裂缝,用直尺检查也没有弯曲(使钢直尺和试饼底部紧靠,以两者间不透光为不弯曲)的试饼为安定性合格,反之为不合格。当两个试饼判别结果有矛盾时,该水泥的安定性为不合格。

第三节　水泥胶砂强度试验

1. 目的与适用范围

测试水泥的胶砂强度,用于确定水泥的强度等级或判定水泥的质量。本方法适用于通用硅酸盐水泥、道路硅酸盐水泥及指定采用本方法的其他品种水泥。

2. 仪器设备与材料

(1)胶砂搅拌机:胶砂搅拌机属行星式,其搅拌叶片和搅拌锅做相反方向的转动。叶片和锅由耐磨的金属材料制成,叶片与锅底、锅壁之间的间隙为叶片与锅壁最近的距离。

(2)振动台:如图14-11所示,由装有两个对称偏心轮的电动机产生振动,使用时固定于混凝土基座上。座高约400mm,混凝土的体积约0.25m³,质量约600kg。为防止外部振动影响振实效果,可在整个混凝土基座下放一层厚约5mm的天然橡胶弹性衬垫。

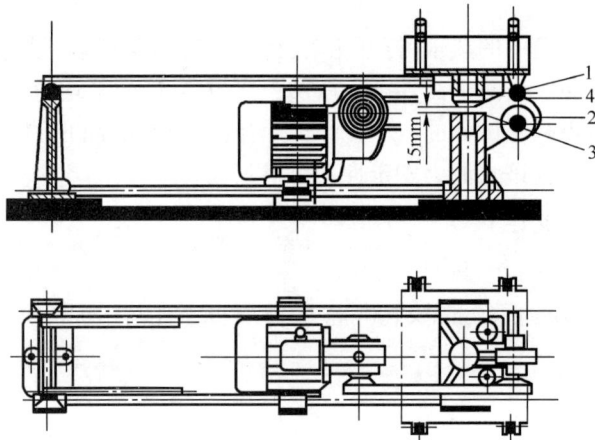

图14-11　振动台
1-突头;2-凸轮;3-止动器;4-随动器

将仪器用地脚螺丝固定在基座上,安装后设备成水平状态,仪器底座与基座之间要铺一层砂浆以确保他们的完全接触。

(3)代用振动台:代用振动台,其频率为2800～3000次/min,振动台为全波振幅0.75mm±0.02mm。

(4)试模及下料漏斗:

①试模为可装卸的三联模,由隔板、端板、底座等部分组成,可同时成型三条截面为40mm×40mm×160mm的棱形试件。

②下料漏斗:由漏斗和模套两部分组成。漏斗用厚为0.5mm的白铁皮制作,下料口宽度一般为4～5mm。模套高度为20mm,用金属材料制作。套模壁与模型内壁应重叠,超出内壁不应大于1mm。

(5)抗折试验机和抗折夹具：

①抗折试验机：一般采用双杠杆式的，也可采用性能符合要求的其他试验机。加荷与支撑圆柱必须用硬质钢材制造。三根圆柱轴的三个竖向平面应平行，并在试验时继续保持平行和等距离垂直试件的方向，其中一根支撑圆柱能轻微地倾斜使圆柱与试件完全接触，以便荷载沿试件宽度方向均匀分布，同时不产生任何扭转应力。如图 14-12 所示。

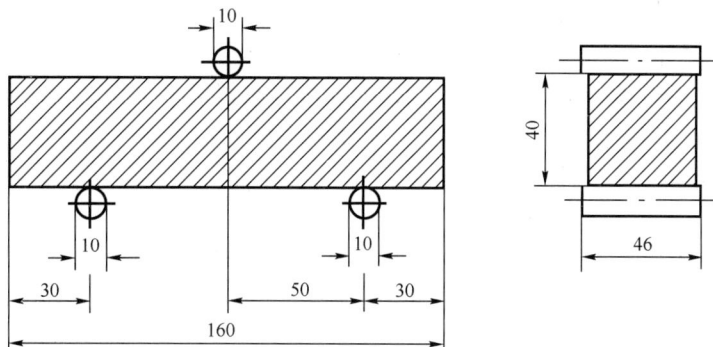

图 14-12　抗折强度测定加荷图(尺寸单位:mm)

②抗折强度也可用抗压强度试验机来测定，此时应采用符合上述规定的夹具。

(6)抗压试验机和抗压夹具：抗压试验机的吨位以 200～300kN 为宜。在较大的 4/5 量程范围内使用时，记录的荷载应有 ±1.0% 的精度，并具有按 2400N/s ±200N/s 速率加荷的能力，具有一个能指示试件破坏时荷载的指示器。压力机的活塞竖向轴应与压力机的竖向轴重合，而且活塞作用的合力要通过试件中心。压力机的下压板表面应与该机的轴线垂直并在加荷过程中一直保持不变。抗压夹具应由硬质钢材制成，受压面积为 40mm ×40mm。

(7)天平：量程不小于 2000g，感量不大于 1g。

(8)水泥：水泥试样从取样到试验要保持 24h 以上时，应将其储存在基本装满和气密的容器中，这个容器不能和水泥反应。

(9)试验用砂：ISO 标准砂。

(10)试验用水：饮用水。仲裁试验时用蒸馏水。

3.试验环境

(1)试件成型时试验室应保持 20℃ ±2℃ 的室内温度(包括强度试验室)，相对湿度大于50%。水泥试样、ISO 砂、拌和水及试模等的温度应与室温相同。

(2)养护箱或雾室温度为 20℃ ±1℃，相对湿度大于 90%；养护水的温度 20℃ ±1℃。

(3)试件成型试验室的空气温度和相对湿度在工作期间早晚至少各记录一次。养护箱或雾室温度和相对湿度至少每 4h 记录一次。

4.试件制备

(1)成型前将试模擦净，四周的模板与底座的接触面上涂黄油，紧密装配，防止漏浆，内壁均匀地刷一薄层机油。

(2)水泥与 ISO 砂的质量比为 1:3，水灰比为 0.5。火山灰质硅酸盐水泥、粉煤灰硅酸盐水泥、复合硅酸盐水泥和掺火山灰质混合材料的流动度小于 180mm 时，应以 0.01 整倍数递增的方法将水灰比调整至胶砂流动度不小于 180mm 为止。

（3）成型三条试件的材料及用量为：水泥 $450g\pm2g$；ISO 砂 $1350g\pm5g$；水 $225mL\pm1mL$。

（4）将水加入锅中，再加入水泥，把锅放在固定架上并上升至固定位置固定。然后立即启动机器，低速搅拌 30s 后，在第二个 30s 开始的同时均匀将砂子加入。再高速搅拌 30s。停拌 90s。在停拌中的第一个 15s 内用胶皮刮具将叶片和锅壁上的胶砂刮入锅中。在高速下继续搅拌 60s。各个阶段时间误差应在 ±1s 内。

（5）将试模和模套固定在振动台上，用勺子直接从搅拌锅中将胶砂分为两层装入试模。装第一层时，每个槽里约放 300g 砂浆，用大播料器垂直架在模套顶部，沿每个模槽来回一次将料层播平，接着振实 60 次。再装入第二层胶砂，用小播料器播平，再振实 60 次。移走模套，从振实台上取下试模，并用刮尺以 90° 的角度架在试模顶的一端，沿试模长度方向以横向锯割动作慢慢向另一端移动，一次将超出试模的胶砂刮去，并用同一直尺在近乎水平的情况下将试件表面抹平。

（6）用代用振动台成型时，同时将试模及下料漏斗卡紧在振动台台面中心。将搅拌好的全部胶砂均匀地装于下料漏斗中，开动振动台 $120s\pm5s$ 后停车。振动完毕，取下试模，用刮平尺按上述方法刮去多余胶砂并抹平试件。

（7）在试模上加字条标明试件的编号和试件相对于振实台的位置。两个龄期以上的试件，编号时应将同一试模中的三条试件分在两个以上的龄期内。

（8）试验前或更换水泥品种时，搅拌锅、叶片和下料漏斗等须抹擦干净。

5. 养护

（1）编号后，将试模放入养护箱养护。养护箱内箅板必须水平。水平放置时刮平面应朝上。对于 24h 龄期的，应在破型试验前 20min 内脱模。对于 24h 以上龄期的，应在成型后 20～24h 内脱模。脱模时要非常小心，应防止试件损伤。硬化较慢的水泥允许延期脱模，但须记录脱模时间。

（2）试件脱模后即放入水槽中养护，试件之间间隙和试件上表面的水深不得小于 5mm。每个养护池中只能养护同类水泥试件，保持恒定水位，不允许养护期间全部换水。

（3）除 24h 龄期或延迟 48h 脱模的试件外，任何到龄期的试件应在试验前 15min 从水中取出。抹去试件表面沉淀物，并用湿布覆盖。

6. 抗折强度试验

（1）以中心加荷法测定抗折强度。采用杠杆式抗折试验机试验时，试件放入前，应使杠杆呈水平状态。试件放入后调整夹具，使杠杆在试件折断时尽可能地接近水平位置。

（2）抗折试验加荷速度为 $50N/s\pm10N/s$，直至折断。并保持两个半截棱柱处于潮湿状态直至抗压试验。

（3）抗折强度按式（14-10）计算，计算值精确到 0.1MPa。

$$R_f = \frac{1.5 F_f \times L}{b^3} \tag{14-10}$$

式中：R_f——抗折强度（MPa）；

F_f——破坏荷载（N）；

L——支撑圆柱中心距（mm）；

b——试件断面正方形的边长，为 40mm。

(4)抗折强度结果取 3 个试件平均值,精确至 0.1MPa。当 3 个强度值中有超过平均值 ±10% 的,应剔除后再平均,以平均值作为抗折强度试验结果。

7. 抗压强度试验

(1)抗折试验后的断块应立即进行抗压试验。抗压试验须用抗压夹具进行,试件受压面为试件成型时的两个侧面,面积为 40mm×40mm。试验前应清除试件受压面与加压板间的砂粒或杂物。试验时以试件的侧面作为受压面,试件的底面靠紧夹具定位销,并使夹具对准压力机压板中心。

(2)启动压力机,以 2400N/s±200N/s 速率加载,在接近破坏时应更严格掌握。

(3)抗压强度按式(14-11)计算,计算值精确到 0.1MPa。

$$R_c = \frac{F_c}{A} \qquad (14-11)$$

式中:R_c——抗压强度(MPa);

F_c——破坏荷载(N);

A——受压面积,40mm×40mm = 1600mm^2。

(4)抗压强度结果为一组 6 个断块试件抗压强度的算术平均值,精确至 0.1MPa。如果 6 个强度值中有 1 个值超过平均值 ±10% 的,应剔除后以剩下的 5 个值的算术平均值作为最后结果。如果 5 个值中再有超过平均值 ±10% 的,则此组试件无效。

第十五章

沥青试验

第一节　沥青三大指标试验

一、针入度试验

1. 目的与适用范围

测定道路石油沥青、聚合物改性沥青、液体石油沥青蒸馏或乳化沥青蒸发后残留物的针入度,以0.1mm计。用以评价沥青的黏稠性,并用以确定沥青的标号。

2. 仪具与材料

(1)针入度仪:结构见图15-1。针的贯入深度必须准确至0.1mm。针和针连杆组合件总质量为50g±0.05g,另附50g±0.05g砝码一只,试验时总质量为100g±0.5g。

(2)标准针:由硬化回火的不锈钢制成,洛氏硬度HRC54~60,针及针杆总质量2.5g±0.05g。针杆上应打印有号码标志。其尺寸及形状如图15-2所示。

(3)盛样皿:金属制,圆柱形平底。盛样皿内径55mm,深35mm。

(4)恒温水槽:容量不少于10L,控温的准确度为0.1℃。水槽中应设有一带孔的搁架,位于水面下不得少于100mm,距水槽底不得少于50mm处。

(5)平底玻璃皿:容量不少于1L,深度不少于80mm。带不锈钢三脚支架,能使盛样皿稳定。

(6)温度计或温度传感器:精度为0.1℃。

(7)计时器:精度为0.1s。

(8)位移计或位移传感器:精度为0.1mm。

(9)盛样皿盖:平板玻璃,直径不小于盛样皿开口尺寸。

(10)其他:三氯乙烯、电炉或砂浴、石棉网、金属锅或带把瓷坩埚等。

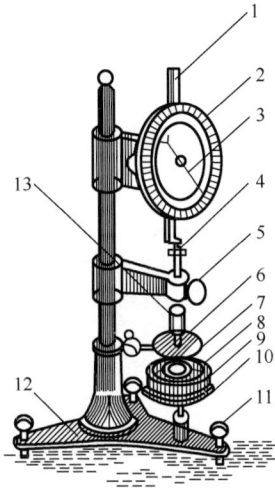

图15-1 针入度仪

1-拉杆;2-刻度盘;3-指针;4-连杆;
5-按钮;6-小镜;7-标准针;8-试样;
9-保温皿;10-圆形平台;11-调平螺
钉;12-底座;13-砝码

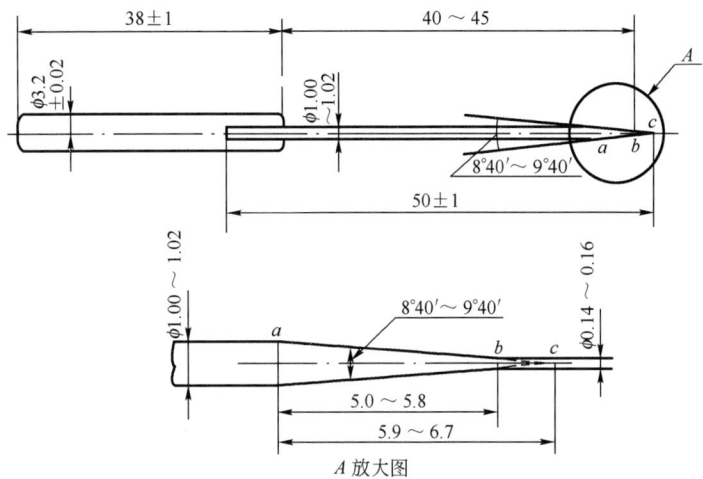

图15-2 针入度标准针(尺寸单位:mm)

3.试验准备

(1)按规定方法准备试样。

(2)将恒温水槽的水温调节到试验温度25℃,并保持稳定。

(3)将试样注入盛样皿中,试样高度应超过预计针入度值10mm,并盖上盛样皿,以防落入灰尘。盛有试样的盛样皿在15~30℃室温中冷却1.5h后,移入保持试验温度±0.1℃的恒温水槽中,保温不少于1.5h。

(4)调整针入度仪使之水平。检查针连杆和导轨,以确认无水和杂物,无明显摩擦。用三氯乙烯或其他溶剂清洗标准针,并擦干。将标准针插入针连杆,用螺钉固紧。按试验条件,加上附加砝码。

4.试验步骤

(1)从恒温水槽中取出达到恒温时间的盛样皿,移入水温控制在±0.1℃的平底玻璃皿中的三脚支架上,水面高出试样表面不少于10mm。

（2）将盛有试样的平底玻璃皿置于针入度仪的平台上。慢慢放下针连杆，借助反光镜或灯光反射观察，使针尖恰好与试样表面接触。将位移计或刻度盘指针复位为零。

（3）开始试验，按下释放键，这时计时与标准针落下贯入试样同时开始，至 5s 时自动停止。

（4）读取位移计或刻度盘指针的读数，准确至 0.1mm。

（5）同一试样平行试验至少 3 次，各测试点之间及与盛样皿边缘的距离不少于 10mm。每次试验应换一根干净标准针或将标准针取下用蘸有三氯乙烯溶剂的棉花或布揩净，再用棉花或布擦干。

（6）测定针入度大于 200 的沥青试样时，至少用 3 支标准针，每次试验后将针留在试样中，直至 3 次平行试验完成后，才能将标准针取出。

5. 报告

同一试样 3 次平行试验结果的最大值和最小值之差在下列允许偏差范围内时，计算 3 次试验结果的平均值，取整数作为针入度试验结果，以 0.1mm 计。

针入度(0.1mm)	允许差值(0.1mm)
0～49	2
50～149	4
150～249	12
250～500	20

当试验值不符合此要求时，应重新进行试验。

二、沥青延度试验

1. 目的与适用范围

（1）测定道路石油沥青、聚合物改性沥青、液体石油沥青蒸馏残留物和乳化沥青蒸发残留物等材料的延度。

（2）沥青延度的试验温度与拉伸速率可根据要求采用，通常采用的试验温度为 25℃、15℃、10℃或 5℃，拉伸速度为 5cm/min ±0.25cm/min。

2. 仪具与材料技术要求

（1）延度仪：具有自动控温、控速系统，试件浸没于水中时，能保持规定的试验温度并按照规定拉伸速度拉伸试件，且试验时无明显振动。延度仪的形状和组成如图 15-3 所示。

（2）试模：黄铜制，由两个端模和两个侧模组成，试模内侧粗糙度 Ra0.2μm，其形状及尺寸如图 15-4 所示。

（3）试模底板：玻璃板或磨光的铜板、不锈钢板（表面粗糙度 Ra0.2μm）。

（4）恒温水槽：容量不少于 10L，控制温度的准确度为 0.1℃，水槽中应设有带孔搁架，搁架距水槽底不得少于 50mm。试件浸入水中深度不小于 100mm。

（5）温度计：量程 0～50℃，分度值 0.1℃。

（6）其他：砂浴或其他加热炉具、隔离剂（甘油与滑石粉的质量比 2∶1）、刮刀、石棉网、酒精、食盐等。

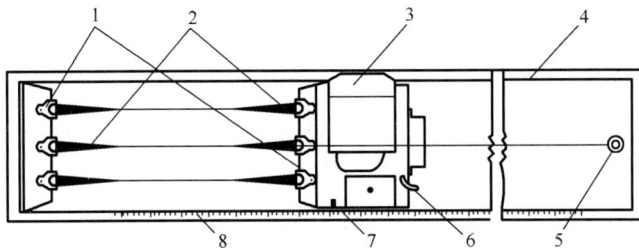

图 15-3 延度仪
1-试模;2-试样;3-电机;4-水槽;5-泄水孔;6-开关柄;7-指针;8-标尺

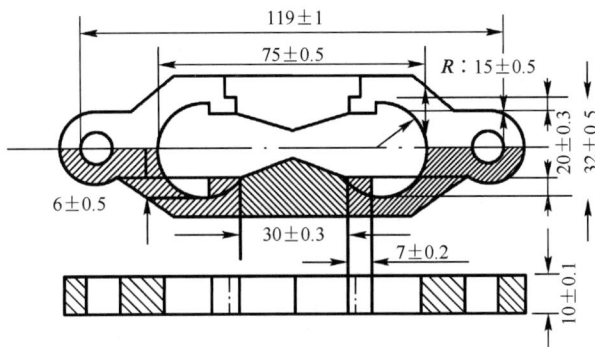

图 15-4 延度试模(尺寸单位:mm)

3. 试验准备

(1)将隔离剂拌和均匀,涂于清洁干燥的试模底板和两个侧模的内侧表面上,并将试模在试模底板上装妥。

(2)按规定的方法准备试样,然后将试样仔细自试模的一端至另一端往返数次缓缓注入模中,最后略高出试模。灌模时应注意勿使气泡混入。

(3)试件在室温中冷却不少于1.5h,然后用热刮刀自试模中间向两端刮除高出试模的沥青,使沥青面与试模面齐平。将试模连同底板再浸入规定试验温度的水槽中保温1.5h。

(4)检查延度仪延伸速度是否符合规定要求,移动延度仪移动架使其指针正对标尺的零点。向延度仪注水,调节水温至试验温度±0.1℃,并保持恒温。

4. 试验步骤

(1)将保温后的试件连同底板移入延度仪的水槽中,然后将盛有试样的试模自底板上取下,将试模两端的孔分别套在延度仪移动架及槽端固定板的金属柱上,并取下侧模。水面距试件表面应不小于25mm。

(2)开动延度仪,并注意观察试样的延伸情况。在试验过程中,水温应始终保持在规定的试验温度范围内,且仪器不得有振动,水面不得有晃动,当水槽采用循环水时,应暂时中断循环,停止水流。

在试验中,如发现沥青细丝浮于水面或下沉到槽底时,则应在水中加入酒精或食盐,调整水的密度至与试样相近后,重新试验。

(3)试件拉断时,读取指针所指标尺上的读数,以cm计。在正常情况下,试件延伸时应成锥尖状,拉断时实际断面接近于零。如不能得到这种结果,则应在报告中注明。

5. 报告

同一试样,每次平行试验不少于 3 个,如 3 个测定结果均大于 100cm,试验结果记作 ">100cm";特殊需要也可分别记录实测值。3 个测定结果中,当有一个以上的测定值小于 100cm 时,若最大值或最小值与平均值之差满足重复性试验精密度要求,则取 3 个测定结果的平均值的整数作为延度试验结果,若平均值大于 100cm,记作 ">100cm";若最大值或最小值与平均值之差不符合重复性试验精密度要求时,试验应重新进行。

6. 精密度或允许误差

当试验结果小于 100cm 时,重复性试验的允许误差为平均值的 20%;再现性试验的允许误差为平均值的 30%。

三、软化点试验(环球法)

1. 目的与适用范围

测定道路石油沥青、聚合物改性沥青的软化点,也适用于测定液体石油沥青经蒸馏或乳化沥青蒸发残留物的软化点。

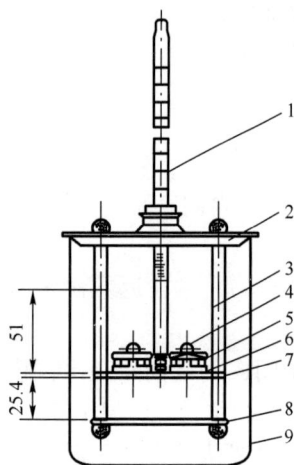

图 15-5 软化点仪(尺寸单位:mm)
1-温度计;2-上盖板;3-立杆;4-钢球;5-钢球定位环;6-金属环;7-中层板;8-下层板;9-烧杯

2. 仪具与材料技术要求

(1)软化点试验仪:如图 15-5 所示,由下列部件组成:

①钢球:直径 9.53mm,质量 3.5g ± 0.05g。

②试样环:黄铜或不锈钢制成。

③钢球定位环:黄铜或不锈钢制成。

④金属支架:由两个立柱和三层平行的金属板组成。上层为一圆盘,直径略大于烧杯直径,中间有一圆孔,用以插放温度计。中层板上有两个大孔,各放置金属环,中间小孔可支持温度计的测温端部。一侧立杆距环上 51mm 处刻有水高标记。环下面距下层底板为 25.4mm,而下底板距烧杯底不小于 12.7mm,也不得大于 19mm。三层金属板和两个主杆由两螺母固定在一起。

⑤耐热玻璃烧杯:容量 800 ~ 1000mL,直径不小于 86mm,高不小于 120mm。

⑥温度计:量程 0 ~ 100℃,分度值 0.5℃。

(2)装有温度调节器的电炉或其他加热炉(液化石油气、天然气等),应采用带有振荡搅拌器的加热电炉,振荡子置于烧杯底部。

(3)试样板:金属板(表面粗糙度应达 Ra0.8μm)或玻璃板。

(4)恒温水槽:控温的准确度为 ±0.5℃。

(5)其他:平直刮刀、隔离剂(甘油与滑石粉的质量比为 2∶1)、蒸馏水或纯净水、石棉网。

3. 试验准备

(1)将试样环置于涂有隔离剂的试样底板上。将按规定方法准备好的沥青试样徐徐注入试样环内至略高出环面为止。

（2）试样在室温冷却 30min 后，用环夹夹着试样环，并用热刮刀刮除高出环面的试样，应使其与环面齐平。

4.试验步骤

（1）将装有试样的试样环连同试样底板置于 5℃±0.5℃ 水的恒温水槽中至少 15min；同时将金属支架、钢球、钢球定位环等亦置于同一水槽中。

（2）烧杯内注入新煮沸并冷却至 5℃ 的蒸馏水或纯净水，水面略低于立杆上的深度标记。

（3）从恒温水槽中取出盛有试样的试样环安装在支架中层板的圆孔中，套上定位环；然后将整个环架放入烧杯中，调整水面至水位标记，并保持水温为 5℃±0.5℃。环架上任何部分不得附有气泡。将 0～100℃ 的温度计由上层板中心孔垂直插入，使端部测温头底部与试样环下面齐平。

（4）将盛有水和环架的烧杯移至放有石棉网的加热炉具上，然后将钢球放在定位环中间的试样中央，立即开动电磁振荡搅拌器，使水微微振荡，并开始加热，使杯中水温在 3min 内调节至维持每分钟上升 5℃±0.5℃。在加热过程中，应记录每分钟上升的温度值，如温度上升速度超出此范围时，则试验应重做。

（5）试样受热软化逐渐下坠，至与下层底板表面接触时，立即读取温度计读数，准确至 0.5℃。

5.报告

同一试样平行试验两次，当两次测定值的差值符合重复性试验允许误差要求时，取其平均值作为软化点试验结果，准确至 0.5℃。

6.精密度或允许误差

重复性试验的允许误差为 1℃，再现性试验的允许误差为 4℃。

第二节　沥青老化试验

老化试验有薄膜加热试验和旋转薄膜加热试验两种方法。前者在老化过程中沥青试样处于静止状态，老化仅限于试样表面；后者在老化过程中试样处于流动状态。在同样的加热温度条件下，后者仅需 75min 就可达到前者 5h 的效果，两种方法可任选其一。

一、薄膜加热试验

1.目的与适用范围

测定道路石油沥青、聚合物改性沥青薄膜加热后的质量变化，并根据需要，测定薄膜加热后残留物的针入度、延度、软化点、黏度等性质的变化，以评定沥青的耐老化性能。

2.仪具与材料技术要求

（1）薄膜加热烘箱：形状和尺寸如图 15-6 所示，工作温度范围可达 200℃，控温的准确度为1℃,装有温度调节器和可转动的圆盘架(图15-7)。

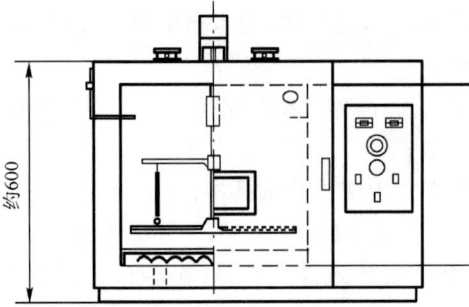

图15-6 薄膜加热烘箱(尺寸单位:mm)

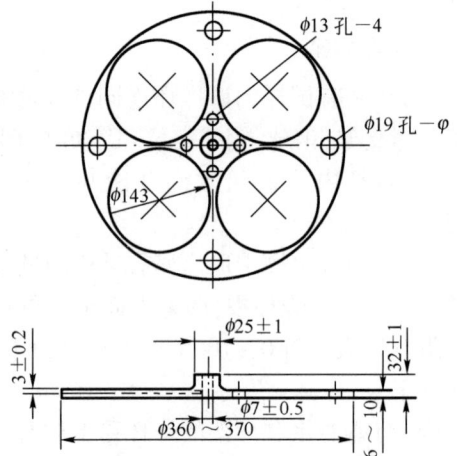

图15-7 圆盘架(尺寸单位:mm)

圆盘直径360～370mm,上有浅槽4个,供放置盛样皿,转盘中心有一垂直轴悬挂于烘箱的中央,由传动机构使转盘水平转动,转速为5.5r/min±1r/min。门为双层,两层之间应留有间隙,内层门为玻璃制,只要打开外门,便可通过玻璃窗读取烘箱中温度计的读数。烘箱底部及顶部分别设有空气入口和出口,以供空气进入和热空气与蒸气的逸出。

(2)盛样皿:铝或不锈钢制成,不少于4个,使用中不变形。

(3)温度计:量程0～200℃,分度值0.5℃。

(4)分析天平:感量不大于1mg。

(5)其他:干燥器、计时器等。

3.试验准备

(1)将洁净、烘干、冷却后的盛样皿编号,称其质量(m_0),准确至1mg。

(2)将准备好的沥青试样分别注入4个已称质量的盛样皿中,试样质量为50g±0.5g,并形成厚度均匀的沥青薄膜,放入干燥器中冷却至室温后称取质量(m_1),准确至1mg。

(3)测定沥青试样薄膜加热试验前的针入度、黏度、软化点、延度等指标。

(4)将温度计垂直悬挂于转盘轴上,位于转盘中心,水银球应在转盘顶面上的6mm处,并将烘箱加热并保持至163℃±1℃。

4.试验步骤

(1)把烘箱调整水平,使转盘在水平面上以5.5r/min±1r/min的速度旋转,转盘与水平面倾斜角不大于3°,温度计位置距转盘中心和边缘距离相等。

(2)在烘箱达到恒温163℃后,将盛样皿迅速放入烘箱内的转盘上,并关闭烘箱门和开动转盘架;使烘箱内温度回升至162℃时开始计时,并在163℃±1℃温度下保持5h。但从放置盛样皿开始至试验结束的总时间,不得超过5.25h。

(3)试验结束后,从烘箱中取出盛样皿,随机取其中两个盛样皿放入干燥器中冷却至室温后,分别称其质量(m_2),准确至1mg。

(4)试样称量后,将盛样皿放回163℃±1℃的烘箱中转动15min取出。

(5)将每个盛样皿的试样,用刮刀或刮铲刮入一容器内,置电炉上加热,并适当搅拌使充分融化达流动状态,倒入针入度盛样皿或延度、软化点等试模内,并按规定方法进行针入度等各项薄膜加热试验后残留物的相应试验。如在当日不能进行试验时,试样应放置在容器内,但全部试验必须在加热后72h内完成。

5.计算

沥青薄膜试验后质量变化按下式计算,精确至3位小数(质量损失为负值,质量增加为正值)。

$$L_T = \frac{m_2 - m_1}{m_1 - m_0} \times 100 \qquad (15-1)$$

式中:L_T——试样薄膜加热质量损失(%);

m_0——盛样皿质量(g);

m_1——薄膜烘箱加热前盛样皿与试样合计质量(g);

m_2——薄膜烘箱加热后盛样皿与试样合计质量(g)。

6.报告

(1)质量损失,当两个试样皿的质量损失符合重复性试验精密度要求时,取其平均值作为试验结果,准确至小数点后3位。

(2)根据需要报告残留物的针入度及针入度比、软化点及软化点增值、黏度及黏度比、老化指数、延度等各项性质的变化。

7.精密度或允许误差

(1)当薄膜加热后质量损失小于或等于0.4%时,重复性试验的允许误差为0.04%,再现性试验的允许差为0.16%。

(2)当薄膜加热后质量损失大于0.4%时,重复性试验的允许误差为平均值的8%,复现性试验的允许误差为平均值的40%。

二、旋转薄膜加热试验

1.目的与适用范围

测定道路石油沥青、聚合物改性沥青旋转薄膜烘箱加热(简称RTFOT)后的质量变化,并根据需要测定旋转薄膜加热后,沥青残留物的针入度、黏度、延度等性质的变化,以评定沥青的老化性能。

2.仪具与材料技术要求

(1)旋转薄膜烘箱:烘箱恒温室形状如图15-8所示。烘箱的顶部和底部均设有通气口。箱内有一可垂直转动的环形架,可安装8个水平放置的玻璃盛样瓶。垂直环形架的转速为15r/min ±0.2r/min,烘箱内装有一个空气喷嘴,与压缩机连通,在环形架最低位置上向转动的玻璃瓶内供热空气。

(2)盛样瓶:耐热玻璃制,高为139.7mm ±1.5mm,外径为64mm ±1.2mm,壁厚2.4mm ±0.3mm,口部直径为31.75mm ±1.5mm。

(3)其他:温度计、分析天平、汽油、三氯乙烯等。

3.试验准备

(1)用汽油或三氯乙烯洗净盛样瓶,置温度105℃ ±5℃烘箱中烘干,在干燥器中冷却后编号称其质量(m_0),准确至 1mg。

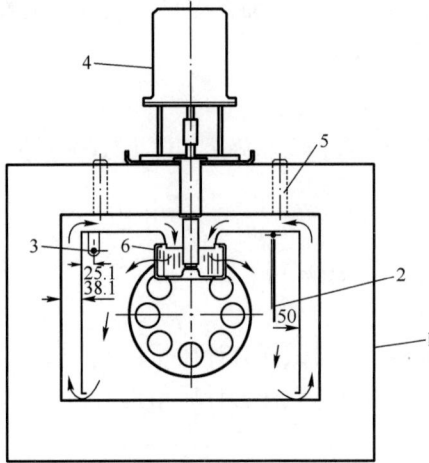

图 15-8 旋转薄膜烘箱恒温室(尺寸单位:mm)
1-恒温箱;2-温度计;3-温度传感器;4-风扇马达;5-换气孔;6-箱形风扇

(2)将旋转加热烘箱调节水平,启动旋转加热烘箱,在 163℃ ±0.5℃下预热不少于 16h。调节好温度控制器,使全部盛样瓶装入环形金属架后,烘箱的温度应在 10min 以内达到 163℃ ±0.5℃。

(3)调整喷气嘴与盛样瓶开口处的距离为 6.35mm,并调节流量计,使空气流量为 4000mL/min ±200mL/min。

(4)将准备的沥青试样分别注入每个盛样瓶中,试样质量为 35g ±0.5g,放入干燥器中冷却至室温后称取质量(m_1),准确至 1mg。

4.试验步骤

(1)将全部试样瓶插入烘箱环形架各个瓶位中,关上箱门,开启环形架转动开关,以 15r/min ±0.2r/min 速度转动。以 4000mL/min ±200mL/min 的流量向盛样瓶中喷入热空气,烘箱的温度应在 10min 回升到 163℃ ±0.5℃,使试样在 163℃ ±0.5℃ 温度加热时间不少于 75min。若 10min 内达不到试验温度,则试验不得继续进行。

(2)到达时间后,依次关停排气扇、压缩机,环形架停止转动,立即逐个取出盛样瓶,并迅速将试样倒入一洁净容器内混匀(进行加热质量损失的试样除外),以备进行旋转薄膜加热试验后的沥青性质的试验。

(3)将进行质量损失试验的试样瓶放入真空干燥器中,冷却至室温,称取质量(m_2),准确至 1mg。此瓶内的试样即予废弃,不得重复加热用来进行其他性质的试验。

5.计算

旋转薄膜加热后的质量损失计算、残留物性质试验等均同薄膜加热试验。

6.报告

(1)质量损失,当两个试样皿的质量损失符合重复性试验精密度要求时,取其平均值作为试验结果,准确至小数点后 3 位。

（2）根据需要报告残留物的针入度及针入度比、软化点及软化点增值、黏度及黏度比、老化指数、延度等各项性质的变化。

7.精密度或允许误差

（1）当旋转薄膜加热后质量损失小于或等于0.4%时，重复性试验的允许误差为0.04%，再现性试验的允许差为0.16%。

（2）当旋转薄膜加热后质量损失大于0.4%时，重复性试验的允许误差为平均值的8%，复现性试验的允许误差为平均值的40%。

第三节 黏度试验

一、道路沥青标准黏度计试验

1.目的与适用范围

测定液体石油沥青、煤沥青、乳化沥青等材料的流出黏度，用以确定被测材料的标号。标准黏度以 $C_{t,d}$ 表示，t 为试验温度（℃），d 为孔径（mm）。

2.仪具与材料技术要求

（1）道路沥青标准黏度计：如图15-9所示，由下列部分组成：

①水槽：环槽形，内径160mm、深100mm，中央有一圆井。环槽中存放保温用液体（水或油），上下方各设有一流水管。水槽下装有可以调节高低的三脚架，架上有一圆盘承托水槽，水槽底离试验台面约200mm。水槽控温精密度±0.2℃。

②盛样管：形状及尺寸如图15-10所示。盛样管的流孔 d 有 3mm±0.025mm、4mm±0.025mm、5mm±0.025mm 和 10mm±0.025mm 四种。根据试验需要，选择盛样管流孔的孔径。

③球塞：用以堵塞流孔，杆上有一标记。球塞直径 6.35mm±0.05mm，标记高 92mm±0.25mm，用以指示盛样管内试样的高度。

④水槽盖：盖的中央有套筒，可套在水槽的圆井上，下附有搅拌叶，盖上有一把手，转动把手时可借搅拌叶调匀水槽内水温。盖上还有一插孔，可放置温度计。

⑤温度计：分度值0.1℃。

⑥接受瓶：开口，圆柱形玻璃容器，100mL；也可采用100mL量筒。

⑦流孔检查棒：磷青铜制，长100mm，检查4mm和10mm流孔及检查3mm和5mm流孔各一支，检查段位于两端，长度不小于10mm，直径按流孔下限尺寸制造。

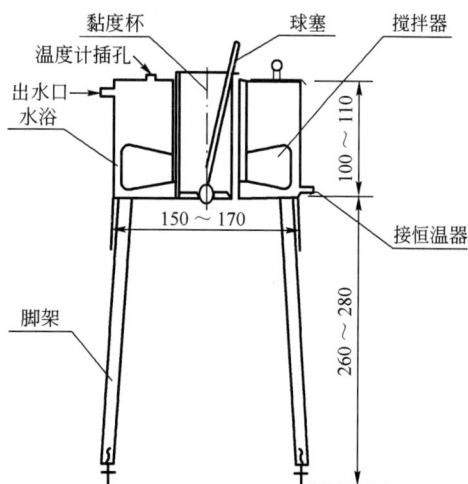

图15-9 道路沥青标准黏度计（尺寸单位：mm）

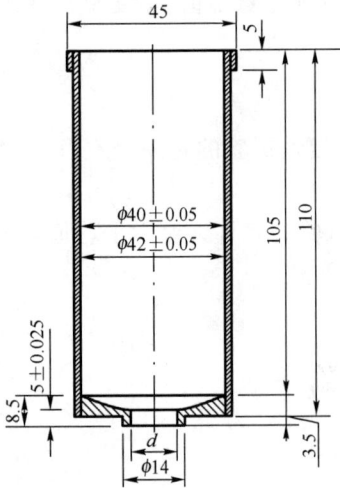

图 15-10　盛样管(尺寸单位:mm)

(2)秒表:分度值 0.1s。

(3)循环恒温水浴。

(4)其他:肥皂水或矿物油、加热炉、大蒸发皿等。

3.试验准备

(1)根据沥青材料的种类和稠度,选择需要流孔孔径的盛样管,将盛样管置水槽圆井中。用球塞堵好流孔,流孔下放蒸发皿,以备接受不慎流出的试样。

(2)调整恒温水槽的水温至试验温度 ±0.1℃,并将其进出口与黏度计水槽的进出口用胶管接妥,使热水流进行正常循环。

4.试验步骤

(1)将试样加热至比试验温度高 2~3℃(如试验温度低于室温时,试样须冷却至比试验温度低 2~3℃)注入盛样管,其数量以液面达到球塞杆垂直时杆上的标记为准。

(2)试样在水槽中保持试验温度至少 30min,用温度计轻轻搅拌试样,测量试样的温度为试验温度 ±0.1℃时,调整试样液面至球塞杆的标记处,再继续保温 1~3min。

(3)将流孔下蒸发皿移去,放置接受瓶或量筒,使其中心正对流孔。接受瓶或量筒可预先注入肥皂水或矿物油 25mL 以利洗涤及读数准确。

(4)提起球塞,借标记悬挂在试样管边上,待试样流入接受瓶或量筒达 25mL(量筒刻度 50mL)时,按动秒表,待试样流出 75mL(量筒刻度 100mL)时,按停秒表。

(5)记取试样流出 50mL 所经过的时间,准确至 s,即为试样的黏度。

5.报告

同一试样至少平行试验两次,当两次测定的差值不大于平均值的 4% 时,取其平均值的整数作为试验结果。

6.允许误差

重复性试验的允许误差为平均值的 4%。

二、沥青旋转黏度试验(布洛克菲尔德黏度计法)

1.目的与适用范围

测定道路沥青在 45℃ 以上温度范围内的表观黏度,以帕斯卡秒(Pa·s)计。测定的不同温度的黏度曲线,用于确定各种沥青混合料的拌和温度和压实温度。

2.仪具与材料技术要求

(1)布洛克菲尔德黏度计:具有直接显示黏度、扭矩、剪切应力、剪变率、转速和试验温度等功能,如图 15-11 所示,由下列部分组成:

①适用于不同黏度范围的标准高温黏度测量系统,如 LV、RV、HA 或 HB 型系列等,其量程应满足被测改性沥青黏度的要求。

②不同型号的转子,根据沥青黏度选用。

③自动温度控温系统,包括恒温室、恒温控制器、盛样筒(为试管形状)温度传感器等。

④数据采集和显示系统,绘图记录设备等。

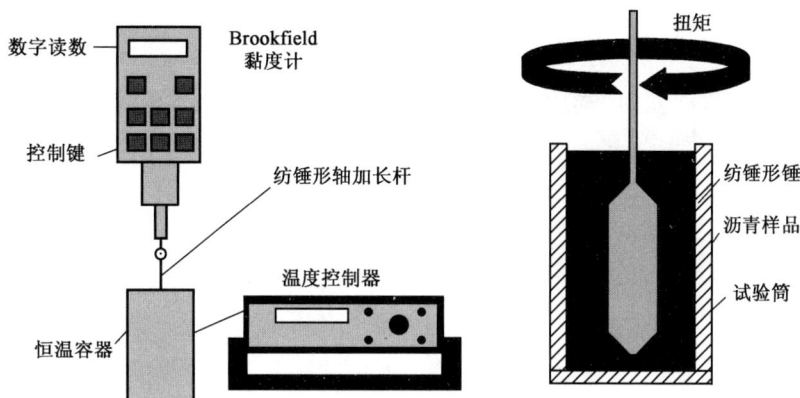

图15-11 布洛克菲尔德黏度计示意图

(2)其他:烘箱、标准温度计、秒表。

3. 试验准备

(1)将准备的沥青试样在烘箱中加热至软化点以上100℃左右,保温30~60min备用,对改性沥青尤应注意去除气泡。

(2)将仪器调至水平,开启黏度计温度控制器电源,设定温度控制系统至要求的试验温度。

(3)根据估计的沥青黏度,按仪器说明书规定的不同型号的转子所适用的速率和黏度范围,选择适宜的转子。

(4)取出沥青盛样容器,适当搅拌,按转子型号所要求的体积向黏度计的盛样筒中添加沥青试样,根据试样的密度换算成质量。加入沥青试样后的液面应符合不同型号转子的规定要求,试样体积应与系统标定时的标准体积一致。

(5)将转子与盛样筒一起置于已控温至试验温度的烘箱中保温,维持1.5h。

4. 试验步骤

(1)取出转子和盛样筒安装在黏度计上,降低黏度计,使转子插进盛样筒的沥青中,至规定的高度。

(2)使沥青试样在恒温容器中保温,达到试验所需的平衡温度(不少于15min)。

(3)选择转子的速率,启动黏度计,观察读数,扭矩读数应在10%~98%范围内。在整个测量黏度过程中,不能改变设定的转速。

(4)观察黏度变化,当小数点后面2位读数稳定后,在每个试验温度下,每隔60s读数1次,连续读数3次,以3次读数的平均值作为测定值。

(5)对于每个要求的试验温度,重复以上过程进行试验。试验温度宜从低到高进行,盛样筒和转子的恒温时间不小于1.5h。

(6)如果在试验温度下的扭矩读数不在10%~98%的范围内,必须更换转子或降低转子转速后重新试验。

5. 报告

同一试样至少平行试验两次,两次测定结果符合重复性试验允许误差要求时,以平均值作为测定结果。

6. 允许误差

重复性试验的允许误差为平均值的 3.5%;再现性试验的允许误差为平均值的 14.5%。

第十六章

水泥混凝土试验

第一节　水泥混凝土拌合物的工作性能试验

　　普通水泥混凝土拌合物工作性能试验方法有坍落度法和维勃稠度法两种。前者适用于坍落度大于10mm、集料最大粒径不大于31.5mm的混凝土拌合物；后者适用于集料最大粒径不大于31.5mm的水泥混凝土及维勃时间在5～30s的干稠性水泥混凝土的稠度测定。

一、混凝土的拌和

1.仪器设备与材料

（1）搅拌机：强制式搅拌机。搅拌机由电机、减速箱、电气控制系统、搅拌筒、搅拌叶和底座支架等组成。

（2）振动台：标准振动台。振动台主要由悬挂式单轴激振器、弹簧、台面、支架和控制系统组成。

（3）磅秤：量程不小于50kg，感量不大于5g。

（4）天平：量程不小于2000g，感量不大于1g。

（5）其他：铁板、铁铲等。

2. 拌和步骤

(1)拌和时保持室温20℃±5℃,相对湿度大于50%。

(2)拌和前,应将材料放置在温度为20℃±5℃的室内,且时间不宜少于24h。

(3)为防止粗集料的离析,可将集料分档堆放,使用时再按一定比例混合。试样从抽样至试验结束的整个过程中,避免阳光直晒和水分蒸发,必要时应采取保护措施。

(4)拌合物的总量至少应比所需量多20%以上。拌制混凝土的材料以质量计,称量的精确度:集料为±1%,水、水泥、掺合料和外加剂为±0.5%。

(5)粗集料、细集料均以干燥状态(含水率小于0.5%的细集料和含水率小于0.2%的粗集料)为基准,计算用水量时应扣除粗集料、细集料的含水量。

(6)外加剂的加入:

①对于不溶于水或难溶于水且不含潮解型盐类的外加剂,应先和一部分水泥拌和,以保证分散。

②对于不溶于水或难溶于水但含潮解型盐类的外加剂,应先和细集料拌和。

③对于水溶性或液体外加剂,应先和水均匀混合。

④其他特殊外加剂,尚应符合相关标准的规定。

(7)拌制混凝土所用各种用具,如铁板、铁铲、抹刀,应预先用水润湿,使用后必须清洗干净。

(8)使用搅拌机前,应先用少量砂浆进行涮膛,再刮出涮膛砂浆,以避免正式拌和混凝土时水泥砂浆黏附筒壁的损失。涮膛砂浆的水灰比及砂灰比,应与正式的混凝土配合比相同。

(9)用拌和机拌和时,拌量宜为搅拌机最大容量的1/4~3/4。

(10)搅拌机搅拌:

按规定称好原材料,往搅拌机内顺序加入粗集料、细集料、水泥。开动搅拌机,将材料拌和均匀,在拌和过程中将徐徐加水,全部加料时间不宜超过2min。水全部加入后,继续拌和约2min,而后将拌合物倒出在铁板上,再经人工翻拌1~2min,务必使拌合物均匀一致。

(11)人工拌和:

采用人工拌和时,先用湿布将铁板、铁铲润湿,再将称好的砂和水泥在铁板上拌匀,加入粗集料,再混和搅拌均匀。而后将此拌合物堆成长堆,中心扒成长槽,将称好的水倒入约一半,将其与拌合物仔细拌匀,再将材料堆成长堆,扒成长槽,倒入剩余的水,继续进行拌和,来回翻拌至少10遍。

(12)从试样制备完毕到开始做各项性能试验不宜超过5min(不包括成型试件)。

二、坍落度试验

1. 仪器设备

(1)坍落筒:坍落筒为铁板制成的截头圆锥筒,厚度不小于1.5mm,内侧平滑,没有铆钉头之类的突出物,在筒上方约2/3高度处有两个把手,近下端两侧焊有两个踏脚板,保证坍落筒可稳定操作,尺寸见表16-1和图16-1。

坦 落 筒 尺 寸   表 16-1

集料最大粒径 (mm)	筒 的 名 称	筒的内部尺寸(mm)		
		底面直径	顶面直径	高度
≤31.5	标准坦落筒	200±2	100±2	300±2

(2)捣棒:直径为16mm,长约600mm,并具有半球形端头的钢质圆棒。

(3 钢尺:分度值为1mm。

(4)其他:小铲、木尺、抹刀和钢平板等。

2.试验步骤

(1)将坦落筒内外洗净,放在经水润湿过的平板上(平板吸水时应垫塑料布),两脚踏紧踏脚板。

(2)将混凝土拌合物分三层装入筒内,每层装入高度稍大于筒高的1/3,用捣棒在每一层的横截面上均匀插捣25次,插捣在全部面积上进行,捣棒沿螺旋线由边缘至中心,插捣底层时插至底部,插捣其他两层时,应插透本层并插入下层20~30mm,插捣须垂直压下(边缘部分除外),不得冲击。在插捣顶层时,装入的混凝土应高出坦落筒,插捣过程中随时添加拌合物,当顶层插捣完毕后,用捣棒以锯和滚的动作,清除掉多余的混凝土,用抹刀抹平筒口,刮净筒底周围的拌合物,而后立即垂直提起坦落筒,提筒宜控制在3~7s内完成,并使混凝土不受横向及扭力作用。从开始装料到提出坦落度筒整个过程应在150s内完成。

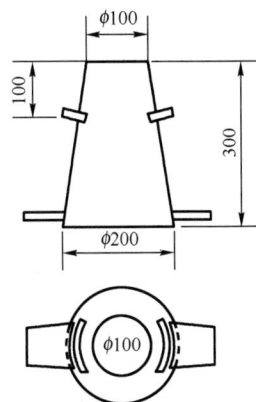

图 16-1 坦落筒(尺寸单位:mm)

(3)将坦落筒放在混凝土坦落体一旁,筒顶平放木尺,用钢尺量出木尺底面至试样顶面最高点的垂直距离,即为该混凝土拌合物的坦落度,精确至1mm。

(4)当混凝土试件的一侧发生崩坦或一边剪切破坏,则应重新取样另测。如果第二次仍发生上述情况,则表示该混凝土和易性不好,应记录。

(5)当混凝土拌合物的坦落度大于160mm时,用钢尺测量混凝土扩展后最终的最大直径和最小直径。在这两个直径之差小于50mm的条件下,用其算术平均值作为坦落扩展度值;否则,此次试验无效。

(6)坦落度试验的同时,可用目测方法评定混凝土拌合物的下列性质,并予记录。

①棍度:按插捣混凝土拌合物时难易程度评定,分"上""中""下"三级。"上"表示插捣容易;"中"表示插捣时稍有石子阻滞的感觉;"下"表示很难插捣。

②黏聚性:观测拌合物各组分相互黏聚情况。评定方法是用捣棒在已坦落的混凝土锥体侧面轻打,如锥体在轻打后逐渐下沉,表示黏聚性良好;如锥体突然倒坦、部分崩裂或发生石子离析现象,即表示黏聚性不好。

③保水性:指水分从拌合物中析出情况,分"多量""少量""无"三级评定。"多量"表示提起坦落筒后,有较多水分从底部析出;"少量"表示提起坦落筒后,有少量水分从底部析出;"无"表示提起坦落筒后,没有水分从底部析出。

3.结果处理

混凝土拌合物坦落度和坦落扩展度值以毫米(mm)为单位,测量精确至1mm,结果修约至5mm。

三、维勃仪法

1. 仪器设备与材料

（1）稠度仪（维勃仪）：如图16-2所示。

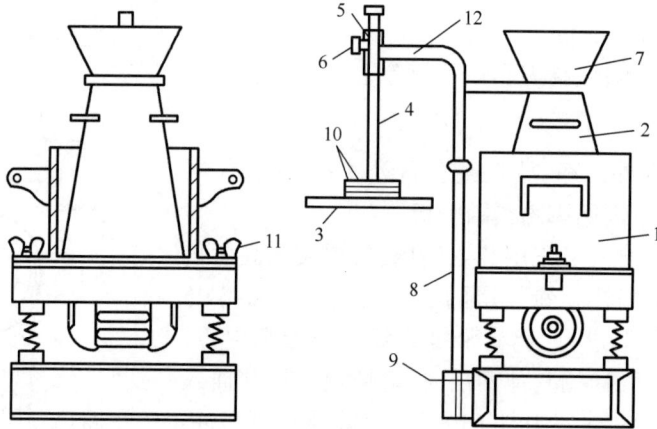

图16-2　稠度仪（维勃仪）

1-容量筒;2-坍落筒;3-圆盘;4-滑杆;5-套筒;6-螺栓;7-漏斗;8-支柱;9-定位螺栓;10-荷载;11-元宝螺栓;12-旋转架

①容量筒：为金属圆筒，内径为240mm±5mm、高为200mm、壁厚为3mm、底厚为7.5mm。容器应不漏水并有足够刚度，上有把手，底部外伸部分可用螺母将其固定在振动台上。

②坍落筒：筒底部直径为200mm±2mm、顶部直径为100mm±2mm、高度为300mm±2mm、壁厚不小于1.5mm，上、下开口并与锥体轴线垂直，内壁光滑，筒外安有把手。

③透明圆盘：用透明塑料制成，上装有滑杆4。滑杆可以穿过套筒5垂直滑动。套筒装在一个可用螺栓6固定位置的旋转悬臂上。悬臂上还装有一个漏斗7。坍落筒在容器中放好后，转动旋臂，使漏斗底部套在坍落筒上口。旋臂装在支柱8上，可用定位螺栓9固定位置。滑杆和漏斗的轴线应与容器的轴线重合。

圆盘直径为230mm±2mm、厚为10mm±2mm，圆盘、滑杆及荷重块组成的滑动部分总质量为2.75kg±0.05kg。滑杆刻度可用来测量坍落度值。

④振动台：工作频率为50Hz±3Hz，空载振幅为0.5mm±0.1mm，上有固定容器的螺栓。

（2）捣棒：直径为16mm、长约600mm，并具有半球形端头的钢质圆棒。

（3）秒表：分度值为0.5s。

2. 试验步骤

（1）将容量筒1用螺母固定在振动台上，放入经湿润的坍落筒2，把漏斗7转到坍落筒上口，拧紧螺栓9，使漏斗对准坍落筒口上方。

（2）按坍落度试验步骤，分三层经漏斗装入拌合物，每装一层用捣棒从周边向中心螺旋形均匀插捣25次，插捣底层时捣棒应贯穿整个深度，插捣第二层时，捣棒应插透本层至下一层的表面，捣毕第三层混凝土后，拧松螺栓6，把漏斗转回到原先的位置，并将筒模顶上的混凝土刮平,然后轻轻提起筒模。

(3)拧紧螺栓 9,使圆盘可定向地向下滑动,仔细转圆盘到混凝土上方,并轻轻与混凝土接触,检查圆盘是否可以顺利滑向容器。

(4)开动振动台并按动秒表,通过透明圆盘观察混凝土的振实情况。当圆盘底面刚被水泥浆布满时,立即按停秒表和关闭振动台,记下秒表所记时间,精确至 1s。

(5)仪器每测试一次后,必须将容器、筒模及透明圆盘洗净擦干,并在滑棒等处涂薄层黄油,以备下次使用。

3. 结果处理

水泥混凝土拌合物稠度的维勃时间用秒(s)表示;以两次试验结果的平均值作为混凝土拌合物稠度的维勃时间,精确到 1s。

第二节　水泥混凝土拌合物体积密度试验方法

1. 仪器设备与材料

(1)容量筒

容量筒为刚性金属圆筒,两侧装有把手。对于集料最大粒径不大于 31.5mm 的混凝土拌合物,宜采用不小于 5L 的试样筒,其内径与内高均为 186mm ± 2mm,壁厚不小于 3mm。对于集料最大粒径大于 31.5mm 的拌合物,所采用容量筒的内径与内高均应大于集料最大粒径的 4 倍。容量筒上沿及内壁应光滑平整,顶面与底面应平行并应与圆柱体的轴垂直。

(2)电子天平:最大量程不小于 50kg,感量不大于 10g。

(3)捣棒:直径为 16mm,长约 600mm,并具有半球形端头的钢质圆棒。

(4)其他:振动台、金属直尺、抹刀、玻璃板等。

2. 容量筒标定

(1)应将干净容量筒与玻璃板一起称重,精确至 10g。

(2)将容量筒装满水,缓慢将玻璃板从筒口一侧推到另一侧,容量筒内应充满水,且不应存在气泡,擦干容量筒外壁,再次称重。

(3)两次称重结果之差除以该温度下水的密度,则为容量筒的容积 V,常温下水的密度可取 1000kg/m³。

3. 试验步骤

(1)试验前将已明确体积的容量筒用湿布擦拭干净,称出质量(m_1),精确至 10g。

(2)当坍落度不大于 90mm 时,宜用振动台振实,振动台振实时,应一次将拌合物装至高出容量筒筒口,装料时可用捣棒稍加插捣,振动过程中混凝土低于筒口,应随时添加混凝土,振动直至拌合物表面出现水泥浆为止。

(3)当坍落度大于 90mm 时,宜用捣棒插捣密实。插捣时,应根据容量筒的大小决定分层与插捣次数:用 5L 容量筒时,将混凝土拌合物分两层装入,每层插捣 25 次。对于大于 5L 的容量筒,每层混凝土高度不应大于 100mm,每层插捣次数按每 10000mm² 截面不小于 12 次计算。

用捣棒从边缘到中心沿螺旋线均匀插捣。捣棒应垂直压下,不得冲击,捣底层时应至筒底,插捣第二层时,捣棒应插透本层至下层表面。每捣毕一层用橡皮锤沿容量筒外壁敲击 5～10 次,进行振实,直至混凝土拌合物表面插捣孔消失并不见大泡为止。

(4)自密实混凝土应一次性填满,且不应进行振动和插捣。

(5)将筒口多余的混凝土拌合物刮去,表面有凹陷应填补,用抹刀抹平,并用玻璃板检验;应将容量筒外壁擦净,称出混凝土拌合物试样与容量筒总质量(m_2),精确至10g。

4.结果计算

(1)按式(16-1)计算拌合物表观密度 ρ_h。

$$\rho_h = \frac{m_2 - m_1}{V} \times 1000 \tag{16-1}$$

式中:ρ_h——水泥混凝土拌合物体积密度(kg/m^3),;

m_1——容量筒质量(kg);

m_2——捣实或振实后混凝土和容量筒总质量(kg);

V——容量筒容积(L)。

计算精确到$10kg/m^3$。

(2)以两次试验测值的算术平均值作为试验结果,精确到$10kg/m^3$。试样不得重复使用。

第三节　强　度　试　验

一、水泥混凝土试件的制作

1.仪器设备

(1)拌和机:强制式搅拌机。

(2)振动台:标准振动台。

(3)试模:常用的几种试件尺寸(试件内部尺寸)规定见表16-2。

试件尺寸　　　　　　　　　　　　　　表 16-2

试 件 名 称	试模尺寸(mm)	标准/非标准	集料最大粒径(mm)
立方体抗压强度试件	150×150×150	标准	31.5
	100×100×100	非标准	26.5
	200×200×200	非标准	53
立方体劈裂抗拉强度试件	150×150×150	标准	31.5
	100×100×100	非标准	26.5
棱柱体轴心抗压强度试件	150×150×300	标准	31.5
	100×100×300	非标准	26.5
	200×200×400	非标准	53

续上表

试件名称	试模尺寸(mm)	标准/非标准	集料最大粒径(mm)
抗弯拉强度试件	$150 \times 150 \times 550$	标准	31.5
	$100 \times 100 \times 400$	非标准	26.5
圆柱轴心抗压强度试件 (高径比2∶1)	$\phi 150 \times 300$	标准	31.5
	$\phi 100 \times 200$	非标准	26.5
	$\phi 200 \times 400$	非标准	53
钻芯样抗压强度试件 (高径比1∶1)	$\phi 150 \times 150$	标准	31.5
	$\phi 100 \times 100$	非标准	26.5
	$\phi 75 \times 75$	非标准	19
圆柱劈裂抗拉强度试件	$\phi 150 \times L_m$	标准	31.5
	$\phi 100 \times L_m$	非标准	26.5
	$\phi 200 \times L_m$	非标准	53
钻芯样劈裂强度试件	$\phi 150 \times L_m$	标准	31.5
	$\phi 100 \times L_m$	非标准	26.5
	$\phi 75 \times L_m$	非标准	19
抗压弹性模量试件	$150 \times 150 \times 300$	标准	31.5
	$200 \times 200 \times 400$	非标准	53
	$100 \times 100 \times 300$	非标准	26.5
圆柱轴心抗压弹性模量试件 (高径比2∶1)	$\phi 150 \times 300$	标准	31.5
	$\phi 100 \times 200$	非标准	26.5
	$\phi 200 \times 400$	非标准	53
抗弯拉弹性模量试件	$150 \times 150 \times 550$	标准	31.5
	$100 \times 100 \times 400$	非标准	26.5
喷射混凝土试件	$100 \times 100 \times 100$ 或 $\phi 100 \times 100$	标准	—
混凝土动弹性模量试件	$100 \times 100 \times 400$	标准	31.5
	$L/\alpha = 3 、4 、5$ 的其他尺寸, 其中 α 宽度不小于100mm, L 为长度 mm	非标准	—
混凝土收缩试件(接触法)	$\phi 100 \times 400$	标准	31.5
混凝土收缩试件 (非接触法)	$100 \times 100 \times 515$	标准	31.5
	$150 \times 150 \times 515$	非标准	31.5
	$200 \times 200 \times 515$	非标准	50
混凝土抗冻试件 (快冻法)	$100 \times 100 \times 400$	标准	31.5
混凝土抗磨试件	$150 \times 150 \times 150$	标准	31.5
	$\phi 150 \times L_m$	非标准	—

试 件 名 称	试模尺寸(mm)	标准/非标准	集料最大粒径(mm)
抗渗试件	上口直径175mm,下口直径185mm,高150mm 的锥台	标准	—
	上下直径与高度均为150mm 的圆柱体	非标准	—
抗氯离子渗透试件	$\phi150 \times 50$	标准	26.5

注:括号中的数字为试件中集料最大粒径,单位为 mm。标准试件的最小尺寸不宜小于粗集料最大粒径的3倍。

①非圆柱试模:立方体和棱柱体试模各相邻侧面之间的夹角应为直角,其误差不应大于 0.2°。立方体和棱柱体试模内表面的平面度、定位面的平面度误差,每100mm 不应大于 0.04mm。

②圆柱试模:直径误差小于 $1/200d$,高度误差应小于 $1/100h$(d 为直径,h 为高度)。试模的底板平面度公差不超过 0.02mm。组装试模时,圆筒纵轴与底板应成直角,允许公差为 0.5。

③喷射混凝土试模:尺寸为 450mm × 450mm × 120mm(长 × 宽 × 高),模具一侧边为敞开状。

(4)捣棒:直径为 16mm,长约 600mm,并具有半球形端头的钢质圆棒。

(5)压板:用于圆柱试件的顶端处理,一般为厚 6mm 以上的毛玻璃,压板直径应比试模直径大 25mm 以上。

(6)橡皮锤:带有质量约 250g 的橡皮锤头。

(7)钻孔取样机:钻机一般用金刚石钻头,从结构表面垂直钻取,钻机应具有足够的刚度,保证钻取的芯样周面垂直且表面损伤最少。钻芯时,钻头应作无显著偏差的同心运动。

(8)游标卡尺:最大量程不小于 300mm,分度值为 0.02mm。

(9)锯:用于切割适于抗弯拉试验的试件。

2. 非圆柱体试件成型

成型前试模内壁涂一薄层矿物油。

拌合物的总量至少应比所需量多出 20% 以上,并取出少量混凝土拌合物代表样,在 5min 内进行坍落度或维勃试验,认为品质合格后,应在 15min 内完成试件制作或进行其他试验。

当坍落度小于 25mm 时,可采用 $\phi25mm$ 的插入式振捣棒成型;当坍落度大于 25mm 且小于 90mm 时,用标准振动台成型;当坍落度大于 90mm 时,用人工成型。

(1)插入式振捣棒成型

当坍落度小于 25mm 时,可采用 $\phi25mm$ 的插入式振捣棒成型。将混凝土拌合物一次装入试模,装料时应用抹刀沿各试模壁插捣,并使混凝土拌合物高出试模口;振捣时捣棒距底板 10 ~ 20mm,且不要接触底板。振动直到表面出浆为止,且应避免过振,以防止混凝土离析,一般振捣时间为 20s。振捣棒拔出时要缓慢,拔出后不得留有孔洞。用刮刀刮去多余的混凝土,在临近初凝时,用抹刀抹平。试件抹面与试模边缘高低差不得超过 0.5mm。

(2)振动台成型

将试模放在振动台上夹牢,防止试模自由跳动,将拌合物一次装满试模并稍有富余,开动振动台至混凝土表面出现乳状水泥浆时为止,振动过程中随时添加混凝土使试模常满,记录振动时间(约为维勃秒数的 2 ~ 3 倍,一般不超过 90s)。振动结束后,用金属直尺沿试模边缘刮去多余混凝土,用抹刀将表面初次抹平,待试件收浆后,再次用抹刀将试件仔细抹平,试件表面与试模边缘的高低差不得超过 0.5mm。

(3)人工成型

拌合物分厚度大致相等的两层装入试模。捣固时按螺旋方向从边缘到中心均匀地进行。插捣底层混凝土时,捣棒应到达模底;插捣上层时,捣棒应贯穿上层后插入下层 20 ~ 30mm 处。插捣时应用力将捣棒压下,保持捣棒垂直,不得冲击,捣完一层后,用橡皮锤轻轻击打试模外端面 10 ~ 15 下,以填平插捣过程中留下的孔洞。每层插捣次数 100 cm² 面积内不少于 12 次。试件抹面与试模边缘高低差不得超过 0.5mm。

(4)当试样为自密实混凝土时,在新拌混凝土不离析的状态下,将自密实混凝土搅拌均匀后直接倒入试模内,不得使用振动台和插捣方式成型,但可以采用橡皮锤辅助振动。试样一次填满试模后,可用橡皮锤沿着试模中线位置轻轻敲击 6 次/侧面。用抹刀将试件仔细抹平,使表面略低于试模边缘 1 ~ 2mm。

3. 圆柱体试件制作

成型前试模内壁涂一薄层矿物油。

取拌合物的总量至少应比所需量高 20% 以上,并取出少量混凝土拌合物代表样,在 5min 内进行坍落度或维勃试验,认为品质合格后,应在 15min 内开始制件或做其他试验。

当坍落度小于 25mm 时,可采用 φ25mm 的插入式振捣棒成型;当坍落度大于 25mm 且小于 90mm 时,用标准振动台成型;当坍落度大于 90mm 时,用人工成型。

(1)插入式振捣棒成型

拌合物分厚度大致相等的两层装入试模。以试模的纵轴为对称轴,呈对称方式填料。插入密度以每层分 3 次插入。插捣底层时,振捣棒距底板 10 ~ 20mm 且不要接触底板;振捣上层时,振捣棒插入该层底面下 15mm 深。振动直到表面出浆为止,且应避免过振,以防止混凝土离析。一般振捣时间为 20s。捣完一层后,如有棒坑留下,可用橡皮锤敲击试模侧面 10 ~ 15 下。振捣棒拔除时要缓慢。用刮刀刮去多余的混凝土,在临近初凝时,用抹刀抹平,使表面略低于试模边缘 1 ~ 2mm。

(2)振动台成型

将试模放在振动台上夹牢,防止试模自由跳动,将拌合物一次装满试模并稍有富余,开动振动台至混凝土表面出现乳状水泥浆时为止,振动过程中随时添加混凝土使试模常满,记录振动时间(约为维勃秒数的 2 ~ 3 倍,一般不超过 90s)。振动结束后,用金属直尺沿试模边缘刮去多余混凝土,用抹刀将表面初次抹平,待试件收浆,再次用抹刀将试件仔细抹平,使表面略低于试模边缘 1 ~ 2mm。

(3)人工成型

对于试件直径 φ200mm 的试模,拌合物分厚度大致相等的三层装入试模。以试模的纵轴为对称轴,呈对称方式填料。每层插捣 25 下,捣固时按螺旋方向从边缘到中心均匀地进行。插捣底层时,捣棒到达模底;插捣上层时,捣棒插入该层底面下 20 ~ 30mm 处。插捣时应用力将捣棒压下,不得冲击,捣完一层后,如有棒坑留下,可用橡皮锤敲击试模侧面 10 ~ 15 下。用抹刀将试件仔细抹平,使表面略低于试模边缘 1 ~ 2mm。

而对于试件直径为 φ100mm 或 φ150mm 的试模,分两层装料,隔层厚度大致相等。试件直

径为 φ150mm 时,每层插捣 15 下;试件直径为 100mm 时,每层插捣 8 下。捣固时按螺旋方向从边缘到中心均匀地进行。插捣底层时,捣棒应到达模底;插捣上层时,捣棒插入该层底面下 15mm 深。用抹刀将试件仔细抹平,使表面略低于试模边缘 1~2mm。

(4)当试样为自密实混凝土时,在新拌混凝土不离析的状态下,将自密实混凝土搅拌均匀后直接倒入试模内,不得使用振动台和插捣方式成型,但可以采用橡皮锤辅助振动。试样一次填满试模后,可用橡皮锤沿着试模中线位置均匀轻轻敲击 25 次。用抹刀将试件仔细抹平,使表面略低于试模边缘 1~2mm。

(5)对端面应进行整平处理,但加盖层的厚度应尽量薄。

①拆模前当混凝土具有一定强度后,用水洗去上表面的浮浆,并用干抹布吸去表面水之后,抹上干硬性水泥净浆,用压板均匀地盖在试模顶部。加盖层应与试件的纵轴垂直。为防止压板和水泥浆之间的黏结,应在压板下垫一层薄纸。

②对于硬化的试件端面的处理,可采用硬石膏或硬石膏和水泥的混合物,加水后平铺在端面,并用压板进行整平,也可采用下面任一方法:a. 使用硫黄与矿质粉末的混合物(如耐火黏土粉、石粉等)在 180~210℃ 间加热(温度更高时将使混合物烘成橡胶状,使强度变弱),摊铺在试件顶面,用试模钢板均匀按压,放置 2h 以上即可进行强度试验;b. 用环氧树脂拌水泥,根据需要硬化时间加入乙二胺,将此浆膏在试件顶面大致摊平,在钢板面上垫一层薄塑料膜,再均匀地将浆膏压平;c. 在有充分时间时,也可用水泥浆膏抹顶,使用矾土水泥的养护时间在 18h 以上,使用硅酸盐水泥的养护时间在 3d 以上。

③对不采用端部整平处理的试件,可采用切割的方法达到端面和纵轴垂直。整平后的端面应与试件的纵轴相垂直,端面的平整度公差在 ±0.1mm 以内。

4. 养护

(1)试件成型后,用湿布覆盖表面(或其他保持湿度办法),在室温 20℃ ±5℃,相对湿度大于 50% 的环境下,静放 1~2 个昼夜,然后拆模并做第一次外观检查、编号,对有缺陷的试件应除去,或加工补平。

(2)将完好试件放入标准养护室进行养护,标准养护室温度 20℃ ±2℃,相对湿度在 95% 以上。试件宜放在铁架或木架上,间距至少 10~20mm,试件表面应保持一层水膜,并避免用水直接冲淋。当无标准养护室时,将试件放入温度 20℃ ±2℃ 的不流动的 $Ca(OH)_2$ 饱和溶液中养护。

(3)标准养护龄期为 28d(以搅拌加水开始),非标准的龄期为 1d、3d、7d、60d、90d、180d。

二、水泥混凝土立方体抗压强度试验

1. 目的与适用范围

测定水泥混凝土抗压强度,用于确定水泥混凝土的强度等级,作为评定水泥混凝土品质的依据。本试验适用于各类水泥混凝土立方体试件的极限抗压强度试验,也适用于高径比 1:1 的钻芯试件。

2. 仪器设备

(1)压力机或万能试验机:其测量精度为 ±1%,试件破坏荷载应大于压力机全程的 20%

且小于压力机全程的 80%。压力机同时应具有加荷速度指示装置或加荷速度控制装置,上下压板平整并有足够刚度,可均匀地连续加荷卸荷,可保持固定荷载,开机停机均灵活自如,能够满足试件破型吨位要求。

(2)球座:钢质坚硬,面部平整度要求在 100mm 距离内的高低差值不超过 0.05mm,球面及球窝粗糙度 $R_a = 0.32\mu m$,研磨、转动灵活。不应在大球座上做小试件破型,球座宜放置在试件顶面(特别是棱柱试件),并凸面朝上,当试件均匀受力后,不宜再敲动球座。

(3)混凝土强度等级大于或等于 C50 时,试件周围应设置防崩裂网罩。

3. 试件制备和养护

混凝土立方体抗压强度试件应同龄期者为 1 组,每组为 3 个同条件制作和养护的混凝土试块。

4. 试验步骤

(1)至试验龄期时,自养护室取出试件,应尽快试验,避免其湿度变化。

(2)取出试件,检查其尺寸及形状,相对两面应平行。量出棱边长度,精确至 1mm。试件受力截面积按其与压力机上下接触面的平均值计算。在破型前,保持试件原有湿度,在试验时擦干试件。

(3)以成型时侧面为上下受压面,试件中心应与压力机几何对中。圆柱体应对端面进行处理,确保端面的平行度。

(4)强度等级小于 C30 的混凝土,取 0.3~0.5MPa/s 的加荷速度;强度等级大于或等于 C30 且小于 C60 时,取 0.5~0.8MPa/s 的加荷速度;强度等级大于或等于 C60 的混凝土,取 0.8~1.0MPa/s 的加荷速度。当试件接近破坏而开始迅速变形时,应停止调整试验机油门,直至试件破坏,记下破坏极限荷载 $F(\mathrm{N})$。

5. 试验结果

(1)混凝土立方体试件抗压强度按式(16-2)计算。

$$f_{cu} = \frac{F}{A} \tag{16-2}$$

式中:f_{cu}——混凝土立方体抗压强度(MPa);

$\quad F$——极限荷载(N);

$\quad A$——受压面积(mm^2)。

(2)以 3 个试件测值的算术平均值为测定值,计算精确至 0.1MPa。3 个测值中的最大值或最小值中如有一个与中间值之差超过中间值的 15%,则取中间值为测定值;如最大值和最小值与中间值之差均超过中间值的 15%,则该组试验结果无效。

(3)混凝土强度等级小于 C60 时,非标准试件的抗压强度应乘以尺寸换算系数,见表 16-3,并应在报告中注明。当混凝土强度等级大于或等于 C60 时,宜用 150mm × 150mm × 150mm 标准试件,使用非标准试件时,换算系数由试验确定。

立方体抗压强度尺寸换算系数　　　　　　　　　　　表 16-3

试件尺寸(mm)	尺寸换算系数	试件尺寸(mm)	尺寸换算系数
100 × 100 × 100	0.95	200 × 200 × 200	1.05

三、水泥混凝土弯拉强度试验

1. 目的与适用范围

测定水泥混凝土弯拉强度,为结构设计提供设计参数,检查水泥混凝土施工质量和确定抗弯拉弹性模量试验加荷标准。本试验适用于各类水泥混凝土棱柱体试件。

2. 仪器设备

(1)压力机或万能试验机:其测量精度为 ±1%,试件破坏荷载应大于压力机全程的 20% 且小于压力机全程的 80%。压力机同时应具有加荷速度指示装置或加荷速度控制装置,上下压板平整并有足够刚度,可均匀地连续加荷卸荷,可保持固定荷载,开机停机均灵活自如,能够满足试件破型吨位要求。

(2)弯拉试验装置(即三分点处双点加荷和三点自由支承式混凝土抗弯拉强度与抗弯拉弹性模量试验装置):如图 16-3 所示。

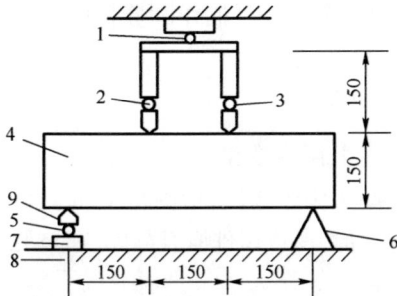

图 16-3 抗弯拉试验装置(尺寸单位:mm)
1、2-各一个钢球;3、5-各两个钢球;4-试件;6-固定支座;7-活动支座;8-机台;9-活动船形垫块

3. 试件制备和养护

(1)在试件长向中部 1/3 区段内表面不得有直径超过 5mm、深度超过 2mm 的孔洞。

(2)混凝土弯拉强度试件应以同龄期者为 1 组,每组为 3 根同条件制作和养护的试件。

4. 试验步骤

(1)试件取出后,用湿毛巾覆盖并及时进行试验,保持试件干湿状态不变。在试件中部量出其宽度和高度,精确至 1mm。

(2)调整两个可移动支座,将试件安放在支座上,试件成型时的侧面朝上,几何对中后,应使支座及承压面与活动船形垫块的接触面平稳、均匀,否则应垫平。

(3)加荷时,应保持均匀、连续。当混凝土的强度等级小于 C30 时,加荷速度为 0.02 ~ 0.05MPa/s;当混凝土的强度等级大于等于 C30 且小于 C60 时,加荷速度为 0.05 ~ 0.08MPa/s;当混凝土的强度等级大于或等于 C60 时,加荷速度为 0.08 ~ 0.10MPa/s。当试件接近破坏而开始迅速变形时,不得调整试验机油门,直至试件破坏,记下破坏极限荷载 F(N)。

(4)记录下最大荷载和试件下边缘断裂的位置。

5. 试验结果

(1)当断面发生在两个加荷点之间时,抗弯拉强度 f_f 按式(16-3)计算。

$$f_f = \frac{FL}{b\,h^2} \tag{16-3}$$

式中:f_f——试件的弯拉强度(MPa);

F——极限荷载(N);

L——支座间距离(mm);

b——试件宽度(mm);

h——试件高度(mm)。

结果计算精确到 0.01MPa。

(2)以3个试件测值的算术平均值为测定值。3个试件中最大值或最小值中如有一个与中间值之差超过中间值的15%,则把最大值和最小值舍去,以中间值作为试件的抗弯拉强度;如最大值和最小值与中间值之差值均超过中间值15%,则该组试验结果无效。

3个试件中如有一个断裂面位于加荷点外侧,则混凝土抗弯拉强度按另外两个试件的试验结果计算。如果这两个测值的差值不大于这两个测值中最小值的15%,则以两个测值的平均值为测试结果,否则结果无效。如果有两根试件均出现断裂面位于加荷点外侧,则该组结果无效。

(3)采用100mm×100mm×400mm非标准试件时,三分点加荷的试验方法同前,但所取得的抗弯拉强度值应乘以尺寸换算系数0.85。当混凝土强度等级大于等于C60时,应采用150mm×150mm×550mm标准试件。

第十七章
沥青混合料试验

第一节 沥青混合料试件制作

沥青混合料试验,不同的试验项目,试件的形状、规格不同,成型的方法也不同,常用的成型方法包括击实法、静压法、轮碾法、搓揉法、振动成型法等。

一、击实法

1. 目的与适用范围

采用标准击实法制作沥青混合料试件,以供试验室进行沥青混合料的物理力学性质试验使用。

标准击实法适用于集料公称最大粒径小于或等于 26.5mm 的混合料的马歇尔试验、间接抗拉试验(劈裂法)等所使用的 $\phi 101.6mm \times 63.5mm$ 圆柱体试件的成型。

2. 仪具与材料

(1)标准击实仪:由击实锤、$\phi 98.5mm \pm 0.5mm$ 平圆形压实头及带手柄的导向棒组成。机械将压实锤提升至 $457.2mm \pm 1.5mm$ 高度沿导向杆自由落下连续击实,标准击实锤质量

4536g ± 9g。

（2）试验室用沥青混合料拌和机：能保证拌和温度并充分拌和均匀，可控制拌和时间，容量不小于 10L，如图 17-1 所示。搅拌叶自转速度 70～80r/min，公转速度 40～50r/min。

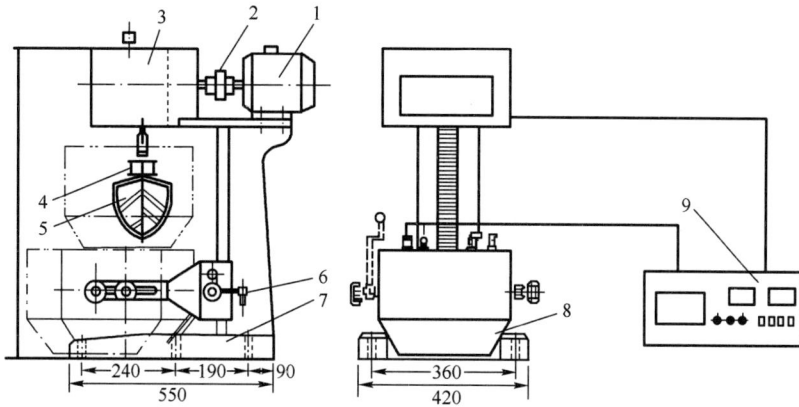

图 17-1　试验室用沥青混合料拌和机（尺寸单位 mm）
1-电机；2-联轴器；3-变速箱；4-弹簧；5-拌和叶片；6-升降手柄；7-底座；8-加热拌和锅；9-温度时间控制器

（3）试模：由高碳钢或工具钢制成。内径为 101.6mm ± 0.2mm，圆柱形金属筒高 87mm，底座直径约 120.6mm，套筒内径 104.8mm、高 70mm。

（4）脱模器：电动或手动，能无破损地推出圆柱体试件，备有标准试件尺寸的推出环。

（5）烘箱：大、中型各 1 台，应有温度调节器。

（6）天平或电子称：用于称量沥青的，感量不大于 0.1g；用于称量矿料的，感量不大于 0.5g。

（7）其他：插刀或大螺丝刀、温度计、电炉或煤气炉、沥青熔化锅、拌和铲、滤纸（或普通纸）、胶布、卡尺、秒表、粉笔、棉纱等。

3. 试验准备

（1）确定制作沥青混合料的拌和温度与试件的击实温度。

① 对于普通沥青混合料，测定沥青在 60℃、135℃ 和 175℃ 温度条件下的表观黏度，绘制温度-黏度曲线。按表 17-1 的要求确定适宜于沥青混合料拌和及击实的等黏温度。

沥青混合料拌和及击实的沥青等黏温度　　　　　　　表 17-1

沥青结合料种类	黏　　　度	适宜于拌和的沥青结合料黏度	适宜于击实的沥青结合料黏度
石油沥青	表观黏度	0.17Pa·s ± 0.02Pa·s	0.28Pa·s ± 0.03Pa·s

② 当缺乏沥青黏度试验条件时，试件的拌和与击实温度可按表 17-2 选用，并根据沥青品种和标号做适当调整。针入度小、稠度大的沥青取高限；针入度大、稠度小的沥青取低限；一般取中值。

沥青混合料拌和及击实温度参考表　　　　　　　表 17-2

沥青结合料种类	拌和温度（℃）	击实温度（℃）
石油沥青	140～160	120～150
改性沥青	160～175	140～170

③对改性沥青,应根据实践经验、改性剂的品种和用量,适当提高混合料的拌和和击实温度;对大部分聚合物改性沥青,通常在普通沥青的基础上提高 10~20℃;掺加纤维时,尚需再提高10℃左右。

(2)将各种规格的矿料置105℃±5℃的烘箱中烘干至恒重(一般不少于4~6h)。

(3)将烘干分级的粗、细集料,按每个试件设计级配要求称其质量,在一金属盘中混合均匀,矿粉单独放入小盆里;然后置烘箱中加热至沥青拌和温度以上约15℃(采用石油沥青时通常为163℃;采用改性沥青时通常需180℃)备用。一般按一组试件(每组4~6个)备料,但进行配合比设计时宜对每个试件分别备料。常温沥青混合料的矿料不应加热。

(4)沥青试样用烘箱加热至混合料拌和温度,但不得超过175℃。

(5)用蘸有少许黄油的棉纱擦净试模、套筒及击实座等,置100℃左右的烘箱中加热1h备用。

(6)将沥青混合料拌和机提前预热至比拌和温度高10℃左右。

4. 沥青混合料的拌和

(1)将加热的粗细集料置于拌和机中,用小铲子适当混合;然后加入需要数量的沥青(如沥青已称量在一专用容器内时,可在倒掉沥青后用一部分热矿粉将粘在容器壁上的沥青擦拭掉并一起倒入拌和锅中)。

(2)开动拌和机一边搅拌一边使拌和叶片插入混合料中拌和1~1.5min;暂停拌和,加入加热的矿粉,继续拌和至均匀为止,并使沥青混合料保持在要求的拌和温度范围内。标准的总拌和时间为3min。

5. 试件制作

(1)将拌好的沥青混合料,用小铲刮入已除皮的容器中,准确称取一个试件所需的用量(标准马歇尔试件约1200g)。当已知沥青混合料的密度时,可根据试件的标准尺寸计算并乘以1.03得到要求的混合料数量。当一次拌和几个试件时,宜将其倒入经预热的金属盘中,用小铲适当拌和均匀分成几份,分别取用。在试件制作过程中,为防止混合料温度下降,应连盘放在烘箱中保温。

(2)从烘箱中取出预热的试模及套筒,用蘸有少许黄油的棉纱擦拭套筒、底座及击实锤底面。将试模装在底座上,垫一张圆形的吸油性小的纸,通过漏斗将混合料装入试模中,用螺丝刀沿周边插捣15次,中间10次。插捣后将沥青混合料表面整平,上面垫一张吸油性小的圆纸。

(3)插入温度计至混合料中心附近,检查混合料温度。

(4)待混合料温度达到要求的压实温度时,将试模连同底座一起放在击实台上固定,将装有击实锤及导向杆的压头放入试模中,开启电机使击实锤从457mm的高度自由落下击实规定的次数(75次或50次)。

(5)试件击实一面后,取下套筒,将试模翻面,装上套筒,然后以同样的方法和次数击实另一面。乳化沥青混合料试件在两面击实后,将一组试件在室温下横向放置24h;另一组试件置温度为105℃±5℃的烘箱中养护24h。将养护试件取出后再立即两面锤击各25次。

(6)试件击实结束后,卸去套筒和底座,立即用镊子取掉上下面的纸,用卡尺量取试件顶面离试模上口的高度并由此计算试件高度,高度不符合要求时,试件应作废,并用下式调整试件的混合料质量,以保证高度符合 63.5mm±1.3mm 的要求。

$$调整后混合料质量 = \frac{要求试件高度 \times 原用混合料质量}{所得试件的高度}$$

(7)高度符合要求时,将试模横向放置冷却至室温后(不少于 12h),置脱模机上脱出试件。置于干燥洁净的平面上,供试验用。

二、轮碾法

1. 目的与适用范围

在试验室用轮碾法制作沥青混合料试件,以供进行沥青混合料物理力学性质试验时使用。轮碾法适用于长 300mm×宽 300mm×厚 50～100mm 板状试件的成型,此试件可直接用作车辙试验,也可用切割机切制成棱柱体试件,或用芯样钻机钻取试样,进行相关试验。成型试件的密度应符合马歇尔标准击实试样密度 100%±1% 的要求。

对于集料公称最大粒径小于或等于 19mm 的沥青混合料,宜采用长 300mm×宽 300mm×厚 50mm 试模;对于集料公称最大粒径大于或等于 26.5mm 的沥青混合料,宜采用长 300mm×宽 300mm×厚 80～100mm 的试模。

2. 仪具与材料技术要求

(1)轮碾成型机:具有与钢筒式压路机相似的圆弧形碾压轮,轮宽 300mm,压实线荷载为 300N/cm,碾压行程等于试件长度,经碾压后的板状试件可达到马歇尔试验标准击实密度的 100%±1%。

(2)试验室用沥青混合料拌和机:能保证拌和温度并充分拌和均匀,可控制拌和时间,宜采用容量大于 30L 的大型沥青混合料拌和机,也可采用容量大于 10L 的小型拌和机。

(3)试模:由高碳钢或工具钢制成,内部平面尺寸为长 300mm×宽 300mm×高 50～100mm。

(4)烘箱:大、中型各 1 台,装有温度调节器。

(5)台秤、天平或电子秤:称量 5kg 以上的,感量不大于 1g;称量 5kg 以下的,用于称量矿料的感量不大于 0.5g,用于称量沥青的感量不大于 0.1g。

(6)沥青黏度测定设备:布洛克菲尔德黏度计、真空减压毛细管。

(7)小型击实锤:钢制端部断面 80mm×80mm,厚 10mm,带手柄,总质量 0.5kg 左右。

(8)温度计:分度值 1℃。宜采用有金属插杆的插入式数显温度计,金属插杆的长度不小于 150mm。量程 0～300℃。

(9)其他:电炉或煤气炉、沥青熔化锅、拌和铲、滤纸、胶布、卡尺、秒表、粉笔、垫木、棉纱等。

3. 试验准备

(1)确定沥青混合料的拌和与压实温度。

(2)根据试板的体积和马歇尔试件的毛体积密度并乘以 1.03 的系数计算一块板的混合料用量;再根据沥青含量分别计算出一块板的矿料用量和沥青用量,根据矿料的配合比例计算出各规格矿料的用量。

(3)按各矿料的用量配料,矿粉单独放置,置烘箱中加热至高于拌和温度 15℃ 左右。

(4)将金属试模及小型击实锤等置 100℃ 左右烘箱中加热 1h 备用。

(5)混合料拌和(同击实法)。

(6)将碾压轮预热至100℃左右备用。

4.轮碾成型步骤

(1)试件尺寸可为长300mm×宽300mm×厚50～100mm。试件的厚度可根据集料粒径大小选择,同时根据需要,厚度也可以采用其他尺寸,但混合料一层碾压的厚度不得超过100mm。

(2)将预热的试模从烘箱中取出,装上试模框架;在试模中铺一张裁好的普通纸,使底面及侧面均被纸隔离,将拌和好的全部沥青混合料(注意不得散失,分两次拌和的应倒在一起),用小铲稍加拌和后均匀地沿试模由边至中按顺序转圈装入试模,中部要略高于四周。

(3)取下试模框架,用预热的小型击实锤由边至中转圈夯实一遍,整形成凸圆弧形。

(4)插入温度计,待混合料达到压实温度时,在表面铺一张裁好尺寸的普通纸。

(5)成型前将碾压轮预热至100℃左右,将盛有沥青混合料的试模置于轮碾机的平台上,放下碾压轮,调整总荷载为9kN(线荷载300N/cm)。

(6)启动轮碾机,先在一个方向碾压2个往返(4次);卸荷,升起碾压轮,将试件调转方向;再加相同荷载碾压至马歇尔标准密实度100±1%为止。试件在正式压实前,应经试压,测定密度后,确定试件的碾压次数。对普通沥青混合料,一般12个往返(24次)左右可达要求(试件厚度为50mm)。

(7)压实成型后,揭去表面的纸,用粉笔在试件表面标明碾压方向。

(8)盛有压实试件的试模,置室温下冷却,至少12h后方可脱模。

第二节 沥青混合料密度试验

沥青混合料的密度试验有水中称量法、表干法、蜡封法、体积法4种方法。水中称量法适用于吸水率小于0.5%的试件;表干法适用于吸水率小于2%试件;吸水率大于2%的试件采用蜡封法;试件空隙过大,蜡封法不能完全封住空隙时采用体积法。从计算混合料的空隙率、矿料间隙率、饱和度等各项体积参数的角度讲,需要的是按表干法测得的毛体积密度或毛体积相对密度。

理论最大相对密度有真空法和溶剂法两种方法。

一、表干法

1.目的与适用范围

适用于测定吸水率不大于2%的各种沥青混合料试件的毛体积相对密度或毛体积密度。标准温度为25℃±0.5℃。测定的毛体积密度适用于计算沥青混合料试件的空隙率、矿料间隙率等各项体积指标。

2.仪具与材料技术要求

(1)浸水天平或电子秤:当最大称量在3kg以下时,感量不大于0.1g;最大称量3kg以上时,感量不大于0.5g。应有测量水中质量的挂钩。

(2)网篮。

(3)溢流水箱:如图17-2所示,使用洁净水,有水位溢流装置,保持试件和网篮浸入水中后的水位一定。能调整水温至25℃±0.5℃。

(4)试件悬吊装置:天平下方悬吊网篮及试件的装置,吊线应采用不吸水的细尼龙线绳,并有足够的长度。对轮碾成型机成型的板块状试件可用铁丝悬挂。

(5)其他:秒表、毛巾、电风扇或烘箱。

3. 方法与步骤

(1)选择适宜的浸水天平或电子天平,最大称量应满足试件质量的要求。

(2)除去试件表面的浮粒,称取干燥试件的空中质量(m_a),根据选择的天平的感量读数,准确至0.1g或0.5g。

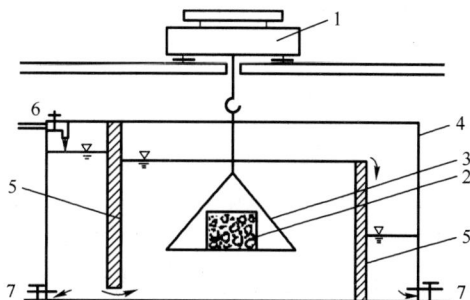

图17-2 溢流水箱及下挂法水中称量法示意图
1-电子秤;2-试件;3-网篮;4-溢流水箱;5-水位搁板;6-注水口;7-放水阀门

(3)将溢流水箱水温保持在25℃±0.5℃。挂上网篮,浸入溢流水箱中,调节水位,将天平调平并复零,把试件置于网篮中(注意不要晃动水)浸水中3~5min,称取水中质量(m_w)。若天平读数持续变化,不能很快达到稳定,说明试件吸水较严重,不适合用此法测定,应改用蜡封法测定。

(4)从水中取出试件,用洁净柔软的拧干湿毛巾轻轻擦去试件的表面水(不得吸走空隙内的水),称取试件的表干质量(m_f)。从试件拿出水面到擦干结束不宜超过5s,称量过程中流出的水不得再擦拭。

4. 计算

(1)按式(17-1)计算试件的吸水率,取1位小数。

$$S_a = \frac{m_f - m_a}{m_f - m_w} \times 100 \tag{17-1}$$

式中:S_a——试件的吸水率(%);

m_a——干燥试件的空中质量(g);

m_w——试件的水中质量(g);

m_f——试件的表干质量(g)。

(2)按式(17-2)及式(17-3)计算试件的毛体积相对密度和毛体积密度,取3位小数。

$$\gamma_f = \frac{m_a}{m_f - m_w} \times 100 \tag{17-2}$$

$$\rho_f = \frac{m_a}{m_f - m_w} \times \rho_w \tag{17-3}$$

式中:γ_f——试件的毛体积相对密度,无量纲;

ρ_f——试件的毛体积密度(g/cm³);

ρ_w——25℃时水的密度,取0.9971g/cm³。

二、理论最大相对密度试验(真空法)

1. 目的与适用范围

采用真空法测定沥青混合料理论最大相对密度,供沥青混合料配合比设计、路况调查或路面施工质量管理计算空隙率、压实度等使用。本方法不适用于吸水率大于3%的多孔性集料的沥青混合料。

2. 仪具与材料

(1)天平:称量5kg以上,感量不大于0.1g;称量2kg以下,感量不大于0.05g。

(2)负压容器:根据试样数量选用表17-3中的A、B、C任何一种类型。负压容器口带橡皮塞,上接橡胶管,管口下方有滤网,防止细料被吸入胶管。为便于抽真空时观察气泡情况,负压容器至少有一面透明或者采用透明的密封盖。

负 压 容 器 类 型

表17-3

类 型	容 器	附 属 设 备
A	耐压玻璃、塑料或金属制的罐,容积大于2000mL	有密封盖,接真空胶管,分别与真空装置和压力表连接
B	容积大于2000mL的真空容量瓶	带胶皮塞,接真空胶管,分别与真空装置和压力表连接
C	4000mL耐压真空器皿或干燥器	带胶皮塞,放气阀,分别与真空装置和压力表连接

(3)真空负压装置:由真空泵、真空表、调压装置、压力表及干燥器或积水装置等组成。

(4)振动装置:试验过程中根据需要可以开启或关闭。

(5)其他:恒温水槽、温度计、玻璃板、平底盘、铲子等。

3. 试验准备

(1)按表17-4的规定准备混合料试样。

沥青混合料试样数量

表17-4

公称最大粒径(mm)	试样最小质量(g)	公称最大粒径(mm)	试样最小质量(g)
4.75	500	26.5	2500
9.5	1000	31.5	3000
13.2、16	1500	37.5	3500
19	2000		

(2)拌制沥青混合料,拌两个试样,分别放置于平底盘中。

(3)将平底盘中的热沥青混合料,在室温中冷却或用电风扇吹,一边冷却一边将沥青混合料团块仔细分散,粗集料不破碎,细集料团块分散到小于6.4mm。若混合料坚硬时可用烘箱适当加热后分散,加热温度不超过60℃。分散试样时可以用铲子翻动、分散,在温度较低时应用手掰开,不得用锤打碎,防止集料破碎。

(4)将负压容器干燥、编号,称取其干燥质量。

4. 试验步骤

(1)将沥青混合料试样装入干燥的负压容器中,称容器及沥青混合料总质量,得到试样的净质量,试样质量应不小于上述规定的最小数量。

(2)在负压容器中注入25℃±0.5℃的水,将混合料全部浸没,并高出混合料顶面约2cm。

(3)将负压容器放到试验仪上,与真空泵、压力表等连接,开动真空泵,使负压容器内负压在2min内达到3.7kPa(27.5mmHg)时,开始计时,同时开动振动装置和抽真空,持续15min±2min。为使气泡容易除去,试验前可在水中加0.01%浓度的表面活性剂(如每100mL水中加0.01g洗涤灵)。

(4)抽真空结束后,关闭真空装置和振动装置,打开调压阀慢慢卸压,卸压速度不得大于8kPa/s,使负压容器内压力逐渐恢复。

(5)当负压容器采用A类容器时,将盛试样的容器浸入保温至25℃±0.5℃的恒温水槽中,恒温10min±1min后,称取负压容器与沥青混合料的水中质量(m_2)。

(6)当负压容器采用B、C类容器时,将装有沥青混合料试样的容器浸入保温至25℃±0.5℃的恒温水槽,恒温10min±1min后,注意容器中不得有气泡,擦净容器外的水分,称容器、水和沥青混合料试样的总质量。

5. 计算

(1)采用A类容器时,沥青混合料的理论最大相对密度按式(17-4)计算。

$$\gamma_t = \frac{m_a}{m_a - (m_2 - m_1)} \tag{17-4}$$

式中:γ_t——沥青混合料的理论最大相对密度;

m_a——干燥沥青混合料试样的空中质量(g);

m_1——25℃水中的质量(g);

m_2——负压容器与沥青混合料在25℃水中的质量(g)。

(2)采用B、C类容器时,沥青混合料的理论最大相对密度按式(17-5)计算。

$$\gamma_t = \frac{m_a}{m_a + m_b - m_c} \tag{17-5}$$

式中:m_b——装满25℃水的负压容器质量(g);

m_c——25℃时试样、水与负压容器的总质量(g)。

(3)沥青混合料25℃时的理论最大密度按式(17-6)计算。

$$\rho_t = \gamma_t \times \rho_w \tag{17-6}$$

式中:ρ_t——沥青混合料的理论最大密度(g/cm³);

ρ_w——25℃水的密度,0.9971g/cm³。

6. 修正

(1)需要进行修正试验的情况:沥青与集料拌和不均匀,部分集料没有完全裹覆沥青。

(2)在称取负压容器与沥青混合料的水中质量(m_2)之后,将负压容器静置一段时间使混合料沉淀后,使容器慢慢倾斜,使容器内水通过0.075mm筛滤掉。

（3）将残留部分水的沥青混合料细心倒入一个平底盘中,然后用适当水涮容器和0.075mm筛网,并将其也倒入平底盘中,重复几次直到无残留混合料。

（4）静置一段时间后,稍微提高平底盘一端,使试样中部分水倒出平底盘,并用吸耳球慢慢吸去水。

（5）将试样在平底盘中尽量摊开,用吹风机或电风扇吹干,并不断翻拌试样。每15min称量一次,当两次质量相差小于0.05%时,认为达到表干状态,称取质量为表干质量,用表干质量代替 m_a 重新计算。

7. 报告

同一试件至少平行进行两次试验,取平均值作为试验结果,计算至小数点后三位。

8. 允许误差

重复性试验的允许误差为 $0.011g/cm^3$,再现性试验的允许误差为 $0.019g/cm^3$ 。

第三节　高温稳定性试验

一、沥青混合料马歇尔稳定度试验

1. 目的与适用范围

测定沥青混合料的马歇尔稳定度和浸水马歇尔稳定度,用以进行沥青混合料的配合比设计或沥青路面施工质量检验。该方法适用于标准马歇尔圆柱体试件。

2. 仪具与材料

（1）沥青混合料马歇尔试验仪:分为自动式和手动式,如图17-3所示为自动式马歇尔试验仪,自动马歇尔试验仪应具备控制装置、记录荷载-位移曲线、自动测定荷载与试件的垂直变形,能自动显示和存储或打印试验结果等功能。手动式由人工操作,试验数据通过操作者目测后读取数据。

试验仪最大荷载不小于25kN,读数准确至0.1kN,加载速率应能保持 50mm/min ±5mm/min。钢球直径16mm ±0.05mm,上下压头曲率半径为50.8mm ±0.08mm。

（2）恒温水槽:控温准确度为1℃,深度不小于150mm。

（3）天平:感量不大于0.1g。

（4）温度计:分度值1℃。

（5）其他:温度计、卡尺、棉纱、黄油。

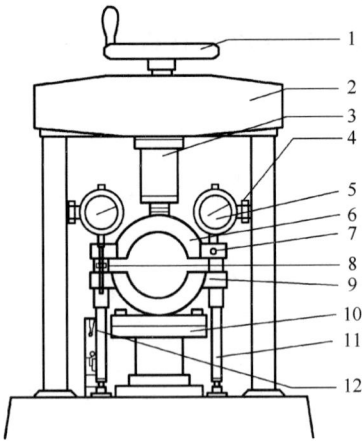

图17-3　马歇尔稳定度仪示意图
1-手摇装置;2-上载荷架;3-荷载控制传感器;4-千分表固定螺钉;5-千分表;6-上压头;7-固定螺钉;8-夹架;9-下压头;10-承压板;11-支柱;12-上微动螺钉

3. 试验准备

（1）按标准击实方法成型马歇尔试件,试件尺寸应符合直径 101.6mm ± 0.2mm,高63.5mm ± 1.3mm 的要求。一组试件的数量不得少于4个。

(2)量测试件的高度:用卡尺测量试件中部的直径,用马歇尔试件高度测定器或用卡尺在十字对称的4个方向量测离试件边缘10mm处的高度,准确至0.1mm,并以其平均值作为试件的高度。如试件高度不符合63.5mm±1.3mm的要求或两侧高度差大于2mm时,此试件应作废。

(3)测定试件的密度,并计算空隙率、沥青体积百分率、沥青饱和度、矿料间隙率等物理指标。

(4)将恒温水槽调节至要求的试验温度,对黏稠石油沥青或烘箱养护过的乳化沥青混合料为60℃±1℃,对煤沥青混合料为33.8℃±1℃,对空气养护的乳化沥青或液体沥青混合料为25℃±1℃。

4. 试验步骤

(1)将试件置于已达规定温度的恒温水槽中保温,保温时间对标准马歇尔试件需30~40min。试件之间应有间隔,底下应垫起,离水槽底部不小于5cm。

(2)将马歇尔试验仪的上下压头放入水槽或烘箱中达到同样温度。将上下压头从水槽或烘箱中取出擦拭干净内面。为使上下压头滑动自如,可在下压头的导棒上涂少量黄油,将试件取出置于下压头上,盖上上压头,然后放置在马歇尔仪的平台上。

(3)在上压头的球座上放妥钢球,并对准荷载测定装置的压头。

(4)当采用自动马歇尔试验仪时,将自动马歇尔试验仪的压力传感器、位移传感器与计算机或 X-Y 记录仪正确连接,调整好适宜的放大比例,压力和位移传感器调零。

(5)当采用压力环和流值计时,将流值计安装在导杆上,使导向套管轻轻地压住上压头,同时将流值计读数调零。调整压力环中百分表,对零。

(6)启动加载设备,使试件承受荷载,加载速度为50mm/min±5mm/min。计算机或 X-Y 记录仪自动记录传感器压力和试件变形曲线并将数据自动存入计算机。

(7)当试验荷载达到最大值的瞬间,取下流值计,同时读取压力环中百分表读数及流值计的流值读数。

(8)从恒温水槽中取出试件至测出最大荷载值的时间,不得超过30s。

5. 计算

(1)当采用自动马歇尔试验仪时,将计算机采集的数据绘制成压力和试件变形曲线,或由 X-Y 记录仪自动记录的荷载-变形曲线,量取相应于荷载最大值时的变形作为流值(FL),以mm 计,准确至0.1mm。最大荷载即为稳定度(MS),以 kN 计,准确至0.01kN。

(2)采用压力环和流值计测定时,根据压力环标定曲线,将压力环中百分表的读数换算为荷载值,或者由荷载测定装置读取的最大值即为试样的稳定度(MS),以 kN 计,准确至0.01kN。由流值计及位移传感器测定装置读取的试件垂直变形,即为试件的流值(FL),以mm 计,准确至0.1mm。

6. 报告

(1)当一组测定值中某个测定值与平均值之差大于标准差的 k 倍时,该测定值应予舍弃,并以其余测定值的平均值作为试验结果。当试件数目 n 为3、4、5、6个时,k 值分别为1.15、1.46、1.67、1.82。

(2)报告中需列出马歇尔稳定度、流值、马歇尔模数,以及试件尺寸、密度、空隙率,沥青用量,沥青体积百分率、沥青饱和度、矿料间隙率等各项物理指标。当采用自动马歇尔试验时,试验结果应附上荷载-变形曲线原件或自动打印结果。

二、车辙试验

1. 目的与适用范围

测定沥青混合料试板产生单位深度车辙时试验轮往复行走的次数,本方法适用于测定沥青混合料的高温抗车辙能力,供沥青混合料配合比设计时的高温稳定性检验使用,也可用于现场沥青混合料的高温稳定性检验。

非经注明,试验温度为60℃,轮压为0.7MPa。计算动稳定度的时间原则上为试验开始后45~60min。适用于用轮碾成型机碾压成型的长300mm、宽300mm、厚50~100mm的板状试件。

2. 仪具与材料

(1)车辙试验机:如图17-4所示,主要由下列部分组成:

①试件台:可牢固地安装两种宽度(300mm及150mm)规定尺寸试件的试模。

②试验轮:橡胶制的实心轮胎,外径200mm,轮宽50mm,橡胶层厚15mm。橡胶硬度(国际标准硬度)20℃时为84±4,60℃时为78±2。试验轮行走距离为230mm±10mm,往返碾压速度为42次/mind±1次/mind(21次往返/min)。采用曲柄连杆驱动加载轮往返运行方式。

③加载装置:试验轮与试件的接触压强在60℃时为0.7MPa±0.05MPa,施加的总荷载为780N左右。

④变形测量装置:自动采集车辙变形并记录曲线的装置,通常用位移传感器LVDT、或非接触位移计。位移测量范围0~130mm,精度±0.01mm。

⑤温度检测装置:自动检测并记录试件表面及恒温室内温度的温度传感器,精度±0.5℃,温度应能自动连续记录。

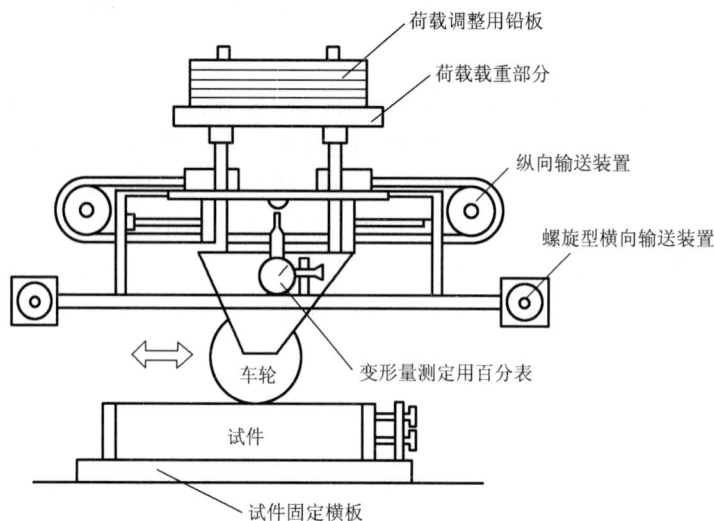

图17-4 车辙试验机示意图

(2)恒温室:恒温室应具有足够的空间。车辙试验机整机安放在恒温室内,装有加热器、气流循环装置及装有自动温度控制设备,同时恒温室还应至少能保温 3 块试件并进行试验的条件。保持恒温室温度 60℃ ±1℃(试件内部温度 60℃ ±0.5℃)。

(3)台秤:称量 15kg,感量不大于 5g。

3. 试验准备

(1)试验轮接地压强测定:测定在 60℃时进行,在试验台上放置一块 50mm 厚的钢板,其上铺一张毫米方格纸,上铺一张新的复写纸,以规定的 700N 荷载后试验轮静压复写纸,即可在方格纸上得出轮压面积,并由此求得接地压强。当压强不符合 0.7MPa ±0.05MPa 时,荷载应予适当调整。

(2)用轮碾成型法制作车辙试板。板状试件尺寸为长 300mm ×宽 300mm ×高 50～100mm(根据需要确定)。

(3)试件成型后,连同试模一起在常温条件下放置的时间不得少于 12h。对聚合物改性沥青混合料,放置的时间以 48h 为宜,室温放置时间不得长于一周。

4. 试验步骤

(1)将试件连同试模一起,置于已达到试验温度 60℃ ±1℃的恒温室中,保温不少于 5h,也不得超过 12h。在试件的试验轮不行走的部位上,粘贴一个热电偶温度计。控制试件温度稳定在 60℃ ±0.5℃。

(2)将试件连同试模移置于车辙试验机的试验台上,试验轮在试件的中央部位,其行走方向须与试件成型碾压或行车方向一致。开动车辙变形自动记录仪,然后启动试验机,使试验轮往返行走,时间约 1h,或最大变形达到 25mm 时为止,试验时,记录仪自动记录变形曲线(图 17-5)及试验温度。

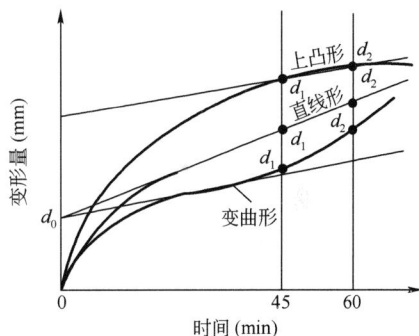

图 17-5 车辙试验自动记录的变形曲线

5. 计算

(1)从图 17-5 上读取 45min(t_1)及 60min(t_2)时的车辙变形 d_1 及 d_2,准确至 0.01mm。

当变形过大,在未到 60min 变形已达 25mm 时,则以达到 25mm(d_2)时的时间为 t_2,将其前 15min 设为 t_1,此时的变形量为 d_1。

(2)沥青混合料试件的动稳定度按式(17-7)计算。

$$DS = \frac{(t_2 - t_1) \times N}{d_2 - d_1} \times C_1 \times C_2 \qquad (17\text{-}7)$$

式中:DS——沥青混合料的动稳定度(次/mm);

　　 d_1——对应于时间 t_1 的变形量(mm);

　　 d_2——对应于时间 t_2 的变形量(mm);

　　 C_1——试验机类型系数,曲柄连杆驱动加载轮往返运行方式为 1;

　　 C_2——试件系数,试验室制备宽 300mm 的试件为 1.0;

　　 N——试验论往返碾压速度,通常为 42 次/min。

6. 报告

同一沥青混合料至少平行试验 3 个试件,当 3 个试件动稳定度变异系数小于 20% 时,取其平均值作为试验结果。变异系数大于 20% 时应分析原因,并追加试验。如计算动稳定度值大于 6000 次/mm 时,记作:>6000 次/mm。

7. 精密度或允许误差

重复性试验动稳定度变异系数不大于 20%。

参 考 文 献

[1] 中华人民共和国行业标准.公路土工试验规程:JTG 3430—2020[S].北京:人民交通出版社股份有限公司 2020.

[2] 中华人民共和国国家标准.建设用卵石、碎石:GB/T 14685—2011[S].北京:中国标准出版社,2011.

[3] 中华人民共和国国家标准.建设用砂:GB/T 14684—2011[S].北京:中国标准出版社,2011.

[4] 中华人民共和国国家标准.通用硅酸盐水泥:GB 175—2007[S].北京:中国标准出版社,2007.

[5] 中华人民共和国国家标准.道路硅酸盐水泥:GB/T 13693—2017[S].北京:中国标准出版社,2017.

[6] 中华人民共和国国家标准.用于水泥和混凝土中的粉煤灰:GB/T 1596—2017[S].北京:中国标准出版社,2017.

[7] 中华人民共和国国家标准.用于水泥、砂浆和混凝土中的粒化高炉矿渣粉:GB/T 18046—2017[S].北京:中国标准出版社,2017.

[8] 中华人民共和国行业标准.建筑生石灰:JC/T 479—2013[S].北京:建材工业出版社,2013.

[9] 中华人民共和国行业标准.建筑消石灰:JC/T 481—2013[S].北京:建材工业出版社,2013.

[10] 中华人民共和国国家标准.水泥标准稠度用水量、凝结时间、安定性检验方法:GB/T 1346—2011[S].北京:中国标准出版社,2011.

[11] 中华人民共和国国家标准.粉煤灰混凝土应用技术规范:GB/T 50146—2014[S].北京:中国计划出版社,2014.

[12] 中华人民共和国国家标准.水泥胶砂强度检验方法(ISO 法):GB/T 17671—2021[S].北京:中国标准出版社,2021.

[13] 中华人民共和国行业标准.热塑性弹性体 苯乙烯-丁二烯嵌段共聚物(SBS):SH/T 1610—2011[S].北京中国石化出版社,2011.

[14] 中华人民共和国行业标准.路用废胎胶粉橡胶沥青:JT/T 798—2019[S].北京:人民交通出版社股份有限公司,2019.

[15] 中华人民共和国国家标准.混凝土强度检验评定标准:GB/T 50107—2010[S].北京:中国建筑工业出版社,2010.

[16] 中华人民共和国国家标准.混凝土结构工程施工质量验收规范:GB 50204—2015[S].北京:中国建筑工业出版社,2015.

[17] 中华人民共和国国家标准.混凝土质量控制标准:GB 50164—2011[S].北京:中国建筑工业出版社,2011.

[18] 中华人民共和国行业标准.普通混凝土配合比设计规程:JGJ 55—2011[S].北京:中国建筑工业出版社,2011.

[19] 中华人民共和国行业标准.普通混凝土用砂、石质量及检验方法标准:JGJ 52—2006[S].北京:中国建筑工业出版社,2006.

[20] 中华人民共和国行业标准.水泥混凝土路面施工技术细则:JTG/T F30—2014[S].北京:人民交通出版社,2014.

[21] 中华人民共和国行业标准.纤维混凝土应用技术规程:JGJ/T 221—2010[S].北京:中国建筑工业出版社,2010.

[22] 中华人民共和国行业标准.公路工程水泥及水泥混凝土试验规程:JTG 3420—2020[S].北京:人民交通出版社股份有限公司,2020.

[23] 中华人民共和国行业标准.公路水泥混凝土路面设计规范:JTG D40—2011[S].北京:人民交通出版社,2011.

[24] 中华人民共和国国家标准.混凝土外加剂:GB 8076—2008[S].北京:中国标准出版社,2008.

[25] 中华人民共和国国家标准.混凝土外加剂应用技术规范:GB 50119—2013[S].北京:中国建筑工业出版社,2013.

[26] 中华人民共和国国家标准.混凝土结构设计规范:GB 50010—2010[S].北京:中国建筑工业出版社,2010.

[27] 中华人民共和国国家标准.混凝土物理力学性能试验方法标准:GB/T 50081—2019[S].北京:中国建筑工业出版社,2019.

[28] 中华人民共和国国家标准.普通混凝土长期性能和耐久性能试验方法标准:GB/T 50082—2009[S].北京:中国建筑工业出版社,2009.

[29] 中华人民共和国国家标准.预防混凝土碱骨料反应技术规范:GB/T 50733—2011[S].北京:中国建筑工业出版社,2011.

[30] 中华人民共和国行业标准.水泥制品用矿渣粉应用技术规程:JC/T 2238—2014[S].北京:建材工业出版社,2014.

[31] 中华人民共和国行业标准.透水水泥混凝土路面技术规程:CJJ/T 135—2009[S].北京:中国建筑工业出版社,2009.

[32] 中华人民共和国行业标准.彩色硅酸盐水泥:JC/T 870—2012[S].北京:中国建筑工业出版社,2012.

[33] 中华人民共和国行业标准.建筑砂浆基本性能试验方法标准:JGJ/T 70—2009[S].北京:中国建筑工业出版社,2009.

[34] 中华人民共和国行业标准.公路水泥混凝土路面接缝材料:JT/T 203—2014[S].北京:人民交通出版社,2014.

[35] 中华人民共和国行业标准.公路工程无机结合料稳定材料试验规程:JTG E51—2009[S].北京:人民交通出版社,2009.

[36] 中华人民共和国国家标准.沥青路面施工及验收规范:GB 50092—1996[S].北京:中国标准出版社,1996.

［37］ 中华人民共和国行业标准.公路工程岩石试验规程:JTG E41—2005［S］.北京:人民交通
出版社,2005.

［38］ 中华人民共和国行业标准.公路工程集料试验规程:JTG E42—2005［S］.北京:人民交通
出版社,2005.

［39］ 中华人民共和国行业标准.公路路面基层施工技术细则:JTG/T F20—2015［S］.北京:人
民交通出版社股份有限公司,2015.

［40］ 中华人民共和国行业标准.公路沥青路面施工技术规范:JTG F40—2004［S］.北京:人民
交通出版社,2004.

［41］ 中华人民共和国行业标准.公路沥青路面设计规范:JTG D50—2017［S］.北京:人民交通
出版社股份有限公司,2017.

［42］ 中华人民共和国行业标准.公路工程沥青及沥青混合料试验规程:JTG E20—2011［S］.
北京:人民交通出版社,2011.

［43］ 中华人民共和国国家标准.碳素结构钢:GB/T 700—2006［S］.北京:中国标准出版
社,2006.

［44］ 中华人民共和国行业标准.公路隧道设计规范　第一册　土建工程:JTG 3370.1—2018
［S］.北京:人民交通出版社股份有限公司,2018.

［45］ 中华人民共和国行业标准.公路桥涵地基与基础设计规范:JTG 3363—2019［S］.北京:
人民交通出版社股份有限公司,2019.

［46］ 中华人民共和国行业标准.公路桥涵施工技术规范:JTG/T 3650—2020［S］.北京:人民
交通出版社股份有限公司,2020.

［47］ 中华人民共和国国家标准.桥梁用结构钢:GB/T 714—2015［S］.北京:中国标准出版
社,2015.

［48］ 中华人民共和国国家标准.钢筋混凝土用钢　第1部分:热轧光圆钢筋:GB/T 1499.1—
2017［S］.北京:中国标准出版社,2017.

［49］ 中华人民共和国国家标准.钢筋混凝土用钢　第2部分:热轧带肋钢筋:GB/T 1499.2—
2018［S］.北京:中国标准出版社,2018.

［50］ 中华人民共和国国家标准.预应力混凝土用钢棒:GB/T 523.3—2017［S］.北京:中国标
准出版社,2017.

［51］ 中华人民共和国行业标准.路桥用塑性体改性沥青防水卷材:JT/T 536—2018［S］.北
京:中国轻工业出版社,2018.

［52］ 中华人民共和国行业标准.路桥用溶剂性沥青基防水黏结涂料:JT/T 983—2015［S］.北
京:人民交通出版社股份有限公司,2015.

［53］ 中华人民共和国行业标准.公路工程土工合成材料　土工格栅　第1部分:钢塑格栅:
JT/T 925.1—2014［S］.北京:人民交通出版社,2014.

［54］ 中华人民共和国行业标准.公路工程土工合成材料　土工格栅　第3部分:纤塑格栅:
JT/T 925.3—2018［S］.北京:人民交通出版社股份有限公司,2018.

［55］ 中华人民共和国行业标准.土工合成材料　四向拉伸塑料土工格栅:QB/T 5303—2018
［S］.北京:中国轻工业出版社,2018.

[56] 中华人民共和国行业标准. 混凝土试模: JG 237—2008 [S]. 北京: 中国标准出版社, 2008.

[57] 沈金安. 沥青及沥青混合料路用性能[M]. 北京: 人民交通出版社, 2001.

[58] 申爱琴. 水泥与水泥混凝土[M]. 北京: 人民交通出版社股份有限公司, 2021.

[59] 申爱琴. 改性水泥与现代水泥混凝土路面[M]. 北京: 人民交通出版社, 2008.

[60] 沙爱民. 半刚性路面材料结构与性能[M]. 北京: 人民交通出版社, 1998.

[61] 严家伋. 道路建筑材料[M]. 3 版. 北京: 人民交通出版社, 1996.

[62] 姚祖康. 铺面工程[M]. 上海: 同济大学出版社, 2001.

[63] 吴科如, 张雄. 建筑材料[M]. 2 版. 上海: 同济大学出版社, 1999.

[64] 朱张校. 工程材料[M]. 3 版. 北京: 清华大学出版社, 2001.

[65] 林绣贤. 论 Superpave 组成配比的特色[J]. 华东公路, 2002, 134(1): 3-7.

[66] 张德勤, 范耀华, 师洪俊. 石油沥青的生产与应用[M]. 北京: 中国石化出版社, 2001.

[67] 陈惠敏. 石油沥青产品手册[M]. 北京: 石油出版社, 2001.

[68] 沈金安. 改性沥青与 SMA 路面[M]. 北京: 人民交通出版社, 1999.

[69] 虎增福, 曾赟. 乳化沥青及稀浆封层技术[M]. 北京: 人民交通出版社, 2001.

[70] 李立寒, 张南鹭. 道路建筑材料[M]. 4 版. 上海: 同济大学出版社, 1999.

[71] 张振营. 岩土力学[M]. 北京: 中国水利水电出版社, 2000.

[72] 沙庆林. 高等级公路半刚性基层沥青路面[M]. 北京: 人民交通出版社, 1998.

[73] 杨金泉. 碾压混凝土路面施工技术[M]. 北京: 人民交通出版社, 1998.

[74] 沈旦申, 冒镇恶. 粉煤灰优质混凝土[M]. 上海: 上海科学技术出版社, 1992.

[75] 林永达, 李干佐, 高平坦. 表面活性剂在水泥和沥青混凝土中的应用[M]. 北京: 中国轻工业出版社, 2001.

[76] 田耕, 师正纲. 水泥生产与化学分析技术[M]. 北京: 中国建材出版社, 1997.

[77] 田文玉, 江利民. 道路建筑材料[M]. 北京: 人民交通出版社, 2004.

[78] 徐培华. 公路工程混合料配合比设计与试验技术[M]. 北京: 人民交通出版社, 2002.

[79] 张应立. 现代混凝土配合比设计手册[M]. 北京: 人民交通出版社, 2002.

[80] 葛勇, 张宝生. 建筑材料[M]. 北京: 中国建材工业出版社, 2003.

[81] 申爱琴, 等. 道路水泥混凝土组成设计研究——道路水泥混凝土力学性能及强度指标体系研究分报告[R]. 2008.

[82] 申爱琴, 等. 道路水泥混凝土组成设计研究——道路水泥混凝土耐久性评价指标研究分报告[R]. 2008.

[83] 申爱琴, 等. 道路水泥混凝土配合比设计方法及应用指南[R]. 2008.

[84] 魏丽颖, 汪澜, 颜碧兰. 国内外低碳水泥的研究新进展[J]. 水泥, 2014, (12): 1-3.

[85] 张新辉, 施惠生. 生态水泥及其发展前景[J]. 节能与环保, 2006(11): 14-17.

[86] 陈凤. 浅谈水泥材料生态化发展的技术途径[J]. 中华建设, 2018(02): 124-125.

[87] 胡宝云, 管婧超. 自修复混凝土的国内研究现状与发展趋势[J]. 广东化工, 2018, 45(08): 170-171.

[88] 洪靖, 任虎, 张帅琪, 等. 机制砂高强自密实混凝土长期力学性能研究[J]. 中国水运(下

半月),2021,21(06):148-149+152.

[89] 韩浩田,刘霖艾,袁鹏,刘泽鹏.纤维混凝土的应用与分类浅析[J].四川建材,2018,44(12):18+20.

[90] 申爱琴,杨景玉,郭寅川,等.SAP内养生水泥混凝土综述[J].交通运输工程学报,2021,21(04):1-31.

[91] 劳家荣,黄忠财,郭寅川,等.SAP内养生路面混凝土收缩性能及力学性能研究[J].硅酸盐通报,2021,40(02):676-682.

[92] 覃潇,申爱琴,李俊杰,等.内养生路面混凝土水分传输特性及力学性能[J].建筑材料学报,2021,24(03):606-614.

[93] 何锐,谈亚文,薛成,等.以高吸水性树脂为混凝土内养护剂的研究进展[J].中国科技论文,2019,14(04):464-470.

[94] 程智清,李双祥,刘宇,等.自修复混凝土的研究进展[J].公路交通科技(应用技术版),2020,16(11):84-87.

[95] 王立成,邹凯.混凝土微生物自愈合技术研究进展[J].硅酸盐学报,2019,47(11):1652-1662.

[96] 周思屹.绿色混凝土的研究现状及应用前景[J].四川建材,2020,46(05):5+14.

[97] 刘海波,殷付通,杨易鹏,等.绿色混凝土的发展与应用[J].科技创新与应用,2020(27):176-177.

[98] 权娟娟,赵世冉,张凯峰,等.绿色高性能混凝土配合比要素及计算方法探讨[J].混凝土,2012(11):77-79.

[99] 沙爱民,胡力群.半刚性基层材料的结构特征[J].中国公路报,2008,21(4):1-5.